金子武蔵訳

ヘーゲル全集4

精神の現象学

上巻

岩波書店刊行

この　つたなき訳を
亡き父に　ささぐ

武蔵

訳者序

Ⅳ 自己意識の終りまでを訳して上巻として上梓したのは昭和七年六月、Ⅴ 理性の確信と真理の終りまでの中巻の場合は昭和十六年三月である。後者の訳者註には各段階ごとに思想行程をたどったものがあるのに前者にはこれがないので、昭和二十七年十二月上梓の改訳上巻にはこれをつけ、またそのさい全部にわたって改訳を行った。

今回また全部にわたって書き改めたが、改訂の主要点は次のごとくである。第一には書題を精神の現象学とした。けだし精神現象学というと、物理現象、自然現象に応ずるものとなり、なにか自体的なものがあって、その現象を研究する学ということになるきらいがあるが、原典の場合にはむしろ精神が自体であり、これはそれ自身としては論じえず知りえないものであり、ただ現象を通じてのみ認識せられるものであり、またこの現象をほかにしてその本質はないことを意味しているからである。第二に十六年の中巻、二十七年の改訳上巻では思想行程をたどった註がその他の註の間に介在して利用しがたい点があるので、今回は訳者註その二(総註)として一括することにした。ただし註一の1と註三の1とは訳者註が一と二とに分れる以前のものである。第三にはもとの上巻と中巻とをひとまとめにして新上巻とした。原典には「意識経験の学」と「精神の現象学」という二重の書題があり、両者はむろん統一をえているにしても、また両者間には相違があるが、今回の上巻は前者にあたるもので、ひとつの全体を形づくっている。

原典にはがんらい翻訳を不可能にするものがある。例えば Verstand にはそのシュタントにおいて、立つ、とどまる、静止する、固定するという意味がひびいているのに、我々は慣例にしたがって、それを「悟性」と訳さざるをえないが、これでは文脈はつづかなくなってしまう。また原典に独特の迫力を与えているのは、細部までくい入る即物性とあたかも詩のように冗をさけ要点のみを鋭く言いあてる簡潔性とがこもごも交替することである。二重の註を添えたのは邦文としてできるだけ理解可能なものにしようとする微意によることである。

旧上巻及び中巻の頃とは今日は表現の仕かたも、学界の情勢も変化している。今回の改訳にあたり、この変化に応ずるように意を用いた。邦訳としては、樫山欽四郎氏の全訳(河出書房の「世界の大思想」のうち)があり、また序文の部には山本信氏の訳(中央公論社の「世界の名著」のうち)があり、いずれもお陰を蒙っており、ここに謝意を表する次第である。

旧上巻を上梓してから三十九年の歳月が流れており、訳者としてうたた感なきをえないが、とりわけ改訳の改悪にあらずして、恵みにより下巻の終りまでたどりつく日の近からんことを祈るや切なるものがある。

昭和四十六年八月

金子武蔵

追記　今回の第一三刷にあたっての訂正増補は次の三点に関している。

一、目次のうちで、下巻に関する部分を既刊の下巻に従って改めたこと。

二、関根清三、上妻精両君が訳者註を綿密に検討して下さったので、その結論を此処に記入したこと。

三、欄外の頁数は旧訳の場合と同じく、ラッソン－ホフマイスター版のものであるが、その後の改訳においてはズールカンプ社版を重んずるようになっており、また訳者註においてはしばしばグロックナー版が用いられているので、巻末には現象学に関する限りの、ズールカンプ社版、ホフマイスター版、ベルリン全集版（＝グロックナー版）の頁数対照表を添えたこと。

昭和五十六年九月

追　記(二)　第一九刷にあたって、巻末の頁数対照表に新たにアカデミー版の頁数を加えた（一九九五年二月、岩波書店編集部）。

凡例

一、台本はラッソン－ホフマイスター版の第四版(一九三七年)であり、したがって本訳書の欄外にあるアラビヤ数字はこの台本の頁数である。なお、この台本はその後に版を重ねているけれども、本質的な変化はない。

二、理解を容易にするために、台本にはない見出をもつけたが、そのうちには本文にはなくとも、台本の内容目次にはあるものもある。内容目次にもない部分には、〔 〕をつけた。その場合、多くはラッソン二版の見出し(台本の巻末にも添えられている)にしたがったが、訳者自身の見解によって行ったこともある。

三、本文においても〔 〕は訳者の附加した部分であることを示しているが、行文に含まれていると見てつけなかった場合もある。また( )は説明のための句を意味するものであるが、原著者のものと訳者のものとの区別はつけていない。これに対して例えば二二頁の「絶対者は主体である」の「 」は訳者の加えたものである。

四、一九七九年十一月の第十刷以後においては、ダッシュ(——)とイタリック(訳文では圏点)に関してはズールカムプ社版の校訂に従った。したがって、従来の圏点(イタリック)、白丸(ゲシュペルト)、白圏点(イタリックにしてゲシュペルト)の区別はやめ、すべてイタリックと見て圏点とした。但しイタリックの箇所に関してのみ、旧版を是と見てそちらを採用した場合もある。

五、特別の場合は別として、訳文中に原語を添えることはなるべく避けたが、例えば、I 感覚、II 知覚、V の A

観察する理性、Bのc 徳と世路というように段階を示す見出しには原語をそのまま添えておよそのことを示し、またこの場合には思想行程をたどることを主にした総註をつけ、＊によってその所在を示し、これに対して個々の箇処に対する註の場合にはアラビヤ数字を用いることにした。ただし総註をつけた見出しのうち原語が内容目次にのみある場合がひとつあり(二五七頁)、また内容のうえではむしろ総註に属するのに、個別註の形式をとっているのは、一の1と三の1とである。なお、abc以下の見出しは註において「項」と呼ぶことにした。

六、原典に目次があり、本書のものはむろんそれを訳したものであるけれども、本文において訳者の加えた見出しをも含んでいるので、体裁に相違をきたしている場合がある。なお、註において言及することが多いので、下巻の目次をも添えておいたが、これは原典の目次をそのまま訳したものである。

目次

訳者序

凡例

序文　学的認識について……三

〔一〕　現代哲学の課題……七

〔一〕　真なるものの場面は概念であり、そうして概念の真実の形態は学的体系であること……七

〔二〕　精神の現在の立場……八

〔三〕　原理は完成ではないこと、形式主義に対する反対……一三

〔二〕　精神の現象学……一六

〔一〕　絶対者は主体であること、そうして主体とはなんであるか……一六

〔二〕　知の境地（場面）、この境地にまで高めるものが精神の現象学であること……二四

〔三〕　表象されたものと熟知されたものとを思想に転換すること、さらにこれを概念に転換すること……二九

〔三〕　哲学的真理……三六

〔一〕　いかなる程度にまで精神の現象学は否定的であるか、言いかえると、偽なるものを含むか……三六

〔二〕歴史的真理と数学的真理……三八
〔三〕哲学的真理とその方法との本性、図式化する形式主義への反対……四四

〔四　哲学的思索〕……五六
〔一〕哲学研究にさいしての条件……五六
〔二〕否定的態度における論弁的思惟、肯定的態度における論弁的思惟、その基体（主語）……五七
〔三〕健全な常識としての、また天才の霊感としての自然的な哲学的思索……六六

結語　著者の公衆への関係……六九

緒　論

……七五
〔一　絶対者のみが真なるもの、真なるもののみが絶対〕……七五
〔二　現象知叙述の要〕……七八
〔三　叙述の方法〕……八〇
㈠進行の仕かたと必然性……八〇
㈡知と真……八四
㈢経　験……八八

(A)　意　識

……九三

I　感覚的確信、或はこのものと私念……九五

〔一　この確信の対象〕……九七
〔二　この確信の主観〕……一〇一
〔三　主客関係としての確信〕……一〇三
〔四　総　括〕……一〇六

II　知覚、或は物と錯覚……一〇九
〔一　物の簡単な概念〕……一一一
〔二　物に対する知覚の態度〕……一一五
〔三　制約せられぬ普遍性という悟性の領域への移行〕……一二一
〔四　総　括〕……一二五

III　力と悟性、現象と超感覚的世界……一二八
〔一　力と発現、誘発するものと誘発されるもの、両力の遊戯〕……一三三
〔二　内なるもの〕……一四〇
〔㈠　超感覚的世界〕……一四〇
〔α　内なるものと現象と悟性〕……一四〇
〔β　現象としての超感覚的なもの〕……一四三

〔γ 現象の真実態としての法則〕……一四五
㈡ 区別と同一としての法則〕……一四七
〔α 限定的諸法則と普遍的法則〕……一四七
〔β 法則と力〕……一五〇
〔γ 説 明〕……一五三
㈢ 内的区別の法則（第二次の法則）と顛倒された世界〕……一五五
〔三 無限性〕……一六〇
〔四 総 括〕……一六四

(B) 自己意識……一六九

IV 自分自身だという確信の真理……一七一
〔一 先行形態と自己意識〕……一七三
〔二 生 命〕……一七四
〔三 自我と欲望〕……一七九
A 自己意識の自立性と非自立性、主であることと奴であること……一八三
〔一 承認の概念〕……一八四

〔二　承認のための生死を賭する戦い〕……一八六
〔三　主　と　奴〕……一九〇
〔α　主であること〕……一九〇
〔β　奴の畏怖と奉仕〕……一九三
〔γ　奴の形成の労働〕……一九四
B　自己意識の自由、ストア主義とスケプシス主義と不幸な意識……一九八
〔一　ストア主義〕……一九八
〔二　スケプシス主義〕……二〇三
〔三　不幸な意識〕……二〇九
〔α　可変的なものと不変なもの〕……二〇九
〔β　不変なものが形態をうること〕……二一一
〔γ　不変なものと可変的なものとの結合〕……二一四
〔(1)　純粋意識　思慕と心情と憧憬〕……二一五
〔(2)　欲望と享受と感謝〕……二一八
〔(3)　断滅と赦免、理性への移行〕……二二三

(C) 理性

(C) 理　性……二二九

V　理性の確信と真理……二三一

〔一　観念論〕……二三一

〔二　範　疇〕……二三六

〔三　空虚な観念論即ち絶対的経験論〕……二三九

A　観察する理性……二四三

a　自然の観察……二四五

〔一　自然物の観察〕……二四五

〔α　記述一般〕……二四五

〔β　諸標識〕……二四七

〔γ　諸法則〕……二五〇

〔1　法則の概念と経験〕……二五〇

〔2　実　験〕……二五四

〔3　物質(素)〕……二五五

〔二　有機的なものの観察〕……二五七

α　有機的なものと非有機的なものとの関係……二五七
β　目的論……二五九
γ　内なるものと外なるもの……二六六
αα　内なるもの……二六七
内なるものの純粋な諸契機、即ち感受性などの法則……二七〇
内なるものとこれ自身の外なるもの……二七四
ββ　内なるものと形態としての外なるもの……二七五
〔法則の思想〕……二七八
γγ　それ自身、内なるものと外なるものから成れるものとしての外なるもの……二八三
〔三　ひとつの有機的全体としての自然観察〕……二八六
〔α〕　非有機的なものへ移された有機的なもののイデー……二八六
〔β〕　有機的なもののイデーを非有機的なものに移したという側面から見られた有機的なもの、その類と種と個……二九一
〔γ　偶然的理性としての生命〕……二九五
b　自己意識をその純粋態において、またその外的現実への関係において観察すること、論理学的法則と心理学的法則……二九九
〔一〕　論理学的法則……三〇〇

〔二〕 心理学的法則 …… 三〇三
〔三 個体性の法則〕 …… 三〇五
c 自己意識が自分の直接的な現実に対してもつ関係の観察、人相術と頭蓋論 …… 三〇八
〔一〕 人相術 …… 三一一
〔α 器 官〕 …… 三一一
〔β 反省としての外化(表情)〕 …… 三一六
〔γ 人相術の法則〕 …… 三二一
〔二〕 頭蓋論 …… 三二四
〔α 精神と脳髄と頭蓋〕 …… 三二五
〔β 脳髄と頭蓋骨との関係、頭蓋骨の形態と自己意識との関係〕 …… 三三〇
〔γ 素質と現実〕 …… 三三九
〔三 観察する理性の結論〕 …… 三四三
B 理性的な自己意識の己れ自身を介する現実化 …… 三五一
〔一 目標としての人倫の国〕 …… 三五三
〔二 道徳性の生成〕 …… 三五六
〔三 行為的理性の諸段階〕 …… 三六一

a　快楽《けらく》と必然性《さだめ》……三六二
〔一　快　楽〕……三六四
〔二　必然性〕……三六五
〔三　没　落〕……三六七
b　心胸《むね》の法則《のり》と自負の錯乱……三六九
〔一　心胸の法則と現実の法則〕……三七〇
〔二　心胸の法則の現実化〕……三七三
〔三　自負の錯乱〕……三七六
c　徳と世路……三八二
〔一　行為的理性における徳の段階〕……三八二
〔二　徳の騎士と世路との戦い〕……三八五
〔三　徳の敗北〕……三九一
C　即自且つ対自的に実在的であることを自覚している個体性……三九六
a　精神的な動物の国と欺瞞、或は事そのもの……三九九
〔一　実在的なものとしての個体性の概念〕……三九九

〔二　事そのものと個体性〕……四〇七
〔三　相互的な欺瞞と精神的な実在〕……四一五
b　立法的理性……四二四
c　査法的理性……四三一
〔立法と査法〕……四三六
訳者註　その一……四四三
訳者註　その二(総註)……五八一
諸版対照表

下巻目次

(BB) 精神

VI 精　神……七三一
A 真実な精神　人倫……七三七
a 人倫的世界　人間のおきてと神々のおきて　男性と女性……七三八
b 人倫的行動　人間の知と神々の知　罪責と運命……七五八
c 法的状態……七七七
B 自分から疎遠になった精神　教養……七八五
I 自分から疎遠になった精神の世界……七九〇
a 教養とその現実の国……七九一
b 信仰と純粋透見……八三四
II 啓　蒙……八四六
a 啓蒙と迷信との戦い……八四九
b 啓蒙の真理……八八六
III 絶対自由と恐怖……八九七

C 自分自身を確信している精神 道徳性……九一三
a 道徳的世界観……九一五
b ずらかし……九三一
c 全的に知ること(良心) 美しい魂 悪とその赦し……九五〇

(CC) 宗教

VII 宗 教……一〇〇一
A 自然的宗教……一〇一四
a 光……一〇一七
b 植物と動物……一〇二〇
c 工 匠……一〇二三
B 芸術宗教……一〇三〇
a 抽象的芸術品……一〇三六
b 生ける芸術品……一〇五二
c 精神的芸術品……一〇六〇
C 啓示宗教……一〇八六

(DD) 絶対的な知ること

VIII 絶対的な知ること……一一三七

System

der

Wissenschaft

von

Ge. Wilh. Fr. Hegel,

D. u. Professor der Philosophie zu Jena, der Herzogl. Mineralog. Societät daselbst Assefsor und andrer gelehrten Gesellschaften Mitglied.

Erster Theil,

die

Phänomenologie des Geistes.

Bamberg und Würzburg,
bey Joseph Anton Goebhardt,
1807.

ヘーゲル 学の体系

第一部 精神の現象学(1)

(9)

序　文(1)　Vorrede.　学的認識について

著作に序文において先立たされるのが習慣になっているような説明は——著者が著作において企てた目的に関するのであり、また〔彼が執筆するに至った〕もろもろの動機や同一の問題に関する前代及び同時代の諸論著に対して立つと彼が信ずるところの関係についてのものであるが、——このような説明は哲学的な著作の場合にはただに余計であるだけではなく、〔哲学的な真理という〕事柄の本性から言って不適切でさえあり、また目的に反するように見える。なぜなら、哲学について序文においてどのように語られるのが適当であると、またなにが語られるのが適当であると考えられようと、——語られるのは例えば傾向や立場や概略的な内容やもろもろの結論の記述(2)的な報告であり、要するに真なるものについて謂《いわ》れもなくあれこれと語る一連の主張や断言(3)であるが——、こういったことは哲学的な真理が叙述されるさいにふさわしい遣りかたとして妥当することはできないからである。——〔序文においてこういうことが語られるのが習慣であるだけではなく(4)〕また哲学は本質的に特殊的なものを内含している普遍性という場面(5)のうちに生きているのであるから、哲学の場合には他の諸学の場合にもまして、目的や最終の結論のうちにこそ事柄そのものが表現せられており、しかもその完全な本質において表現せられていて、この本質に比するならば、実現の過程のごときは本来非本質的なものであるかのごとき外観を呈しやすい。しかるに例えば解剖学とは、言って見れば、生命のない「そこ」にある存在(6)(定在)の側面から観察せられたかぎりの身体的な諸部分の知識であるが、この解剖学について、それがなんであるかという普遍的な表象[1]をえたとしても、これだけではひとはまだ事柄そのものであるところのこの学の内容はこれを所有しているのではなく、こういう普遍的な「表象」からさらに進んで特殊的なものについて労苦しなくてはならないことを確信している。――それから解剖学のごときは学と名のる正当な権利をもたぬもろもろの知識の寄せ集めであるが、こういう場合には〔序文において〕目的とか、これに類する普遍的なことについて会話[2]風に語られるのがつねである。しかし、これだけではなく内容そのものであるこれらの神経、これらの筋肉等々についても、やはり記述的な没概念的な遣りかたで語られるのであって、〔序文の〕会話風の語りかたと異ならないのがつねである。しかし、これに反して哲学の場合には、もしもこの遣りかたが使用せられたとすると、この遣りかたが真理を把握しえないことが哲学自身によって証明せられることになるという不整合が生ずるであろう。

それから或る哲学的著作が同一の問題に関する他のもろもろの試みに対して立つと信ずる関係が規定せられる場合にも、また事柄とは異種の関心が引き入れられて、真理の認識にさいして肝心であるところのものが不明瞭にされる。真なるものと偽なるものとの対立[3]が「私念[4]」にとっては、非常に固定的となっているので、これに応じて、「私念」は現存の哲学体系に対する賛成かそれとも反対かのいずれか一方を期待するだけであるのがつねであり、またかかる体系に関する声明を耳にするにさいしても、ただ賛否のいずれか一方だけを見るのがつねである。「私念」はもろもろの哲学体系の相違をもって真理の進歩的発展として概念的に把握するというよりか、この相違のうちにただ矛盾だけを見るのである。蕾は花が咲き出づると、消え失せる。そこでひとは蕾は花によって「論駁」されるともいうことができるであろう。同様に実《み》によって花は植物の偽りの定在であると声明せられるのであり、こうして植物の真理としては実が花にとって代る。これらの形式はただ相互に区別せられるばかりでなく、両立しないものとして互に他を排除しあうけれども、しかしこれらの形式の流動的本性が同時にこれらを有機的統一の契機となし、そうしてこの統一においてはこれらの形式はただ単に相互に背馳しないばかりではなく、一は他と同等に必然的であり、そうしてかく同等に必然的であることが初めて全体の生命を形づくるのである。しかるに或る哲学体系に対する矛盾がある場合に、一方では抗議する人自身が自分を右にいったような仕方で概念的に把握しないし、他方では抗議を理解する人々の意識もまた普通には、いかにしてこの矛盾をその一面性から自由にし、或は自由なものとして維持すべきか、そのすべを知らないし、また争闘反目しているかに見えるものの形態のうちに相互に必然的な諸契機をいかにして認識すべきか、そのすべをも知らないのである。(1)

かかる声明を要求することはこの要求をかなえることと同じように、えてして本質的なことを営む所以であると考えられ易い。或る哲学的著作の核心はその諸目的および諸結果におけるよりも以上に、はたしていかなる点においてよりよく言明されうるであろうか、そうして目的と結果とは専門を同じうする同時代の他の人々が生産するところのものとの相違によるよりも以上に、はたして何によってより明確に認識されうるであろうか、というわけである。しかしながら、もしもこんな仕わざが認識の手初め以上のものとして妥当すべきだと言うのならば、またもしもこんな仕わざが現実的な認識として妥当すべきだと言うのならば、それはじっさいには事柄そのものは、これを回避しておきながら、次の二つのこと、即ち事柄について真剣に努力しているかのような外観とこの努力を現実には省略していることとを結びつける「発明」のひとつに数えられてしかるべきである。――その理由はこうである。事柄はその目的において尽されているのではなく、尽されているのは実現においてのことであり、また結果も現実的な全体ではなくして、そうであるのは生成といっしょにされたときのことである。(2) 目的はそれだけでは生命のない普遍的なものであり、同様に傾動もまだ現実性を欠いている単なる駆り立てであり、そうしてむき出しの結果は傾動を後ろに残した死屍である。――同様に相違とはむしろ事柄の限界であり、それはもう事柄の終る処にあり、言いかえると、それは事柄ではないところのものである。だから目的とか結果とかについて、また或る体系と他の体系との相違とか批評とかについてのこのような努力は、多分外見上そう見えるより楽な仕事である。なぜといって、こんな仕わざは事柄に従事する代りにいつもそれを越えており、この種の知識は事柄に沈潜して己れを忘れる代りに、いつも何か他のものを追い求めているし、事柄のもとにとどまって、これに己れを捧げるというよりも、むしろ己れ自身のもとにとどまっているからである。――最も容易なのは、実質のある堅固なものを批評すること[1]であり、これよりも困難なのは、かかるものを把握することであり、最も困難なのは、批評と把握とを結合して、かかるものの叙述を生み出すことである。

(12)

教養を身につけること、実体的生活[2]の直接態から苦労して脱却することは、けだし、いつも次のことをもって手始めとなさざるをえぬであろう。即ちもろもろの普遍的な原則と見地とを獲得すること、先ずもって事柄一般の思想にまで努力して向上すること、そうしてこれに劣らず、事柄を支持するにも反駁するにも理由をもってすること、また具体的で豊かに充実した内容を諸限定にしたがって把握すること、さらにこの内容についてしっかりした決定とまじめな判断をくだすすべを心得ること、こういうことをもって始まらざるをえぬであろう。教養のかかる手始めは差当って先ず充実した生活のまじめさにその席を譲って、このまじめさが事柄そのものの経験[3]に導くことになるであろうが、しかしたとい、この経験のうえにさらに概念のまじめさ[4]が加って事柄の深底に徹するようになったときにも、教養の手始めをなす右のような知識と判定とは会話[5]においてなお恰好の位置を保持することであろう。

〔一　現代哲学の課題〕*

〔一〕　真なるものの場面は概念であり、そうして概念の真実の形態は学的体系であることところで真理が現存するにさいしての真実の形態としては、真理の学的体系[1]をおいてほかにはありえない。哲学を学の形式に近づけること——哲学をして愛知[2]という自分の名を捨て去るをえさせて現実的な知であらしめるという目標に近づけること——、このことに協力するということこそ、私が企てたところである。知 Wissen が学 Wissenschaft でなくてはならぬという内的必然性は知の本性に基づくことであり、この点についての満足な説明としては、ひとり哲学そのものの叙述[3]あるのみである。しかし外的な必然性と言っても、これを、人物や個人的な動機という偶然性を顧慮のそとにおいて、普遍的な仕方で把握すると、内的な必然性〔である〕ものと同じものである、即ち外的な必然性も時代がこの必然性の諸契機の「そこ」にある存在をいかに「表象」しているかという形態においてあることになるが、このときには内的必然性と同じである。だから哲学を学にまで高むべき時代がきている[4]のを指摘するということこそ、この目的をいだく試みの〔序文において可能な〕唯一の真実な正当化であるであろう。なぜなら、時代はこの目的の必然性を示すであろうし、いな同時にそれを実現しさえするであろうからである。

真理の真実の形態はこのような学であることにあるとされたのであるが、——或は言いかえると、真理はただ概念においてのみ現に存在するための場面をもつと主張せられたのであるが——、このさい私は、この主張が現代人の確信において非常な僭越を敢てし、また非常に瀰漫もしているところのひとつの「表象」とそのもろもろの帰結とに矛

(13)
盾しているように見えるのを承知している。だから、この矛盾についてひとつの説明を与えることは、たといこの説明といえども、序文である此処では、それが反対しようとするものと同じく、やはりひとつの「断言」以上のものではありえないにしても、余計なこととは思われない。即ち真理は、或は直観、或は絶対者の直接知、宗教(1)、存在——しかも神的愛の中心における存在ではなくして、この中心そのものの存在(2)——と呼ばれるところのものにおいてのみ現存し、或はむしろかかるものとしてのみ現存すると考えられているのであるが、ここからして同時に哲学の叙述に対してもすぐに概念の形式とはむしろ正反対のものが要求せられることになる。即ち絶対者は概念的に把握せらるべきではなく、感ぜられ直観せらるべきであり、絶対者についての概念がではなく、それについての感情と直観とが音《おん》頭《ど》をとり、また語らるべきだというのである。

〔二〕 精神の現在の立場

このような要求が出現してきたことを、そのより普遍的な連関にしたがって把握し、自己意識的な精神が現在において立っている段階に注目すると、精神は思想の場面においてかつて営んでいた実体的な生活(3)を越えて出ている、——即ち精神は自分の信仰のこのような直接態を越え、意識が実在と己れとの「和らぎ」(4)について、またこの実在の内的外的な、普遍的な現在についてもっていた確信から生れる満足と安泰とを越えて出ている。しかし精神はただにこの段階を越えて出て自己自身のうちへの無実体の反省(5)という他の極端に移っているだけではなく、この反省をもまた越えている。精神にとってただに自分の本質的生活が喪失せられているだけではなく、精神はこの喪失を自覚してもおり、自分の内容が有限性であることを自覚してもいる。糟粕(6)をなめることをやめようとしつつ、また己れの邪悪のうちにあることを告白し呪いつつ、精神は今や哲学に向う。しかし精神は哲学から己れのなんであるかについての知を望むというよりか、むしろもう一度かのかつての実体性と存在の堅固さとの再興を成就することを望んでいる。だから、この要求に応ずるために、哲学は実体の閉鎖態を開示し、実体を自己意識の水準にまで高めるべきであるというよりも、——また混沌たる意識を思惟せられた秩序と概念の単純態とに還付すべきであるというよりも、むしろ思想の分別をごったまぜにし、区別する概念を抑圧して実在についての感情を再興すべきだというのであり、透見を(1)ではなく、むしろ信心(建徳)(2)を与うべきだというのである。美しきもの、聖なるもの、永遠なるもの、宗教、そうして愛、これらが喰付く欲望を喚起するために必要な餌であり、概念がではなくして法悦(忘我)が、事柄の冷やかに進展する必然性がではなくして、たぎり立つ霊感こそは実体の富をとらえ、また次第に展開して行くものだというのである。

この要求に相応しているのが人々を、感性的なもの、低俗なもの、個別的なものへの惑溺から、囚われの身からひきずり出し、人々のまなざしを天上の星辰にあげさせようとする懸命の、殆ど熱狂に近く、いらだっているとさえ見える獅子奮迅の努力である。あたかも人々は全く神的なるものを忘れはて、今にも蛆虫かのように塵埃と汚水とで満足しかねない状態にあるかのようだというわけである。かつては人々は思想と形像との広大な富をもって飾られた天界をもっていて、ありとしあらゆるものは光の糸によって天界に結びつけられ、この糸においてその意義をえており、「この」(3)現在に停滞することなく、光の糸をたどって、まなざしは現在を越えて神的実在を、いって見れば、彼岸的現在を仰ぎ見ていたのである。(4)それで精神のまなざしを地上的なるものに向けて、この地上的なものにかたく定着させるためには、無理やりの強制を必要とせざるをえなかった。そうして超地上的なものだけの具えていたあの明晰さが此岸的なものにとどまる心を蔽っていた陰鬱と混迷とのうちに労苦して導き入れられ、現在的なものそのものへの注意、経験と呼ばれるこの注意が関心をひくもの、妥当するものとなされるには、長い歳月を必要とすることであった。(1)――しかるに現にあるのは、正反対の困窮のようであって、今度は人心が地上的なものにあまりにもかたく根ざしているので、ここから引上げるには、前と同等の無理やりの力が必要のようである。流離人《さすらいびと》が砂漠でせめてただ一掬《きく》の水をとこがれるように、精神は英気を恢復するために、神的なもの一般をかすかなりとも感じとろうとあこがれているかに見えるほど見すぼらしい姿をしている。精神に満足を与えているこの僅かなものによって、精神の喪失したものがいかばかり大であったかを測り知ることができるのである。

　このように受取ることには満足しやすいこと、言いかえると、与えるに吝《やぶ》さかであるのは、学にふさわしいことではない。ただ信心だけを求める人、己れの生活(定在)と思想との地上的な複雑多様な姿を霧のうちに包みこんで、かかる定《さだ》かならぬ神性の定かならぬ享受をえんと願うものは、何処にこの享受を見出すか、さがして見るがよい。そうすれば、こういう人は何かに夢中になって、それで空《か》ら威張をするすべを自分自身で容易に見出すであろう。しかし哲学は信心(2)深くあろうと欲することを戒めなくてはならないのである。

(15)

　まして学を断念するところのかく満足しやすい人々がかかる感激と混迷とをもって学よりもなにかより高次のものであるという要求をなすことがあってはならない。かかる予言者めいた口吻(3)をもって語る人々はまごうことなく〔世界の〕中心と深底とを占めているかに「私念」し、物事の限定(ホロス)(4)を軽蔑してこれを見くだし、概念と必然性とをもって、ただ有限性を住処《すみか》とするにすぎぬ「反省」であると見て、故意に概念と必然性とから遠ざかる。しかし空《うつ》ろな広さというものがあるように、空ろな深さというものもあり、有限の多様に流れ出るだけで、これをまとめる力のない実体の延長のあるように、ただの力であるにとどまって拡がりを持することのない実質のない強度(内包)もある

(16)

が、これは皮相と同じものである。いったい精神の力というものは、ただその発現と正確に比例してのみ大きいのであり、精神の深さというものは、ただ己れを展開して拡がり、己れを失うのを敢てすることに正確に比例してのみ深いのである(1)。これと同時に、実体についてのこの没概念的な知が、自分一己のものはすべて実在のうちに沈めてしまって、真実な神聖な境地において哲学すると自称するときにも、この知は神に帰依しているのではなくして、規準と規定とを侮辱することによって、むしろ或るときには己れのうちに内容の偶然性を、或るときには内容のうちに己れの恣意をなすがままに放任しているのを、この知は自分に隠しているのである。——かかる人々は実体のほしいままなる醱酵に身を委ね、自己意識を包み隠し悟性(2)を放棄することによって、かえって自分たちは神が眠りのうちに知恵を授け給ういとしご(3)であると思いこんでいる。だから事実その通り彼らが眠りのうちに身ごもって生み出すものもまた夢なのである。

それから我々の時代が誕生の時代であり、新しい時期への過渡時代であることは、これを見るにかたくない(4)。精神は定在(生活)からいっても、「表象」(思想)からいっても、今日まであった自分の世界と絶交して、この世界をまさに過去のうちに葬りさろうとしており、己れを形成し直すという仕事に取りかかっている。もちろん精神というものは決していかなるときにも静止していることはなく、断えず前進運動に従事してはいるけれども、しかし、ちょうど胎児が永い間、胎内で静かに養われた後、呱々《ここ》の声と共に、それまでのただ量を増すにすぎぬ進歩の漸進性が突如として中断し、——質的飛躍(5)——かくて今や小児が誕生する(6)のと同じように、己れを形成する精神も徐《おもむろ》に静かに新しい形態に向って成熟して行き、己れの従来の世界という建物の小さな部分をひとつずつ次々に解体して行くが、このときには、まだこの世界の動揺はただ個々の徴候によって暗示せられるにすぎない。現存のもののうちに蔓延せる軽薄さ(7)

と倦怠、未知のものの定《さだ》かならぬ予感、これらがなにか新しいものが近づきつつあるということの前兆である。このような漸進的な瓦解は全体の相貌を変えることがなかったが、やがて日の出によって断ち切られて、一閃、一挙にして新しい世界の建物が立ち現れるのである。(1)

しかしながら、この新しいものが生れたばかりの幼児と同じく完全な現実性をもっているわけではないが、このことを看過しないのが大切である。初めて登場したときには、この新しいものもまだやっと自分の直接態であり、ないし自分の概念(2)である。礎《いしずえ》のおかれたときには、まだ建物は完成していないごとく、全体の概念に到達したからといって、この概念が全体そのものであるわけではない。逞しい幹と張り拡がった枝と茂った葉とを具えたドングリの樹を我々が見ようと願っているときに、その代りにドングリの実が見せられたとすれば、我々は満足しないが、これと同じように精神の世界の樹冠である学(3)もその端初においては完成してはいない。新しい精神の初めは多様な文化形式の広大な範囲にわたる変革の産物であり、また様々に曲折せる道程を歩んで様々に奮闘努力した賜物である。この端初は継起からも拡がりからも已れのうちに還帰した全体であり、全体の生成したばかりの単純な概念なのである。しかし、この単純な全体が現実性をうるのはなににによってかと言うと、今では諸契機となっている諸形態が再び新たに、しかしそれらの新たなる場面において、即ち生れ出てきた新しい意味において展開せられ形態を与えられるということによってである。

〔三〕　原理は完成ではないこと、形式主義に対する反対(4)

ところで一方では新しい世界も最初に出現したときにはまだやっと単純態のうちに包みこまれた全体ないしはその

普遍的な根拠であるにすぎないのであるが、これに対して〔他方では〕世人の意識には過ぎ去った生活の富がなおまざまざと記憶のうちに生きている。そこで世人は新たに出現する形態を見て、内容がまだ広がりを与えられ、特殊化せられていないのを見て歎くが、しかし、これにもまして彼らの歎くのは、形式が仕上っていないので区別されたものがしっかりと限定せられていず、確固たる関係にまで秩序づけられていないということである。かかる仕上げがなくては、学は一般的な分り易さ(悟性性)[1]を欠き、若干の個人の秘教的所有[2]であるかのごとき観を呈する。――「秘教的所有」といったのは、学はまだやっとその「概念」においてあるにとどまるからであり、言いかえると、現にあるのは、学の「内なるもの」だけだからである。また「若干の個人の」といったのは、学は展開せられずに出現しているので、それが何処にあるかといえば、個別者のものだからである。完全に限定されたものにして初めて同時に公教的であり、把握せられうるものであり、学習せられてすべての人々の所有となりうるものである。学の分り易い悟性的な形式はすべての人々に提供せられた、またすべての人々に平等にされ平坦にされた学に至る道であり、悟性を通じて理性的知識[3]に至らんとするのは学に志す意識の正当なる要求である。なぜなら、悟性とは思惟することであり純粋自我一般[4]であり、そうして悟性的なものとはすでによく知られているものであり、学と非学的意識とに共通のものであって、この共通のものを通じて意識はすぐに学に歩み入ることができるからである。

やっと始まったばかりで、したがって内容の細目を十分に尽すことをも、また形式を完成することをも成就していない学はこの点についての非難にさらされてはいる。しかしながら若しこの非難にして学の本質に関わるものというのならば、この非難の不当であることは、逆に仕上げのかの要求を承認すまいと欲することの宜しきをえないのと同様である。ここにある対立[5]は、現代における学的教養が解決に粉骨砕身の労をもってあたり、働き疲れながら、それでいてまだ然るべき了解にも達していない最も主要な係争点であるようである。一方の人々が素材の豊富さと〔形式の〕悟性的な分り易さとを誇りとしているのに、他方の人々は少くとも悟性性はこれを軽蔑し、そうして直接的な理性性と神々しさとを誇りとしている。ところでたとい前者が、真理の力のみによってか、それとも反対派の喧騒も手伝ってのことかはしばらくおくとして、いずれにしても、沈黙せしめられ、しかも事柄の根拠に関しては敗北したと感じているにしても、そうかといって彼らがかの要求に関して満足させられているわけではない。なぜなら、要求は正当であるのに、かなえられてはいないからである。彼らの沈黙はただなかば〔反対派の〕勝利に基づいているにすぎず、なかばは倦怠と無関心とに、即ち期待が絶えず喚起せられたのに、約束の履行がこれに伴わぬ場合に生ずるのがつねである倦怠と無関心とに基づいている。

内容に関しては、他の人々[1]は多大の広がりをうることを、時としてはたしかにまことに楽々とやってのける。彼らは大量の素材、と言っても、すでによく知られたもの及び秩序づけられたものであるが、ともかく大量の素材を自分(18)たちの地盤に引き入れる。しかし彼らがとりわけ取扱うものは異常のものや珍奇なものであるので、その他、知が知の遣りかたですでに処理し終えたものを彼らが所有しているのはなおさらのことのように見え、これと同時にまだ整頓されていないものをも、彼らは支配するように見える。こうして彼らは一切を絶対的理念[2]のもとに従属させるかのように見えるので、これによって絶対的理念は一切のうちに認識せられ、広がりをえて学にまで成長しているかのように見えるのである。しかし、この広がりをもっと細かに考察してみると、この広がりは同一のものが己れ自身に異なった形態を与えることによって成就せられたものでないことがわかる。かえって、この広がりは同一のものの形態もない反復であり、ただ同一のものが種々の素材に外面的な遣りかたで適用せられているので相違の退屈な外観をえ

(19)

ているだけである。この理念はそれ自身としてはたしかに真実であっても、もしその展開が同一の公式のかかる反復以外のものでしかないとすれば、じっさいにはいつまでたっても出発点にとどまっているにすぎぬことになる。唯一の不動な形式が知る主観によってけじめもつけずに現存するもののあれこれにあてがわれること、素材がこの形式という静止せる場面のうちに外から浸《ひた》しこまれること、こういう遣りかたは、内容についての恣意的な思付きをのべることに劣らず、要求せられていることの充足、即ち諸形態が自分自身から豊富な内容を発源させること、また諸形態が自律的に区別を立てることではない。こういう遣りかたは素材の区別に到達するにはしても、到達するのは、区別がすでに用意せられており、よく知られていることにのみよっているところのむしろ単調な形式主義(1)である。

ところでこのさい、形式主義はこの単調さと抽象的な普遍態とをもって絶対者であると主張し、この抽象的な普遍態のうちで満足しておれないのは、絶対的な立場を占め、これを堅持する能力がないからであると「断言」するのである。かつては或るものを他のようなしかたでも「表象」することができるという空《うつろ》な可能性(2)だけでひとつの表象を論駁するのに十分であったし、またこの同じ単なる可能性という普遍的な思想が現実的認識の積極的価値のすべてをもっていたのであるが、我々が此処この形式主義において見ることも、またやはり非現実性というこの形式における普遍的な理念にあらゆる価値が帰せられていることであり、また区別せられたもの、限定せられたものを解体すること、或はむしろ区別せられたもの限定せられたものをさらに進んで展開することもせず、自分自身では弁明もせずに「空無の深淵(3)」のうちに投げこむのが思弁的考察法(4)として妥当しているということである。なにか或る定在が絶対者のうちではいかにあるかを考察するのは、此処この形式主義においては、この定在について次のように語られることにほかならない。即ち「たしかに今はこの定在についてなにか或るものとして語られはするが、しかし絶対者のうちでは、A=Aのうちでは、かかるものは全くなく、そこでは一切は一である[1]」と。絶対者のうちでは一切は相等しいという、このただひとつの知をひとつ覚えにして、これを、区別され充実されたところの、ないしは充実を求め要求するところの知に対抗させること、――或は自分の絶対者をもって、世の諺にもあるように、すべての牛が黒くなる暗夜[2]であると言いふらすのは認識に空《うつ》ろなもののお目出度さかげんである。――形式主義というものは、近代の哲学が咎め立て罵倒しながら、それでいてこのように自分自身のただなかに再び生み出したものであるが、絶対的現実の認識が己れの本性を完全に明晰に自覚するようになるまでは、たとい形式主義の不十分さがよく知られており、また感ぜられているにしても、形式主義が学から姿を消すことはないであろう。――ところで普遍的な「表象」(構想)がこれを実現せんとする試みであるところのものに先立つときには、実現の理解を容易にする所以であることを考えると、ここでこの構想の概略を示しておくのが得策であることになるが、この概略を此処で示すのは、同時にこの機会に、習慣となって哲学的認識に対して障害をなしている若干の形式[3]を除去するという意図をもいだいてのことである。

〔二　精神の現象学*〕

〔一〕　絶対者は主体であること、そうして主体とはなんであるか

私の見解はただ体系そのものの叙述によってのみ正当化せられざるをえないものであるが、この見解によると、一切を左右する要点は真なるものをただ単に実体として把握し且つ表現するだけではなく、全く同様に主体としても把握し表現するということである。しかしこれと同時に注意せらるべきは、実体性なるものが存在であるところの直接

態、言いかえると、知ることに対する直接態をも亦含んでいるのと全く同様に普遍的なもの、言いかえると知ること自身の直接態をも含んでいるということである。――神をもって唯一の実体なりと把握することがこの規定の言明せられた当代の人心を激昂させたことがあるが、一方から言うと、この激昂の理由は、かく規定した場合には自己意識はただ没落するだけで維持せられることはないという本能〔的な感情〕に存した。しかし他方から言うと、思惟としての思惟に、普遍態そのものに固執するところの反対の見解もまた前者と全く同一の単純態であり、言いかえると、同じように区別もされていなければ運動もしない実体性である。そうして第三に、思惟が己れを実体の存在と合一させて、直接態ないし直観をもって思惟として把握するときにも、なお問題であるのは、この「知的直観」が再び惰性的な運動しない単純態のうちへと逆戻りをして、現実そのものを非現実的なしかたで表現しはしないかということである(1)。

さらに言うと、生ける実体とは存在ではあっても、真実には主体であるところの存在、或は言いかえると、真実に現実的であるところの存在であるが、現実的であるのは、ただ実体が自己自身を定立する運動であるかぎりにおいてのみのことであり、言いかえると、己れの他となりながら、そうなることを己れ自身と媒介し調停する運動であるかぎりにおいてのみのことである。生ける実体は主体であるから、単純な否定態(2)であり、まさにそうであることによって、単純なものを二つに分裂させること、或は対立的に二重にしながら、この二重化がかくして生じた相互に没交渉な相違とその対立とを再び否定するという働きである。――そこで真なるものであるのは、即ちただかく己れを再興する相等、ないしは他的存在のうちにありながら己れ自身のうちに還帰することのみであって――最初からある根源的な統一そのもの或は直接的な統一そのものではない。真なるものとは、おのれ自身となる生成であり、己れの終り

(21)

を己れの目的として予め定立し前提し、また初めとしてもち、そうしてただ目的を実現して終りに達することによってのみ現実的であるところの円環である。

だから神の生命《いのち》(1)と神の認識とは、もちろん己れ自身との愛の戯れ(2)であるとも言明せられうるけれども、〔しかし〕もしこの理念にして否定的なものについての真剣さ、苦悩、忍耐、労苦を欠いている場合(3)には、この理念も「お説教(4)」に、いな気の抜けた月並のものにさえなりさがってしまう。もちろん神のかの生命は即自的(5)には己れ自身とのかき乱されることのない相等であり同一であり、そうしてこの同一にとっては他的存在と疎遠となること(6)とは真剣なことではなく、またこの疎遠となることの克服も真剣なことではないけれども、しかしこの「即自」というのは抽象的な普遍態のことであって、これにおいては、対自的に存在する(7)という「即自」の本性は度外視されており、したがって一般に形式の自己運動もやはり度外視されている。ところで「形式は実在に等しい(8)」と言明せられるのであるが、そうであるとすると、認識は即自ないし実在だけで満足することができるのであり、これに反して形式のほうはこれを割愛してもよいと「私念」するのは、――言いかえると、絶対的な根本命題(9)ないし絶対的な直観さえあれば、前者の実現ないし後者の展開はもう必要ではなくなると「私念」するのは、まさに「形式が実在に等しい」と言明されるが故にこそ、ひとつの誤解というものである。実在が自分自身にとって実在的であり本質的であるごとく、形式もやはり実在にとって実在的であり、本質的であるが故にこそ、実在はただ単に実在としてのみ、把握せられ表現せられてはならないのであるが、このことは実在が直接的な実体としてのみ、言いかえると、神的なものの自己直観としてのみ把握せられ表現せらるべきではなくして、同時に形式としても、しかも展開された形式の富全体においてそうせられるべきであることを意味している。これによって初めて実在は現実的なるものとして把握せられ表現せられるのである。

真なるものは全体である。しかし全体とは、ただ自己展開を通じて己れを完成する実在のことにほかならない。絶対者については、「絶対者は本質的に結果である」と、「絶対者は終りにおいて初めてその真実態においてある」と言われなくてはならず、そうしてまさにこの点にこそ、現実的なものであり、主体であり、自分自身と成ることであるという絶対者の本性は存するのである。「絶対者は本質的に結果として把握せらるべきである」と言うと、ひどく矛盾しているかに見えるであろうけれども、しかし少しく考慮をめぐらして見れば、この矛盾の外観は矯正せられる。初め、原理(1)或は最初に且つ無媒介に言表せられたかぎりの絶対者はただ普遍者たるにすぎない。ところで私が「すべての動物」といったとき、この言葉は動物学として妥当するわけには行かないが、これと同じように、神的なもの、絶対的なもの、永遠なものなどという言葉がこれらに内含せられているところのものを言い現わしているのでないのは、ひとの容易に気付くことであり、――そうしてこれらの言葉が表現しているものこそ、直接的なものとしての「直観」にほかならないのである。かかる言葉より以上のものは、たとい、ひとつの命題への移り行きであろうとも、他と成ることを含んでおり、そうしてこれは取戻されなくてはならぬのであるから、右の移行は媒介であるが、しかしまさにこの媒介こそ忌み嫌われている当のものである。つまりもし媒介について、これは決して絶対的なものではなく、また絶対者のうちには媒介は全然ないと言うより以上のことをしようものなら、絶対的な認識は放棄されてしまいでもするかのごとくに考えられて、忌避されているのである。

　しかしながら、かく忌み嫌うのはじつは媒介と絶対的認識そのものとの本性を知らないことからきている。なぜといって、媒介とは自分で運動しながら自己同一を保つこと以外のことではないからである。言いかえると、媒介とは自己自身のうちへ帰って行く反省のことであり、対自的に存在する自我という契機であり、純粋否定性(2)であり、或はこの否定性だけを純粋に抽象におとして言えば、単純な成ること（生成）だからである。自我或は成一般、成としてのこの媒介は、その単純性の故に、まさに直接態の成ることであり、いな直接的なもの自身である。——だからもしも反省を真なるものから排除して絶対者の積極的契機として把握しないことがあるとすれば、これは理性を誤解するというものである。真なるものを結果と為すところのものは反省ではあるが、しかし同時に結果がその成ることに対してもつ対立を止揚[1]するものもまた反省である。なぜなら、この成は成ではあっても、やはり単純であり、したがって結果において単純なものとして己れを現わすという真なるもののもつ形式と相違しないからである。成とはむしろまさにかく単純態のうちに還帰してしまっているということなのである。——胎児はたしかに即自的には人間ではあるが、しかし対自的にはそうではなく、胎児が対自的に人間であるのは、理性が己れを形成して自分が即自的にそうであるところのものにまで己れをなして発展した理性となったときのことにかぎられる。かく為されたものにして初めて理性の現実態であるが、しかし、この現実態という結果とてもやはりそれ自身単純な直接態である。なぜなら、このさいの結果とは、自己意識的な自由のことであるが、これは己れのうちに安らいながら、それでいて対立するものを一方の側において、この側に対立としておきざりにしたのではなく、それとの和らぎをえているからである。

　右にいったことは、これを、「理性とは合目的な為すことである」とも言い現わすことができる。誤解せられた所謂自然を、これまたあやまって認識された思惟より以上のものに高めたこと、とりわけ外的合目的性を追放したことが目的という形式一般を信用のない状態においた。[2] しかしアリストテレスも自然をもって合目的な働きであると規定したような意味において、目的とは直接的なもの、安らえるもの、動かないものでありながら、それでいて自分では動かすものである。[3] だから、この自分では動かないで他を動かすものとは主体のことであり、そうして主体の動かす力とは、これをこれだけを抽象して解するならば、対自的に自分だけで存在することであり、言いかえると、純粋な否定性のことである。結果が初めであるところのものと同一であるのは、ただ初めが目的であることにのみよっている。――言いかえると、現実的なものがその概念であるところのものと同一であるのは、ただ直接的なものが目的として自己ないし純粋の現実態を己れのうちにもっていることにのみよっている。実現せられた目的或は「そこ」に存在する現実的なものは運動であり、展開せられた生成であるが、しかし、この生成という不安定こそは自己であり、そうしてこの自己が初めのかの直接態と単純態とに相等しいのは、己れのうちに還帰したものであるところの結果たることによっているのであるが、――しかし己れのうちに還帰したものこそはまさに自己であり、そうして自己とは己れ自身に関係する相等性であり、単純態である。

(23)

絶対者を主体として「表象」しようとする要求は、「神は永遠なるものである」とか「神は世界の道徳的秩序である」とか「神は愛である」とか[1]等々の諸命題を使用したが、この種の命題においては真なるものはただ無造作に主体として定立せられているだけであって、これに対して自己自身のうちに反省し還帰する運動としては表現せられてはいない。このたぐいの命題においては「神」という語をもって始まるが、この語はそれ自身としてはひとつの意味のない音であり、ひとつの単なる名であって[2]、述語に至って初めて神とはなんであるかを言い、空名に充実と意義とを与えているのであり、空なる初めはただこの終りにおいてのみ、現実的な知となるのである。このかぎり、何故に永遠なもの、世界の道徳的秩序などについて、或は古人のなしたように、存在とか一者とかいうような純粋概念[3]について、即ち意義あるものについてだけ語り[4]、その上さらに意味のない音を附加することをやめないのかは理解せられえないことである。もっともまさに神という語によってこそ、定立されているのは、存在とか実在とか普遍者一般とかがではなくして、己れのうちに反省し還帰して行くもの即ちまさに主体であることが示されているのであるけれども、しかし、同時にこのことは前提せられ予想せられ理由ものべずに先取りされているにすぎない。主体は固定な点（主語）であると想定せられ、これを拠点としてもろもろの述語がくっつけられるのであるが、「くっつけられる」のは〔この固定な点について〕知るもののほうに帰属するだけで、同時にこの点自身にも帰属するとは見なされない運動によることである。しかしただかく拠点にも帰属しているような運動によってのみ、内容の主体であることが表現されることになるであろうのに、ここで運動がおかれている状態からすると、運動は拠点には帰属することはできない。じっさい、かの固定な点を前提したのである以上は、運動は他の様ではあることはできず、即ちこの点に対してただ外面的であるのほかはないのである。だから「絶対者は主体である」という、かの予想は、ただ単に主体というこの概念を現実にしないのみか、この現実態を不可能にさえするものである。なぜなら、かの予想は主体というこの概念を静止せる点とするのに、その現実態とは自己運動のことだからである。(1)

以上に言ったことから出てくる種々の帰結のうちから、次のものを取出して高調しておくことができる。即ち知 Wissen はただ学 Wissenschaft としてのみ、言いかえると、体系としてのみ現実的であり、また叙述せられうること、さらには哲学の所謂根本命題または原理は、たとい真であっても、ただ根本命題ないし原理としてあるにすぎないかぎり、すでにただこれだけの理由で偽でもあるということである。(2)――〔第二の点から言うと、根本命題はそれだけでは偽でもある〕から根本命題を反駁するのは易しいことである。反駁は根本命題の欠陥を指摘することにあるが、根本命題に欠陥のあるのは、それがただの普遍的なものないし原理即ち初めであるにすぎないことによっている。このさい、もし反駁にして根拠あるものならば、反駁は根本命題自身から取出され展開せられたものであって、――いろんな反対の「断言」や思付きによって外から実施せられたものではない。だから、もし反駁にして自分の否定的な為すことだけに注目して、自分の進行と結果とを肯定的な側面にしたがっても併せ自覚することがないというように、自分を誤解するのでないときには、反駁は本当は根本命題の展開であり、したがってその欠陥を補全するものである。——これと同時に逆に本来の意味において初めを肯定的に実現するものも、肯定的であると全く同様に初めに対して(24)否定的な態度をとるものでもあり、即ちまだ直接的であり、言いかえると、目的であるにすぎぬという、初めの一面的形式に対して否定的な態度をとるものでもある。だからこの実現とてもやはり体系の根拠をなすところのものの反駁とも解されることができるのであるが、しかしより正確に言えば、実現は体系の根拠ないし原理がじつはただ体系の初めであるにすぎぬということの指摘と見なさるべきである。

〔第一の点である〕真なるものはただ体系としてのみ現実的であること、言いかえると、「実体は本質的に主体である」こと、このことは絶対者をもって精神であると言明する「表象」において表現せられているが、——「精神」というのは、最も崇高な概念であり、近代[1]及びその宗教に属する概念である。さて、ただ精神的なるもののみが現実的である。精神的なるものは〔第一には〕実在ないし即自的に存在するものであり、——〔第二には、他者に〕関係するものであり、限定せられたものであり、他的存在と対自存在とであり、——そうして〔第三には〕かく限定せられており、言いかえると、己れのそとに存在しながら己れ自身のうちに止まるものである。[2]——言いかえると、精神的なものは即自且つ対自的に[3]存在するのである。——しかし、精神的なものがかく即自且つ対自の存在であるのは、最初にはただ「我々に対して[4]」のこと、或は「即自的に」のことであるにすぎず、精神的なものはまだ〔精神ではなく〕精神的実体[5]である。しかし精神的なものは自己自身に対して(自ら自覚的に)も即自且つ対自存在であらねばならず、精神的な

(25)

ものについて知り、己れの精神であることを知らなくてはならぬが、これは精神的なるものが己れにとって対象となる必要のあることを意味する。しかしこれは「対象」と言っても、すぐに止揚せられて己れのうちに還帰した対象である。精神的な内容が精神自身によって生産[1]せられているかぎりにおいては、精神[2]が対自的であると言っても、これは「我々に対して」のことであるにすぎないが、これに対して精神が自己自身に対しても(自ら自覚的にも)また対自的であるかぎりにおいては、この自己生産は純粋概念の立場からするものである。しかし「純粋概念」と言っても、これは同時に精神が自分の「そこ」の存在をもつところの対象的な場面である。かようにして精神は対象ではあっても、この己れの「そこ」の存在において自己自身に対して自己のうちに還帰せるものである。――かく展開して己れの精神であることを知っている精神が学である。学とは精神の現実態であり、精神が自分自身の場面において建てる王国である。[3]

〔二〕　知の境地(場面)、この境地にまで高めるものが精神の現象学であること

絶対の他的存在のうちにおいて純粋に自己を認識すること、こういう透明の気[4]そのものが学の土台であり地盤であり、言いかえると、知ること一般である。始まるにさいして哲学は、意識がこの境地において己れを見出し、この境地において住むことを前提とし、ないし要求するが、しかしながら、この境地のほうも完成するのは、いな透明さをうることでさえ、ただこの境地の生成する運動を通じてのみのことである。この境地は単純な直接態という様態をもっている普遍的なものとして純粋精神性であり、――[5]この単純なものが単純なものであるがままにどのように現存しているかと言えば、思惟であるところの地盤としてのことであり、ただ精神のうちにのみある思惟であるところの地

盤としてのことである。この境地、精神のこの直接態は精神の実体的なもの一般であるから、この直接態は直接態ではあっても変容された本質態であり、反省でありながらそれ自身単純でもあり、直接態そのものでありながら対自的でもあり、存在でありながら己れ自身のうちへの反省でもある。ところで学は学の側で自己意識に対して、学と共に、学のうちに生きることができ、また生きて行くために、意識がこの透明の気にまで登りおえていることを要求するが、反対に個人の側では、学が少くともこの立場への梯子を自分に渡してくれることを、自分自身のうちにも、かかる立場があるのを自分に指摘してくれることを要求する権利をもっている。個人の権利というものは彼の知のいかなる形態においても彼が所有するのを知っているところの彼の絶対的自立性に基づいている。なぜと言って――この形態が学によって承認されていようといなかろうと、また内容がどのようなものであろうと――個人というものは絶対的形式のものだからであり、これを言いかえると、個人は己れ自身についての直接的な確信をもっているからということになり、したがってまた次のような表現を選んでもよいとすれば、個人は無制約的存在だからということになる。ところで対象物については己れ自身との対立において、己れ自身については対象物との対立において知るという意識の立場は学にとっては他者であるという意義をもち、――つまり意識がそこで己れ自身のもとにあると思っているものが学にとってはむしろ精神の喪失であるという意義をもっているのであるが、――しかるに意識にとっては、学の境地というものは、遠い彼岸であって、ここではこの意識はもう己れ自身をもってはいないのである。これら二つの部分のいずれもが他方にとっては真理の顚倒であり、さかしまのように見えるのである。自然的意識が無媒介にいきなり学に身を委ねるということは、何に牽かれてであるか分りもせずに、一度でも逆立ちをして歩こうと試みるようなものである。こんな不慣れな姿勢を無理にとって、これで動こうとするのは、求められるままに、用意もできていな

(26)

ければ強いて必要とも思われないのに、我と我が身をさいなむというものである。――学がそれ自身においてなんであろうとも、直接的な自己意識への関係においては、学はこの直接的な自己意識の顚倒として現われてくる。言いかえると、この自己意識は自己確信のうちに自分の現実性の原理をもっているのであるから、学は、自己意識が自分だけで学のそとにあるときには、非現実性の形式をとることになる。だから学は自己確信というかかる境地を己れと統一づけなくてはならず、言いかえると、むしろこの境地がおのれ自身にも所属し必要であることを、またいかに所属しているかを示さざるをえない。かかる現実性を欠いているときには、学はただ即自的なものとしての内容であるにすぎず、まだやっと内なるものであるにとどまって精神としてではなく、やっと精神的実体としてあるにすぎぬところの目的である。そこでこの即自的なものがおのれを外化して自分で対自的とならなくてはならないが、これは即ち即自的なものが自己意識をもって己れと一なるものとして定立することより以外のことを意味するのではない。(1)

学一般の或は知のこのような生成こそは、この精神の現象学(2)が叙述するところのものである。最初にあるような知或は直接的な精神は没精神的なものであり、感覚的な意識である。本来の知となるためには、或は学の純粋概念そのものであるところの、学の境地を生産するためには、最初の知は長途の道を通じて労苦しなくてはならない。――この生成はその内容において、また途上に現われてくる諸形態において己れを展示するであろうが、かかる生成は第一にはひとが「非学的意識の学への導き」のもとに「表象」するところのものではないであろうし、また〔第二には〕「学の基礎づけ」ともいささか趣を異にするものであり、――まして〔第三には〕ピストルから発射されでもしたかのように、無媒介にいきなり絶対知から始めて、その他の諸立場は一顧にも値しないと宣言するだけで片付けてしまう感激ともこの生成が異なるのは、なおさらのことである。(3)

〔現象学においては〕個人をその教養[1]せられていない段階から〔絶対〕知にまで導くという課題がその普遍的意味において把握せられなくてはならなかったし、また普遍的個人、自己意識的精神がその教養の過程において考察されなくてはならなかった。[2] ――〔特殊的〕個人と普遍的な個人という両者の関係について言うと、普遍的個人においては、いかなる契機も具体的形式と独自の形態とをえた姿で現われてくるのに、特殊的個人のほうは不完全な精神であって、具体的形態ではあっても、この形態の定在全体にわたって、ただひとつの限定だけが主となっていて、その他の諸限定が現にあるのはかき消されてぼんやりした姿においてであるにすぎぬ。そうして或る精神より高次の段階に立つ精神においては、より低次の具体的定在はひとつの目立たぬ契機におとされており、かつては事柄(主題)そのものであったものも、今はただひとつの痕跡としてとどまっているにすぎず、この事柄の形態は覆われて一抹のニュアンスと化している。かかる過去を、高次の精神をもって自分の実体とする個人が遍歴するのであるが、このさい遍歴の仕かたは、より高級の学問に取りかかる人が自分のずっと前から内面的にもちマスターしているもろもろの予備知識を、その内容を心にありありと現前するために、ひとつひとつたどるがごとくである。かかる人は予備知識の記憶を呼びもどしはしても、しかしそれに関心[3]をいだき、そのうちにあり、そこに停滞するのではない。それから内容の側から言っても、個人は普遍的精神の諸教養段階を遍歴しなくてはならないけれども、しかし遍歴するのは、すでに精神によって脱ぎ捨てられた諸形態としてのことであり、開拓せられて平坦にされた公道の諸段階としてのことである。かくて我々はもろもろの知識に関して、先立つ諸時代においては成人の成熟せる精神をして取り組ませたものが少年時代の知識や練習に、いな遊戯にさえなりさがっているのを見るのであり、また我々は教育上の進級において、言わば影絵でかたどられた世界の教養史を認めるであろう。かかる過ぎ去った定在は普遍的精神にとっては、すでに獲得せられて「自分のもの」ではあるけれども、このさい普遍的精神は個人の実体を形づくり、したがって個人にとっては外面的のように思われるところの有機化されていない自分の自然[1]をなしている。――この観点からすると、教養とは、これを個人の側から考察すれば、かく出来あがって自分の前にあるものを獲得し、有機化されていない自分の自然を摂取して、これを自覚的に自分のものにすることであるが、このことは、実体たる普遍的精神の側からすると、この実体が己れに自己意識を与え、己れの生成と自己内反省とを生み出すことより以外のことではない[2]。

〔現象〕学はこの教養の運動を詳細に、また必然的連関[3]において叙述すると共に、すでに精神の契機となりさがり、「自分のもの」となっているところのものをその成形の過程において叙述する。目標は精神が知のなんであるかを透見することであるが、忍耐のない人々は不可能なことを、即ち手段なくして目標に到達せんことを望む。しかし一方では、この道程の長さが耐え忍ばれなくてはならない。なぜなら、一つ一つの契機が必然的だからである。――また他方では一つ一つの契機のそばに足を止めることが必要である。なぜなら、一つ一つの契機がそれ自身個体的で、全体的な形態であり、一つ一つの契機の考察は、その限定を全体的なもの或は具体的なものとして考察するかぎりにおいてのみ、言いかえると、全体をこの規定の固有性において考察するかぎりにおいてのみ、その全きをうるからであ
(28) る。――個人の実体は、まことに世界精神でさえも、諸契機というこれらの形式[4]を時の長き延長にわたって遍歴することを耐え忍んだのであり、また世界史の諸形式においてそれぞれの能うかぎりの全実質を形成し出したという巨大な労苦を引受けることを耐え忍んだのであり、しかも世界精神はこれ以下の労苦をもってしては、己れのなんであるかについての自覚に到達しえなかった。そうであるからには、個人は事柄からすれば、たしかにより以下の労苦をもってしては自分の実体を概念的に把握しえないはずである。しかし同時に個人の労力は軽減せられている。なぜなら、

事は即自的にはすでに成就せられているからである。即ち内容はすでに現実性を消去せられて可能性となり、直接態はすでに克服せられており、形態はもうその縮図に、思想の単純な諸規定におとされてしまっているからである。すでに思惟せられたものであるから、内容は〔個人の〕実体にとっては「自分のもの」となっている。だから必要であるのは、もはや「そこ」の存在（外的存在）を即自存在の形式に転換することではなく、もう生《なま》のままでもなく、また、「そこ」の存在のうちに埋れているのでもなく、むしろすでに内面化せられた即自(1)を対自存在の形式に転換することだけである(2)。そこでこの転換の作業がどのようになされるかがさらに詳しく叙べらるべきである。

〔三〕　表象されたものと熟知されたものとを思想に転換すること、さらにこれを概念に転換すること

ここで我々がこの転換という運動を引受けるにさいしてとっている立場において全般的に言ってもうやらなくてもよいのは、「そこ」に存在するもの（定在）を止揚するということであるが、これに対してまだ残っていて一層高次の再形成を必要とするものは表象であり、もろもろの形式をよく熟知していることである。〔個人の〕実体のうちに取戻された「そこ」の存在はこの最初の否定によっては、やっと直接的に自己の境地のうちに移植せられたにすぎず、したがってかく自己にとっては獲得せられて「自分のもの」となったところのものも、まだ概念的に把握せられていない直接態や〔自己にとっての〕不動の没交渉性という性格を具えている点では、「そこ」の存在自身と同じである。だから「そこ」の存在はまだ表象のうちに移行したにすぎないことになる。――しかし同時にこの移行によって「そこ」の存在は熟知されたものとなり、「そこ」の存在に関わる精神(3)がもう済んだこととしているものであり、したがってこの精神の活動と関心とがもはや向うことのないものである。ところで「そこ」の存在との関わりを済ませる活動なるも

のがそれ自身まだ已れを把握していない特殊的な精神の運動であるにすぎないのに対して、こうして成立を見た表象に、そのかかる熟知性に立ち向うときの知ることは普遍的自己の為すことであり思惟の関心事である。(1)

一般に熟知せられているものは、熟知せられているからといって認識せられているわけではない。(2) 認識にさいして何か或るものを熟知せられているとして前提し、またこれをそのまま承認するのは、自他いずれをも欺く最もありがちな態度である。(3) こういう知は、とりとめもなく、あれこれとどんなに多くを語っても、一向に進捗せず、それでいて自分にどうなっているかを悟りもしない。主体と客体など、神、自然、悟性、感性などが吟味せられずに熟知せられたものとして、なにか或る妥当するものとして根底におかれて、出発並びに還帰のもろもろの固定な点をなしている。そこで運動とは、不動であるにとどまるこれらの固定点の間をあちこちと往来することであるから、それらの表面をうわすべりするものであるにすぎない。しかも把握(理解)とか吟味とか言っても、これらの点について言われたことを各人が自分の表象のうちにも見出すかどうか、各人にも言われた通りに見え、言われた通りに熟知されているか、それともそうでないかを見ることである。

表象を分析することとは、普通に行われているようなものであっても、すでに表象の熟知されているという形式をなくすることより以外のものではなかった。ひとつの表象をその根源的な諸要素にまで分解するということとは、表象の諸契機にまで、即ち少くとも自分の前に見出される表象という形式をもたずに、自己にとって直接に「自分のもの」をなしている諸契機にまでさかのぼることである。この分析が行きつくのは、たしかに、それ自身熟知された固定し安定せる諸規定であるところのもろもろの思惟せられたもの(思想)(4)にまでのことにすぎないけれども、この分解せられたもの自身、この非現実的なもの自身こそは必須の契機である。なぜなら、具体的なものが已れを分解して非現実的なものとすること、ただこうすることによってのみ、それは自分で運動するものとなるからである。分解の働きというものは、悟性という最も驚嘆すべき最も大きい、或はむしろ絶対的な威力の勢力であり、わざである。自分で完結して安らい実体として己れの諸契機を支えている円環[1]は直接的な関係であり、したがって驚嘆に値しない事態であるが、これに対して、周りのものから分離せられた属性的なるもの自身が独立の定在と分離した自由とを獲得するということ、また他と結びつけられ[2]、これとの連関においてのみ現実的であるものがそうするということは、否定的なもののもつ怖るべき巨大な威力によることであり、こういうことは思惟の、純粋自我のエネルギーの致すところである。かかる非現実態を我々は死と呼ぼうと思うが、もしそうしてよいのなら、次のように言うことができる。死とは最も怖しいものであり、死せるものを見すえるのは最大の力を要することである。力なき美[3]は悟性を憎悪するが、これは悟性がこの美にその能くせざることを要求するからである。しかしながら精神の生[4]というものは、死を避け荒廃からおのれを清く保つ生のことではなくして、死に耐え死のただなかに己れを保つ生のことである。精神がその真(30)実態をうるのは、ただ絶対の四分五裂[5]のただなかにありながら、そのうちに己れ自身を見出すことにのみよっている。精神がかかる威力であるのは、我々が或るものについて、「これは無である」とか「これは偽である」とか言うだけで、それをもう片付けて何か他のものに移って行くときに我々がするように、否定的なものから目をそむけるところの肯定的なものとしてのことではない。そうでなく精神がかかる威力であるのは、ただ否定的なものを面と向ってまざまざと見詰め、そのそばに足を止めることにのみよっている。しかしこの足を止めるということこそは、否定的なものを存在に転換するところの魔法の力なのである。——ところでまさにこの魔法の力こそは、さきに[6]主体と呼ばれたところのものと同じものである。主体とは限定におのれの場面のうちで定在を与えること、まさにこのことによって抽象的な、言いかえると、ただもう存在するにすぎぬ直接態を止揚し、そうすることによって真実の実体であるところのもの、即ち存在であり無媒介態でありながら媒介を已れのそとにもつのではなく、却って媒介そのものであるところのものであったが、こういう主体と右の魔法の力とは同一のものなのである。

表象せられていたものが純粋自己意識にとって「自分のもの」となること、かく普遍態一般にまで高まることは、〔表象を転換する作業の〕ただ一面であるにすぎないのであって、教養(形成)はこれをもって完成したわけではない。——古代の修学の態度は近代の修学の態度に対して、前者が本来の意味において自然的意識を徹底的に形成するものであったという相違をもっている。〔前者においては〕自然的意識が已れの「そこ」の存在のいずれの部分に即してもことさらに試行し、出現してくるすべてのものについて哲学的思索をめぐらして、已れを徹底的に確証せられた普遍態にまで仕上げたのであるのに対して、近代においては個人はすでに用意されている抽象的形式を見出すのであり[1]、この形式を摑み我がものとなさんとする努力と言っても、〔古代におけるように〕普遍的なものを「そこ」の存在の具体的なもの及び多様なものから顕現させることであるよりも、むしろ内なるものをそのまま外へと出現させることであって、普遍的なものを生産する手続は切り捨てられている。したがって今や個人を直接的な感覚的な態度から純化して思惟された、また思惟しつつある実体とすることが仕事であるよりも、むしろ正反対に固定的な限定的な諸思想を止揚することによって、普遍的なものを現実化し、それに精神を吹きこむことにあるのである。しかしながら固定的な諸思想を流動にもたらすのは、感覚的な「そこ」の存在をそうするよりも遙かにむつかしいことであるが、その理由は前に叙べたこと[2]のうちに含まれている。即ち思想のかの諸規定が自我という否定的なものの威力或は純粋な現実態をもって成立の実体とし已れの定在するための境地としているのに、これに対して感覚的な諸規定はただ無力な抽象的な直接態ないし存在そのものをもって成立の実体とするにすぎぬからである。そうして諸思想が流動的となるのは、純粋思惟という、この内面的な直接態が自分をもって契機にすぎぬものと自認することによっており、言いかえると、自分の自己確信を捨象するによっている。――しかし「捨象する」と言っても、自己確信を傍らにおきざりにするのではなく、ただこの確信の自己肯定の固定性を放棄するのである。自我自身が自分から区別せられた内容への対立において純粋に具体的なものとして固定性をもっているが、この固定性を放棄するのと同じく、また純粋思惟の境地のうちに定立せられているので、自我の無制約性にあずかっている相互に区別せられたものの固定性をも自己確信は放棄するのである。(1) 固定性を放棄するこういう運動によって〔悟性の〕純粋な諸思想は〔理性の〕諸概念となり、諸思想は此処に初めてそれらが真実態においてそうであるところのもの即ちもろもろの自己運動であり、もろもろの循環であり、また諸思想はこれらの実体がそうであるところのもろもろの精神的な本質態である。

もろもろの純粋本質態のこのような運動がおよそ学の学たる所以の本性をなしている。(2) この運動は、これをその内容の連関として考察すれば、内容の必然性であり、また内容が有機的全体にまで広がって行くことである。そこで知の概念が到達せられる道程でさえも、この運動によってやはり〔学そのものと〕同じく必然的な剰すところのない生成となる。だから、この予備〔学〕(3)も、もはや偶然のもたらすままに不完全な意識の「この」または「あの」対象や関係や思想に結びつくところの、言いかえると、限られた若干の思想を前提としてとやかく理屈をこね廻し推理し結論する(4)ことによって真なるものを基礎づけんとするところの出鱈目な哲学研究(5)ではない。むしろ、この道程は概念の運動によって意識の世界性(6)をその必然性において剰すところなく包括することであろう。

さらに言うと、かかる叙述が学の第一部(7)をなすのであるが、その理由は、精神の定在は、最初のものとして直接的なもの或は初め以外のものではなく、しかもこの初めたるやまだ自己のうちへの還帰ではないところの初めだということである。だから直接的定在という境地ということが学のこの部門を其他の部門から区別する所以の限定であることになる。――しかし、この区別をあげたことは、この点に関して出現してくるのをつねとする若干の固定的な思想(1)の論究へと我々を導いて行く。

精神の直接的な定在である意識は知ることとそうしてこれに対して否定的な対象性という二つの契機をもっている。こういう〔直接的な定在という〕境地のうちにおいて精神が己れを展開し、また己れの諸契機をくりひろげるときには、これらの契機のいずれにもこの対立が帰属することになり、そこでこれらはすべて「意識の諸形態」(2)として登場するが、かかる道程の学は意識が行う経験の学(3)であり、ここでは実体は、実体とその運動とがどのように意識の対象であるかという観点から考察せられる。意識は自分の経験のうちにあるものより以外のいかなるものをも知ることはなく、また把握することもない(4)。なぜなら、経験のうちにあるものは、実体は実体でもただ精神的な実体だけであり、しかもこの実体にとっての自己の対象としてのものだけだからである。しかし精神というものは対象となるものである。なぜなら、精神とは己れにとって他者即ち己れの自己の対象となりながら、それでいてこの他的存在を止揚するという運動だからである。そうして感覚的な存在に属するにせよ、思惟せられたものに属するにせよ、およそ直接的なもの、まだ経験せられていないもの、即ち抽象的なものが〔いったん意識にとって〕己れから疎外し、しかる後にこの疎外から己れに還帰し、こうして今や初めて抽象的なものがその現実態と真実態とにおいて表現せられ、また意識にとっても「自分のもの」となるところの運動、まさにこの運動こそは「経験」と呼ばれるものにほかならないのである。意識において自我とその対象である実体との間におこる不等は両者の区別であり、否定的なもの一般である。この否定的なものは両者の欠陥とも見なされることはできるけれども、しかし両者の魂であり両者を動かすものである。そこに若干の古人[1]が空虚をもって動かすものと解した所以である。もっとも彼らは動かすものをたしかに否定的なものとして把握しはしたが、しかし、まだこの否定的なものをもって自己としてはとらえはしなかった。――ところでこの否定的なものは最初には自我と対象との不等であるように見えるけれども、しかし、この否定的なものは同時に実体の己れ自身との不等でもある。実体のそとにおこるかのように見えるもの、実体に向っている働きであるかのように見えるものは、じつは実体自身の働きであり、かくて実体は自分が本質的には主体であることを示す[2]のであるが、実体がこのことを完全に示したとき、精神は己れの定在を己れの本質に等しうしたのであり、精神は存在し、存在するがままに己れの対象であり、直接態という、また知と真との分離という抽象的な境地とは克服せられている。存在は絶対的に媒介せられており、――存在は実体的内容ではあるが、この内容は同時に自我にとって直ちに「自分のもの」でもあり、自己的であり、即ち概念である。[3] これをもって精神現象学は完結する。精神が現象学において自分に用意するものは、〔絶対〕知の境地であり、この境地において今や精神の諸契機は、己れの対象が己れ自身であることが知られているところの単純態の形式において広がって行くが、そのさい諸契機は存在と知識との対立に分散することはなく、〔絶対〕知識の単純態のうちにとどまり、真なるものの形式における真なるものであり、そこで諸契機間の相違とはただ内容の相違であるにすぎぬ。そうして諸契機がこの境地のうちにおいて己れを全体にまで有機的に組織づけるところの運動が論理学或は思弁哲学である。

〔三　哲学的真理〕*

〔一〕　いかなる程度にまで精神の現象学は否定的であるか、言いかえると、偽なるものを含むか

ところで精神の行う経験の右にいったような体系が含んでいるのは、ただ精神の現象だけであるから、この体系から真なるものの形態においてある真なるものの学への進行はただ単に否定的であるにすぎぬように見え、そこでひとは偽なるものとしての否定的なるもの[1]に関わることを免れていたく思い、即座に真理に導かれたいと願うであろう。いったい、なんのために偽なるものに関わるのかと問われるわけである。——直ちに学から始めらるべきであるという前に[2]もすでに語った見解に対して、ここでは、いったい偽なるものとしての否定的なものに関して事態はどのようであるかという側面から答えることができる。この否定的なものとしての偽なるものについてのひとのいだいているもろもろの「表象[3]」がとりわけ真理へ歩み入ることを妨げている。この点について語ることが数学的な認識について論ずる諸機会を与えるであろうが、この数学的な認識こそは非哲学的な知識の見るところでは、哲学が到達する努力をせざるをえない理想でありながら、今日までその努力のかいのなかったものである。

　真なるものと偽なるものというのは、もろもろの限定的な思想のうちにそのひとつとして属するものであって、一から他へ運動することもなく、各自独特の本質として妥当し、一は彼方《かなた》に、他は此方《こなた》にあって互に他と共同することもなく孤立し固定していると考えられている。こういう考えに対しては、真理とは出来上ったものとして与えられるので、すぐに懐《ふとこ》ろに入れることのできる鋳造せられた貨幣ではないこと[4]が主張せられなくてはならない。かく真理は

(34)

鋳貨でないばかりでなく、「ひとつの」偽なるものが与えられず、存在しないのは、「ひとつ」の悪いものが存在しないと同じである。「悪いもの」と「偽なるもの」とはたしかに悪魔ほどには邪《よこしま》なものではない。なぜなら、悪魔としては、両者は特別の主体とさえなされているのに、「偽なるもの」と「悪いもの」とであるかぎりにおいては、両者はそれぞれ普遍的なものであるにすぎないからである。もっともそうは言っても、両者は相互に独特の本質態である〔と考えられており、そこに問題はあるのである。——さて偽なるものとは〔と言うのは、ここでは偽なるものだけが問題だからである〕、知の内容として真なるものであるところの実体に対する他者であり、それにとっての否定的なものとも考えられるであろうけれども、しかし実体自身が本質的に否定的なものである、即ち一方では内容を区別し規定することとして否定的なものであり、他方では単純な区別を立てることとして否定的なものであるが、このさい単純な区別を立てるというのは一般に自己と知とを区別することを意味する。(1) むろん或るものが偽なる仕方で知られることはありうることであり、これは知がその実体との不等においてあることを意味している。しかしながら、まさにこの不等こそは区別の働き一般であるが、この区別の働きこそは必要に欠くべからざる契機であって、この区別があってこそ、これから知と実体という両者の相等が生成するのであり、そうしてかくして生成した相等(2)こそ真理なのである。しかしこの生成した相等が真理であっても、これは、この相等から不等が投げすてられでもしているかのような意味においてではない。例えば鉄屎《かなくそ》が純粋な金属から投げすてられているような意味においてではなく、まして道具(鋳型)が出来あがった器物から離れているかのような意味においてでもない。そうではなく、不等は否定的なものとして、自己として真理それ自身のうちにもなお直ちに現にあるのである。しかしながら、そうかと言って、偽なるものが真なるものの契機をなすと言われることはできず、ましてその成素をなすと言われることはできない。「いかなる偽なるもののうちにも、なにか或る真なるものがある」と言われるが、——この表現においては、真なるものと偽なるものとの両者は油と水とのように混和せずに、ただ外面的にいっしょにされているだけであるにすぎぬ。「真なるもの」と「偽なるもの」という表現はまさに両者相互の完全な他的存在という契機を示す意義をもっているからこそ、これらの表現は、両者の他的存在が止揚せられてしまっている場面においては、もはや使用せられてはならないのである。いったい主体と客体との統一、また有限と無限との、存在と思惟との統一などという表現は、「主体」「客体」などのそれらがそれらの統一のそとにおいてあるところのものを意味し、したがって統一のうちにおいては表現の言表しているものとしては理解されていないという不適切な点をもっているのであるが、ちょうどこれと同じように、偽なるものもまた偽なるものとしてはもはや真理の契機ではないのである。(1)

(35)

知識における、また哲学の研究における思惟様式であるところの独断論とは、(2)真なるものが固定的な結果であるところのひとつの命題、或はまた無媒介に知られるひとつの命題に存すると思いこむ「私念」以外のものではない。シーザーはいつ生れたか、一スタディームはなんトアズの長さに達するか等々のごとき問に対しては、(3)きっぱりした答が与えらるべきであるが、これはちょうど、直角三角形の斜辺の平方は自余両辺の平方の和に等しいということの決定的に真であるのと同じである。しかし、この種の所謂真理の本性は哲学的真理の本性とは相違している。(4)

〔二〕　歴史的真理と数学的真理

歴史的真理(5)について簡単に叙べることにすると、即ちその純粋に歴史的なるものだけを考察することにすると、この真理は個別的定在に関するものであり、また或る内容に関するにしても、これはその偶然性と恣意的性格との側面からすることであり、即ち歴史的真理が内容の必然的ではない諸規定に関するものであることは容易に承認せられるところである。――しかしながら、さきに実例としてあげたようなもろもろのむき出しの真理でさえも、自己意識の運動なしには存在しない。これらの真理のひとつを知るためにも、多くの比較がなされなくてはならないし、また諸文献が参照されなくてはならぬこともあり、その他どのような方法によるにしても、とにかく探究がなされなくてはならない。[1] いな、ひとつの直接的直観の場合でさえも、その知識はいろんな理由を具えるに至って初めて真実の価値をもつひとかどのものと見なされるのである。たとい、厳密に言えば此処で課題となっているのは、ただむき出しの結果たるべきであるとしても、そうである。

　数学的真理[2]について言うと、この場合には歴史的真理の場合にもまして、ユークリッドの諸定理を外的に知る(暗《そら》んずる)だけで、その証明を知ることのない人、そうしてこのさい「外的に」と言うのに対照としてこう言うことができるとすれば、即ち定理を内的に知ることのない人は幾何学者とされるわけには行かないであろう。同様に或る人が多数の直角三角形の測定によって、その辺々が相互に周知の関係をもつという知識を獲得したとしても、この知識は不十分なものと見なされるであろう。しかし証明は数学的知識においてさえも、〔たしかに本質的ではあっても〕この本質的であるということは結果そのものの契機であるという意義と本性とをもっているのではなく、結果においては証明はむしろ過ぎ去り消え失せてしまっている。結果としてはこの定理はたしかに真なりと透見せられたひとつの定理ではあるけれども、しかし〔証明という〕この附け加わった事情は定理の内容に関するのではなく、ただ主観への関係に関するにすぎない。数学の証明という運動は対象であるところのものに属するのではなくして、当の事柄には外面的な為すことである。[3] 例えば直角三角形の本性自身がその関係を表明せる命題の証明のために必要である作図において示されるような具合に己れを分解するのではない。結果が現われてくるまでの過程の全体が認識の行程であり手段なのである。——哲学的認識においても、また定在としての定在の生成は本質の生成、言いかえると、事柄の内的本性の生成とは相違してはいる。しかし哲学的認識が第一にはこれら二つの生成をともどもに含んでいるのに、数学的認識はただ定在の生成をしか示していないが、このことは事柄の本性が認識そのもののうちにもつ存在の生成をしか示していないことを意味している。第二には哲学的認識はこれら二つの特殊的な運動を統一づけもしている。内的発生、言いかえると、実体の生成が切れ目もなく外なるもののうちへと、言いかえると、定在のうちへと、他者(認識)に対する存在のうちへと移り行く運動であり、そうして逆に定在の生成も本質のうちへと己れを取戻す運動である。そこで運動は全体の二重の過程であり、生成であり、しかもこれはいずれの生成も同時に他の生成を定立し、したがっていずれもが両者を二つの観点として自分で具えているという意味においてのことである。両方の生成が相合して全体をなしているが、これは両者が各自に自分自身を解消し、自分自身を契機となすことによっているのである。(1)

数学的認識においては透見は事柄に対して外面的な働きであるが、このことから結論として出てくるのは、真実の事柄がこの認識によっては変更されるということである。だから手段であるところの作図と証明とがたしかに真実の命題を含んではいても、これと全く同時に言われざるをえないのは、内容が偽であるということである。右の例において三角形は分断せられ、その諸部分は作図が三角形に関して発生させる他の諸図形に加入させられている。そうして三角形が本来の問題であるのに、進行中には見失われ、他の全体に属する断片としてしか現れてこなかったが、この三角形が再興せられるのは、やっと終りに至ってのことである。——我々は此処に内容の否定性がはいりこんできているのを見るが、この否定性は全く同時に内容の虚偽性とも呼ばれざるをえないものであり、そうしてこのさい

「虚偽性」と呼ぶのは、いったい〔独断論的に〕かたく思いこまれ私念されていた諸思想が概念の自己運動のうちでは消え失せて行くのと同じ意味においてのことである。

しかしこの認識の本来の欠陥は、認識自身に関すると共にその素材一般にも関している。——認識に関して言うと、第一に作図の必然性が透見せられていない。作図は定理の概念から出てくるのではなく、命令せられるのである。他に無数に多くの線を引くことができるのに、まさに「しかじかの線を引け」という指図にひとは盲従するだけであって、こうするのが証明の実施に合目的的であろうとたわいもなく信ずるという以上には、ひとはなにひとつ知らないのである。あとになれば、この合目的性も姿を現わしてくるが、この合目的性は証明にさいして後になって初めて姿を現わすのであるからこそ、ただ外面的な合目的性であるにすぎぬのである。——同様に証明も出てくるはずの結果とはいったいどういう関係にあるのかを、ひとがまだ知らない或る場所から始まる道をとって行く。証明の進行はしかじかの規定や関係を取上げて、其の他の規定や関係はこれをおきざりにするが、このことがはたしていかなる必然性にしたがっているのかは、ひとのすぐには透見しえないことである。それで外的目的がこの運動を支配しているわけである。

この認識は欠陥があるのに明証性をもっているが、この明証性こそは数学が誇りとし、また数学をして哲学に対して昂然たる態度をとらせる所以のものである。しかし、この明証性は数学の目的が貧弱であり、その素材に欠陥があることに基づいており、したがって哲学が軽蔑せざるをえぬ種類のものである。——数学の目的ないし概念は量であるが、これこそまさに非本質的な没概念的な関係である。だから〔数学においては〕知ることの運動は事柄の表面をかすめて進んで行き、事柄そのものには触れず、本質にも概念にも徹することはなく、したがって知の運動は決して概念的に把握することではない。――そうして数学が悦に入ってもろもろの真理の財宝を提供するさいの素材は空間であり、また一である。(1) これらのうち、空間とは概念が己れの諸区別項を記入する定在であるが、このさい記入するのは、空ろ《うつ》で死せる場面へのことであるから、ここでは諸区別項もまた動きのない生命のないものとなる。現実的なるものとは、数学において考察せられるような空間的なものではなく、数学にとっての諸物のような非現実には、具体的な感覚的な直観も、また哲学も関わることはない。(2) かかる非現実的な場面のうちでは、じっさい、またただ非現実的な真理があるだけであり、即ちそれぞれが固定し死んでいる諸命題があるだけである。これらの命題のいずれにおいても中断されることができ、次の命題は単独で新規まき直しに始まるのであって、前者自身が後者に進んで行くこともなければ、またこうして事柄自身の本性によって必然的連関が発生するわけでもないのである。――すでに原理と場面とが右のごときものであるから、――そうして数学的な明証性の形式的である所以はまさに此処にその所在をもっている――知もまた相等性の線に沿うて進んで行く。なぜなら、死せるものは自分では動くことがないので、本(38)質のうえでの区別には至らず、また本質的対立ないし不等にも至らず、したがって相対立するものの一方の他方への移行には至らず、質的な内在的な運動即ち自己運動には至らぬからである。まことに数学の考察する唯一のものは、量という非本質的区別なのである。空間をその諸次元に分ち、それらの、またそれらにおける諸結合をきめるところのものが概念であるということを数学は捨象して顧みない。数学は例えば線の面に対する関係をも考察することがなく、また円の直径と円周とを比較するときには、それらの通約不可能性につきあたるが、これは概念の立場におけるひとつの関係であり、数学の規定からはのがれ去って行くひとつの無限なものである。(3)

それから内在的数学即ち所謂純粋数学は時間(4)としての本来の時間を、自分の考察の第二の素材として空間に対置す

ることをさえしない。応用数学となると、たしかに時間を取扱う、例えば運動やまた其の他の現実的な物を取扱うご
とくである。しかし、これらの物相互の諸関係を表明せるもろもろの総合命題を、これらが諸物の概念によって規定
せられている〔先験〕総合命題(1)であるのに、経験から受取って諸前提とし、そうしてこれらの前提に自分の公式(数式)
を応用しているにすぎない。かかる命題についてのいわゆる証明、例えば梃子の平衡、落下運動における空間と時間
との関係等についての証明のごときは応用数学のしばしば提供するものであるが、かかるものが「証明」として提供
せられ、また証明として受取られているということ自体が認識にとっては証明の必要がいかに大きいかということの
証明でしかない。なぜなら、証明をもうもたないときには、認識は証明の空《むな》しい外観をさえ尊重し、これで満足をう
ることになるからである。右のごとき諸証明を批判(2)することは、注目に値することであるのと全く同じように、一方
では数学からかかる偽りの虚飾をはぎ取り、他方ではその限界を示し、こうすることによって数学とはちがった他の
知識の必要を示すうえにおいて教訓になることである。――空間に対する対《つい》として純粋数学のいまひとつの部門の素
(39) 材をなすとひとが私念するでもあろう時間について言うと、時間とは「そこ」に存在する概念そのものである。しか
し量という没概念的な区別の原理と相等性という抽象的で生命のない統一の原理とは、時間という、生命のかの純粋
な不安定と絶対的な区別とを相手とすることはできない。したがって、〔時間本来の〕この否定性はただ麻痺されてし
まうだけであり、即ち麻痺されて一として数学というこの認識の第二の素材となるだけであるが、この認識は外面的
な働きであるから、〔概念として〕自己自身で運動するものを「素材」にまでおとし、この素材において今や互に没交
渉で外面的な、生命のない内容をうるのである。

〔三〕　哲学的真理とその方法との本性、図式化する形式主義への反対

しかるに哲学は数学とは反対に非本質的な規定を考察するのではなく、規定をこれが本質的であるかぎりにおいて考察する。哲学の境地と内容とは抽象的なもの或は非現実的なものではなくして、現実的なもの、己れ自身を定立するもの、己れのうちに生きるものであり、また定在ではあっても、この定在はその概念のうちにあるものである。哲学の境地とは、己れの諸契機を生み出し、またこれらを遍歴するところの過程のことであり、そこに生ずる運動の全体が肯定的なものとこれの真理とをなしている。だから真理と言っても、同時に否定的なものをも内含しており、もし捨象せらるべきものであると見なされうるとすれば、「偽なるもの」とも呼ばれるであろうものをも内含しているのである。消失するものがそれ自身むしろ本質的と見なさるべきであって、真理から切り離されて、そのそとの何処か分らない処におきざりにせらるべき固定的なものという規定において見らるべきではないが、同様に真なるもののほうでもまた他方の側にあって静止せる死せる肯定的なものと見なさるべきではない。現象とは生成と消滅とのことであるが、しかし、この生滅それ自身は生滅せずに(1)自体的存在を保って真理の生命の現実性と運動とをなしている。かくて真理とはだれひとり酔わぬものとてはなきバッカス踊りのよろめきであるが、しかしだれかが離れ出ようとすると、すぐにそうはさせないから、このよろめきは同時に清澄純一の安らいでもある。(2)かの運動の審判《さばき》に遇《あ》っては、精神の個々の形態は限定的な諸思想(3)と同じく、もとよりこの裁きに耐ええないのであるけれども、しかしこれらは否定的であり消失的であるのと全く同じように、肯定的な必須の諸契機でもある。――運動の全体が静止と解せられたときには、この全体においては、途上で区別せられて特殊的定在をうるものは、憶《むね》のうちに収められたもの(4)として貯えられており、そうしてこの憶《むね》のうちに収められているものが「そこ」に存在することもあるが、これは己れ自身につ

いての知ることである。しかし、それでいてこの知もまたすぐに「そこ」の存在である。

(40)

この運動の或は学の方法については予め若干重要な点を叙べておく必要があるかのように見えうるであろうけれども、しかし方法の概念はすでに言われたことのうちに含まれているし、またその厳密な意味における叙述は論理学のことに属し、いなむしろ論理学自身である。けだし方法とは、全体の構造がその純粋な本質態において組立てられたもの以外のものではないからである。(1) しかしながら、方法という点に関してこれまで世に行われてきたものについては、「哲学の方法とはなにか」という問題に対して関心をいだく諸「表象」の体系でさえも、すでに過ぎ去った教養に属するものであるという意識を、我々はもたざるをえないのである。――こう言えば何か法螺吹きか革命家の口吻のようだと言われるかも知れない。私は決してそんな言いかたをしているつもりではないが、とにかく思いの及ぼさるべきは、数学が貸してくれた学問上のはでな盛装(2)――即ち説明、区分、公理、一連の定理、それらの証明、原則、これからする演繹と推論、これらから成る盛装――はすでに世人の見解においてさえ少くとも時代おくれとなっているということである。たとい役に立たないことが明確には見ぬかれていないにしても、こんな装いはもはや全く、ないし殆ど使用せられないし、またそれ自体として真向から否認せられていないにしても、好まれてはいない。卓越せるものに対しては、それが使用せられ、また好まれるであろうという予想を、我々はいだかざるをえないのに、ひとつの命題を立て、これに賛成する理由をあげ、そうして反対の命題をも、やはり理由によって反駁するという遣りかたが真理の出現しうるさいの形式ではないことは、これを見ぬくにかたくない。真理とは、全くそれ自身における自己運動であるのに、かの方法は素材に外面的な認識である。だから、この方法は数学に、すでに(3)いったように量という概念のない関係をもって原理とし、また死せる空間とそうしてやはり全く同じく死せる「一」とをもって素材とする

(41)

ところの数学に固有のものであり、数学に任せておくのほかはないものである。またこの方法はもっと自由な遣りかたにおいて、言いかえると、もっと多くの恣意及び偶然をまぜ合せて、日常生活のうちに、会話のうちに、認識のためというよりかむしろ好奇心のための記述的な教示のうちに存続しうるであろうが、序文もまた大体こうしたものである。[1] 日常の生活においては、意識が内容としてもつところのものは、もろもろの知識、経験、感覚的具体物であり、それからもろもろの思想や原則であり、一般的にいえば、或るときは自分の前にあるものとして、或るときは固定的な静止的な存在ないし本質として妥当しているようなものである。意識は一方ではこういう内容をたどって進んで行くが、他方ではかかる内容についての自由な気まぐれによって連関を断ちきり、内容を外面的に規定し取扱うという態度をとっている。意識が内容をなにか或る確実なものに、たとい、これが一瞬の印象にすぎないにしても、なにか確実なものにつれ戻し、そうして自分の熟知している安息所に到着すれば、確信はもうこれで満足しているのである。

かく概念の必然性が小理屈をこねる会話[2]のだらしない足どりをも、また〔数学の〕衒学的な虚飾の堅苦しい足どりをもともに追放するが、しかしそうかと言って、すでに[3]注意せられたように、こういう堅苦しい足どりに代えるに、予感及び霊感という方法を無視した態度や予言者めいた口吻を弄するものの恣意をもってすべきでもない。こういう口吻を弄するものは、ただにかの衒学の学問性だけをではなく、およそ学問性一般をも軽蔑するものである。[4]

また次のようなこともなされてはならない。さて三重性はカントにおいてはまだやっと本能によって再発見せられたものであって、まだ死んでいて概念的には把握せられていないものであったのに、これが絶対的意義にまで高められ、こうして真実の形式が同時にその真実の内容において提出せられて学の概念が顕現するようになった。[5] こうなった以上、――我々が目撃するように、この形式が生命のない図式 Schema に、いな全くの幻影 Shemen に、また学的組織が一覧表に格さげされているような、この形式の使用法はなにかひとかどの学問的なものと見なされるわけには行かないのである。——かかる形式主義についてはすでにさきに[1]大体のことを語ったのであるが、ここで我々はその手法をもっと詳しく叙べようと思う。さてこの形式主義は或る与えられた形態について図式に属するひとつの規定が述語として立言せられたときには、もうこれでこの形態の本性と生命とを把握し言明したつもりでいる。——このさい、述語が主観性であろうと、或は客観性であろうと、それからまた磁気、電気等々、収縮、膨脹、東或は西というようなものであろうと差支えはなく、いくらでもふやして行くことができる。なぜなら、この遣りかたでは、どの規定ないし形態でも他に対して再び形式或は図式に属する契機として使用せられることができ、どの規定も他の規定に対して返礼として同様の奉仕をなすことができるからである。——これは交互性の循環論というものであって、これでは、ひとは事柄自身がなんであるかを、ひとつの事柄がなんであるかをも、他の事柄がなんであるかをも経験することがない。このさい、一方では、普通の直観から感覚的諸規定が取りあげられるが、これらはそれぞれの表現の言っているのとは、むろん何か異なったものを意味すべきはずのものであり、他方では主観、客観、実体、原因、普遍者等々のごときそれ自体としては意義をもつ思想の純粋な諸規定が普通の生活におけるのと、また強化、弱化、膨脹、収縮という語が用いられるのと全く同じように吟味もされずに無批判的に用いられている。その結果として、これらもろもろの感覚的な「表象」と同じく、かの形而上学もやはり学的ではないのである。

そこでこの形式主義においてはものごとの内的な生命とこの生命の定在の自己運動とが語られる代りに、「直観」によって、と言っても、ここでは感覚的な知識にほかならぬ直観によって右のような単純な限定が表面的な類推[2]にしたがってものごとについて言明せられ、公式のかかる外面的で空《うつ》ろな適用が構成[3]と呼ばれている。——かかる形式主義においても事情はいずれの形式主義におけるのとも同じである。病気には無力症と強力症と間接的無力症とがあり、また同数の治療法もあると唱える理論(1)があり、そうしてほんのちょっと前にこの理論をさえ心得るならば、理論的な医者となるのに十分だというのであるが、そうであるとすると、こんな理論を一五分間のうちに教えこまれて、この短時間のうちに、ありきたりの町医者から理論的な医者になり変ることのできない頭脳がもしあるとすれば、よほど鈍い頭脳にちがいないであろう。同様にこの形式主義も自然哲学においては例えば、「悟性は電気である」とか、「動物は窒素である」とか、また動物は南ないし北に等しいとか、或は南ないし北を代表するとかなどいうことを説く(2)。もっとも此処に再現したような、むき出しの形で説くこともあれば、比較的に多くの術語をまぜ合せ調合して説くこともありはするが、いずれにしても、このさいには遙かに距っているように見えるものを摑み合せる能力が示されており、また静止せる感覚的なものがかかる結合によって蒙る激しい力も示されており、こうして感覚的なものには概念の外観が与えられている。もっとも、感覚的な表象の「概念」自身ないし意義を表明するという肝心の課題ははぶかれているにしても——しかし、こういう能力や激しい力に接すると、未経験のものはびっくり仰天して、こんなことのうちに深遠な天才の霊感(3)を讃美し、また抽象的な概念に代えるに直観的なものをもってするところのかの諸規定 (43) の愉快さに喜びを感じ、さらにはかくも素晴らしい業《わざ》にそこはかとなき魂の共感を覚えて我と我が身を祝福することであろう。しかし、かかる知恵の手管《てくだ》は、使用するのが容易であるように、すぐに覚えこまれるものである。それでもうよく分っているのに、こういう手管が繰返して用いられるのは、種《たね》の見ぬかれた手品の繰返されるのと同じく我慢のならないものである。かかる単調な形式主義の道具立は、取扱いにくいものではないが、これはちょうど、或る画家の絵具板には例えば赤と緑の二色しかなく、歴史画が望まれるときには赤で、風景画が望まれるときには緑で画面を彩どるのと同じである。——このさい「天にあるもの、地にあるもの、地の下にあるもの[1]」のすべてをかかる〔二色の〕絵具で塗ったくる気楽さとこの万能薬の卓越さに対する自負とのうちで、いずれがより有力に働いているかを決定するのはおそらく困難であって、一が他を支えている。あらゆる天上のものと地上のものとに、あらゆる自然的形態と精神的形態とに普遍的図式の対《つい》をなしている規定を貼りつけ、こういう遣りかたで一切のものを図式のうちに編入するところのこの方法が生み出すものは、宇宙の有機的組織についての「日のごとく明らかな報告[2]」より以下のものではないが、これを言いかえると、一覧表にほかならないということになる。この一覧表は紙片を貼りつけた骸骨か、それとも香料商の店頭にあるレッテルを貼りつけて密封した罐の列かに似ていて、一方の骸骨とも他方の罐とも同じように一目瞭然としてはいる。しかし前者の場合には骨から肉と血とが取りさられており、後者の場合には骸骨同然もう生命のない「もの」(ザッヘ)が罐のうちに隠されているのであるが、かの一覧表もまた事柄(ザッヘ)の生ける本質を取り去ってしまったか、それとも隠してしまったかのいずれかである。——自然哲学において以上のごとくであると同時に、この手法は区別をもって「反省」に属するものと見、図式のもつ区別をさえ恥じて、これを絶対者の空無のうちに沈めるので、最後にはただひと色をしか用いない絶対画法となること[3]、その結果として純なる同一性という形なき白一色の空白が再興せられること、このことは、すでにさきに[4]注意したところである。〔自然哲学上の〕図式とその生命のない諸規定とのかの同色性、〔同一哲学における〕この絶対的な同一性、さらには前者から後者への移行、これらはすべていずれも一は他と同じく死せる悟性[5]とやはり外面的な認識とのしわざである。

(44) 〔三重性の原理という〕卓越せるものがかくも生命を奪われ精神をぬきとられ、こうして剝がれた自分の皮が生命のない知とその己惚れとによってまとわれているのを目撃するという運命をまぬがれてはいない。しかし、これだけにとどまるのではなく、むしろかかる運命のうちにさえ、認識せられうるのは、卓越せるものがたとい人々の精神に対してではないにしても、人々の心情に対してはやはり迫力を及ぼすこと、また形式を仕上げて普遍性と限定性とをえさせることにこそ卓越せるものの完成が存すること、(1) そうしてこの普遍性が皮相な遣りかたで利用されることを可能にしたものも、この完成〔の必要〕にほかならぬということである。(2)

学は己れを組織するにさいしてただ概念自身の生命によることのみを許される。〔形式主義においては〕図式から定在に外面的に貼りつけられる限定も学においては充実した内容の自動的なる魂である。(3) 存在するものの運動とは、一方では己れにとっての他者となり、こうして己れに内在的な内容となるということであるが、他方では存在するものはかかる展開をないしかかる己れの定在を己れのうちに取戻すのであり、そうしてこれは存在するものが己れ自身をひとつの契機となし、己れを単純化して限定とすることを意味する。第一の運動においては、否定性とは区別することであり定在を定立することであるが、第二の自己内還帰においては、否定性とは限定せられた単純態の生成することである。このようにして内容は己れの限定を他者から受取り貼りつけられたものとして表示するのではなく、内容が自分で自分に限定を与え、自発的に己れを契機に列せしめ、全体における或る位置に列せしめるということが成りたつのである。しかるに一覧表を作成する悟性の立場をとる人々は内容の必然性と概念とを自分の胸のうちにおさめておく、即ち彼らは自分の配列する事柄の具体性や現実性や生ける運動を形づくっているところのものを自分の胸のうちにおさめておくのである。(4) 或はむしろおさめておくというよりか、彼らはかかるものを知らないのである。なぜといって、もし彼らがかかる透見をもっているのなら、彼らはおそらくこれを示すであろうからである。いな彼らはかかる透見の必要をさえ知らないのであり、もしそうでないとすれば、彼らは図式化することをやめるであろうし、

(45)

少くとも図式化することに内容目次を作ることより以上の誇りを感ずることはないであろう。彼らはただ内容目次を与えるだけで、内容自身はこれを提供しはしないのである。——例えば磁気のように、たとい限定がそれ自体としては具体的な或は現実的な限定であるにしても、限定はなにか或る死んだものになりさがっている。なぜなら、限定は他の定在について「述語」(1)せられ、くっつけられるだけであって、当の定在に内在的生命としては認識せられておらず、言いかえると、限定がこの定在のうちにおいてどのように固有特異の自己生産と表現とをもっているかが認識せられてはいないからである。この主要課題を附け加えることを、形式的悟性の立場をとる人々は他人に委ねているのである。——彼らは主題に内在的な内容にはいって行くことをせずに、いつも全体を上から見渡して概観を行い、個別的な定在について語りながら、これを越えて立っているが、これは言いかえると、彼らがこの定在を全然見ていないことを意味する。しかるに学的認識はむしろ対象の生命に身をささげること、言いかえると、対象の内的必然性を目の前に見据え、またこれを言いあらわすことを要求する。かく対象のうちに沈潜することにおいて、学的認識は、知が内容から己れ自身のうちに還帰し反省することであるにすぎないところの、かの概観を忘れる。しかし素材のうちにうずもれて、その運動をたどって進んでいるうちに、学的認識は己れ自身のうちに還帰するが、しかし還帰するのは、中身或は内容が己れを己れのうちに取戻し、己れを単純化して限定とし、己れ自身を定在というただひとつの側面に格さげし、かくて己れのより高次の真理に移行するより以前のことではない。これによって己れを概観する単純な全体自身があたかもこの全体の反省が見失われていたかに見えた豊さのうちから浮びあがってくるのである。

すでにさきに言ったように(2)、実体はそれ自身において主体であるが、一般にこのことによって、あらゆる内容は自分自身で自分のうちに還帰し反省するものである。さて或る定在の存立 *Bestehen* ないし実体 *Substanz* とは自己同

(46)

一のことである。なぜなら、もし定在にして自己と不同であるならば、これはその解体をきたすであろうからである。しかし自己同一とは純粋抽象のことであり、そうして純粋抽象とは思惟のことである。私が「質」と言うとき、私の言っているのは、単純な限定のことであるが、かかるものである「質」自身によって、ひとつの定在は他の定在から区別せられるのであり、即ちまさにその定在なのである。そこで定在は自分だけで(対自的に)あり、言いかえると、定在は己れ自身とのかかる単一態によって「存立」することになるが、まさにこのことによって、定在は本質的には思惟せられたもの(思想)である。――ここに「存在は思惟である」ということが概念的に把握せられており、またここには訳もわからずに「存在と思惟との同一」を口にする普通の人々の視界からは、それるのをつねとする透見が成立している。――ところで定在の「存立」が自己同一ないし純粋抽象であることによって、定在とは己れ自身から己れを(自己同一だけを)抽象したものであり、言いかえると、定在自身が己れ自身と不同であり、したがって定在は己れの解体をきたし、――己れ自身の内面へと帰って行き、己れ自身を取戻し、――そうして己れ自身となる生成なのである。[1]――存在するものがかかる本性のものであることによって、また存在するものがかかる本性を知に対しても っているかぎりにおいて、知は内容を疎遠な外的なものとして取扱う働きではなく、また内容から離れ出て己れのうちに反省するものでもない。そこで学は主張する独断論に代って断言する独断論ないし自己確信の独断論[2]として登場してきた、あの観念論をとるものではなく、――かえって知は内容が自分自身の内面に帰って行くのを見ているものであることによって、むしろ内容のうちに沈潜していることになる。なぜなら、知の働きは内容に内在的な自己だからである。しかしこれと同時に知の働きは己れのうちに還帰するものでもある。なぜなら、知の働きは他的存在のうちにおいて純粋に自己同一を保つものだからである。かくして知の働きは詭計[3]である。即ち働きを抑制するかのようなふりをしながら、限定とその具体的生命とが、この生命がまさに自己維持と己れの利害とに関わっていると思いこんでいるうちに、じつは反対に己れ自身を解体して全体の契機となす働きであるということがどのように行われているかを観望する[1]ところの詭計なのである。

[2]さきに実体を自己として意識する側面から悟性の意義を叙べたが、ここに言ったことから、「存在する実体」としての実体の規定からする悟性の意義は明らかである。——さて定在とは質のことであり、自己同一的な限定のことであり、言いかえると、限定的な単純態であり限定的に思惟されたもの(思想)であるが、このことが定在の「悟性」である。しかし、これによって定在は、アナクサゴラス[3]が初めて実在なりと認識したヌースである。彼より後にきたものたち[4]は定在の本性をもっとはっきりと限定してエイドスないしイデアとして把握したが、これは彼らが定在を限定された普遍性であるアルト(種)として概念的に把握したことを意味している。このアルトという表現は当今流行を極めている美しきもの、聖なるもの、永遠なるものというイデェーエン(諸理念)に対しては、言うならば、あまりにも平俗、あまりにも卑小であるかのごとく見えるけれども、しかし、「イデー」はじっさいにおいてはアルトより以上のものをも、以下のものをも表現するのではない。しかるに或る概念をはっきりと示す表現がかえって軽蔑せられ、これに対して他の表現がただ或る外国語に属しているというだけの理由によって選びとられ好まれているが、しかしこの表現がじつは概念を霧のうちに包みこむものであり、そうであるからこそ一層「建徳」[5]に役立ち有難味のあるように聞えるにすぎないのは、我々が今日しばしば見受けるところである。[6]——定在が種と限定せられること、まさにこのことによって定在は単純な思想、ヌース、単純態であり、即ち実体である。もっとも単純態であり自己同一であるの故をもって、実体は固定的であり持続的であるように見えるけれども、しかし、この自己同一こそは同時にまさに否

定性でもあり、そうして否定性であることによって、かの固定的定在はその解体へと移って行くのである。一見すると、限定が解体するのはひとえに他者に関係することによっているかのようであり、そこで限定にとってはその運動も外からの暴力によって加えられるかのような〔観を呈する〕けれども、しかし限定がその他的存在自身を已れにおいてもち、〔他的存在へと自分で〕運動して行くものであること、このことは限定がまさに思惟自身のかの単純態であるということのうちに含まれている。まことに思惟の単純態とは自分自身で運動し区別を立てる思想のことであり、また已れ自身の内面性にかえることであり、即ち純粋な概念なのである。かく解したときには悟性性 *Verständigkeit* も生成 Werden であり、そうしてかく生成であることによって悟性性もまた理性性なのである。(1)

存在するものの本性とは、自分の存在において自分の概念であるということであるが、一般に論理的必然性なるものが成立するのは、この本性においてのことである。この必然性だけが理性的なものであり、また有機的全体のリズムである。この必然性が内容を知ることであるのと全く同じように、内容のほうもまた概念であり本質である。——言いかえると、この必然性だけが思弁的なものなのである。(2)——具体的な形態が自分自身で運動して自分を単純な限定となし、こうして自分を論理的形式にまで高めて、自分の本質態においてあることになる。形態の具体的定在と言っても、ただかく論理的形式にまで高まって行く運動のことにほかならず、この具体的な定在がそのまま論理的定在である。だから具体的内容に形式主義を外から押しつけることは不必要であって、この内容がそれ自身において形式主義へと移って行く。しかしこのときには「形式主義」と言っても、最早かく形式を内容に外から押しつける外面的な形式主義であることをやめている。なぜなら、「形式」と言っても、具体的な内容自身に生来固有の生成であるからである。

(48)

学の方法の本性は一方では内容から分離されていないこと、他方では方法が自分自身によって自分のリズムを決定するということに存するが、すでに注意したように(1)、かかる本性は思弁哲学においてその本来の叙述をもつのである。——ここで述べられたことは、むろん〔方法の〕概念はこれを表明しているけれども、しかし証明に先廻りしてなされた「断言」以上のものとして妥当することはできない。だからこの「断言」の真理は〔序文におけるものとして〕或る程度まで物語風のかかる叙述のうちに存するのではないが、しかしだからこそ、この「断言」に反対して、「そうではなく、事態はしかじかである」と「断言」せられたとしても、即ち〔一方では〕ありきたりの諸「表象」がきまりきった、よく知られた真理として改めて注意をうながされ並べ立てられるにしても、また〔他方では〕内なる神的直観の神棚から新しいものが差出されるにしても(2)、こういう断言によっては私の「断言」もまた反駁せられはしないのである。——〔私の見解が受けるであろう〕このような受取られかたは、なにか或るものが未知であり、よく知られていないものであるときに、知が最初には反対であることを表明するのをつねとしてきた反撥である。反撥するのは、自由と己れの透見とを救わんがためであり、また外的権威に対抗して(と言うのは、いま初めて受取られたものは、こういう形態をとって現れているからである)己れの権威を救わんがためであり、——さらには或るものが学ばれたということのうちに存すると考えられる恥辱の外観・外形を除去せんがためである。しかし未知のものが拍手喝采をもって受容せられた場合にも同じような種類の反撥があったが、これは〔哲学とはちがった〕他の領域において超革命家的な演説と行動とがそうであったところのもののうちに存している(3)。

〔四　哲学的思索〕*

〔一〕　哲学研究にさいしての条件

このような次第で学の研究にさいして肝心なことは概念の努力 Anstrengung des Begriffs を自分で引受けるということである。この努力は概念そのものに対して注意を集中すること、即ち例えば即自存在、対自存在、自己同一等々のごとき単純な諸規定に対して注意を集中することを要求する。なぜといって、これらの諸規定はそれぞれ魂とも呼んでよいほど純粋に自己運動をなすものだからである。ただし「魂」と言ったのは、これらの規定の「概念」が魂よりも高次のものを意味せぬという仮定のもとでのことである。(1) ところでもろもろの「表象」をたどって進行する習慣(2)にとっては、これを概念によって中断することは煩しい負担であるが、これは非現実的な諸思想のうちであれこれと論弁(3)をこねる形式的思惟にとっても同様である。第一の習慣は質料的思惟と名づけられるべきものであって、素材のうちにただうずもれているにすぎぬ偶然的な意識であり、したがってこの意識にとっては素材のうちに没頭すると同時に素材から純粋に自己を取出して自己のもとにあるのはつらいことである。これに対して第二の理屈をこね論弁を事とする思惟は、内容からの自由であり、内容よりも優越しているといううぬ惚れであるが、このうぬ惚れに対して要求せられるのは、かかる自由を放棄すること、内容を勝手に動かす原理たる代りに、この自由を内容のうちに沈潜させ、内容をして内容自身の本性によって、即ち内容自身のものとしての自己(4)によって運動させること、そうしてこの運動を考察することである。自分の思いつきで勝手に諸概念に内在するリズム(5)に侵入するのを差控えること、気まぐれや他の場合にえられた知恵によってこのリズムに介入しないようにすること、こういう抑制がすでにそれ自身概念に対して注意を集中することの本質的な契機である。

(49)

〔二〕 否定的態度における論弁的思惟、肯定的態度における論弁的思惟、その基体(主語)

論弁の態度には両側面があって、これらにしたがって概念的に把握する思惟はこの態度に対立しているのであるから、この態度については、これら両側面のおのおのを特別に目立ったものとする必要がある。——一方では、論弁は受取った内容に対して否定の態度をとり、この内容を反駁し無となすすべを心得ている。「事態はそうではない」というのが論弁の透見であるが、この透見はただ単に否定的なものであるにすぎず、「事態はそうでない」ということをもって論弁はもう終るのであって、自分で自分を越えて出て何か新しい内容に行くことはなく、再び或る内容をもつためには、何か他のものが何処からか取ってこられざるをえない。そこで論弁は虚《うつ》ろな自我のうちへの還帰であり反省であり、己れの知についてのうぬ惚れであり虚栄であることになる。——この虚栄はしかじかの内容が虚《うつ》ろであることを表現しているだけではなく、虚ろであるとするこの透見自身もまた虚ろであることを表現している。なぜなら、この透見は否定的なものであっても、これは己れのうちに肯定的なものを見てとることのない否定的なものだからである。この反省は己れの否定性自身を内容として獲得することをしないから、決して事柄のうちにあるのではなく、いつも事柄を越えてそのそとに出ている。だから、この反省は「それは空虚である」と主張することによって、内容豊かな透見よりも、いつも一層進んだものであると自負している。しかるにこれに対してすでに(1)示されたように概念的に把握する思惟においては、否定的なものは内容自身に帰属しており、しかも内容に内在的な運動と規定として見ても、また運動の全体として見ても肯定的なものである。結果として把握するならば、否定的なものはこの運動から出てくるところの、かくかくと限定せられた否定的なものであり、したがってまた或る肯定的な内容でもあるのである。[1]

しかしながら、〔他方では〕このような論弁的思惟もやはり或る内容をもっている。「表象」であろうと、思想であろうと、両者の混合であろうと、とにかくこの思惟も内容をもっているのであるが、この観点からすると、この思惟にはなおひとつ別の側面があり、これがまたこの思惟に概念的把握を困難にしているものである。この側面の注目に値する本性は理念自身についてさきに叙べた[2]本質とかたく連関したものであり、或はむしろ理念が思惟的把握であること、その運動としてどのように現れてくるかを示すものである。——即ち今しがた語った否定的態度においては、論弁的思惟自身が自己であり、そうしてこの自己のうちに内容が還帰して行くのであるのに対して、この思惟の肯定的な認識においては、「自己」とは「表象」せられた基体[3](主語)のことであって、これに内容が属性及び述語として関係して行くのであり、この基体が基底をなし、この基底に内容が結びつけられ、そうしてこの基底のうえで、あちこちへの運動が行われるのである。しかるに概念を把握する思惟においては事態は異っている。ここでは概念が対象自身の「自己」[4]であり、そうしてこの「自己」にして自分が生成[5]であることを示すのであるから、「自己」と言っても、運(50)動もせずに諸属性を担っているところの、静止せる基体(主語)のことではなくして概念であり、しかも自分で運動し、自分の諸規定を立てこれらを自分のうちに取戻すところの概念である。この運動においてはかの静止せる基体(主語)自身は没落して根底にいたり[6]、もろもろの区別項と内容とのうちにはいりこむから、基体と言っても、むしろ限定即ち相互に区別された内容を、また、この内容の運動をも形づくっていて[7]、運動に対立するにとどまるものではない。

だから論弁が静止せる基体(主語)においてもっている確固たる地盤は動揺し、そうして対象となり問題となるのは、ただこの運動自身だけである。〔論弁においては〕自分の内容をみたしていた基体(主語)はもうこの内容を越えて出て行くことをやめ、この当の内容のほかになお他の諸述語ないし属性をもつことはできない。かくて、もつことができるどころか反対に散乱せる内容は〔基体の〕「自己」のもとにつなぎとめられるから、内容は当該の基体(主語)から離れて自由にその他の数多の基体に帰属して行きでもするような普遍者ではない。こうして内容はじつはもはや基体(主語)の述語(附加語)ではなくして、むしろ実体であり、語られている当のもの(主語)の本質であり概念である。いったい表象的思惟というものは、もろもろの属性ないし述語をたどって先へ進んで行くことをもって本性とするものであり、しかもこれらが述語ないし属性以上のものではないのであるから、これらを越えてそとに出て行くのも正当なことであるが、命題においてひとつの述語という形式をとっているものが却って実体自身であることになると、この表象的思惟は先へ進んで行くことを阻止せられることになる。阻止されることを「表象」して言って見れば、この思惟は反撃(ショック)を蒙るということになる。基体が根底に横わったままにとどまっているかのように考えて、表象的思惟は基体(主語)から出発するが、しかし述語こそむしろ実体であるから、この思惟は主語が述語のほうに移行してしまい、主語はもうなくなっているのを見出すのであり、また、述語であるかに見えるものが却って全体としての独立の重みをもつものとなってしまっているから、この思惟は自由にあちこちとうろつき廻ることはできず、むしろこの重みによってさまよいを抑止せられているのである。——普通には先ず基体(主語)が対象的な固定した「自己」として根底におかれ、そうして此処から出発して多様な規定ないし述語への運動が必然的に進行するのであるが、このとき、かの〔もう内容的に分散した〕基体(主語)に代って知る自我自身が入場してきて、もろもろの述語を互に結合

(51)

し、またそれらを支える基体(主観)の役を勤める。しかしながらかの最初の基体(主語)がもろもろの規定自身のうちにはいりこみ、それらの魂をなしているから、この第二の基体即ち知る基体(主観)は、たといかの最初の基体(主語)とはもう訣別しようと欲し、またそれを越え出て己れのうちにもどろうと欲しても、なお述語のうちに、かの最初の基体(主語)を見出すから、知る基体は述語を動かすにさいして、――かの基体(主語)に「この」又は「かの」述語を「附加」すべきかどうかを論弁するものとしての――働き手たることをえずに、むしろなお内容の「自己」と関わらねばならず、自分だけであるのではなく、この「自己」と共にあらねばならないのである。

右に叙べたことは、形式的には、これを次のようにも、言いあらわされることができる。即ち判断ないし命題一般の本性は主語と述語との区別を含んでいるが、この本性が思弁的命題によって破壊せられるのであり、最初の命題一般は同一性命題になって行くのであるが、[1]この同一性命題が命題一般の含むかの〔普通の〕関係に対する反撃(ショック)を含んでいるのである。――命題一般の形式とこの形式を破壊する概念の統一との間のコンフリクトは、リズムにおいてミーターとアクセントとの間におこるコンフリクトに似ている。リズムとはミーターとアクセントとの浮動する中間から、両者の合一から結果するものであるが、これと同じように哲学的命題においてもまた主語と述語との同一性が命題の形式が示している両者の区別を無にすべきではなくして、両者の統一が一種のハーモニーとして出現すべきなのである。[2]命題の形式とは一定の意味が際立つこと、言いかえると、命題の中身を区別するアクセントのことであるが、これに対して述語がかえって実体を表現し、主語自身が〔これを述語と共に含む〕普遍者に帰するということは統一であって、ここではかのアクセントはもう響かなくなるのである。

右にいったことを実例によって説明すると、「神は存在である」*Gott ist das Sein.* という命題において述語は存在

das Sein[1]であるが、この述語が実体としての意義をもち、この意義のうちでは主語は溶けてなくなる。ここでは「存在」は述語(附加語)たるべきではなくして、本質たるべきであるが、これによって「神」は命題における位置によって自分がそうであるところのもの即ち固定した主語であることをやめているように見えるのである。——そこで思惟は〔論弁におけるように〕主語からもろもろの述語への移行に関して、さらに進んで行くのではない。そうではなく、主語が消え失せているのであるから、思惟はむしろ進行を阻止せられていることを感ずるのであり、また主語を見失って歎いているのだから、思惟は主語がなんであるかという思想へと投げかえされていること[2]を感ずるのである。言いかえると、述語自身が主語であること、存在 *das* Sein であること、本質(実在)であることが言明されており、しかもこの本質が主語の本性を言いつくしているのだから、思惟は述語のうちにもいきなり主語を見出すのであり、そこで今や思惟は述語から己れのうちに帰って論弁するものとしての自由な位置を獲得するのではなくして、なお内容のうちに没頭している、或は少くとも「内容のうちに没頭しておれ」という要求がなお現にあるのである。——同様に「現実的なものは普遍的なものである」Das *Wirkliche* ist das *Allgemeine*. と言われる場合にも、主語である「現実的なもの」はその述語のうちに消えて行く。「普遍者」がただ単に「述語」の意義をもつべきであるにすぎず、したがってこの命題が「現実的なものは普遍的である」Das Wirkliche ist *allgemein*. ということを言表しているのではなく、普遍的なものは現実的なものの本質を表現すべきものなのである。——だから思惟は主語においてもっていた確固たる対象的地盤を失っていると共に、また述語において主語に向って投げかえされているのであり、述語において〔論弁のごとく〕己れのうちに帰って行くのではなく、内容の主語(主体)のうちに帰って行くのである。

哲学上の著作が難解であるといういろんな苦情があるが、もし個人のほうに哲学的著作を理解するその他の教養上の条件が具わっているとすると、この苦情の大部分は右に言った述語づけの続行が蒙る不慣れな「阻止」に基づいている。いろんな苦情のうちでしばしば加えられる全く断乎とした非難は、理解せられうるまでには、先ずもって多くの箇処が繰返して読まれなくてはならないということであるが、――この非難にはなにか「怪しからん」ものであるという意味が含まれており、最後通牒のようなつもりのものであるから、もしもこの非難にして根拠あるものであるならば、もう何ひとつ抗弁を許さないであろうが、しかし我々はかかる非難の理由を右にいったことのうちに見るのである。――即ち前に言ったことから、この非難がいかなる事情のものであるかは明らかである。哲学的命題と言っても、やはり命題である以上は、主語と述語との普通の関係が成立しているかに思いこみ、また知の普通の態度で理解しうるかに思いこむ「私念」を惹起するが、しかしこの態度とその私念とは、哲学的命題の哲学的内容を破壊してしまうから、「私念」は自分の私念していたのとは何かちがったものが思われ意味されていることを経験する。そこでこの態度は自分の私念を訂正しなくてはならぬことになるが、かく私念を訂正することが知に命題にもう一度帰って行って、これを今や前とはちがった意味に解するように強制するのである。

そこで当然避けられてよいはずの困難を、思弁的態度と論弁的態度との混淆がきたしていることになる。一方の思弁的態度においては主語について言われたものがその概念の意義をもっているのに、他方これに対して論弁的態度においてはただ主語の述語ないし属性の意義をしかもっていないのである以上、そうである。――一方の態度が他方の態度を妨げている。そこでひとつ命題の両部分の普通の関係の仕かたを断乎として排除するところの哲学的叙述にして初めて造形的(1)たることを達成するであろう。

じっさい思弁的でない思惟もそれなりに妥当する権利をもってはいるが、しかし思弁的命題の遣りかたをする場合にはこの権利は顧慮せられない。そこで命題の形式がなくされなくてはならないにしても、なくされることがただ単に無媒介なやりかたで「出来する」[1]にとどまるだけでなく、命題の単なる内容によって「出来する」だけではなく、この反対の運動が言いあらわされなくてはならない。即ちこの運動がただ単にかの内面的に感ぜられる「阻止」であるにとどまらず、概念が己れのうちへ帰って行くということがそこに表示せられ叙述せられなくてはならないのである。[2]この運動は普通には「証明」が果たすべきはずであったものを形づくっているが、この運動こそ命題自身の弁証法的運動であり、ひとりこの弁証法的運動のみが現実に思弁的なものであり、そうしてただこの運動を言いあらわすことのみが思弁的な叙述である。しかし命題の立場では思弁的なものはただ内面的な「阻止」[3]であるにとどまり、本質の己れのうちへの還帰はあっても、これがまだ「そこ」に存在するものではない。「哲学的叙述」だと言うのに、これによって「この」内的直観[4]を顧みよと指図せられるだけにとどまり、このために我々が要望していた命題の弁証法的運動を叙述するという肝心のことは省略せられるのは、我々のしばしば見るところであるが、これは右のごとく内面的阻止だけでは不十分であることによるのである。——いったい命題は真なるもののなんであるかを表現すべきであるが、しかし真なるものは本質的に「主体」であり、主体として真なるものはただ弁証法的運動たるのみであり、即ちただ己れを生産して先に導いて行きながら、己れのうちに帰って行く歩みたるのみである。——普通の認識においては内にひそんでいるものを言いあらわすということの側面をなしているものは証明であるが、しかし弁証法が証明から分離せられてから後は、じっさいには「哲学的証明」の概念は消え失せてしまっている。[5]

この点については、弁証法的運動でもやはりもろもろの命題をもって部分ないし要素としてもつということに注意が促されうるから、右に指摘せられた困難はいつも繰返してもどってくるものであり、事柄そのもののきたす困難であるように見える。――このことは、普通の証明にさいして、証明の使用する理由自身が再び理由づけを必要とし、かくして窮まりのないというようにして出現してくる事情に似ている。しかしながら、かく理由を与え条件を示すという形式(1)は弁証法的運動とはちがった証明に属するものであり、したがって外的認識に属している。そこで弁証法的運動自身について言うと、その境地は純粋概念であり、したがって弁証法的運動も或る内容をもっているが、この内容たるやそれ自身において徹頭徹尾、主体である。(2)だから根底に横わる主語としての位置をとり、この主語に意義が述語として附け加わるというような如何なる内容も出現してはこない。命題はそのままでは空虚なる形式たるにすぎないのである。――いったいただ全くの主語という空ろな概念のない「一」を示しているものとしては、感覚的に直観された、或は「表象せられた自己」(3)のほかには、主として名としての名があるだけである。かかるが故に、例えば神という名は、これを避けるほうが得策であるであろう。なぜといって、この語は語であると同時に直ちに概念であるのではなくして、本来の意味における名であり、根底に横わっている主語として固定的に静止せるものだからである。しかるに、これに対して存在とか一者とか個別性とか主体とかは、いずれもそれ自身直ちに概念をも指示している。(4)――それで〔神という〕かの主語について、たといもろもろの思弁的真理が立言せられることがあるにしても、これらの真理の内容は、現にあるかぎりでは、ただ静止せる主語であるにすぎないから、己れに内在せる概念を欠いている。そこでかかる事情の故に、これらの真理は、えてしてただの「お説教」という形式をとりやすいのである。――だから、この側面から言うと、思弁的な述語を命題の形式にしたがってとらえて、概念として本質としてとらえないという習慣のうちに存する障害(5)が増加されうるのも減少されうるのも、いずれも哲学的叙述自身の責任によるということになる。叙述は思弁的なものの本性に対する透見に忠実にしたがって弁証法的形式を堅持して、把握せられて概念であるかぎりのものより以外のものをなにひとつとして取りいれないようにしなくてはならない。

しかしながら論弁的態度に劣らず哲学の研究に対して障害となっているのは、論弁もせずにもろもろの極りきった真理[1]をもっていることにうぬ惚れ、それらをさえもっておれば翻って吟味する必要はないと思いこみ、却ってそれらを根底において宣言し、またそれらによって判決し否認しうると信ずることである。この側面からすると、哲学することをもって改めて再びまじめな仕事と考えるようになることが特に必要である。すべて他の学芸や技能や手仕事については、これらを我がものとしてもつためには、これらを学習し練習するうえにおいて、さまざまの苦労が必要であるという確信が妥当しているのに、これに対して哲学に関しては、当今では次のような先入見が支配しているようである。即ち、たとい誰でも目と指とをもっていても、鞣皮と道具とを入手しただけでは、靴を作ることはできないにしても、生れながらの理性において、哲学することに対する物差しをもっているから、誰でもすぐに哲学することが、また哲学を批評することができるという先入見が支配しているのであるが[2]、——これではまるで誰も自分の足において靴の物差しをもたぬかのようである。——かくして知識と研究との欠如にこそ哲学の所有はありとせられ、前
(55) 者が始まると、後者はもうなくなるかのようである。哲学はしばしば形式的な内容のない知であると考えられているけれども、しかし、これは次のような透見に欠けること甚しいものである。即ちなんらかの知識や科学において、たとい内容的には真理であることも、ただ哲学によって生み出されるに至ったときにのみ「真理」というこの名に値しうるということ、他の諸科学が哲学なしに論弁についてたといどれほど試みようと、哲学なしには生命をも精神をも真理をも具えることはできないということ、こういう透見に欠けること甚しいのである[3]。

〔三〕 健全な常識としての、また天才の霊感としての自然的な哲学的思索

〔他の科学との関係という観点ではなく、〕 本来の哲学という観点からすると、我々の目撃するところでは、教養の長途の道程に対して、また精神が〔絶対〕知にまで到達するさいの豊かにも深き運動に対して、神的なものの直接的な啓示とそれから健全な常識[1]、しかも本来の哲学的思索についても、その他の知についても苦労もしていなければ、教養もつんでいない健全な常識とがいきなり完全に価値を等しうするものであり、また例えばキクニガナがコーヒ[2]に対して代用品として賞味されているように、立派な代用品であると自讃している。かく無知で形式をも趣味をも心得ない粗野そのものであって、思惟をひとつの抽象的命題に集中する能力をもたず、まして数多の命題の連関に集中する能力をもたないものどもが、或は思惟の自由と寛容とであるとか、或は天才の霊感であるとかと「断言」しているのは、見て愉快な光景ではない。後者である天才の霊感は哲学において現在流行しているものであるが、かつては周知のごとく詩において全く同じように流行していた。しかし、この「天才の霊感」の「創作」がなにか意味をもっていたとしても、その生み出したものは、詩ではなくして陳腐な散文であり、或はこれ以上に出たときには気違いじみた狂った演説であった[3]。この「詩」と同じように、現在では自然のままの哲学的思索が流行しており、これが概念の形式をとるには余りにも立派すぎると思いこみ、まさに概念に欠如している故をもって却って直観的な詩的な思惟であるとうぬ惚れて、なまじ思想によって形無しにされた構想力の勝手気ままな「抱き合せもの」を市場に出して商《あきな》いをしているが、――この「抱き合せもの」は魚肉《さかな》とも獣肉《にく》ともつかぬところの、また詩とも哲学ともつかぬ化《ば》けものである[4]。

これに対して健全な常識のもっと安易な河床に沿うて流れて行くときには、自然のままの哲学的思索はもろもろの

陳腐な真理[1]のレトリックをもって饗応する。もしも、このような真理は無意義であると咎め立てると、この思索の立場をとる人々はこう「断言」して反対する。自分の言うことの意味と中身とは現に自分の心胸《むね》の衷《うち》にあるが、他の人々の場合も同様であるべきはずであると[2]。と言うのは、彼らのつもりでは、およそ「心胸《むね》の無垢」とか「良心の純潔」とかなど言えば、もう容喙も成り立たなければ、なにかより以上のことが要求されることもできない最終のものごと[3]を言ったのだからである。しかしながら、為さるべき大切なことは、最善のものが心の衷《うち》にとどまらないで、この坑《あな》の深みから日の明るみに運び出されることであった。しかもあのような種類のもろもろの最終真理を差し出すという労力はもうずっと以前から払う必要がなくなっている。なぜなら、それらはずっと以前から例えば信仰問答書のうちに、また民族の人口に膾炙せる諺などのうちに見出されうるからである。――それにこのような真理の曖昧である点や彼らの勘違いの点をとらえて咎めるのはむつかしいことではなく、いな、それらを口にする人々の意識自身のうちにしばしば正反対の真理の存していることを、この意識に向って指摘することも困難ではない。指摘すると、この意識は自分のうちに惹起された混乱から逃れようとあせって、また新しい混乱におちいり、そうして最後にはおそらくこうがなり立てるであろう。事実しかじかであるのは決まりきったことであり、これに対してかの指摘は詭弁[4] Sophistereien であると。――この「詭弁」というのは、卑俗な常識が教養されて発展した理性に反対して投げかけるきまり文句であって、哲学に無知な人々が「夢想」Träumereien ということをもって断乎として哲学の目印としたのと同様である。――それでかの常識家は感情に、内面の神託に訴えるのであるから、自分と一致しない人々に対しては「縁なき衆生」の態度をとるので、彼らは自分と同じものを心のうちに見出し感得しないものに対して、もう何も言うべきことはないと宣言せざるをえぬ。――言いかえると、常識家であるのに彼らは人間性の根幹を蹂躙するのである。なぜなら、人間の本性というものは、他の人々との一致にまで向上しようと迫って行くことにあり、もろもろの意識の共同性が成就せられたときにのみ、この本性は現実に存在するのだからである。反人間的なもの、禽獣的なものとは、いつまでも感情の域にとどまり、ただ感情によってのみ己れを伝えうるということである。[1]

もしも学に至る「王者の道」[2]はなにかと問われるとすれば、常識に信頼することより以上に安易な道をあげることはできない。またそのうえ時勢と共に、哲学と共に進歩するためには、哲学的著作の評論を読むこと、さらには例えばその序文と本文の最初の数節とを読むことよりも以上に安易な道はない。なぜなら、序文と本文の数節とは一切が依存している普遍的な基本命題を与えるし、評論は記述的報告のほかにまさに批評であるが故に批評されたものよりも以上にさえ出ているものを与えるからである。この普通の道は不断着のままで歩いて行けるが、これに対して、永遠なもの、聖なるもの、無限なものについての高まった感情は高僧の衣裳をまとって大道狭しと濶歩するが、――これはもう道程であるというよりもむしろ既にそれ自身、いきなり〔世界の〕中心にある存在に達しているものであり、言いかえると、深遠で独創的な諸理念と高くあがる思想の閃きとの天才的霊感なのである。しかし「深遠な理念」と言っても、その「深さ」がまだ実在の源泉を啓示してないのと同じく、また「高くあがる思想の閃き」と言っても、かかるロケットも、まだ最高の火天に達しているのではない。[3]真実の思想と学的な透見とは、ただ概念の労苦[4]においてのみかちえられるものであり、ひとり概念のみが知識の普遍性を生み出すことができるのであるが、この「普遍性」Allgemeinheit は普通の gemein 常識の普通の gemein 曖昧さと貧弱さとではなくして教養をつんで完成した認識のものであり、また概念の与える知識の普遍性は天才の怠惰と自負とで台なしにされつつある理性素質の普通ならぬ普遍性 ungemeine Allgemeinheit でもなくして、土着固有の形式にまで成熟した真理のものである。――そうしてかかる真理にして初めてすべての自己意識的理性にとって「自分のもの」であることができるのである。

結語　著者の公衆への関係

私はよってもって学が現実に存在するようになるところのものを概念の自己運動にありとするものであるが、我々の時代が真理の本性及び形態についていだいている「表象」のすでにあげた、またその他の外面的な諸側面が私のこの見解とは相違しており、いな正反対でさえあるのを考察すると、右のように概念の自己運動という規定における学の体系を叙述せんとする私の企ては、決して世に好感をもって受けいれられそうには見えない。ところで私はこういうことに思いを及ぼすことができる。例えば時折りプラトン哲学の卓越している点が学的には無価値な神話にありとせられることがあるにしても、「惑溺の時代」と呼ばれながら、アリストテレス哲学がその思弁的な深さの故をもって尊敬せられ、そうしてプラトンのパルメニデス篇という、おそらくは古代弁証法最大の芸術品が神的生命の真の開示であり積極的表現であると解せられたばかりでなく、「忘我」(エクスターゼ)の生み出したものが多分に朦朧としていたのは事実ではあっても、この忘我については誤解もあって、それはじつは純粋概念以外の何ものでもなかったと解せられうべき時代[1]もあった。——それからまた私が思いを及ぼすことのできるのは、我々の時代の哲学の卓越せる
(58) もの[2]は自分の価値を自分で学問性にありとし、この点について他の人々が私の見解に同じでないとしても、じっさいにはただ学的であることによってのみ勢力をえてきているということである。そこで私もまた学を概念に還付して、この概念という学に固有の境地において学を叙述せんとするこの企てが事柄の内面的な真理によって世に歓迎されう

るであろうという希望をいだくことができる。いったい真なるものは、その本性上、然るべきその時がくれば[1]人心に浸透するものであり、この時がきて初めて現われるものであり、したがってそれ以前には決して現われず、また理解するうえにおいて未熟な公衆を見出すこともないのを、我々は確信せざるをえないのである。それからまた個人はまだ自分一個の孤独な事柄であるところのものの真であることの証《あか》しをうるために、またまだやっと特殊態に属している確信が何かひとかどの普遍的なものであることを経験せんがために、公衆をうるという効果を必要とすることも、やはり我々の確信せざるをえないことである。しかしこのさい公衆を、その代表者や代弁者の態度をとる人々から区別する必要のあること、しばしばである。多くの点において前者は後者とは態度を異にし、いな正反対の態度をさえとる。前者が哲学的著作が意にみたぬことの責を好意的にむしろ自分で引受けるのに対して、後者は自分の権能を確信して、すべての責を著者に嫁する。著作が前者に及ぼす影響は後者という「死したる者がその死したるものを葬る」[2]さいの振舞いよりも静かなものである。今日では世人一般の見識がより発達したものとなり、彼らの好奇心がより敏活なものとなり、彼らの判断がより迅速にくだされるようになっている以上、「汝をかつぎ出すであろうものの足はもう門口に立っている」[3]が、この騒ぎからしばしば区別せられる必要のあるのは、代表者・代弁者たちの圧しつけるような「断言」によって強制せられていた注意の方向をも、また敲きつけるような非難をも訂正する公衆における緩徐たる影響であるが、この影響がまた一方のものには、しばらく時がたった後に初めて当世 Mitwelt の読者を与えるのに、他方のものには当世の流行の後にはもう後世 Nachwelt をもたせないのである。[4]

なお現代においては精神の普遍性は非常に強力となり、当然の結果として個人はこれに応じて遙かに重要でないものとなり、そうして精神の普遍性はその支配をあくまで全範囲に及ぼして富を形成しようとし、またこれを要求して

(59)

やまない。かかる時代においては、精神の事業の全体において個人に属する部分はごく僅かでしかありえない。そうである以上、またすでに学の本性の然らしめるように、個人はこのことに応じて一層己れを忘れなくてはならぬ。むろん個人は自分のなりうるものと成り[1]、また自分にできることを為さなくてはならないけれども、彼自身が自分に多くの期待をかけ、自分に多くのことを要求してはならないのと同じように、世人もまた彼に多くのことを要求してはならないのである。

第一部　意識経験の学[1]

緒　論* Einleitung.

〔一　絶対者のみが真なるもの、真なるもののみが絶対〕

哲学において、主題そのものに、即ち真実態においてあるところのものを現実に認識することに取りかかる以前に予め認識について理解をえておく必要があると「表象」するのは自然なことであるが、このさい、認識は道具であって、ひとはこれを通じて絶対者を我がものとすると考えられているか、それとも認識は手段であって、これを通じてひとは絶対者を見ると考えられているかのいずれかである。(1) こういうように認識について憂慮をいだくのは正当であるように見える。なぜと言って、一方では「認識」と言っても、互に相違するいろんな種類のものがあって、これらのうちで或るものは他のものよりも窮極の目的に達する(2)うえにおいてより適当であろうから、これらについての選択を誤るならば、真理の天の代りに誤謬の雲を摑むことになるであろうからであり、——また他方では認識というものは一定の種類と範囲との能力であるから、その本性と限界とをより厳格に規定しておかないと、やはり同様の結果をまねくであろうからである。これだけではなく、この憂慮は、自体であるところのものを認識によって意識にとって我がものとなさんとする企ての全体がそもそもその概念において不条理であり、認識と絶対者との間には両者を截然と分つ限界があるという確信(3)にさえおそらく変じて行かざるをえぬ。その理由はこうである。即ちもし認識が絶対実在を

(64)

我がものとするための道具であるとすると、すぐ気づくのは、いったい道具を或る物に適用するのは、物をそのままにしておくのではなく、むしろそれについて形成と加工とを行うことだからであるし、それとも認識が我々の能動的に活動するさいの道具ではなく言わば受動的な媒体であって、これを通じて真理の光が我々にとどくとしても、我々の受取るものはやはり真理自体ではなくして、この媒体を通じた、またこの媒体における真理だからである。両者いずれの場合においても、我々の使用している手段はその目的とは全く正反対のものを生み出すものであり、言いかえると、むしろそもそも我々が手段を用いるということそのことがすでに不条理なのである。むろん道具の働きかたを知ることによって、この窮境を脱却することができるように見えはする。なぜなら、これを知れば、我々が道具によって絶対者についてえた「表象」のうちで道具に基づく部分を結果から差引くことが可能になり、かくして真なるものを純粋に受取ることが可能になるからである。しかし、こうした改善を施して見ても、じっさいにおいては我々はもといた処へもどって行くだけのことであり元の木阿弥である。まことに形成せられた物から道具の加工したものを再び取除くならば、物は――「物」とはここでは絶対者である――我々にとって、この苦労を払う以前と再び全く同一のものであり、したがってこの苦労は徒労であったことになる。それではというので、もしもモチ竿[1]で鳥をとらえるように、絶対者も格別の変更を加えずに、道具によってすこしでも我々に近づけられるはずだと言う場合には、かりに絶対者が即自且つ対自的に我々のもとにあり、またあることを意志しないとすれば[2]、絶対者はおそらくかかる詭計を嘲笑することであろう。なぜ「詭計」かというに、この場合には、認識は無造作な、したがって苦労のかからない関係をしか生み出していないくせに、いろいろと苦労して、これとはちがった何かひとかどのことを営んでいるかのような素振りをしているのだからである。それとも我々が認識をもって媒体であると「表象」することにして、認識を検討すれば、この媒体の惹起する光線屈折の法則が教えられるとして見たところで、この屈折を結果から差引くこともまたなんの役にもたたない。なぜなら、認識であるところのものは、光線の屈折ではなくして、光線そのものであり、これを通じて真理が我々に達するものだからである。このさい、もし光線である認識をも差引くならば、我々にはただ単なる方向ないしは空《うつ》ろな場所が示されるにすぎぬことであろう。

かくて誤謬におちいりはしないかという憂慮がいだかれているわけであるが、学のほうはこんな疑惑をいだきもせずに仕事そのものに取りかかり、また現実に認識してもいる。そこで右の憂慮は学に対して不信をいだいていることになるが、そうであるとすると、逆にこの不信に対して不信がいだかれるべきであるのに、いったい、なぜそうはされないのか、誤りはしないかという、この恐怖がすでに誤り自身でないかと憂慮せられるべきはずなのに、なぜそうはされないのか、これは理解されえないことである。じっさい、この恐怖は或ることを、いな多くのことを真理として前提し、この前提にいろんな疑惑と結論とを基づかしているのであるが、この前提自体こそはたして真理であるかどうかが予め検討せらるべきものである。即ちこの恐怖は認識をもって道具であり、また媒体であるとする諸表象を前提としており、さらに我々自身をこの認識から区別することを前提しているが、しかし、とりわけ絶対者は一方の側に立ち、認識は他方の側にそれだけで絶対者から分離して立っていながら、なお且つ或る実在的なものであることを、したがって言いかえると、認識は絶対者のそとに、またおそらくは真理のそとにありながら、それでいて真理的であるということを前提しているのであるが、――この仮定こそ誤謬に対する恐怖であると称しているものがむしろ真理に対する恐怖であるという正体を暴露するものである。

この結論は「絶対者のみが真なるもの、言いかえると真なるもののみが絶対」であるということから出てくるものである。これに対して、或る認識はなるほど学の欲するように絶対者を認識しないけれども、やはりまた真であることができるという〔絶対知と相対知との〕区別を設けるときには、また一般に認識には絶対者を把握する能力はないにしても、他の真理はこれをとらえる能力をもつという区別を設けるときには、右の結論は否認せられることになる。しかしやがて次第に我々にわかってくるように、かく理由もないのにとやかく語るということは要するに絶対的に真なるものとその他の真なるものとの曖昧な区別に帰着するのであり、また論者が「絶対者」とか「認識」とかなど言っても、これらは先ずもって獲得せられなくてはならない意義を前提している「語」であるにすぎないのである。

〔二 現象知叙述の要〕

かくて認識をもって絶対者を手に入れるための道具と解したり、或はそれを通じて我々が絶対者を見るところの媒体と解したりするという、この種のもろもろの無用の「表象」やお題目についてとやかく心を苦しめる必要はない。――道具であり媒体であるというのが絶対者から分離している認識と認識から分離している絶対者とに関するところの、殆どすべてのこの種の「表象」が要するに帰着するところの諸関係であり、――また学を能くしえないものどもが学についての努力から解放されるために、そうしてことの序でに学についてまじめに努力しているかのような外観を装うために、この種の諸関係を前提することから結論として導き出す遁辞についても、さらにはこれらすべてに解答を与えてやろうとしてとやかく心を苦しめることも無用である。そんな苦労をせずに、これらすべてをでたらめで気まぐれな「表象」として即座に投げすててしまってよいであろうし、またこれらの「表象」に結びついている「絶

(66) 対者」とか「認識」とか「客観的なもの」とか「主観的なもの」とか、その他無数の語が意味は一般によく知られているとして、この意味が前提して用いられているが、こんな用法は詐欺とさえ見なされてよいであろう。なぜなら、一方ではこれらの語の意味は一般によく知られていると言いふらし、他方では自分でもそれらの概念をもっていると言いふらすのは、この概念を与えるという主要課題は、これを省略せんとするつもりとしか見えないからである。こういう省略よりも、むしろ学自身をさえ拒否するつもりであるところの、この種の「表象」やお題目については、およそ一顧の注意をも払う労力を省略するほうがより正当であるであろう。けだし、これらの「表象」やお題目は、学が登場するあかつきには、即座に消え失せるところの知の空《うつ》ろな現象をなしているにすぎぬからである。しかし、そうは言っても、「登場」してくるそのときには、学自身もやはりひとつの現象であり、「登場」してくるということは、学もまだ真実態において実現せられ展開せられた学ではないことを意味している。このさい学が他の知と並んで登場してくるという理由で、学のほうが現象であると「表象」するか、それとも、かの他の真実ならぬ知をもって学の現象と呼ぶかは、いずれでもよいことである。しかし、いずれにしても、学はかかる仮象から自由にならなくてはならぬが、自由になりうるのは、ただ学が仮象に刃向うことにのみよっている。なぜと言って、学は真実ならぬ知をもって物事についての凡俗の見解であるとして、ただ拒否するにとどまり、また自分はかの知とは全く類を異にする認識であり、かの知は自分にとっては全くの無であると「断言」することもできなければ、さればと言ってまた真実ならぬ知自身のうちにあるところの、より善き知の予感に訴えることもできないからである[1]。もし「断言」するとすれば、学は自分の存在していることとそのことをもって自分が効力をもつ所以であると宣言することになるが、しかし真実ならぬ知とてもやはり自分が存在していることに訴えて、自分にとっては学は無であると「断言」するから、一方のそっけない「断言」が他方のやはりそっけない「断言」と全く同等に妥当することになる。況んや真実ならぬ知のうちに現にあって、この知自身のうちで学を指さしているところのより善き予感に、学は訴えることはできない。なぜなら、そうした場合には、学は一方では再び存在に訴えることになるし、他方では学は已れに訴えることになるが、しかしこの「已れ」とは真実ならぬ知においてある已れの様態のことであり、したがって已れの存在の悪しき様態に訴えることになり、即自且つ対自にある已れにというよりか、むしろ已れの現象に訴えることになるからである。以上のような理由によって此処に現象知の叙述が企てられなくてはならないのである。

〔三　叙述の方法〕

(67)

〔一　進行の仕かたと必然性〕

ところでこの叙述はただ現象知だけを対象としているのであるから、この叙述それ自身は学ではあっても、学に固有の形態において運動して行く自由な学ではないように見える。かかる立場からすると、この叙述は真実の知にまで迫って行く自然的意識の道程であると解せられることができる。言いかえると、魂(ゼーレ)が已れの本性によって予め設けられている駅々としての已れの一連の形態を遍歴して行き、その結果、已れ自身をあますところなく完全に経験することによって、已れが本来已れ自身においてなんであるかについての知に到達して、精神(ガイスト)にまで純化せられるさいの道程(1)であると、この叙述は見なされることができるのである。

〔この道程において〕自然的意識は自分が知の概念であるにすぎないことを、言いかえると、実在的知ではないこと

(68)

を自証するであろう。しかし自然的な意識は直接的にはむしろ自分が実在的知であると思いこんでいるので、この道程はこの意識にとっては否定的な意義をもち、概念の実現であるところのものが却ってこの意識には自己喪失をきたすことという意義をもっている。なぜと言って、この道程においてこの意識は自分が真理であることを喪失するのだからである。したがって、この道程は疑惑[1] *Zweifel* の道程とも見なされることができはするが、しかし、もっと厳格にいえば絶望 Verzweiflung の道程である。と言うのは、この道程においては、「疑惑」という語のもとに理解されるのがつねであることが出来《しゅつらい》するのではない、即ち「この」または「あの」思いこまれた真理をゆさぶりはするが、しかしやがて然るべく疑惑は消え失せて、またもとの真理にかえり、したがって終りには事態は前と同じになるということが出来するのではない。現象知というものはじつはむしろ実現せられていない概念であるにすぎぬものをもって却って極めて実在的なものと考えるものであるが、この道程は現象知が真理に反することを自覚的に透見するものである。だから、この道程は徹底的に完遂される懐疑主義[2]である。いったい真理と学とにたしかにまじめで熱心である人々をして、それらに対する用意も準備も完了したと妄信させるところのものはなにかと言えば、即ち彼らが学においては権威に基づいて他人の思想に屈従するのではなく、一切を自分で吟味し、さらに進んでは自分で創《つく》り出し、ただ自分の業《わざ》のみをもって真理と考えようとする決心であって、彼らはこの決心だけで学に対する用意は完了したと妄信するのであるが、この道程は徹底的に完遂される懐疑主義であるから、かかる決心でもないのである。自然的意識がこの道程において遍歴するところの一連の諸形態はむしろ意識自身を学にまで形成する教養の詳細な歴史である。かの決心が決心という簡単な遣りかたでこの形成はもう即座に完了し出来上ったと「表象」するのに、この道程はこういう決意という真理に反したものとは対照的に現実的な実現である。いったい已れ自身の確信にしたがうのは、たしかに権威に屈従するよりも以上のことであるけれども、しかし権威に基づく信念が己れ自身の確信に基づく信念に転換したからと言って、必ずしも信念の内容が変り、誤謬に代って真理が現われてきたわけではない。他人の権威に基づいて思いこみや先入見の体系のうちに停滞することと己れ自身の確信に基づいてそうすることとの相互間に相違のあるのは、後者の遣りかたにはうぬ惚れが附随していることによるだけである。これに対してこの道程は現象的意識の全範囲に立ち向う懐疑主義であり、所謂自然的なもろもろの「表象」や思想や思いこみが自分のものと呼ばれるか、他人のものと呼ばれるかは、どうでもよいこととして[1]、とにかくこれらに対して絶望を実施することによって、真理のなんであるかを検討する資格を精神に初めて与えるものである。しかるに即座にこの検討に取りかかる意識はまだこれらの「表象」や思想や思いこみによってみたされ囚われているので、じっさいには企てんと欲することをなしえないのである。

実在的でない意識の諸形式をあますところなくつくす完璧性が諸形式の進行と連関そのものとの必然性[2]によって生じてくるであろうが、このことを理解せられうるようにするためには、真実でない意識をその真実でない所以において叙述することも、ただ単なる否定的運動ではないということを、予め一般的注意として与えておくことができるであろう。いったい自然的意識というものは一般にこのような一面的な見解を、この叙述についていだくものであるが、かかる一面性をもって己れの本質としてもっている知はこの道程そのものの過程に属してそこに現われてくるであろう不完全な意識の諸形態のうちのひとつである。即ちその「ひとつの形態」と言うのは、結果のうちにいつもただ純粋な無だけを見て、この無自身がそこから結果してくるもとのものの無として限定された一定のものであることを捨象するところの懐疑主義[3]である。しかし「無」と言っても、自分がそこから由来してくるものの無と解せられたとき

(69)

には、じつは真実の結果にほかならず、かくて「無」もそれ自身限定せられた無として或る内容をもっている。無ないし空虚だけを抽象することをもって能事終れりとする懐疑主義はこの空虚からもう一歩も先へ進むことはできず、なにか新しいものが現われてくるかどうか、また現われてくるものがなにかを待つことにせざるをえず、[1] そうして現われてくると、これをいつも同じ「空無の深淵」[2] のうちに投げこむのであるが、これに対して、結果がその真実の姿においてあるように、即ち限定せられた否定として把握せられるときには、これによってすぐさま或る新しい形式が発生しており、かくて否定のうちに移行がなされており、そうしてこの移行によって諸形態をあますところなくつくす完璧の系列がおのずと生じてくるのである。

しかしながら知にとっては、進行の系列と全く同じく必然的に目標もまた設けられているが、目標は、知がもはや己れ自身を越えて行く必要のない処に、知が己れ自身を見出して、概念が対象に、対象が概念に合致する処にある。だから、この目標までの進行もまた休みなきものであって、目標より以前のいかなる駅でも満足は見出されえない。いったい自然的生命に制限せられているものは、自分自身によって己れの直接的定在を超えて行くことはできず、なにか或る他のものによってこの定在を越えてそのそとに引きずり出されるのであるが、この「引きずり出されるということ」が自然的な生命にとっての死である。[3] しかるに意識は自ら対自的に(自覚的に)己れの概念であり、[4] したがって制限せられたものをすぐに超えて行くのであるが、この制限せられたものは意識に属しているのであるから、意識は己れ自身を越えて行くことになる。意識には個別的なものと共に彼岸が同時に定立せられている。ただし「彼岸」と言うのは、かりに空間的な直観におけると事態が同じであるとした場合のみのことであって、この場合には、彼岸は制限せられたものの傍らに並んで定立せられていることになるが、とにかく個別的なものと共に彼岸が定立されて

(70)

いるから、意識は己れの制限せられた満足を打破すべしという圧力[1]を自ら内発的に蒙るのである。もっとも、この圧力を感ずるにさいして、不安が真理を前にしておそらくはたじろいで、喪失をおびやかされているものにしがみつこうとすることもあるであろうが、しかし不安が安らいを見出すことはできない。もしも不安が無思想な怠惰のうちに停滞せんと欲することがあるとすれば、——思想が無思想を殺《そ》ぎ、思想の不安が怠惰を攪乱するし、——或はまた、もし不安が一切をそれなりに善し[2] *in seiner Art gut* と見ると「断言」するところの感傷主義として固定し停滞することがあるにしても、やはりこの「断言」は、或るものがそれなりであるかぎりにおいては、まさにこの理由によって善しとは見ない理性から圧力を蒙るのである。或はこういう場合もあるであろう。即ちあたかも真理自身に対して燃えるような熱意をいだいているからこそ、己れ自身の底から、また他人からえられるいかなる思想よりも、自分のほうがいつももっと気がきいているというぬ惚れの、虚栄心のもつ唯一の真理以外にはいかなる真理をも見出すことが困難となり、いな不可能となっているかのように見える外観のかげに、真理に対する恐怖がかくれていて、自分にも他人にも気付かれないこともあるであろう。かかる虚栄心はどんな真理をも虚《むな》しくし、それから己れのうちに帰るすべを心得ているものであり、そうしてこの虚栄心は自分一個の悟性があらゆる思想をいつも解消し、あらゆる内容の代りにただ素っけない自我だけを見出すことを弁えているのを得々と眺めて楽しんでいるのであるが、かかる虚栄心はそれ自身に任かしておくほかはない満足である。[3]なぜと言って、かかる虚栄心は普遍的なものを避けて、ただ自分の孤立存在だけを求めるものだからである。

進行の仕かたと必然性とについては、以上のことを予備的に、また概略的に叙べたのであるが、なお実現の方法についても同様に若干の注意を与えておくのが得策であろう。さてこの叙述は学が現象知に関係することとして「表象」せられるし、また認識の実在性を検査し吟味することとも「表象」せられるが、そうした場合には、なにか尺度として根底におかれている或る前提なしには、この叙述は行われないように見える。なぜなら、吟味とは或る承認せられた尺度をあてがうことであり、その結果として生じてくる吟味されるものと尺度との等或は不等が正しいか正しくないかの決定だからである。このさい、およそ尺度というものは、実在であり自体であることを承認せられているものであり、したがって仮りに学が尺度であるとすれば、学にもやはり同様の承認が与えられていることになる。しかしながら学がまだやっと初めて登場してくる此処では、学自身も其の他のいかなるものも、実在であり自体であることを正当化してはいないのであるが、なにか実在とか自体とかいうものなしには、いかなる吟味も成立しえないように見えるのである。

ところで先ず知と真との抽象的規定が意識においてどのように出現してくるかに注意をうながして見れば、右に言った矛盾も、またその除去ももっとはっきりとしたものとなるであろう。即ち意識は或るものを己れから区別すると同時にこれに関係しもするが、この「関係すること」をよく用いられる表現で、或るものが意識に対してあると言ってもよく、そうしてこの関係ないし或るものの意識に対する存在のひとつの特定の側面が知というものである。しかしながら我々はこの対他存在から自体存在を区別する。知に関係づけられるものは関係づけられると同時にまた知から区別もせられて、この関係のそとにもまた存在するものとして定立せられるのであるが、この自体という側面が真と呼ばれるところのものである。もっとも〔自体存在と対他存在という〕これらの規定のうちに含まれているものが厳密に言ってなんであるかは、ここではもはや我々の関わることではない。[1]なぜといって、現象知が我々の問題であるので、差当っては知の諸規定も直接に現われてくるがままの姿において受取られてよいからである。しかし、これらの規定が此処で現われてくるのも、おそらく右に把握したがごとくにであろう。

ところで我々は知が真であるかどうかを探究しているのであるが、そうであるとすると、我々は知が自体的になんであるかを探究しているように見える。しかし、かく探究するときには、知は我々の対象であり、知は我々に対してある。そこで探究の結果として知の自体が生ずると言っても、この自体はむしろ知の我々に対する存在であろう。我々が知の実在であると主張するものは、むしろ知の真ではなくして、それについての我々の知であるにすぎぬであろう。そこで実在または尺度も我々のうちにあるであろうから、尺度と比較せられ、またこの比較によって決定のくださるべきはずのものが必ずしもこの尺度を承認する要はないということになるであろう。

しかしながら我々の探究する対象(問題)の本性がこのような分離を、と言うよりかむしろ分離と〔尺度の〕前提との外観を克服してくれる。いったい意識とは己れ自身において己れの尺度を与えるものである[2]から、探究すると言っても、意識が己れ自身を己れ自身と比較することである。なぜと言って、今しがた立てられた区別は意識のうちに属しているからである。ひとつのものがひとつの他のものに対してあるのは意識のうちにおいてのことであり、言いかえると、意識は一般に知の契機という限定を具えてはいるが、しかし同時に意識にとっては、この「他のもの」はただ単に意識に対してあるにとどまるのでなく、この関係のそとにも、言いかえると、自体的にもある、これが即ち真という契機である。だから意識が己れの内部において自体ないし真なるものであると言明するところのものにおいて、我々は意識が自分の知を測定するために自分で立てる尺度をもっていることになる。このさい若し我々が知をもって概念と呼び、これに対して実在或は真なるものをもって存在するもの或は対象と呼ぶとすれば、吟味とは概念がはたして対象に一致するかどうかを観望する[1]ことになる。それとも若し我々が実在ないし対象の自体をもって概念と呼び、これに対して「対象」という語のもとに対象としての対象、即ちひとつの他者に対してあるかぎりの対象を解するとすれば、吟味とは対象がその概念にはたして一致するかどうかを観望する[2]こととなる。これら二つの手続が同一であることはひとの容易に見るところであるが、しかし大切なのは、次のことを探究の全過程にわたって銘記するということである。即ち概念と対象、対他的に存在することと自ら自体的に存在することというこれら両契機が我々の探究する知ること自身のうちに属しており、したがっていろんな尺度を我々が持ちこんだり、探究にさいして我々のいろんな思いつきや我々の思想を適用する必要はないということをである。これらを捨て去ることによって、事柄を即自且つ対自的にあるがままの姿において考察することに我々は達するのである。

しかしながら、かく概念と対象、尺度と吟味せらるべきものとが意識自身のうちに現にあるという側面から言って、我々のほうからする手出しが無用であるだけではなく、我々は尺度と吟味せらるべきものとの両者を比較して本来の吟味を行うという労力をもまぬがれており、したがって意識が己れ自身を吟味する[3]のであるから、吟味するというこの側面から言っても、我々に残っているものとしては、ただ全くの観望があるだけである。なぜと言って、意識は一方では対象の意識であると共に、他方では己れ自身についての意識でもあり、言いかえると、己れにとって真なるものであるところのものの意識であると共に、この真なるものについての己れの知の意識でもあるからである。かく真と知との両者がいずれも同じ意識に対してあるのだから、この意識自身が両者の比較をなすのであり、対象についての己れの知がはたして対象に一致しているか、一致していないかの問いが同じ意識に対して生じてくるのである。むろん対象は意識に対しては意識がこれを知るような具合にあるにすぎないかのように見える、即ち意識は言わば対象のうしろに行って、対象が意識に対してどのようにあるかをではなく、対象が自体的にどのようであるかという内幕を知ることはできず、したがってまた自分の知を対象に即して吟味することもできないかのように見えはする。しかし、およそ意識が或る対象について知るということ、まさにこのことのうちには、或るものが意識にとって自体であり、そうしてこの対象について知ることまたは対象の意識に対する存在は今ひとつ別の契機であるという区別がすでに具わっているが、この現にある区別に基づいて吟味は行われるのである。ところで若しこの比較にさいして両方の契機が一致しないときには、対象に適合したものとするために、意識は己れの知〔だけ〕を変えなくてはならないように見えるけれども、しかし知が変ると、じっさいには対象自身もまた意識にとって変るのである。[1] なぜと言って、現にある知は本質的に当該の対象についての知であったからである。知と共に、対象もまた他の対象となるが、これは変る対象が変る知に本質的に属していたからである。こうして意識に分ってくるのは、以前に自体であったものが自体的ではないということ、言いかえると、この「自体」はただ己れに対して自体的であったにすぎなかったということである。だから意識が自分の対象に即して自分の知がこれに一致しないことを見出すときには、対象自身もまた持
(73) 続しなくなる。言いかえると、吟味の尺度はこれで測らるべきはずであったものが吟味において合格しないときには、変るのである。そこで吟味はただ単に知の吟味であるにとどまらず、またこの吟味の尺度の吟味でもあるということになる。

右のごとく意識は自分自身において、即ち自分の知においても自分の対象においても弁証法的な運動を行うのであるが、この運動から意識にとって新しい真実の対象が発源するかぎり、この運動こそまさに経験と呼ばれているものである。この関連からすると、今しがた叙べた経過におけるひとつの契機をもっと際立たせる必要があるが、そうすることによって今後の叙述の学的側面に[1]新たなる光明が投ぜられるであろう。さて意識は或るものを知るが、この対象が実在ないし自体ではある。しかし、この対象は意識に対してもまた自体であるから、これによってこの「真なるもの」がもつ二重の曖昧な意義がはいりこんでくる。我々の見るように、今や意識は二つの対象をもっており、その一方の対象は最初の自体であり、第二の対象はこの最初の自体の意識に対する存在である。第二の対象は、一見すると、意識が己れ自身のうちに反省することであるにすぎず、ひとつの「表象」だと言っても、これは対象を「表象」することではなくして、意識がかの最初の対象についての己れの知を「表象」することにすぎぬかのように見える。しかし、このさいには前に[2]示されたように、意識にとっては最初の対象は変り、この対象はもう自体ではなくなり、自体は自体でも、意識にとっては、ただ己れに対しての自体であるにすぎぬ対象となっている。こうして対象も変るのだから、今度はこの〔新しい〕自体が意識に対して存在すること、このことが真なるものであることになるが、これはこの真なるものが自体或は実在であること、言いかえると、意識の対象であることを意味している。しかしこの新しい対象は最初の対象の無価値であることを含んでおり、最初の対象について経験のなされたことを意味している。

経験の経過を右のように[3]叙述すると、そこにはこの叙述をして、普通には「経験」という語のもとに解せられるのをつねとするものとは一致しないような外観を呈させるところのひとつの契機がある。即ち最初の対象とこれについての知とから他の対象に移行して、この新しい対象において経験がなされたと言われるのであるが、この移行は、最初の対象についての知、言いかえると、最初の自体の意識に対する存在が第二の対象自身となるはずだというように叙べられたのに、普通の見解では、これに反して、我々が我々の最初の概念(理解)の真理に反していることを経験するのは、我々が偶然的に外面的に言って見れば「見出す」ところの或るひとつの他の対象においてのことであり、したがっておよそ我々に為すべきこととして属しているのは、即自且つ対自的に(全く独立に)存在しているものをただ単に受取ることだけであると考えられている。しかるに右の見解においては、新しい対象が生成したものとして現われてくるのは意識の転換(1)自身によることである。ところで事態をかく考察するのは、我々の側から附け加えて為したこと(2)であり、この附加によって意識のもろもろの経験の系列は学的行程にまで高まりはするけれども、この附加は我々の考察する意識に対しては存在することではない。しかし、このことこそ、じっさいには前に(3)すでにこの叙述(現象学)の懐疑主義への関係に関して語ったところの事態と同一のものである、即ちひとつの真実ならぬ知において、そのときどきに生ずる結果は虚《うつ》ろな無に帰することは許されず、「無」ではあっても、結果はこれがそれの結果であるところのものの無と必然的に解されなくてはならず、「結果」というのは、先立つ知がどんな真なるものを具えているかを含んでいる結果のことであると語ったのであるが、この事態が「経験」について論ずる此処では次のように現われてきている。即ち最初に対象として現われてきたものが意識にとってそれについての知になりさがり、自体が自体の意識に対する存在と成るとき、この〔第二の〕自体が新しい対象であり、そうしてこの新しい対象と共に意識の新しい形態もまた登場してくるのであるが、この新しい形態にとっては先立つ形態にとってとはちがった別のものが実在であるというようにである。この事態こそは意識の諸形態の継起全体をその必然性において導いて行くものであるが、ただこの必然性そのものだけは、言いかえると、意識にはどうして「出来(4)」するのか分らないうちに現われてくる新し

(75)

い対象が前のものから発生してくることだけは「我々」から見れば言わば意識の背後に隠れて行われることである。これによって意識の運動のうちに自体存在ないし我々に対する存在(1)というひとつの契機が介入してくるが、この契機は経験そのものに没頭しているところの意識に対しては現われてこないものである。しかし「我々」にとっては前のものから発生してくるものでも、その内容のほうは意識に対しても存在するのであるから、そこで「我々」が概念的に把握するのは、ただ発生してくるものの形式的側面だけであり、言いかえると、純粋な発生だけである。かくして発生したものは意識に対してはただ対象としてあるにすぎないのに、我々に対しては同時に運動及び生成としてもあるのである。(2)

かかる必然性によって学に至るこの道程がそれ自身すでに学であり、そのうえ内容からいえば、この道程は意識の経験の学である。

意識が自分についてつむところの経験が意識の全体系以下のものを内含することは決してありえないのは、この経験の概念がしからしむることである。言いかえると、この経験は精神の真理の全領域を含むが、しかし含むのは、この真理の諸契機が抽象的な純粋な諸契機(3)であるのではないという意識に固有の限定において現れてくるかぎりにおいてのことである。この経験においては諸契機は抽象的な純粋な諸契機として現れてくるのではなく、これらが意識に対してどのように登場してくるか、言いかえると、意識自身がこれらへの関係においてどのように登場してくるかという固有の限定において現れてくる。全体の諸契機が意識の諸形態(4)であるのはこれがためである。しかし意識が自分の真実の現存に向って邁進して行くうちに、意識は或る立場に到達するが、この立場において意識は疎遠な異種のものに、即ちただ単に己れに対してあるにすぎず、しかも他者としてあるにすぎぬものに囚れているという外観をぬぎすてる、言いかえると、この立場において現象は本質にひとしくなるから、意識の叙述はまさに精神に固有の学の立場と一致することになる。そうして最後に意識自身が〔精神であるという〕己れの本質を把握するときには、意識は絶対知自身の本性を示すであろう。

〔A 意識〕*

I　感覚的確信、或は「このもの」と私念*

Die sinnliche Gewißheit; oder das Diese und das Meinen.

最初に或は直接的に「我々」の問題であるところの知とは、それ自身直接的な知であるところの知、即ち直接的なもの或は存在するものの知以外のものではありえない。そこで「我々」のほうでもやはり同じように直接的な或は受取る態度をとらなくてはならないから、現われてくるがままのこの知に少しも変更を加えてはならず、捕捉すること Auffassen から概念的理解 Begreifen を遠ざけなくてはならない[1]。

感覚的確信の内容は具体的であるので、一見すると、この確信はもっとも豊かな認識であるかのように、いな無限に豊富な内容をもつ認識であるかのように見え、この内容がひろがる時間と空間[2]とにおいて我々が当面の内容のそとに出て行くときにも、また我々がこの満ち満ちた富からその一片をとって分割によって一片の内にはいって行くときにも、いずれの場合にも、この富にはいかなる限界も見出されえないかのようである。そのうえ、感覚的確信はもっとも真実な確信であるかのように見える。なぜと言って、この確信はまだ対象から何ものをも取去っているのではなく、対象をあますところない完全な姿において己れの前にもっているからである。しかしながら、じっさいにおいては、この確信は自分で自分自身が極めて抽象的な、また極めて貧弱な真理であることを表明している。即ちこの確信が自分の知っているものについて言っているのは、ただ「それが存在する」ということだけであり、そこでこの確信

(80)

の真理が含んでいるのもただ事柄の存在であるにすぎず、また意識のほうでも、この確信においては、ただ純粋な自我(私)としてあるにすぎない。言いかえると、この確信においては、自我はただ純粋な「このひと」としてあるにすぎず、そうして対象もやはりただ純粋な「このもの」としてあるにすぎない。このひとである自我がこの事柄を確信してはいても、これは、自我がこのさい意識として己れを展開して様々に思考をめぐらしたからではなく、また自我が確信しているところの事柄も相互に区別せられた一群の性質を具えているので、それ自身において豊かな関係をもっているからではなく、ないしは他の物への豊かな関係をもつからでもない。[1] こういう理由はいずれも感覚的確信とはなんの関りもなく、自我も事柄もいずれも感覚的確信においては多様な媒介を意味しはしない。「自我」と言っても多様な「表象」ないし思考の意味をもたないし、また「事柄」と言っても多様な性質の意味をもたず、却って事柄は存在し、そうして事柄が存在するのは、それが存在するからであるにすぎぬ。事柄が存在するということ、これこそ感覚的知識にとって本質的なことであり、そうしてこの純粋な存在、[2] 言いかえると、この単純な直接態こそはこの確信の真理をなしている。そうして関係[3]として見ても、この確信はやはり直接的な純粋な関係である。即ち意識は自我であり、これ以上のなにものでもなく純粋なこのひとであり、そうして個別的なひとが純粋な「このもの」を、言いかえると、個別的なものを知っているのである。

かく純粋な存在がこの確信の真理をなし、そうしてこの確信もこれをもって己れの真理であると言明しているのであるが、しかし「我々」がよく見てみると、この純粋存在のそばにはなお幾多のものが戯れている(beiherspielen)。いったい現実的な感覚的確信というものは、ただ単に純粋存在という純粋な直接態(無媒介態)にとどまるのではなくして、この直接態の実例[4] *Beispiel* でもあるが、そのさい出現してくる無数の区別のうちで、「我々」がいかなる場合

(81)

にも主要の区別として見出すものは即ち感覚的確信においては純粋存在からすぐさま既に名をあげた両方のこのもの、即ち自我としてのこのひとと対象としてのこのものとが離れ落ちる(1) herausfallen ということである。もしこのさい「我々」にしてこの区別について反省して見れば、一方も他方も感覚的確信においてもただ単に無媒介にのみあるのではなくして、同時に媒介せられたものとしてもあることがわかるのであって、自我は他者を介して即ち事柄を介して確信をもっているのであり、そうして事柄もまた全く同様に他者を介して即ち自我を介して確信のうちにあるのである。

〔一　この確信の対象〕

かく本質と実例との、無媒介態と媒介態との区別があるが、しかし、この区別はただ「我々」だけが立てるものではなく「我々」はそれを感覚的確信自身において見出すのである。そこで「我々」が今しがた規定したような形式においてではなく、この確信においてあるがままの形式において、この区別は受取らるべきである。ところでこの確信においては一方のものは単純な無媒介に存在するものとして、或は本質として定立せられているが、これが即ち対象である。これに対して他方のものは非本質的なものとして、確信において自体的にあるのではなく、他者を介してある媒介せられたものとして定立せられているが、これが自我でありひとつの知であって、知とは対象が存在するが故にのみこれを知るものであり、そこで存在することも存在しないこともありうるものである。しかるに対象は存在するのであり、真なるものであり、本質である。対象が知られると知られないとには関係なく存在し、たとい知られないときにも存続するものであるのに、知のほうは対象が存在しないときには存在しないものである。

だから対象がはたしてじっさい感覚的確信自身において、この確信が言う通りの本質であるかどうか、本質的実在であるという対象のこの概念[1]がはたして対象がこの確信においてある実状に一致しているかどうかが考察せらるべきであるが、この目的のために、「我々」が対象について反省したり、対象は真実態においてはなんであろうかと考え直したりすることがあってはならないのであって、感覚的確信が具えているがままの姿において、対象を考察するにとどめなくてはならない。

そこで感覚的確信自身に向って「このものとはなんであるか」と問わるべきである。この場合、もし「我々」が「このもの」をその存在の二重の形態において、今として、また此処として解するならば、「このもの」が具える弁証法[2]は「このもの」自身と同じように分り易い形式をとるであろう、即ち「今とはなんであるか」という問いに対して、我々は例えば「今は夜である」と答えるのであるが、この感覚的確信の真理を検討するには、簡単な試みをすれば十分である。我々はこの真理を書きとめるのである。或る真理は書きとめられることによって少しも失うところがないのは、我々がそれを貯えることによっても、失うところのないのと全く同じである。ところでこの書きとめておいた真理を今、この真昼にもう一度、見てみると、それは気の抜けたものとなってしまっていると我々は言わざるをえぬであろう。

夜であるところの今が貯えられるのは、この今が言われる通りのものとして、即ち存在するものとして取扱われることを意味しているが、しかし今はむしろ存在しないものであることが分ってくる。もちろん今そのものは持続しはするが、しかし持続するのは夜ではないような今としてのことであり、そうして今そのものが今である昼に対して持

(82)

続するのも全く同様に昼では「ない」今としてのことであり、言いかえると、持続するのは否定的なもの一般としてのことである。だからこの持続する今は無媒介な今ではなくして媒介せられた今である。なぜなら、この今が止まり持続する今として規定せられるのは、それぞれの場合の他の今である昼と夜とが存在するのではないのを介してのことだからである。このさい、この持続する今は前から引続いて全く同じように単純に今であり、かく単純であるので、自分のそばになお戯れているもの(実例)には関わることがない。昼と夜とがこの今の存在ではないのと全く同じように、この今はまた昼でも夜でもあり、自分のかかる他的存在によっては全く影響せられない。かく否定によって存在し、「このもの」でも「かのもの」でもなく、このものならぬものでありながら、それでいて全く一様に「このもの」でも「かのもの」でもあるところの単純なもの、我々はこれを普遍的なものと呼ぶのである。だから普遍的なものがじっさいには感覚的確信にとっての真なるものなのである。(1)

我々が感覚的なものを言い現わすのも普遍的なものとしてのことである。我々の言っているのは、このものであるが、これは普遍的なこのもののことであり、或は我々の言っているのは、「それが存在する」ということであるが、これは存在一般のことである。そう言っているさいに我々はむろん普遍的な「このもの」ないし存在一般のことを「表象する」のではないにしても、しかし我々の言い現わしているものは普遍的なものである。言いかえると、我々はこの感覚的確信において私念している通りには決して言わないのである。しかし言葉は、我々の明らかに見るように、私念よりも一層真実のものであり、(2)言葉において我々は自分の私念を自分で即座に反駁するのである。そこでかく普遍的なものが感覚的確信の真なるものであり、そうして言葉もただこの真なるもののみを表現するのである以上、我々が自分の私念している感覚的な存在をかりそめにも言いうるということは全然可能ではない。

「このもの」のいまひとつの形式についても、即ち此処についても事態は同一であるであろう。此処は例えば樹であるが、しかし私が後ろを向けば、この真理は消え失せて反対の真理に転じてしまっている。即ち此処はひとつの樹ではなくして、むしろひとつの家なのである。此処そのものは消失せず、家や樹などが消失しても、持続的に存在し、一様に家でも樹でもある。だからこのものは再び媒介された単純態ないし普遍態であることを示すのである。

感覚的確信はそれ自身において普遍的なものが自分の対象の真理であることを示すのであるから、この確信の本質として持続しているのは純粋な存在であることになるが、しかし、この「存在」は直接的なものとしてのではなく、かえって否定と媒介とをもって本質とするようなものとしての存在であり、したがって我々が「存在」というときに私念するところのものではなく、抽象であり純粋に普遍的なものであるという規定のついた存在である。そこでこの空虚な没交渉な今と此処とに対抗して止まっているのは、感覚的確信の真理をもって普遍的なものであるとは思わない我々の私念だけである。

知と対象とが最初に[1]登場したさいに立っていた関係と右の結果において両者が立つようになる関係とを、「我々」が比較して見ると、関係は反対のものに転じている。対象は感覚的確信にとって本質的なものであるはずであったが、今や非本質的なものである。なぜなら、対象は普遍的なものと成ったが、これはもはや感覚的確信にとって本質的であるはずであったようなものではないからである。却って今や確信が現にあるのは、反対のもののうちに、即ちさきには非本質的なものであった知のうちにである。確信の真理は対象のうちにあっても、この「対象」は私の対象としての対象であり、言いかえると、確信は私念のうちにあり、対象は自我がこれについて知るから存在するのである。したがって感覚的確信はむろん対象からは追い出されはしたけれども、そうかと言ってまだなくなったわけではなく、ただ自我のうちに押しもどされただけである。そこで感覚的確信がかく自分の実在性とするものについて経験が何を我々に示すかが見らるべきである。

〔二一　この確信の主観〕

かくして感覚的確信の真理の真理たる効力はいまや私(自我)のうちに、私が見ること聞くことなどの直接態のうちにあり、我々が私念するところの個々の今と此処との消失が阻止せられるのは、私がこれらを固持することによっている。今が昼であるのは、私がそれを見ているからであり、此処が樹であるのも、全く同様の理由による。しかしながら感覚的確信はこの関係においても、前の関係における[1]と同様の弁証法を自分で経験する。このひとである私が樹を見て、樹をもって此処であると主張するのであるが、しかし他の私は家を見て、此処は樹ではなくしてむしろ家であると主張する。両方の真理は同一の確証を、即ち見ることの直接態と両者それぞれが自分の知についていだく自信と「断言」とをもっている[2]けれども、しかし一方の真理は他方の真理において消え失せる。

このさい消失しないのは、普遍的なものとしての私(自我)であり、これの見ることは樹を見ることでも、この家を見ることでもなくして、単純な見ることであり、そうしてこの単純な見ることはこの家等々の否定によって媒介せられたものであり、家や樹のごとく自分のそばになお戯れているもの(実例)に対して単純に没交渉に己れを保っている。私とは普遍的なものであるにすぎないが、これは、今と此処、言いかえると、このもの一般がそうであるのと同じである。もちろん私は個別的な私のことを私念してはいても、しかしちょうど今と此処との場合に私の私念しているものを言いえないのと全く同じように、「私」の場合にもやはり私念しているものを言うことはできない。私がこの此処、この今、或はひとつの個別的なものと言うとき、私の言っているのは、すべてのこのもののことであり、すべての此処、すべての今、すべての個別的なもののことであるが、これと全く同じように私が私、この個別的な私と言うときにも、私の言っているのは総じてすべての私のことであって、各人が私の言うところのもの即ち私であり、この個別的な私なのである。もしも所謂この物或はひとりのこの人を演繹せよとか構成せよとか先験的に見出せとか、その他いろんな言いかたがあるであろうが、とにかくこの種の要求[1]が学に対して試金石として提出されるようなことがあるとすれば、学は到底この試金石には耐えることができないであろうけれども、しかし、この種の要求をなす人々のほうでも、彼らの私念しているのは、いったいいかなるこの物ないしいかなるこの私のことであるかを言えときめつけるのは、正当なことであるが、しかし、彼らがこれを言うことは不可能なのである。

〔三　主客関係としての確信〕

だから感覚的確信は自分の本質が対象のうちにあるのでも、私(自我)のうちにあるのでもないことを、また〔本質であるはずの〕直接態が対象の直接態でも私の直接態でもないことを経験するのである。なぜなら、対象と私との両者のいずれにおいても私の私念するところのものは、むしろ非本質的なるものであり、対象も私も普遍的なものであり、そうしてこれらの普遍的なものにおいては、私の私念する当の今も此処も私も存続せず、言いかえると、存在するのではないからである。かくして「我々」は、感覚的確信自身の全体そのものをもってこの確信の本質として定立

(85)

すべきであって、先立つ二つの場合に出来したように、先ず私に対立している対象をもって、次いで私をもって確信の実在性たるべきはずだというように、確信のただ一方の契機だけを本質として定立すべきではないという結論に到達する。だから感覚的確信が直接態としての己れに固執し、そうすることによって、前に生じたあらゆる対立を締め出す場合の「己れ」とは、感覚的確信の全体自身だけであることになる。

だからこの純粋な直接態は、樹である此処が樹ではない此処に移行するという他的存在にも、昼である今が夜である今に移行するという他的存在にも、或はなにか他のものを対象としている他の私にももはや関らない。この直接態の真理は、私と対象との間に本質と非本質との区別を設けぬところの、したがってまた凡そいかなる区別も侵入して行くことのできないところの自己自同性を保つ関係として持続するのである。だから、このひとである私が此処をもって樹であると主張するが、しかし後ろに向い、私にとって此処が樹でないものとなるようなことはないし、また私は他の私が此処を樹ではないものと見ること、ないしは私自身も他のときには此処をもって樹ならぬものとして、今をもって昼ならぬものとして受取るということをも少しも顧慮せずに、私は純粋に直観するだけである。私は私だけで、今が昼であるということにとどまり、或はまた此処が樹であることにとどまり、さらにはまた此処と今と自身を相互に比較することもせず、私は、今が昼であるというただひとつの直接的な関係に固執するだけである。

かくてもしも我々がこの確信に向って夜である今に、或は今をもって夜とするひとりの私に対する注意をうながすようなことをすれば、この確信はもう現れてこようとはしないのであるから、「我々」のほうでこの確信に歩み寄り、主張せられる今を我々に指示することにしよう。我々はこの今を我々に指示することにしなくてはならないのであるが、これは、この直接的な関係の真理とは、ひとつの今ないしひとつの此処に己れを限っているこの私の真理だからである。もしも我々が後になってこの真理を取上げたり、それから遠ざかって立ったりすることがあれば、この真理はなんの意義をももたぬであろう。なぜなら、我々はこの真理にとって本質的であるところの直接態をなくしてしまうからである。(1) だから我々は時間ないし空間の同一の点に歩み入って、この真理を我々に指示しなくてはならないが、これは確信をもって知っているところのこの私と我々が同じものになることにしなくてはならないことを意味している。そこで直接的なるものが我々に指摘されると、どんな具合のものであるかを見ることにしよう。

今が、この今が指示される。ところで今、それは指示されるときには、すでに存在することをやめている。存在するところの今は指示された今とは別のものであり、そこで我々は、今とはまさに存在するそのときにもはや存在することをやめるものにほかならぬことを見るのである。我々に指示される通りの今は存在したものであり、これが今の真理ではあるが、しかし、これは存在であるという真理をもってはいない。だから、今が存在したということは、たしかに真ではあるが、しかし、存在した *gewesen* ものは、じっさいにはなんら本質(実在) *Wesen* ではない。存在したものは存在するのではないが、しかし問題となっていたのは存在である。

だから我々がこの指摘において見るのは、ただひとつの運動だけであるが、この運動の経過は次のごとくである。1、私は今を指示する。そこで今が真なるものであることが主張せられるのであるが、しかし私が今を指示するのは存在したものとしてのことであり、言いかえると、取消されたものとしてのことであり、かくて私は最初の真理を取消すのである。2、いまや私は今が存在したのであり取消されていることを第二の真理として主張する。3、しかし、存在したものは存在するのではないから、私は今が存在したという、或は取消されてあるという第二の真理をも取消し、こうして今の否定を否定し、今が存在するという最初の真理に帰って行く。(2) 以上のようにして今と今の指摘とがどのような具合のものであるかと言えば、今も今の指摘も直接的に単純なものではなくして、相異なる契機を具えた運動であるということになる。即ちこのものが定立せられるが、しかし定立せられるのはむしろひとつの他のものであり、言いかえると、このものは取消される。しかし最初のもののこの他的存在ないし取消し自身もまた再び取消されて最初のものに帰って行くのである。と言っても、かく己れのうちに還帰した最初のものは「最初のもの」ではあっても、最初にあったもの即ち直接的なものとは厳密には同一なのではなく、まさに自己内に還帰したひとつのものであり、言いかえると、他的存在のうちにおいても己れたることにとどまるところの単純なものであり、即ちひとつの今でありながら絶対に多くの今であるところの今である。そうして、この今こそは真実の今であり、もろもろの時間 Stunde という多くの今を含んでいる単純な一日 Tag としての今であるが、かかる今即ち一時間もまた全く同様に多くの分 Minute であり、そうして、この今(分)もまた同様に多くの今(秒)であるというように進んで行く。——だから指摘することがそれ自身運動であり、そうしてこの運動が今の真実にはなんであるかを、即ち結果であること、言いかえると、集合された今の数多性であることを示すのである。そこで指摘するということは、今が普遍的なものであることを経験するゆえんである。

私が固執する此処も指摘されるが、指摘されると、この此処ではあってもやはりじつはこの此処ではなくして、前後、上下、左右であり、しかも上自身もまた上下等々における全く同様に多様な他的存在である。(1) 指摘せられるはずであった此処は他のもろもろの此処のうちで消失するが、しかし、これらの此処もまた全く同様に消失する。指摘され固執せられて持続する此処とは、もろもろの此処が然るべく受取られながら、それでいて互に取消すことによってのみ存在するところのこのものならぬものであり、多数の此処の単純な複合(2)である。私念される此処は点でもあるであろうが、点は存在するのではない。この点が存在するとして指摘されるとき、この指摘自身が自分は直接的な知ではなく、私念された当の此処から多くの此処を通じて普遍的な此処にまで至る運動であることを示す。そうしてこの普遍的な此処とは、一日が今の単純な数多性であるごとく、此処の単純な数多性である。

〔四 総括〕

(87) かくて明らかなのは、感覚的確信の弁証法がこの確信の運動ないしはその経験の簡単な歴史(出来事)[1]以外のものではないこと、いな感覚的確信自身がこの歴史であるにすぎぬもの以外のものではないことである。だからこの確信においてなにが真なるものであるかを示す、かかる結果にまで自然的意識も自分でいつも進んで行き、ここの真なるものについて経験しているのではあるが、しかしこれと同時にいつも再びこの経験を忘却[2]して、運動を初めからやり直すだけのことである。だから、この経験に反対して、普遍的経験として、いな哲学的主張として、それのみか事もあろうに懐疑主義の結論として、この或は感覚的な物としての外物の実在性ないし存在は意識に対して絶対的真理であるという説が唱えられるとすれば、これは奇怪と言うべきである[3]。しかし、いったいいかなる主張をなすものは主張しながら同時に自分の語っていることがなんであるかを知らず、また自分の言わんと欲することとは正反対のことを言っているのをもさとらないものである。感覚的なこのものが意識に対して真理であるのが普遍的経験であるとの由《よし》であるが、しかし、むしろ正反対のことこそ普遍的経験であって、いかなる人の意識でも、例えば此処は樹であるとか今は正午であるとかいうような真理を唱えておきながら、自分で再びこれを取消して、此処は樹ではなく却って家であるというような正反対のことを言明する。しかも最初の主張を取消すこの第二の主張においても感覚的な「このもの」について再び同様のことを唱えておきながら、この第二の主張をもすぐにまた取消すのである。かくてすべての感覚的確信において、じっさいに経験されるのは、我々の見たところのもの、即ちこのものとは普遍的なものであるということだけであるが、これはかの主張が普遍的経験であると「断言」するところのものとは、まさに正反対のことである。——ところでこの説では「普遍的経験」に訴えられているのであるから、先廻りをして実践的なもの(1)を顧慮しても差支ないであろうが、この顧慮からすると感覚的対象の実在性が真理であり確実であると主張する人々に向っては、彼らは智慧の最下級の学校、即ちケレスとバックゥスとについての古《いにしえ》のエレウシスにおける密儀(2)に送り返されて、先ずもってパンを食らいブドウ酒を飲む奥儀を学ぶべきであると言ってよいであろう。なぜと言って、この奥儀を授けられたものは、ただ単に感覚物の存在について疑惑をいだくようになるだけではなく、この存在についての信を全くすてるようになって、一方では感覚物を無に帰せさせることを自分で実行し、他方では感覚物が無に帰することを実行するのを観ずるからである。動物でさえも、この智慧から締め出されているのではなく、むしろ極めて深くこの智慧を授けられていることを示している。なぜなら、動物は感覚物を前にして、それが自体的に存在するかのごとく感じ躊躇して立ちどまることはなく、その実在性を少しも信ぜず、それが無にひとしいことを全く確信して、無造作にそれをとらえて食いつくすからである。そうして動物と同じく全自然は感覚物の真理がなんであるかを教えるところのこの顕わな密儀(3)を讃美しているのである。

(88)

しかしながら、このような主張を唱える人々は、右の諸註解にしたがって明らかなるごとく、自分の私念しているのとは正反対のことを自分で言っているのであるが、——これは感覚的確信の本性についての反省を促すうえにおいておそらくは最も有効な現象である。彼らはもろもろの外的な対象の定在について語るが、これらはより厳密に言えば現実的な、絶対に個別的な、全然個人的な、個別的な物であり、おのおのがもはや絶対に同一のものをもたぬ諸物と規定せられうるであろう。そうして彼らはかかる物の定在が絶対に確実であり絶対に真理であると唱えるのである。彼らは私がこのものを書いているところの、或はむしろ書き終えたところのこの紙片[1]のことを私念しているのであるが、しかし彼らは自分の私念しているものを言うのではない。もし彼らが自分の私念しているところの「この」紙片を現実に言わんと欲して見ても、そうしてまたどんなに言わんと欲して見ても、これは不可能なことである。なぜなら、私念せられるところの感覚的な「このもの」は自体的に普遍的なものである意識に所属せる言葉にとっては到達できぬものだからである。だから彼らがこの紙片のことを言わんとして現実にしきりと試みているうちに、それはかびて腐るであろう。そこで記述に着手した人々は、これを仕とげることができないで、他の人々に委ねざるをえぬであろうが、この他の人々もとうとう最後には自分が存在しない物について語ろうとしていることを白状するであろう。この他の人々はもちろん前の人のとは全然別のこの紙片のことを私念しているに相違ないけれども、彼らの語っているのはもろもろの現実の物、外的な或は感覚的な対象、絶対に個別的な実在等々であるが、これは、彼らがこれらについて、ただ普遍的なもののことを言っているにすぎないのを意味している。だから言い表わすことのできぬものと呼ばれるものは、真ならぬもの、理性的でないもの、単に私念されたにすぎぬもの以外のものではないのである。——或るものについて、それがひとつの現実的な物、外的な対象であるという以上にはなにも言われないとすれば、それは最も普遍的なものとして言い表わされたにすぎず、したがって一切のものとの区別というよりかむしろ同一が言い表わされたにすぎない。私がひとつの個別的な物と言うときにも、全く同様に私はその物のことをむしろ全く普遍的なものとして言っている。なぜなら、一切のものが個別的な物だからである。そうしてこの物もまた同様にひとの挙げんと欲する一切である。より厳密にこの紙片と名づけて見ても、一切の、またおのおのの紙がひとつのこの紙片であり、したがって私はいつもやはりただ普遍的なもののことを言ったにすぎない。ところで語るということは、私念を即座に転じて或る他のものとなし、かくして私念に全然発言もさせないという神的な本性[1]のものであるが、私が「この」紙片を指摘することによって、語ることを後援しようとすれば、私は感覚的確信の真理がじつのところなんであるかを経験することになる。私は「この」紙片を指摘するが、指摘するのは、ひとつの此処としてのことである。しかしこの「此処」は他のもろもろの此処のうちのひとつの此処であり、言いかえると、ひとつの此処でありながら、それ自身において多くの此処の単純な集合[2]であるが、これは普遍的なものであることを意味している。こうして私は「この」紙片を真にある通りに受取ることになり、直接的なものを知るのではなくして、それを私は真にとらえる *nehme ich wahr*（知覚する）こととなるのである。

II　知覚、或は物と錯覚*
Die Wahrnehmung ; oder das Ding und die Täuschung.

直接的な確信は真なるものをとらえ我がものとはしない。なぜなら、自分の真理が普遍的なものであるのに、この確信はこのものをとらえようと欲するからである。これに対して知覚は自分にとって存在するものを普遍的なものとしてとらえる。そこで普遍態が知覚の原理一般である。これと同じように、知覚においてすぐ相互に区別せられる契機もまた普遍的であって、自我が普遍的なら、対象もまた普遍的である。かの普遍態という原理が「我々」にとっては発生(1)しているから、「我々」が知覚を受取る受取りかたは、感覚的確信の場合のように(2)、もはや現象にしたがうものではなく、しかるべく必然的なものである。原理が「発生」したのと同時に両方の契機もまた生成しており、〔両方とも普遍的であるが〕現象においては両者はただ相互に離れ落ちる(3)にすぎない、即ち一方は指摘する運動であり、他方はこの運動と同じものではあるが、しかし単純なものである。前者は知覚することであり、後者は対象である。対象はその本質にしたがって言えば運動であるところのものと同一である。運動とは諸契機を展開し区別する働きのことであるが、対象とは諸契機が集約されてあることである。「我々」にとって或は自体的には、原理としての普遍的なものが知覚の本質であって、この本質という「抽象」に比すれば、知覚するものと知覚されるものという区別せられた両者は非本質的なものではある。しかし両者各自が普遍的なもの或は本質なのであるから、じっさいには両者ともに本質的ではあっても、しかし両者は対立したものとして相互に関係するのであるから、この関係においては、ただ一方だけが本質的であることができ、本質的なものと非本質的なものという区別が両者に割り当てられざるをえぬことになる(4)。単純なものと規定せられた一方のもの、即ち対象が本質であって、知覚されるとされないとに関りなく存在するのに、運動としての知覚することは存在することも存在しないこともありうる恒常ならぬもの、非本質的なものである(5)。

　そこでこの対象がさらに詳しく規定せらるべきであるが、〔前段階から〕生じてきている結果から、この規定を簡単に展開する必要があるだけであって、一層立ち入った展開はいまはその場所ではない(6)。ところで対象の原理である普遍的なものは単純でありながら媒介せられたものであるから、対象は媒介せられたものであるということが自分の本性として自分に具っていることを表現せざるをえぬが、そうすることによって、対象は多数の性質をもてる物[1]であることを示す。感覚的な知識の豊富な内容は知覚に所属するのであって、直接的確信に所属するのではなく、この確信においてはこの富はただそばに戯れているもの[2]であるにすぎなかった。なぜと言って、ただ知覚にして初めて否定を区別を、言いかえると、多様性を自分の本質において具えているからである。

〔一 物の簡単な概念〕

知覚は否定を具えるからこのものはこのものならぬものとして、或はアウフヘーベンされたもの(止揚せられたもの)として定立せられており、したがって無としてではなくして限定された無として、言いかえると、或る内容の即ちこのものの無として定立せられている。[3] これによって感覚的なもの自身がまだ現にあるにはあっても、直接的確信においてそうあるべきはずであったように、私念された個別的なものとしてあるのではなく、普遍的なものとして、言いかえると、性質と規定せられるであろうものとしてあることになる。アウフヘーベンは、「我々」[4]がすでに否定的なものにおいて見たところのかの真実な二重の意義をもっていて、否定であると同時に保存である。否定によって無となると言っても、この無はこのものの無として直接態を保存していて、それ自身感覚的であるが、しかしそれでいてこの直接態は普遍的な直接態である。——ところで存在がかく普遍的なものであるのは、媒介態ないし否定的なものを具えることによってであるが、存在がこの否定的なものを表現するのは、その直接態においてのことであるから、存在は他から区別せられ限定せられたひとつの性質である。しかしこれによって同時に多数のかかる性質も定立せられており、これらのうちの一は他を否定する。ところでこれらの性質が表現せられるのは、普遍的なものの単一態のうちにおいてのことであるから、これらの諸限定は、本来なら更に付け加ってくる規定のあることによって初めて諸性質であるのに、各自自己自身に関係して相互に没交渉であって、各自に自分だけであり、他から自由である。しかし単一で自己同一的な普遍態自身は、自分のかかる諸限定からもまた区別せられ、それらからも自由である。この普遍態は純粋に自己自身に関係するものであり、言いかえると、これら諸限定のすべてが於てあるところの媒体であり[1]、したがってこの媒体においては諸限定は単一な統一としての普遍態においてあるものとして相互に貫徹しあいながら、それでいて、相互に触発することがない[2]。なぜと言って、かかる普遍態にあずかることによってこそ、諸限定は相互に没交渉に自分だけであるからである。――この抽象的な普遍的な媒体が物たること *Dingheit* 一般或は純粋な本質とも名づけられうるところのものであるが、この媒体は此処と今以外のものではない、ただし此処と今と言っても、すでに明らかとなった意味におけるものであり、即ちそれぞれ多数の此処、多数の今の単一な集合であり[3]、そうしてこのさい、多数の項は各自に限定されていながら一様に普遍的なものである。例えば「この」塩は一様の此処でありながら、同時に多様でもあって、白くあると共に辛くも亦あり[4]、〔結晶において〕立方形でも亦あり、一定の比重のものでも亦ある等々である。これら多数の性質のすべてが一様なひとつの此処においてあり、したがって相互に貫徹しあい、どの性質も他の性質とちがった別の此処をもつのではなく、おのおのの性質が他の性質があるのと同一の此処のどこにもありながら、それでいて同時に此処を異にすることによって相距てられはしないし、またかく相互に貫徹しあいながらも、影響しあうこともない。白いことは立方形であることに影響せず、変更を加えもせず、そうして白と立方形との両者が辛さに影響しない等々のごとくである。各性質は他の性質に影響するのではなく、各自単純に己れに関係するのであるから、他の諸性質を安らかに放任し、ただ没交渉な「も亦」を通じて他に関係するだけである。かくてこのも亦が純粋に普遍的なもの自身であり、言いかえると、媒体であり、諸性質を総括せる物たることなのである。

右に結果として生じてきたこの関係においては、まだやっと〔物の〕肯定的普遍態(1)という性格だけが観察せられ展開せられたにすぎないが、しかし、なお考慮に入れられなくてはならぬ別の側面が現われてくる。即ちその別の側面というのは、もしも多数の限定的な性質が端的に相互に没交渉であり、各自ただ全く己れ自身にだけ関係するにすぎないと仮定すると、それらの性質は決して限定的ではないであろうということである。なぜなら、諸性質が限定的であるのは、ただ相互に区別しあい、また相互に他の性質に関係しあい、しかも対立したものとしての他の性質に関係しあうかぎりにおいてのみ成り立つことだからである。しかし、かく対立しているというところからすると、諸性質はそれらの媒体の単純な統一のうちに共存することはできない。媒体の統一は諸性質にとって本質的ではあっても、否定もまた全く同様に本質的であり、諸性質を区別するのがこれらを相互に没交渉のままにしておくことではなく、他(2)を排斥し否定することであるかぎり、この区別することはかかる単一な媒体のそとに出ることになるから、媒体もただ単にも亦という諸性質を没交渉にしておく統一であるにとどまらず、一者でもあり、排外的統一でもあることになる。——一者というのが否定の契機であり、しかも自分で単純な仕かたで自分自身に関係して他を排斥するものであるかぎりの否定の契機であり、そうしてこの契機によって物たることは物として限定せられている。性質においては否定と言っても、限定としてのものであって、存在の直接態と直接に一であり、そこでこの直接態のほうは否定とのかかる統一によって普遍態をなすのであるが、しかし一者としては否定は〔存在の直接態という〕反対のものとのかかる統一から解放せられて、全くそれ自身においてある否定となっている。(1)

これら〔肯否〕の両契機が相合することにおいて、真なるものをとらえる知覚の真なるものとしての物が、ここで展開する必要のあるかぎりにおいて、(2)完成している。物は(α)没交渉な受動的な普遍態であり、多数の性質の、或はむしろ多数の物質のも亦であるが、(3)(β)これと全く同じように、物はやはり単純なものとしての否定であり、言いかえると、相互に対立せる性質が排斥しあうことによって成立する一者である。そうして(γ)物は最初の二つの契機の関係としての多数の性質自身であり、否定ではあっても、没交渉な場面に関係してこの場面において拡がって一群の区別項となる否定であり、存立に必要な媒体のうちにあって輝き出て数多性となる個別態の点である。これらの区別項が没交渉な媒体に所属しているという側面から言うと、それらは区別項でありながら自ら普遍的であり、ただ自分にだけ関係し相互に影響を及ぼすことがないのに対して、区別の諸項が否定的統一に所属している側面から言うと、それらは互に排斥しあっているが、かかる正反対の関係を区別の諸項がもつのは、必然的に自分たちのも亦から距てられているかぎりの諸性質においてのことである。そこで感覚的な普遍態、(4)言いかえると、存在と否定的なものとの直接的な統一が性質であるのは、一者と純粋な普遍態とがこの統一から展開せられ相互に区別せられたうえでこの直接的な統一が〔媒語として〕これら両者を相互に連結する(5)かぎりにおいて初めて成立することであり、この統一がそれぞれ純粋で本質的な右の両契機に関係して行くことが初めて物を完成させるのである。(6)

〔二　物に対する知覚の態度〕

(93)

そこで知覚の物とは、以上のような具合にできているものであり、そうして、かかる物を自分の対象としているかぎり、意識は真なるものをとらえる知覚するものとして規定せられている。意識は対象をただ取るにとどむべきであり、純粋に捕捉する態度をとるべきであって、こうすることによって意識に生じてくるのが真なるものである。それで若しもかく取るにさいして意識が自分でなにかを為すようなことがあるとすれば、かかる附加又は除去によって意識は真理に変更を加えることになるであろう。ところで対象が真なるものであり、しかも普遍的なもの、自己自同的なものであるのに、意識のほうは可変的なもの、非本質的なものであることを自覚(1)しているのだから、対象を正しく捕捉せずに錯覚におちいることは意識には「出来」しうることである。知覚するものは錯覚の可能性を意識しているわけであるが、これは、〔知覚の〕原理であるところの普遍態のうちには、たとい止揚せられて無的なものとなっているにしても、知覚するものに対しては他的存在自身が直接にあり、その認むるところだからである。だから知覚するものにとっては真理の規準は自己自同性(2)(自己同一)であり、そうして知覚するもののとるべき態度は自己自同性を保つものとして捕捉することである。しかし同時に相異るものが知覚するものに対してあるのだから、知覚するものは捕捉にさいしての相異る契機を相互に関係づけるのであるが、もしこの比較において不同が出現してくるとすれば、対象は自己自同的なものであるから、それは対象が真理に反することではなく、知覚が真理に反することである。(3)

そこで「我々」は意識が自分の現実の知覚においていかなることを経験(4)するかをよく見ることにすると、この経験は「我々」にとっては対象とこれに対して意識のとる態度とについて今しがた与えた展開のうちにすでに含まれていて、ただそこに現にある諸矛盾を展開することにすぎぬであろう。——さて〔一〕私が受取る対象は純粋に一なる対象として現われてくる。しかし私はこの対象において性質をも知覚するようになるが、この性質は普遍的であるから、一なる対象の個別態を越えて出ている。だから最初に対象物の存在をもって一物のものとした場合の存在は対象の真の存在ではなかった。ところで対象は真なるものであるから、真理に反することは私に属し、捕捉が正当ではなかったことになる。そこで〔二〕今や私は性質の普遍性を顧慮して対象物をもってむしろ〔諸物との〕共同態一般としてとらえざるをえないが、私はさらに性質が限定された性質であり、他物に対置せられ、(1)他物を排斥する性質であることを知覚するのであるから、私が対象物をもって他物との共同態ないしは連続態と規定したときには、じつは私は対象物を正当には捕捉していなかったことになる。そこで〔三〕私はむしろ性質の限定性を顧慮して連続を断って対象物をもって排斥する一者として定立せざるをえぬが、(2)かく切り離された一者において、私が見出すのは相互に影響をおよぼさず、むしろ相互に没交渉であるような多数の性質であるから、私が対象をもって排斥するものと捕捉したときの私の知覚は正当なものではなかった。そこで〔四〕対象は、先にはただ〔諸物の〕連続一般であったのと同じように、今や〔諸性質にとっての〕ひとつの普遍的な共同の媒体であって、このうちにおいて多数の性質がもろもろの感覚的な普遍態として各自別々にあり、(3)そうして限定された性質としては他の諸性質を排斥しているということになる。しかしながら、かく性質が各自限定的であるが故に、私が知覚するところの単純なもの、真なるものは普遍的な媒体でもなくして〔五〕個別的な性質それ自身であることになる。しかし「個別的な性質それ自身」というものはもはや性質でもなければ、限定せられた存在でもない。なぜなら、「個別的な性質それ自身」ということになると、もう一物においてあるのでも、他の諸性質との関係においてあるのでもないからである。これに対して、かかるものも、性質であるのは、ただ一物においてあるときのみのことであり、また限定的であるのは、ただ他の諸性質への関係においてのみのことである。それで「個別的な性質それ自身」はただかく純粋に自己自身に関係するものとして、もはや否定性の性格を具えていないから、単なる感覚的な存在一般であるにとどまっている。かくて〔六〕今や意識に対してあるのはひとつの感覚的な存在であるが、この意識はただ私念であるにすぎず、そうしてこれは意識が知覚から全く離れ出て己れ（私）のうちに帰っていることを意味している。しかし感覚的な存在と私念とは自分で知覚に移って行くから、私は知覚の最初の出発点に投げかえされ、そうして再び同じ循環過程を、即ち各契機に関しても、全体としても己れを止揚する循環過程(1)のうちに引きずりこまれることになる。

かくて意識は必然的にこの循環過程を再び遍歴するが、しかしこれと同時に二度目には最初のときと同じ遣りかたで遍歴するのではない。即ち意識が知覚についてえた経験というのは、知覚の結果である真なるものが自己解体をきたすこと、言いかえると、真なるものから己れ自身のうちへの還帰をきたすということである。この経験によって意識にとっては、自分の知覚が本質的にどんな具合のものであるか、即ち単純な純粋な捕捉ではなくして自分が捕捉しているそのことにおいて同時に真なるものから出て己れのうちに還帰してもいるものであることが明確になってきている。意識のかかる自己自身への還帰はすぐに――と言うのは、この還帰が知覚にとって本質的であることが明らかになっているからである――純粋捕捉に干渉するから、真なるものに変更を加えることになるけれども、しかし同時に意識はこの還帰という側面が自分に属する側面であることを認識してその責を自分に帰するので、これによって真なる対象を純粋に維持することになるであろう。――だから先に(2)感覚的確信にさいして「出来」したのと同じように、いま知覚にさいしても、意識が已れのうちに押しもどされるという側面がありはする。しかし相違はある。第一には前の場合に起ったように、知覚の真理が意識に属しでもするかという意味においてこの側面があるのではなく、むしろ意識はこのさいに出現してくる真理に反するものが已れに帰することを認識している。しかし〔第二には〕これと同時にかかる認識によって意識は真理に反するものを撤回することができ、已れの知覚の真理に反するものから真なるものの捕捉を区別して、この真理に反するものを訂正するのであり、そうしてこの是正を自分で行使するかぎり、真理は知覚 *Wahrnehmen* の真理 Wahrheit としてたしかに意識のうちに属している。だから今後に考察せらるべき意識の態度がどのような具合のものであるかと言うと、もはやただ単に真なるものをとらえ、知覚するだけではなく、已れのうちへの還帰を自覚もしており、そうしてこの還帰を単純な捕捉そのものから分離するというようにである。[1]

そこで私は先ず最初には[2]ひとつの物であることを物の真理として認め *gewahr* werden(知覚し)、そうして物をこの真 *wahr* の規定において固持しなくてはならず、もしも知覚の運動において一物たることに矛盾する何かが出現してくるとすれば、これは私の反省に基づくものと認識せらるべきである。ところで知覚においては相違した性質もまた出現しきたり、しかもこれらが物の諸性質であるかのように見えるけれども、しかし物は一者であって、物をして一者たることをやめさせるようなこの相違については、我々はそれが我々に帰属することを自覚している。だから、じっさいにおいては、この物が白いのは、我々の眼にもたらされたときのことであるにすぎず、それが辛くも亦あるのは我々の舌にもたらされるときのことであるにすぎず、立方形でも亦あるのは、我々の触官にもたらされるときのことであるにすぎない等のごとくである。[3] これら諸側面が全然相違していることを我々は物から取るのではなく我々から取るのである。それらが全く離れ離れになっているのは、我々の眼が舌とは全く相違しているから等のごとき理由によることである。だから、これらの契機が互に分離し別々に於いてある普遍的媒体であるところのものは、我々[1]なのである。したがって普遍的媒体であるという限定を我々の反省に基づくものと見なすことによって、我々は一者であるという物の自己自同性と真理とを、維持するのである。

こうして意識はこれら相違した諸側面の責を自分のほうへ引受けるが、しかしこれらの側面は普遍的媒体のうちにあるとして考察せられるときには各自別々に限定されており、例えば白はただ黒との対立においてのみあるというごとくである。そうして物がまさに一者であるのも、他物に対立しておればこそのことである。物が他物を自分から排斥するのは、物が一者である限りのことではない。——なぜなら、一者であるということは、自己自身へという普遍的な関係であって、一者であることによっては物はむしろすべての物と同じだからである。物が他物を排斥するのは、一者たることによるのではなく、限定によることである。だから、諸物自身が即且つ対自的(絶対的)に限定されているのであり、諸物はよってもって他物から区別せられる所以の諸性質をもっている。かく性質 *Eigenschaft* が物自身の *eigen* 性質であるから、言いかえると、物自身における限定であるから、物は数多の性質をもつことになる。その理由はこうである。第一に物は真なるものであり、自己自身において[2]あるから、物においてあるところのものは、物自身の本質として物においてあるのであって、他物のためにあるのではない。だから第二には限定的な諸性質は、ただ単に他物のためにのみ、他物に対してのみあるのではなく、物自身においてある。しかし諸性質が物における限定的性質であるのは、それら数多のものが相互に他を区別する性質であることにのみよっている。そこで第三には諸性質はかく「物たること」のうちにあることによって、各自に自己において自己に対してあって相互には没交渉である。だから白いと共に立方形でも亦あり、辛くも亦ありなどするのは、真《まこと》に物自身であり、言いかえると、物がも亦であ

(97)

り、ないし数多の性質をして触れ合うことも相殺することもなく相互に外在的に存立させるところの普遍的媒体である。かく受取られたときに、物は真なるものとして受取られているのである。

ところで、かく知覚するにさいして、意識は同時に自分が自分自身のうちへ還帰し反省しても亦いることを、そうして知覚するにさいしては〔物の〕も亦に対立する契機も出現してくることを自覚しているが、この契機は物の自分自身との統一ということであり、そうしてこの統一が区別を排斥するものである。したがってこの契機こそは意識が自分に引受けなくてはならぬものである。なぜと言って、物自身は多数の相違した、それぞれ独立的な性質の存立だからである。そこで物については、それは白くあり、立方形でも亦あり、そうしてまた辛くも亦あるなど言われることになるが、しかし物は白くあるかぎりにおいて(1)は立方形であるのではなく、また立方形であり白くも亦あるかぎりにおいては辛くあるのではないなどというわけであるから、これら諸性質を帰一させることはただ意識にのみ帰属するのであり、したがって意識は諸性質を物においては帰一させてはならないのである。この目的のために意識は「かぎりにおいては」ということを導入し、これによって諸性質を互に離れ離れにして物の「も亦」であることを維持する。しかし、ほんとうは正確に言うと、一者であることが意識によって引受けられるのは、性質と呼ばれた当のものが自由な物質(2)として「表象」されて初めて成立することである。こういうふうにして、物が諸物質の集合となり、一者ではなくして、ただ単に取囲む表面となることによって、物は真実のも亦にまで高められたのである。

そこで意識が前に(3)自分のほうに引受けたものといま自分のほうに引受けるものとを、また前に物に帰属させたものといま物に帰属させるものとを、「我々」がひるがえって見ることにすると、意識は自己自身と全く同様に物をも代る代る両者とするということ、即ち意識が自己をも物をも純粋で数多性のない一者とすると共に、もろもろの独立的な物質に分解するも亦ともし、しかも代る代るそうするということが分ってくる。かくてこの比較によって、意識は、ただ単に真なるものを自分がとらえることだけが捕捉と己れのうちへの還帰との相違を具えているだけではなく、むしろ真なるもの自身が、即ち物がかかる二重の仕方で現われてくるということを見出すのである。これによって物は捕捉する意識に対して或る一定の仕かたにおいて現われてくるが、しかし同時に物はいま現われてくる、その仕かたから出て己れのうちに還帰しもすること、言いかえると、物がそれ自身において相互に対立した真理を具えているという経験がえられていることになる。[1]

〔三　制約せられぬ普遍性という悟性の領域への移行〕

かくて物をもって真実に自己自同的なものと解し、これに対して意識をもって不同なもの即ち同一からそのそとに出て自分のうちに還帰しているものと解するというのが知覚するにさいして意識のとる第二の態度[2]であったが、意識は右のごとき次第でこういう態度からさえも、そのそとに出ている。そこで今や意識にとっては、前には[3]対象と意識とに割当てられていた運動の全体であるものは対象であることになる。〔しかし、なお問題がある。〕さて物は一者であり、己れのうちに還帰しており、物は自分だけで対自的にあるけれども、しかし物は他者に対しても亦あり、しかも対自的にある物と他者に対してある物とは互にちがった他者である。[4]これによって物は対自的にあると共に他者に対しても亦あって、相違する二重の存在ではあるけれども、物は一者でも亦ある。しかし物が一者であることは物のかかる相違性とは矛盾する。こうなると、意識はかく物を帰一させることを再び自分のほうに引受けて物からは遠ざけねばならぬでもあろう、即ち物は対自的にあるかぎりにおいては他者に対してあるのではないと、意識は言わねばならぬでもあろう。しかし物自身に一者であることも亦、帰属するのは、意識がすでに経験したごとくであって、物は本質的に己れのうちに還帰しているのである。そこで〔こう考えられることになる。〕たしかに一者であることと全く同じように、も亦ないしは相互に没交渉な区別も物に帰属してはいるが、しかし両者は相違しているから、同一の物にではなく、互いに相違した物に帰属することになり、対象物一般においてある矛盾が二つの対象に割当てられることになる。だから物はそれ自身としてはたしかに自分自身と同じであるが、しかしこの自己自身との統一が他物によって妨げられるというわけである。こうして物の統一が維持せられると同時に、他的存在は物のそとにも、意識のそとにもあることが維持されるのである。

確かにこうして対象物の矛盾は互に相違する物に割当てられはしているけれども、そのために却って区別が分離された個々の物自身に帰属することになるであろう。即ち互いに相違する物がそれぞれ自分だけで対自的に定立せられ、そしておのおのの物が自分自身から相違しているのではなく、ただ他の物からのみ相違しているというように、背馳は相違する物相互の間で相手側に帰属するにしても、これによって却っておのおのの物自身が区別せられたものとして限定せられていることになり、したがって他物からの本質的区別を己れにおいて具えていることになる。しかし同時に考えられるのは、このことがおのおのの物自身における対立をきたすのではなく、おのおのの物は各自に単純な限定であって、これがおのおのの物を他の物から区別する本質的な性格をなしているということである。むろん相違性がおのおのの物においてあるのだから、じっさいには相違性は必然的に多様な性質の現実的区別としておのおのの物に具わっているが、しかし〔単純な〕限定が物の本質をなし、これによっておのおのの物は他の物から区別せられて対自的にあるのだから、かかるその他の多様な性質は非本質的なものである。[1] かくして物はたしかに統一的でありながら二重のかぎりにおいてを具えてはいても、しかし二つの「かぎりにおいて」は価値を等しうするのではないから、かかる対立があるにはあっても、これは物自身の現実的対立となるのではない。〔むろん〕物はその絶対的区別（物自身における区別）によって対立するに至りはするが、この「かぎりにおいて」は物はこの対立を自分のそとにある他の物に対してもっているのである。そうして〔本質的な性質〕以外の多様性も亦むろん必然的に物においてあり、物と分離しえないけれども、しかし、これは物にとっては非本質的である。

ところで物の本質的性格を形づくり、物をすべての他の物から区別するところのこの限定〔自身〕がどのように限定せられているかと言うに、物はこの性格によって他の諸物と対立するようになるが、しかしそれでいてこの対立において対自的であることを維持すべきはずだというのである。しかし、およそ物が物であるのは、言いかえると、対自的に存在する一者であるのは、ただ他物とのかかる関係に立たないかぎりにおいてのみのことである。なぜと言って、この関係に立つと、むしろ他物との連関が定立せられているのであるが、しかし他物との連関に立つこととは対自存(99)在がなくなることを意味するからである。ほかならぬ絶対的性格とそのきたす対立とによって、物は他物に関係し、本質的にただかく関係することにほかならないということになるが、しかし関係とは物の自立性の否定であるから、物はむしろその本質的性質によって没落してその根底に至ることになる。[2]

物の本質と対自存在とを形づくるところの限定、まさにこの限定によって、物が没落してその根底に至るという経験の意識に対する必然性は、単純な概念にしたがって、[3] 簡単には次のように考察されることができる。物は対自存在として定立せられており、言いかえると、あらゆる他的存在の絶対的否定として定立せられており、したがって否定がただ自分自身にだけ関係する絶対的な否定として定立せられているが、しかし否定が自分自身に関係するというのは物が自分自身を止揚することであり、言いかえると、自分の本質を他者のうちにもつことである。

さきほど生じてきたような対象の〔本質的と非本質的という〕規定はじっさい右に言ったより以外のことはなにも含んではいない。対象はその単純な対自存在を形づくるところの本質的性質をもつべきであるが、かかる単純なもののほかに、さらに〔もろもろの性質の〕相違性をも亦、已れ自らにおいて具えるはずと考えられている。ところでこの相違性はなるほど必然的ではあっても、本質的限定を形づくりはしないと言うのであるが、しかしこれはただ言葉のうえだけで成立する区別である。非本質的なものでありながら、同時に必然的であると言われるものは、已れ自身を止揚する。(1)言いかえると、それは今しがた物が自分自身を否定することと名づけられたものと同じものなのである。

ここに至って対自存在と対他存在とを分離していた最後のかぎりにおいてが崩壊し去ることになる。即ち対象はむしろ全く同一の観点において已れ自身の反対であって、他者に対して存在するかぎりにおいて対自的に存在し、そうして対自的に存在するかぎりにおいて他者に対して存在する。対象は対自的に存在して、已れのうちに還帰して一者ではあるが、しかし、かく対自的で已れのうちに還帰して一者であることがその反対である他者に対する存在とただひとつの統一において定立せられており、したがってただ止揚せられたものとして定立せられているにすぎない。言いかえると、この対自存在といえども、さきにただひとり非本質的なものとされたところのもの、即ち他者への関係と全く同じように非本質的なのである。

かくして対象はそのもろもろの純粋な限定において、言いかえると、その本質態を形づくるとされた諸限定において止揚せられているわけであるが、これは対象がその感覚的な存在において止揚せられたものとなったのと全く同様

(100)

である。いったい対象は感覚的な存在から出発して普遍的なものとなるのであるが、しかし、この普遍的なものは、感覚的なものから出てくるのであるから、本質的にこの感覚的なものによって制約せられて物となって[1] bedingt おり、したがって決して真実に自同的な普遍態ではなくして、ひとつの対立によって煩わされた普遍態であるから、個別態と普遍態との、諸性質の一者と自由な諸物質の「も亦」との両極に分離するのである。これらの〔本質的な〕純粋な諸限定は本質態そのものを表現しているかのように見えるけれども、しかし他者に対する存在に囚われているところの対自存在であるにすぎない。しかし対自存在と対他存在との両者が本質的にひとつの統一においてあるのだから、いまや制約せられず物ではない絶対的な普遍態が出来上っており、意識はここに初めて真《まこと》に悟性の国[2]に歩み入るのである。

〔四　総括〕

だから感覚的個別態はたしかに直接的確信の弁証法的運動によって消失して普遍態となりはするけれども、しかし、この普遍態は感覚的普遍態[3]であるにすぎない。私念は消失してしまっていて、知覚が対象を即自的にあるがままに、言いかえると、普遍的なもの一般[4]としてとらえるから、個別態は知覚においては真実の個別態として、一者の即自存在として或は己れ自身のうちへ還帰してあることとして現れてきているけれども、しかしこの己れ自身のうちに還帰してあることも、まだ制約せられて物となっている対自存在であって、これと並んでいまひとつ別の対自存在、即ち個別態に対立し個別態によって制約せられている普遍態が出現してきている。しかしながら個別と普遍というこれらの矛盾している両極はただ単に相並んであるだけではなく、ただひとつの統一においてある。言いかえると、両極に共通なものである対自存在は対立一般に囚われているのであるが、これは即ちこの対自存在が対自存在であると同時に対自存在ではないことを意味している。こういう矛盾からこれらの契機を知覚の詭弁(1)は救い出そうと試み、観点を区別することによって、も亦とかぎりにおいてとによって各契機を別々に固く保たんとし、さらに最後には非本質的なものとこれに対立せる本質とを区別することによって真なるものを摑もうと試みるのであるけれども、しかし、これらすべての弥縫策は捕捉にさいしての錯覚を遠ざけるのではなく、むしろ無力であることを自分で暴露する。そこでこの知覚 *Wahrnehmen* の論理学によって獲得せられるはずだとされるところの真なるもの das *Wahre* は全く同一の観点においてその反対でもあることを、したがって区別もなく限定もない普遍態をもって已れの本質としてもつことを示すのである。

個別態とこれに対立する普遍態、それから本質でありながら非本質的なものと〔必然的に〕結合されているもの、非本質的なものでありつつ同時に必然的であるものというような、これらの空《むな》しい抽象こそは、知覚する人間悟性、しばしば健全なる常識と呼ばれるこの悟性(2)を玩具《おもちゃ》(3)にして支配しているもろもろの威力である。常識は自分ではしっかりとした中身のある実在的な意識であると考えてはいるが、しかし常識は知覚においてはこれらの抽象の玩具であるにすぎない。常識は一般に自分では最も豊かであると思いこんでいるまさにそのときにいつも最も貧弱なもの(4)である。常識はこれらの無にひとしい本質に翻弄せられて、一方の本質に頼ったかと思えば、その腕《かいな》から他方の腕のうちへと投げ出されながら、詭弁を弄して代る代る今は一方の本質を、次には他方の全く正反対の本質を固持し主張するに汲々として却って真理にそむいている。しかしそれでいて常識は哲学については、もろもろの思想のうえでの物(5) Gedanken-dinge ばかりに関わるものだと思いこんでいる。じっさい哲学もまた、これらの物に関わり、これらが純粋な本質であることを、いな絶対的な要素であり威力であることを認めてはいるけれども、しかし哲学が同時にこれらをこれらの限定において認識し、したがってこれらの主であるのに、かの知覚する悟性はこれらをもって真なるものと解して、これらによって一方の誤謬から他方の誤謬へと送り出されている。それでいて、この悟性は、自分のうちにおいて主宰しているものがかかる単純な諸本質態であることを自分では意識するには至らず、かえっていつも全くしっかりした実質のある素材と内容とに関わっていると思いこんでいるのであるが、これは、ちょうど、感覚的確信が純粋存在(1)という空しい抽象こそ自分の本質であるのに、これをさとらぬのと同じである。しかしながら、じっさいにおいては知覚する悟性があらゆる素材と内容とを通じて右往左往するのは、これらの単純な本質態をたどってのことであり、またこれらの本質態こそはこの内容を総括し支配しているものである。そうして感覚的なものが意識に対して本質としてなんであるかと言えば、ひとりこれらの本質態があるだけであり、また意識が感覚的なものに対してとる態度をきめるものとしても、さらには知覚 *Wahrnehmen* とその真なるもの das *Wahre* との運動が経過するさいにたどるものとしても、ただこれらの本質態があるだけである。この経過とは真なるものを規定することとこの規定を取消すことの断えざる交替であるが、かかる経過こそは、知覚して真なるもののうちで運動していると思いこんでいるところの意識の本当に日常間断なき生活であり営みである。この営みにおいて、この意識はこれらの本質的な本質態ないし規定をおしなべてすべて一様に取消すという結果(2)にまで進んで行きはするが、それでいて各個の契機においては、ただ一方の限定だけを真なるものとして意識し、そうして次には正反対の限定についても同じことを行う。むろん、意識はこれらの本質態の本質でないことを嗅ぎつけているので、それらを差迫ってくる危険から救い出そうとして、自分自身が先刻、真なるものではないと主張したものを、今度は真なるものであると主張するという詭弁へと移って行く。ところで本当をいうと、これらの真でない諸本質の本性がこの知覚する悟性に督促してやまぬことがある。[1] それは、かの普遍態と個別態とについての、も亦と一者とについての、かの本質態でありながら非本質態に必然的に結合されているものと非本質的なものでありながら必然的であるものとについての思想を、――これらの非本質についての諸思想を総合し止揚する[2]ということであるが、この督促に対して、この悟性は、かぎりにおいてと相違する観点とを支えとすることによって、或は一方の思想を自分のほうに引受け[3]、他方の思想をそれから分離して、これを真の思想として維持することによって反抗するのである。しかしながら、これらの抽象の本性がこれらを即自且つ対自的に(おのずと)総合するのであり、これらの抽象は渦巻く循環のうちでこの健全な悟性をひきずり廻すから、この悟性はこれらの抽象の餌食である。この悟性は或るときにはこれらの抽象の真理に反することを自分のほうに引受けることによって、また或るときには錯覚をもって当てにならぬ物の仮象と呼びもして本質的なものを、物にとっては必然的であっても、それでもやはり非本質的であるはずと称せられるものから分離し、前者を物の真理として後者に対抗して固く保つことによって、これらの抽象に真理たるの資格を与えようとするけれども、しかしこれによってこの常識的な悟性はこれらの抽象の真理であることを維持するのではなく、却ってそれらが真理に反することを悟るのである。

III 力と悟性、現象と超感覚的世界*

Kraft und Verstand, Erscheinung und übersinnliche Welt.

意識にとっては感覚的確信の弁証法において聴覚や視覚などは過ぎ去ってしまい、そうして知覚として意識はもろもろの思想[1]に到達したが、意識はこれらを無制約に普遍的なものにおいて初めて総合する。ところでこの無制約者とても、もし静止せる単純な本質(実在)として解せられるようなことがあるとするならば、それ自身またもや自分だけでの存在(対自存在)という極であるにすぎぬことになるであろう。なぜと言って、そうした場合には、奇怪にも無制約者に本質でないものが対立することになるであろうからである。しかしかく本質でないものに関係づけられると、無制約者もそれ自身非本質的となり、かくて意識は知覚の錯覚から脱却していないことになるであろうけれども、無制約者はかかる制約せられた自分だけでの存在から己れのうちに還帰したようなものであることをすでに証《あか》したのである。——今後はこの無制約的普遍者が意識にとって真実の対象であるけれども、しかしこの無制約的普遍者はまだ意識の対象としてあるのであって、意識は自分の概念としての概念[2]を(自分の概念が概念であることを)把握するにはまだ至っていない。次の二つのことが区別せらるべきである[3]。〔一方では〕意識にとって対象は他の対象への関係から己れのうちに還帰しており、こうして即自的には概念と成ってはいるけれども、しかし意識はまだ自ら自覚的には概念ではなく、したがってかの〔無制約的普遍者という〕還帰した対象のうちに己れを認めることがないのに、〔他方〕我々に対してはこの対象は意識がこの対象の生成のうちに組みこまれ参加するというようにして意識の運動によって生成したのであり、そこで〔意識と対象という〕両側面における還帰は同一のものであり、言いかえると、ただ一つでしかないのである。しかるに意識はこの運動においてただ対象的本質だけを己れの内容としてもっただけで、意識そのものを内容としてもったのではないから、意識にとっては〔無制約的普遍者という生成した〕結果は対象的な意味において定立せらるべきである。だから意識は生成したものから退くことになり、したがって生成したものは意識にとっては対象的なものとして本質であるということになる。

かくて悟性はたしかに己れの真理に反することをも対象の真理に反することをも撤回したのであり、そうしてこの撤回によって悟性に生成したものが真なるものの概念ではあるけれども、しかし、この真なるものは即自的に存在する真なるものであって、まだ「概念」ではなく、言いかえると、意識の対自存在(自覚存在)を欠いており、そこで悟性はこの真なるもののうちに己れを認めることなく、これをその為すがままに放任する。この存在する真なるものが自分自身だけでその本質を発揮するので、意識はその自由な実現には少しも参加せず、実現をただ観望し純粋に捕捉するだけである。かくてなお差当っては我々のほうでこの真なるものの代りをつとめ、〔知覚の〕結果のうちに含まれているものを仕上げる「概念」とならなくてはならないが、意識にとってはひとつの存在するものとして現われてきているこの対象が仕上ったときに初めて、意識は対象のこの仕上げに応じて自覚的に「概念」を把握する意識となるのである。

(104)

結果は無制約的普遍者であったが、これは差当っては、意識が己れの一面的な諸概念を否定し捨象したという、即ち放棄したという否定的な抽象的な意味においてのことであった。しかし結果は即自的には肯定的な意義をもっていて、この意義から言えば、結果のうちでは自分だけでの存在と他者に対する存在との統一が定立せられており、言いかえると、絶対に対立するものがすぐに同一本質のものとして定立せられている。もっともこの結果も最初にはただ諸契機相互間の形式にしか関しないように見えるけれども、しかし自分だけでの存在と他者に対するの存在というのは形式であると全く同時にまさに内容そのものでもある。なぜなら、対立するものは真実には結果において生じてきたのとはちがって別の本性をもっているのでは決してないからである、即ち知覚において真とされた内容はじつはただ形式にのみ属し[1]、形式のうえでの統一のうちに解消するというよりほかの本性をもっていないからである。知覚のこの内容は同時に〔無制約に〕普遍的なのであって、自分の特殊の性質 Beschaffenheit によって、この無制約的普遍性のうちに還帰することを逃れるような其の他のいかなる内容とてありえないのである。もしもこのような内容があるとすれば、それは自分だけで存在して他者に関係するさいの何か或る特定の仕方であろうが、しかし自分だけで存在し他者に関係することが一般こそはかかる内容の本性と本質とをなしており、そうしてこの本性の真実態とは無制約的普遍者であるということである。そこで結果は端的に普遍的であるということになる。

しかし〔我々に対してとはちがい〕、意識に対してはこの無制約的普遍者も対象なのであるから、対象においては形式と内容との区別が頭をもたげてくる。内容の形態においては諸契機は〔知覚において〕最初に[2]現われてきた姿を、即ち一方では存立せる数多の物質の普遍的媒体であり、他方ではこれら物質の自立性が消去せられているところの己れのうちに還帰した一者であるという姿をとる。〔形式のうえでは〕前者は物の自立性の解体であり、言いかえると、他者に対するの存在であるところの受動性であり、これに対して後者は対自存在である[3]。これらの契機が本質であるところの無制約的普遍態においてどのように現われてくるかが見られなくてはならないが、最初から〔我々に〕明らかであるのは、諸契機はただこの普遍態のうちにのみあるから、もはや凡そ離れ離れにあるのではなく、側面を形づくりはしても、本質的に自分自身で自分を止揚するのであり、定立せられているのは、これらの側面が相互に他に移行するということだけである。

〔一　力と発現、誘発するものと誘発されるもの、両力の遊戯〕

(105)

そこで一方の契機は片側に立つようになった本質として、普遍的媒体として、言いかえると、もろもろの自立的な物質の存立として現われてくる。しかしこれら物質の自立性とはこの媒体以外のものではない。言いかえると、この媒体という普遍的なものとは、どこまでもかく互に相違しそれぞれ普遍的であるものの数多性のことである。普遍的なものが自分自身においてこの数多性と不可分の統一においてあるわけであるが、しかしこのことはこれらの物質のおのおのが他のあるところに必ずあって、これらが相互に貫徹しながら、――それでいてこれらが相互に相触れることはないことを意味する。なぜと言って、反面からすると、これらの区別せられた多くのものは全く同時に各自独立的でもあるからである。しかしこれによって同時に諸物質の全くの有孔性、[1]言いかえると、それらの止揚されてあることもまた定立せられている。この止揚されてあること、言いかえると、この相違性を純粋な自分だけでの存在（対自存在）へと還元することもまた媒体自身より以外のものではなく、そうしてこの媒体は区別項各自が自立的であることにほかならない。言いかえると、自立的なものとして定立せられた諸区別項はすぐにそれらの統一へと移行し、そうしてこれらの統一もすぐに展開へと移行し、さらに展開も再び還元へともどって行くが、しかし、かかる運動こそは力と呼ばれているところのものである。[2]即ちその一方の契機であるところの各自に存在をえている諸自立的物質への展開としての力は力の発現であり、これに対して諸物質が消失していることとしての力は己れのうちに押しもどされた力であり、言いかえると、本来の力である。しかしながら第一には己れのうちに押しもどされた力は発現せざるをえないし、第二にはこの外化においてもまた力は己れ自身のうちにある力でもあり、そうしてかく己れのうちにある力もまた全く同様に発現でもある。――かく「我々」が両契機をそれらの直接的な統一のうちに維持するときには、力の概念、(1)即ち区別された契機を区別されたものとして担っているところの概念が本来的に帰属しているものは悟性である。なぜなら、力それ自身においては両契機は区別せらるべきではないからである。そこで区別はただ思想のうちにのみあることになる。――〔両契機を別々にしているのは概念であると言ったが、〕これを言いかえると、これまで述べたところで定立されているのは、まだやっと力の概念だけであって、力の実在性ではない。しかしながら力はじっさいにおいては無制約的普遍者であるが、これは自分がひとつの他者に対してあるままのものを自分自身においてももつものでもあり、言いかえると、区別を――と言うのは、区別とは要するにひとつの他者に対して存在することにほかならないからである――自分自身においてもっているものである。他者に対する存在ということがあるのだから、力がその真実態において存在するためには、力は思想から全く解放せられて、区別項の実体として定立せられざるをえないが、このことがなにを意味するかと言うと、第一には力が本質的に即自且つ対自的であるにとどまる全体的な力として定立せられざるをえないこと、次には力の区別項が実体的なものとして、言いかえると、各自自分だけで存立せる契機として定立せられざるをえないことである。(2)実体的となると、力そのもの或は己れのうちに押しもどされた力は排斥する一者として単独に定立せられ、そうしてこの一者にとっては諸物質への展開はいまひとつ別の存立せる本質であり、そこで二つの相違する自立的な側面が定立せられたことになる。しかしながら力はまた全体でもあり、言いかえると、力は概念にしたがってしかるところのものであるにとどまる、即ちこれらの区別項は全くの形式、表面的な消失する契機であるにとどまるのである。そうは言っても、これと同時に、もしも存立をもたないとすれば、已れのうちに押しもどされた本来の力と自立的な諸物質への展開との区別は全く存在しないことになるであろう、言いかえると、もしもかく相互に対立した仕かたで現に存在するのでないとすれば、力はおよそ存在しないであろうが、かく相互に対立した仕かたで現に存在するというのは、両契機自身が同時に自立的でもあるというより以外のことを意味するのではない。——だから、かく両契機が已れを自立化しながら已れを再び止揚するという右のような運動こそは考察せらるべきところのものである。——ところで全般的に言って明らかなのは、この考察せらるべき運動が知覚の運動にほかならないということである。即ち知覚の運動においては、知覚するものの立場からしてと同時に[(1)]知覚されるものの立場からしても、一方では知覚が真なるものの捕捉であるかぎりにおいては両側面は一であって区別をもたないけれども、しかし、それでいて〔他方では〕いずれの側面も已れのうちに還帰し、ないし自分だけであるのであるが、こういう知覚の運動と同じものであることは明らかなのである。ただ此処では両側面とも力の契機であり、両側面とも統一のうちにあって、この統一が各自自分だけである両極に対して媒語として現われると共に、この統一がいつもまさに両極に分解し、そうしてこの分解によって両極は初めて存在をえているのである。——だから前に〔知覚において〕は相互に矛盾する概念が自己自身を滅却することとして現われてきたものが此処では対象的な形式をとって力の運動となっているのであるが、しかしこの運動の結果として無制約的な普遍者が対象的ではないもの、言いかえると、諸物の内なるものであることが顕わとなってくる。

力そのものとして、或は已れのうちに還帰したものとして「表象」せられるときに限定せられたような力もその概念のひとつの側面であるに相違ないけれども、しかしひとつの実体化せられた極としての、しかも一者であるという限定のもとに定立せられた極としての力である。これによって展開せられた諸物質の存立は力からは締め出されることになり、力とはちがったひとつの他者であることになる。しかし力自身がかかる存立であること、言いかえると、力の発現することは必然的であるから、力の発現がどうして生ずると「表象」されるかと言うと、かの他者が力に歩みよって力を〔外化へと〕誘発[1]するというようにしてであるけれども、じっさいにおいては力の発現することは必然的であるから、力は自分とはちがった他の本質として定立せられたこのものを自分自身においてもっている。そこで力がひとつの一者として定立せられ、したがって発現するという力の本質が外から力に歩みよってくる他者として定立せられたことが撤回されなくてはならぬ。むしろ力自身が諸物質としての諸契機が存立するためのかかる普遍的媒体であり、言いかえると、力は発現してしまっていて、誘発する他者であるかのごとく考えられたものはむしろ力なのである。こうして今や力が現に存在するのは、展開された諸物質の媒体としてであるということになる。しかしながら、力が存立せる諸物質の撤廃せられてあるという形式をとることもまた等しく本質的であり、言いかえると、力は本質的に一者であるが、これによって力が諸物質の媒体として定立されている今では、この一者たることのほうが力とはちがったひとつの他者であり、力はかかる己れの本質を己れの外にもつことになる。しかしながら力がこの一者という本質であることもやはり必然的であるのに、まだそうとは定立せられていないのであるから、この他者が歩みよって、力を己れ自身のうちに還帰するように誘発し、言いかえると、発現を撤廃するのである。しかしながら、じっさいには力自身がかく己れのうちに還帰してあること、言いかえると、発現が撤廃せられてあることであるから、右に現われてきたような一者たること、即ちひとつの他者としての一者たることは消えうせ、力が一者たること自身である。力は己れのうちに押しもどされた力なのである。

「他者」として登場してきて力を発現にも己れ自身のうちへの還帰にも誘発するものは、以上のことからすぐに結論されるように、それ自身力である。なぜと言って、「他者」は普遍的媒体であることを示すのと全く同じように一者であることをも示すからである。それで、これら形態が登場してきても、おのおのが同時に消失する契機であるにすぎぬことになる。だからひとつの他者が力に対してあり、力が他者に対してあることによっては、力はまだ決してその概念からぬけ出ているのではない。しかし同時に現にあるのは二つの力である。もちろん両者の概念は同一ではあるが、しかし概念の統一からはぬけ出て両者は二元をなしている。それで対立するものがあくまでも本質的にただ契機であるにとどまるのではなく、全く自立的な両力へと二分することによって、対立するものは統一の支配から逃れ去ったかのように見えるのであるが、この自立性に関する事態がどのようなものであるかがさらに詳しく見らるべきである。差当っては、第二の力が〔形式のうえでは〕誘発するものとして、しかも内容のうえでは普遍的媒体として登場してきて、誘発される力と限定せられる力に対立している。しかしかの第二の力とても本質的には〔普遍的媒体と一者という〕これら両契機の交替であり、それ自身力〔の全体〕であるから、じっさいにおいてはこの誘発する力が普遍的媒体であるのも、やはりこの力がそうであるように誘発せられることによってのみ初めて成り立つことであり、そうしてこの力が否定的統一であり、言いかえると、力を還帰するように誘発するものであるのもまたやはり誘発するものであるようにこの力が誘発せられることによって成り立つのである。かくて両契機間に成立していたところの、一方は誘発するものであり、他方は誘発されるものであるはずだという〔形式のうえでの〕この区別も、〔普遍的媒体と否定的統一という内容のうえでの〕限定の場合と全く同様に限定相互間の交替へと転じて行くのである。

かくて両力の遊戯[1]が成立しているが、成立しているのは、両力がかく対立した限定をもっていることにおいてであり、またこういう規定によって両力が相互的に存在することにおいて、両力の規定が全くすぐに交替することにおいて――つまり両力がすぐに相互に他に移行することにおいてであり、しかも両力が自立して登場するかに見えるさいの諸規定があるのも、この移行によることである。誘発するものは例えば普遍的媒体として定立せられ、これに対して誘発されるものは押しもどされた力として定立せられてはいるけれども、しかし前者自身が当の普遍的媒体であるのは、ただ後者が押しもどされた力であることにのみよっている。言いかえると、この押しもどされた力のほうこそ却って前者に対する誘発するものであり、前者を初めて媒体とするのである。前者はただ後者を介してのみ普遍的媒体であるという自分の限定をもっており、そうして前者が誘発するものであるのも、ただ後者によって誘発するものであるように誘発されるかぎりのことであるにすぎず、そこで前者は自分に与えられた普遍的媒体であるというこの限定をすぐに失ってしまう。なぜなら、この限定は後者に移行するからである、いなむしろ既に後者に移行してしまっているからである。〔押しもどされた〕力によそよそしく〔歩みよって発現するように〕誘発するものは普遍的媒体として登場するけれども、しかし、これはただ誘発するものがこの押しもどされた力によって普遍的媒体であるように誘発されることによってのみ成り立つことであるが、このことは、この力のほうが誘発するものを普遍的媒体として定立するのであり、いなむしろそれ自身本質的に普遍的媒体であることを意味している。それでこの力が誘発するものを普遍的媒体として定立するのであるが、このことは、この他の規定がこの力にとって本質的であることに、即ちこの規定がむしろこの力自身であることによっている。

かかる運動の概念への見透しを完全にするために、なお次のことに対する注意がうながされてよい。即ち区別自身が二重の区別において現れてくるのであって、第一には一方の極が已れのうちに還帰した力であり、他方の極は諸物質の媒体であるときには両極は内容の区別項として現われてくること、これに対して第二には一方の極が誘発するものであり、他方の極は誘発せられるもの、前者が能動的、後者は受動的であるときには両極は形式の区別項として現われてくることに対して注意がうながされてよいのである。内容の区別から言えば、両極の区別は〔悟性に対してあるのではないが〕一般的にはあり、言いかえると、両極は「我々に対して」は区別されてあるが、これに対して形式の区別から言えば、両極は〔悟性に対しても〕相互の関係において自分を分離し対立して自立的である。しかし内容と形式というこれら両側面からする両極がそれぞれ決して自己によってあるのではなく、両極の区別せられた本質の所在と考えられたこれらの側面がただ消失する契機であるにすぎず、各側面がすぐに反対の側面に移行すること、このことは力の運動を知覚するにさいしての意識に対しても生じきたり、その認めるところとなるが、しかし、すでに先に注意したように、「我々に対して」はさらに次のこともまた成立していた。即ち内容と形式との区別という区別も即自的には消失したのであり、形式の側において本質的に能動的なもの、誘発するもの或は対自的に存在するものであるところのものが内容の側においては已れのうちに押しもどされた力として現われたものと同一であったし、形式の側において受動的なもの、誘発せられるもの或は他者に対して存在するものが内容の側において数多の物質の普遍的媒体として現われてきたものと同一であったのである。

以上のことから明らかになるのは、両力への二重化によって力の概念が現実的となること、またこの概念がどのように現実的になるかということである。これらの両力は各自に自分だけで存在するものとして現存してはいるが、しかしこの「現存」は両力相互間の運動であり、しかも両力の存在は全くひとつの他者によって定立されての存在であり、言いかえると、両力の「存在」はむしろただ全くの消失を意味するにすぎぬという意味における相互運動である。両力は、何か固定的なものを各自に保持して、ただ外面的な性質だけを、相互に中間(媒語)へと、両者の接触帯へと送りこみでもするような両極としてあるのではなく、両力がまさに両力であるのは、ただこの媒語において、接触帯においてのみのことであるにすぎぬ。この媒語のうちには、力の已れのうちに押しもどされて存在すること或は自分だけでの存在(対自存在)もあれば、また発現もあり、誘発することもあれば、また誘発されてあることもあり、しかもいずれもがここでは無媒介にある。したがってこれらの契機が二つの自立的な極に割当てられ、そうして両極がただ対立した尖頂を互に突出すにすぎぬのではなく、これら契機の本質がなんであるかというと、おのおのの力[1]がただ他の極を介してのみあり、またおのおのの力が他の極を介してのみ一定のものであるとき、そのときにすぐ最早その一定のものであることをやめるということ、全くこのことにつきている。そこで両力はじっさいには已れを支持し維持しでもするような各自の実体を決してもたず、むしろ力の概念がその現実態のさなかにおいても本質(実在)であるのを保つことになる。現実的なものとしての力と言えば、簡単にはただ発現においてのみあるもののことであるが、しかし、この外化自身が同時に已れ自身を撤回することより以外のものではない。そうかと言って「現実的な力」が外化から自由な、そうして自分だけで存在するものとして「表象」せられるならば、この力は已れのうちに押しもどされた力ではあるが、しかし、「已れのうちに押しもどされた力」というこの限定はじっさいにおいては、以上のことから明らかであるように、それ自身、発現のひとつの契機であるにすぎぬ。だから力の真理はいぜんとしてただそ (110) の思想[2]たるにとどまることになり、力の現実態の諸契機も、その諸実体も、その運動もいずれも支えを失って区別のない統一のうちに崩壊してしまうが、この統一は已れのうちに押しもどされた力ではなく(なぜと言って、この力はそれ自身かかる契機のひとつであるにすぎぬからである)、この統一は力の概念としての概念[3]である。だから力に実在性を与えることは同時に実在性を喪失させるゆえんであって、実在性を与えられると、力は全く別のものに、即ち悟性が最初に或は無媒介に力の本質であると認めたところの普遍態[1]となっており、そうしてこの普遍態は力の所謂実在性においても、現実的な諸実体においても、やはり力の本質であることを証《あか》すのである。

〔二　内なるもの〕

もし「我々」が最初の普遍的なものをもって悟性[2]の概念と見なすとするならば、この概念においては力はまだ〔即自的であって〕対自的ではないが、これに対して、今や第二の普遍的なものは即自且つ対自的に現われてきているような力の本質である。それとも、もし反対に[3]「我々」が第一の普遍者をもって無媒介のものと見なすとすれば、この無媒介のものは意識に対して現実の対象であるべきはずのものであったが、これに対してこの第二の普遍的なものは感覚的に対象である力の否定的なものとして規定せられることになり、第二の普遍的なものは、真実の本質においてただ悟性の対象としてのみあるような力である。かの第一の普遍者は已れのうちに押しもどされた力でもあろうが、言いかえると、実体としての力でもあろうが、これに対して第二の普遍的なものは諸物の内なるものとしての内なるものであり、そうしてこれは概念としての概念[4]と同一である。

〔一　超感覚的世界〕

〔α　内なるものと現象と悟性〕

諸物のこの真実な本質は今や次のように規定せられている。即ちこの本質は意識に対して無媒介にあるのではなく、意識は内なるものに対して媒介による関係に立つのであり、意識は悟性として両力の遊戯というこの媒語を介して諸物の真実な後ろの根拠を見るのであるというように、[1] この本質は規定せられている。悟性と内なるものという両極を連結する媒語とは力の展開された存在のことであるが、[2] この「存在」は悟性自身にとっても今や消失である。だから、この存在は現象と呼ばれる。なぜなら、存在ではあっても、すぐにそれ自身において非存在である存在を、我々は仮象と名づけるのだからである。ただし、この存在はただ単に仮象であるにすぎないのでなく、仮象の全体としての現象である。この全体は全体として、或は普遍者としては内なるものをなすところのものであり、即ち両力の遊戯ではあっても、己れ自身のうちへの還帰としてのこの遊戯である。この遊戯においては、意識に対して対象的な仕かたで知覚の諸本質がこれらが自体的にあるがままに定立せられており、詳しくいえば、静止をも存在をももたずにすぐに反対のものに転換して行く諸契機として定立せられており、即ち一者はすぐに普遍者に、本質的なものはすぐに非本質的なものに転換し、[3] そうして逆の転換もまた行われるというように定立せられている。だから、この両力の遊戯は展開せられた否定的なものであるが、しかし、この否定的なるものの真理は肯定的なるものであり、即ち普遍者であり、自体的に存在する対象である。――この対象が意識に対して存在するのは現象の運動によって媒介せられてのことであるが、この運動においては知覚の存在と感覚的に対象的であるもの一般とはただ否定的な意義をしかもたないから、意識はこの対象的なものから出て真なるものとしての己れのうちに還帰しているのではあるけれども、しかし「意識」[4] としてこの真なるものを再び対象的な内なるものとなし、そうして諸物のかかる己れ自身のうちへの還帰を意識の己れの己れ自身のうちへの還帰から区別するのであるが、このことは、意識にとっては真なるものを媒介する運動とてもまだやはり対象的運動であったのと全く同じである。だから、この内なるものは意識にとっては自分に対立する極である。もっとも、この内なるものが意識にとって真なるものであるのは、意識が自体であるこの内なるものにおいて、それが自体であると同時に自分自身でもあるという確信ないしは対自存在(自覚存在)の契機をもっているという理由によっているのではあるけれども、しかし意識はこの理由をまだ自覚するには至っていない。なぜなら、もし内なるものがそれ自身において対自存在(自覚存在)をもつとすれば、これは否定的な運動以外のものではないが、しかし、この運動は意識にとってはまだ対象的な消失する現象であって、まだ意識にとって己れ自身の対自存在ではないからである。だから内なるものはたしかに意識にとって概念ではあっても、意識はまだそれが概念であるという本性を知らないのである。

このような内なる真なるものは絶対的な普遍者であって、普遍者と個別者との対立から純化せられて、悟性に対して生成したものであるが、この内なるものにおいて現象する世界としての感覚的世界を越えて今や初めて真なる世界としてのひとつの[1]超感覚的な世界が開けてくる。消失する此岸を越えて常住する彼岸が開けてくるわけ[2]であるが、この彼岸はひとつの即自的なもの(自体)であって、「理性[3]」の最初の現象であり、したがってそれ自身として不完全な現象である。言いかえると、この即自的なものはおよそ真理がすみかをもつための純粋な境地[4]そのものであるにすぎない。

そこで今後我々の対象(課題)であるところのものは、諸物の内なるものと悟性とをもって両極とし、そうして現象をもって媒語とする推理的連結[5]であるが、この推理的連結が運動して行くことは、悟性が媒語を通じて内なるものにおいて見るところのものをさらに一層規定する所以であり、また内なるものと推理的に連結されて存在するという関係について悟性がつむ経験を与える所以のものである。

〔β　現象としての超感覚的なもの〕

内なるものは意識に対してまだ純然たる彼岸である。なぜなら、意識は内なるもののうちにまだ己れ自身を見出さないからである。内なるものは空虚である。なぜなら、それはどんな現象でもないものであるにすぎず、そうして積極的には単純な普遍者であるにすぎぬからである。内なるもののこのようなありかたは「物の内なるものは認識されえない」と言う人々[1]に真向から賛成しているけれども、しかし、その理由は彼らとは別の態度でとらえられなくてはならないであろう。さてここに直接的にあるようなこの内なるものについては、たしかにいかなる知識もないが、しかし、このことは理性があまりにも近眼であるとか、或は限られているとか[2]、またその他いろんな言いかたがあるであろうが、とにかくこういった理性の側にある理由によるのではない。(〔理性について判定をくだす〕ほどには、「我々」はまだ深く迫ってはいない[3]から、理性が有限であるかどうかについては、まだ何も知られてはいない。)それで理性の側にある理由によることではなく、事柄自身の単純な本性によることである。即ち空虚のうちでは何も認識されないからであり、或は側面をかえて言えば、内なるものがまさに意識の彼岸として規定せられているからである。――盲《めくら》が超感覚的世界のうちにおかれた場合と――ただし、これは超感覚的世界がその固有の内容をもつにせよ、或は意識自身がこの内容であるにせよ、とにかく超感覚的世界が富をもつと仮定した場合のことである――目明《めあき》が純然たる闇黒のうちにおかれた場合、或はひとの好みにまかせて、超感覚的世界が純然たる光明にほかならないと仮定して、この純然たる光明のうちにおかれた場合とでは、結果はもちろん同じである。即ち目明《めあき》は純然たる闇黒においても、純然たる光明においても見ることはないが、これは盲が自分の顔前に横わっている満ちあふれた富において何ものをも見ないのと全く同じである。そこで内なるものについても、また現象を介して意識が内なるものと推理的に連結されていることについても、これ以上のことはなにもないと仮定すると、現象に頼ること(1)よりほかには何の道も残っていないことになるであろうが、このことは真であるのではないことを我々が知っているところの或るものを真と解することを意味している。それとも(2)空虚のうちにも、どうしても何かがあることにしたいと言うのならば、次のようにするほかはないであろう。いったい内なるものというこの「空虚なもの」はむろん初めには対象的な諸物に欠ける空虚さとして生成したものではあるけれども、しかし空虚さ自体であるから、あらゆる精神的関係にも、また意識としての意識がもつ諸区別にも欠ける空虚さとしても解せられざるをえない。——だから内なるものは聖なるもの(3)とも呼ばれるところの全く空虚なものであるが、このうちにも、どうしても何かがあるようにしたいと言うのならば、それを夢想をもって、即ち意識が自分で生み出した諸現象をもって満たすという道しか残ってはいないであろう。空虚なものはこんなにまでひどい取扱いを甘受せざるをえないであろうが、これは夢想でさえも、これほどの空虚さよりもましである以上、空虚なものはより以上によい取扱いには決して値しないからである。

しかしながら内なるもの或は超感覚的な彼岸は現象から発生したのであり、現象から由来したのである(4)。そこで現象が彼岸を媒介するものであり、現象が彼岸の本質であり、じつのところ、現象が彼岸を満たす内容である。超感覚的なものとは、真実態においてあるような具合に定立された感覚的なものと知覚されるものとのことであるが、感覚的なものと知覚されるものとの真実態とは、現象たることである。だから超感覚的なものとは、現象としての現象のことなのである。——このさい若し「したがって超感覚的なものは感覚的世界であり、或は直接的な感覚的な確信と知覚とに対して存在するような世界である」と考えられるとすれば、これは曲解というものである。なぜなら、現象とはむしろ存在する世界としての感覚的な知識と知覚との世界ではなくして、止揚せられた世界として、或は真実に内なる世界として定立せられた場合の感覚的な世界だからである。「超感覚的なものは現象ではない」と言われるのがつねであるけれども、しかし、そのさい「現象」という語のもとでは現象が解せられているのではなく、むしろ、それ自身で実在的である現実としての感覚的な世界が解せられているのである。

〔γ 現象の真実態としての法則〕

「我々」の対象(課題)である悟性がいまとっているのは、悟性にとっては内なるものがまだやっと普遍的な充実せられていない自体として生成しているにすぎぬという立場、まさにこの立場であり、両力の遊戯も自体的にあるのではないという否定的な意義をもつにすぎぬ。もっとも両力の遊戯は媒介者であるという肯定的な意義をもっているにしても、この媒介者は悟性のそとにあるにすぎない。しかしながら〔両力の遊戯という〕媒介を通じて悟性が内なるものに関係して行くということは悟性が運動を行うゆえんであって、この運動によって内なるものは悟性にとって次第に充実されて行くであろう。――さて無媒介に悟性に対してあるのは両力の遊戯であるが、しかし悟性にとって真なるものは単純な内なるものであるから、力の運動が真なるものであるのも、まさしく単純なもの一般としてのことである。ところでこの両力の遊戯については、「我々」はそれが次のような構成のものであることを見た。即ち〔形式の側面から言って〕或る他の力によって誘発せられる力もまたこの他の力に対して誘発するものであり、これによって初めて他の力も誘発する力となるのである。また両力の遊戯においては登場してくるものの唯一の内容をなしている限定、即ち普遍的媒体であるか、それとも否定的統一であるかという限定から言っても、この遊戯のうちに現にあるのはやはり直接的な交替或は絶対的な交換だけである。登場するものはしかじかと限定されて登場してくるが、それでいて登場にさいしてそうであったところのものであることを自分ですぐにやめてしまう。登場するものは、〔例えば普遍的媒体としてである〕限定せられて登場してくることによって他方の側を誘発し、そこでこの他方の側が誘発されることによって発現するが、これは、今やこの他方の側こそ最初の側がそうであるべきはずであったものにほかならぬことを意味している。これら二つの側面、即ち〔形式の側における〕誘発することという関係と限定的な互に対立的な内容の関係とはいずれも各自に絶対的な顚倒であり交替であるが、しかし両方の関係自身もまた同一であって、誘発するものと誘発されるものとであるという形式のうえでの区別は内容のうえでの区別と同一のものである。即ち誘発されるものそのものとは受動的媒体のことであり、これに対して誘発するもの〔そのもの〕とは能動的な否定的な統一ないし一者のことなのである。以上によってこの運動のうちにあるはずと考えられた特殊的諸力相互の凡そすべての区別は消失する。なぜなら、諸力はひとえにかの〔形式と内容との〕区別に依存していたからである。そこで諸力の区別はかの両者が一致すると同時にただひとつの区別に帰一することになる。かくして力もなければ、誘発することと誘発されることとともなく、存立のための媒体であるという限定と己れのうちに還帰した統一であるという限定ともなく、各自別々にある何ものもなく、相違した諸対立もなく、この絶対的交替のうちにあるものとしては、ただ普遍的なものとしての区別、言いかえると、諸対立が還元して行った区別があるだけである。だから普遍的なものとしてのこの区別こそは両力の遊戯自身における単純なるものであり、その真なるものであるが、こういう区別が力の法則である。(1)

絶対に交替する現象が内なるものの、或は悟性の単純態に関係することによって単純な区別となっている。内なるものは最初にはただ自体的普遍者であるにすぎないけれども、しかし、この自体的に単純な普遍者もやはりその本質にしたがってあくまでも普遍的区別である。なぜと言って、この普遍者は交替自身の結果であり、言いかえると、交替がその本質であるが、しかし交替もその真実態においてあるような具合に内なるもののうちに定立せられるときには、この定立によって内なるものと全く同じように絶対に普遍的な静止させられて自己同一を保つ区別として内なるもののうちに取り容れられているからである。言いかえると、否定は普遍者にとって本質的契機であるから、否定ないし媒介も普遍者のうちにあることになるが、そのときには否定ないし媒介は普遍的な区別なのである。この区別が法則のうちに表現せられているが、この法則は不安定な現象の安定した像である。そこで超感覚的世界は諸法則の静かな国であることになるが、このさい、知覚される世界はただ不断の変化によって法則を表現しているにすぎないから、法則の国はもちろんこの世界の彼岸にあるけれども、しかしこの世界のうちにもやはり現在し、その直接的な静かな模像である。(1)

〔二〕 区別と同一としての法則

〔α 限定的諸法則と普遍的法則〕

諸法則の国はたしかに悟性の真理であり、しかもこの真理は法則のうちにある区別において内容をもっているけれども、しかし同時にこの国は悟性の最初の真理であって、(2)現象の全面をみたし切ってはいない。法則は現象のうちに現在するにしても、しかし現象の現在の全体にはわたらず、法則は事情の異なるにしたがっていつも異なった現実をもっている。だから現象には現象だけにあって内なるもののうちにはない側面が残っている。言いかえると、まだ真実には現象として定立せられておらず、現象は自分だけでの存在を止揚されたものとしては定立せられてはいないのである。法則のこういう欠陥は法則自身においてもやはり現れてくることとならざるをえない。ところで法則に欠けているものは、一見すると、なるほど法則は自分で区別自身を具えてはいても、しかしこの区別が普遍的な不定の区別であることに存するように思われるけれども、しかし法則が法則なるもの das Gesetz 一般ではなくして、ひとつの法則であるかぎり、法則は限定を具えており、したがって不定に数多の法則が現にあることになる。ところで、この数多性がむしろそれ自身欠陥である。いったい悟性は、単純な内なるものの意識として、自体的に普遍的な統一をもって真なるものとするものであるが、法則の数多性はかかる悟性の原理にもとっているのである。[2] だから悟性は数多の法則をむしろただひとつの法則に合同させざるをえないが、これは例えば石が落下するさいの法則と天体が運動するさいの法則とがただひとつの法則として把握せられたがごとくである。[3] しかし、かかる合致と共に、諸法則は限定を喪失し、法則はしだいに表面的なものとなって行くから、見出されたのは、じっさいにはこれらの限定的な法則の統一ではなく、限定を除去したひとつの法則なのである。例えば地上における物体落下の法則と天体運動の法則とを統一づけたひとつの法則がじっさいには両法則を表現していないがごとくである。あらゆる法則を普遍的な牽引(万有引力)において統一づけるということは、まさに法則そのものの単なる概念以上になんの内容をも表現してはおらず、しかもこの概念はこの場合には存在的なもの[4]として定立せられている。「万有引力」というのは「一切が他者に対して一定の区別をもつ」こと、ただこのことを意味しているにすぎないのである。このさい悟性は普遍的な現実そのものを表現する普遍的法則を見出したつもりでいるけれども、しかしじっさいには悟性の見出したものはただ法則そのものの概念であるにすぎない。もっとも、この概念を見出すのと同時に悟性は「一切の現実はそれ自身においいて合法則的である」ことを言明しているのであるから、「万有引力」という表現は思想に欠ける表象に反対して用いられるかぎり、非常に重要さをもっている。(1) いったい「表象」にとっては一切が偶然性の形態において現れ、また限定も感覚的自立性の形式をもっているのであるが、かかる「表象」に反対して用いられるかぎり、この表現は非常に重要なのである。

そこで限定的な諸法則には万有引力、言いかえると、法則の純粋な概念が対立していることになる。この純粋な概念が本質であると見なされるかぎり、或は真実の内なるものであると見なされるかぎり、限定的法則の限定性でさえもなお現象に属しており、或はむしろ感覚的存在に属している。しかしながら法則の純粋な概念というものは、ただにこのような法則を、即ちそれ自身ひとつの限定的法則であるので他の限定的な諸法則に対立している法則を超えて出ているだけでなく法則なるものそのものをも越えて出ている。(2) 右に言及した〔限定的な諸法則の〕限定性は厳密に言えば、それ自身ただ消失する契機であるにすぎぬのであって、ここでもはや本質態として出現してくることのできぬものである。けだしここで真なるものとして現にあるのは、ただ法則なるものだけだからである。しかしながら法則の概念は法則なるもの自身に対してさえ反対である。即ち法則なるものにおいては区別自身が直接的に把握せられ直接的に普遍者のうちに取り容れられているので、(3) 区別は諸契機を存立させることになり、そうして法則がこれらの契機の関係を表現するにしても、各契機を相互に没交渉な自立的に存在する契機として関係づけることになる。法則における区別のこれらの部分は関係づけられると同時に各自それ自身限定的な側面である。そこで万有引力としての法則の純粋な概念がその真の意義において解せられるためには、絶対に単純なものとしてのこの概念のうちでは、法則そのものにおいて現存している区別項でさえも再び単純な統一としての内なるもののうちへ還帰するというように

把握せらるべきである。そうしてこの統一が法則なるものの内的必然性なのである。(1)

〔β 法則と力〕

かくて法則は現に二重の仕方においてあることになり、一方では自立的な諸契機としての区別項の表示せられている法則としてあり、他方では単純に己れのうちへ還帰してあるという形式においてある。後者は再び力と呼ばれうるが、しかしこの「力」は〔己れのうちに〕押しもどされた力ではなくして、力一般であり、言いかえると、力の概念としての力であり、引くものと引かれるものとの区別をさえ己れのうちに引き入れた抽象である。そこで例えば単純な電気が力であり、これに対して区別の表示は法則なるものに属するが、(2)このさいの区別は陽電気と陰電気とである。落下運動の場合には、力は重力という単純なものであり、そうしてこれが運動の互に相違した契機、即ち経過した時間と通過した空間との量は根と自乗との関係にあるという法則をもつのである。ところで電気そのもの(4)がそれ自身においてある区別(自体的区別)(5)ではないから、言いかえると、その本質上、陽電気と陰電気という二重のものではないから、電気はこのような仕かたで存在する法則をもつとか、(6)或はまた電気はこのように発現する性質をもつとか言われるのがつねである。なるほど、この性質はこの力にとって本質的な唯一の性質であり、言いかえると、この性質はこの力にとって必然的であるけれども、しかし此処では「必然性」は空語であって、力がかく己れを二重化せざるをえぬのは、そうせざるをえぬからと言うにすぎない。もちろん、陽電気の定立せられているときには、陰電気もまた自体的に必然的である。なぜなら、およそ肯定的なものは否定的なものとの関係としてのみあり、言いかえると、肯定的なものはそれ自身においてそれ自身からの区別であり、そうして否定的なものもまた全く同様だからである。しかしな

(118)

がら、電気そのものがこのように己れを部分化すること、このことは自体的に必然的なのではなく、単純な力としての電気は陰陽の電気として存在するという法則に対しては没交渉である。このさい若し我々が前者(単純な力)をもって電気の概念、後者(法則)をもってその存在と呼ぶとすれば、電気の概念がその存在に対して没交渉であることになる。電気はこの性質をもつにすぎないが、これこそまさにこの「存在」が電気にとって自体的には必然的でないことを意味しているのである。――もしも陰陽の電気として存在することが電気の定義(限定)に属していると、或はかく存在することが端的に電気の概念であり、また本質であると言われるとすると、右に言った没交渉さは別の形態をとることになる。即ちその場合には、電気の「存在」はその顕現[1] *Existenz* 一般を意味することになるであろうが、しかしかの定義のうちには、電気の顕現の必然性は含まれていない。そこで顕現は、ひとがこれを見出すからあるのか、それとも他の諸力によってある[2]かのいずれかであることになるが、しかし「見出す」からあるというのは、顕現が全然必然的でないことを意味しているし、これに対して電気の顕現が他の諸力によっているというのは、顕現の必然性が外的であることを意味している。しかしながら必然性が他者による存在という限定のうちにおかれることになると、我々は再び諸限定的な諸法則の数多性に逆戻りをすることになるが、しかしこれこそは、法則を法則として考察するために、たった今我々が捨て去ったものである。ただこの法則としての法則とのみ、その概念としての概念或は法則の必然性が比較されなくてはならないのに、以上すべての形式においては必然性がまだただの空語にすぎぬことが明らかとなったのである。

なお右に示したのとはちがった別の仕かたで、法則と力、或は概念と存在との没交渉性のあることもある。例えば運動の法則においては、運動が時間と空間という、それからまた距離と速度という部分となることは必然的である。

なっているのである。」)ではないのである。即ち[こういう法則のみ]……

運動とはこれらの契機の関係にほかならないから、ここでは運動という普遍者がたしかにそれ自身において部分とはなってはいる。ところでしかし、時間と空間、或は距離と速度というこれらの部分がそれら自身においてかく同一のものから発源したことを示しているわけでなく、相互に没交渉である。空間は時間なしに、時間は空間なしにありうると「表象」され、そうして距離は少くとも速度なしにありうると「表象」せられるのであり、――またこれら部分の量もやはり相互に没交渉である。なぜなら、これらの部分は〔電気の場合のごとく〕肯定的なものと否定的なもののような関係にあるのではなく、したがって各自の本質によって相互に関係するのではないからである。だから此処にはたしかに部分化の必然性はありはしても、諸部分そのもの相互間の必然性はないのである。しかしながら、これがために第一の〔部分化の〕必然性とてもやはりそれ自身見せかけの偽《いつわ》りの必然性でしかない。即ち〔こういう法則の取上げられるのは、予め〕運動がそれ自身単純な或は純粋な本質として「表象」せられたうえのことではなく、運動はすでに部分となったものとして「表象」せられているのであり、時間と空間とは運動の自立的な部分或は各自それ自身においてある実在である、言いかえると、距離と速度とはそれぞれ存在ないし「表象」の仕かたであるが、これらの仕かたのうち一は他なくとも十分にありうるのであるから、したがって運動はこれらの部分の表面的な関係であるにすぎず、諸部分の本質ではない。もしも単純な本質として或は力として「表象」せられたとすれば、運動はたしかに重力ではあるが、しかし、この重力は己れのうちにかかる区別を全然含んではいないのである。(1)

〔γ 説　明〕

だから区別は以上いずれの場合においても自体的区別でない。(2) 即ち力である普遍者が法則のうちにある部分化に対

(119)

して没交渉であるか、それとも法則の部分である区別項が相互に没交渉であるかのいずれかなのである。しかしながら、悟性はこの自体的区別という概念をまさに次の点においてもっている。[1]即ち法則が一方では内なるものであり自体的に存在するものでありながら、〔他方では〕法則が同時に己れにおいて区別せられたものであるという点においてである。だからこの区別が内的区別であるということは、法則が〔区別をもつと同時に〕単純な力であり、言いかえると、法則の概念としてもあり、したがって法則は概念の区別であるということのうちにすでに具わっている。しかしながら、この内的な区別はまだやっとただ悟性のうちに属しているだけであって、まだ事柄そのものにおいて定立せられているのではない。だから悟性が言明しているのは自分自身の必然性であるにすぎない。だからこの言明にさいして悟性は区別を立てはしても、同時にこの区別が事柄自身の区別ではないことを打ちあけもするのである。そこでこの必然性はただ言葉のうえだけで成り立っているものにすぎないから、この必然性を説くのは、必然性の循環を形づくっている諸契機を列挙することである。このさい、たしかに諸契機は区別せられはするが、しかし同時に区別が事柄自身の区別でないことが打ちあけられもするのであり、したがって区別はすぐに再び撤回せられることになる。[2]この運動が説明[3]と呼ばれるものである。だから或る法則が陳述されて、この法則から自体的に普遍的なものが、言いかえると、根底が力として区別せられはするけれども、しかし、この区別については、これが区別ではなく、むしろ根底は法則と全く同一であるように仕組まれ同一性質のものであることが言われもすることになる。例えば稲妻という個別的事件が普遍的なものとして把握せられ、そうしてこの普遍的なものが電気の法則であると言明せられ、そこで説明が法則をその本質である力のうちに集約する。だから、この力は、これが外化したときには相対立する電気が出現し、そうしてこれらの電気が再び互のうちに消えてなくなるというように仕組まれ、そういう性質を与えられているのであるが、これは、力がまさに法則と全く同一性質のものであることを意味する。そこで両者は全然区別されていないと言われることになるのである。区別されている両項は純粋な普遍的外化或は法則と純粋な力とであるが、しかし両者は同一の内容をもち同一の性質を具えているので、区別は内容の、即ち事柄の区別としては再び撤回されるわけである。

右に言ったことから結論として出てくるように、この同語反復的運動においては悟性はいぜんとして対象の静止的統一に執着しており[1]、そこで運動はただ悟性自身に属するだけであって、対象には属さない。この同語反復の運動が説明であるが、これは何ものをも説明しないのみか、余りにも自明であって、すでに叙べられたこととは何かちがったことを言うような身構えをしながら、そういうことは何ひとつ言わず、かえってただ同じことを繰返すだけである。そこで事柄そのものにおいては、この運動によっては何も新しいことは生成せず、この運動はただ悟性の運動として考慮にのぼるだけである。ところでしかし、この運動のうちに「我々」は、法則において紛失していた当のもの[2]、即 (120) ち絶対的な交替そのもののあるのを認めるのである。なぜなら、「我々」が一層立入って考察して見ると、この運動はすぐに自分自身の正反対だからである。即ちこの運動は或る区別を定立しはするが、しかし、これはただに「我々」にとってなんら区別でないばかりでなく、この運動自身が区別たることを撤回するような区別であるが、これこそ前に「両力の遊戯」として現われてきたものと同じ交替である。「両力の遊戯」のうちには誘発するものと誘発されるものとの区別、外化する力と己れのうちに押しもどされた力との区別があったが、しかしこれらの区別はほんとうは区別ではなく、したがってすぐに己れを再び撤回したのである。〔これと同様に此処でも〕現にあるのはただ単なる統一だけにとどまり、その結果として、なんらの区別も定立せられないというのではなく、たしかに区別は立てられはするが、しかしこれが区別ではないので再び撤回されるという運動もまた現にあるのである。——だから説明と共に、さきには内なるもののそとにただ現象においてのみあったところの変転と交替とが超感覚的なもの自身のうちに侵入してきているが、ただしかし、このさい、「我々」の問題にしている意識は対象としての内なるものから出て他方の側にある悟性の方へと移って、この悟性のうちに交替をもっているのである。

〔三〕 内的区別の法則（第二次の法則）と顚倒された世界〕

だから〔説明における〕この交替はまだ事柄そのものの交替ではなく、それが純粋な交替であるのを示すのは、むしろ交替を形づくる諸契機の内容が同一であるにとどまること、まさにこのことによっている。しかしながら概念[1]は悟性の概念としては、諸物の内なるものと同一であるから、この交替は内なるものの法則として悟性に対して〔その対象として〕生じてくる。そこで悟性は経験するの[2]であるが、経験するのは次のようなことが現象自身の法則であるということである。即ち区別は生じてきはしても、これがなんら区別でないこと、言いかえると、同名のもの[3]が已れを已れから拒斥すること、同様に区別の項と言っても、真実には区別ではなく互に止揚すること、言いかえると、異名のものが相引くのが現象自身の法則であることを悟性は経験するのである。——これは第二次の法則であって、その内容は前に法則と呼ばれたもの[4]、即ち常住で自同性を保つ区別とは正反対の法則である。なぜなら、この新しい法則はむしろ同じものの不同となること及び不同の同となることを表明しているからである。そこで概念が無思想な人々に両法則をいっしょにして両者の対立を自覚するようになることを要求する。——第二次の法則とても、むろん法則であり、言いかえると、内的な自同性を保つ存在ではあるけれども、しかし、自同性と言っても、むしろ不同であることの自同性であり、常住でないことの常住性[1]である。――両力の遊戯においても、この法則はまさにかかる絶対の移行であり純粋な交替であることの証《あかし》を行った。即ち力という同名のものが己れを分解[2]して対立となり、そうしてこの対立は一見すると、自立的な区別であるかのように思えるが、しかし、じつはなんらの区別であるのではないことを示す。なぜなら、同名のものが己れを己れ自身から拒斥するので、こうして拒斥せられたものは同一のものとして本質的に相引くからである。だから区別が立てられはしても、これは区別ではないから、再び己れを止揚するのである。こうして区別が事柄そのものの区別であり、言いかえると、絶対的区別であることが示される。したがって事柄のかかる区別は同名のものが己れを己れから拒斥して生じたものより以外のものではないから、対立が定立されることがあっても、この対立は対立でない対立たるにすぎないのである。

　この原理によって最初の超感覚的なるもの、即ち諸法則の静かな国、知覚される世界の直接的な模像[3]は顚倒して正反対のものに転換している。さきには法則は一般に自同を保つものであり、そうして区別もまた同様であったが、しかるに今や定立せられているのは、両者ともむしろそれぞれ自分自身の正反対であるということである。即ち己れに同じものがむしろ己れを己れから拒斥し、そうして己れに同じくないものがむしろ己れに同じいものとして己れを定立するのである。区別が内的な区別或は自体的な区別であるのは、じっさいただかかる規定が成立を見るようになったときのみのことである。なぜなら、このときには同じものが不同であり、不同のものが同じだからである。――かくしてこの第二次の超感覚的世界は顚倒された世界であり、しかも一方の側面はすでに最初の超感覚的世界においてできているから、この第二次の超感覚的世界はこの最初の超感覚的世界の顚倒された世界である。こうして内なるものが現象であることが完成せられたのである。[4]なぜなら、最初の超感覚的世界は知覚される世界を普遍的な境地にま

(122)

で直接的に[1]高めたものであるにすぎぬので、必然的に知覚される世界において自分に対立する像をもち、そうしてこの知覚される世界はかの世界に対してまだ自分だけで交替と変転との原理を留保していたからである。諸法則の最初の国がこの交替と変転との原理を欠いていたが、しかしこの国も顚倒された世界となると、この原理を獲得している。

だから、この顚倒された世界の法則にしたがうと、最初の世界の同名のものは己れ自身と不同なものであり、そうして最初の世界の不同なものもやはり己れ自身と不同であり、言いかえると、己れと同じになる。このことから限定的な諸契機に即してどういう結果が出てくるかと言うと、次のようであろう。即ち最初の世界の法則において甘いものは、この顚倒された自体においては苦《にが》く、前者において黒いものは、後者においては白いのである。最初の世界の法則では磁石の北極であるものは、その他者である超感覚的自体においては(即ち地球においては)南極であり、これに対してかしこで南極であるものは、こちらでは北極である。全く同様に電気の最初の法則においては酸素極であるものは、その他者である超感覚的実在においては水素極となり[2]、そうして反対にかしこで水素極であるものは、こちらでは酸素極となる。他の領域のことで言うと、直接的な法則にしたがえば、敵に対する復讐こそは害を被った個人にとって最高の満足ではあるが、しかしながら私を自立的実在として取扱わない人に対して私のかかる実在であることを思い知らせ、そうしてその人の実在であることはこれをむしろなきものにすべきであるという「この」法則[3]は他の世界の原理によって顚倒して反対の法則に転ずる。即ち他人の実在であることをなくすることによって私の実在であることを再興するということが顚倒して自己破壊となるのである。ところでこの顚倒は犯罪の刑罰において表現されているものであるが、この顚倒が法則とされたとすると、この顚倒といえどもまたもやひとつの世界の法則であるにすぎないのであって、この世界は自分に対立する今ひとつの〔別の〕顚倒された超感覚的世界をもっている。そうし

(123)

てこの別の顛倒された世界においてはもとの一方の世界において侮辱であるものは、名誉となり、そこで名誉であるものは侮辱であることになる。最初の世界の法則にしたがえば、人間を辱しめ亡ぼす刑罰はその顛倒された世界においては一転して人間の本質を維持し人間を名誉あるものとする恩寵となるのである。[1]

表面的な見方をすれば、この顛倒せられた世界が最初の世界の反対であるのは、次のような意味においてであることになる。即ち顛倒せられた世界が最初の世界を己れのそとにもち、これをひとつの顛倒した反対の現実として己れから拒斥し、そこで一方の世界は現象であるが、これに対して他方の世界は自体であり、一方は他者に対してあるような世界であるが、これに対して他方は自分だけで（絶対的に）あるような世界であるという意味においてである。その結果、前の諸例を用いて言うと、甘い味のするものは本来的には或は物の内面においては苦い味のするものであり、或は現象に属する現実の磁石において北極であるところのものは内的な或は本質的な存在においては南極であろうし、現象する電気において酸素極として現れてくるものは現象しない電気においては水素極であるであろう。それからまた現象においては犯罪である行為も内面においては本来は善であったはずだということになるし（悪しき行為も善い意図をもつことができるわけである）、また刑罰も刑罰であるのはただ現象においてのみのことであって、これに対して自体的には或は他の世界においては、犯人に対する恩恵であるはずだということになる。[2] しかしながらかく二個の現実としての内なるものと外なるもの、現象と超感覚的なものというような諸対立が此処にはもはやあるのではない。〔同名のものが己れを己れから〕拒斥することによって生じた区別項がこれら各自を担い、これらに別々の存立を与えでもするような二つの実体にまたもや割り当てられるということは此処にはもはやないのである。もしそんなことをすれば、悟性は「内なるもの」の立場[3]から出て再び前の立場に逆戻りすることになるであろう。一方の側面または実体は再び知覚の世界であることになり、このうちで両法則のうちの一方が勝手に振舞い、そうしてこの世界には内的世界が対立し、これが同様に振舞うことになるであろう。ただし、この「内的世界」は最初の世界と全く同様に感覚的世界であるが、ただ表象のうちにある世界であることになるであろう、即ちこの内的世界は感覚的世界のようには指示されたり見られたり聞かれたり味われたりすることはできないが、しかしそれでいてなおかかる感覚的世界として「表象」されるということになるであろう。しかしながら、じっさい若し定立せられたものの一方が知覚せられるものであり、そうしてその顚倒としての自体もまた全く同様に感覚的に表象せられたものであるとすれば、甘い物の自体であるであろう苦いものも甘い物と同じく現実的な物即ち苦い物であり、白いものの自体であるであろう黒いものもやはり現実の黒いものであり、南極の自体である北極も同一の磁石において現にある北極であり、水素極の自体である酸素極も同一の電堆において現にあるところの酸素極である。これに対して現実の犯罪は〔表象の立場での〕可能性としての自分の顚倒と自分の自体とは、これを意図そのもののうちにもちはするが、しかしそれにしても善き意図のうちにもっているのではない。なぜなら、意図の真実態はただ実行そのものにほかならないからである。そこで犯罪が己れのうちへの還帰ないし顚倒をもつにしても、これは己れの内容いかんにしたがってのことであり、犯罪は己れの顚倒を現実の刑罰においてもつことになるが、この現実の刑罰とは法則(法律)をして犯罪において法則に対置されていた現実と和解させる所以のものである。最後に現実の刑罰も次のような意味において己れの顚倒された現実を具えている。即ち現実の刑罰は法則の実現であるが、この実現によって法則が刑罰としてもっていた活動は己れ自身を停止し、法則は活動する法則から安らかに妥当せる法則となり、かくて個人の法則に反抗する運動も、法則の個人に対抗する運動も消えてなくなっているのである。(1)

(124)

〔三　無限性〕

超感覚的世界の一方の側面[1]の本質をなしているものは顚倒であるが、以上のような次第で、この顚倒についての「表象」から区別項を存立のための相異なる境地のうちにおいて固着させるという感覚的な「表象」が遠ざけられて、区別についてのこの絶対的概念が内的区別として、即ち同名のものであるかぎりの同名のものが〔己れを〕己れ自身から拒斥することとして、また不同であるかぎりの不同のものが同じであることとして、純粋に叙述せられ把握せられることが必要である[2]。思惟せられる必要のあるのは、純粋な交替或は己れ自身における対立であり、矛盾[3]なのである。なぜなら、内的である区別においては、対立項〔A〕はただ単に二つのもののうちのひとつであるにとどまるのではなくして――もしとどまるとすれば、対立項〔A〕はひとつの存在するものであって、ひとつの対立するものではないであろう――対立項〔A〕はひとつの対立するもの〔B〕の対立項であり、言いかえると、直接にこの対立項〔A〕自身のうちに他者〔B〕が現にあるのである。もちろん私は反対のもの〔A〕をこちらに、そうしてこれがその反対である他者〔B〕をあちらにおき、したがって反対のもの〔A〕を他者〔B〕なしに即自且つ対自的に（全くそれ自身において）おきはするが、しかし、ここでは私が反対のもの〔A〕を即自且つ対自的にもっているが故にこそ、それは己れ自身の反対〔B〕であり、言いかえると、じっさいにはこの他者を直接に自分自身においてもっているのである。――顚倒せられた世界であるところの超感覚的世界の場合も同様であって、この超感覚的世界は同時に他の世界を越えて包み[4]、それ自身においてこの他の世界でもある。この超感覚的世界がそれ自身顚倒せられた世界であり、即ち己れ自身の顚倒である。[1] 超感覚的世界が自分自身であるのと反対の世界でもあるのとは、ただひとつの統一におけることである。ただかくしてのみ超感覚的世界は内的な区別としての或は自ら自体的な区別としての区別であり、言いかえると、この世界は無限性[2]としてあるのである。

「我々」[3]の見るところでは、無限性によって法則がそれ自身において完成して必然性(内的必然性)となり、また現象のあらゆる契機が内なるもののうちに受け容れられた[4]。法則の単純なものが無限性であるが、このことは、すでに叙べたことから結論せられるように、次のことを意味している。α 単純なものは自同的なものであるが、しかし、この自同的なものはそれ自身において区別であり、言いかえると、同名のものではあっても、己れを己れ自身から拒斥するところの、或は己れを二分するところの同名のものである。単純な力[5]と呼ばれたものが己れ自身を二重化し、己れの無限性によって法則なのである。β 二分して生じたものは法則において「表象」される諸部分をなしていて、存立せるものとして現れてくるが、これらの部分がもし内的区別という概念なしに考察されるとすると、重力の契機と
(125)
して登場するところの空間と時間、或は距離と速度とは相互に他に対しても、また重力自身に対しても没交渉で必然性を欠いており、同様にこの単純な重力もこれらの部分に対してそうであり、それからまた単純な電力も陰陽に対してそうなのである。γ しかしながら内的区別という「概念」によって、この不同で相互に没交渉であるところの空間と時間などは区別ではない区別であり、言いかえると、ただ同名のものの区別にすぎぬのであって、統一をもって本質としている。かくてこれらの部分は肯定的なものと否定的なものとして相互に活を入れられ(精神化せられ)ることになり、それらの「存在」とはむしろ各自が己れを非存在として定立し、統一のうちに己れを止揚することである。区別された両者が共に存立し、それぞれ自己によって存在し、しかも自己によって互に対立したものとして存在する

が、このことは、両者が各自に自分自身の正反対であることを、両者が各自に他者を自分で具え、そうしてただひとつの統一をなすにすぎぬことを意味しているのである。

この単純な無限性、言いかえると、絶対的概念は生命の単純な本質、世界の霊魂、普遍的な血と呼ばるべきものであるが、この血は何処にも現在し〔て流れ〕、いかなる区別によっても、〔その流れを〕妨げられることも中断されることもなく、むしろそれ自身あらゆる区別であり、それでいてまたこれらの区別の止揚されてあることであるから、己れのうちに脈搏《う》ちながら動揺することがなく、己れのうちに震動しながら不安定であることもない。(1) この無限性は己れ自身と同じである。なぜなら、区別があっても、同語反復的であって、区別であって区別ではないからである。だからこの己れ自身に同じである実在はただ自分自身にだけ関係するが、しかし「自分自身に」と言うとき、このさいの関係の向っているものは他者である。そこで己れ自身に関係することはむしろ二つに分れることであり、言いかえると、かの己れ自身と同じであることがまさに内的区別なのである。だから、こうして二つに分れたものは各自に即自且つ対自的に存在し、各自がひとつの反対のものではあるが、――しかし「ひとつの反対のもの」であると言うのはひとつの他のものの反対のことであるから、おのおのにおいておのおのと同時にすでに他のもののことも言われている。或は言いかえると、おのおのがひとつの他のものの反対であるのではなく、ただ純粋な反対であるからこそ、したがっておのおのがそれ自身において己れの反対なのである。それをも〔事態はかくのごとくではないとすると、即ち〕おのおのがおよそ反対であるのでは決してなく、純粋に自分だけであり、なんの区別をも具えていないところの全く己れ自身と同じである実在であると仮定すれば、我々が次のように問う必要はなく、ましてこんな問いで心を断えず苦しめるをもって哲学と見なす必要はなく、さらに哲学をもってかかる問いに答ええないものと見なす必要は毛頭ない。――即ち「どのようにしてこの純粋な実在から区別ないし他的存在がきたるのか、この実在からそのそとに出てくるのか」[1]と我々が問う必要はないのである。なぜなら、こう問うたときにすでに二つに分れることが「出来」しているのであって、区別は己れ自身と同じであるものから締め出され、他の側におかれているので、己れ自身と同じであるものと考えられたものは絶対的実在であるよりかむしろすでに二つに分れたもののうちの一方だからである。したがって己れ自身と同じであるものが二つに分れるというのは、それがまさにすでに二つに分れることによって生じたものとしての己れを、己れが他的存在であるのを止揚することをも意味するのである。統一についてひとびとは、それからは区別が出てくることはできないと言うのがつねであるけれども、じっさいにおいては統一自身が二つに分れることのただ一方の契機であるにすぎず、統一とは、区別に対立する単純態だけを抽象したものである。しかしながら統一が抽象であり、相互に対立されたものの一方にすぎないとすると、これによってすでに統一をうることが二つに分れることであるのが言われていることになる。なぜなら、統一が否定的なものであり対立させられたものであるとすると、まさにこのことによって統一は対立を自分で具えているものとして定立せられているからである。だから二つに分れることと己れ自身と同じになることとの区別もまたこのような自己止揚の運動にほかならないのである。なぜなら、初めて己れを二つに分つと、或は己れの反対となると、ひとびとの考えるところの己れ自身と同じであるものが抽象であり、言いかえると、すでにそれ自身二つに分れたものの一方である以上、それが二つに分れるのは自分がそうであるところのものを止揚することであり、したがって自分の二つに分れたものであることの止揚だからである。そうして己れ自身と同じくなることもまたやはり二つに分れることである。己れ自身に同じくなるものは、そうなることによって二つに分れることに対立することになり、即ち己れ自身を一方の側におくことになる、

言いかえると、むしろ二つに分れたものと成るのである。(1)

〔四　総括〕

無限性、言いかえると、例えば「存在」としてというような何か或る仕かたで限定せられているものがむしろこの限定の正反対であるという純粋な自己運動の絶対的動揺は、もちろん、これまで叙べたことすべてのすでに魂(2)ではあったが、しかしこの無限性自身が自由に顕現したのは内なるものに至って初めてのことである。現象、言いかえると、両力の遊戯もすでにこの無限性自身を表現してはいるが、しかし説明の段階に至って初めて無限性は自由に顕現し、そうして最後に無限性が意識に対してそれがまさにそうであるものとして対象であるときには、意識は自己意識(3)である。悟性の説明はさしあたってはただ自己意識の何であるかの記述をなすにとどまっている。いったい法則のうちにはすでに〔概念として〕純粋となったもろもろの区別項が出来上っているにしても、これらはまだ相互に没交渉であるが、悟性はこれらの区別項を止揚して、力というただひとつの統一のうちに定立する。しかし、かく同じになることもまた全く同時にすぐに二つに分れることでもある。なぜなら、悟性がこれらの区別項を止揚し、また力という一者を定立するのは、悟性が法則と力という新しい区別を立てはしても、しかし、これが区別であると同時に区別ではないことによっているからである。そうして、この区別が区別であると同時に区別でないことにまでは、悟性自身も進んで行くが、そこまで進んで行くのは、力をして法則と全く同一性質のものたらしめることによって、悟性がこの区別を立てながら、これを再び撤回することにおいて成立している。――しかしながら、かかる運動或は必然性はまだ

(127)

悟性の必然性であり悟性の運動であり、(1)言いかえると、この運動がそれ自身としては悟性の対象であるわけはなく、この運動においては悟性は運動の諸契機の内容をなしているところの陰陽の電気、距離、速度、引力、その他千にものぼる多くの物を対象としてもっている。しかし説明のうちには多大の自己満足のあるのは、そのさい言って見れば、悟性がまさに自分で自分と直接に対話して、ただ自分自身だけを楽しんでおればこそである。むろん、このさい悟性は何か別のことを営んでいるように見えはするが、しかし、じっさいには悟性はただ自分自身にだけ関わっているのである。

第一次の法則の顚倒としての反対の法則においては、或は内的区別においては、なるほど無限性自身が悟性の対象となりはするけれども、(2)しかし同名のものが己れ自身を拒斥すること及び不同のものが相引くことである自体的区別を悟性は再び二つの世界或は二つの実体的境地に割り当てるから、(3)悟性は無限性を無限性そのものとしてとらえることには再び失敗する。無限性という運動は悟性の経験(4)のうちにもありはするけれども、しかし、この経験のうちにあるかぎりのこの運動は悟性にとっては此処ではひとつの「出来事」であり、「同名のもの」とか「不同のもの」とか言っても、それぞれ述語(附加語)であって、これの本質は存在している基体なのである。かく悟性にとっても無限性は対象ではあっても、これは感覚的な被いをかぶってのことであるのに、この同じ無限性が「我々」(5)にとっては純粋概念としてその本質的な形態においてある。この〔内的〕区別をその真実態においてあるがままに把握すること、言いかえると、無限性を無限性として把握することは、我々にとってのことであり、或は自体的なことである。無限性の概念を叙述することは学に所属するが、(6)これに対してこの概念を無媒介にもっているような意識は此処でもまた意識の特別の形式ないし新しい形態として登場してき、そうしてこの新しい形態は先行のもののうちに己れの本質を認めず、却ってこれを全然別のものと見なすのである。(1)——無限性というこの概念が意識にとって対象であるときには、意識は区別を意識しはしても、この区別がすぐにまた止揚せられた区別でもあることを意識している。そこで意識は自分自身だけであり、意識は区別を立てはしても、この区別は区別のないものであり、言いかえると、意識は自己意識なのである。私(自我)が私を私自身から区別するが、区別しながら、この区別されたものが区別せられていないことが無媒介に私に対してあり、私の認めるところである。私という同名のものが私を私自身から拒斥するが、しかし、この区別せられたもの、私と不同と定立せられたものが区別せられているそのときに、私にとって無媒介になんら区別ではないのである。いったい他者ないし対象一般の意識というものは、もちろんそれ自身必然的に自己意識であり、己れのうちに還帰してあるものであり、他的存在のうちに自己自身を意識するものである。物をもって或は自己とはちがった他者をもって真なるものとしていた意識の従来の諸形態から〔自己意識への〕進行が必然的であることは物についての意識がただ単に自己意識にとって可能であるだけではなく、ただ自己意識だけがかの諸形態の真理であること、まさにこのことを表現しているのではあるけれども、しかし、この真理が現にあるのはただ「我々」にとってのことであるだけであって、意識に対してのことではない。自己意識はやっと自分だけで生成しているのであって、まだ意識一般(2)との統一としてはいまだ生成してはいないのである。

「我々」の見るところでは、悟性が現象の内なるものにおいて経験しているものはほんとうは現象自身以外のものではないが、しかし「現象」と言っても、これは両力の遊戯としてあるようなものではなく、絶対に普遍的な諸契機とその運動とにおけるこの遊戯のことであり、したがって悟性は現象の内なるものにおいてただ自分自身だけを経験しているのである。知覚を越えて高まったとき、意識は現象という媒語を通じて超感覚的なものと推理的に連結したものとして現われてきて、現象という媒語を通じて〔超感覚的なものという〕この背景（後ろの根拠）を観じている。このさい一方の極は純粋な内なるものであり、他方の極はこの純粋な内なるものを観ずる内なるもの（自我）であるが、かかる両極は今や合致していて、極としての両者も、また両極とはなにかちがったものとしての媒語も消えうせてしまっている。だから〔媒語という〕この帳《とばり》(1)は内なるものの前から取払われて、内なるものが内なるものと観ずるということが成り立っている。即ち区別のない同名のものが〔己れ自身から〕己れ自身を拒斥して区別された内なるものとして定立はするが、しかし両者に区別のないことがすぐにこの同名のものに対してあり、その認めるところである。こういう同名のもののこういう観ずること、つまり自己意識が成立を見ているのである。このさい、内なるものを覆うと言われる所謂帳《とばり》の後ろにまで我々が自分で行かないと、何も見られえないことは明らかであるが、また見られることが成り立つためには、見られることのできる何かが帳《とばり》の後ろにあるほかはないということもまた全く同様である。(2)しかし、これと同時に明らかなのは、少しも委曲をつくすことなしに即座には帳の後ろにまで行くことはできないであろうということである。なぜなら、現象とその内なるものについての表象が真実にはなんであるかについてのこの知もそれ自身委曲をつくした運動の結果にほかならないのであって、この運動を通じて私念と知覚と悟性という意識の諸形態は消えうせたのだからである。そうしてやはり同様に明らかになってくるであろうことは、意識が己れ自身を知っているときに何を意識が知っているかについて認識するにはさらに一層の委曲をつくす必要があるということであるが、この点を詳しく解明するのは今後のことである。

〔B 自己意識〕*

IV　自分自身だという確信の真理*

Die Wahrheit der Gewißheit seiner selbst.

確信の従来の諸様態においては、意識にとって真なるものとは己れ自身とは何かちがった他者である。しかし真なるもののかかる概念は真なるものについての経験の進むにつれて消失して行く。対象が直接的自体的にどのようであるかと言うと、感覚的確信の存在するもの、知覚の具体的な物、悟性の力であったがしかし対象は真実態においてはむしろかかるものではないことが明らかとなり、却って右の「自体」とは対象がただ他者(意識)に対してあるさいにとる様態であるにすぎぬことが結論として生じてくる、即ち対象についての概念は現実の対象に即して己れを止揚するのであり、言いかえると対象についての最初の直接的な「表象」は経験の進むにつれて己れを止揚するのであり、かくて確信は真理のうちに消え失せたのである。(1) しかるに今やこれら従来の諸関係においては成立していなかったもの、即ち確信であっても己れの真理とひとしい確信が「発生」してきている。なぜと言って、確信は己れ自身にとって己れの対象であり、意識は己れ自身にとって真なるものだからである。むろん「意識」と言うと、そこには他的存在がありはする、即ち意識は区別を立てはするが、しかしこのさい区別されたものは意識にとっては区別されたものであって同時にそうではないようなものなのである。(2) ここで、もしも「我々」が知の運動をもって概念と、これに対して知は知でも静的統一としての或は自我としての知をもって対象と呼ぶとすれば、(3) ただに「我々」にとってのみならず、知自身に対しても、対象が概念に一致しているのを、「我々」は見るのである。――それとも「我々」が別の態度をとって、対象が自体的にしかじかであるところのものを概念と、これに対して対象が対象として、或はひとつの他者に対してしかじかであるところのものを対象と呼ぶとすれば、自体存在と対他存在とが同一であることは明らかである。なぜなら、このときには自体と言っても、意識のことであるが、しかしこの「意識」はまた自分に対して或る他者（自体）があるところのものでもあり、そこで対象の自体とそれの他者に対する存在とが同一であることが意識に対してあり、その認めるところだからである。自我[1]は関係の内容であると共にまた関係すること自身でもある。自我は他者に対立して自分自身であると同時に、この他者を越えて包み[2]もしており、したがって他者は自我にとってもまたまさに自分自身であるにすぎぬのである。

〔一　先行形態と自己意識〕

かくして「我々」は自己意識〔の段階〕にたどりつくと共に真理の郷土的な国に歩み行ったのである。[3] 自己意識という形態がさしあたって[4]どのように登場してくるかが見られなくてはならないが、自己自身についての知という知のこの新しい形態を他者についての知という先行のものとの関係において考察することにすると、先行の知はむろん消失はしているけれども、しかし同時にその諸契機は保存されもしていて、喪失はただそれらが此処で現にあるのは自体的にあるままの姿においてのことになっているという点に存するにすぎぬ。私念の存在、知覚の個別態とこれに対立する普遍態、それからまた悟性の空虚な内なるものはもはや実在としてではなく、自己意識の諸契機としてあるので

(135) あるが、このことはこれらの契機が抽象としてあること、言いかえると、自己意識に対する区別を形づくりはしても、この区別が意識自身に対してさえ同時に無にひとしいこと、或は区別ではなくただ消失するものでしかないことを意味している。だから一見すると、ほかならぬ主要契機自身だけが、即ち意識に対する単純に自立的な存立だけが消え失せたにすぎぬかのように見えるけれども、しかし自己意識とはじっさいにおいては感覚的な知覚的な世界の存在から反省することであり、本質的に他的存在から還帰することであるから、自己意識が自己意識であるのは、運動としてのことである。しかし自己意識が区別を立てるにしても、ただ自己自身としての自己自身を自己から区別するにすぎぬから、他的存在としての区別は無媒介に撤回されており、区別が存在するのではない。そのかぎり自己意識はただ「自我は自我である」という運動を欠いた同語反復であるにすぎぬ。しかし、こうなって自己意識にとっても区別が存在の形態をももっているのではないときには、自己意識も自己意識ではない。だから自己意識に対してはひとつの存在としての他的存在があることになり、その認むるところとなるが、これが即ち区別された契機〔の第一〕である。と言っても、自己意識に対してはこの区別されたものと自己自身との統一もまたあるが、これが第二の区別せられた契機である。第一の契機をもって見れば、自己意識も意識としてあるので、自己意識には感覚的世界の全広袤が維持せられている。もっとも維持されていると言っても、同時に自己意識の己れ自身との統一という第二の契機に関係づけられてのことであるにすぎぬ。したがって感覚的世界は自己意識にとっては、存立はしても、しかしこの「存立」はただ現象たるにすぎぬところの、言いかえると、自体的にはなんら存在をもっていないものである。そこで自己意識の現象と真実態との対立が生じてくるが、この対立はただ真実態のみを、即ち自己意識の己れ自身との統一のみを本質としてもっている。そこでこの統一が自己意識にとって本質的とならざるをえないが、このことは自己意識が欲望[1]一般であることを意味している。だから自己意識としては意識は今や二重の対象をもつことになる。一方の対象は直接的な対象であり、感覚的確信と知覚との対象であるが、しかし、これは自己意識にとっては否定的なものの性格を刻印せられている。自己意識がもつ第二の対象と言うのは即ち自己自身のことであり、これが真実の本質であるけれども、この第二の対象もさしあたっては第一の対象との対立においてあるにすぎない。この対立において自己意識は運動として現われてくるが、この運動において対立が止揚せられて自己意識には己れ自身との統一が生成してくるのである。

〔二　生　命〕

対象は自己意識にとっては否定的なものであるけれども、意識が自分のほうで自分のうちへ還帰しているのと全く同じように、「我々」にとっては、言いかえると、自体的には対象も自分のほうではやはり自分のうちへ還帰している。[2]かく自分のうちへ還帰していることによって、対象は生命となっている。自己意識が存在するものとして己れから区別するところのものは、存在するものとして定立されているかぎりにおいても、またただ単に感覚的確信と知覚とのありかたを具えているだけではなく、己れのうちへ還帰せる存在である。そこで直接的な[3]欲望の対象は生命あるものであるが、その理由はこうである。即ち悟性が諸物の内なるものへ関係することによってえられた自体ないし普遍的な結果[4]というのは、区別せられえぬものを区別することであり、言いかえると、区別のあるものを統一することであるが、しかし「我々」のすでに見たように、この統一もやはり己れを己れから拒斥するので、統一というこの概念は二つに分れて自己意識と生命との対立となるのであるが、前者は区別の「無限な」統一であることを自覚している統一であり、これに対して後者はただこの統一自身であるにとどまって、同時にこの統一たることを自分では自覚していない統一である。したがって意識が自立的である、その程度に全く相応して、その対象もまた自体的には自立的である。だから端的に自分だけで存在し、自分の対象に無造作に否定的なものという性格を刻印づけるところの自己意識、言いかえると、さしあたって欲望であるところの自己意識はむしろ対象の自立性を経験することになるであろう。(1)

生命がなんであるかという規定は、「我々」が〔自己意識という〕この領域に歩みいるさいにもっていた概念ないし普遍的結論から生命の特徴を示すのに十分であるだけのものが出てくるので、これ以上に進んで生命の本性をこの結論から展開する必要はないであろう。生命の本性が形づくる円環は次の諸契機において完結している。(2)〔第一に〕本質であるものは、あらゆる区別項が止揚されてあることとしての無限性であり、運動ではあっても、純粋な軸回転運動であり、絶対に不安定な無限性でありながら自分自身安らいであり、運動にさいしての区別項を解消させているところの自立性自身であり、空間としてのしっかりとした形態をも具えていながら、時間の単純な本質として自同的であるものである。〔第二には〕区別項はこの単純で普遍的な媒体においてあるにしてもやはり区別項として存在する。なぜなら、この普遍的な流動性がその否定的な本性をもっているのは、ただそれが区別項の止揚であることにのみよっているが、もし区別項が存立をもっていないとすると、この流動性とても区別項を止揚することはできないからである。だがまさにこの流動性こそ自同的な自立性としてそれ自身、区別項をして存立させるものであり、言いかえると区別項の基礎に立つ実体であり、(3)したがってこの実体においては区別項は区別せられた分肢として、また各自自分だけである部分として存在する。だから〔第三には〕〔分肢の〕存在と言っても、もはや存在だけを抽象したものを意味するのではないし、また分肢の純粋本質態と言っても、普遍性だけを抽象したものを意味するのでもなく、分肢の存在がそのまま純粋な自己内運動のかの単純で流動的な実体なのである。そうしてこれら分肢相互の区別がおよそ区別として存立するのも、無限性ないし純粋運動自身の諸契機がもつ限定においてのことであって、これ以外のいかなる限定においてのことでもない。

自立的な諸分肢が各自自分だけで存在するのであるが、しかし、この自分だけでの存在はむしろそのまま諸分肢が統一のうちへと還帰することでもあり、そうしてこれと全く同様に統一のほうもまた自立的な諸形態へと分裂して行くが、統一が分裂するのは、統一が絶対に否定的な、言いかえると、「無限」な統一だからであり、そうして統一が存立するからこそ、区別項が自立性をもつのも、ただ統一においてのみのことである。形態は分裂によって生じたものであるから、形態がかく自立性をもつのはなにか或る限定せられたものとしてのことであり、なにか或る他者に対するものとしてのことであるかのように見え、そのかぎり分裂の止揚は他者によって「出来」することになるけれども、しかし、この止揚とてもやはり形態自身において成立することである。なぜと言って、まさにかの流動性こそは自立的な諸形態の実体であるが、この実体は「無限」な実体であるので、形態は存立すること、そのこと自身において分裂であり、言いかえると、自分の自分だけでの存在の止揚だからである。

このことのうちに含まれている諸契機を「我々」がもっと精密に区別して見ると、次のようなことが「我々」にわかってくる。即ち「我々」が第一の契機としてもっているのは、もろもろの自立的形態が存立することであり、言いかえると、「自体的区別」[(1)]であるところのもの、即ち独立には存在せず決して存立をもたぬということの抑圧であるが、これに対して第二の契機はかの存立を区別の「無限性」のもとへ屈服させることである。第一の契機においては形態は存在する、即ち自分だけで存在するものとして存在する。言いかえると、形態は限定されていながら「無限」な実体として普遍的な実体に対立して登場してきて、この実体の流動性を、また実体との連続性を拒否し、この普遍者のうちに解消しているのではなく、むしろ自分のかかる有機的でない自然[1]から分離することによって、またこの自然を食いつくし消費すること[2]によって、形態は己れを維持しているものであることを主張する。そこで生命は普遍的な流動的な媒体のうちにおいて諸形態を静かに離れ離れに展開するのであるが、まさにそうすることによって生命は却って諸形態間の運動となり、言いかえると、過程としての生命となる。こうなったときには単純な普遍的な流動性のほうが自体であり、そうして諸形態の区別のほうは他者であるが、しかしこの区別のあることによって、却って流動性自身もまた他者となる。なぜなら、この区別があると、流動性は今や区別〔されたもの〕に対して、そのためにあることになり、そこで今やこの区別されたもののほうが即自且つ対自的に存在するものであり、したがって「無限」な運動であることになり、そうしてこの運動によって、かの静止せる媒体は食いつくされ消費せられるのだからである。即ち〔過程としての生命である〕流動性が生命あるものとしての生命となるのである。——しかしながら、まさにこの故に〔過程として生命の生命あるものへの〕この顚倒がまたそれ自身において顚倒である[3]。食いつくされ消費されるものは〔生命あるものにとって〕本質であるから、個体性が普遍者を食いものにし費消して己れを維持して己れ自身との統一の感情をうることが却って自分と他者との対立を止揚するゆえんであり、しかもよってもって自分が自分だけで存在するこの対立を止揚するゆえんである。個体性が己れ自身との統一をうることこそまさに諸区別項の流動性であり、言いかえると、それら区別項のあまねき普遍的な解消なのであるが、しかし逆に個体としての存立を止揚することもまたまさにこの存立を生み出す所以でもある。その理由はこうである。即ち個体的形態の本質は普遍

(138)

的な生命であり、自分だけで存在するものも自体的には単純な実体であるから、この自分だけで存在するものが〔自分を止揚するために単純なものとしての〕自分のうちに〔実体を〕他者として定立するときには、自分の〔本質としての〕かかる単純態を、言いかえると、自分の本質を止揚することになるのであるが、これは自分だけで存在するものが自分の単純態を分裂させることを意味しており、そうしてかく区別のない流動性を分裂させることこそまさに個体性を定立する所以にほかならないのである。したがって生命の単純な実体とは己れ自身を諸形態へと分裂させるものであると同時にこうして存立するようになっている区別項を解消するものでもあるが、しかし分裂を解消することもまた全く同様に分裂することであり、言いかえると、分肢することである。だから運動全体の〔最初には〕区別せられた両側面、即ち存立のための普遍的媒体のうちにおいて静かに離れ離れに展開される形態化と生命の過程とは互に他に帰着するのである。後者即ち生命の過程は形態の止揚であるのと全く同時に形態化でもあり、前者即ち形態化も分肢することであると全く同時にその止揚でもある。「流動的境地」と言っても、それ自身、本質だけを抽象したものであるにすぎず、言いかえると、それが現実的であるのはただ形態としてのみのことであり、そうしてこの境地が己れを分肢することも分肢されたものの分裂であり、言いかえると、分肢されたものの解消である。かかる円環過程[1]の全体が生命をなしているのであって、最初に語られたところのもの、即ち生命の本質の直接的な連続性と堅固さとも、また存立せる形態と離れ離れに自分だけで存在する断絶的なものとも[2]、さらには形態の純粋な過程も、それからまたこれらの契機の単純な総括も、いずれも生命をなしているのではなく、生命をなしているのは、己れを展開し、この展開を解消するという運動のさなかにおいて己れの単純態を維持しているところの全体なのである。

〔三〕 自我と欲望

最初の無媒介の統一から出発して、形態化と〔生命の〕過程という〔両〕契機を通じてこれら両契機の統一へと還帰し、したがって再び最初の単純な実体へと還帰したのであるから、この還帰した統一は最初の統一とはちがった別の統一である。かの無媒介の統一、言いかえると、ひとつの存在として言いあらわされた統一に対して、この第二の統一はこれらすべての契機を止揚せられたものとして内含している普遍的な統一である。この普遍的な統一が単純な類であるが、しかしこの類は生命自身の運動においてはかかる単純なものとして対自的(自覚的)に顕現しているのではない。却って普遍的な統一というこの結果に到達すると共に、生命は自分とはちがった他者のほうを、即ち意識のほうを指示するのであるが、この意識に対しては、かかる統一としての、言いかえると、類としての生命が存在するのであり、この意識は類であることを自覚している。[1]

この他の生命に対しては類が類としてあり、またこの他の生命は自ら対自的(自覚的)に類なのであるが、しかしかかる生命は自己意識である。この自己意識も最初は己れにとってただかかる単純な本質としてあるにすぎず、純粋自我[2]としての己れを対象としているが、自己意識の今後に考察せらるべき経験の進むにつれて、この抽象的な対象が自己意識にとって豊かとなり、「我々」が生命の場合に見たような展開をうるであろう。

(139) 単純な自我がかかる類であり、言いかえると、諸区別項の区別でないことを認めている単純な普遍者であるのは、ただ自我が形態をえて自立的である諸契機の否定的本質であることにのみよっている。だから自己意識が〔他者の〕自分自身であることを確信しているのは、ただ自分に対して自立的な生命として現われてくるこの他者を撤廃することにのみよっている。自己意識は欲望なのである。この他者が無にひとしいことを確信しているので、自己意識はこの無にひとしいことを自分の真実態として自覚的に定立し、自立的な対象を無に帰せしめ、そうすることによって、自己自身だという〔主観的な〕確信を真実なる確信として、即ち自分自身に対象的な仕かたで生じている確信として得るのである。

しかしながら、この満足において自己意識は自分の対象の自立性を経験する。欲望とその満足において達成せられるところの自分自身だという確信とは対象をもって条件としている。なぜなら、確信のえられるのは、この他者を撤廃することによっているが、この撤廃が行われるためには、この他者が存在しなくてはならないからである。だから自己意識はかく〔対象に〕否定的に関係することによっては対象をなきものにすることはできず、この関係によってはむしろ対象を再び生み出すのであるが、これは欲望を再び生み出すのと同じである。それで実行して見れば、欲望の本質であるところのものは自己意識とはちがった或る他者である。かかる経験によって、この真理が自己意識自身に生じてきたのである。しかしこれと同時に自己意識はまた絶対に自分だけで存在するものであり、そうして自己意識がかく自分だけで存在するのは、ただ他者を撤廃することにのみよっているのであるが、さりとて自己意識が〔絶対に自分だけで存在することの〕真理である以上、自己意識にはその満足が生ぜざるをえない。そこで対象の自立性を顧慮すると、自己意識が満足に到達しうるのは、対象自身が自分のほうで否定を実行してくれる場合にのみかぎられたことである。(1) しかも「対象」というものは、かく自分自身の否定を自分で実行せざるをえないものである。なぜなら、そもそも対象とは自体的に否定的なものであるから、他者に対してもまたその然るところのもの（否定的なもの）たらざるをえぬからである。ところで対象が己れ自身において否定でありながら、しかも同時に自立的であるときには、そのような対象は意識である。欲望の対象であるところの生命の場合には、否定は或る他者においてあるか、即ち欲望においてあるか、それとも〔或る形態が〕他の没交渉な形態に対立してもつ限定としてあるか、またそれとも生命の有機的でない普遍的な自然として[1]あるかのいずれかである。しかし、この最後の普遍的な自立的な自然において否定が絶対的[2]な否定としてあるときには、この普遍的な自立的な自然は類としての類であり、言いかえると、自己意識としての類[3]である。そこで自己意識はその満足を他の自己意識においてのみ達成するのである。[4]

以上にのべたこれら三つの契機において初めて自己意識の概念がその全きをえている。即ち (a) 自己意識にとって最初の無媒介的な対象は純粋な区別のない自我[5]である。(b) しかしこの無媒介態はそれ自身絶対の媒介態であり、ただ自立的な対象の撤廃としてのみあるものである、言いかえると、この無媒介態は欲望である。欲望の満足はもちろん自己意識の己れ自身のうちへの還帰であり、言いかえると、〔客観的〕真理となった確信ではあるが、(c) しかし、この確信の真理はむしろ二重の還帰[6]であり、自己意識の二重化である。ここで意識に対して対象であるところのものは、自分自身において自分が他的存在であることを、ないし区別であることをなきものとして定立し、しかもそうすることにおいて却って自立的である対象である。ただ生命をもつにすぎない区別せられた形態も、もちろん生命そのものの過程のうちにおいては自分の自立性を撤廃しはするが、しかしこの形態は区別である〔限界〕まで行くと、もう自分がそうである形態であることをやめるのであるが、[7] これに対して、自己意識としての対象は己れ自身を否定しながら全く同様に自立的でもあり、そうであることによって自ら自覚的に類であり、分離して特異のものであるさなかにおいて普遍的流動でもある。即ちこの対象は生ける自己意識なのである。

ひとつの自己意識がひとつの自己意識に対して存在するのであるが、自己意識がじっさいにおいて存在するのは、こうなって初めてのことである。なぜなら、ここに初めて自己意識に対して己れの他的存在における自己自身との統一が自己意識に対して生ずるからである。自己意識の「概念」の対象である自我はじっさいには対象ではないし、これに対して欲望の対象はただ自立的であるにすぎない。なぜなら、この対象は普遍的な絶滅すべからざる実体であり、流動的な自同的な実在だからである。しかるに自己意識が対象であるときには、この対象は対象であると全く同様に自我でもある。——これによって「我々」にはすでに精神の概念が現にあるようになっている。今後に意識に対して生ずるものとは、いったい精神とはなんであるかという経験である。精神というこの絶対的な実体がもっている対立、即ち相異なり各自別々に存在する両方の自己意識が各自に全く自由であり自立的であるのに両者の統一、即ち我々である我と我である我々とを形づくるさいの絶対的実体である精神がなんであるかについての経験が今後に意識に対して生ずるものなのである。意識は精神の「概念」としての自己意識において初めて転換点に立ち、ここで感覚的此岸の色とりどりの仮象から、また超感覚的彼岸の空虚な夜から、現在という精神の昼のうちに歩み入るのである。

A　自己意識の自立性と非自立性、主であることと奴であること[*]

Selbständigkeit und Unselbständigkeit des Selbstbewußtseins; Herrschaft und Knechtschaft.

自己意識は即自且つ対自的に存在するが、これは、自己意識が或る他者に対して即自且つ対自的に存在するときのことであり、またそうであることによっている。言いかえると、自己意識はただ承認せられたものとしてのみ存在するのである。ところで自己意識がかく二重になりながら形づくるその統一という概念、或は自己意識において実現しつつある「無限性」[1]という概念は多くの側面と多くの意義とを絡み合せているから、一方ではこの絡み合いの諸契機が厳格に分析せられなくてはならないと共に、他方では諸契機がそう区別されながら同時に区別のないものとしても、言いかえると、いつも反対の意味においても受けとられ、また認識せられなくてはならぬことになる。区別せられたものが二重の意味をもつのは、「無限」であるという自己意識の本質に基づくことであり、言いかえると、或る限定において定立せられてもすぐにこの限定の正反対でもある[2]という自己意識の本質に基づいている。二重になりながら形づくられるかかる精神的統一の概念を分析すると、「我々」には承認の運動が現われてくる。

〔一　承認の概念〕

自己意識に対して、ひとつの他の自己意識があり、自己意識は自分のそとに出ているが、このことは二重の意味をもっている。第一には自己意識は自分自身を喪失している。なぜなら、自己意識は自分を他の実在として見出すからである。第二には自己意識はそうすることによって「他者」を撤廃している。なぜなら、自己意識はまた他者を実在とは見ずに、他者のうちに自分自身を見もするからである。

自己意識はこの自分の他的存在を撤廃しなくてはならないが、この撤廃は最初の二重の意味の撤廃であるから、それ自身、二重の意味をもっている。第一には自己意識は他の自立的実在を撤廃し、そうすることによって自分が実在であるのを確信するようになることに向わなくてはならない。しかし第二には自己意識はそうすることによって却って自分自身の撤廃に向うことになる。なぜなら、この他者が自分自身だからである。

自分の二重の意味における他的存在をかく二重の意味において撤廃することが自分自身のうちへの全く同様な二重の意味における還帰でもあるが、その理由はこうである。第一には自己意識はこの撤廃によって自分自身を再び取戻す。なぜなら、自分の他的存在を撤廃することによって、自己意識は再び自分と同一となるからである。しかしながら第二には自己意識は自分に再び他の自己意識を与え戻す(他の自己意識を再興する)。なぜなら、自己意識は自分が他者のうちにあることを認めていたのであるが、かく他者のうちにある自分の存在を撤廃することによって、他者を再び放免し自由にすることになるからである。

ひとつの他の自己意識への関係における自己意識のかかる運動は、今までの言いかたでは、ただ一方だけの行為として「表象」せられてきたけれども、しかしこの「一方の行為」ということ自身が二重の意味をもっていて、自分の行為であるのと全く同様に他方の行為でもある。なぜなら、他方もまた全く同様に自立的であり自己完結的であって、彼のうちに存在するものにして、彼自身によって存在しないものはひとつとしてないからである。第一の自己意識にしても差当って欲望に対してあるにすぎないような対象を相手としているのではなく、自分だけで存在する自立的な対象を相手としているのであるから、自分が相手に向って為すことを相手側が相手側自身としても為してくれないと、自分だけではなにごとをも為すことはできないのである。だから、運動は端的に両方の自己意識の二重のものである。おのおのは自分が為すのと同じことを他方も為すのを見、おのおのは自分が他方に向って要求することを自分でも為すのであるから、おのおのがその為すところをなすのは、ただ他方が同じことを為してくれるかぎりにおいてのことでしかない。一方的行為はけだし無益であろう。なぜなら、「出来」すべきことは、ただ両者によってのみ成就せられうるのだからである。

だから行為(為すこと)はただ単に他方へ向うのと全く同様に自分へも向う行為でもあるかぎりにおいてだけ二重の意味をもっているだけではなく、一方のものの行為であるのと全く不可分に他方のものの行為でもあるというかぎりにおいてもまた二重の意味をもっているのである。

この運動のうちに「我々」は「両力の遊戯[1]」として現われてきたところの過程が繰返されているのを、ただし意識において繰返されているのを見る。かの遊戯においては「我々」に対してあったものが此処では両極自身に対してあり、その認むるところである。媒語は自己意識であって、この自己意識が両極に分解し、そうして各極は〔かの遊戯においてのごとく〕各自の限定を相互に交換するのであり、全く反対の極へと移って行くものである。しかし各極は〔かの遊戯においてはちがい、意識である。〕意識として各極は自分のそとに出はしても、自分のそとにありながら同時に自分のうちに引き戻されて自分だけで（対自的に）あり、こうして「自分のそと」というものを対自的に認めている。各極は自分が無媒介に他方の意識であると共にあらぬことを認めており、そうしてこの相手である他者のほうが自分だけであるのも、ただ自分だけであるものとしての己れを撤回する場合のことにかぎられており、ただ他者が自分だけであることにおいてのみ、自分も自分だけであるのを、全く同様に認めている。各極は他極にとって媒語であり、この媒語を介して各極は己れ自身との媒介的関係に入り、また己れ自身と推理的に連結する。そうして各極が己れにとっても他極にとっても無媒介に自分だけである実在ではあっても、同時にこの実在が自分だけであるのは、ただかかる媒介によってのことであるにすぎぬ。両極は互に承認しあっているものであることを互に承認しあっている。

以上が承認の純粋概念であるが、自己意識が統一を保ちつつ二重になることである承認の過程が自己意識に対してどのように現われてくるかが今や考察せらるべきことである。この過程は最初には両方の自己意識が不同であるという側面を示すであろう、言いかえると媒語が両極へと歩み出て両極がまさに両極として対立して〔いて〕、〔それらの〕一方はただ承認せられたものであるにすぎず、他方はただ承認するものであるにすぎぬという側面を示すであろう。

〔二　承認のための生死を賭する戦い〕

自己意識は最初には単純に自分だけでの存在であって、あらゆる他者を自分から排除することによって自己自同的である。自己意識にとってその本質であり絶対的な対象あるものは自我であり、[1]そこでこのような無媒介態においては、或は自分の自分だけでの存在のかかる存在においては自己意識は個別者である。それでは自己意識にとって他者がなんであるかと言うと、「否定的なもの」という刻印[2]をおされた非本質的対象としてあるものである。しかし他者もやはりひとつの自己意識であるから、ひとつの個体がひとりの個体に対立して登場することになるが、かく無媒介に登場してくるときには、両者は相互に普通の対象という仕かたにおいてあり、それぞれ自立的な形態であり、生命の存在――というのは此処では存在する対象は生命と規定せられているからである――のうちにおちこんだ意識である。これら両方の意識はまだお互に対して絶対的な捨象の運動を、即ちあらゆる直接的な存在を根絶するという、またただ自己自同的な意識の純粋に否定的な存在であるという絶対的な捨象の運動を成就してはいない、言いかえると、まだお互に自分が自分だけの存在であることを、即ち自己意識であることを示し思い知らしていないのである。おのおのの意識はもちろん自分自身についは確信をえているけれども、しかし他者についてはそうではないから、自分についての自分自身の確信もまだなんら〔客観的〕真理ではない。なぜなら、両者おのおのの確信が〔客観的〕真理であるのは、自分自身の自分だけでの存在が自分にとって自立的な対象でもあるのを呈示すること、言いかえると、対象（相手）〔の存在〕が自分自身についてのかかる純粋な確信であるのを呈示してくれるより以外のことではなかろうからである。しかしながらこのことは、承認の概念からして当然であるように、自分だけでの存在のかかる純粋な抽象の遂行を、他方が一方に対するごとく、一方が他方に対して行い、またおのおのが己れ自身の行為によって己れ自身においてなすと同時にまた他方の行為によってもなされるのでないと不可能である。

しかし各人が自己意識だけの純粋抽象であるのを呈示するのは、自分が自分の対象的なありかたの純粋否定であるのを示すことであり、言いかえると、いかなる限定的な定在にも繋縛されていないのを、おしなべて定在がもつ個別態に少しも繋縛されていないのを、生命に執着していないのを示すことである。この呈示は二重の行為であって、他人の行為であると共に、自分自身による行為でもある。行為が他人の行為であるかぎりにおいては、各人は他人の死を目指して行くが、しかし、そうすることのうちには自分自身による行為という第二の行為もまた現にある。なぜなら、他人の死を目指すというかのことは自分自身の生命を賭することをも含んでいるからである。そこで両方の自己意識の関係は、両者が生死を賭する戦いによって自分自身の、またお互の証《あか》しを立てることであると規定せられるわけである。——両者はこの戦いに入らざるをえない。なぜなら、両者は自分だけで存在するという自己確信を〔客観的〕真理まで高めざるをえず、しかも他者についても、自分自身についてもそうせざるをえぬからである。そうして自由の証《あか》しの立てられるのは、ただ〔己れの〕生命を賭することにのみよっており、また自己意識にとっては、存在も(1)、登場してきたさいの無媒介なありかたも、生命の広袤のうちへ沈淪していることも、いずれも本質ではなく、——かえって自己意識においては自分にとって消失する契機でないようなものは何ひとつもないことの、自己意識がただ純粋な自分だけでの存在でしかないことの証しの立てられるのも、ただ生命を賭するのを介してのことである。生命を賭さなかった個人もたしかに人格(2)として承認せられることはできるけれども、しかし自立的な自己意識として承認せられているという真理を達成はしなかったのである。しかし各人はかく己れの生命を賭けるのと全く同じように、他者の死を目指しても行かねばならない。なぜなら、各人にとって他者は自分自身より以上の意義をもつものではないからである。その存在は自分にとって他者として現れ、自分自身のそとにある。そこで各人は他者が自分のそとにあることを撤廃しなくてはならない。およそ「他者」とはさまざまに囚われた「存在」する意識のことであるが、各人

(145)

はその他的存在を純粋な自分だけでの存在として、言いかえると、絶対否定として直観せざるをえないのである。

しかしながら、このように死によって証《あか》しをするのは、その結果として生じてくるはずであった当の真理を撤廃するだけでなく、これと同時におよそ自分自身だという確信をも撤廃してしまう。なぜなら、生が意識の自然的な肯定であり、絶対否定を欠いた自立性であるごとく、死は意識の自然的な否定であり、自立性を欠いた否定であり、そうしてこの否定は承認に要求せられている意義を欠くにとどまっているからである。もちろん死によって両人ともどもに生を賭したという、また自他いずれにおける生をも軽んじたという確信が生じてはいるけれども、しかし生じているのは、この戦いに耐えぬいた当人たちに対してのことではない。両人は自然的定在という〔自己意識にとっては〕よそよそしい本質態(1)のうちに定立せられた意識を撤廃する。言いかえると、両人はお互自身を撤廃するから、そこで自分だけで存在しようと意志する両極としての両人も撤廃されてしまっている(2)。しかし、これがために〔承認という〕交替の遊戯からは、互に対立した限定をもった両極に分解するという必須の契機が消失することになり、媒語はあるにはあっても、萎縮して死せる統一と化し、そうしてこの統一が死んだ両極に、ただ単に存在するにすぎないのであって対立しているのではない両極に分解していることになる。そこで両極が互に他に自己をもどし与え、また自己を相手から受取りもどし、しかもこのことを意識を通じてなす(3)のではなく、相互に他を物として没交渉に自由放免しているにすぎない。両人の為したことは抽象的な否定であって、意識の否定ではない、いったい意識というものは、撤廃する(アウフヘーベン)にしても、撤廃されたものを保存し維持する(4)ような具合に撤廃するものであり、こうして意識は自分の撤廃されたことをも越えて生きるものなのであるが、このような否定ではないのである。

この経験において、自己意識にとっては純粋な自己意識と全く同じように生命もまた本質的であることが分ってくる。直接的な自己意識[1]においては単純な自我が絶対的な対象であるけれども、しかし、この対象は「我々」にとっては或は自体的には絶対の媒介であって、〔生命としての〕存立せる自立性をもって本質的契機としている。最初の経験がえられた結果としてかの直接的な統一を解体し、この解体によって〔一方には〕ひとつの純粋自己意識が、〔他方には〕ひとつの意識が定立せられているが、この意識は純粋に自分だけであるのではなく他方の意識に対してある意識であるが、このことはそれが「存在する」意識としてあること、言いかえると、物たることという形態における意識としてあることを意味している。両方の契機とも本質的ではあるが、――しかし両者は最初には不同で対立していて、両者の統一への還帰はまだ生じてはいないから、両者は意識の二つの相対立せる形態としてあることになる。一方の形態は自立的意識であって自分だけでの存在をもって、他方の形態は非自立的意識であって生命ないし他者に対する存在をもって、それぞれ本質としている。前者は主、後者は奴である。

〔三　主と奴〕

〔α　主であること〕

主は自分だけで存在する意識ではあるけれども、しかし、もはやただ単に自分だけで存在する意識の概念[2]であるにとどまるのではない。却って主は自分だけで存在する意識であるにしても、他方の意識を介して己れと媒介的関係にあるところの自分だけで存在する意識である。詳しく言えば、主は自立的な存在或は物たること一般といっしょくたにされていることをもって本質としているような意識を介して自分自身との媒介をえているところの自分だけで存在する意識である。そこで主はこれら両方の契機に、即ち欲望の対象であるところの物としての物と物たることをもって本質的なものとしている意識とに関係するのであるが、このさい主は、(a) 自己意識の「概念」としては自分だけでの存在の無媒介的関係であると、(b) 同時にしかし今や媒介態として、言いかえると、ただ他者を介してのみ自分だけで存在するところの自分だけの存在としてもあるのだから、主は、(a) 無媒介に両者に関係すると共に、(b) 両者の一方を介して他方に媒介的にも関係することになる。なぜなら、まさにこの自立的存在にこそ奴は繋縛されているのであり、この存在こそは奴が戦いにおいて捨象し断ち切ることのできなかった桎梏であり、この故に奴は自分が自立的でないことを、自立的であるにしても、物たることのうちに自立性(1)をもつことを示したのだからである。しかるに主はこの存在を支配する威力である。なぜなら主は戦いにおいてこの存在が自分にとってはただ否定的なものとしての意義をしかもたぬことを示したからである。かくて主はこの存在を支配する威力であるが、しかし、この存在はもう一方の人を支配する威力であるから、主はこの推理的連結において、このもう一人を已れのもとに隷属させる。〔かく主は物を介して奴に関係するが、二〕これと全く同様に主は奴を介して物に媒介的に関係する。奴といえども広義においては自己意識であるから、やはり物に否定的に関係し、物を撤廃するが、しかし同時に物は奴に対して自立的でもあるので、奴は自分の否定によっては物との関りを断つまでには物を無きものとすることはできない、言いかえると、奴は物に労力を加え加工するだけなのである。これに対して主には、この媒介によって物の純粋な否定としての無媒介的関係が生じてくる、言いかえると、主は享受することをうるのである。欲望の達しえなかったこと、即ち物との関りを断ち享受において満足をうることに[1]、主は達するのである。欲望がこれに達しえなかったのは、物の自立性の故であったが、しかし物と自分との間に奴を挿入した主はそうすることによって、ただ物の非自立性とのみ推理的に連結し、物をただひたすら享受し、これに対しておよそ物の自立性の側面はこれを加工する奴に委ねるのである。

これらの両契機[2]において主にとっては自分が他方の意識によって承認せられているということが生じている。なぜなら、この他方の意識はいずれの契機においても、己れを非本質的なものとして定立するからであり、そうして非本質的なものとして定立するのは、一方では物の加工において、他方では限定された定在への依存においてのことである。これら両方の契機において、この他方の意識は存在を支配する主となって絶対否定に到達することはできないのであるから、此処には、この他方の意識(奴)が自分だけでの存在であることを撤廃し、そうすることによって第一の意識が自分(奴)に向って為すことを自分で為すという承認の契機ができあがっており、また第二の意識のかかる行為が第一の意識自身の行為であるという〔承認の〕今ひとつの契機も同様である。けだし、奴の為すことは本来的には主の為すところだからである。主にとってはただ自分だけでの存在のみが本質であり、主は純粋に否定的な威力であって、この威力に対しては物は無であり、したがってこの関係(主の奴に対する関係)においては主の為すのが純粋に本質的に為すことであり、本質的に為すことであるのに対して、奴の為すのは純粋に為すことではなく非本質的[3]に為すことである。しかしながら本来の承認であるには、主が他方に向って為すことを自分自身に向ってもまた為し、そうして奴が自分に向って為すことを他方に向ってもまた為すという契機が欠けている。だから生じているのは一面的な不同な承認なのである。

この関係においては非本質的な意識が主に対してその自己確信の〔客観的〕真理を形づくる対象ではあるけれども、

しかし、この対象が主の自己確信の真理であるというその概念に合致するのではないことは自明である。むしろ自明なのは、主が己れを完成したその直下に、主にとって生じ、主の認めるところとなっているのは、むしろ自立的な意識とは全然ちがって別の或るものになっているということである。かかる自立的な意識が主に対してあり、かかる意識であることを主が自認しているのではなく、自認しているのは主がむしろ非自立的な意識であるということである。だから主は自分だけでの存在が〔自分の〕真理であることを確信しているのではなく、主にとって自分の真理であるものはむしろ非本質的な意識であり、またこの非本質的意識の非本質的な行為である。

したがって自立的意識の真理であるのは奴としての意識である。もちろん奴としての意識は最初には自分のそとに出ていて自己意識の真理ではないように見えるけれども、しかし、ちょうど主であることがその本質は自分がそうであろうとするものとは正反対の顛倒したものであることを示したのと同じように、奴であることもまたおそらく完成したときには自分が直接にそうであるところとはむしろ正反対のものに転ずるであろう。奴であることもそとから己れのうちに押しもどされた意識として己れに至り、かくして顛倒して真の自立性となるであろう。

〔β　奴の畏怖と奉仕〕

「我々」は奴であることが主であることとの関係においてなんであるかだけを見てきたが、しかし奴であることも自己意識であるので、この観点からして奴であることが自ら即自且つ対自的になんであるかが今後に考察せらるべきことである。奴であることに対しては主が本質であるから、自立的な自分だけで存在する意識(主)が奴であることにとって真理であるけれども、しかし最初にはこの真理は奴であることに対するものであっても、まだ奴であることに即してある(具わる)ものではない。しかしながら奴であることも純粋の否定性と自分だけでの存在というこの真理をじっさいには自分自身に即して具えている。なぜなら、奴であることがこの本質を已れにおいて(身をもって)経験したからである。即ち奴の意識は死という絶対的主人[1]の畏怖を感じたのであるから、「このもの」又は「あのもの」についてだけではなく、また「この」瞬間又は「あの」瞬間にだけではなく、已れの全存在について不安をいだいたのである。かく畏怖を感ずることにおいて奴の意識は内面深く解消せられ、心中動揺せぬところとてはなく、心中一切の執着を震撼せられたのである。[2]ところでこの純粋で遍ねき運動、あらゆる存立せるものの絶対的な流動化こそは自己意識の単純な本質、絶対否定、純粋な自分だけの存在(対自存在)であるから、この存在はこの奴という意識において、即してあることになるのである。しかしこの純粋な自分だけの存在という契機はこの意識に対してもまたあることになる。なぜなら、主においてこの契機はこの意識にとって自分の対象だからである。さらにこの意識はただ単に漠然とかかる普遍的な解消であるだけではなく、奉仕においてかかる解消であることを現実に実行しもする。奉仕することにおいて、この意識は自然的な定在への已れの執着をあらゆる個々の契機に関して撤廃し、この定在を労苦をもって除去するのである。

〔γ　奴の形成の労働〕

しかしながら〔畏怖において〕絶対的な威力を全般的に、奉仕において個別的に感ずるということは解消ではあっても、この解消はただ自己における(即自的な)ものであるにすぎない。もちろん「主に対する畏怖が知恵の初めである」[3]にしても、かかる知恵においては意識は自ら対自的ではあっても、対自存在(自分だけでの存在)ではない。しかるに労働を媒介とすることによって意識は己れ自身に至る(1)のである。さて主の意識における欲望に〔奴の意識のほうで〕対応する契機においては、たしかに奉仕する意識には物への非本質的な関係という側面があてがわれているように見えた。なぜなら、物はこの関係においては自立性を保持しているからである。しかるに主の欲望は対象の純粋な否定を自分のために取っておき、これを独り占めにし、またそうすることによってまじりけのない自己感情をうることをも独り占めにしたが、だからこそ、この満足はそれ自身ただの消失であるにすぎない。なぜなら、この満足には対象的な側面或は存立が欠けているからである。これに対して労働は欲望の抑制であり消失の延期である、言いかえると、労働は形成するのである。ここに対象への否定的関係(2)は対象の形相となり、そうして持続的なものへと転ずる。なぜなら、労働するものに対してこそ対象は自立性をもつからである。労働することというこの否定的な媒語または形成する行為も同時に個別態であり、言いかえると、意識の純粋な自分だけでの存在ではあるが、労働の成果となると、この自分だけでの存在も今や自分のそとに出て持続するものの境地のうちに歩み入る。だから労働する意識はこうして自立的な存在を自分自身だとして直観するに至るのである(3)。

右のように形成することにおいては奉仕する意識は自分の純粋な自分だけでの存在が存在するものになることを認めるようになるのであるが、形成することはただ単にかかる肯定的な意義だけをもっているのではなく、奉仕する意識の最初の契機である畏怖に対してこれを否定するという意義をもまたもっている。なぜなら、奉仕する意識にとって自分自身の否定態である自分の自分だけでの存在が物の造形において対象となるのは、ただこの意識が自分に対立して存在する形相を撤廃することにのみよっているのであるが、この対象的な、自分ではない否定的なものこそは、かつてこの意識がまさにその前に戦慄した外来の実在にほかならないからである。しかるに今や形成においては奉仕する意識はこの外来の否定的なものを破壊し、却って己れをかかる否定的なものとして持続の境地のうちへと定立し、こうすることによって自ら自覚的に自分だけで(対自的に)存在するものとなるのである。自分だけでの存在は主においてあるときには奉仕する意識にとってひとつの他者であり、言いかえると、自分に対してあるものにすぎないし、また畏怖においては自分だけでの存在は己れ自身に即してあるにすぎないのに、造形においては自分だけでの存在は自分自身のものとして自分に対してあるようになり、かくしてこの奉仕する意識自身が即自且つ対自的にあることを自覚するに至るのである。形相はそとへと定立せられることによって、この意識にとって自分とはちがった他者となるのではない。なぜなら、そうなった形相こそは、この意識にとって〔客観的〕真理となった自分の純粋な自分だけでの存在だからである。だからこの意識は自分自身の努力で自分をかく再発見することによって、ただ他の意にばかり従っているかに見えたまさに労働において我が意をえているのである。――しかしながら、奉仕する意識がかく己れのうちに還帰するには、両方の契機ともども、即ち造形と同じく、畏怖一般及び奉仕一般もまた必要であり、しかも両契機とも普遍的な仕かたにおけるものであることが必要である。もしも奉仕と服従との訓練がないと、畏怖は形式的なものであるにとどまって定在の意識された現実にはひろがり、行きわたらないし、もし造形がないと、畏怖は心《む》胸《ね》のうちにとどまって唖であって、意識は自ら自覚的とはならない。しかし若し意識が予め最初に絶対的な畏怖を感ずることなしに形成したとすれば、意識はただ虚《むな》しい我意に従っているにすぎぬ。なぜなら、そのときにはこの意識のもつ形相ないし否定態は否定態ではあっても、否定態自体ではなく、したがって形成はこの意識に自分が実在であるという自覚を与えることができないからである。もしも意識が絶対的な畏怖に耐えぬいたのではなく、ただそこばくの不安に耐えたにすぎなかったとすれば、否定的な実在は意識にとって外面的なるものであるにとどまり、意識の実体はこの否定的実在に徹底的に染まってはいない。意識にとっては自分の自然的意識の中身のすべてが動揺するに至ったのではないから、意識は自体的にはまだ限定された存在に所属しており「我が意」をうると言っても、これは我意(我がまま)のことであり、まだ奴隷の境涯のうちにとどまるひとつの自由である。この場合には、まだ純粋形相[1]が〔意識の〕本質となりえているのではない。形相というものは、個々のものを越えて広がると見られるときには、普遍的な造形をなすものであり、絶対の「概念」であるが、まだこういう絶対概念の生じていないのは、純粋形相が意識の本質となっていないのと同様である。むしろ意識に生じているのは、普遍的な威力と対象的実在全体とを支配するのではなく、ただ若干のものを支配するにすぎぬひとつの技能である。

(151)

B　自己意識の自由、ストア主義とスケプシス主義と不幸な意識*

Freiheit des Selbstbewußtseins; Stoizismus, Skeptizismus und das unglückliche Bewußtsein.

〔一　ストア主義〕

自立的な自己意識(主)にとっては、一方ではただ自我という純粋抽象だけが自分の実在であるが、他方ではこの抽象が仕上って区別項が立てられるとき、この区別する働きがこの自己意識にとって対象的な即自的に(自体的に)存在する実在を生じさせるのではない[1]。だから、この自己意識は単純態において真実に自らを区別する自我、言いかえると、かかる絶対的区別において自同性を保つ自我となるのではない。これに対して己れのうちに押しもどされた意識[2](奴)のほうは形成するに当って形成せられた諸物の形相として自分が対象となることを認めているし、またこれと同時に主においてこの意識は対自存在が意識であることを〔客観的に〕直観している。もっとも奉仕する意識自身にとっては、これらの両契機――即ち自分自身が自立的対象であることとこの対象が意識であり、したがって自分自身と本質を同じうするものであることという両契機は――互に離れ離れになってはいるけれども、しかし我々に対しては或は即自的には〔物の〕形相と〔意識の〕対自存在とは同一のものであり、それに自立的意識の「概念」においては即自存在と言っても、これは意識のことであるから、即自存在の側面、或は労働において形相を受けとった物たることという側面は意識とはちがった他の実体では決してない。そこで「我々」には自己意識の新しい形態が生成していることになるが[1]、この形態は「無限性[2]」をもって或は意識の純粋な運動をもって自分の本質であると認めている意識であり、思惟する意識であり、言いかえると、自由[3]な自己意識である。なぜ「思惟する」かと言うに、抽象的な自我としてではなく、自我であると同時に〔客観的な〕即自存在の意味をも併せもつ自我として自分にとって対象であることが思惟するということだからであり、言いかえると、対象的実在があり、そうしてこれが意識に対してあるにしても、この対象的実在がこの意識の〔主観的な〕対自存在である意義をもつというような具合に、この実在に関係すること、これが思惟することというものだからである。——いったい思惟にとっては対象はもろもろの「表象」や形態(心像)において運動するのではなくして、もろもろの概念において運動するのであるが、このことは〔意識から〕区別せられた即自存在において運動するにしても、この即自存在が自分から区別されたものでないことを意識がすぐに認めていることを意味する。表象せられたもの、形態を与えられたもの、存在するものそのものは意識とはちがった或る他者であるという形式を具えているが、これに対して概念は同時に存在するものである。もっともこの場合にも区別があり、そうしてこの区別が概念自身においてあるかぎり、この区別は概念の限定された内容[4]をなしはするが、——しかしこの内容が同時に概念的に把握せられたものであることによって、意識はこの限定せられ区別せられた存在するものと自己との統一をすぐに自覚している。〔ここに概念と表象との相違がある。〕いったい「表象」の場合には「これこれが自分の表象である」ことを意識が取り立てて予めことわっておく必要があるのに、概念は私にとって直ちに私の概念[5]

である。思惟において自我は自由にある。なぜなら、私は他者のうちにあるのではなく、端的に私自身のもとにとどまり、私にとって実在であるところの対象は私の対自存在と不可分の統一においてあり、もろもろの概念のうちにおける私の運動は私自身のうちにおける運動だからである。――自己意識のこの形態はおよそ以上のごときものであるが、かく規定するにあたって是非とも銘記せらるべきは、この形態が思惟する意識一般であること(1)、言いかえると、この形態の対象が即自存在と対自存在との統一ではあっても、この統一が直接的な統一であるということである。「同名」(2)の意識が己れを己れ自身から拒斥して己れにとって即自的に存在する境地となりはするが、しかし意識がかかる境地となると言っても、この境地はまだやっと普遍的な実在一般としてのものであるにすぎないのであって、多様な存在の展開と運動とにおけるかかる対象的な実在であるわけではないのである。

自己意識のかかる自由は、自覚的な現象として精神史において登場したときには、周知のごとくストア主義と呼ばれてきたものであるが、この主義の原理は、意識が思惟するものであること、また或るものが意識に対して実在性をもつのは、言いかえると、意識に対して真ないし善であるのは、意識が思惟するものとしての態度をとってそれに関係する場合だけだということである。

生活というものは己れを己れにおいて区別して広がり個別化し錯綜するものであるが、かかる生活が欲望と労働と
(153) の働きかけて行く対象である。ところで今や〔ストア主義においては〕この多様な行為が収斂して思惟の純粋な運動のうちにある単純な区別に帰着してしまった。限定された物として、或は限定された自然的な定在の意識として、ひとつの感情として、欲望及びこれに対する目的として立てられて〔いる〕区別はもはや実在性をもつのではない。そうしてかかる区別が自分自身の意識によって立てられたのであろうと、他人の意識によって立てられたのであろうと、同

じことである。こんな区別が実在性をもつのではなく、かえって実在性をもつのはただ思惟された区別だけであり、言いかえると、立てられてもすぐに自我からは区別せられていない区別だけである。こうしてこの意識は主であることと奴であることとの関係に対して反対の態度をとり、その為すところは、主である場合には自分の真理を奴においてもつことではなく、奴としても自分の真理を主の意志と己れの奉仕とにおいてもつことでもなく、却って王座の上においても桎梏のうちにおいても(1)、即ち個別的定在のあらゆる繋縛のうちにおいて自由であることであり、没生命(2)の態度を持して、断えず定在の運動から、能動からも受動からも思想の単純な実在性へと退いて行くことである。我意が個別態に執着して奴隷の境涯の内部にとどまる自由であるのに対して、ストア主義はいつもすぐにこの境涯から出て思想の純粋な普遍態のうちへと還帰するところの自由である。そうしてストア主義のこの自由は世界精神の普遍的形式としては、おしなべて畏怖と隷従との時代ではありながら、また形成を思惟の水準にまで高めた普遍的形成(教養)の時代(3)でもあったときにのみ登場しえたものである。

ところでこの自己意識にとっては、むろん己れ以外のものが実在であるのではないが、しかしそうかと言って自我という純粋抽象(4)が実在であるのでもなく、他的存在を、ただし思惟された区別としての他的存在を己れにおいてもっているところの自我が実在なのであるから、この自己意識は己れの他的存在のうちにおいてもすぐに己れのうちに還帰しているのではあるけれども、しかし、これと同時にこの自己意識が己れの実在とするところのものは抽象的な実在であるにすぎない。そこで自己意識の自由は自然的な定在に対して無関心(5)であるから、〔己れと〕全く同様にこの定在をも自由に放免したのであって、還帰はあっても、これは二重の還帰(6)なのである。この自由は思想のうちにおける自由であるわけであるが、かかる自由はただ純粋思想だけをもって真理とし、そうしてこの真理は生活のうえでの中身を欠いているから、「自由」と言っても、ただ自由の概念であるにすぎないのであって、生き生きとした自由自身ではない。まことにこの自由にとっては、まだやっと思惟一般が、即ち諸物の自立性から離れて己れのうちに退いた形式そのものが実在であるにすぎないのである。しかしながら個人は行動するものとしては自分が生き生きとしたものであることを示すべきであろうし、思惟するものとしては生き生きとした世界を思想の体系として把握すべきはずであろうから、行動のかの広がりに対しては善であるところのものの、思惟のこの広がりに対しては真であるところのものの内容が思想自身のうちに存せざるをえぬであろうし、またその結果として意識に対してあるものの何処にも、実在であるところの概念以外のいかなる成分もないことにならざるをえぬであろうのに、ここでは思想が抽象として諸物の多様性から分離しているのに応じて、思想は己れ自身においては何の内容をももっているのではなく、もっている内容はと言えば与えられた内容である。もちろん意識は思惟することによって外来の存在としての内容を滅却しはするけれども、しかし、〔こうしてえられた〕概念は限定せられた概念であるが、概念のこの被限定性[1]こそは概念が負うているところの外来のものなのである。だからストア主義は、当時よく用いられた言葉[2]で言えば、およそ真理一般の標準(Kriterium)とはなんであるかと、即ちいったいぜんたい思想そのものの内容とはなんであるかと問われたときには当惑におちいったのである。ストア主義に向って、なにが善であり、また真であるかと問うと、この主義は「真なるもの及び善なるものは合理性のうちに存するはずである」という、またもや無内容な思想そのものをもって解答として与えたが、しかし思惟のこのような自己同一もまた再びなんの限定をももたぬ単なる純粋形式であるにすぎない。だからストア主義は真なるものと善なるものとについての、知恵と徳性とについての一般的な言説に止まらざるをえないのであるが、この一般的言説はなるほど一般的には崇高ではあっても、じっさいには内容の広がりには

決して達することができないので、やがて倦怠を買い始める。(1)

かくしてこの思惟する意識は自分で自分を抽象的な自由であると規定したが、このことが示しているように、この意識は他的存在の不完全な否定であるにすぎない。定在から自分のうちに退いただけであるので、この意識は自分が定在の絶対否定であることを自分で完遂してはいない。内容はこの意識にとってはもちろん、ただ思想としてのみ妥当するが、しかし、このさい内容は限定せられた思想としてもまた妥当するのであり、しかも同時に被限定性そのものとしても妥当するのである。

〔二　スケプシス主義〕

(155) スケプシス主義は、(2)ストア主義がただ「概念」をしかもっていたにすぎぬものの実現であり、——そうして思想の自由がなんであるかについて現実的に経験するものである。即ち思想の自由は即自的に否定的なものであるから、そうであることを証《あか》さざるをえないのであるが、これを経験するものがスケプシス主義である。さて自己意識が〔ストア主義という〕己れ自身についての単純な思想のうちに還帰したとき、(3)じつは同時にこの還帰に対抗して「無限性」からは自立的な定在ないし持続的な限定が離れ落ちていたのであるが、(4)しかるに今やスケプシス主義においては、この他者が全く非実在的であり非自立的であることが意識に対してあるようになり、その認めるところとなり、思想も多様に限定せられた世界の存在を無きものにする完全な思惟となり、そうして自由な自己意識の否定態も生活のかかる多様な形態化に即して行われる実在的な否定態となり、しかも自覚的にそうなるのである。——これまで述べたことで自明であるが、ストア主義が主であることと奴であることとの関係として現われてきた自立的な意識（主）の概念に対応するのと同じく、スケプシス主義はこの概念の実現に、即ち他者への否定的方向に対応するものであり、〔したがって奴の〕欲望と労働とに対応するものである。しかしながらこの欲望と労働とは自己意識のために否定を貫徹しえなかったのであるが、これとは反対に、諸物の多様な自立性に立向う〔スケプシス主義という〕この敵対的方向はその功を収めるであろう。なぜなら、この敵対的方向は予め己れ自身のうちにおいて完成して自由な自己意識となったうえで諸物の自立性に立向うからである。或はもっとはっきり言えば、この方向が自ら思惟を、(1)言いかえると、「無限性」を具えているので、この立場からすれば、もろもろの自立的なものは、これらのもつ区別から言ってこの方向にとってはただ消失する量(2)としてあるにすぎないからである。〔ストア主義の〕己れ自身についての純粋思惟においては、区別と言っても、ただもろもろの区別の抽象でしかなかったものが此処ではあらゆる区別となり、しかもあらゆる区別せられた存在は自己意識のただひとつの区別(3)となるのである。

以上によってスケプシス主義の為すことと一般が規定せられたし、また為すさいの仕かたも(4)また規定せられた。即ち感覚的確信と知覚と悟性とは弁証法的運動であるが、スケプシス主義はこの運動を指摘すると同時に、支配と奉仕との関係において妥当しているところのものが非実在的であることをも、さらには限定されたものであるのに抽象的思惟自身に対して妥当しているところのものの非実在的であることをも指摘するのである。前者たる支配と奉仕との関係は人倫的法則をさえ支配者の〔恣意的な〕命令として現行させているような限定的な仕かたをも同時に内含しているのであるが、〔後者たる〕抽象的思惟における諸規定とは〔ストア主義の〕学がもつ諸概念のことである。この無内容な思惟はこれらの概念にまで広がっては行くが、このさい、じっさいにはこの思惟は概念に対して外面的であるにすぎ

(156)

ぬ遣りかたをするものとして、概念を、その内容をなし、それに自立的な存在に依存させているので、ただ限定せられた[1]諸概念だけを妥当させているものである。たとい、これらの概念がもろもろの純粋な抽象であると考えられていようと、限定せられた諸概念を妥当させていることには変りはないのである。

弁証法的なものとは、否定の運動であるが、この運動も直接的に存在するときには、意識にとって差当って自分が翻弄されるだけで、意識自身によっては存在するのではないところの何か或るもののように見える。しかるに、これに反してスケプシス主義となると、弁証法的運動は自己意識の契機となるので、自己意識が真なるものとし実在的なものとしていたものが、どうしてであるか分らないうちに、消失するということが「出来する」のではなく、却って自己意識は己れの自由を確信しつつかく実在的だと唱える他者を自分で消失させる。[2] しかも自己意識はただ単に対象的なものそのものを消失させるだけではなく、対象的なものを対象的なものと認め、また認めたさいの自分自身の態度をも消失させる。したがって自己意識は自分が真なりとして受取るところの知覚する働きをも、また消失しようとする危険に瀕しているものを自分が確保することをも、そのさい弄せられる詭弁をも、自分が勝手に限定し確定した真なるものをも消失させるのである。[3] こういう自覚的な否定によって自己意識は自分の自由の確信を自分で自覚的につくり出し、この確信の経験を生み出し、そうすることによってこの確信を〔客観的〕真理にまで高めるのである。消失するところのものは限定的なものであり、言いかえると、どのようにあるにせよ、また何処から由来したにせよ、ともかく牢固不変のものとして提出せられる区別であるが、この区別は決して持続性を具えるものではなく、思惟にとっては消失せざるをえない。なぜなら、およそ区別せられたものとは、まさに己れ自身においてあるのではなく、ただひとつ他者のうちにのみ本質態をもつところのもののことであるが、[4] 思惟とは区別せられたもののかかる〔相対性という」本性を透見するものだからである。この思惟は否定的な実在であり、しかも単純なもの[1]としての否定的な実在なのである。

だからスケプシス主義の自己意識は自分に対して固定しようと欲するところのすべてのものの変転において自分自身の自由を自分自身によって与えられ獲得せられたものとして経験する。この意識はかく自分自身を思惟することのアタラクシィエ[2](安静)であることを、己れ自身について変転をまぬがれた真実な確信をもつことを自覚している。ただしこの確信は多様な展開を己れのうちに崩壊させている或る外《そと》のものから、生成をしりえにしたひとつの結果として出てくるのではなく[3]、かえってこの意識自身は絶対的な弁証法的不安定であるにとどまっている。だからこの意識はもろもろの感覚的表象ともろもろの思惟せられた表象とのごった交ぜであるが、これらの表象の区別が合致して同一が生じはしても、この同一もまた解体する——というのは、同一も不同に対してはそれ自身限定だからである——のである。だがまさにこの故に、この意識はじっさいにおいては自同的な意識であるのではなく、かえってただ端的に偶然的な混乱(タラケー)であるにすぎず、断えず新たに無秩序の生れてくる目眩《めまい》のするような渦巻である。しかも、この意識自身がかかる混乱であることを自覚しているのである。なぜなら、この意識が自分でかかる自動的な混乱を維持し生み出すのだからである。だからこの意識がこのことを告白もしている、即ち全く偶然的な個別的な意識であることを告白しているのである、——つまり経験的[4]な意識であって、自分に対してなんらの実在性をももたないものに則《のっ》とり、自分にとって本質でないものに聴従し、自分にとってなんら真理でもないことを行い、また実現するところの意識であることを告白しているのである[5]。しかしながら、このようにしてこの意識は個別的な偶然的な、いなじつに動物的な生命であり、自己意識の喪失であることを自認していながら、これとちょうど正反対に、この意識は己れを再び普遍的な自同的な意識ともするのである。なぜなら、この意識はあらゆる個別とあらゆる区別との否定態だからである。それでいてこの意識は、かかる自同性から、或はむしろかかる自同性のさなかにおいて、再びかの偶然性と混乱とのうちに転落して行く。なぜなら、意識がまさにかかる自動的な否定態であるのは、ただ個別的なものを相手としてのことであるにすぎず、偶然的なものにあれこれと関わってのことだからである。[1] だからこの意識は自同的な自己意識という一方の極と偶然的で混乱した、また混乱させる意識という他方の極との間をかく行きつ戻りつするという無意識的な愚行[2]を演じている。この意識自身は自分自身についてのこれら両方の思想と総合せず[3]、一方では自分が定在のあらゆる混乱とあらゆる偶然とに超然とした自由をもつことを認識しているが、しかし他方ではこれと全く同じように自分が非本質的なものへと再び転落するものであり、非本質的なものにあれこれと関わるものであることを自認している。この意識は非本質的な内容を自分の思惟において消失させはするけれども、しかし、まさにそうすることにおいてひとつの非本質的なものの意識でもある。この意識は絶対の消失を言明しはするが[4]、しかし、この言明はあるのだから、そこでこの意識は消失の言明であり断言である。この意識は見ることと聞くことなどの無意義を言明しながら、それでいて自分では見たり聞いたりなどしているし、またこの意識はもろもろの人倫的本質態(規則)の無意義を言明しながら、それでいて自分ではそれらを行為の力とたのんでいる[5]。この意識の言行はいつも矛盾しており、またこの意識は自分でも不変性及び自己同一の意識であると共に全くの偶然性及び自己との全くの不同の意識でもあるという矛盾した二重の意識をもっている。それでいてこの意識は自分自身のかかる矛盾を離れ離れのままにして、否定的運動一般におけるのと同様な態度をこの矛盾に対してもとっている。もし〔自己〕同一がこの意識に指摘せられたとすると、この意識は〔自己〕不同を指摘するが、たった今しがた言明した不同を今度は突きつけると、この意識はひるがえって同一を指摘することに移って行く。じっさい、この意識のたわごとは、他方がBと言えば一方はAと言い、そうしてまた他方がAと言えば一方はBと言って、自己自身との矛盾におちいることによって相互間の矛盾のうちにとどまる喜びを購うところの頑童たちの口論である。

スケプシス主義においては、意識はほんとうには自分が自分自身のうちにおいて矛盾した意識であることを経験するので、この経験から、スケプシス主義が離れ離れのままにしておく二つの思想を総合するところの〔意識の〕新しい形態が出現してくる。スケプシス主義の自分自身についての無思慮は消えうせざるをえない。なぜなら、これら二つの様態を具えているものはじつはただひとつの意識だからである。だから意識のこの新しい形態は、自分が自分を解放し自由にするところの不変な自同的な意識(1)であると共に、自分が絶対に混乱し顚倒する意識でもあることを自覚しているものであり、したがってこの新しい形態はかかる自己矛盾の意識である。――ストア主義においては、自己意識は自分自身の単純な自由であり、そうしてこの自由がスケプシス主義において己れを実現し、限定的定在という他方の側面をなきものとするが、しかしそうすることにおいて、この自由はむしろ己れを二重化し、かくて今や二重のものであることを自覚している。これによって前には主と奴という二つの個別者に割当てられていた二重化がただひとつのもののうちに宿ることになった(2)。いったい自己意識が自分自身のうちにおいて二重になることは精神の概念(3)のうちにその本質としてあるものであるが、この二重化はすでに出来上っているけれども、しかし二重のものの統一のほうはまだそうではない。そこで自分が二重であって、ただ矛盾するにすぎないものであるとする意識が不幸な意識である。

〔三　不幸な意識〕

（159）

それでこの不幸な意識は己れのうちにおいて真二つに分裂している。かく矛盾しているのは、この意識の本質のうえでのことであって、矛盾しているものも互にただひとつの意識であることを自覚しているから、不幸な意識はいずれか一方の意識においていつも他方の意識をもたざるをえず、したがって勝利をえて統一の安らいに到達したと思うことがあっても、そういうつもりになった途端にどちらかからも再びそのそとに追い出されざるをえない。しかしながら、この不幸な意識も真実に己れのうちに帰ることになり、言いかえると、己れとの和らぎをうることになるが、そうなったとき、この和らぎは生き生きとして顕現するに至った精神の概念を表現することであろう。なぜなら、唯一不可分の意識でありながら、二重の意識であるということがすでにこの不幸な意識のうちに具わっているからである。即ち一方の自己意識が他方の自己意識のふところのうちを観ずる[1]という状態にあるものはこの不幸な意識自身であり、両者いずれでもあるものはこの意識自身であり、しかも両者の統一もまたこの意識にとって本質なのである。しかし、まだこの意識が自分で自覚的にかかる本質自身であるのではなく、またまだ両者の統一であるのでもない。

〔α　可変的なものと不変なもの〕

不幸な意識は最初には[2]右の両者のただ直接的な統一で「ある」にすぎないのであり、これに対してこの意識自身に対しては両者は同一ではなく、かえって相対立したものであるから、この意識にとっては一方のもの即ち単純で不変な意識が本質として存在し、これに対して他方の多様で可変的な意識は非本質的なものとして存在することになる。両者はこの意識に対しては相互によそよそしいものであるが、かかる矛盾を自覚しているので、この意識自身は可変的な意識の側に立ち、自分を非本質的なものと見ている。しかしながら不変性を、言いかえると、単純な本質を意識しているので、この不幸な意識は同時に己れを非本質的なものから解放することを目指さざるをえないが、これは己れを己れ自身から解放することを意味している。なぜなら、たしかに自覚面ではこの意識はただ可変的な意識であるにすぎず、不変な意識はこの意識にとってはよそよそしいものであるにしても、この意識自身が単純な、したがって不変な意識でもあるので、この不変な意識をもって己れの本質として意識しているのであって、ただ一歩進んで自分自身が自覚的にこの本質であるのではないというだけのことだからである。だから、この意識が両者に与える地位は両者が相互に没交渉であるということではありえないが、これは即ち己れ自身が不変なもの[1]と没交渉ではないということである。不変なものと没交渉であるのではなく、かえってこの意識自身が直接に両者なのである。そこでこの意識にとっては両者の関係は本質の非本質的なものへの関係であるから、その結果として非本質的なものという後者が撤廃せらるべきであるということになる。しかし、そうは言っても、この意識にとっては両者は等しく本質的であって相矛盾しているのであるから、この意識はただ矛盾した運動であるにすぎず、そうしてこの運動においては対立するものの一方がその反対のうちにおいて安らいに達するのではなく、かえって反対のうちにおいて再び新たにその反対として生れ出るにすぎぬのである。

かくて或る敵に対する戦いが現にあるわけであるが、この敵に対して勝利をうることはむしろ屈服することであり、一方のものに達したことは、むしろこれを反対のもののうちに失うことである。生活を意識すること、生活上の定在

(160)

や行為を意識することは、この定在や行為について悲哀を感ずることであるにすぎぬ。なぜなら、生活のうちでは意識はただ自分とは反対のものを本質として意識しているにすぎず、また自分自身が無にひとしいことを意識しているにすぎないからである。そこで意識はこの無にひとしいものから出て不変なるものへと高く昇ることに移って行くけれども、しかし、かく高く昇ること自身が自分自身の無にひとしいことを意識する所以であり(1)、したがって昇ることがそのまま不変なものとは反対のものについて、即ち個別性としての自分自身について意識する所以である。不変なものが意識のうちに歩みこんでくるが、まさに歩みこんでくるが故にこそ、不変なものは同時に個別性によって触れられ煩わされており、ただ個別性と共にのみ現在する。それで個別性を不変なものの意識において絶滅したのではなく、個別性はこの意識においていつも新たにあたまを擡《もた》げてくるにすぎないのである。

〔β　不変なものが形態をうること〕

しかしながら、かかる運動のうちで不幸な意識が経験するのは、かく個別性の出現してくるのが不変なものにおいてであり、また不変なものの出現してくるのが個別性においてであるということにほかならない。こうして意識に対しては個別性一般が不変な実在において生じてくることになり、またこれと同時に自分の個別性も不変な実在において生じてくることになる(2)。なぜなら、この運動の真相というのは、まさにこの二重の意識が一であることにほかならないからである。そこでこの統一が意識にとって生じてくるのであるが、しかし生じてくるにしても、最初に生じてくる統一は、まだ両者の相違が主をなしているような統一である。かくして個別性が不変なものといかに結合されているかに関して三重の仕かた(3)ができあがっていることになる。第一にはこの意識自身は再び不変な実在に対立したものとして出現しきたり、意識はかの戦いの発端に投げ返されたことになるが、この戦いは三重の関係全体に対しても場面としてとどまるものである。しかしながら第二には不変なもの自身が己れにおいて意識に対して個別性をもつので、その結果、個別性が不変なものの形態(1)であることになり、したがって現存するもののすべてのありかたが不変なもののほうに移って行く(2)ことになるが、第三には意識は「この」個別者としての己れ自身を不変なもののうちに見出すことになる。第一の不変なものは意識にとってただ個別性をさばくよそよそしい実在であるにすぎないが、第二の不変なものが意識自分自身と同じような個別性の形態を具えることによって、第三に意識は精神(3)となって、この精神のうちに己れ自身を見出す喜びをえて、自分の個別性が普遍的なものと和らいでいることを自覚するようになる。

ここで不変なもののもつ様態及び関係として現われてくるものは、分裂せる自己意識がその不幸においてなめる経験の結果として生じてきたものである。ところでこの経験とても、むろんこの自己意識だけの一方的運動ではない。なぜなら、この自己意識自身が不変な意識でもあり、したがって不変な意識も不変であると同時に個別的な意識でもあり、そうして運動は不変な意識の運動でもあって、運動のうちには不変な意識ももうひとつの個別的な意識と同じく登場してくるからである。まことに運動が経過するのは、第一には普遍的な意識が一般に個別的な意識一般に対立してあるという契機、第二には普遍的な意識がそれ自身個別的意識でありながら、もうひとつの個別的な意識に対立してあるという契機、最後には普遍的な意識が個別的な意識と一であるという契機、これらの三つを通じてのことである。しかしながら、かかる考察は「我々」に属しており、そのかぎり、ここではまだ尚早である(4)。なぜなら、今までに我々にとって発生しているのは「不変性」と言っても、ただ意識の不変性としてのものであるにすぎず、したがってこれは真実の不変性ではなくして、まだ対立に煩わされている不変性であって、我々には即自且つ対自態における不変なものは発生しておらず、したがって我々は不変なものが即自且つ対自的に〔個別的な意識に対して〕どういう関係をもつであろうかは、これを知らないからである。ここで我々に結果として生じているのは、いま我々の対象であるところの意識にとって右に示したような諸規定が不変なものにおいて現象してくるということだけである。

それで不変な意識が形態をえたときでさえも、いぜんとして個別的な意識に対して分裂し孤立してあるという性格とこういうありかたの基礎とを維持しているのは右のような理由によることである。不変なものが個別性の形態をうるということが個別的な意識に対してそもそも「出来事」であるのも、やはりこういう次第によることであり、そうしてこれと全く同じようにして個別的な意識は自分を不変なものに対立したものとして見出すにすぎぬということにもなり、したがってまた個別的な意識が不変なものとかかる関係に立つのも自然を介して[1]であることにもなる。もっとも最後には個別的な意識は不変なもののうちに己れを見出しはするが、このことは部分的にはたしかに個別的な意識自身によって生み出されたように見えるけれども、言いかえると、この意識自身が個別的であるという理由によって成立したように見えるけれども、しかしこの統一の一部分は不変なものに基づくのであり、そうして統一の発生からしても、それが存在しているかぎりからしてもそうであり、そこで対立はこの統一のうちにさえいぜんとして存続することになる。じっさい不変なものが形態をうることによっても、ただ単に彼岸という契機がのこっているだけでなく、この契機はかえって一層強固にせられているのである。なぜなら、不変なものが個別的な現実の形態をうることによって、一面からすれば、たしかに個別的な意識に一層近づけられはするけれども、他面からすれば、不変なものは今や透見することのできぬ一者[2]として、しかも現実的なものがもつ無情冷酷のあらんかぎりを伴って個別的な意識に対立することになるからである。不変なものと一となろうとする希望は希望にとどまらざるをえないが、このことはかかる希望がいつまでも実現と現在とを欠いたままにとどまらざるをえないことを意味している。まことに希望と実現の間には、希望を基礎づける形態をうることのうちに含まれているところの、まさに絶対的な偶然性と動かすべからざる没交渉性とが介在しているのである。存在する一者という自然(本性)によって、また不変なものがまとった[1]現実性によって、不変なものが時のうちで消え失せたことの「出来」するのは必然的であり[2]、また不変なものが空間のうちで遠く距ってあったこと、しかも端的に遠く距ったままにとどまることも同様である。

〔γ 不変なものと可変的なものとの結合〕

分裂した意識の単なる「概念」が最初に[3]規定せられたのは、この意識は個別的なものとしての已れを放棄すべきであり、また不変な意識となることを目指すべきであるというようにであったが、今やこの意識の努力は、純粋な形態をもたない不変なものへ関係して行くことはこれをむしろやめて、ただひたすら形態をえた不変者へ[4]と関係して行くようにすべきだという使命を帯びている。なぜなら、個別者と不変者とが一であることこそ今後この意識にとって本質であり対象(目的)であるが、これはちょうど〔この意識の〕概念においてはただ形態をもたない抽象的な不変なものだけが本質的な対象であったのと同じだからである。そこで今や〔この意識の〕「概念」に特徴的であった絶対に分裂しているという関係こそはこの意識が脱却しなくてはならない当のものであることになる。もっとも形態をえた不変者への関係も最初にはよそよそしい現実へのものとして、外面的関係であるけれども、この意識はこの関係を絶対的に一となることにまで高めなくてはならないのである。

非本質的な意識がかく形態をえた不変者と一であることを達成しようと努力するさいの運動も、この意識が形態をえた自分の彼岸のものに対してもつであろう関係が三重であるのに応じて、それ自身三重である。即ちこの意識がかの形態をえた彼岸のものに関係するのは、第一には純粋意識として、第二には現実に対して欲望及び労働の態度をとる個別的実在として、第三には己れの自分だけでの存在を意識しているものとしてである。——非本質的な意識が存在するにさいしてのかかる三重の様態が〔形態をえた不変者への関係という〕かの普遍的関係のうちにおいて現にあるのはどのようにであるか、またいかに限定せられているかがこれから見られなくてはならぬことである。

〔(1)　純粋意識　思慕と心情と憧憬〕

そこで最初には非本質的意識を純粋意識として考察することにすると、このときには形態をえた不変者は純粋意識に対してあるのだから、自ら即自且つ対自的にあるように定立されているかのように見えるけれども、しかし、この不変者が自ら即自且つ対自的にどのようにあるかということ、このことはすでに注意したようにまだ発生してはいない。もしもこの不変者が自ら即自且つ対自的にあるように意識のうちにあるとすれば、このことは、意識から出てくるよりもむしろ不変者から出てこざるをえないであろうのに、ここでは不変者が現在するにしても、この現在はまだやっとただ一方的に意識のみによって成立を見ているにすぎず、まさにこの故に、完全でも真実でもなく、かえって不完全性を、或は対立を背負わされたままにとどまっている。

だから不幸な意識は〔形態をえた不変者の〕かかる即自且つ対自的な現在をもってはいないが、しかし同時にこの意識は純粋思惟を越えている。即ちこの「純粋思惟」が個別性を全然度外視するストア主義の抽象的思惟であるかぎりにおいて、またスケプシス主義のただ単に不安定であるにすぎぬ思惟——じっさい、これは無意識的な矛盾とその休みなき運動としての個別性であるにすぎない――であるかぎりにおいてそうである。(1) 不幸な意識はこれら両者を越えて出て、純粋思惟と個別性とをいっしょにし、いっしょにもっているが、しかし意識の個別性と純粋思惟自身とが十分な和らぎをえていることを自覚しているところの思惟の水準にまではまだ高まってはいない。むしろこの意識は抽象的な思惟が意識の個別性としての個別性に触れ、これを感動させる中間地帯に立っている。この意識自身がかく触れること、かく感動することであるのであり、純粋思惟と個別性との統一であるが、(2) これにとどまるのではなく、この思惟する個別性ないし純粋思惟がこの意識に対してあり、そこで不変なものも本質的にそれ自身個別性としてこの意識に対してある。(3) しかしながらこの意識に対してあり、その認めるところであると言っても、自分の対象である不変的なものが自分にとって本質的に個別性の形態をえているのに、この不変的なものが自分自身であり、意識の個別性であるところの自分自身であることがこの意識に対してあるのではない。(4)

だから「我々」が不幸な意識を純粋意識として考察するというこの第一の様態においては、この意識は自分の対象に思惟しつつ関係するのではない。もちろん、この意識は即自的には純粋に思惟する個別性であり、そうして対象のほうもやはりまさにかかる個別性ではあるけれども、しかし両者相互の関係自身が純粋思惟であるのではない。だから、この意識は言って見れば、ただ思惟へと向って行くだけである。そこでこの意識は思慕である。(6) この意識の思惟はかく思慕であるから、鐘の音《ね》の形なきざわめきのようなものであるにとどまっており、或は霧のごとく立ちこめる熱き香煙のようなものであるに、音楽的思惟であるにとどまっていて、(7) この思惟はおそらく〔思惟の諸様態のうちで〕対象に内在的である点で唯一の様態であるところの概念的把握にまでは到達していないものである。なるほど、この無限で純粋な内面的な感情にもその対象は生じてきはするけれども、しかし歩みこんでくるにしても、概念的に

(164)

把握された対象としてのことではないから、対象はよそよそしいものとして歩みこんでくるのである。だから現にあるのは、純粋な心情[1]の内面的な運動であり、この心情は己れ自身を感ずるにしても、己れ自身を分裂したものとして悲哀の情をこめて感ずるものである。また現にあるのは無限な憧憬[2]の運動であってこの憧憬は自分の実在（不変者）とするものもやはりかかる純粋な心情であり、しかも己れを個別性であると思惟する純粋思惟であることを確信している。そうして対象もまた己れを個別性であると思惟しているのであるから、この憧憬はまさにこの理由によって、自分がこの対象に認識され承認[3]されていることをも確信してはいる。しかし同時にこの実在は到達することのできぬ彼岸[4]であって、摑えたと思うそのときに逃れ去るところの、いなむしろすでに逃れ去ってしまっているものである。「すでに逃れ去っている」と言うのは、一方ではこの実在は不変者ではあっても、自分を個別性だと思惟する不変者であるから、意識はそのうちにおいてすぐに己れ自身に到達しはするけれども、しかし〔他方では〕この「己れ自身」というのは不変者に対立したものとしての己れ自身だからである。この意識は実在を〔概念的に〕摑えたのではなくして、ただそれに触れ感ずるだけであるので、再び己れのうちに転落している[5]。意識は〔実在に〕到達したときにも、かく自分が「対立したもの」であるという感じを払いのけることはできないから、実在を摑えたのではなく、ただ非実在的なものを摑えたにすぎない。そこで一方においてこの意識が実在のうちにおける己れに到達しようと努力[6]しても、ただ己れ自身の分離されている現実を摑えるにすぎないのと同じように、他方においてはこの意識は他者を個別者と[7]しては、或は現実的なものとしてはこれを摑えることはできないのである。何処に求められようと、かかる他者は見出されることはできない。なぜなら、それはまさにひとつの彼岸たるべきものであり、見出されえないようなものたるべきだからである。個別者として求められるときには、この他者は普遍的な思惟された個別性ではなく、概念ではなく、かえって対象としての個別者であり、或はひとつの現実的なものであり、直接的な感覚的確信の対象であり、まさにこの故に消失[1]したようなものであるにすぎぬ。だから意識にはただ已れの生命の墳墓[2]が現在してくることができるだけである。しかし墳墓といえども、ひとつの現実であり、そうして持続的占有を許すことはおよそ現実の本性に反するのであるから、墳墓のかかる現在でさえも、苦労の多い戦い[3]であり、しかもこの戦いは敗れざるをえぬものである。しかしながら、この意識が自分の現実的な不変な実在の墳墓はなんらの現実性をもたぬことを、また消失した個別性は消失したものとして真実の個別性でないことを経験したときには、この意識は不変な個別性を現実のものとして求めることをやめるのであり、言いかえると、消失したものに執着することをやめるであろうが、こうして初めて意識は個別性を真実の個別性として、言いかえると、普遍的な個別性[4]として見出す能力をもっているのである。

〔(2) 欲望と享受と感謝〕

しかしながら心情の已れ自身のうちへの還帰も、最初には[5]、この心情が現実性をもつのは個別者としてのことであるという意味に解さるべきである。さて「我々」に対して或は即自的には、已れを見出し已れのうちで満ちたりてあるものは純粋な心情である。なぜなら、心情はたしかに自覚面では自分の感情において実在が自分から離れるのを認めるけれども、しかし即自的にはこの感情は自己を感ずることであり[6]、心情は自分の純粋な感情の対象(形態をえた不変者)に触れ、これを実感したのであり、しかも心情自身がこの対象だからである。かくして心情は自己を感じているものとして或は自分だけで存在する現実的なものとして登場することになる。かかる已れのうちへの還帰においてて「我々」にとっては欲望と労働という〔不幸な意識の〕第二の関係が「発生」しており、そうしてこの欲望と労働と

(165)

が「我々」にとっては意識がすでに獲得していた内面的な自己確信の証《あか》しを与えるのであるが、証しを与えるのはよそよそしい実在即ち自立的な物[1]であるという形式をとっているこの実在をなきものにし享受するのを通じてのことである。しかしながら不幸な意識は己れをただ欲望し労働するものとして見出すにすぎない。もっとも己れをそういうものとして見出すことの根底には己れ自身についての内面的な自己確信が横たわっており、自分が実在に触れ感ずる感情は自己感情ではあるけれども、しかし、このことがこの意識に対して現にあるのではない。かくこの意識は自己確信を自ら対自的にもっているのではないから、この意識の内面では自己確信はまだむしろ引き裂かれ分裂しているにとどまっている。もしこの意識が自ら自覚的に自己確信をもっているとしたら、この意識は労働と享受とによって〔自己確信の〕証しを得るであろうが、しかしまさに自己確信が右のごとく分裂しているので、この証しもやはり同様に分裂したものである。言いかえると、意識はむしろ自分でこの証しをなきものとせざるをえないのである。その結果として、意識はむろんこの証しのうちに「証し」を見出すにしても、これは意識が自覚的にそうであるところのことの、即ち自分が真二つに分裂していることの証しを見出すのであるにすぎないのである。

欲望と労働とが向うところの現実は、この〔不幸な〕意識にとっては、もはや〔単なる欲望にとってのように〕自体的に虚無なもの、〔意識によって〕無きものにせられ消費せらるべきにとどまるものではなく、かえって意識自身と同じように真二つに引き裂かれた現実である。現実が自体的に虚無なものであると言っても、これはただ一面においてのことであって、他面においては現実は神聖にせられた世界でもある[2]。不変なものが個別性を自分で受取ったのであるから、現実は不変なものの形態であるが、不変なものは不変なものとして普遍なものであるから、その個別性は全般的なものとしてあらゆる現実に通ずる意義をもつのである。

もしも仮りに意識が対自的に自立的な意識であり、そうして意識にとっては現実が即自且つ対自的に虚無なものであるとすれば、意識は労働と享受とにおいて、自分の自立性を感得するに至るであろうし、そうして至るのは、現実を撤廃するものが意識自身であることによるであろう。しかし現実は意識にとっては不変者の形態であるから、意識は自力では現実を撤廃することができない。そうではなく、たしかに意識は現実を無きものとし享受することに到達しはするが、しかし、このことが意識にとって「出来」するのは本質的に言えば、不変者が自分で自分の形態を差し出し犠牲にして意識の享受に委ねることによっている。[1]――このさい意識のほうでも現実と同じようにやはり現実的なものとして登場しはするけれども、しかしこの「現実的なもの」も全く同様に内面的に引き裂かれており、しかも現実への関係ないし対自存在(自分だけでの存在)と自体存在とに引き裂かれているのであるが、この分裂は意識の行う労働と享受とにおいても現われてくる。〔労働という〕現実へのかの関係は変更を加えることないし働きかけることであり、個別的な意識そのものに属している対自存在であるが、しかし意識はこの対自存在において自体的にも存在し、そうしてこの自体存在の側面は不変な彼岸に属している。この自体存在の側面であるところのものは、もろもろの才能であり、もろもろの能力であるが、これらもやはり不変者が使用させるべく意識に委ねるところの天賦の賜物[2]である。

だから意識はその働きかけにおいて、さしあたっては二つの極の関係においてあり、能動的な此岸として一方の側面に立ち、そうして意識に対しては受動的現実〔の極〕が立ち、両極は相互の関係に立ってはいる。しかし両極とも不変者のうちに還帰もしていて、そのかぎり各自己れに固執している。だから、両側面からはただ表面的な要素だけがお互に向って放り出され、一方の表面的な要素が他方の表面的な要素に対して相互間の運動の遊戯[3]に参加しているに

(167)

すぎない。――現実性の極は能動的な極によって撤廃せられはするが、しかし現実が撤廃されることのできるのは、これを現実の側面から言えば、現実にとっての不変な実在が現実自身を自分で撤廃すること、即ち不変な実在が己れを己れから放り出し、そうして放り出したものを意識の働きかけに委ねることにのみよっている。これに対して働きかける力のほうは現実を解体させる威力[1]として現われてはくるが、そうであるからこそ、およそ自体とか実在とかをもって自分とはちがった他者であると考えるこの意識にとっては、自分が働きかけに登場するにさいして具していた右の威力は自分自身の彼岸である。[2]だから意識は働きかけても、己れの働きかけから己れのうちに還帰して、自ら自覚的に己れの力の証《あか》しを立てたのではなく、むしろ働きかけるというこの運動を〔彼岸という一段とうえの〕他の極のうちに還帰させる。だから、この他の極が現実性の極にも意識の極にも通ずる純粋な普遍者であり、絶対的な威力であることが示されるのである。この絶対的威力からすべての側面へと運動が出て行ったのであり、また最初に登場したような分解せる両極に対しても、両極間の交替自身に対しても実在であろうものは、この絶対的威力なのである。

不変な意識がその形態を断念し、これを犠牲にして与え、これの与えることに対して個別的な意識は感謝し、[3]即ち己れの自立性の意識を満足することを自ら拒否して、行為の本質は己れにあるのではなく彼岸にありとする。両部分がかく相互に己れを放棄し与えるというかかる両方の契機によって、ここにはたしかに意識にとっては不変者と自分との統一[4]が生じてはいるけれども、しかし、同時にこの統一も分離に煩わされ、またもや内面的に分裂しているので、この統一からは普遍者と個別者との対立がまたもや頭《あたま》を擡《もた》げてくる。その理由はこうである。〔一〕意識はむろん外観的には自分の自己感情の満足を断念しているが、しかし現実にはその満足をえている。なぜなら意識は欲望と労働と享受とであったのであり、また意識として意志したのであり、行為したのであり、享受したのであるからである。そうして〔二〕感謝においては意識は他の極が本質であることを承認して己れをなきものにしてはいるが、しかし、この感謝とてもやはりそれ自身意識自身の行為であり、しかも他の極の行為と張合い、犠牲的な恩恵に同等の行為として対抗する行為なのである。それだけでなく他の極が自分の表面をしか委ねていないのに、それでもなお意識は感謝するのであるが、このさい意識のほうは自分の行為即ち自分の本質をさえも放棄しているのであるから、厳密に言えば、ただ表面だけを己れから放り出すにすぎぬ他の極よりも、より多くのことを為すことになる。だから運動の全体はただ単に〔一〕現実的な欲望と労働と享受とにおいてのみならず、〔二〕これらとは反対のことが起るかに見える感謝においてさえ、個別性の極へと還帰している。この還帰において意識は「この」個別者としての己れを感じとっているのであって、断念を行ったという外観によって欺かれはしない。なぜなら、断念を行ったことの真相は、意識が己れを放棄しなかったということだからである。そこで成立を見ているのは、両極への二重の還帰(1)であるにすぎず、結果はまたもや(2)自分に対立している不変者についての意識とそうしてこれに対立する意欲の、遂行の、享受の、さらには自己断念自身の意識、言いかえると、自分だけで存在する個別性一般の意識とへの分裂である。

〔(3) 断滅と赦免、理性への移行〕

こうしてこの〔不幸な〕意識の運動における第三の関係(態度)が出場してきているが、この第三の関係〔の一方の極〕はまことに第二の関係から、この意識が自分の意欲と遂行とによって自分が自立的なものであることを試験ずみにしたものとして出現してくるところの態度である。第一の関係においては、この意識はただ現実的な意識の概念であったにすぎず、言いかえると、まだ行為と享受とにおいて現実的であるのではない内的な心情であったが、第二の関係は外的な行為と享受としてこの〔概念の〕実現である。しかし、この実現から〔己れのうちに〕還帰したときには、第二の態度は自分が現実的な意識であり、また現実に働く意識であることを経験したものであり、言いかえると、即自且つ対自的に（絶対的に）あることをもって己れの真と考えるような態度である。ところでしかしそう考えるところにこそ敵(1)がそのもっとも本来の〔獅子身中の虫という〕形態において発見されたのである。心情の戦いのうちでは個別的な意識はただ音楽的な(2)抽象的な契機として存在するにすぎず、これに対してこの〔心情という〕実質を欠いた存在の実現である労働と享受とにおいては、個別的な意識はすぐに己れを忘れることができるし、またたとい、この現実のうちに主我性が自覚せられても、これは不変者に感謝する承認によって打倒せられる。しかしながら、この打倒こそ真実には意識が己れ自身のうちへと還帰することであり、しかも真実な現実であると自認している自己のうちへと還帰することである。

この第三の関係においては右に真実な現実性と考えられたものが一方の極であり、そうして〔意識は〕この現実性を虚無なものと見て、これを普遍的な実在に関係づけて行くのである。そこでこの関係づけの運動がなお考察せらるべきである。

〔意識が真実の現実性をもっていると考えるのとは〕正反対のこの関係においては、意識にとって自分の実在性と考えていたものが直ちに虚無なものと感ぜられるのであるが、先ずこの正反対の関係がなんであるかと言うと、この関係においては意識の現実的な行為は無の行為となり、なにも為さないのと同じになり、享楽は不幸を感ずることとなっている。(3)こうして行為と享楽とは、あらゆる普遍的な内容と意義とを喪失することになる。なぜなら、普遍的であってこそ、行為と享楽とは即自且つ対自的な（絶対的な）存在をもつであろうのに、両者ともひるがえって個別性に関

(169)

係づけられ還元されているからである。そこで意識は撤廃しようとして、この個別性に向っている。〔こういう個別性の〕動物的な諸機能においては意識は己れを「この」現実的な個別者として自覚しているが、これらの機能は即自且つ対自的に虚無な或るものとして、また精神に対してもなんの重要性をも本質態をも取得するには至りえない何か或るものとして無邪気に営まれるのではない。かえってこれらの機能こそは敵がその本来の形態(獅子身中の虫)において現われてくる場面であるから、むしろ厳粛な苦闘の対象であり、まさに最も重要な事柄[1]となる。しかし、この敵は敗北しても、また現れ出てくるし、それに意識の固定観念ともなるので、意識はそれから解放せられるどころか、いつもそれになずみ、いつもそれによって不純にされている己れを見る。これと同時に意識の努力のこの内容はと言えば、本質的なものではなくして極めて卑しいものであり、普遍的なものではなくして極めて個別的なものであるから、我々はただ己れに、しかも己れの卑小な行為にのみとじこめられて思い煩らうところの不幸でもあれば惨めでもある人格[2]を見るのである。

しかしながら意識が自分を不幸と感ずることと己れの行為を惨めとすることとの両者いずれにも、自分が不変者と統一をえているという意識もまたやはり結びついている。なぜなら、己れの現実的存在を無媒介に無きものにしようと試みるということは、不変者についての思いによって媒介されてのことであり、〔不変者との〕かかる関係において「出来する」ことだからである。媒介的な関係が個別性に刃向うさいの意識の否定的運動の本質をなしているのであり、この運動は否定的ではあっても関係としては自体的には肯定的でもあって、意識自身に対してその統一を生み出すであろうものである。

かくしてこの媒介的関係はひとつの推理であり、そうしてこの推理においては最初には自体(不変者)に対立するものとしての己れを固定させる個別性がこの自体という他の極とただ第三者を介してのみ連結されている。不変な意識という極が非本質的な意識に対してあるのは、この媒語を介してのことであるが、同時に非本質的な意識のほうも同様であって、この意識が不変な意識に対してあるのも、やはりただこの媒語を介してのみのことである。そこでこの媒語は両極を互に他に引合せ紹介して、代わる代わる他方に関して一方の奉仕者であることになるが、この媒語自身が意識を具えたものである。(1)なぜなら、この媒語は意識を意識として媒介することを為すものだからであるが、このさいの行為の内容は、不幸な意識が自分の個別性に関して企てるところの断滅である。

だから意識はこの媒語において、自分のものであるかぎりの行為及び享楽から自分を解放する。〔一〕意識は自分だけで存在する極としての自分から意志の本質を放り出して、決意の主我性と自由とを媒語ないし奉仕者に投げ出し、こうすることによって自分の行為の責めをも投げ出すのである。(2)この媒介者は不変な実在と直接の関係にあるので、何が義であるかについての忠言をもって奉仕するが、行動は他人の決定に従うものであるときには、行為(能動)ないし意志の側面からすると、もう当人の行動であることをやめるのである。しかしながら〔二〕非本質的な意識にはまだ行動の対象的な側面、即ち労働の結実と享楽とが残っている。そこでこの意識は享楽をも放棄し、また意志を断念したのと同じように、労働と享楽とにおいて獲得された現実性を断念するのであるが、このさい、「現実性を」というのは、次のことを意味する。〔一〕一部は自分の自覚的な自立性の(3)達成せられた真実さとしての現実性を断念することであるが、――この断念を、意識は全く異郷的で自分には意味のわからない或るものを表象し語りながら行進すること(4)によって行うのである。――〔二〕また一部は外面的な所有物(自分のもの)としての現実性の断念であるが、――この断念を、意識は労働によって獲得した占有物のうちから若干をさいて喜捨することによって行うのである。〔三〕また一部はすでに味わったことのある享楽を断念することであるが、——この断念を意識は断食と苦行とによって享楽を改めて徹底的に拒否することによって行うのである。

このように〔先ず〕己れ自身の決意を放棄するという契機によって、次には自分のもの(所有物)と享楽とを放棄するという契機によって、そうして最後には理解できない業《わざ》を営むという積極的な契機によって、非本質的意識は真実にまた完全に内的及び外的な自由の意識を、自分だけでの存在としての現実性の意識を己れから奪いとりつつ、真実に己れの「わたくし」を外化(放棄)し、己れの直接的な自己意識を物に、対象的な存在にしてしまった(1)という確信をえている。——非本質的な意識が自己断念の行いの真実である所以を証《あか》しうるのは、ただこのような現実的な献身にのみよることであった。なぜなら、ただ現実的な献身のうちにおいてのみ、心胸《むね》や心情や口舌をもってする感謝という内的な承認のうちにはひそんでいる欺瞞は消え失せるからである。この内的な承認もたしかに自分だけでの存在のあらゆる威力を放擲して、これを「天からの賜物(2)」に帰しはするけれども、しかし、かく放擲しながらも、外的な主我性は、これを、放棄しない占有物のうちにおいて維持しており、これに対して内的な主我性は、これを、自分でくだした決断の意識のうちに、また自分で決定した内容の意識のうちに、即ち意味もなく心をみたす異郷のものをもって換えることをしなかったこの内容の意識のうちに維持しているのである。

しかしながら現実に完遂せられた献身においては、〔不幸な〕意識が自分のものとしての行為(わざ)を撤廃したのと同じように、自体的にはこの意識の不幸もまたやんでいる(3)。〔この意識は赦免をえているのである〕。もっともこの赦免が自体的に「出来」してきているということは、赦免が推理的連結における他の極、即ち自体的に存在する実在である他の極のわざであることを意味してはいるが、しかしこれと同時に非本質的な極の行うかの献身もこの極だけの

(171)

一方的なわざであったのではなく、他極のわざをも内含していた。[1] なぜなら、この意識が自分の意志を放棄することは、ただ一方の側からしてのみ否定的であって、これに対してその概念の側からすれば、言いかえると、自体的には同時に肯定的でもあり、即ち他者としての意志を定立するゆえんであり、限定して言えば、個別的ではなく普遍的な意志を定立するゆえんだからである。しかるに、この意識にとっては、否定的に定立せられた個別的な意志のもつかかる肯定的意義[2]は他の極の意志(神の思召し)であるということになるが、この他極の意志はこの意識にとってはまさに他者にほかならないから、この意志が意識に生じてくるのは意識自身によることではなく、媒介者である第三者を介して忠言としてこの意識には生じてくるのである。だから、たしかに意識に対して自分の意志が普遍的意志となり、また自体的に存在する意志となりはするが、しかし意識自身がこの自体的なものであることを自覚しているわけではない。個別者としての己れの意志を放棄することは、その概念にしたがって言えば、普遍的な意志の肯定であるのに、この意識にとってはそうではないし、また占有物と享楽とを放棄することもやはり全く同様にただ否定的意義をもつにすぎず、放棄によって意識に対して普遍的なもの[3]が生じてきても、これは意識にとっては自分自身のわざではない。いったい対象的なものと自分だけでの存在(対自存在)との統一というものは、行為(わざ)の概念[4]のうちにあるものであり、したがって意識にとっても本質として、また対象として生じてくるものではあるが、——この統一が意識にとっては自分の行為の概念ではないのと同じように、この統一が対象として意識に対して生じてくるにしても、これが無媒介に即ち意識自身によって成り立つことをこの意識が自覚しているわけではなく、かえってこの意識は媒介する奉仕者をして、次のような、まだそれ自身分裂している確信[5](半信半疑の信念)を言明させる。即ち意識の不幸もその反対に転ずるのであり、言いかえると、行為でありながらそれ自身自己満足を与える行為[6]であり、即ち祝福の享受であるにしても、これはただ自体的にのみ成立することであり、また惨めな行為も全く同様にその反対に転ずるのであり、即ち絶対的な行為であるにしても、これもやはり自体的にのみ成立することであり、およそ行為はただ個別者の行為としてのみ行為であるにしても、これも概念のうえで成立することであるという確信を言明させるのである。しかしながら、意識自身に対しては（その自覚面では）、行為即ち現実的な行為はいぜんとして惨めな行為であるにとどまり、その享受も苦悩であるにとどまり、そうして肯定的意義をえて惨めさと苦悩とがなくなることもひとつの彼岸[1]であるにとどまっている。しかしながら、この〔彼岸という〕対象においては、意識にとって、自分の行為と存在とは「この」個別的な意識のものでありながら存在自体であり、行為自体であるから、この対象においては意識には理性の「表象」が、即ち個別性における意識が自体的には絶対的であり、言いかえると、あらゆる実在であるという確信[2]の「表象」が生成しているのである。

〔C 理性〕*

V　理性の確信と真理*

Gewißheit und Wahrheit der Vernunft.

個別的な意識が自体的には絶対実在であるという思想を(1)把握するに至ると、意識は己れ自身のうちに還帰する。もっとも不幸な意識にとっては自体存在は己れ自身の彼岸で(2)あるが、しかし、この意識の運動がこの意識において成就したのは、個別性も完全に発展すると、言いかえると、個別性も現実的な意識となると、意識自身の否定的なものであるのを、即ち対象的な極であるのを定立したということであり、言いかえると、意識は自分の自分だけでの存在を自分から引きずり出して、これを〔対象的な〕存在(3)とすることを、意識自身において成就したのである。この成就と共に、意識に対しては、この普遍者と自分との統一もまた〔対象として〕生じているが、この統一は「我々」にとっては、止揚せられた個別者は普遍者であるが故に、もはや意識のそとに属するものではないし、また意識は自分のこのような否定性においても己れを維持するのであるから、この統一は意識自身においてその本質をなしていることになる。意識のかかる真実態は、さきに(4)両極が全く離れ離れに登場してきた推理的連結において媒語として現れてきて、不変な意識には、個別者が己れを断念したことを言明し、個別者には、不変なものがもはや個別者に対立する極ではなく、これと和らぎ(5)をえていることを言明するものと同一のものである。この媒語は両極を無媒介に知っているものとして両極を関係づけるところの統一であり、また両者の統一の意識であり、そうしてこの統一をこの媒語は意識に言明し、

したがって自分自身にも言明する、即ちこの媒語はあらゆる真理であるという確信なのである。(1)

(176)

〔一　観　念　論〕

こうして自己意識は理性であるが、そうであることによって、自己意識がこれまで他的存在に対してとっていた否定的な態度は一変して肯定的な態度となる。これまで自己意識はただ自分の自立性と自由とについてのみ配慮し(2)、自分にはいずれも自分の本質を否定するものと思えた世界(3)ないし自分自身の現実を犠牲にして、自分を救い出し維持するに汲々としていたのに、自分自身理性であることを確信するようになると、自己意識は世界ないし現実に対して安らい(4)をえて、いずれをも受けとめ持ちこたえることができる。なぜなら、自己意識は自分自身があらゆる実在であることを確信し、言いかえると、あらゆる現実が自分以外のものではないことを確信しているからである。そこで自己意識の思惟がそれ自身直ちに現実なのであるから、自己意識は現実に対して観念論(5)の態度をとることになる。かく己れを把握することによって、自己意識には世界がいま初めて生ずるかのようである。これまで自己意識は世界を理解したのではなくして、それを欲望し、労働によってそれに加工したのであり(6)、そうして世界から己れのうちに退いて(7)、自分のために世界を滅却し、また意識としての自分自身をも滅却するのであるが、――このさいの「意識」というのは、世界を実在とする意識であると同時に、世界を虚無なものとする意識でもあった(8)。こうしているうちに自己意識が自分の真実態としていたものの墳墓(9)が消え失せ、自分の現実を滅却すること自身が滅却されて、意識の個別性が自己意識にとって自体的には絶対実在であるようになるが、そうなってから以後は、自己意識は世界

(177)

が自分の新しい現実的な世界であることを発見したのである。[1] この現実的な世界は存続することにおいて自己意識の関心事なのであるが、これは先には世界はただ消失することにおいて自己意識の関心事であったのと同様である。なぜなら、世界の存続することが自己意識にとっては自分自身の真実態となり現在となっているからである。即ち自己意識は世界のうちに、ただ自分だけを経験するにすぎぬことを確信しているのである。

「理性とはあらゆる実在であるという意識の確信である」。こういうように観念論はこの確信の「概念」を言明するのである。理性として登場する意識がかの確信を無媒介に具えているごとく、観念論もまた「自我は自我である」という〔命題において〕やはり同じように無媒介に[2]この確信を言明する。ただし、この命題において「自我にとって対象であるところの自我」というのは、自己意識一般におけるようなもの[3]でもなければ、また自由な自己意識[4]におけるようなものでもない。前者の場合には、「対象であるところの自我」はただ空虚な対象一般であるにすぎず、後者の場合にはただ他の諸対象から退くところに成立する対象であるにすぎず、これら他の諸対象がこの自我と並んで妥当しているのであるが、[5]右の命題において「対象であるところの自我」というのは、ほかにどんな他者も存在しないという意識を伴った対象であり、唯一の対象であり、あらゆる実在であり、現在するものすべてである。しかしながら自己意識があらゆる実在であるのは、ただ単に対自的にだけ成り立つことであるのではなく、自体的にもまた成立することであるが、このことは自己意識がかかる実在と成ること、或はむしろ自己意識がかかる実在である証《あか》しを立てることによって初めて成立することである。ところで自己意識がこの証しを立てるのは、次のような道程においてのことである。即ち第一には私念と知覚と悟性との弁証法的運動において自体的(客観的)なものとしての他的存在が消失し、そうして第二には主たることと奴たることとにおける意識の自立性を通ずる、また自由の思想とスケプシス主義の解放と自己分裂している意識の絶対的な解放の苦闘とを通ずる運動において、ただ意識に対してあるにすぎぬかぎりの他的存在が意識自身に対して消失するという道程においてのことである。それで相次いで二つの側面が登場してきたわけであるが、その一方の側面においては意識にとって実在ないし真なるものは存在という限定をもち、他方の側面においてはただ意識に対してのみあるという限定をもっていたのであるが、これら両側面はただひとつの真理に帰着して、存在するところのもの乃至自体であるところのものが存在するのは、ただ意識に対してあるかぎりにおいてのみのことであり、そうして意識に対して存在するものもまた自体的にも存在するということになる。しかるに、この真理である意識も、無媒介に理性として登場してくるときには、自分の道程を背後にして、これを忘却している。[1]言いかえると、この無媒介に登場してくる理性はただかかる真理の確信として登場するにすぎないのである。だから、この理性は「あらゆる実在である」ことを「断言」するだけであって、このことを自分で概念的に把握してはいない。なぜなら、かの忘却せられた道程こそは、かく無媒介に言明せられた主張を概念的に把握させる所以のものだからである。そうしてかかる道程を経なかった人にとっても、この主張は、かかる純粋な形式において耳にするときには、――なぜ「純粋な形式において」と言うかというと、こういう人々でも、具体的な形式においては、この主張を自分でもたしかに立てているからである――全く同様にやはり不可解なことである。

だから、かの道程を表現せずに、いきなり、この主張をもって始める観念論もまたただの断言であって、自分自身を概念的に把握せず、また他人にも自分を把握できるようになしえないものである。この観念論は無媒介の確信を言明するが、これには他のもろもろの直接的な確信が対立しており、そうしてこれらはただかの道程においてのみ消え失せたものである。かの確信の断言と並んでこれら他のもろもろの確信の断言もまた同等の権利を具えて立っている

(178)

のは、こういう理由によることである。理性は各人の意識の自己意識に訴えて[1]、「自我は自我である、自我の対象と実在とは自我である、いかなる意識もこの真理を自分に対して否認しないであろう」と言うが、しかし理性が真理をかかる訴えによって基礎づけているときには、他の確信の真理をも、即ち「自我に対して他者がある、自我以外の他者が自我にとって対象であり実在である、言いかえると、自我が自我にとって対象であり実在ではあるにしても、自我がそうであるのは、自我が他者一般から退いて、ひとつの現実として他者と並んでその傍らに立つときのことである」という他の確信をも、理性は真理として是認することになる。――理性がかかる反対の確信からの還帰として登場するときに初めて、理性の己れについての主張はただ単に確信及び「断言」としてではなしに、真理として、しかも他の諸真理と並ぶのではなく唯一の真理として登場することになる。しかるに無媒介な登場は理性が現に存在していることだけを抽象したものであって、この存在の本質と自体存在とは絶対的概念であり、即ちこの存在が生成してきた存在であるという運動なのである。――いったい意識はその他的存在ないし対象への関係をさまざまに規定するであろうが、そのさい、どう規定するかは、己れをしだいに自覚して行く世界精神の、まさにどの段階に意識が立っているかできまることである。世界精神がそのときどきにおいて己れと己れの対象とを無媒介にどのように見出し規定しているかは、言いかえると、世界精神が対自的にはどのようにあるかは、世界精神がすでに何に成っているかに、自体的にはすでに何であるかに依存することである。

〔二　範　疇〕

理性とはあらゆる実在であるという確信である。しかし、このさい即自（自体）或は実在というのは、まだ全くの普遍的なものであり、ただ実在性だけの純粋な抽象である。この即自は自己意識が対自的に（自覚的に）自分がしかりとするものではあっても、已れ自身に即してそうするにすぎないところの最初の肯定態であり、したがって、このさいの自我はただ存在するものの純粋な本質態であるにすぎず、言いかえると、単純な範疇であるにすぎぬ。いったい範疇というのは、普通にこれまでは存在するものの本質態であるという意義をもっていたが[1]、このさい「存在するもの」が存在するもの一般のことであるのか、それとも意識に対立する存在するもののことであるのか、いずれであるかは不定であった。しかるに今や〔観念論においては〕範疇は存在するものの本質態ないし単純な統一であっても、このさいの統一は、ただ思惟する現実としてのものであり、言いかえると、「範疇」というのは、自己意識と存在とが同一本質のものであることを意味し、しかも同一というのは、比較における〔相対的〕同一ではなくして、即自且つ対自的な（絶対的な）同一であって、ただ一面的な悪しき観念論[2]がこの統一を再び意識と解して一方の側におき、これに即自（客観）を対立させるだけなのである。——ところでこの範疇、言いかえると、自己意識と存在との単純な統一は、単純ではあっても、しかし已れにおいて区別をもっている。なぜなら、範疇の本質とは、他的存在ないし絶対の区別のうちにおいて直ちに自己同一を保つこと、まさにこのことにほかならないからである。だから区別はあるのである。と言っても、これは完全に透明な区別であり、区別でありながら同時に区別ではないものとしての区別である。この区別が範疇の数多性として現れてくるのであるが、〔悪しき〕観念論は自己意識の単純な統一をもってあらゆる実在であると言明するだけで、この統一を予め絶対に否定的な本質[1]——ただこれのみが己れ自身において否定を、限定を、言いかえると、区別をもっている——として概念的に把握しておかずに、いきなりかの単純な統一をもって本質とするために、〔理性があらゆる実在であるという〕第一の事柄にもまして、範疇のうちには区別ないし種類があるという第二の事柄[2]は、一層理解しがたいことになる。〔そこで悪しき観念論は範疇の数多性を「断言」することになるが、このさい断言がかく数多性〕一般に関するにしても、また範疇にはなにか一定数の種類があるという断言であるにしても、ともかく、かくのごときは、新しい断言であり、しかももはや断言として承認してはならないということを、己れ自らにおいて含んでいる断言である。なぜなら、純粋自我のうちにおいて、言いかえると、純粋悟性[3]自身のうちにおいて区別が始まるのである以上は、ここでは無媒介態や断言や見出すことはもうやめにして概念的把握が始まるべきことにきまりきっているからである。しかるに範疇の数多性を、例えば判断〔表〕からするというような何らかの仕かたで見出したものとして受取って、これを承認するというがごときは[4]、学を侮辱するものと見なさるべきである。もしも純粋必然性である悟性自身において、悟性がこの必然性を証示しえないとすれば、悟性ははたしてそのほかの何処においてこの必然性を証示しうるというのであろうか。

そこで理性には諸物の純粋な本質態も、また諸物の区別も帰属するのであるから、本来的な意味における諸物については、即ち意識に対して自分自身の否定的なものであるにすぎぬような物については、もはや凡そ語られることはできないであろう[5]。なぜなら、数多の範疇があっても、これらでさえも純粋範疇の諸種であるが、このことがなにを意味するかというに、純粋範疇はそれら数多の範疇に対してもやはり類ないし本質であって、それらに対立しているわけではないことだからである。と言っても、「数多の範疇」ということがすでに二義的なものであって、〔たしかに諸種はであるが、しかし〕同時に数多性において純粋範疇に対立する他的存在たることをも具えている。じっさい数多の範疇はこの数多性によって純粋範疇には矛盾しているので、純粋範疇はそれらを己れにおいてなきものにせざるをえないが、なきものにすることによって、純粋範疇は己れを諸区別項の否定的統一として立てることになる。しかし否定的統一というものになると、この統一は区別項そのものを己れから排除するのと同じく、かの最初の無媒介な純粋統一そのものをも己れから排除し、かくして個別性であることになる。[1]この個別性というのは新しい範疇であり排除する意識であるが、「排除する」というのは、或る他者がこの意識に対して存在していることを意味している。そこで個別性はその概念から出て外的な実在性へと移って行き、純粋図式となる。[2]この純粋図式とてもやはり意識ではあるが、個別性であり排除する一者であることによって、純粋図式は或る他者のほうを指示する。しかし個別性というこの範疇にとっての他者というのは、かの最初の他の諸範疇のことであり、即ち純粋本質態と純粋区別のことにほかならない。[3]そこでこの個別性という範疇において、即ちまさに他者の定立されているということにおいて、言いかえると、かく定立された他者自身においても意識はまさに意識自分自身である。これら相異る諸契機のおのおのが或る他の契機のほうを指示しはするが、しかし同時にいずれもこれらの契機において他的存在に至ることはない。純粋範疇は諸種のほうを指示し、諸種は否定的範疇ないし個別性へと移り行き、そうして最後の個別性はひるがえってかの最初の諸範疇のほうを指示する。このさい個別性自身はいずれの範疇においても己れとのかかる清明な統一を保っている純粋意識[4]であるが、しかし「統一」と言っても、やはり或る他者のほうへと指示されているものであり、また「他者」と言っても、存在しているそのときに消失しており、消失しているそのときに再び生れ出るものである。

〔三　空虚な観念論即ち絶対的経験論〕

「我々」(1)はここに純粋意識が二重の仕かたにおいて定立されているのを見る。即ち、純粋意識は一方ではあちらに行ってまたこちらに来たる安らいのない去来として定立せられており、あらゆる自分の契機を駈けめぐり、これらにおいて他的存在が自分の前に浮びあがり漂うのを見ながら、把握すると共にこの他的存在はなきものとなるのであるが、他方では純粋意識はむしろ自分が真理であることを確信している安らいだ統一として定立せられている。(2)この統一にとっては、かの運動のほうが他者であり、かの運動にとっては、この安らいだ統一のほうが他者である。しかも意識と対象とは〔安らいと不安定という〕これらの相互に対立した規定に関して交替を行う。即ち一方では意識は自分のほうがあちらに行ってまたこちらに来たる追求(3)であり探求であることを自覚しており、これに対して対象は〔安らいだ〕純粋の自体であり純粋の実在であるが、しかし他方では意識は自分のほうこそかえって単純な〔安らいだ〕範疇であることを自認しており、これに対して対象は区別項の運動である。しかしながら意識も実在としてはこういう経過の全体そのものであって、単純な範疇としての自分から出て個別性のうちへと移り行き、そして〔図式として〕さらに対象のうちへと移り行き、対象においてこの移行の過程を直観し、さらに自分から区別せられたものとしての対象をなきものとし我がものとし、かくてあらゆる実在性であるという、しかも自分が自分自身でも対象でもあるという確信であることを言明するところの経過の全体なのである。

ところで意識の最初の言明は、一切は自分のもの(4)であるというこのような抽象的な空語であるにすぎない。なぜなら、あらゆる実在であるという確信はまだやっと純粋範疇の立場のものであるにすぎぬからである。いったい理性というものは対象のうちに己れを認識するものであるが、しかし空虚な観念論が表現しているのは最初の理性であって、この観念論は、理性を最初にあるその姿において把握するものであるにすぎず、そうしてあらゆる存在について、これらが意識にとって私のものであることを指摘するだけで、また諸物をもってもろもろの感覚[1]又は表象であると言明するだけで、この抽象的な「私のもの」が完全な実在性をもつことを証示して終えたと妄信している。だから、この観念論は同時に絶対的経験論たらざるをえない。なぜなら、空虚な私のものを充実するためには、即ちそれに区別を与え、またあらゆる展開と形態化とを与えるためには、この観念論の理性は外来の「衝突」[2]を必要とするのであるが、この「衝突」のうちにこそ感覚や表象の多様性の源泉は初めて存すると考えられているからである。したがってこの観念論はスケプシス主義とちょうど同じように相互に矛盾した二つの意義をもつものである。もっともスケプシス主義が否定的に説くのに、この観念論は肯定的に説くという相違はあるけれども、しかし、やはりスケプシス主義と同じように、純粋意識があらゆる実在であるという思想と外来の「衝突」ないし感性的な感覚と表象とが純粋意識と同等の実在性をもつという思想、こういう相互に矛盾した自分の二つの思想をいっしょにし総合[3]せずに、一方に身を投ずるかと思えば、また他方に身を投じ、両者の間を去来彷徨して、「悪無限」[4]に、即ち感覚的な無限におちこんでいる。理性はあらゆるものを抽象的に私のものとするという意味において自分をあらゆる実在であるとしておきながら、それでいて他者がこの「私のもの」にとって没交渉な外来のものである以上、この場合にもさきに私念と知覚として、また私念されたもの及び知覚されたものとを捕捉する悟性として出現したのと同じようにまさに他者に関する知が事もあろうに理性のうちにも定立され肯定されていることになる。[5]これと同時にかかる他者に関する知が真知ではない

(182)

ことは、この観念論自身の「概念」によって主張せられているところである。なぜなら、ただ「統覚の統一」[1]のみが知の真を形づくるからである。だからこの観念論の「純粋理性」は、自分にとって本質的であり、したがって自体でありながら、それでいて自分のうちには具わっていないこの他者に到達するために、真なるものの知ではないところの、かの知へと自己自身によって送り返されることになる。この「純粋理性」は自分で承知のうえで、また自分の意志にしたがって、自分で自分に真ならざる知であるという宣告をくだし、そうして自分自身にとってなんら真理ではない私念と知覚から脱却することができない。この理性は統覚の統一と物という端的に対立した二重のものを共に実在なりと主張するというあからさまな矛盾におちいっている。このさい「物」が外来の衝突と呼ばれようと、それとも経験的実在と呼ばれようと、それとも感性と呼ばれようと、それとも物自体と呼ばれようと、いずれにしても、その「概念」においては同じものであり、かの〔統覚の〕統一にとっては外来のものたるにとどまっている。

この観念論がかかる矛盾におちいっているのは、理性の抽象的な概念をもって真なるものであると主張するからである。この観念論にとってまさに理性の実在ではないような実在もすぐに生じてくるのはこれがためであるが、しかし、それでいて同時に理性はあらゆる実在であるべき[2]はずと考えられている。そこでこの理性は安らいのない追求であり探究であるにとどまるが、これは探究しながらも、発見の満足をうることは絶対に不可能であると声明するほどに安らいのないものである。――しかしながら現実の理性というものは、これほどまでに不整合なものではない。かえって理性は、まだやっとあらゆる実在であるという確信にすぎないので、こういう自分の概念においては確信であり自我であるにとどまって、まだ真実には実在でないことを自覚しており、かくして己れの確信を真理にまで高めるべく、また空虚な「私のもの」を充実すべく駆り立てられるのである。

A　観察する理性* Beobachtende Vernunft.

この意識にとっては存在 Sein が自分のもの Sein であるという意義をもっているのに、今やこの意識が再び私念と知覚とにはいりこんで行くのを、「我々」が見るのはたしかであるけれども、しかしただ単に他者であるにすぎぬものについての確信にはいりこんで行くのではなく、はいりこんで行くにしても、自分がこの他者自身であるという確信を伴ってのことである。以前には幾多のことを物において知覚し経験することが意識にとってただ「出来」したにすぎなかったのに対して、ここでは意識が自分で観察を設定し経験を行うのである。私念と知覚とが止揚されたのは、以前には「我々」に対してのことであったのに、それらは今や意識によって自ら自覚的に止揚せられる。理性は真理を知ることに向い、私念と知覚とに対しては物であるところのものを概念として見出すことに向って行くが、このことは物たることのうちに理性はただそれが己れ自身であるという意識だけをえようとしていることを意味している。[1]だから理性は遍《あまね》く世界に対して関心[2]をいだいているが、これは理性が世界のうちに〔己れ自身の〕現在をもつことを、言いかえると、〔世界の〕現在が理性的であることを確信しているからである。理性は他者を求めはしても、しかし、これは「他者」において自分自身以外の他者を占有[3]するのではないことを知りつつのことである。理性はただ己れ自身の「無限性[4]」を求めるにすぎないのである。

最初には理性は現実のうちにただ己れを予感するだけであり、ただ漠然と現実が己れのもの一般であることを知っているだけであるが、かかる見解のもとに理性はすでに確保せられている自分のもちものを遍く占有することに向って行き、かくてあらゆる高みのうえにも、あらゆる深みのうちにも、己れの主権の旗を掲げる。[1] しかしながら、このような皮相な仕かたで私のものとすることが理性の究極の関心ではない。こんな遣りかたで遍く占有して喜んで見たところで、事もあろうに自分のもちものにおいて、抽象的理性が自分自身では具えていないよそよそしい他者がなお見出されるのである。いったい理性は自分が純粋自我[2]よりはもっと深い実在であることを予感しているので、区別である多様な存在が自我にとって自分のもの自身となるべきであると、また自我が己れを現実として直観し、己れが形態や物として現在するのを見出すべきであると、要求せざるをえない。しかし、たとい理性が諸物のあらゆる内臓を掘り返し、諸物のあらゆる血管を開いて、そこから理性が迸りでるようにして見たところで、これだけでは、理性がかかる幸福に到達するであろうというわけではなく、かえって予め己れ自身において〔事実上〕完成していなくてはならないのであって[3]、そうした後に己れの完成を経験しうるということとならざるをえないのである。

　意識は観察するが、このことは、理性が己れを存在する対象として、現実的な、感覚的に現在している仕かたであるものとして見出し所有せんと欲することを意味している。たしかにこの観察の意識は、自分自身をではなく反対に諸物としての諸物の本質を経験しようと欲するのであると思いこみ私念し、またそう言っている。この意識がそう私念し、そう言うのは、この意識が理性であるにしても、この意識にとっては、まだ理性が理性としては対象であるのではないことによっている。もしもかりにこの意識にして理性が諸物に関しても、己れ自身に関しても、等しく本質であることを知っているとすれば、また理性というものはただ意識内においてのみその固有の形態で現在しうることを知っているとすれば、意識はむしろ己れ自身の深みのうちに沈潜して、諸物のうちにというよりも、この深みのう

(185)

ちに理性を求めることであろう。[1] そうしてもしかりに意識がこの深みに理性を見出したとすれば、理性はそこから転じて再び現実のほうへ向うように指示せられ、現実のうちに己れの感覚的な表現を直観するであろうが、しかし、このときにはこの感覚的な表現をもって直ちに本質的には概念であると解することであろう。[2] しかし、あらゆる実在であるという意識の確信として無媒介に登場するときの理性はこの「実在」を存在の無媒介態[3]の意味に解するし、また自我とこの対象的なものとの統一をもやはり無媒介的統一の意味に解するが、[4] この統一たるや、存在と自我という両契機を理性が一度分離[5]したうえで再統一したものではなく、言いかえると、理性がまだ認識したのではないものである。だから理性が観察する意識として諸物に向うのは、諸物を感覚的な、自我に対立したものとして受けとるときに真実に受けとるのであると思いこむ私念のもとにのことであるが、しかし、このさい理性が現実に為していることはこの私念には矛盾している。なぜなら、理性は諸物を認識するのであり、諸物の感覚性を概念に転換するのであるが、このことは、理性が感覚的なものを存在に転換するにしても、この存在は同時に自我でもあり、したがって思惟を存在する思惟に、言いかえると、存在を思惟された存在に転換することであって、諸物はただ諸概念としてのみ真実態をうることを理性も事実上は主張していることを意味しているからである。この観察する意識に対して観察の過程において生じ、その認めるところとなるのは、ただ諸物がなんであるかということにすぎないが、しかし「我々」には意識自身のなんであるかも生じているのである。しかし意識が運動して行なった結果として、意識の即自的にしかるところのものが意識自身に対しても生じ、その認めるところとなるであろう。

観察する理性の為すことがその運動の諸契機において考察せられなくてはならない。即ちこの理性が自然と精神とを、そうして最後には両者の関係とを感覚的存在としてどのように受取るか、またこれらすべてにおいて存在する現実としての己れをどのように求めるかが考察されなくてはならないのである。

a　自然の観察*　**Beobachtung der Natur.**

〔一　自然物の観察〕

〔α〕記述一般

無思想な意識が観察と経験とをもって真理の源泉であると言明するとき、観察し経験するものたちの言葉は、たしかに事はただ味うこと嗅ぐこと触れること聞くこと見ることにだけ関わるかのように聞えるであろう。しかし、この無思想な意識は味うこと嗅ぐことなどを推奨するに熱心なるあまり、次のように言うのを忘れている。即ちじっさいにおいてはかかる感覚の対象を自分がすでに規定してしまっており、そうしてこの規定もまた自分にとってはかの感覚することと少くとも同程度の重要性をもつと言うべきであるのを忘れているのである。そこでこの意識はすぐにおよそ事はただ知覚することにばかり関わるのでないことを白状するであろうし、また例えば「このナイフはこの煙草入れのそばにある」という知覚をもって観察としての意義をもつものとは見なすわけには行かないであろう。知覚せられたものは少くとも普遍者の意義をもつべきであって、感覚的な「このもの」の意義をもつべきではないのである。[1]

ところでこの普遍者はまだやっと自同性を保つものであるにすぎず、その運動もまた同じわざの同じ形の繰返しであるにすぎぬ。このかぎり、意識は対象のうちにおいてただ普遍性だけを、言いかえると、抽象的な私のもの[1]だけを見出すにすぎないので、本来なら対象のものである運動を自分自身のほうで引受けざるをえないし、また意識はまだ対象を捕捉する悟性ではないので、意識は少くとも対象を記憶[2]するものであるのほかはないが、これは現実にはただ個別的な仕かたでだけ現にあるものを普遍的な仕かたで表現するものであって、そのさい個別性から〔普遍性の〕取り出しかたは表面的であり、こうしてえられた普遍性の形式もまた表面的であって、感覚的なものはこの形式のうちに受容されるだけでそれ自身は普遍者となっているのではない。物の記述というのは、かかるものであるが、この記述はまだ対象自身のうちに運動をもっているのではなく、運動はむしろただ記述することのうちにあるにすぎない[3]。だから対象は記述されると、もう関心をひかなくなる。ひとつの対象が記述されると、他の対象が取上げられなくてはならず、そうして記述が途絶えないために、いつも別の対象が求められざるをえない。このさい、もし全体としての新しい物を見出すことがあまり容易でないときには、翻って再びすでに見出された諸物にかえり、これらをさらに分割し分析して、それらにおいてなお物たることの新しい諸側面が探り出されることとならざるをえぬ。この休みのない安らいのない〔理性〕本能[4]にとっては、材料に不足をきたすことはありえない。もっとも、截然と区別された或る新しい類を見出すとか、まして個体であるのにも拘らず、なお且つ普遍者たる本性の具わっているひとつの新しい遊星[5]を見出すとかいうことは、ただ幸運なるものにだけ恵まれたことである。しかしながら截然と例えばゾウ、カシワ、黄金であるところのものの限界、それから類であるところのものと種であるところのものとの限界から、多くの段階をへて相互の限界が渾沌としているもろもろの動植物や岩石類や或はまた強制と技工とによって初めて表示せられうるもろもろの鉱物や土壌[6]などの無限の特殊化へと移って行く。普遍的なものと言っても無限定であるこの領域のうちでは、特殊化はさらに個別化に近づき、否あちらこちらところどころ全く個別化におちこんでしまうが、かかる領域において観察と記述とに対しては無尽蔵の貯蔵庫が開かれていることになる。しかしながら観察と記述とにとって見渡すことのできない原野の開かれる此処では、即ち普遍者の限界においては、観察と記述とは無量の富を見出したのではなく、むしろその代りにただ自然の制限(1)を見出したのであるにすぎず、そうしてまた自分自身のわざの制限を見出したにすぎないのである。それ自体において(客観的に)存在するかに見えるものがはたして偶然のものではないかどうかを、観察と記述とはもはや知ることはできないし、まして混乱し、ないし未熟で弱々しく原始的な無規定性から殆ど発展していない形像の印刻をもつものに至っては、記述されることをさえ要求しえないのである。

(187)

〔β〕 諸標識

かかる探究と記述とにおいては、為すべきことはただ諸物のみに関わるかのように見えるけれども、「我々」の見るところでは、じっさいには記述はもろもろの感覚的な知覚をたどって進行しているのではなく、目印しとなることによって諸物が相互に識別せられるところのもの(標識)のほうが当の物自身がもつその他の感覚的な諸性質の範囲に属するものよりも記述にとっては一層重要なのであり、これらの性質を物自身はむろん欠くことはできないにしても、意識はそれらがなくても済ますことができる。かく性質に本質的なものと非本質的なものとの区別(2)を立てることによって、概念が感覚的な散乱から浮びあがってくるが、概念が浮びあがってくることにおいて認識は自分にとって為すべきことは物に関わるのと少くとも同程度の本質さをもって自分自身にも関わることを声明しているのである。こうして本質的なものが二重になるので、認識にとって本質的であり必然的であるものがはたして諸物においてもまたそうであるかどうかについて、認識は動揺におちいることになる。一方からすると、よってもって諸物が相互に識別せらるべしとされる標識はただ認識にのみ奉仕すべきではあるが、しかし他方からすると、認識せらるべきは諸物にとって非本質的なものではなくして、よって以て諸物自身が存在一般の普遍的な連続性[1]から己れを引き裂き、他者から己れを分離し自分だけで存在するところのものである。標識はただ単に認識に対してだけ本質的関係をもつにとどまるべきではなく、諸物の本質的な限定をも具えるべきであり、そこで人為的な体系は自然そのものの体系にかなったものであるべきであり、ただ後者のみを表現すべきである。このことは、理性の概念[2]からして当然のことであり、そうして理性の本能――というのは、理性はかかる観察においてはただ本能としての態度をとっているにすぎないからである[3]――もまたその立てる諸体系において、このような統一[4]を成就した、即ち諸体系のうちに現れてくる諸対象をして本質態ないし自分だけでの存在を己れにおいて具えさせ、ただ単にこの瞬間乃至この此処[5]の偶然事にはとどまらぬような具合のものたらしめたのである。例えば諸動物を区別する標識は爪と歯とから取られている。なぜなら、じっさい、ただ単に認識だけがこれらによってひとつの動物を他の諸動物から区別するだけではなく、動物も自分でこれらによって己れを他者から分離し、これらの武器によって己れを自分だけで存在するように維持し、普遍者から己れを特殊化しているからである[6]。しかるに植物は自分だけで存在することにまでは至らず、ただ個体性の限界に触れるだけであり、したがって両性への分裂の外観を呈する限界において取上げられて区別せられている[7]。さらに低い段階に立つものは、もはや自分では自分を他者から区別することはできず、対立におちいるようになると、消失してしまう。安定した存在と関係における存在とが相互に葛藤を演ずるようになり、物は関係においては安定におけるとは異った或るものである。これに対して「個体」というものは、他者への関係においても己れを維持するものである[8]。

こういう維持を能くせず、化学的な仕かたでは経験的な仕かたであるときとはちがった或る他者となるものは認識を混乱させ、一方の側面と他方の側面とのうち、はたしていずれに憑拠すべきかという同様な葛藤に認識をもおとしいれる。なぜなら、物自身が自同性を保つものではなく、両側面が離れ離れになっているのは、物においてのことだからである。(1)

普遍的で自同性を保つもの(2)から成っているかかる〔自然的な〕諸体系においては、「自同性を保つもの」が認識のうえでの自同性を保つものであると共に物そのものの立場で自同性を保つものでもあるという意義をもつのは、以上のような理由によることである。しかし自同性を保つ諸限定のおのおのが妨げられることなく静かに次々にその進行の系列を記述し且つこのさい各自が勝手に振舞う余地を獲得しつつ、これらの限定が〔体系にまで〕広がって行くことは、〔たしかに広がって行くことであるにしても、〕本質的には同時にその反対への移行であり、即ちかかる諸限定の混乱へと移行することでもある。なぜなら、いったい「標識」とは普遍的な限定として限定的なものと自体的に普遍的なものとの統一であり、したがってこの統一は当然かく対立したものに分裂せざるをえないからである。(3)即ち限定は自分の本質を普遍者のうちにもっているにも拘らず、一方の側面ではこの当の限定が普遍者に打ち勝つとしても、しかし他方の側面では反対に普遍者のほうが限定に対する支配権を獲得しもするので、普遍者が限定を駆ってその限界に押しやり、限界においてそのもろもろの区別項や本質態をゴッチャまぜにする。ところで観察はこれらの区別項を順序ただしく別々におき、それらにおいて何か或る確固不動のものをもつと信じていたのであるが、やがてひとつの原理の領分に他のもろもろの原理がやってきてそれを越えて包み、もろもろの移行や混乱が形づくられるので、最初には端的に分離されていると解していたものが此処では結合せられており、最初には結合されていると考えていたものが其処では分離せられているのを、観察は見るはめになる。その結果として、静かに自同性を保つ存在に執着していたこの態度も事ここに至って、例えば動物や植物はいったいいかなる標識をもつのかというような、まさに最も普遍的な規定に関して、いろんな実例によって、即ちこの態度からいかなる規定をも奪いとり、せっかく自分が高まった普遍性を沈黙させるいろんな実例によって自分が愚弄されているのを見ることとならざるをえない。かくてこの態度はこれらの実例が自分を再び無思想[1]な観察と記述とに押しもどすのを見るのである。

〔γ〕 諸法則

(189)

〔1 法則の概念と経験〕

〔標識を立てる〕観察はかく課題を単純なものに限局するのであり、言いかえると、感覚的散乱を普遍者によって制限するのであるが、こういう観察は自分の対象において自分の原理が混乱におちいるのを見出すことになる。なぜなら、限定せられたものは、己れの本性によって己れの反対のもののうちに己れを喪失せざるをえないからである。理性が持続の外観をもっていた惰性的で動かない限定を捨て去って、これからむしろ限定がその真実態において、即ち反対のものに関係して行くという真実態において、いかにあるかの観察に進んで行かざるをえないのは、こういう理由によることである。本質的な標識と呼ばれるところのものとは静止せる諸限定のことであるが、これらは、単純な諸限定として現われ、また捕捉せられる場合には、それらの本質、即ち己れを〔外化から〕己れのうちに取り戻す運動の消失する諸契機であるという本性をなしているものは、これを表現してはいないのである。しかるに今や理性本能も限定をその本性にしたがって、即ち本質的に自分だけであるのではなく却って反対のものに移行するというその本性にしたがって探究する段階にまで達したので、この本能といえども法則とその概念とを求めるのである。(1) もっとも求められるのは、やはり存在する現実としての法則であり、またその概念ではあるけれども、しかし、この現実はじっさいにはやがてこの本能にとっても消え失せるであろうから、法則の両側面はこの本能にとっても純粋な契機ないし抽象となり、その結果として、法則が感覚的現実の没交渉な存立を己れにおいて根絶してしまった概念の本性において顕現することになるであろう。(2)

観察する意識にとっては法則の真理は経験のうちにおいてあるが、「経験のうちにおいて」というのは、感覚的な存在がこの意識に対してあるという仕かたにおいてということであって、即自且つ対自的に(絶対的に)あるというわけではない。しかしながら若し法則にして概念のうちに真実態をもつのでないとすれば、法則はなにか或る偶然的なものであって必然性ではなく、言いかえると、じっさいには法則ではないのである。だが法則は本質的には概念としてあると言っても、このことは法則が観察に対して現にあるということとただに矛盾しないのみか、むしろ法則は本質的には概念であるからこそ、必然的に「そこ」の存在(定在)をもち、また観察に対してあるのである。理性的普遍という意味における普遍者は、そもそも概念が具えているところの意味においてもまた普遍的である。即ちこの普遍者は意識に対してあるのであり、現在的なものとして、また現実的なものとして現れてくるのであり、言いかえると、概念は物たること及び感覚的存在の仕かたにおいて現れてくるのであるが、――しかしそうかと言って概念が己れの本性を失って惰性的な存立ないしは没交渉な継起におちこんでいるというわけではない。普遍妥当的であるものは、普遍的に妥当するものとして存在もするのであり、存在すべきものは、事実において存在もするのであり、ただ存在すべきであるにとどまって存在することのないものは決して真理ではない。この点に理性本能がそれなりの立場で固執しているのは正当な権利をもってすることであって、ただ存在すべきであるにとどまり、いかなる経験においても遭遇されないにも拘らず、当為(べき)であるの故をもって真理たるべきであるとされる「思想のうえでの物」によっても、――また仮説[1]によってと同じく、永続的当為[2]の立場からするその他の不可視的なものによっても、理性本能は迷わされはしない。けだし理性とはまさに実在性をもつという確信にほかならず、そうして意識に対して自立存在としてあるのではないもの、即ち現象することのないものは意識に対しては全くの無だからである。

　法則の真実態は本質的に実在性であるということ、このことはまだ観察の段階に停滞している意識にとっては、むろん概念とは反対のものに、また自体的な普遍者とは反対のものとなる、言いかえると、法則というようなものはこの意識にとっては理性の立場での実在ではなく、この意識は法則と言えば、なにか外的な疎遠なものを受取るかのように私念しているのである。しかしながら、この意識は自分のかかる私念を実行によって反駁しているのであって、実行においてはこの意識自身が法則の普遍性を次のような意味のものと解しているのではない、即ち法則の真理であることを主張しえんがためには、予めあらゆる個々の感覚物が自分に法則の現象を示したうえでなくてはならぬという意味に法則の普遍性を解するのではないのである。地上から持ちあげて手放せば、石は落下するということを主張せんがためには、あらゆる石についてこの試みがなされる必要があるとは、この意識は決して要求してはいない。むろん、この意識はおそらくこう言うであろう、即ちこのことが少くとも甚だ多くの石について試みられたのでなくてはならず、しかる後にこれらの場合からその他の場合に関しても、最大の蓋然性(真理らしさ)をもって、或は完全な権利をもって類推にしたがって推論することを可能にするのであると。しかしながら「類推」というものは、決して完全な権利を与えないだけではなく、その本性の故に、しばしば自家撞着におちいるので、類推自身にしたがって類推すれば、類推はむしろ推理を行うことを許さぬということになる。[1] 類推の結果は蓋然性 *Wahrscheinlichkeit* ということに帰着するであろうが、蓋然性はこれを真理 *Wahrheit* に比するならば、より少い、より大きな蓋然性という、どんな程度の差がもつ意義をも失ってしまう。蓋然性はいかに大きかろうと、真理に比すれば無なのである。しかしながら理性の本能もじっさいにおいては〔落下法則の〕ごとき諸法則をもって真理として受けとっている。ただこの理性本能はこれらの諸法則が必然性とどんな関係にあるかを認識していない。そこでこの理性本能が蓋然性の多少という区別を設けるはめにおちいるのは、この関係いかんが問題になってから初めてのことであり、そうしてかかる区別を設けることによって、理性の本能は、事柄《ザッヘ》そのものの真理自身を蓋然性(真理らしさ)におとすのであるが、これは純粋概念の透見にまではまだ達していない意識に対して真理が現にあるさいの不完全な仕かたを公示するというものである。なぜ真理が不完全な仕かたであるにすぎぬかと言えば、普遍性が〔この意識に対して〕現にあるのは、ただ単純な無媒介の普遍性としてのことであるにすぎぬからである。しかしながら、これと同時に法則がこの意識に対して真理であるのも、普遍性の故にのことである。石が落下することがこの意識にとって真であるのは、石が重いことをこの意識が認めているのを介してのことであり、認めているからであるが、このことは、石は重さのうちに即自且つ対自的に(絶対的に)地球への本質的関係をもち、そうしてこの関係が落下として現われてくるのだからであることを意味している。だからこの意識は経験のうちには法則の存在はむろんこれをもってはいるが、これと全く同様に概念としての法則をもまたもっており、そこで〔法則の存在と概念としての法則という〕両条件相合することによってのみ、法則はこの意識にとって真であることになる。したがって法則が法則として妥当するのは、それが経験のうちに現われるからであると同時に、それがそれ自体において概念であるからでもある。

〔2 実験〕

法則が法則であると同時に自体的には概念であるが故に、この意識の理性本能は必然的に、法則とその諸契機とを概念にまで純化することに自分で向って行く。もっとも概念にまで純化することを意志しながら、この本能は自分の意志を自覚することなく、純化に向って行くのである。そこで理性本能は諸法則に関して実験を設定することになる。(1)さて法則が最初にはどのように現象してくるかと言うと、法則は不純な形で、即ち個別的な感覚的な存在に覆われた形で現われてくるのであり、また法則の本性をなす概念も経験的な素材のうちに埋没した形で現われてくる。そうして理性本能は自分の諸実験において、この又はあの事情のもとにおいてなにが起るかを見出すことに向っているから、一見すると、これによって法則はますます深く感覚的存在のうちに浸されるにすぎぬかのようであるが、しかし実験しているうちに感覚的な存在は消え失せて行く。かかる探究は法則の純粋な諸条件(2)を見出すという内面的意義をもっているが、このことは、法則を全く概念の形態にまで高め、法則の諸契機が一定の存在へ束縛されているのをすっかり根絶するというより以外のことを言わんとしているのではない(もっとも「純粋な諸条件を見出すと言っている人々の意識は〔法則を概念にまで高めることとは〕なにかちがった別のことを言ったつもりであるにしても)。陰電気は最初は例えば樹脂電気として、同様に陽電気はガラス電気として名乗りをあげるが、諸実験を行っているうちにかかる意義を全然失ってしまい、純粋に陽電気となり陰電気となり、これらのいずれもがもはや特定の種類の物に帰属してはいないので、電気的に陽である或る物体があるとか、電気的に陰である他の物体があるとかはもう言われえなくなってしまう。(3)同様に酸と塩基との関係及び両者相互の反応もまたひとつの法則を形づくるが、この法則においては酸と塩基という対立したものはそれぞれ物体として現われてくる。しかしながら、かく分離せられた両物はなんらの現実性をもたず、両者を相互に引裂く強制といえども、両者がすぐに再び〔化学的〕過程のうちにはいりこむのを妨げることはできない。なぜなら、両者はただかかる関係としてしか存在しないからである。両者は歯や爪[1]のように各自に自分だけにとどまることはできず、またそういうものとして指摘されることもできない。かくすぐに中和的産物に移って行くのが両者の本質であるということは両者の存在をして止揚せられた存在、言いかえると、普遍的な存在たらしめるのであって、酸と塩基とはただ普遍者としてのみ真実態をもっているのである。だからガラスと樹脂とがいずれも電気的に陽でもあれば陰でもありうるのと同じように、酸と塩基ともまたこの又はあの現実に特性として束縛せられているのではなく、いかなる物といえどもただ相対的に酸性ないし塩基性であるにすぎない。遊離された絶対的な酸ないし塩基のごとき観を呈するものも、所謂合体[2]においては他物に対して〔普通とは〕反対の意義をうるのである。——このようにして諸実験の結果とは契機ないし精気[3] Begeisterungen を特定の物の特性と考えることを撤廃し、諸述語をそれぞれの主語から自由にすることにある。これらの述語は真実態においてあるものとしては、ただ普遍的述語としてのみ見出されるのである。かかる自立性の故に、これらの述語は物質[4](素)という名をうるようになるのであるが、この「物質」は物体でもなければ、特性でもないので、ひとびとが、酸素などを、また陰陽の電気や熱[5]などを物体と呼ぶことを警戒するのはもっともなことである。

〔3　物質(素)〕

しかるに〔自由な〕物質(素)はひとつの存在する物ではなく、存在であるにしても普遍的な存在であり、言いかえると、概念のありかたにおける存在である。まだ本能であるところの理性はかかる正しい区別を立てはするけれども、しかしそれでいて自分があらゆる感覚的な存在に即して法則についての実験を行うとき、まさにこのときに法則の単なる感覚的な存在を自分が撤廃していることを自覚しないし、また自分が法則の諸契機を諸物質と把握するときには、諸契機の本質態が本能である自分にとっても普遍者となっており、「物質」という表現を用いることにおいて、この本質態が感覚的でありながら感覚的でないこと、物体的でないことが言明されており、それでいてなお対象的な存在であることが言明せられているのを自覚しないのである。

(193)

そこでこの理性本能に対してその結論がいかなる転換をもたらすか、またこの結論とともにこの本能の行う観察のどんな新しい形態が登場してくるかが見られなくてはならない。「我々」の見るところでは、この実験を行う意識にとって真理であるのは、感覚的な存在から已れを自由にしている純粋な法則であり、そうしてまた「我々」の見るところでは、この純粋な法則とは感覚的な存在のうちに現にありながら、それでいて、このただなかにおいて独立して拘束を受けずに運動するところの概念であり、感覚的な存在のうちに埋没しながら、これから自由で単純な概念である。そこで真実には結果であり本質であるところのこのものがこの意識自身に対して今や登場してくるのではあるが、しかし登場してくるのは対象としてのことであり、しかもこのさいの対象はまさにこの意識に対しては結果ではなく、先行の運動への関係を欠いているから、特別の種類の対象として登場してくるのであり、そうしてこの対象への意識の関係もまたこれまでとはちがった別の観察として登場してくるのである。(1)

〔二〕 有機的なものの観察* Beobachtung des Organischen.

さて過程を具えながら、これを概念の単純態のうちに具えているような対象が有機的なものである。有機的なものとは、かかる絶対の流動性であって、このうちにあっては、よってもって有機的なものがただ他者に対してあるものにすぎなくなるような限定は解消せられている。いったい非有機的な物とは、限定をもって本質とするものであるが故に、ただ他の物といっしょになって初めて概念の諸契機の全体をつくすのであり、したがって運動にはいると消えうせてしまうもの(1)であるが、これに対して有機的なものにおいては、よってもって他者に対して己れを開くような限定はすべて有機的な単純な統一の支配のもとに拘束せられている。自由に他者に向って関係するようないかなる限定も本質的なものとして登場することはないのであるから、そこで有機的なるものとは〔他者への〕関係においてさえも己れ自身を維持するものである。

α 有機的なものと非有機的なものとの関係

ここで理性本能が観察しようと向うところのものは法則であるが、この法則の両側面がなんであるかと言うと、〔右に有機的なものに与えた他者との関係において己れを維持するものであるという〕この規定から結論せられるように、この法則の両側面は最初には相互の関係における有機的な自然と非有機的な自然とである(2)。後者は有機的な自然に対しては、その単純な概念とは正反対に〔概念の〕拘束から解き放たれた諸限定の自由であり、個体的自然はこれらの限定のうちにとけこんでいると同時にこれら諸限定との連続(1)から分離し自分だけで存在しもしている。空気、水、地、地帯、気候がそれぞれかかる普遍的な環境(2)であり、これらの環境がそれぞれもろもろの個体性の無限定で単純な本質をなしていると同時にこれらの個体性はこういう環境のうちにおいても已れのうちに還帰もしている。このさい個体性が端的に即自且つ対自的(絶対に独立的)に存在するのではなく、そうして環境的なものもまたそうであるのではない。もっとも個体と環境的なものとは観察に対して相互に離れ離れに登場し、それぞれ自立的自由においてあるけれども、しかし同時に両者は本質的な関係を結んでもいる。ただし「結ぶ」と言っても、両者の自立性と相互の没交渉性とのほうが主をなしている関係であり、したがって両者はただ部分的にしか〔統一の〕抽象のうちには移行しない。こういう次第であるから、現にここにあるのは、法則と言っても、或る環境が有機的なものの形成に対してもつ関係としての法則であって、このさい有機的なものは一方では環境的な存在を自分に対立するものとしてもっていってい るると同時に、他方では自分の有機的な還帰(反映)においてこの存在を表現してもいるということになる。しかしながら空中にすむ動物は鳥類の特性を具え、水中にすむ動物は魚類の特性を具えており、北方にすむ動物は厚い毛皮をもっている等々の「法則」は有機的なものの多様性には相応しない貧弱さをすぐに暴露する。有機的なものは〔環境から〕かかる規定を受けながら、そのもっている自由によってかかる規定から已れの形態を脱却させもするすべを心得ており、したがって必然的に至る処でかかる法則の例外を、或はひとの好みにまかせて「規則」というならば、かかる規則の例外を提供しているばかりでなく、かかる法則ないし規則のもとに立っている有機的なものの場合においてさえも、〔環境の与える〕規定は甚だ皮相なものであるにとどまり、したがって法則や規則の「必然性」と言っても、この表現も同様に皮相であるのほかはなく、「大きな影響がある」(3)という以上には出ず、このさい、いったい何がこの影響に基づき、何が基づかないのかをひとは知らないのである。だから有機的なものと環境的なものとのかかる関係はじっさいにはおよそ「法則」と呼ばるべきではない。まことに一方からすると、すでに注意したように、かかる関係が内容的に言って有機的なものの全範囲をつくすことは決してないし、他方からすると、関係の両契機自身も相互に没交渉であるにとどまり、なんらの必然性をも表現してはいないのである。酸の概念のうちには塩基の概念が存する[1]のは、陽電気の概念のうちには陰電気の概念が存するのと同様であるが、これに対して厚い毛皮と北方とが、或は魚類の構造と水中とが、鳥類の構造と空中とがいっしょに出合われることといかにしばしばであろうとも、北方の概念のうちには厚い毛皮の概念が、海中の概念のうちには魚類の構造の概念が、空中の概念のうちには鳥類の構造の概念が存するわけではない。両側面がかくも相互に自由であるが故に、鳥類や魚類などの本質的性格をもつところの陸棲動物もまた与えられ存在するなどということになる。それで「必然性」と言っても、実物に内面的な必然性としては把握されえないものであるから、感覚的定在をもつことをやめもするのであり[2]、もはや現実に即して観察せられえないことになり、かくして「必然性」は現実からは脱却してしまっている。かく現実の物自身に即しては見出されないのであるから、「必然性」と言っても、「目的論的関係[3]」と呼ばれるところのものであり、関係づけられるものに対して外面的な関係であるから、したがって法則とはむしろ正反対のものである。「必然性」と言っても、必然的な自(195)然から全く自由になって、こういう自然を見捨て、そのうえを自分だけで勝手に運動している思いなのである。

β　目的論

右に素描せられた有機的なものと環境的自然との関係は有機的なものの本質を表現していないが、これに対してこの本質は目的の概念のうちには含まれている。もちろん、この観察する意識[1]にとっては、目的概念は有機的なもの自身の本質ではなく、その外に属するものであり、したがって右に言及したかの外面的な目的論的関係を意味するにすぎない。しかしさきに有機体に与えた規定[2]の示すように、有機的なものとはじつは実在的な目的自身である。なぜなら、有機的なものとは他者に関係するさいにさえ自分を維持するものとして、自然物ではあっても、その自然(本性)が己れのうちに還帰する自然物、まさにかかる自然物であり、必然性においては離れ離れにおかれていた原因と結果、能動的なものと受動的なものという諸契機はここでは一者[3]のうちに集約せられているからである[4]。したがって事が有機的なものに関しているここでは、或るものがただ単に必然性の結果として登場してくるにすぎぬのではなく、或るものは己れのうちに還帰もしているのであるから、最後のもの乃至結果もまた運動を始めるところの最初のものでもあり、また自分が実現するところの目的でもある[5]。有機的なものは或るものを生み出すのではなくただ己れを維持することをしかしないものであり、言いかえると、生み出されるものも、生み出されるものであると全く同様に初めからすでに現にあるものでもある。

〔有機的なものの〕かかる規定が自体的にはどのようなものか、またこの規定が理性本能に対してはどのようなものであるかをさらに詳しく論究する必要があるが、論究するのは、理性本能がこの規定のうちには己れを見出しながら、それでいて見出したもののうちに己れを認識しないのはどうしてであるかを明らかにするためである。さて観察する理性は目的概念にまで高まって行くのであるが、このさい目的概念は右のごとき次第でこの理性にとって意識せられた概念であるのと全く同様にひとつの現実的なものとしても現にあるのであり、そこで目的概念は現実的なもののただ単に「外面的な関係」を意味するにはとどまらず、その本質でもある。この現実的なものはそれ自身ひとつの目的しいであって、その目的にしたがって他者に関係して行くのであるが、このことは、自他の両者が直接にあるところにしたがって言えば、現実的なものが〔他者に〕関係して行くのは偶然的な関係であることを意味しており、両者とも直接的にはそれぞれ自立的であり、相互にも没交渉である。しかし、両者の関係の本質は両者が呈する外観からするのとはちがったものであり、関係するさいの両者の間に生ずる働きも感覚的な知覚に対して直接的に呈するのとは別の意味をもっている。必然性は「出来する」ものにおいては隠れていて、やっと終りに至って初めて已れを示すが、「示す」というのは、まさにこの終りが必然性は最初からのものでもあったことを示すのをいうのである。しかし終りが自分自身のこのような先在性を示すのは、中途で働きが変更を企てても、この変更によっては、すでにあったものより以外のなにものも出てくるのではないことによっている。〔以上では終りから出発して言ったが〕それとも「我々」が初めのものから出発することにすると、初めのものはその働きの終りにおいて、言いかえると、働きの結果においてただ自分自身に帰って行くだけであり、そうしてまさにこのことによって、初めのものは自分自身を自分の終り(目的)にもつようなものであることを示すのであり、したがって初めのものはそもそも初めとしてすでに已れに還帰していたことを、言いかえると、即自且つ対自的にあるもの(全く自足的なもの)であることを示すのである。だから初めのものが自分の働きの運動によって達成するものは何かと言えば、自分自身であり、そうして初めのものがただ自分自身だけを達成するにすぎぬということがその自己感情(満足)のある所以である。かくて初めがしかじかであるところのものと初めが求めるところのものとの区別が現にあるにはあるにしても、これはただ区別の外観であるにすぎず、したがって初めはそれ自身において概念なのである。

しかしながら自己意識のほうもやはり有機的なものと同じような仕かたで已れを已れから区別しながら、このさい

(197)

同時になんの区別も出てはこないという全く同様の本性のものである。だから自己意識は有機的な自然の観察にさいして〔己れの〕このような本質以外のものを見出すのではなく、自己意識はそのさい己れを物として、生命として見出しながら、それでいてなお自分自身であるところのものと自分が見出したものとの間に区別を立てはするが、しかし、この区別は区別であって区別ではないのである。動物の本能は餌を求め、これを食いつくすが、しかし、そうすることによってこの本能は自分以外の別のものを生み出すのではないが、これと同じように、理性の本能もまたその探求においてただ自分自身を見出すだけである。動物は自己感情をもって終るが、これに対して理性本能は同時に自己意識でもある。しかし理性本能はまさに本能であるにすぎぬから、〔見出したものに即して〕意識に対して一方の側におかれ、意識において己れの対立者をもっている。したがって理性本能が満足をうるにしても、この満足はかかる対立によって真二つに引き裂かれている。理性本能はたしかに己れ自身を、即ち目的を見出し、しかもこの目的を物としても見出しはするが、しかし第一には物が目的として現われてきているのに、この目的は理性本能にとっては物のそとにあり、そうして第二には〔物としてのではなく〕目的としての目的も目的でありながら同時に対象的であるので、意識としての己れのうちにではなく、自分の意識とはちがった他の悟性[1]のうちにあることになる。

さらに立入って考察して見ると、〔有機〕物がそれ自身における目的[2]（目的自体）であるという規定もやはりこの物の概念に基づいていることがわかるが、その理由はこうである。かかる物は己れを維持するが、このことは同時に、必然性を隠して、これを偶然的な関係という形式において表示するのがかかる物の本性であるということをも意味している。なぜなら、まさに物としてもつ自由と自分だけでの存在とは、自分にとって必然的であるものに対して、それがあたかも没交渉なものであるかのごとき態度をとるということ、まさにこのことにほかならず、したがって有機物は自分の概念があたかも自分の存在のそとに[1]属しでもするようなものであるかのように、自分で自分を示すからである。しかし有機物と全く同様に理性のほうでもまた自分自身の概念をあたかも自分のそとに属しでもするものとして直観せざるをえないという必然性を具えており、したがってこの概念を物として、自分が没交渉に対抗するような物として、したがって逆に自分に対しても没交渉であるような物として、またこの物が概念をもっているとすると、この概念に対して没交渉であるような物として直観せざるをえないという必然性を具えている[2]。ところで理性は此処では本能であるが、本能としての理性も物がかく存在し没交渉であるという範囲内に停滞するのであるから、概念を表現している物もこの〔理性〕本能にとっては、この概念とはちがった他者であるにとどまり、また概念のほうも物とはちがった他者であるにとどまっている。だから有機物が理性〔本能〕に対して、それ自身において目的（目的自体）であると言っても、これは次のような意味においてであるにすぎない、即ち物においては、働くものは〔概念に対して〕没交渉な自分だけで存在するものとしての態度をとるから、物の働きにおいては必然性は隠されており、したがってこの必然性は有機的なもののそとに属するという意味においてのことであるにすぎないのである。――しかし有機的なものはそれ自身において目的であるから、かかるものとしての態度より以外の態度をとることはできない。そこで有機的なものがそれ自身において目的であるということもまた現象し感覚的に現在することになり、かくて有機的なものはかかるものとして観察されるのである。即ち有機的なものは己れ自身を維持するもの、己れのうちに還帰するもの、いなすでに還帰したものとして現れてくるのであるが、しかしかかる存在のうちに、この観察する意識は目的概念を認識しはしない、言いかえると、目的概念がほかの何処かの悟性[3]のうちにあるのではなく、まさしく此処に顕現しており、物として存在しているということを、観察する意識は認識しないのである。観察する意識は目的概念と自分だけで存在し自分自身を維持することとの間に区別を立てる。しかし、この区別は区別にして区別ではないのに、「区別でない」ということはこの意識に対してあること、この意識の認めていることではない。かえって、この意識の認めているのは、働きによって成就されるもの(結果)に対して働き自身が偶然的であり没交渉なものとして現象するということである。それでもなお、働きと結果との両者を結合する統一(目的)があるのに、——かの働きとこの目的ともこの観察する意識にとって離れ離れになっているのである。[1]

かかる見方[2]において有機的なもの自身に帰属しているものは、最初のものと最後のものとの中間に介在しているところの働きであり、しかも個別態の性格を具えているかぎりのかかる働きである。これに対して普遍態の性格を具えているかぎりの働き、そうしてまた働くものが働きによって生み出されたものと等しいとされたかぎり働き、即ち合目的な働きそのものは、この見方では有機的なものに帰属しないということになるであろう。かの個別的な働きはただ手段たるにすぎぬものであって、その個別態の故に、全く個別的な或は全くの偶然的な必然性という規定のもとに立っているから、有機的なものが個体としての、或は類(種族)としての己れ自身を維持するためになす働きは、かかる直接的な内容から言えば、全く無法則である。まことに普遍的なものと概念とは有機的なもののそとに出ているのであるが、こうなると、有機的なものの働きは活動ではあっても、これは己れ自身において内容をもつことのない空虚な活動である。しかしかかる活動は機械の活動でさえもないであろう。なぜなら、機械は或る目的をもっており、この目的によって機械の活動でさえもまた一定の内容をもっているからである。かくまでも普遍的なものから見放されたときには、有機的なものの活動はただ存在するものとしての存在するものの働きであるにすぎなくなるが、このことは、有機的なものの活動がただ働きであるにとどまって同時に己れのうちに還帰しているのではない働きであることになり、已れのうちに還帰しない点で酸或は塩基[1]の働きのごときものとなるであろうことを意味している。そこで有機的なものの活動は自分の直接的な定在から脱却することができず、また〔酸と塩基とのごとく〕自分に対立するものと関係するに至ったときには消え失せるところの定在を放棄することもできないところの活動でありながら、それでいて已れを維持することはできるところの活動であるということになるであろう。しかしながら「存在」と言っても、ここでその活動が考察せられているところの存在は、自分に対立するものへの関係においても已れを維持しているところの物として定立せられているのであって、このさいには働きそのものというのはこの物の自分だけでの存在（個別存在）という全く本質を欠いた形式以外のものでしかなく、そうしてこの働きの実体、即ちただ単に限定せられた存在であるにすぎぬのではなく普遍的なものであるところの実体に至っては、言いかえると、働きの目的に至っては働きのそとに出ているものではない。〔かかる反対の見方からすると、〕働きとはそれ自身において已れのうちに還帰して行く働きであって、なにか外来のものによって已れのうちに導きもどされた働きではないのである。

しかしながら、普遍態と働き（個別態）とのかかる統一はこの観察する意識に対してあることでなく、その認めるところではないが、これは、かの統一が本質的に有機的なものの内的な運動であって、ただ概念としてのみ把握せられうるのに、観察というものは諸契機を存在と持続との形式において探求するものだからである。しかし有機的な全体とは諸契機をかかる持続の形式においてはもたず、またかかる形式において見出さすことを許しもしないことをもって本質とするものであるから、自分の見方にしたがって〔観察する〕意識は対立を自分の見方に適合したような対立[2]に変更するのである。

γ　内なるものと外なるもの

このようにして観察する意識には、二つの存在的で固定的な契機の関係としての有機的実在が「発生」している。――これらの契機はひとつの対立のものであるが、この対立の両側面は存在的、固定的であるので、一方では観察において与えられているように思えるし、他方では内容から言うと、有機的な目的概念と現実との対立を表現している。ただしこの対立においては概念そのものは消去せられているから、「表現する」と言っても、思想を「表象」になりさがらせたときのおぼろげな皮相な仕かたにおいてのことである。そこで「我々」はひとが内なるものと言うときに意味しているのがほぼ前者(目的概念)であり、ひとが外なるものと言うときに意味しているのがほぼ後者(現実)であることを見るが、両者の関係が「外なるものは内なるものの表現である」[1]という法則を生み出すのである。

この内なるものをその対立者と共に、また両者の相互関係をさらに立入って考察することにすると、第一に明らかなのは、さきの諸法則においては法則の両側面はそれぞれ自立的な物であって各自特別の物体として現われてきたが[2]、ここでは「法則の両側面」と言っても、もはやさきの場合のように聞え解せられるものではないということであり、第二に明らかなのは、普遍的なものが存在するもののそとの何処かにその顕現をもちでもするのではないということである。かえって有機的な実在が不可分の全体性において内なるものと外なるものとの内容として根底におかれており、両者に対して同一であるから、「対立」と言っても、これは全くの形式のうえでの対立であるにすぎず、この対立の実在的な両側面と言っても同一の自体を本質としてもっているのである。しかしながら、これと同時に内なるものと外なるものとは相互に対立した実在でもあり、また観察に対しては互に相違した存在であるから、両者は観察にとっては各自固有の内容をもつように見えるが、しかしこの「固有の内容」も同一の実体或は有機的な統一から成るものであるから、じっさいにはこの統一の相違した形式でしかありえない。そうしてこのことは、「外なるものは内なるものの表現でしかない」と言うときに、観察する意識によってもほのかには意味されていることである。――関係についてのべた以上の諸規定と同じこと、即ち互に相違するものが没交渉な自立性をもつことと自立的でありながら自立性のさなかにおいて統一を形づくり、この統一においては相違するものが消えうせるということ、このことを「我々」はさきに[1]目的概念において見たのである。

(200)

αα　内なるもの

そこで内なるものと外なるものとがそれぞれの存在においていかなる形態をもつかが見られなくてはならないが、このさい内なるものそのものも、外なるものそのものと全く同じようにやはり外的な存在と形態とをもたざるをえない。[2]なぜなら、内なるものも対象であり、言いかえると、内なるものもそれ自身存在するものとして、そうして観察に対して現にあるものとして定立せられているからである。

有機体の実体は内なる実体として単純な魂であり、純粋な目的概念であり、言いかえると、普遍的なものであるが、この普遍的なものは部分となったときにも普遍的(汎通的)な流動性たることを保っているから、存在するときにも働き(機能)として、言いかえると、現実は現実でも消失する現実の運動として現象してくる。しかるにこれに対してかの存在する内なるものに対置せられた外なるものとは有機的なものの静止せる存在[3]のことである。そこで法則とはかの内なるもののこの外なるものへの関係のことであるから、この法則はその内容を一方では普遍的な諸契機ないし単純な諸本質態の呈示において、そうして他方では現実化せられた本質態ないし形態の呈示において表現していることになる。かの最初の単純な有機的な諸特性は、言って見れば、感受性と反応性と再生とであるが[1]、これらの特性は、そうして少くとも最初の二つはたしかに有機体全般に関するのではなく、ただ動物の有機体にのみ関するにすぎぬように見える。植物の有機体も有機体の概念を表現していても、まだ自分の諸契機を展開していない単純な概念を表現しているにすぎぬ。だから、観察に対して存在すべきであると考えられるかぎりにおいては、これら特性に関しては、「我々」はこれらの展開せられ発展した定在を示している有機体の場合に頼ることにせざるをえない。

そこで有機体のかかる諸特性自身がなんであるかと言うと、これは自己目的[2] Selbstzweck であるという〔有機体の〕概念からしてすぐに結論として出てくることであるが、その理由はこうである。感受性は一般に有機体の自己内還帰という単純な概念を表現しており、言いかえると、この単純な概念の普遍的（汎通的）な流動性を表現している。これに対して反応性は還帰しながらも同時に反作用の態度をとるという有機体の弾力性を表現しており、また〔感受性という〕最初の静的な自己内存在とは反対の現実化することをも表現しているが、この現実化においてはかの抽象的な自分だけでの存在（対自存在）が他者に対するの存在となっている。しかるに再生は〔感受性と反応性とからなる〕全体として己れのうちに還帰している有機体の作用であり、目的自体としての或は類としての有機体の働きであるから、この働きにおいては有機体は己れを己れ自身から拒斥して、己れの有機的な諸部分を生産しつつか、それとも個体全体を生産しつつ、己れを反復するのである。もし自己維持一般の意味に解せられるときには、再生は有機体の形式的な概念を、言いかえると、感受性を表現するけれども、しかし厳密に言えば、再生は有機体の実在的な概念であり、ないしは全体であり、そうしてこの全体は個体として自分自身の個々の諸部分を生産することによってか、それとも類として諸個体を生産することによって己れのうちに還帰している。

これらの有機的な成素がもつ今ひとつ別の意義、即ち外なるものとしてもつ意義というのは、これらの成素が形態をえたありかたのことであるが、このありかたから言うと、これらの成素は現実的な諸部分として現にあるが、しかし同時に普遍的な諸部分として、言いかえると、有機的な諸組織として現にある。感受性は言って見れば神経組織として、反応性は筋組織として、再生は個体及び類の維持のための内臓〔組織〕として現にあるのである。

したがって有機体に固有の諸法則というのは、有機体の諸契機が一方では有機的な形態化の部分であり、他方では限定ではあっても、かのすべての組織のうちを駈けめぐり、すべてに滲透する普遍的な流動的な限定でもあるという二重の意義をもつところから生ずる諸契機相互の関係に関するものである。だからこの種の法則のフォーミュラにおいては、例えば一定の感受性は有機体全体の契機であっても、その表現を一定のしかたで形成せられた神経組織においてもつことになるであろうが、それともまた一定の感受性は個体の有機的諸部分の一定の再生ないし全体の〔一定の〕繁殖に結びつけられもするであろうなどということになる。[1] ――かかる法則の両側面は観察せられることができる。外なるものはそもそもその概念から言って対他存在であって、例えば感受性は感受の組織（神経組織）のうちにその直接に現実化せられた様態をもっているが、感受性はまた汎通的な普遍的な特性であるので、その諸発現[2]（外化）をもち、そうしてこの外化においてはやはり或る対象的なものである。それで内なるものと呼ばれる側面が自分自身の外的な側面をもっているわけであるが、これは全体の見地において外なるものと呼ばれるものとは異っている。

だから有機的な法則の両側面はたしかに観察せられるであろうが、しかし両者の関係の法則に至ってはそうではない。ところで観察がそうすることにまで到達しないのは、観察が観察としてあまりにも近眼であるからではない、或は観察が経験的な手続をふまずに理念から出立すべきであったからではない。——もしもこの種の法則にしてなにか実在的なものであるならば、それらはじっさい現実に現に存在せざるをえず、したがってまた観察もせられざるをえぬのである。——そこで法則の両側面の関係が観察されないのはかかる理由によることではなく、そもそもこの種の法則という思想がなんらの真理をもたぬことを証《あか》すからである。(1)

内なるものの純粋な諸契機、即ち感受性などの法則

(202)

先に(2)法則であることが結論された関係というのは、有機体の普遍的(汎通的)な特性が有機体のひとつの組織において物となり、物において物となって形態化せられた刻印をもつであろうということ、したがって特性と組織との両者が同一本質のものであって、この本質が一方では普遍的な契機として現にあり、他方では物として現にあるであろうということであった。しかしながら、これだけにとどまるのではない。内なるものという側面もまたそれ自身数多の側面の関係であるから、先ずもって現れてくる(3)「法則の思想」は有機体の普遍的な諸活動ないし諸特性相互間の関係としてのものである。かかる法則がはたして可能であるかどうかは、かかる特性の本性から決定せられざるをえぬことである。ところで「特性」と言っても、普遍的な流動性のことであるからして、一方からすると、特性は物のあり方にしたがって制限せられている或るものではなく、物の形態をなすはずと考えられる或る定在の区別のうちにとじこもっている或るものでもなく、〔例えば〕感受性は神経組織を越えてそのそとに出て行って有機体のその他のすべての組織のうちを駈けめぐり、それらに滲透しているのであるが、——他方から言うと、感受性は普遍的な契機であるので、反作用ないし反応性からも再生からも本質的に分離されず、また分離されえないものである。その理由はこう

である。己れのうちへの還帰であるから、感受性もそれ自身端的に反作用である。ただ単に己れのうちに還帰して存在するというだけでは受動性ないし死せる存在であって感受性ではないが、――これは作用或は反作用のほうも己れのうちに還帰して存在することを欠いている場合には反応性ではないのと同じである。作用ないし反作用における還帰と還帰における作用ないし反作用とは統一を得てまさに有機体を形づくるものであり、そうしてこの統一は有機体の再生と同じことを意味するのである。ここからして結論せられるのは、現実のいかなる様態においても、反応性と同一量の感受性[1]――というのは、「我々」は先ずさしあたって感受性と反応性相互の関係を考察しているからである――が現にあるべきはずだということ、またひとつの有機的現象は感受性と反応性とのうちのいずれによっても全く同じように把握せられ規定せられうるということ、或はひとの好みにまかせて言えば、説明 erklären せられうるということである。或る人が例えば高度の感受性と受取るものを、他の人は同じ正しさをもって高度の反応性として、しかも同一高度の反応性として考察することができるのである。もしも感受性と反応性とが構成因[2]と呼ばれ、そうしてこれが無意義な空語ではないと言うのならば、まさにこのことによって言明せられているのは、両者が概念の契機であること、したがってこの概念が本質を形づくっているところの実在的な対象は両者を同じ仕かたで具えていること、またこの対象が或る観点において非常に感受的であると規定せられるとすると、他の観点からしてはやはり非常に反応的であるとも全く同様に言われうるということである。

当然のことであるが、感受性と反応性とが区別される。そうしたとき両者が区別せられているのは概念にしたがってのことであり、そこで両者の対立は質的であることになる。[4] しかし、かかる真実の区別のほかになお他の区別があって、両者が存在するものとして、また「表象」に対するものとして、法則の両側面でありえでもするかのように定立せられることがあるが、そうした場合には両者は量的な相違において現われてくる。(1) かくして両者に本来的な質的対立は大さのほうへ移って行って、例えば感受性と反応性とは両者の大さに関し反比例の関係にあるというような種類の法則が発生し、その結果として一方が増加するにしたがって他方は減少するということになる。或はむしろいきなり量自身を内容として取って、ここに生じているのは、或るものの大さはその小さが減少するにしたがって増加するという法則であると言ったほうがよい。――しかし、この法則に或る一定の内容が与えられてその結果、例えば穴の大さはその中身をなすものの減少するにしたがって却って増加するということになると、この反比例はすぐに正比例に転化させられることができ、「穴の大さは取りさられたものの嵩《かさ》と正比例して増加する」と表現せられることもできるが、――かくのごときは正比例と表現されようと、反比例と表現されようと、要するに同語反復的な命題であって、その本来の表現においては、或る大さはこの大さが増加するにしたがって増加するということをしか意味してはいない。いったい、穴とこれの中身をなし取りさられるものとは〔なるほど〕質的に対立しているけれども、しかし両者の内実とこの内実の一定の大さとは両者において全く同一であり、また大さの増加と小さの減少とも全く同一であり、両者の無意義な対立は同語反復に帰着するのであるが、これと同じように、〔感受性と反応性というごとき〕有機体の諸契機もまた内実に関しても、内実の大さであるところの大さに関してもひとしく相互に不可分である。一方の契機はただ他方の契機と共にのみ減少し、またただ他方と共にのみ増加するのである。なぜなら、一方がその意義をもつのは、ただ他方が現にあるかぎりにおいてのことであり、しかも端的にこのかぎりにおいてのことだからである。――或はむしろひとつの有機的な現象を、(2) 感受性と呼ぼうと、それとも反応性と呼ぼうと、どちらでもよいことであり、しかもそもそもすでに一般的にそうであるばかりでなく、感受性や反応性の大さについて語られるときにも、全く同様にそうであって、――「どちらでもよい」と言うのは、穴の増加をもって空《から》としての穴の増大だと言おうと、それとも取りさられた中身の増大だと言おうと、どちらでもよいのと同じである。或はこうも言える。例えば三という数は、私がこれを正と解しようと負と解しようと、同じ大きさであることには変りはなく、そうして私が三を四にまで大きくするときには、正は負と同じように四になっている。――或はひとつの磁石における北極はその磁石の南極とちょうど同じ強さのものであり、また一つの陽電気ないし一つの酸は陰電気ないし酸の働きかけるところの塩基とちょうど同じ強さのものである。――ところで右に言った三や磁石などと同じように大きさをもったもの、これが有機体の定在なのであるが、増加させられたり減少させられたりするのはこの当の定在である。そこでこの定在が増加させられるときには、定在の両構成因はもろ共に増加させられるのであるが、これは磁石〔や電気〕などが強化せられるときには、磁石の両極がもろ共に、また陰陽の電気がもろ共に増加するのと同じである。――それから感受性と反応性というような両契機が内包(強度)と外延とにおいて相違しうるのでもない[1]、即ち一方の契機が外延においては減少しても内包においては却って増加しうるのに、他方の契機は反対にその内包を減少しても外延はこれを却って増加するとでもいうのではないが、こういう謬見もまた空虚な対立という同一の概念に属し、これに由来するものである。実在的な内包は外延と端的に同じ大さのものであり、そうしてその逆もまた成立するのである。

かかる法則定立がいったいどのように行われているかと言うと、もう自明であるように、最初には感受性と反応性とが一定の有機的な対立をなしているけれども、しかし、この内容がいつしか失われて、対立は量の増加と減少との、或は互に相違する内包と外延との形式的な対立のうちにまぎれこんでいるのであるが、かかる形式的な対立はもう感受性と反応性との本性には関りない対立であり、またもうこの本性を表現するのでもない対立である。だから法則定立のかかる空《むな》しい遊戯はなにも有機的な諸契機にだけかぎったことではなく、あらゆる処であらゆるものについて行われることができるのであり、(1) 一般的に言えば、かかる諸対立の論理的な本性についての無知に基づいている。最後に(2)感受性と反応性とを関係づける代りに、再生をこれらのいずれか一方と関係づけることにすると、かかる法則を定立しようにもその切っ掛けさえなくなってしまう。なぜなら、感受性と反応性とが相互に対立しているようには再生はこれらの契機との対立にあるのではないからである。(3) しかるにこの法則定立はかかる対立に依存しているのであるから、その成立の外観でさえ崩れ去ってしまうわけである。

(205)

内なるものとこれ自身の外なるもの

今しがた考察せられた法則定立は有機体の区別項を有機体の概念の諸契機であるという意味において含んでおり、本来的にいえば、〔経験的ではなく〕先験的な法則定立たるべきものであった。しかしながら、この法則定立自身のうちに本質的に含まれている思想があり、これによると、区別項は現にあるもの(所与)であるという意義をもつべきであるし、それにただ単に観察するにすぎぬ意識というものはもともと区別項の定在にのみ頼らざるをえないものである。(4) そこで有機的な現実が必然的にその概念の示しているような対立を具えることになり、そうしてこの対立が感受性と反応性として規定せられうると共に、さらにこれら両者が再生から相違したものとして現象するさいの対立であることになる。——ここでは有機的な概念の諸契機が外面性において考察されているが、この外面性は内なるもの自身に直接的な外面性であって、全体の立場での外なるもの、形態であるところの外なるものではない。(5) この後の外なるものを内なるものとの関係において考察することは今後の(6)課題である。

しかしながら、〔概念の〕諸契機の対立も定在においてあるような具合に受けとられると、感受性、反応性、再生と言っても、比重、色彩、硬度等々と全く同じように各自相互に没交渉なもろもろの普遍態であるところのありきたりの性質になりさがってしまう。(1) むろん、こういうありきたりの性質であるという意味において、或る有機体が他の有機体よりもより感受的であり、ないしはより反応的であり、またより大きい再生力をもつことがたしかに観察せられうるし、——そうして或る有機体の感受性等々が他の有機体の感受性等々と種的に相違していること、一定の刺戟に対して或る有機体が他の有機体とはちがった態度をとること、例えば馬はエンバクに対しては干し草に対するのとはちがった態度をとり、そうして犬は両者に対して馬とはちがった態度をとる等々のこともたしかに観察せられうるが、これは或る物体が他の物体よりもより硬いこと等々が観察せられうるのと全く同じである。——しかしながら硬度、色彩等々の感覚的な性質と同じく、干し草という刺戟に対する感受性や重荷に対する反応性や生まれる仔の数や仔を生む仕かたのごとき諸現象は、相互に関係づけたり相互に比較したりして見ても、合法則性とは本質的に背馳するものである。なぜなら、かかる性質は感覚的な存在であるという限定をもっているが、この限定がいったいなんであるかと言うと、諸性質が相互に全く没交渉に出現してくること、まさにこのことに存しており、また諸性質のひとつの関係としての統一を示すというよりもむしろ概念の拘束を解かれた自然の自由を示すこと、概念の諸契機自身を示すというよりもむしろ諸契機間〔の関係に関して〕、これらの性質が偶然的な量の度盛のうえを非理性的な仕かたで上り下りする遊びを示すこと、まさにこういうことに存しているからである。

ββ 内なるものと形態としての外なるもの

〔しかしながら有機体の法則定立には〕なお第二の方面がある。この方面においては〔感受性、反応性、再生という〕有機的な概念の単純な諸契機が形態化の諸契機と比較せられるのであるが、この方面にして初めて真実の外なるものをもって内なるものの印刻なりと言明するところの本来の法則を与えるとも思えるであろう。――ところで右の単純な諸契機は「性質」ではあっても、全体に行きわたる流動的な「性質」であるから、有機的な物においても、形態の個々の組織(1)と名づけられるもののような相互に分離された物的表現をもつことはない。言いかえると、〔一方、内なるものの側において〕有機体の抽象的な理念がかの三つの契機において真実に表現せられているのは、これらの契機が決して静止せるものではなく、概念と運動との諸契機にほかならぬからこそであるが、そうであるとすると、他方の形態化としても、有機体は解剖学(2)が離れ離れのままにしておくような三つの限定せられた組織のうちにとじこめられているのではない。〔その理由はこうである。先ず〕これらの組織が現実のうちに見出されるのであり、そうしてかく「見出されること」によって三つの組織は正当化せられるはずであると言うのならば、そのかぎりでは、解剖学はただ単にかかる三つの組織だけを提示するのではなく、そのほかに幾多の組織をも提示していることに注意をうながさざるをえない。――この点は顧慮のそとにおくとしても、次には、そもそも感受性の組織は神経組織と呼ばれるものとは全然ちがった或るものを意味せざるをえず、同様に反応性の組織も筋組織と呼ばれるものとは、再生の組織も再生の内臓〔組織〕と呼ばれるものとは、それぞれ全くちがった或るものを意味せざるをえないのである。形態そのものの組織においては、有機体は現存では死せる現存という抽象的な側面にしたがって把握せられているが、そう受けとられたときには、有機体の諸契機ももう解剖学のものであり、屍体のものであって、もう認識(3)のものでも生ける有機体のものでもない。かかる諸部分としては、諸契機はむしろ存在することをもうやめてしまっている。なぜなら、諸契機はもう過程として存在することをやめているからである。有機体の場合には存在と言っても本質的に普遍態(汎通態)のことであり、言いかえると、己れ自身のうちへの還帰のことであるから、その全体の存在も諸契機の場合と同じように解剖学的な組織のうちにあるのではなく、かえって〔全体の〕現実的な表現も諸契機の外面性もむしろただ形態化の互に相違する諸部分を駈けめぐるところの運動としてのみ現にあるのであり、そうしてこの運動のうちでは、〔解剖学によって〕個々の組織として引きずり出されて固定化されていたものも本質的に流動的な契機であることを示すのである。だから諸契機の実在性として妥当することを許されるものは解剖学が「見出す」ようなかの現実ではなく、ただ過程としての現実のみであり、そうして解剖学的な諸部分が意味をもつのも、ただこの過程においてのみのことである。

以上のことから結論せられるのは、〔第一には〕有機体における内なるものがもつ諸契機を〔形態から分離して〕単独にとらえたとき、これらの契機は〔感覚的〕存在[1]の立場における法則の諸側面を提供しうるものではないということである。なぜなら、かかる法則においては諸契機はそれぞれひとつの定在について述語せられるから、相互に区別せられることとなって、任意の一が他に代って同じ権利をもってその名をあげられうるというようなことはないからである。〔第二に〕結論せられるのは、〔内なるものという〕一方の側面においたとき、これらの契機は他方〔外なるもの〕の側面にある固定的な組織において各自その実現をもつのでもないということである。なぜなら、この固定的な組織はそもそも有機体の真実態を具えるものではないごとく、内なるものの諸契機の表現でもないからである。有機的なものは自体的に普遍者であるから、有機的なものにとって本質的であるのは、むしろ凡そ自分の諸契機を現実のうちにおいても、自体的にあるときと、やはり同じように普遍的(汎通的)にもつこと、即ち自分の諸契機をもって全体を駈けめぐる過程としてもつのであって、ひとつひとつ遊離した物において普遍的なものの像を与えるのではないということである。

〔法則の思想〕

このようにして有機的なものにおいては、そもそも法則という表象が消えうせてしまう。[1] 法則は対立を静止せる両側面として把握し表現しようと欲するものであり、また両側面において限定をも把握し表現して、この限定をして両側面の関係を形づくらせようとするものである。内なるものには現象せる普遍態が属し、外なるものには静止せる形態の諸部分が属しているが、かかる内なるものと外なるものとが法則の相互に対応する両側面をなすべきはずであった。しかしかく離れ離れにおかれたときには、内なるものと外なるものとは有機的な意義を失ってしまう。そこでいったい法則という「表象」の根底に横っているものは、法則の両側面が各自自分だけであって他と没交渉な存立をもっているということ、また関係が相互に対応する二通りの限定として両側面に割当てられるであろうということ、まさにこのことであるということになる。しかしながら、有機的なものの内外いずれの側面も各自それ自体においてなんであるかと言うと、むしろあらゆる規定が解消せられているところの単純な普遍態であることにおいて成立するものであり、またこの解消の運動であることにおいて成立するものにほかならないのである。

この法則定立がその先の諸形式[2]に対してもつ区別を透見するならば、この法則定立の本性は完全に明らかとなるであろう。——即ち「我々」が翻って知覚の運動と知覚において己れのうちに還帰し、そうすることによって自分の対象を規定している悟性の運動とを顧みることにすると、このさい悟性は自分の対象において、普遍的なものと個別的なもの、本質的なものと外面的なものというような抽象的な諸規定の関係はこれを思い浮べているわけではなく、かえって悟性自身がひとつの規定から他の規定への移行ではあって、移行である悟性自身にはこの移行が対象的とはなってはいない[1]。これに対して此処でそれ自身対象であるのは、有機的な統一であるが、このことはかの諸対立のまさに関係自身が〔悟性に対して〕対象であることを意味しており、そうしてこの関係はただ全くの純粋移行である。この純粋移行はこれをその単純態[2]において見れば直ちに普遍態であるが、この普遍態が区別項のうちにはいりこんで行くときに、この区別項の関係を表現すべきものが法則なのであるから、法則の諸契機は〔悟性という〕この意識の普遍的〔汎通的〕な諸対象としてある。そこで法則に曰く「外なるものは内なるものの表現である」ということになるのである。悟性が此処では法則の思想そのものを把握しているのに、先には悟性はただともかくも諸法則を求めただけであり、また先には諸法則の諸契機は一定の内容として悟性に思い浮んでいたのであって、法則の思想として思い浮んでいたのではない。――かくして〔有機的なものという〕内容の点から見ると、純粋に存在する区別項を普遍態の形式のうちに安定したものとして受容するにすぎないものであるような諸法則[3]は此処ではもはや法則として維持せらるべきではなく、維持せらるべきは、かえってかかる区別項において直ちに概念の不安定をも具えているところの、したがってまた同時に両側面の関係の必然性[4]をも具えているところの諸法則である。〔じっさいにはそうなっていないが、〕しかしまさに対象である有機的統一が存在の「無限[5]」な止揚ないし絶対的な否定を安定せる存在とすぐに合一させるのであるから、また諸契機も本質的に純粋な移行であるから、法則に対して要求せられるような存在する諸側面は有機的統一からは決して結論として生じてはこないのである。

維持すべきでない存在する諸側面をしいて維持せんがためには、悟性は有機的な関係における純粋な移行とはちがった今ひとつ別の契機に頼らざるをえない、即ち有機的な定在が已れ自身のうちに還帰して存在すること(1)に頼らざるをえないことになる。しかし、この「存在」とても全く完全に已れのうちに還帰しているので、この存在にとっては他の存在に対するいかなる限定ももう残ってはいない。いったい直接的な感覚的な存在というものは限定そのものと直接に一であるから、それ自身において質的な区別を示しており、例えば青の赤に対し、酸の塩基に対する等のごとくである。しかしながら已れのうちに還帰している有機的な存在は他の存在に対して完全に没交渉であって、その「定在」と言っても、単純な普遍態であり、観察に対して持続的な感覚的な区別項を与えることを拒否するのであり、或は同じことであるが、自分に本質的な限定をただ存在する諸限定の交替(2)としてのみ示すのである。だから存在する区別としての区別がどのように現れてくるかと言うに、どうでもよい区別であるという仕かたにおいて、即ち量としてであるということになるが、この量においては概念は消去せられ、必然性は消滅してしまっている。——しかし、このどうでもよい存在の内容であり中身であるところの感覚的な諸規定の交替を有機的な規定の単純態のうちに集約して見ると、この内容或は交替がかの——直接的な性質(3)であるという——限定をもつものではないことがすぐ分ってくる。そこで、我々が右に見たように、〔直接的な性質としての〕質的なものはただ量のもとにのみ属するということになる。

(209) だから有機的な限定(4)として捕捉せられる対象的なものがすでにそれ自身において概念を具えており、概念を具えることによって、この「対象的なもの」は、諸法則の内容を捕捉するにさいして純粋に知覚するものの態度をとる悟性に対してある対象的なものとは区別されている。それにも拘らず、「有機的な限定」として捕捉するかの態度もただ単に知覚するにすぎぬ悟性の原理と手法とのうちに全く転落してしまうが、その理由は、捕捉せられたものが法則の諸契機に使用せられることにある。なぜなら、そう使用せられることによって、有機的な限定として捕捉されたものも固定的な限定の様態を、直接的な性質ないし静止せる現象の形式を獲得することになり、ひいては量の規定のうちに取りいれられることとなり、かくして概念は抑圧せられることになるからである。――だから、ただ単に知覚せられたものを〔有機的に〕己れのうちに還帰しているものに取換えて見ても、ただ単に感覚的な限定であるにすぎぬものを有機的な限定に取換えて見ても、こういう取換えは再びその価値を喪失するが、これは悟性がまさに法則定立の態度をまだ放棄していなかったことによっているのである。

この取換えについて二、三の実例に即して〔知覚と単なる悟性と法則を定立する悟性との〕比較を行うことにすると、例えば知覚にとっては強い筋をもっている動物であるところのものが〔法則を定立する悟性によっては〕高度の反応性を具えた動物的な有機体として規定せられる。或は知覚にとっては大きな弱さの状態であるものが〔法則を定立する悟性によっては〕高度の感受性の状態として規定せられるのであるが、このさい、ひとの好みにまかせて、このことを正常でない敏感さ Affektion として、しかも感受性のより高次の勢位への高揚 Potenzierung として規定せられると言ってもよい（ただし、Affektion と Potenzierung とは、感覚的なものを概念に移すのではなく、ドイツ語化されたラテン語に移し翻訳する表現であるにすぎない）(1)。そうして〔知覚にとって〕動物が強い筋をもつということは、〔単なる〕悟性によっては、「この動物は大きな筋力をもつ」というようにも表現せられうるのであるが、――これは〔知覚にとっての〕大きな弱さが〔この悟性によっては〕小さな力として表現せられうるのと同じである。ところで〔法則を定立する悟性の与える〕反応性による規定は、〔単なる悟性の与える〕力という規定に比して、後の規定が己れのうちへの不定な還帰を表現しているのに、前の規定のほうは一定の還帰を表現しているという長所をもっている。なぜなら、筋に固有の力がまさに反応性だからである。——そうして反応性による規定はまた〔知覚の与える〕強い筋という規定に対して、反応性をもってするこの規定のうちには、すでに力のうちにと同じように、己れのうちへの還帰が同時に内含せられているという長所をもっているが、これは〔知覚にとっての〕弱さ或は〔単なる悟性にとっての〕小さい力、即ち有機的な受動性が〔法則を定立する悟性の場合には〕感受性によって明確に有機体のものとして表現せられるのと同様である。しかしながら、この感受性が単独に受けとられ固定せられ、しかも大さ（量）の規定と結びつけられて、より大なる、ないしより小なる感受性として、より大なる、ないしより小なる反応性に対置されるということになると、感受性と反応性との両者いずれもが全く感覚的な場面のうちに引きずりおとされ、ありきたりの「性質」という形式になりさがり、そうして両者の関係もまた概念ではなくして、これとは反対に大さであることになり、そうして対立は今やこの大さのうちにおちこんで、思想を欠いた区別となってしまう。感受性と反応性という表現が用いられるにさいしては、たしかに〔悟性の与える〕力と〔知覚の与える〕強さ及び弱さという表現の曖昧さは除去せられはしたけれども、しかし今や生じているのは、やはり同じように空《うつ》ろで曖昧な遣りかたであり、より高度の、より低度の感受性と反応性という諸対立に、また両者が相互の関係において上昇したり下降することに空《うつ》ろで曖昧な態度であれこれと関わるという遣りかたである。強さと弱さとが全く感覚的な無思想の規定であるのに劣らず、より大なる、ないしより小なる感受性と反応性ともやはり思想を欠いた態度で捕捉せられ、またそういう態度で言いあらわされた感覚的現象である。没概念的な表現に代って概念が登場しているのではない。強さと弱さとが或る規定[(1)]によって充実されているにしても、またこの規定はそれ自身として受けとれば、たしかに概念[(2)]に基づき、概念を内容としてはいるけれども、しかしかかる根源と性格とを全く喪失したものである。——だからこの内容が法則の側面とされるさいの単純態と直接態という形式によって、またかかる諸規定の区別にとって場面をなしているところの大さによって、根源的には概念としてあり、また概念として定立せられた本質もなお感覚的な知覚の様態を保持しており、そうして力の強さと弱さとによる規定におけると同じく、いな言いかえると、直接的な感覚的な「性質」をもってする規定におけると同じく、認識(1)からはいぜんとして遠く距てられたままである。

γγ　それ自身、内なるものと外なるものから成れるものとしての外なるもの

そこで今やなお残っているのは、有機体の外なるものであるところのものをそれ自身だけとして考察すること、またこの外なるものにおいてこの外なるものそれ自身の内なるものと外なるものとがどう限定せられるかを考察すること(2)であるが、これは初めに全体の立場での内なるものがこの内なるものそれ自身の外なるものとの関係において考察せられたがごとくである。

外なるものをそれ自身として考察すると、これは形態化一般(3)であり、存在の場面において己れを分肢する生命の体系であるが、これと同時に本質的に有機的なものの他者に対するの存在でもあり、――有機的なものの自分だけでの存在(対自存在)における対象的な存在でもある。――このさいの他者というのは一見すると、有機的なものに外的な非有機的自然(環境)のように思われるけれども、しかし有機的なものと非有機的自然との両者を法則との関係において考察すると、非有機的な自然は、我々がさきに見たように(5)、法則において有機的なものに対立する側面をなすことはできない。なぜなら、有機的なものは〔非有機的な自然に影響されると〕同時に端的に自分だけでも存在して、非有機的自然には普遍的な自由な関係をもつからである。

しかしながら法則のかく内外両側面たるべきものの関係を有機的な形態自身においてもっと立入って規定することにすると、次のごとくである。即ちこの形態は一方の側面では非有機的な自然に向ってはいるが、しかし他方の側面では自分だけで対自的にあって已れのうちに還帰している。現実の有機的なものが媒語であって、この媒語が生命の対自存在〔の極〕を外なるもの一般(環境)ないし自体存在(対象的存在)〔の極〕と推理的に連結している。(1)――ところで対自存在の極が内なるものであるが、これは「無限」な一者であって、(2)形態自身のもつ諸契機をそれらの存立から已れのうちに取りもどし、また外なるものとの連関からも已れのうちに取りもどしてはいる。しかしこの極〔自身〕は無内容なものであって、形態において已れの内容をえ、また形態においてその過程として現象している。この極は単純な否定態であり、言いかえると、純粋な個別態(一者)であるから、この極において有機的なものは絶対的な自由をもっていて、この自由によって有機的なものは他者に対するの存在に対して没交渉であり保全せられており、そうしてまた形態の諸契機がもつ限定に対してもまた同様である。しかしながら、この自由は同時に形態がもつ諸契機自身の自由でもあって、諸契機が定在する諸契機として現象することを可能にする所以のものであり、またそういうものとして捕捉されることを可能にする所以のものでもある。そこで形態の諸契機はこの絶対的自由によって外なるもの(環境)に対して自由にされ没交渉であるごとく、相互に対してもまた同様である。なぜなら、この絶対自由の単純態は存在であり、言いかえると、諸契機の単純な実体だからである。この概念ないし純粋な自由は、形態ないし対他存在がたといどんなに多様な戯れのうちであちこちと彷徨しようとも、全く同一の生命であって、(3)この生命の流れにとっては、その動かす水車がどのような種類のものであるかは、どうでもよいことである。――ところで第一に注意せらるべきは、この概念が此処では以前に(4)本来の内なるものの考察にさいしてなされたように、過程というその形式において、言いかえると、この概念の諸契機[1]の展開という形式において捕捉せらるべきではなく、かえってこの概念は現実の生きものに対して純粋に普遍的な側面をなしているところの単純な内なるもの[2]であるという形式において、言いかえると、形態の存在する分肢が存立するための場面としてのその形式において捕捉せらるべきであるということである。なぜなら、「我々」が此処で考察しているのはこの形態であるが、この形態においては生命の本質は存立のための単純態としてあるからである。第二に〔注意せらるべき〕は対他存在ないし現実の形態化のもつ限定も、その本質であるところのこの単純な普遍態のうちに取りいれられると、これと全く同じように単純で普遍的で非感覚的な限定となって、ただ数[3]として表現せられる限定でしかありえないということである。——数が形態にとっては〔内なるものである〕無限定な生命を〔外なるものである〕現実の生命と結びつけるところの媒語であり、前者のように単純でありつつ後者のように限定的でもある。前者たる内なるものにおいては数としてあるであろうものを、外なるものはその遣りかたにしたがって生態、色彩等々さまざまの形の現実として、総じて言えば、現象のうちに展開せられる区別の全群[4]として表現せざるをえぬであろう。

　そこで有機的な全体の両側面——その一方は内なるものであり、これに対して他方は外なるものであり、しかもおのおのがそれ自身において再び内なるものと外なるものとをもつようになっている——を、両者それぞれがもっている内なるものという観点から比較して見ると、第一の側面の内なるものは概念であった。いったい抽象は安定しないものであるが、この側面の内なるものはこういう意味においての概念であったのである。これに対して第二の側面はその内なるものとして安定せる普遍性をもち、そうしてさらにこれにおいて数という安定せる限定をもっている。だから、かの第一の側面においては何分にも諸契機を展開するものが概念であるので、この側面は関係の必然性の外観を呈することによって諸法則を与えるかのような偽りの約束をしたが、これに対して、第二の側面では、数がその諸法則の一方の側面の規定であることがわかると、諸法則を定立することはすぐに断念されてしまう。なぜなら、数とはまさに全く安定した死せる没交渉な限定であって、この限定においてはあらゆる運動と関係とは消滅してしまっており、またこの限定はもろもろの衝動や生態という生けるものへの、さらにはその他の感覚的な定在への橋梁を断ちきってしまったものだからである。

〔三　ひとつの有機的全体としての自然観察〕

〔α〕　非有機的なものへ移された有機的なもののイデー

しかしながら、かく有機的なものの形態を形態そのものとして考察すること、さらには内なるものをもかくただ単に形態がもつ内なるものとしてのみ考察するということは、じっさいにはもはや有機的なものを考察することではない。なぜなら、関係づけらるべきはずであった両側面はただ相互に没交渉なものとして定立されているにすぎず、これによって有機的なものの本質をなすところの己れのうちへの還帰はなきものにせられてしまっているからである。それでこの考察はもはや有機的なものの考察ではなく、むしろ内なるものと外なるものとについて試みられた比較も此処では非有機的な自然のほうへと移されることになる。(1) ここでも「無限」な概念が実在であるに相違ないとしても、この実在は此処では自然の内面に隠されているところの実在であるにすぎず、言いかえると、自然のそとにある自己

(213) 意識に属するところの実在であるにすぎない。この実在は有機的なものの場合におけるように対象的な現在をもつものではない。だから内なるものと外なるものとのかかる関係が〔非有機的なものという〕その本来の領域においてなお考察されなくてはならぬことになる。

先ず最初に形態のかの内なるものは非有機的な物の単純な個別態(1)にあたるから、比重（おのおのの物に特有の重さ）である。比重は単純な存在であるから、それがもちうる唯一の限定である数と同じく観察せられうるものであり、或は厳密に言えば、比重はもろもろの観察を相互に比較することによって見出されうるものである。かくして比重が法則の〔内なるものという〕一方の側面を与えるように見える。〔次には〕形状、色彩、硬度、強靭性、その他の諸性質の無数の群が相合して外なるものという側面を形づくり、また数という内なるものの限定を表現すべきであろうから、その結果として一方が他方においてその対像《つい》をもつであろうと思われるわけである。(2)

ところで否定性と言っても、ここでは過程の運動として把握せられているのではなく、安定せる統一として、言いかえると、単純な対自存在として把握せられているのであるから、否定性とはむしろ物がよってもって過程にいることに抵抗して己れを己れのうちに保ち己れを過程に対して没交渉なものとして保つ所以のものであるように見える。(3)しかしながら、かくこの単純な対自存在が他者に対して没交渉に安定したものであるとすると、これによって、比重はひとつの性質(4)として他のもろもろの性質と並び立つことになるから、比重のこの数多性へのあらゆる必然的な関係はなくなってしまう、言いかえると、あらゆる合法則性(5)はなくなってしまうのである。――比重はかく単純な内なるものであるから、自分自身においては区別をもたない。言いかえると、比重はただ非本質的な区別をもっているだけである。なぜなら、比重のもつ純粋な単純態があらゆる本質的な区別をなくしてしまうからである。(6)そこで比重のもつ区別は非本質的な区別であり、そうしてこれは量であるが、この非本質的な区別は他方の側面において、即ち性質の数多性であるところの〔外なるものという〕他の側面において己れの対像を、言いかえると、他者をもたざるをえぬことになるであろう。なぜなら、他者をもつことによって初めて、この非本質的な区別はそもそも区別であるからである。ところで若しこの数多性自身が対立者としての単純態のうちに一括せられて(1)、例えば凝集力として限定せられ、その結果として比重が純粋な対自存在であるのと同じように、凝集力は他的存在における対自存在であるとするときには、このさいの凝集力は先ずさしあたっては〔比重のもつ対自存在という〕かの限定に対して、かく純粋に概念のうちで定立せられた〔他的存在における対自存在という〕限定をもつことになり、そこで法則定立の手法はさきに感受性の反応性に対する関係にさいして考察せられたのとけだし同じものとなるでもあろう(2)。――しかしそうである場合には、凝集力は他的存在における対自存在という概念であるから、比重に対立する側面だけを抽象したものでしかなく、抽象として決して現存をもつのではない(3)。なぜ現存しないかと言うと、「他的存在における対自存在」とは〔本来は〕過程のことであり、しかもこの過程たるやもし非有機的なものにして仮りにこれをもつとすれば、これにおいて非有機的なものは己れの対自存在が自己維持であることを示し、そうしてこの自己維持が非有機的なものを護って化合物の契機となって過程から離れ出ることのないようにすることになろうからである。しかしながら、まさにこのことこそ、目的ないし普遍態を己れ自身において(4)具えることがないという非有機的なものの本性には反することである。だから過程と言っても非有機的なものの場合にはむしろ自分の対自存在、即ち自分の比重がどのようになくなるか(5)を示す一定の限定せられた関係であるにすぎない。この「限定された関係」においてこそ非有機的なものの凝集力はその真実の概念をうることになるであろうが、しかし、この限定された関係自身と非有機的なものの比重がもつ一定の量とは相互に全く没交渉な概念である。そこで若し関係の仕かたがどうであるかはこれを全く顧慮のそとにおいて、量を「表象」することにのみ課題を限るとすると、例えば、より大なる比重はより高度の自己内存在（強度）であるから、より小なる比重よりも過程のうちにはいることにより多くの抵抗をなすであろうというような規定（規則）(1)が思惟せられるでもあろう。しかしながら、およそ対自存在の自由とは、これとは正反対にあらゆるものとの関わりにいりながら、かかる多様性のうちにおいて己れを維持する軽快さにおいてのみ己れの真なるゆえんを証《あか》すものである。しかるに〔過程にいることに抵抗するという〕かの強度（内包）は諸関係の外延を欠いたものであるから、内実のない抽象である。まことに外延こそは強度の定在をなすものなのである。(2)しかしながら非有機的なものが〔他者に〕関係しながら自己を維持するということは、すでに(3)注意したように、この非有機的なものの本性のそとに属することである。なぜなら、非有機的なものとは運動の原理を自分自身において具えていないものだからである。言いかえると、非有機的なものの存在は絶対否定性や概念ではないからである。

これに対して非有機的なものの〔外なるものという〕この他の側面を右のごとく過程としてではなく、静止せる存在として考察したとすると、この他の側面はありきたりの凝集力(4)である。いったい他的存在というものは自由に放免せられて数多の相互に没交渉な性質に分散している契機のことであるが、凝集力はこの契機に対して一方の側に立つひとつの単純な感覚的性質であり（もっともそれでいてまた比重と同じように、これら数多の性質のうちにも属するものであるが）、そこで諸性質の群が相合して〔凝集力として〕比重に対して〔外なるものという〕他の側面を形づくることになる。しかしながら比重においては、その他のもろもろの性質におけると同じように、数こそは唯一の限定であるが、(5)この限定たるや、ただにこれらの諸性質相互間の関係と移行とを表現しないのみか、なんら必然的な関係をもたず、かえってあらゆる合法則性の絶滅を表示することをもって、まさに本質とするものである。なぜなら、数は限定の表現ではあっても、この限定は非本質的な限定だからである。したがって諸物体の系列[1]を立て、この系列がこれら物体のもつ比重の数的区別としての区別を表現するようにして見ても、この系列はその他の諸性質の区別の系列に決して平行線をなして進むものではない。たとい問題をやさしくするために、これら性質のうちのただひとつ或は若干だけを取上げてもしかりであるが、その理由は次のごとくである。この平行線において〔比重に対して〕他の側面をなすでもあろうものとしては、じっさいにおいては比重以外の諸性質をひと束《たば》ねにした全体がありうるだけであろうが、この束にしたものをその内部で相互に秩序づけ結合して全体とするにあたっては、一方から言うと、〔たしかに〕これら多様な諸性質の量的な諸限定が観察に対して手許にありはしても、しかし他方から言うと、諸性質の区別は質的なものとしてもはいりこんでくる。そこでこの寄せ集めにおいてなにが肯定的ないし否定的という「しるし」をつけられざるをえぬものであるか、またなにが相互に撤廃しあうであろうものであるかについてのフォーアミュラ、全般的に言っても、非常に複合的なものとなるであろうが、このフォーアミュラに内的形状を与え、これを叙述するにはどうすればよいかということ、これらすべては概念に所属することとなるであろう。しかしこの概念なるものは、諸性質が存在するものとして「そこ」に横わり、またかかるものとして取上げらるべきであるという、まさにこの状態では駆逐せられている。かく存在しているときには、いずれの性質も他の性質に対して否定的なものであるという性格を示すことはなく、かえって任意の一は他と同様に存在し、またいずれも全体の秩序におけるその位置を指示することはないのである。——いったい平行する区別項をたどって進行するひとつの系列を立てるにさいして——関係は両側面において同時に上昇すると「私念」せられることもあり、またただ一方の側面においてだけ上昇し、他方の側面では減少すると私念せられることもあるであろうが――課題の中心をなすのは、法則において比重に対立する他方の側面をなすはずのものを総括し、総括せられたこの全体に究極的で単純な表現を与えるということであるが、しかし、この一方の側面についてたとい結果が出たとしても、これが存在する結果であるときには、これはまさにすでに述べたように[1]凝集力とでも言ったような個別的な性質より以外のものではない。しかし凝集力と並んで現に他の諸性質が没交渉にあり、しかもこれらのうちには比重もまた属している。そこで凝集力以外の他の諸性質のどれもが凝集力と同じ正しさをもって、即ち同じ不正をもって〔外なるものという〕側面全体の代表者 Repräsentant に選ばれることができるのであり、一は他と同じようにただ実在を repräsentieren(代表)するだけであり、ドイツ語で言えば、vorstellen 即ち表象するだけであって[2]、当の事柄自身ではないであろう。その結果として、二つの側面の単純な平行線をたどって進み、これら両側面からなる法則にしたがって諸物体に本質的な自然を表現するでもあろうところの諸物体の系列を見出さんとする試みは、己れの課題をも、またこれを遂行すべき手段をも弁えない思想と見なされざるをえないのである。

〔β〕 有機的なもののイデーを非有機的なものに移したという側面から見られた有機的なもの、その類と種と個

〔有機的なものの〕形態において観察に対して現われてくるはずの内なるものと外なるものとの関係はさきには[3]無造作に非有機的なものの領域に移されたが、しかし、この関係をこの領域のうちへと引き入れる所以の規定[4]は、非有機的なものについての考察を終えた今ではこれをもっと立ち入って[5]叙べることができ、そうすることによって、この事

態の今までとはちがったなお別の形式と関係[1]とが結論として生じてくる。さて有機的なものにおいては、非有機的なものにおいてなされたような内なるものと外なるものとの比較を行う可能性を提供するように見えるものは凡そ崩れ去っている。非有機的なものにおける内なるものは単純な内なるもの[2]であるが、これは知覚に対して存在する性質として現われてくるものであるから、この内なるものの限定は本質的に量であり、この内なるものは存在する性質として外なるものに対して、言いかえると、その他の数多の感覚的な性質に対して没交渉に現象してくる。しかるにこれに対して有機的に生命あるものにおける対自存在(内なるもの)は非有機的なものの場合のように外なるものに対して一方の側面に立つのではなく、却ってそれ自身において他的存在の原理を具えている。このさい、もし「我々」がこの対自存在をもって単純に己れ自身に関係しつつ己れを維持することと規定するとすれば、対自存在のその他的存在はその単純な否定態であり、そうして「有機的な統一」とは己れ自身へ自同的に関係することと純粋な否定態との統一のことである。この統一が統一として有機的なものの内なるものなのである。こうしてこの内なるものはそれ自身において普遍的であり、言いかえると、類である。類もその現実性に対して自由であっても、この自由は比重が形態に対してもつ自由とはちがったものである。比重の自由は存在する自由であり、言いかえると、比重が特別の性質として〔その他の数多の性質に対して〕一方の側面に立つという意味での自由である。だが存在する自由であるが故に、
(217) 比重は自由ではあっても、同時に数多の限定のうちのひとつの限定であるにすぎないのでもあるが、この限定は当該の形態に本質的に帰属しているところのものであり、言いかえると、この形態がよってもって実在(本質)としてひとつの限定されたものたるゆえんのものである。これに対して類の自由は普遍的な自由であって、かかる形態に対して、言いかえると、形態の現実性に対して没交渉[3]である〔にしても、これは普遍的な自由としてのことである〕。だから非

有機的なものの場合には、限定は対自存在そのものに帰属しているのに、有機的なものの場合には自分の対自存在のもとに従属しているのであるが、これはちょうど非有機的なものの場合には、かかる限定がただその存在のもとに従属するにすぎぬのと同じである。したがって非有機的なものの場合には、〔かかる本質的な〕限定といえども、同時に〔ひとつの〕性質としてあるにすぎないのではあるけれども、それでもこの限定は単純な否定的なものとして対他存在であるところの定在に対立しているが故に、この限定には本質であるという尊厳が帰属するのであり、そうしてこの単純な否定的なものはその究極の個別的な限定においてはひとつの数である。(1) しかるに有機的なものは個別態ではあってても、これ自身が純粋な否定態であるから、〔外なるものに対して〕没交渉な存在に帰属する数がもつ固定的な限定はこれを自分で消去している。有機的なもの〔の内なるもの〕も没交渉な存在という契機をもっており、またこの契機において数という契機をも具えてはいるにしても、そうであるかぎりにおいては、この数は有機的なものにおいては、ただ戯れとしか受けとられえないものであって、これに対してその生命性の本質とは受取られえないのは、右のような理由によることとである。

こうして過程の原理である純粋な否定性は有機的なもののそとに属するのではない。だから有機的なものはこの否定性を〔比重でもあるかのように〕己れの本質における限定として具えるのではなく、また〔純粋否定性としての〕個別性を具えるにしても、この個別性そのものがそれ自身において普遍的である。(2) しかしそれにも拘らず、有機的なものにおいては、〔同時に普遍的である〕このような純粋個別性がその諸契機において展開されるに当って、これらの諸契機自身が抽象的な、言いかえると、普遍的なものでありながら展開せられて現実的であるのではない。かえってかかる現実的な表現はかの普遍性のそとに出ており、この普遍性は内面性のうちへ(3)としりぞく。そこで現実ないし形態、即ち已れを展開する個別性と有機的な普遍者との、言いかえると、類との間には限定せられた普遍者である種が介在することになる。普遍者の、言いかえると、類の否定性が現実存在に到達し、そうしてこの現実存在が過程の展開せられた運動であるにしても、この過程は〔類が到達する以前にすでに〕存在せる形態の諸部分にそうて経過するものであるにすぎない。もしもかりに類が安定した単純性としての已れにおいて分岐せられ区分せられた諸部分をもっており、したがって類の単純な否定性そのものが同時に運動するものであり、しかもこの運動が諸部分を通じて行われるさいに、これらの部分が類と同じようにやはり単純でそれら自身において直ちに普遍的でもあるとすれば、したがって此処では諸部分がかかる普遍的な契機でありながら現実的でもあるとすれば、有機的なものの類は意識(1)であるであろう。しかしそうはなっていないので、種の限定(種差)としての単純な限定が類において現にあるのは、精神を欠いた仕かたにおいてのことである。現実は類から始まる。言いかえると、現実のうちに歩み入るのは類そのものではないが、これは現実のうちに歩み入るものが凡そ思想ではないことを意味している。類は現実の有機的なものとしては代表者によって更迭せられているにすぎないが、この代表者は数(2)である。この数は類から個別的な形態化への移行を示すかのように見え、また観察に対して必然性の両側面を与えるかのように見える、即ちこの数は一方では単純な限定としての側面を、他方では多様性にまで展開せられ生み出された形態としての側面を与えるように見える。しかし、この数はむしろ普遍者と個別者とが相互に没交渉であり相互に自由であることを示している。このさい個別者は類によって大さという本質を欠いた区別の翻弄するまにまに遺棄せられはしているけれども、しかし、個別者それ自身は生けるものであるから、この区別から自由であることをも示している。右に規定せられたような〔それ自身同時に個別的であるところの〕真実の普遍性は此処ではただ内的な実在(3)であるにすぎず、種の限定としては普遍性は形式的な普遍性としてあり、そうしてこの形式的普遍性に対してかの真実な普遍性は個別性の側面に加担して立っている。これによって個別性は生ける個別性となって、その内なるものによって種としての自分の限定を越えて立ち、これを無視している。しかしながら、またこの個別性も同時に普遍的な個体であるのではない。即ち普遍的な個体においては普遍性が同時に外的な現実性をもつことであろうが、個別性が同時にこういう普遍的な個体であるのではなく、かえってこういう普遍的な個体は有機的に生けるもののそとに出ている。しかしこの普遍的な個体も無媒介に自然的な諸形態化の個体であるようなときには、意識自身ではない。もしも、この普遍的な個体が意識であるとするならば、その場合には、この普遍的な個体にとって自分の定在である個別的な有機的に生ける個体が自分のそとに出ざるをえないということはないであろう。(1)

だから「我々」はひとつの推理的連結の成立しているのを見るが、これにおいて一方の極は普遍者としての、言いかえると、類としての普遍的な生命であり、これに対して他方の極は個別者としての、言いかえると、普遍的な個体としての同じ生命である。そうして媒語は両極から合成せられたものであって、一方の極は媒語のうちに限定せられた普遍性或は種としてはまりこみ順応しており、これに対して他方の極は本来の或は個別的な個別性としてこの媒語に順応しているようである。(2)——そうしてこの推理的連結は一般的に言えば〔有機的自然の〕形態化の側面に属しているのであるから、この連結のうちには、非有機的自然として区別せられるものもやはり同じように包含せられているのである。

〔γ 偶然的理性としての生命〕

〔こういう推理的連結の成立している以上〕、類という単純な本質としての普遍的な生命は自分の側から概念の諸区別項を展開し、またこれらを〔種差としての〕単純な諸限定の系列として表示せざるをえないのであるが、この系列は相互に没交渉に定立せられた区別項の体系である、言いかえると、この系列はひとつの数系列なのである。しかし、この区別は個別性の生ける自然を表現もしていなければ、内含もしていない実在性を欠いたものであるが、この区別には先に個別性の形式における有機的なものが対抗して定立せられたし、[1]——また非有機的なものに関しても、全く同じことがその諸性質の群において展開せられている定在全体を考慮して言われざるをえない。[2]——そうであるとすると、今やただ単に類のいかなる分肢からも自由であるものと見なさるべきであるのみならず、類を支配する威力と見なさるべきものは普遍的個体である。類は数という普遍的な限定にしたがって己れを諸種に区分するのであるが、或はまた己れの定在の例えば形状、色彩等々の個々の限定をもって区分原理とすることもあるであろう。しかしいずれにしても、こういう区分の仕事を静かに営んでいるうちに、類は地という普遍的な個体の側から暴力を蒙る。この普遍的な個体は普遍的な否定性であるから、地としてそれ自身でもっているところのもろもろの区別項を、しかもこれらが所属している実体の故に、類の場合とは本性を異にしている区別項を類の体系化に対抗して擡頭させるのである。そこで類の営む〔区分という〕この業《わざ》はただ〔地がもっている〕かの威力ある諸元素（場面）の内部においてのみ営むことを許される全く制限せられた仕事となり、この仕事は諸元素の無拘束の暴力によって到る処で中断せられ隙間だらけとなり、見すぼらしいものとなるのである。

以上のことから結論せられるのは、形態化された定在に即して観察には理性が生じきたり、その認めるところとなりはしても、この理由はただ生命一般としての理性であるにすぎないということ、この生命一般は分化するにさいして自分自身では理性的な系列と分肢とを決して現実には具えているのではないということ、この生命は諸形態の体系を立てはしても、この体系は、自分のうちに根拠をもった体系ではないということである。——有機的なものの形態化の推理的連結において媒語には種と個別的な個体性としての種の現実態とが属しているが、もしもかりにこの媒語が自分自身において〔類の〕内的な普遍性と〔地の〕普遍的な個体性という両極を具えているとすれば、この媒語は自分の現実態の運動に即して普遍性を表現し、また普遍性の本性を具え、かくして自分自身を体系化しつつ展開することであろう。じっさい意識はこのような具合に、普遍的な精神とこの精神の個別性、言いかえると、感覚的な意識との間に媒語として意識の諸形態化の体系を具えているのであり、しかもこの体系は、全体にまで己れを秩序づける精神の生命としてのものであるが、——この体系こそはこの書において考察せられるところの体系であり、また世界史として自分の対象的な定在をもつところの体系である。しかるに有機的な自然はなんらの歴史をももたない。この自然は生命という自分の普遍者からいきなり定在の個別態のうちに転落するのである。こうして生じてくる現実態においては〔種差としての〕単純な限定と個別的な生命性という契機が統一づけられているにしても、これらの契機は〔当の現実態の〕生成をただ偶然的な運動として生み出すだけである。この運動のうちでは各契機は自分の部分においては働き、また全体も維持せられはしているけれども、しかし、この活動は自ら対自的には(自覚的には)ただ各自の点にだけ限局せられている。その理由はこの点には全体が現にあるのではないということであるが、全体がこの点に現にあるのではないのは、ここでは全体が全体として対自的にあるのではないからである。

(220)

だから観察する理性が有機的な自然において自分自身を直観するに至るにしても、これはただ普遍的な生命一般として自分自身を直観することであるにすぎない。しかし、これだけではなく、この普遍的生命の展開と実現との直観が観察する理性に生じ、その認むるところとなるのも、ただ全く普遍的に区別せられた諸体系にしたがってのことであるにすぎず、これら体系を〔現実に〕規定するにさいして、これらが本質とするものは有機的なものそのもののうちにあるのではなくして〔地という〕普遍的な個体のうちにもあるのであるから、地のもつもろもろの区別のうちで、この理性が展開と実現とを直観するようになるものは、類が立てようと試みる諸系列になったものだけにかぎられているのである。

かくて有機的な生命の普遍性はこの生命の現実態においては真実に自存的な媒介をへることなしにいきなり個別性の極へと転落するのであるから、観察する意識の前にあって、その認めるところとなっているのは物としての私念で(1)あるにすぎない。そうして理性がこの私念を観察するという閑人の興味をもちうるとしても、このさい理性のなすわざは自然のもろもろの私念や思い付きを記述したり列挙したり物語ったりすることにかぎられている。もちろん私念のこの没精神的な自由も到る処で法則の曙光や必然性の痕跡や秩序と系列への暗示を、気のきいた、またもっともらしい諸関係を提供することであろう。しかし生活圏(諸元素)とか地帯とか気候とかいう非有機的なものの存在する区別と有機的なものとの関係〔という側面〕において、法則と必然性という観点からすると、観察は「大きな影響がある」(2)というより以上には出ることはない。そうして他方の側面においては、個体性は地という意義をもつのではなく、有機的な生命に内在的な一者と(3)いう意義をもち、そうしてこの一者は普遍者との無媒介の統一においてなるほど類を形づくりはする。しかし、この類のもつ単純な統一はまさに単純であるために、ただ数としてしか限定されないのであるから、この統一は質的な現象を自由に放免することになる。――この他方の側面においてもまた観察は気のきいた注意を与えるとか、興味ある関係を立てるとか、概念への友好的な歓迎をあげるとかいうこと以上には出ることはできない。しかし気のきいた注意は決して必然性の知識ではないし、興味ある関係は興味にとどまるものであるが、興味とはしかしまだ理性についての私念であるにすぎぬものである。そうして個別的なものが概念を暗示するにさいしての友好的態度は子供らしい kindlich 友好的態度であるが、この態度がもし即自且つ対自的に(絶対的に)何かひとかどのものであろうと欲するのならば、またそうであると言うのならば、この態度は子供くさい kindisch ものとなる。

b　自己意識をその純粋態において、またその外的現実への関係において観察すること、論理学的法則と心理学的法則*

Die Beobachtung des Selbstbewußtseins in seiner Reinheit und in seiner Beziehung auf äußere Wirklichkeit; **logische und psychologische Gesetze**.

自然観察は非有機的な自然のうちに実現せられている概念を、即ち法則[1]を見出す。この法則の諸契機はそれぞれ物[2]ではあるが、物であると同時に抽象として相互に関係する。しかしながらこの概念〔には要するに対立があるだけで〕、この概念は己れのうちに還帰したひとつの単純態ではない。これに対して有機的な自然の生命はただ単にかく己れのうちに還帰した単純態たるにとどまっている。この生命自身がもつ普遍態と個別態との対立が分離して現れてくるのは、この生命自身の本質においてのことではない。もしもそうであるならば、類が自分の区別のない場面のうちで、己れを分割し運動し対立におちいりながら、これと同時に自ら対自的に(自覚的に)区別をもたないであろうが、こういう類がこの生命の本質であるのではない。〔要するに有機的自然の場合には、統一があるだけで対立はない〕。そこで観察はこの類のような自由な概念、即ち普遍態が普遍態でありながら展開せられた個別態をもっており、しかもこれを全く己れ自身のうちにもっている自由な概念を、ただ概念として現実にあるところの概念自身のうちにのみ、言いかえると、自己意識[1]のうちにのみ見出すということになる。

〔一〕 論理学的法則

そこで観察は今や己れ自身のうちに転じて自由な概念として現実的であるところの概念に向うのであるが、このとき観察が最初に[2]見出すものは思惟の諸法則[3]である。思惟することはそれ自身においてはここで観察が向って行くような個別態であるが、この個別態は否定的なものの抽象的な運動であり、しかも全く単純態のうちに引きもどされたかかる運動である。そこで思惟の諸法則は実在の外部にあることになる。――かくて諸法則はなんら実在性をもたないことになるが、これは、およそ諸法則が真理を欠いているというより以外のことを意味するのではない。それでいてこう唱えられている。即ち諸法則が真理の全体でないことはたしかであるが、しかし形式的な真理ではあると。しかしながら実在性を欠いた純粋に形式的なものとは「思想の上での物」であり、言いかえると、空虚な抽象であって、両項への分裂を欠いているが、この分裂こそ内容以外のものではないであろう[4]。――しかし他の側面から言うと、諸法則は純粋思惟の諸法則であるが、純粋思惟とは自体的な普遍者のことであるから、知識は知識でも直ちに存在をもっているところの知識であり、また存在をもつことにおいてあらゆる実在性をも具えているところの知識である。したがってこれらの法則はそれぞれ絶対的な概念であって、形式のうえでの諸本質態であるのと不可分離に諸物の諸本質態でもある。普遍態が自分のうちで運動するとき、この普遍態は単純な概念の両項に分裂したものであり、そこにこの概念は内容を具えており、しかもあらゆる内容であるような内容を具えており、ただこの内容が感覚的な存在ではないだけのことである。こういう内容は、形式と矛盾もしなければ、また凡そ形式から分離もせず、却って本質的に形式そのものであるような内容である。なぜかかる内容が形式そのものであるかと言うと、およそ形式とは己れを己れの純粋な諸契機にまで分解する普遍者以外のものではないからである。(1)(2)

しかしながら、かかる形式が、言いかえると、内容が観察としての観察に対してどのようにあるかと言うと、形式は前に見出された、与えられた即ちただ存在するにすぎぬ内容であるという規定を受取っている。この内容はもろもろの関係の静的な存在となり、相互に分離されたもろもろの必然態の群となり、これらの関係や必然態が各自に固定的な内容であるのに即自且つ対自的に(絶対的に)真理であると唱えられ、これらが限定せられているがままに真理であると唱えられ、こうしてじっさいには形式からひき離されている。(3)(4)――しかしこのような固定的な諸限定ないし数多の相異る法則がそれぞれ「絶対的真理」であるということは、自己意識の統一に矛盾することであり、言いかえると、思惟一般の統一にも、形式一般の統一にも矛盾することである。自体的に確乎不動の法則であると称せられるものは、ただ己れのうちに還帰する統一の契機でありうるにすぎぬものであり、ただ「消失する量」としてしか登場しえないものである。しかるに考察によって運動のかかる連関から引きずり出されて個々別々に設定せられるときには、これらの法則は各自限定せられた内容をもっているのであるから、これら法則に欠けているのは内容ではなく、かえってむしろこれらの本質であるところの形式である。これらの法則が思惟の真理ではないのは、これらの法則がただ(5)

形式的であって、なんら内容をもたぬと唱えられるからではなく、むしろ正反対の理由によっているというのが実情である。即ちこれらの法則が限定的であるがままに、言いかえると、まさに各自ひとつの内容として、しかも形式を奪いとられている内容であるのに、なにか絶対的なものとして妥当すると唱えられるからである。もしもかりにこれらの法則が思惟の統一のうちにおける消失する諸契機として真実態におけるものであるとすれば、これらの法則は知識[1]として、言いかえると、思惟する運動として受取られざるをえないのであって、これに対して知識のもろもろの定立された法則[2]として受取らざるをえないということはないであろう。しかるに観察は知識そのものではないし、また知識のなんたるかを知りもせず、かえって知識の本性を顚倒して存在の形態に変えてしまう、即ち知識の〔動的な〕否定態をただ知識のもろもろの定立されたもの（法則）としてのみ捕捉するのである。――ここでは所謂思惟の諸法則の妥当せざる所以を事柄の普遍的な本性に基づいて指摘しただけで十分である。より詳しい展開は思弁哲学[3]に所属するが、この哲学においては思惟の諸法則はそれらの真実態においてあるものとして現われてくる、即ち思弁哲学においては思惟の諸法則は個々の消失する諸契機として現われてくるのであるが、これらの契機の真理であるものはただ思惟する運動の全体のみであり、ただ知ることそれ自身のみである。

〔二〕　心理学的法則

思惟することのかかる否定的な統一は自分自身だけであり、いなこの統一はむしろ自分自身だけでの存在であり、個体性の原理であり、そうしてこの原理はその実在性から言えば行為する意識である。だから観察する意識は事柄の本性に導かれてかの論理学的な諸法則の実在性であるところのこの行為的な意識に進んで行くことになる。もっとも、この連関は観察する意識に対してあるのではなく、その認めるところとはなっていないから、この意識は、思惟がその諸法則において自分にとっていぜんとして一方の側面において存続していながら、他方の側面においては今や自分にとって対象であるところのものにおいて、即ち行為的な意識において今ひとつ別の存在を自分は受取っているかのように思いこみ私念しているのであるが(1)、しかしこの行為的な意識とは、他的存在を撤廃することにおいて自分だけで存在するものであり、こうして否定的なものとしての自分自身を直観することにおいて自分の現実性をもっているものである。

かくして観察にとっては意識の行動的な現実において新しい野が開けてくる。心理学というものは精神(2)が自分の前に見出した他的存在としての現実の種々の様態に対して種々の態度をとるさいに従っている法則の群を含んでいるものである。精神が現実に対して種々の態度をとるのは、一方では精神がこの現実を已れのうちに受取り、自分が自分に対して現実として対象であるさいに前に見出される慣習や風俗や考えかたに適合したものと成ろうとするためであるが、――しかし他方では精神が現実に対する自分の自発性を思い知ろうとして自分の傾向や激情にしたがって自分にとって特別に価値のあるものだけを現実から摑み取って、対象的なものを自分に適合したものと為さんとするためである。前者の場合には、精神は個別性としての自分自身に対して否定的な態度をとるが、後者の場合には普遍的な存在としての自分に対して否定的な態度をとるのである。――〔精神の〕自立性は、前者の側面からすると、前に見出されたものにただ「意識ある個体性一般」という形式を与えるだけであって、内容の観点では前に見出された普遍的な現実の内部にいぜんとして止まっているのであるが、しかるに後者の側面からすると、〔精神の〕自立性は現実に独自の変容を加える。この変容にも、最低限のものにとどまって現実の本質的な内容には矛盾しない場合もあるが、またよってもって個体が特殊の現実及び独自の内容として〔与えられた〕現実に己れを対立させるような変容という場合もある。――そうしてこの場合には、変容は犯罪[1]となるが、犯罪となるのも、個体が現実をただ個別的な仕かたで廃棄することによるか、それとも個体がこの廃棄を普遍的な仕かたで、したがってあらゆる現実に対して為し、現存のものに代えるに、ひとつの別の世界、別の権利や法律や風俗をもってすることによるかのいずれかである。

観察する心理学が最初に語るのは、能動的な意識において自分に出現してくる〔精神の〕普遍的な諸様態についてのもろもろの知覚であるが、このさい心理学はさまざまの能力や傾向や激情を見出す。ところでこういう収集品の一々を列挙し物語っているうちにも、自己意識の統一の回想からくる注意はこれを抑圧すべくもないから、この心理学といえども、精神のうちには、あたかも袋[2]のうちにでものように、かくも多様な、かくも異質的な、相互に偶然的な関係にある諸物が共在しうるものかという驚異の念、少くともこの驚異の念にまでは進歩せざるをえない。とりわけ、これらが死せる静止せる諸物としてではなく、不安定なもろもろの運動として現われくるのである以上、そうならざるをえない。

ところでこれら相異る能力を列挙し物語るにさいして、観察は普遍性の側面に立っているが、これらの多様な能力を統一するものはこの普遍性とは反対の側面であり、現実の個体性である。――しかしそうかと言って、また或る人はこのものに対してより多くの傾向をもち、他の人はかのものに対してより多くの傾向をもち、或る人は他の人よりもより多くの悟性をもつというような具合[3]に、相異る現実の個体性をも捕捉し物語るということは、虫けらや苔など[4]の種類を列挙することさえよりも遙かに興味索然たることである。なぜなら、これらは本質的に偶然的個別化の場面に属しているので、かくも個別的に没概念的に受取る権利を観察に与えるのであるが、これに対して意識をもっている個体性を個別的に存在する現象として没概念的に受取るということは、この個体性の本質が精神の普遍的なものであるという矛盾したことを含んでいるからである。しかしながら捕捉が個体性をも同時に普遍性の形式のうちに歩み入らせるときには、これによって捕捉の見出すものは個体性の法則であることになり、かくて捕捉は今や理性的な目的をもち、また必要欠くべからざる業《わざ》を営んでいるように見える。

〔三　個体性の法則〕

〔個体性の〕この法則の内容をなす契機は一方の側面では個体性自身であり、他方の側面では個体性の普遍的な有機的でない自然[1]であり、即ち見出され与えられる環境、境遇、慣習、風俗、宗教などである。〔観察する心理学にとっては〕これらから一定の限定された個体性が把握せらるべきなのである。これらは普遍的なものをと共に限定せられたものをも含んでいるが、これと同時にいずれにしても観察に提供せられる現にあるものであって、他方の側面では個体性という形式において己れを表現するのである[2]。

そこでもし両側面のかかる関係の法則が成立するとすれば、この法則は、しかじかに限定せられた環境が個体性に対して、いかなる作用と影響とを及ぼすかということを含まざるをえぬであろう。しかしこのさい、いったい個体性というものはまさに次のようなものである。即ち個体性は一方では普遍的なものであるから、おとなしい無邪気な遣りかたで現にある与えられた普遍的なもの、即ち風俗、慣習等々と流れを共にし、これらに適合したものとなろうとする態度をとるが、他方ではこれと全く同時に、風俗、慣習などに反抗する態度をとり、いなむしろそれらを覆し変革さえする態度をもとるものであり、――それからまた自分の個別性のうちにとじこもって風俗や慣習などに対して全く冷然たる態度をとって、それらをして自分に影響を及ぼさしめもしなければ、それらに対して働きかけもしない態度をとることもあるもの[1]である。だから何が個体性に影響を及ぼすはずか、またそれがどんな影響を及ぼすはずか――これら二つの問いは厳密に言えば同じことを意味している――はただ個体性自身のいかんによってのみきまることである。しかじかの影響によって「この」個体性がこれこれしかじかに限定せられた個体性となったと言うのは、個体性がすでに前からかかるものであったというより以外のことを意味するのではない。環境、境遇、風俗等々が一方の〔現実という〕側面では現にあるものとして示され、他方の側面ではこれこれしかじかに限定せられた個体性のうちにあるものとして示されると言っても、これはこういう現実によってきまったかどうかは分らない個体性の不確定な本質[2]のことを言いあらわしているにすぎないのであるが、しかしこういう不確定の本質は〔観察する心理学にその〕課題として関わるところではない。もちろん、もしも、これこれしかじかの環境、考え方、風俗、一言をもってすれば、世界のしかじかの状態が凡そなかったとすれば、たしかに個体は現にあるごときものとは成らなかったであろう。なぜなら、世界のこの状態のうちに生活するすべての人々がこの状態をもって普遍的な共通の実体（基体）としているのだからである。――しかしながら世界のかかる状態は「この」個体――かかる個体こそ把握せらるべきものである――のうちでは特別のものになっているが、これと全く同じ仕かたで、世界の状態も〔影響を及ぼすに先立って予め〕自ら即自且つ対自的に（それ自身において）同じように特別のものになっていたはずであり、そうして世界の状態が自分に与えたこの限定において個体に影響を及ぼしたということとならざるをえぬであろう。ただこのようにしてのみ、世界の状態は個体を現にあるごときこれこれしかじかに限定されたものとなしたであろう。それで若し外なるもの(1)が自ら即自且つ対自的に個体性のうちにおいて現象してくるような具合のものであるとすれば、個体性は外なるものから把握せられることになるであろう。そのときには、我々は一方が他方の反映である画像の二重の画廊をもち、その一方は外的環境の完全に限定された境界の画廊であり、他方は意識をもったもののうちにあるさいに呈する様態のうちへと移されたこの同じ画廊である。前者は球面であり、後者はこれを己れのうちにおいて表象し再現する中心点である。

しかしながら球面たる「個体の世界」はすぐに二重の意義をもっている。即ちそれは即自且つ対自的に存在する世界であり、状況であると共に個体の世界でもある。しかも「個体の世界」というのにも二つの場合があって、個体が世界とただ流れを共にしただけであり、世界をあるがままに自分のうちにはいってこさせ、世界に対してはただ〔意識ある個体の刻印を押すという〕形式的意識(2)の態度をとっただけであるというかぎりにおいての「個体の世界」であるのか、――それともこれに反して現にあるものが個体によっていかに覆えされ変更されたかという意味においての「個体の世界」であるかのいずれかである。――〔個体の〕かかる自由の故に、現実はかかる二重の意義をもちうるのであるから、「個体の世界」はただ個体自身からのみ把握せらるべきであり、しかも即自且つ対自的に存在するかに「表象」せられるところの現実が個体に及ぼす影響 *Einfluß* といえども個体によって全く相反した意味をもたされることになる。即ち個体が自分に流入 *einfließen* してくる現実の流れが自分になすがままに放任することもあれば、また個体がこの流れを断ち切り、いな覆すこともあるのである。しかしながら、これによって「心理学的必然性」なるものは全くの空語となるから、かかる影響を及ぼすべきはずのものについても、それが影響を及ぼさなかったこともありうるという絶対的な可能性が現にあるのである。

こうして即自且つ対自的にあるかに考えられた存在、また法則の一方の側面を、しかも普遍的な側面をなすはずと考えられた存在は崩れ去ってしまう。個体性のなんであるかは、自分のものとしての自分の世界のなんであるかである。個体性自身が己れの行為の円環[1](循環)であって、この円環において個体性は己れを現実として表現したのであり、また個体性はすでにあるものとして与えられている存在と為された存在[2]との端的な統一にほかならないのである。この統一たるやその両側面が心理学的な法則の「表象」におけるように自体的に(客観的に)すでに与えられて現にある世界と対自的に(自覚的に)ある個体性として離れ離れに分散することはないものである、言いかえると、両側面が心理学的法則におけるように各自別々にあるものとして考察せられるときには、両者相互の関係のいかなる必然性も、いかなる法則ももはや現にあることはないのである。

(227)

c　自己意識が自分の直接的な現実に対してもつ関係の観察、人相術と頭蓋論*

Beobachtung der Beziehung des Selbstbewußtseins auf seine unmittelbare Wirklichkeit; Physiognomik und Schädellehre.

心理学的な観察は自己意識が現実に対してもつ関係の法則を決して見出しはしない、言いかえると、この観察は自己意識が自分に対置せられた世界に対してもつ関係の法則を決して見出しはしないのである。そこで自己意識と世界との両者が相互に没交渉であるので、このことにうながされて、心理学的な観察は実在的な個体性[3]に固有な限定のほうへと押しもどされて行くことになるが、この個体性とは即自的に且つ自ら対自的に存在するものであり、言いかえると、対自存在と即自存在との対立を已れの絶対媒介において消去して内含しているものである。かかる個体性が今や観察にとって「発生」(1)しているところの対象であり、言いかえると、観察はこの個体性に移って行くものである。

個体は自ら即自的に且つ対自的に存在する。個体は対自的に存在するが、これを言いかえると、個体は自由な為すことである。しかしながら個体はまた即自的にも存在するのであるが、これを言いかえると、個体自身が根源的に限定せられた存在(2)をもつということになる。――このさい「限定」と言うのは、その概念からすれば、心理学が個体のそとに見出そうと欲したものと同じものである。〔しかし限定と言っても、個体のそとにあるのではないから、〕そこで対立の出現してくるのも、個体自身においてであることになる。「対立」と言うのは、意識の運動であると共に、現象してくる現実の固定的存在でもあるという二重のもののことであるが、ただ「現実」と言っても、個体においてあるのであって個体にとって直ちに自分のものであるような現実のことである。かかる固定的な存在が限定せられた一定の個体性の身体であり、個体性の根源態であり、個体性が為さなかったところのもの(3)である。しかしながら、個体は同時にただ自分の為したところのもの(4)にほかならないから、彼の身体といえども彼によって作り出された彼自身の表現(5)である。彼の身体は生得的なものであると同時にしるし(6)でもあって、直接的な事物であるにはとどまらず、根源的な自然を働かせるものであるという意味において、個体がなんであるかを知らせるものにほかならぬのである。

ここに現にある諸契機を「我々」が先立つ見方(7)との関係において考察して見ると、ここでは〔外なるものの側面には〕人間の普遍的な形態(8)、ないしは少くとも或る気候のもとにある世界の或る部分に住む或る民族のすべての人々がもつ普遍的な形態があるが、これは前の見方では同じように普遍的な風俗や教養(文化)であったものにあたる。これらの普遍的な風俗や教養に〔前には〕さらに普遍的な現実の内部にある特殊の環境や特殊の状況がつけ加わる〔のであった〕が、ここでこの特殊的な現実にあたるものは、個体のもつ形態の特殊な格好である。——しかるに他方の側面では、前には個体の自由に為すことと現実と、ただし現実ではあっても自分のもの(1)としての現実とが与えられて現にある現実に対抗して定立せられていたが、ここでこの他方の側面に立っているのは、形態であるにしても、個体自身によって自発的に定立せられた自分の現実化の表現としての形態であり、個体の自発的な本質を示す相貌（人相）や形態である。しかしながら前には現実は普遍的であるにしても、特殊的であるにしても、観察が個体のそとに自分の前に見出した現実であったのに対して、ここでと言っても現実は個体自身の現実であり、即ちその生得の身体であり、そうして個体の為すことに基づく表現が属するのも、まさにこの身体へである。心理学的な考察においては、即自且つ対自的に存在する現実(2)とそうして限定せられた一定の個体性とが相互に関係づけられるべきはずであったが、しかるに此処で観察の対象であるのは限定せられた一定の個体性の全体であって、この対象の含む対立のどの側面もそれ自身この全体である。だから外なる全体に所属しているものがただ単に根源的な存在である生得的な身体だけにとどまるのではなく、同時にまた内なるものの活動に基づく身体的な格好でもある。身体は形成せられない存在と形成せられた存在との統一であって、個体の対自存在（自覚存在）によって滲透せられた現実である。このように根源的に限定せられている固定的な諸部分とただ為すことによってのみ発生するところの相貌とを併せ内含しているところの全体が存在するのであり、そうしてこの存在が内なるものの表現であり、意識として、また運動として定立せられた個体の表現なのである。——この内なるもののほうもまた前の場合のように形式的な無内容な自発性(3)であって、これが内容と限定とを外的現実のうちにもつというわけではない。そうではなく内なるものも即自的に限定せられた一定の根源的性格であり、ただ内なるものとしてはこの性格が活動のみをもって形式とするものであるというだけである。かくてここではこのような内外両側面間の関係が考察せられるのであるが、そのさいの要点は、この関係をいかに規定すべきかということと外なるものにおける内なるものの表現ということをもってなんと解すべきかということである。[1]

〔一〕人相術

〔α 器官〕

(229)

右の外なるものは先ず差当っては[2]器官《オルガン》(為すもの)として内なるものを見られうるようにするのではない[3]、言いかえると、内なるものをおよそ対他存在とするのではない。なぜなら、器官のうちにあるかぎり、内なるものは為す働きそのものだからである。話しをする口、労働する手、そうしてひとの好みにまかせて両脚をも加えてよいが、これらはこれら自身において為すこととしての為すことを、言いかえると、内なるものそのものを自分で具えているところの現実化しつつあり完遂しつつある器官である。しかるにこれに対して内なるものがこれらの器官によって獲得する外面性は個体から分離せられた現実としての為されたものである。言葉や労働の成果は外化ではあっても、この外化においては個体はもはや己れを己れ自身において維持せず、また所持もせず、却って個体は内なるものを全く己れのそとに出て行かせ、内なるものを他者のなすがままに放任している[4]。だからひとはこれらの外化については、内なるものを表現しすぎると言いうると全く同様に、表現しなさすぎるとも言うことがある。しすぎると言うのは、——これらの外化においては内なるもの自身がほとばしり出るので、外化と内なるものとの間にはなんらの対立も残っていないからである。これらの外化はただ単に内なるものの表現を与えるばかりではなく、じかに内なるもの自身を与えるのである。しなさすぎると言うのは、——内なるものは言葉や行動〔の結果〕においては或る他者となって、己れを変転の場面のなすがままに委ねるのであるが、この場面は話された語や完遂された為されたものを変更して、それらが即自且つ対自的に（本来）「この」一定の個体の行動としてしかじかのものであったのとは或る異ったものとなすからである。[1] そこで行動の結果としてのもろもろの仕事はかかる外面性の故に他の人々からの働きかけを受けることによって、他のもろもろの個体性に対抗する或る持続的なものであるという性格を喪失するばかりではなく、これらの仕事は自分の内含している内なるものには、それから分離された没交渉な外なるものとして関係するから、これらの仕事は内なるものとしては当該の個体自身によっても一見するところとはちがった他者であらしめられることがありうる。——それで他者となるのには二つの場合がある。即ち、個体が故意にこれらの仕事をその真実態におけるとはなにかちがった他者に見せかけることによるか、それとも個体があまりにも拙劣であるので、自分が本来欲したような外面を仕事にとらせることができず、また他の人々によって自分の仕事が覆され変更されることのないように、これを確乎たるものとなしえないことによるか、のいずれかである。だから為すことはこれを完遂された仕事として解したときには相対立する二重の意義をもっているのであって、一方では内的な個体性であって、その表現ではないか、それとも他方では外なるものとして内なるものから自由で内なるものとは全然ちがった或る他者であるところの現実であるかのいずれかである。——器官としての外なるものがこういう曖昧な二重の意義をもっているので、まだ個体

(230)

自身においてあり、個体自身に即してありながら、それでいて見られることができ、言いかえると、外面的であるような内なるものがほかにないものかと、我々は見直し探し求めざるをえない。しかるに器官においては内なるものはただ直接的な為すこと自身としてあるが、この為すこと自身が為されたものにおいて外面性を獲得するにしても、この外面性は内なるものを再現することもあれば再現しないこともある外面性である。だから、かかる対立のあるのを考えると、器官は求められているところの表現を与えはしないことになる。

そこでもしかりに求められている外面的な形態が器官ではなく、言いかえると、為すことではなく、したがって静止せる全体[1]としてであるかぎりのものであるにすぎず、そうしてかかる外面的な形態が内なる個体性を表現しうるのであるとする。そうした場合には、この外面的な形態は存立せる物としてあるという状態におかれることになり、そうしてこの物が内なるものをなにか或る外来のものとして自分の受動的な定在のうちに変更をも加えずに静かに受取り、こうして内なるものの「しるし」となるであろうが、——かくのごとき「しるし」[2]は、表現は表現でも、外面的な偶然的な表現であって、その現実的な側面に至っては単独にはなんの意義をももたないものであり、——またかの外面性を「ことば」[3]と呼ぶにしても、諸音も音の結合も事柄そのものではなく、勝手な恣意によって事柄と結びつけられ、事柄に対しては偶然的であるところの「ことば」である。

相互に外なるものであるところのこのような内外の両者をこのように勝手に結合することは決して法則を与えはしない。しかしながら人相術[4]がその他の劣悪な諸技術や済度しがたい諸研究から区別せられる所以のものは、一定の個体性を考察することを、内なるものと外なるものとの、即ち意識をもったものとしての性格と存在する形態としてのこの同じ性格との必然的な対立において行い、またこれらの契機を相互に結合するにあたり、これら自身の概念によって結合せられているような具合に、したがって法則の内容を形づくらざるをえないような具合に結合することによると唱えられている。これに対して占星術とか手相占いとか、その他こういった「学」においては、相互に外なるものの一方が他方に、なにか或るものがこれには無縁なものに結合せられるにすぎぬように見える。誕生にさいしての星辰のしかじかの布置が長命ないし短命に対する、一般的に言えば個々人の運命に対する外的な契機であり、そうして星辰の布置というこの外なるものがもっと身体自身に近づけられると、手のしかじかの相が同様にかかる外的契機なのである。しかし、これらの要素は相互に外的なものであるので、相互に没交渉な態度をとり、外なるものと内なるものとの関係のうちに存すべきであると要求されているような相互間の必然性をもつものではない。

もちろん手のほうは運命に対してこんなにまで外的な或るものではなく、むしろ運命に対して内なるものとして関係しているように見える。なぜなら、運命とてもまた、しかじかに限定せられた個体性が内的な根源的な限定として自体的になんであるかということの現象であるにすぎないからである。——ところで個体性が自体的になんであるかを知るうえにおいて、手相見は人相見と同じように、例えばソロンよりも近道をとるものである。ソロンは全生涯の経過から初めて、この経過があった後に初めて個体性が自体的になんであるかを、知ることができると見なしたが、[1]彼が現象を考察するものであったのに対して、手相見は〔じかに〕自体を考察するものである。ところで手が運命との関係において個体性の自体を表現せざるをえぬことは、人間がよって以て己れを現象にもたらし、現実化する所以のもののうちで、手は言葉の器官についで最も有力なものであるということから、容易に見てとられることができる。手は人間の幸福の魂ある働き手であって、手についてはひとは「手とは人間が為すところのものである」[2]と言うことができる。なぜなら、人間が已れ自身を完遂するにさいして為す働きの器官である手において人間は魂を与えるものとして現在しているからであり、そうして要するに根源的には人間が己れ自身の運命であるから、手はこの自体（根源）を表現することになるであろう。

以上のようにして為す働きの器官はこれにおける為すことであるのと全く同様にひとつの存在でもあり、しかもこの器官における存在であり、言いかえると、器官においては内なる自体存在自身が現在しており、他の人々に対する存在をえていることになるが、器官のかかる規定から器官については前とはちがった別の見方が結論として生じてくる。即ち先におよそ諸器官が内なるものの表現とは解せられえないことが明らかとなった理由は、諸器官のうちにも為すこととしての為すことは現在してはいても、これに対して為すことも為されたものとしてはただ外なるものであるにすぎぬから、こうして内なるものと外なるものとは離れ離れになり、相互に無縁であり、ないし無縁でありうるということであったが、今しがた考察せられた規定からすると、器官はまた内外両者の媒語としてもまた解されざるをえない。なぜなら、為すことが器官において現在しているということ、まさにこのことが同時に為すことの外面性を形づくり、しかもこの外面性は為されたものとはちがった別の外面性であり、即ち個体のもとにとどまり個体においてあるにとどまる外面性だからである。[1]——そこで内なるものと外なるものとのかく媒語であり統一であるものは第一にはそれ自身外面的であるが、しかし第二にはこれと同時にこの外面性は内なるもののうちに受容せられている。そこでこの媒語は外面性は外面性ではあっても、単純な外面性であって、分散した外面性に対立していることになる。分散した外面性にも二つの意味がある。即ちそれは、ただ個々別々であって、個体性の全体に対しては偶然的であるにすぎぬ仕事や状態であるか、それともこれに反して全体的な外面性として数多の仕事や状態に分裂して行く運命であるかのいずれかである（が、いずれにしても、こういう分散した外面性にはかの単純な外面性が対立しているのである。」だから単純な手相や言葉の個性的な限定としての声の音質と音量、――それから同じ言葉でも手によって声によるよりももっと固定した現存をえた言葉、即ち書、しかも手書としての特殊性における書、――これらすべてのものが内なるものの表現であるが、この表現は表現ではあっても、単純な外面性であって、行動や運命の多様な外面性には再び対立しているものの位置をとり、この多様な外面性に対しては、再び内なるものとしての位置をとることになる。――したがって先ず最初には個体の限定された自然(天賦)や生得の固有性にこれらが形成によってえたものを合せたものが行動や運命の本質としての内なるものと解せられるのであるが、この内なるものが自分の現象と外面性とをうるのは、第一にはこの個体の口、手、声、手書においてのことであり、同様にその他の諸器官とこれらの持続的な特徴においてのことであるが、そうした後に初めてこの内なるものはさらに外へ向って世界のうちにある己れの現実において己れを表現するのである。

〔β　反省としての外化(表情)〕

ところでこの媒語は外化であると規定せられるが、しかしこの外化は外化であると同時に内なるもののうちに取りもどされているから、この媒語がどこにあるかと言えば、その定在は〔手のごとき〕為すことの直接的な器官にのみかぎったわけではなく、むしろこの媒語は顔付や姿態全般の何ものをも実行しない動きであり形である。かかる相貌とその動きとは、媒語のかかる概念から言えば、引きもどされて個体においてあるにとどまっている為すことであり、(1)そうして個体が現実に為すこととの関係から言えば、この動きは現実に為すのを個体自身が監視することと観察することであり、現実的な外化に関する反省としての外化(表情)(2)である。――だから個体は外的に為すことに対しても、またこれを為すにさいしても物言わぬ唖《おし》であるのではない。なぜなら、個体はこのさいにも、同時に己れのうちに還帰し反省しており、そうしてかく己れのうちに還帰し反省して存在することをも外化するからである。かかる理論的[1]に為すこと、言いかえると、個体が外的に為すことに関して自分自身との間に交わす「ことば」は、それ自身外化であるから、他人にとってもまた聞きとれうるものである。

　このさいの内なるものは外化しても内なるものであるにとどまっているのであるから、この内なるものにおいては、個体が自分の現実から還帰し反省しているという存在が観察せられることになる。そこで〔内なるものと外なるものとの〕この統一のうちに定立せられているところのかかる必然的連関がいかなる事情のものであるかが見られなくてはならない。――かく還帰し反省しているという存在は第一には為されたもの自身とは相違しているから、為されたものとはちがった或る他の存在であることができ、またなにか或るちがった他の存在と解せられることもできる。つまりひとは或る人の顔つきで彼が言っていること、ないし為していることについて真剣であるかどうかを見てとるわけである。――しかしながら〔第二には〕反対に〔内なるものの側から言うと〕、内なるものの表現たるべきはずのこのもの（反省しているという存在）は反省ではあっても同時に存在する表現であるから、自己意識をもったものに対して全く偶然的であるところの存在の規定（水準）のうちにさえ転落するものである。だから表現たるべきはずのものはたしかに表現ではあっても、同時にまたしるし[2]たるにすぎぬような表現であり、したがって表現された内容にとっては、これがよって以て表現せられるもの（表情）の性質は全くどうでもよいことである。内なるものは見られえないものではあっても、このさいの現象（表情）においてたしかに見られうるようになってはいるけれども、そうかと言ってこの内なるものがこの当の現象にばかり拘束せられているわけではなく、他の現象のうちにもあることができるが、これは反対に他の内なるものもこの同一の現象のうちにありうるのと全く同様である。――だからリヒテンベルグが[1]「若しも人相見が或る人をたった一度でもひっとらえたとすると、彼としては改めてまた幾千年にもわたって己れを不可解なものとするという勇断をくだす必要があるだけだ」と言ったのはもっともなことである。――先の関係[2]においては、現に前に横わっている環境がひとつの存在するものであって、個体性はこれから、或はこれに適従しつつ、或はこれを覆し変更しつつ、自分の能くし欲するところのものを選びとったのであるからして、この理由によって、この存在するものは個体性の本質を必然的に内含しているのではなかったが、――これと同じように此処でも個体性が己れを現象させるにさいして直接にとる存在は、個体性が現実から還帰し反省しているという存在を、また個体性の自己内存在を表現することもあれば、また個体性にとって「しるし」であるにすぎず、しかも、しるされたものに対して没交渉であるので真実にはなにもしるさないこともあるような「しるし」でもある。この直接的な存在は個体性にとってはその顔であり、面であると同時に個体性が自由にぬぎすてることのできる仮面でもある。――個体性は自分の形態に滲透し、これにおいて動き、また語って[3]はいるけれども、しかし同時にかかる定在の全体はまた意志と行動とに対して没交渉なものともなり果てるものでもある。そこで個体性はこの定在が先にはもっていた意義、即ち己れのうちへ還帰しているという存在ないし己れの真実の本質を具えるという意義をこの定在から抹殺して、この本質を反対にむしろ意志と実行とのうちにありとするのである[4]。

　個体性は相貌のうちに表現せられているところの、あの当の自己内還帰的存在をすてて、自分の本質は仕事のうちにあるとするのである。こうすることにおいて個体性は、自己意識をもつ個体性の観察に精魂を傾ける理性本能[5]によって、この個体性の内なるものと外なるものとがなんであるべきかに関して確定せられる〔人相術的〕関係に抗議している。かかる観点は「我々」を人相術の学——ただし「学」と言うのは、ひとの好みに任せてのことである[1]——の根底に横わっているところの本来の思想に「我々」を導いて行く。この観察が此処で突きあたる対立は、形式から言えば、実践的なものと理論的なものとの対立である。ただし両方とも実践的なもの自身の内部において定立されたものであるが、対立とは——行動(ただしもっとも普遍的な意味において解した)において己れを実現しつつある個体性とこの行動のうちにありながら同時に行動から出て己れのうちに還帰し反省して行動を己れの対象としているところの同じ個体性との対立である。観察はこの対立を、この対立が現象において規定されている〔真実とは〕逆の関係にしたがって受取るのである。そこで観察にとって非本質的な外なるものとして妥当するのは、為されたものそのものであり、また仕事、即ち言葉のうえのものであろうと、もっと確乎たる現実性をえたものであろうと、とにかく仕事であり、——これに対して本質的な内なるものとして妥当するのは個体性の自己内存在である。実践的意識[2]が自分で具えているところの内外両側面のうちで、即ち意図と為されたもの(実行)とのうちで、——実践的な意識が己れの行動についていだく私念と行動自身とのうちで、観察は前の側面をもって真実の内なるものとして選びとる。——そこで〔観察にとっては〕内なるものがその多少とも非本質的な外化を実行においてもち、これに対して真実の外化は、これを〔身体的な〕形態においてもつべきはずだということになる。後の外化とは、個別的な精神の直接的な感覚的な現在のことであり、そうしてこのさい真実の内面性だとされるところのものとは、意図の主我性であり、自分だけでの存在の個別性である[3]。内外の両者いずれも私念された精神なのである[4]。だから観察がその諸対象としてもつものは私念された定在であって、観察はかかるもの相互のあいだに法則をさがし求めているのである。

いったい精神の私念せられた現在についての直接的な私念が自然的な(素朴な)人相術というものであり、身体的な形態をただ一瞥しただけで、その内的な本性と性格とについてくだされる性急な判断である。もっとも、この私念の対象は、真実態においてはただ単に感覚的で直接的であるにすぎない存在とはちがった或る他者であるということを本質のうちに含んでいるような種類の対象ではある。たしかに現在しているものは、感覚的なもののうちにありながらも、これから出て己れのうちに還帰し反省しているという存在、まさにこの存在であり、観察の対象であるものは見られえないものの見られうるようになったものとしての見られうるものではある。しかしながら〔精神の〕まさにこの感覚的な直接的な現在こそは、精神の現実性ではあっても、この現実性はただ私念に対してあるにすぎぬ現実性である。そこで観察は〔外なるものという〕この側面からしては、精神の私念された定在に、即ち人相、手書、声の調子[1]などにあれこれと関わるのである。——そうして観察がかかる定在をなにと関係づけるかと言うと、やはり同じように私念せられた内なるものとである。このさい認識せらるべきはずのものは、人殺し、盗人《ぬすびと》ではなくして、そうでありうる能力[2]である。そのために、このような確定的な抽象的(一般的)な限定は次第に消えて個別的な個体の具体的な果てしのない限定のうちにまぎれこんでしまう。そこで今やこの果てしのない限定が右のような性格づけよりももっと技巧に富んだ描写を要求することになる。かかる技巧に富んだ描写はたしかに人殺し、盗人、お人好し、擦れていないなどによる性格づけよりも以上のことを言ってはいるけれども、しかし私念された存在、言いかえると、個々別々の個体性を言いあらわすという自分の目的に対しては決して十分ではないが、これは平たい額、長い鼻などよりも以上に出る身体的な形態の描写もやはり言わんとすることを言いあらわしえないのと同様である。なぜなら、個別的な形態というものは個別的な自己意識と同じく私念された存在であるので、言いあらわすことのできないものだからである[3]。だから私念された人間に向うところの人間知[4]という学とかかる人間の私念された現実に向う人相術という学とはいずれも自然的な人相術の無意識的な判断を学的な知にまで高めようと欲するものであるが、両者ともただ私念するだけであり、また内容も私念せられたものにすぎないが故に、自分の私念するところのものを言うまでには決して至ることのない終りもなく、あてもなく、根底もなく、根もないものである。

〔γ 人相術の法則〕

この種の所謂学が見出そうと取りかかるところの法則なるものは、かかる私念された両側面の関係であるから、この法則自身が空なる私念以外のものであることはできない。そればかりでなく、精神の現実性を研究することをもって仕事とするところのこの所謂知がまさに自分の対象としているのは、精神はその感覚的な定在から出て已れのうちに還帰しているということであり、したがって身体の限定的な定在は精神にとっては偶然的などうでもよいものである。だからたとい法則を発見した場合でも、この所謂知がすぐに思い知らざるをえないのは、こういう法則によっては何事も言われたのではなく、厳密に言えば、ただ全く無駄口がたたかれただけであるということであり、言いかえると、ただ自分についての私念が与えられただけであるということであるが、このさい「自分についての私念」Meinung von sich という表現は――自分の私念をのべることと、したがって事柄をではなくしてただ自分についての私念を提供することとが同じことであるのを言明している点で真実味をもつものである。そうして内容から言えば、これらの観察は、小売商人が「俺たちの年の市のときには、いつも雨がふる」と言い、また主婦が「私が洗濯物をほすときにもいつもそうなんです」(1)と言うさいの観察から径庭あるものたることはできないのである。

人相術の観察をこう性格づけるリヒテンベルグはさらにまた次のように言っている。(2)「もしも誰れかがお前は正直者のように振舞ってはいるけれども、お前が無理にそうしているのであり、お前が心のうちでは悪者《わるもの》であることは、俺にはお前の面《つら》からわかると言ったとすれば、こういう御挨拶に対しては、気概のある奴なら誰れでも、ほんとうにこの世のあらんかぎり(金輪際)、横っ面をなぐり返すことで応酬するであろう。」——この応酬は人相術というような私念をもってする学のそもそも第一の前提を論駁するものであるから、当っている。「第一の前提」というのは、即ち「人間の現実性は人間の顔つきなどである」(1)ということであるが、この前提の論駁であるから肯綮に当っているのである。——しかし人間の真実の存在は顔つきなどよりもむしろ彼の実行(彼によって為されたもの)である。(2)いったい個体性が現実的であるのは実行においてのことであり、また私念されたものを〔内外の〕両側面においてなくするものも実行である。第一に〔外なるものの側面で〕は実行は身体的な静止せる存在としての私念されたものをなくする。個体性は行動においてはむしろ否定的な実在(3)であることを示すが、この否定的実在は凡そ存在をなくするかぎりにおいてのみ存在するものである。第二に〔内なるものの側面で〕は自己意識をもっている個体性がなんであるかという観点からしても、実行はやはり私念の言いあらわしえなさをなくするものである。自己意識をもった個体性というものは、私念においては果てしなく無限に限定せられた、また無限に限定せられうるものであるが、為しとげられた実行においては、かかる「悪無限」はなきものにされているのである。実行とは簡潔に限定されたものであり、普遍的なものであり、抽象において把握せられうるものである。実行とは、人殺し、盗人《ぬすびと》、慈善、勇敢な行動などであり、実行に関しては、なにでそれがあるかが言われうるのである。実行はしかじかのものであり、しかじかのものとして存在し、そうして実行のこの存在はただ単なる「しるし」(4)であるにとどまるのではなく「事そのもの」(5)である。実行はしかじかのものであるが、個々の人間のなんであるかは彼の実行がなんであるかであり、そうしてかかる存在の単純態において個人は他の人々に対して存在する普遍的な実在であって、もはやただ単に私念されたものであることをやめている。もちろん個人は実行のうちでは精神としては定立せられていないが、いまかりに個人の存在としての存在のなんであるかが問題であるとすると、一方の側面では形態と実行という二重の存在が互に張合って、前者と同じく後者も個人の現実態であると主張せられることがある。そのときには、むしろただ実行だけが個人の真正の存在であると主張せらるべきであって、――相貌がそうであると主張せらるべきではない。相貌というものは、当人が実行にさいして私念するところのものと彼がただ為すかも知れぬと他人《ひと》の私念するにすぎぬものとがなんであるかを表現すべきはずのものであるが、このような相貌が個人の真正の存在とされてはならないのである。他方の側面では個人の仕事と能力または意図であるところの内的な可能性とが相互に対置せられることがあるが、このときにもやはり、ただ前者たる仕事だけが個人の真実の現実態と見なさるべきである。たとい当人自身はこの点について思いちがいをし「錯覚」(1)におちいって、自分の行動から己れのうちにかえり、この内なるものにおいては実行におけるとは自分がなにかちがった別のものであると私念することがあるとしても、ただ仕事のみが彼の真実の現実態と見なさるべきである。たしかに仕事となるときには、個体性は対象的な場面に身を託することによって、変更せられ覆えされ曲解される危険に身をさらすのではあるけれども(2)、しかし、およそ実行の性格いかんを決定するものは、それが持続する現実的な存在であるか、それとも無力なものとして自滅して行くただ私念された仕事であるにすぎないかということにほかならない。およそ対象性は実行自身を変更するものではなく、かえって実行のなんであるかを示すものであるが、このことは対象性は実行が存在するか、それとも無であるかを示すものであることを意味している。――〔人相術は実行としての〕この存在をもろもろの意図にまで分析し、またその他こういった精巧な小細工を弄することによって、現実の人間、即ち彼の実行を再び私念せられた存在に還元し、これから翻って現実の人間は説明せらるべきであると唱えるものであり、そうして説明される当人自身のほうでもまた自分の現実についてとやかく特殊的な諸意図を捏造することもあるであろうにしても、こういった小細工はすべて「私念」という閑人の閑事に任せておかざるをえないものである。[1] 任せたとすると、この閑人は実行を伴わぬ知恵を働かせて仕事に取りかかり、行動するものについて理性の性格を否認し、[2] 実行がではなくして、むしろその代りに容貌と人相とが行動するものの存在であると声明しようと欲し、こういう遣りかたで行動するものにひどい取扱いを加えようとするが、そのときにはこの閑人は横っ面をなぐりかえすという前述の応酬[3]を受くべきである。この応酬は顔つきが自体(内的本性)ではなく、むしろこういった取扱いを受くべきひとつの対象でありうることを閑人に思い知らせるものである。

〔二〕 頭蓋論

ところで自己意識をもった個体性がその外なるものに対して立つと観察せられうるさいの諸関係全体の範囲いかんを「我々」が見ることにすると、観察がまだ自分の対象となさざるをえぬひとつの関係が残っているであろう。心理学にあっては、精神において意識を具えた対《つい》像[4]をもち、精神を把握せられうるものとなすべきはずのものは、諸物の外的な現実性である。これに対して、人相術にあっては、精神は自分自身の外なるものにおいて認識せらるべきであるが、この「外なるもの」とは存在ではあっても、精神の本質のことば[5]――見られえぬものが見られうるようになったもの――である。しかしまだ現実性という側面の規定として残っているのは、個体性が己れの直接的な固定的な、純粋に定在する現実性において己れの本質を表明するであろうということである。――だからこの最後の関係が人相術の関係から区別せられる所以は、人相術の関係というのは、個体が現在するをえて語りつつあることであるという点に存するのであり、この関係においては個体は行動によって己れを外化しながら、これと同時にこの外化が己れのうちに還帰し己れの行動を観察しつつある外化であることを示しているのであり、この外化は外化ではあっても、それ自身運動であり、静止せる相貌ではあっても、それ自身本質的に〔個体性によって〕媒介せられた存在である。(1) しかし、なおこれから考察せらるべき〔現実性の〕規定においては、外なるものは最後に全然静止せる現実性であり、そうしてこの現実性はそれ自身において語りつつある「しるし」ではなく、自己意識をもった運動から分離して単独に現れてくるものであり、また単なる物としてあるものである。(2)

〔α 精神と脳髄と頭蓋〕

内なるもののそのかかる外なるものへの関係について先ず差当って明らかなのは、この関係が因果連関の関係として把握せられざるをえないように見えるということである。なぜなら、一方の自体的に存在するものの他方の自体的に存在するものへの関係は、必然的なものであるときには、かかる連関だからである。

ところで精神的な個体性が身体に対して結果を及ぼしうるためには、この個体性も原因であることを要するから、それ自身が身体的たらざるをえない。この個体性は身体的なもののうちにおいて原因としてあるが、この身体的なものとは器官のことである。しかしこの器官は外的な現実に向う行為の器官ではなく、自己意識をもったものが己れ自身のうちに止って、外に向うと言っても、ただ自分の体にだけ向うさいの行為の器官である。と言っても、かかる器

(239) 官がなんでありうるかは、すぐには見てとることはできない。もしもただ漫然と諸器官一般のことに思いが及ぼされるときには、労働の諸器官が容易に手許に見出されるし、また性衝動の器官やその他の器官も同様である。しかし、かかる諸器官は精神が一方の極として外的な対象であるところの他方の極に対して媒語としてもつところのもろもろの道具ないし諸部分と見なさるべきものである。これに対して此処で「器官」という語のもとに解せられているものにおいては、自己意識をもてる個体が自分に対置せられているにしても自分自身のものである現実に対抗して極として自分だけであることを維持しているのであって、同時に外に向っているのではなく、己れの行為において〔己れのうちに〕還帰しているのであり、ここで器官と解せられているものにおいては存在という側面といえども他者に対するの存在ではないのである。たしかに人相術の関係においても、器官は己れのうちに還帰して行為にコメントを加える[1]定在と見なされたけれども、しかし、この存在は対象的なものであり、〔対他存在である〕。そこで人相術的観察の結論は、自己意識がまさに自分のものであるのにこの現実に対して、なにか没交渉であるものに対するかのごとくに対立しているということであるが、この没交渉さはかく己れのうちに還帰しているもの(自己意識)自身が結果を及ぼすことにおいて消失し、これによってかの定在が自己意識に対して必然的な関係をもつことになる。しかし自己意識が定在に対して結果を及ぼすことができるためには、自己意識自身も存在を、ただし本来の意味における対象的な存在ではないにしても、ともかく存在をもたざるをえぬ。そこで自己意識がかかる器官としてなんであるかが指示されなくてはならぬことになる。

ところで日常生活においては例えば怒りがこの種の内的な行為と解せられて、肝臓[2]のうちにその座をしめると考えられている。それだけでなくプラトン[3]は肝臓には、なにか或るより高次のものを帰属させるが、このより高次のものとは或る人々によると、最高のものでさえある、即ち予言をすることであり、言いかえると、聖なるものや永遠のものを非理性的な遺りかたで言いあらわす天賦である。しかしながら、個体が肝臓や心臓などにおいてもつところの運動は個体の全く己れのうちに還帰している運動とは見なされることはできず、かえってこれらの器官における運動はすでに個体の身体のうちにたたきこまれているような運動であり、内から出て外面に向う動物的な定在をもっているような運動である。

肝臓や心臓に対して神経組織とは、有機的なものが運動しながらもすぐに保っている静止である。もっとも、もろもろの神経自身はまたもや外への方向に没頭している意識の器官ではあるけれども、しかし、これに対して脳髄と脊髄とは、自己意識が己れのうちにとどまっているところの現在(座)——対象的でもなければ、また外に向っているのでもない現在——即ち自己意識の直接的な現在と見なされてよいものである。かかる器官もやはり存在という契機をもっているが、この契機が他者に対するの存在であり、「そこ」に存在することであるかぎりにおいては、かかる器官は〔解剖学に対する〕死せる存在であって、もはや自己意識の現在であるのではないのである。[2] これに対して自己意識がかかる器官において己れ自身のうちに存在するということは、その概念から言って、流動であって、この流動のうちに投げこまれると、もろもろの圏はすぐに解体して決して存在している諸圏としての区別を示すことはない。ところで〔一方では〕いったい精神は抽象的―単一的なものではなく、かえってもろもろの運動からなる組織であって、この組織のうちにおいて精神は己れをもろもろの契機にまで区別しながら、それでいてこの区別において自分の自由を保っているのであり、そうしてまた〔他方では〕精神は自分の身体全体を種々の機能にまで分肢し、身体の個々一々の部分にはそれぞれただひとつの機能をしか指定しないのであるが、このことに応じて、〔脳髄における〕精神の自己内存在という流動的な存在もやはり分肢せられたものであると「表象」せられることができ、しかもそう「表象」せられざるをえないように見える。なぜなら、脳髄における精神の己れのうちへ還帰している存在自身がまた精神の純粋な本質と精神の身体的な分肢との媒語であるにすぎず、したがってこの媒語は両方の本性にあずかるものであるので、この媒語もまた身体的な分肢の側面から存在する分肢(1)を受取り、これを具えざるをえないからである。

〔この媒語という〕精神的―有機的な存在（脳髄）が同時に「そこ」に存在し定在して静止し存立しているものであるという側面（頭蓋骨）をもつのは当然のことである。そこで前者である精神的―有機的な存在は対自存在（自覚存在）の極としてはしりぞいて後者である定在の側面を他方の極として自分に対立するものとしてもたざるをえぬことになるが、しかるときに、この極こそは前者が原因(2)として働きかけるところの対象なのである。そこで脳髄と脊髄とが精神のかの身体的な対自存在であるとすると、頭蓋と脊柱とはこの対自存在から分離されて対立する今ひとつの極、即ち固定的な静止せる物であることになる。――しかし精神が「そこ」に存在する本来の座は何処かと思惟する誰れでもが思いつくのは、背中ではなく、ただ頭《あたま》だけであるから、〔頭蓋論という〕いま取扱っている知識を検討するにあたっては、この定在を頭蓋にだけかぎるのに、「我々」はただこれだけの理由――これでさえ、この知識にとってはそう悪いものではない――で満足してよいことになる。もちろん時としては背中を通じて知識と行為とが或は内に導きいれられ、或は外に導き出されることもあるかぎり、誰れかが〔精神の定在として〕背中に思いつくことがあるにしても、この理由は脊髄が〔脳髄と共に〕精神の宿っている座のうちに数えられ、そうして脊柱が〔頭蓋と共に〕この座の対像《つい》としての定在のうちに数えられなくてはならぬという説の弁護としてはなんの証明をもしていない。なぜなら、この理由はあまりにも多くのことを証明しすぎているからである。と言うのは、精神の活動を喚起したり抑止したりするために、精神の活動を補助するうえにおいて〔背中のほかにも〕なお多くの外的な道が好んで用いられていることをも、ひとは全く同様に想起することができるからである。——だから脊柱は顧慮のそとに消え去ることになるが、このことを、ひとが好むならば、正当にそうなるのだと言ってもよい。それで「まことにひとり頭蓋だけが精神の器官を含んでいるのではない(1)」という説は、他の多くの自然哲学上の説と同じく、構成せられたものであり捏造せられたものである(2)。なぜなら、頭蓋が器官であることは、すでに先にこの関係の概念(3)によって除外せられていたことであり、またその故にこそ頭蓋は〔器官でなく〕定在の側面と解されたのだからである。或はかく事柄の概念に対して注意をうながすのは許されないことだと言うのならば、器官である目をもって物が見られるような具合に、頭蓋をもって人殺しがなされたり、盗みがなされたり、詩作がなされたりなどするわけではないという経験がほんとうによく教えてくれるのである。——だから今後なお語らるべき頭蓋のもつあの意義(4)に対しては「器官」という表現は差し控えらるべきである。その理由はこうである。理性的な人間にとっては、「ことば」がではなく事柄が重要であると言うのをひとはつねとするけれども、このことから、或る事柄をこれにふさわしくない「ことば」で示してもよいという許可を取り出してはならない。なぜなら、そうするのは、拙劣であるだけでなく同時に、ただ正しいことばを知らないだけだと私念し、またそう言いふらしながら、じつは自分には事柄が、即ち概念が欠けているのを自分にも隠しているという詐欺だからである。もしも概念が手もとにあるのなら、こういう詐欺を行う人々も、正しい「ことば」をもつことであろう。——そこで差当って此処で決定せられたことは、脳髄が生ける頭《あたま》であるのと同じく、頭蓋は死せる頭*caput mortuum* であるということ、ただこのことだけである。

〔β　脳髄と頭蓋骨との関係、頭蓋骨の形態と自己意識との関係〕

だから頭蓋というこの死せる存在のうちに、脳髄のもろもろの精神的な運動と種々に限定せられた様態とが外的現実性を、ただしなお個体自身において[1]ある現実性を具えた表現を取得すべきはずだということになるであろう。このさいこれらの運動と様態とが頭蓋に対して、即ち死せる存在であるので己れ自身のうちには精神を宿らせてはいない頭蓋に対してもつ関係として、先ず差当って提供せられるのは、すでに前に[2]確定したところの外面的な、そうして機械的な関係であり、その結果として精神に本来の諸器官――これらは脳髄のうちにある――が頭蓋を此処では押し出して円くし、かしこでは打って広くし、或は押しつけて平たくするということになるが、脳髄の頭蓋のうちへのかかる働きかけは世人[3]がその他こういう仕かたで種々に言いあらわしているがごとくである。しかしながら頭蓋といえども、やはり有機体の一部分であるから、おのおのの骨のうちにおけると同じように、たしかに頭蓋のうちにもまた生命的な自己形成があると考えられざるをえない。その結果、この観点から考察すると、むしろ頭蓋のほうこそ却って脳髄を圧《お》してその外的限定をきめるということになり、しかも脳髄よりも硬いものとして頭蓋はそうする能力をももっているのである。しかし、こう考えた場合にも、両者間の働きかけいかんの規定に関しては、なおいぜんとして同一の関係が存続しているであろう。なぜなら、頭蓋のほうが形態を決定するものであろうと、決定せられるものであろうと、このことは因果関係一般にはいささかの変化をもきたさぬからである。ただ頭蓋をもって決定するものとしたこの場合には、頭蓋が原因であることになり、頭蓋のうちに対自存在(自覚存在)の側面があることになるから、脳髄ではなく頭蓋のほうが自己意識の直接的な器官だとされることになるであろうというだけのことである。それはそうと、対自存在を有機的な生命性の意味に解したとすると、かかる対自存在は脳髄と頭蓋との両者に平等に属しているから、じっさいにおいては両者間には因果連関はなくなってしまう。[1]〔この場合には両者は各自に形態を形成して行くが、しかし〕両者各自の形成が進展して行くのは、やはり内奥(内なるもの)においては相互に連関していてのことであって、一種の有機的な予定調和をなすことになるであろう。そこでこの予定調和が相互に関係する両側面を互に自由ならしめ、おのおのの側面に独自の形態を許し、一方の形態には他方の形態が対応するを要しないことになり、まして形態と性質(性格)相互間の関係は一層自由なものであって、——あたかもブドウの実の形とブドウ酒の味とが相互に自由であるがごとくであるということになるであろう。——しかしながらやはり脳髄の側面には対自存在(自覚存在)という規定が属し、頭蓋の側面には定在という規定が属するには相違ないのであるから、両者の因果連関は〔これを立てえないと同時に〕有機的統一の内部において、これを立てること「も亦」[2]できるということになる。この因果連関は相互に外面的であるところの両者間の必然的関係であるが、このことはこの関係自身が外面的であることを意味している。したがって両者相互間においてそれぞれの形態が決定せられるのは外面的関係によってであろうということになる。

そこで自己意識の器官〔である脳髄〕が自分に対立する側面〔である頭蓋〕に働きかける原因ではあろうが、しかしそもそも原因であるのがいかなる規定においてのことであるかと言うと、この点に関しては幾多の仕かたであれこれと語られることができる。なぜかと言うと、ここで語られ問題にされているのは、或る原因の性質いかんということであるが、この原因の内なるものである対自存在とはまさに直接的な定在とは少しも関りのないものであるはずなのに、形態とか大さ[3]とかいう、この原因にとってはどうでもよい定在の側から考察せられているからである。〔このとやかくの論について言うと〕第一に頭蓋も有機的な自己形成を行うが、この自己形成は〔脳髄からの〕機械的な働きかけに対しては没交渉に行われるものであり、そうして有機的な自己形成と機械的な働きかけという、これら両方の関係のうち、前者は己れ自身へ関係することであるから、これら両方の相互の関係もまたやはり切りもなく果てしもなきものそのものであることになる。第二には脳髄は精神の立てるもろもろの区別を存在する区別として己れのうちに受取り、数多の内的な器官から成り、そうしてこれらの諸器官がそれぞれちがった空間を占めている(1)と考えられているが、――これは自然に矛盾することである。自然は概念の諸契機に各自独立の定在を与えるのであるから、有機的な生命の流動的な単純態を純粋に一方の側面におき、そうしてまたこのやはり同じ有機的な生命のもろもろの区別における分節と区分とは、これを他方の側面におくものである。(2)〔しかるに脳の内的な諸器官がそれぞれちがって空間を占めるとされているのであるから〕、その結果として、ここで把握せらるべきはずの姿においては、諸区別項はそれぞれ別々の解剖学的な諸物として現われてくることになるのである。――しかし〔第三には〕たとい脳髄の諸器官がそれぞれちがった空間を占めることを許したとしても、〔脳髄の宿らせている〕精神という契機は生得的に強いか弱いかのいずれかであるが、これに応じて強い場合には、より膨張した脳髄器官をもち、弱い場合にはより収縮した脳髄器官をもたざるをえないのか、それともまさにその正反対であるのか決らないことであろう。――同様に精神の発達が〔脳髄〕器官を大きくするのか、小さくするのか、この器官を不恰好に厚ぼったくするのか、それともより繊細にするのかも、やはり決らないであろう。〔第四には〕そもそも原因がどんな性質のものであるかが不定のままにとどまっているのであるから、それの頭蓋への働きかけがどのように出来するか、この働きかけが拡げることであるのか、それとも狭め縮めることであるのかも不定のままに放置せられているのである。たとい、この働きかけを、もっとお上品にして、例えば刺戟 *Erregen*[1] と規定して見たところで、この「刺戟」が吸出し膏薬のような遣りかたで膨れあがらせることにおいて出来するのか、それとも醋のような遣りかたで縮みこませることにおいて出来するのか、やはり決ってはいない。——これらすべての見解に対して、もっともらしい理由を持出すことができる。なぜなら、〔機械的な関係のほかに〕やはり介入してくる有機的な関係がもろもろの理由のうち、一を他と同じように通用させ、悟性〔の立てる〕あらゆるかかる〔区別〕[2]に対して無関心だからである。

しかしながら、〔脳髄の頭蓋に対する〕かかる関係を規定しようと欲することが観察する意識にとって関心事であるのではない。なぜなら、そもそも生命的な部分として一方の側面に立っているのは脳髄ではなく、脳髄は脳髄でも自己意識をもっている個体性の存在としての脳髄だからである。——この個体性は持続的な性格としても、また自発的に運動する自覚的な為すこととしても自分に対して、また自分のうちにあり、そうしてかく自分に対して、また自分のうちにあることに対立しているのは、この個体性の現実態であり他者に対する定在である。かく自分に対して、また自分のうちにあるもののほうが実在であり主体 Subjekt であって、この主体が脳髄において存在をもつにしても、この存在はこの主体のもとに包摂せられており、またこの存在はその価値をただ内に宿る意義を通じてのみえている。これに対して自己意識をもった個体性とはちがった他の側面、即ちこの個体性の定在の側面とは、自立的なものとしての、また基体 Subjekt としての存在であり、言いかえると、ひとつの物としての、即ちひとつの骨としての存在である。そこで〔頭蓋論では〕人間の現実と定在とは人間の頭蓋骨であるということになる。[3]——かくのごときが〔内外〕両側面がこれらを観察する意識においてもっているところの関係であり、また意味である。

今やこの観察する意識にとって課題であるのは、〔自己意識をもっている個体性と頭蓋骨という〕これら側面のもっと限定せられた関係いかんということである。頭蓋骨はもちろん一般的には精神の直接的な現実態であるという意義をもってはいるけれども、しかし精神が数多の側面をもっていることがその定在にもやはりこれに応じた数多の意義を与えることになるから、獲得せらるべきは、この定在が分割せられて行くもろもろの位置の一つ一つがもっている意義を限定することであり、見らるべきは、これらの位置がこの意義についてどのような指示を具えているかということである。

さて頭蓋骨は為す働きの器官でもなければ、話しをする運動(表情)でもない。頭蓋骨をもって盗みがなされたり、人殺しがなされたりなどすることもなければ、またこういうことを為すにさいして頭蓋骨がいささかでも顔をしかめて話しをする身ぶりとなることも決してない。――それのみか、この頭蓋骨という存在するものはしるしとしての価値をさえもってはいない。顔つき、身ぶり、声の調子、それから荒涼たる孤島に打ちこまれている円柱や棒杙でさえも、これらがただ直接にしかじかであるにすぎぬことのほかに、なおなにか或る別のものがこれらによって意味されていることをすぐに告げている。これらは自分ですぐに「しるし」であることを公言しているのである。なぜなら、これらは或る限定をもっていて、この限定がこれらには本来的には属するのではないことによって、或る他者を指示しているからである。もちろん、ハムレットがヨーリックのされこうべ(頭蓋骨)に接してなしたように(1)、ひとは或るされこうべを見て、さまざまの思いつきに耽けることはできるけれども、しかしされこうべ自身はあまりにもどうでもよい、たわいもないものであるので、直接にされこうべにおいてはただされこうべ自身以外のいかなる他のものも見られ意味されることはできない。もちろん或るされこうべがそれの脳のことやその脳の特性のことやまた他の恰好のされこうべのことを思い出させはしても、されこうべが顔つきや身ぶりを、またそのほか意識的な行為に由来する

(245)

ことを告げるような或るものを印刻せられてもっているのでもないから、されこうべが意識的な運動のことを思い出させることはない。なぜなら、されこうべは現実ではあっても、この現実は個体性において、もはや己れのうちに還帰せる存在ではなくして純粋に直接的な存在であるような他の側面を表現すべきはずのものだからである。

ところでさらに頭蓋骨は自分では感ずることのないものであるが、頭蓋骨にとっては比較的限定的な意義が、言って見れば、次のことから結論せられうるように見える。即ち〔脳髄の一定の位置における〕一定の感情が〔頭蓋骨における或る位置へ〕近接していることによって、なにが頭蓋骨〔の形態〕によって意味されているかを認識させるであろうというようにしてである。そこで精神のひとつの意識的な様態はその感情を頭蓋骨の一定の位置においてもつから、言って見れば、この場所がその形態において精神のこの様態がなんであり、またその特殊性がなんであるかを暗示するであろう。例えば多くの人々は努力して思考すると、或は少しでも思考すると、頭の何処かに苦しい緊張を感ずるのを訴えるのであるが、そうであるとすると、これと同じように、盗みをすること、人殺しをすること、詩作をすることなど〔の精神の意識的な様態の〕おのおのもそれぞれ独自の感情に伴われていることが可能であり、そのうえ、さらにそれぞれの感情がそれぞれ〔脳髄における〕特別の位置を占めるに相違ないであろう。脳におけるこの位置がこういう仕かたで動揺し活動すればするほど、それに応じておそらくは〔頭蓋〕骨における近接した位置をも発達させるであろうし、或はこの位置が同感ないし共感によってじっとはしておらず、大きくなったり小さくなったりし、また其他どのような仕かたにおいてにせよ、自らを形成することであろう。――しかしながら、この仮説をして真実らしくなくするのは、いったい感情というものは或る不確定なものであり、殊に中枢である頭《あたま》における感情はあらゆる受動の普遍的な共同感情であろうから、その結果として盗人―人殺し―詩人の頭における快ないし苦の感情には他の諸感情がまじりこみ、これらの感情が相互に区別されえないだけでなく、単に身体的と呼ばれうる感情とも区別されえないことになるであろうが、これは頭痛という症状からしては、たとい、この症状の意義を身体的なものに限ったとしても、どんな病気かは決定されえないのと同様である。

それで事柄がどの方面から考察せられようとも、じっさいにおいては、〔頭蓋骨と精神という〕両側面相互のあらゆる必然的な関係も、また両者の関係が自分自身で意義を語るという暗示も崩れ去ってしまう。それでもなおこういう関係が成立すべきだと言うのならば、両側面の互に対応する諸規定の没概念的な勝手気ままな予定調和[1]しか残っていないし、またそうなるのが当然である。なぜなら、一方の側面にあるもの没精神的な現実、単なる物であるべきだと言われているからである。——だから、まさに一方の側面に立つものは頭蓋の静止せる、もろもろの位置の群《むれ》であり、他方の側面に立つものは精神のもろもろの「性質」[2]の群である。そうしてこれらの「性質」の数がどれだけ多いか、どういう規定をもつかは、心理学の状態に依存するであろう。精神についての「表象」が貧弱であればあるほど、それだけ、この方面からして問題は容易にせられる。なぜなら、一方では〔精神の〕「性質」の数はそれだけ少なくなるし、他方ではこれらの「性質」は少いとそれだけよけいに相互に分離された固定的な骨のような、したがって骨の規定により近似した、これとより比較され易いものとなるからである。しかしながら精神についての「表象」の貧弱さによって容易にされること多大であっても、いずれの側面にもまだやはり夥しい群が残っているので、観察にとって両側面の関係が全く偶然的であることには変りはない。イスラエルの子孫たちは「海べの砂」に譬えられるが[3]、もしかりに子孫の一人一人が自分がその「しるし」であるところの砂粒を手に取るべきであるとすれば、一人一人に自分の砂粒を割当てるさいの遣りかたはひどく無頓着な勝手気ままなものであるが、〔頭蓋論が〕魂のおのおのの能力に、おのおのの激情に、それからまた此処ではこれらと同じく考察されなくてはならないであろうところの諸性格の陰影のおのおのに、即ち洗錬された心理学と人間知[1]が語るをつねとする陰影のおのおのに、頭蓋における、それぞれの場所と骨の形とを割当てるさいの遣りかたのひどさ加減もまた同程度のものである。――人殺しの頭蓋はこの――「この」と言っても、この器官をでもなければ、この「しるし」をでもなく、〔頭蓋に〕この隆起をもっているのであるが、しかし、この同じ人殺しもまだほかにも〔精神の〕「性質」の群をもっており、またこの隆起のほかに他のもろもろの隆起をももっており、そうして隆起と共に窪みをもっているので、いろんな隆起といろんな窪みとの間に選択の余地があるわけである。そこで彼における人殺しの気質はどんな隆起にも、どんな窪みにも関係づけられることができるし、また隆起と窪みとのほうでも、どんな「性質」にでも関係づけられることができる。なぜなら、人殺しと言っても、ただ「人殺し」という抽象であるにすぎないのではないし、また彼がただひとつの隆起とただひとつの窪みとだけをもつわけでもないからである。だから、この点についてなされるもろもろの観察は、年の市にさいして小売商人が、洗濯物をほすにさいして主婦が、雨について行う観察[2]とまさに同一程度のものとしか聞えないことにならざるをえない。小売商人と主婦とは、この観察のほかに、さらに「この」隣人が通りすぎるときには、或は豚の焼肉をたべるときには、いつも雨がふるという観察をも行うことができたが、雨がこれらの事情に対するのと同じように、〔頭蓋論の〕観察にとっては精神のしかじかの限定は頭蓋のしかじかに限定された存在に対して没交渉である。なぜなら、この観察の両方の対象のうちで、一方はひからびた素っ気のない対自存在(自覚存在)であるが、他方もやはりひからびた自体存在(客体存在)だからである。両者のごとき骨のような物は自分以外のあらゆるものに対して没交渉である。高く盛りあがった隆起にとって人殺しが近所に住んでいるかどうかが没交渉で、どうでもよいことであるように、人殺しにとって〔頭蓋の〕平たさが近くにあるかどうかも同様である。

もちろん〔精神の〕なにか或る性質や激情などと〔頭蓋の〕何処かの位置にある隆起とが結合していることの可能性は克服すべからざるものとして残っている。ひとは人殺し〔の性質〕をもって頭蓋における此処のこの位置に高く盛りあがった隆起をもったものとして、盗人をもってかしこの位置に隆起をもったものとして、自分に思い浮べ表象することは可能である。この側面からすると、頭蓋論はまだ非常に拡張せられうる能力をもっている。なぜなら、頭蓋論も初めのうちはただ同一の個体における或る隆起と或る性質との結合の場合にのみ、したがって同一の個体が両者のいずれをももっている場合にのみ課題を制限しているように見えるからである。しかしながら、すでに自然的な頭蓋論が――と言うのは、自然的な人相術[1]のある以上、自然的な頭蓋論も同様にあるはずだから――この制限を乗り越えて、ただに「ずるい奴は耳のうしろに拳《こぶし》大の隆起をもっているものだ[2]」と判断するだけではなく、さらに進んで不貞の妻(247)自身がではなく、その婚姻の相手たる個体が額に隆起をもっているとも表象するのである。――同様にひとは人殺しと同じ屋根のしたに住んでいるもの、或はさらにその隣人、そうしてもっと外《そと》へ出て行ってその同市民が頭蓋の何処かの位置に高く盛りあがった隆起をもっているなどと表象することができるのであるが、これは「驢馬に乗っていた蟹に牝牛が初めに愛撫せられて疾走し出して……となった[3]」と表象することができるのにひとしいのである。――しかるに可能性が表象の可能性という意味にではなしに、〔事柄に〕内的な可能性の、言いかえると、概念の可能性の意味に解せられるときには、〔頭蓋論の〕対象はただの物であって、〔精神を表現するという〕意義を欠き、また欠くべきであるような現実であり、したがってかかる意義はこれをただ表象のうちにのみもちうるような種類の現実なのである。

〔γ 素質と現実〕

かく〔精神と頭蓋という〕両側面が相互に没交渉であるのに、それにも拘らず、観察者は両者の諸関係を規定する仕事にとりかかるのであるが、これは、一方では「外なるものは内なるものの表現である」(1)という普遍的な理性根拠によって鼓舞せられてのことであり、他方では禽獣の頭蓋からの類推によって支持せられてのことである。——もっとも禽獣はたしかに人間よりも簡単な性格をもっているにしても、それだけに却って禽獣がどんな性格をもっているかをのべるのは困難であることになる。なぜなら、禽獣の本性になり切るということは、何人の「表象」にとっても容易な業《わざ》ではないからである。——こういう困難があるのに、観察者は仕事にとりかかり、諸法則を発見する。と言うよりか、発見したと言いはるだけである。そこで観察者は諸法則を「断言」することになるが、この「断言」にさいして観察者は或るひとつの区別において選り抜きの素晴らしい援助を見出しているが、この区別は此処で「我々」もまた必然的に想到せざるをえぬものである。——いったい精神の存在というものは少くとも絶対に不動のもの、絶対に動かしえない或るものと解せられることはできない。人間は自由である。そこで根源的な存在(2)はただの素質であるにすぎぬことが承認されるのである。人間は素質に関して多くのことをなしうるのであり、或は素質というものは発展させられるためには比較的に好都合な環境を必要とするのであるが、これらのことは、精神の根源的な存在は存在ではあっても、同時に存在として出現してこないようなものでもあると言明されなくてはならないことを意味している。もし誰れかが或るものを法則であると「断言」することに思いついたとしても、もろもろの観察がこれに矛盾することがありうるが、いま矛盾したとすると、即ち、例えば年の市にさいして、或は洗濯にさいして、晴天であると

(248)

する。すると小売商人と主婦とは本来なら雨がふるべきであったのであり、雨のふる素質はたしかに現にあると語ることができるであろうが、頭蓋の観察者もまた全く同様であって、こう語ることができるであろう。——即ちこの個体は頭蓋が法則にしたがって言いあらわすような性質のもので本来ならあるはずであったのであり、そうであるべき根源的な素質をもっているけれども、しかしこの素質が発達させられなかったのだと。言いかえると、この性質(気質)は現に存在するのではないが、しかし現に存在すべきであったというわけである。——法則と「べき」[1](当為)とは現実の雨の観察に基礎をもっているのであり、そうしてまた頭蓋がしかじかの限定をもっているにさいしては現実の気質の観察に基礎をもっているのであるけれども、しかしこの現実が現に存在しないときには、空なる可能性が現実にひとしい価値をもつわけである。——この可能性、即ち立てられた法則の非現実性としたがって法則に矛盾するもろもろの観察とが到来せざるをえない所以のものは、まさに個体の自由と素質を発展させる環境とは存在一般に対して無関心であり、即ち根源的な内なるもの(素質)としての存在に対しても、また外的な骨のようなものとしての存在に対してもひとしく無関心であるということ、また個体は内的に根源的にしかじかであるところのものとはちがった或る別のものでもあることができ、まして況や骨に対してはなおさらであるということ、まさにこのことに存するのである。

だから「我々」が獲得しているのは、頭蓋のしかじかの隆起ないし窪みが或る現実的なものの「しるし」であると共にまたただの素質の「しるし」でもあり、しかも何に対する素質であるか定かでないこともありうるという可能性であり、この隆起が或る非現実的なものの「しるし」でもありうるという可能性である。「我々」が目撃しているのは、下手な逃げ口上がいつものように、自分が救い出そうと思うものを却って反駁するために逆用せられもするという結果を招いているということである。「我々」が目撃しているのは、私念が事柄の本性にうながされて、自分が固執するのとは正反対のことを口にする破目に、しかし自分ではそうしていると思いもせずに言う破目におちいっているということである、――即ちしかじかの隆起によって何か或るものが暗示せられはするが、しかし同時に暗示せられないこと「も亦」[1]あると口にする破目におちいっているのである。

こういう逃げ口上を言うさいに私念自身にもぼんやりとちらついているのは、およそ存在そのもの[2]は精神の真実態では決してないという、まさに私念を絶滅する真実な思想である。すでに〔内なるものの側にある〕素質にしても精神の活動には少しもあずからない根源的な存在であるのと同じように、〔外なるものである頭蓋〕骨のほうでもやはりまさにかかる存在である。いったい精神的な活動を欠いている存在するものは意識に対する物[3]であって、あまりにも意識の本質に乏しく、むしろ意識とは正反対のものである。そこで意識[4]はただかかる存在の否定であり絶滅であることによってのみ、自覚的に現実的である。――この側面からしては、骨をもって意識の現実的な定在であると公言する[5]
(249)
のは、理性の完全な否認[6]と見なさるべきであるが、そう公言せられるのは、〔頭蓋論において〕骨が精神の外なるものと見なされることによってである。なぜなら〔此処での〕外なるものはまさに存在する現実[7]だからである。このさい、この外なるものから、これとはいささかちがって或る他者である内なるものが推論せられるだけであり、また外なるものが内なるもの自身だと言っているのではなく、ただその表現であると言っているだけだと弁解して見たところで、なんの助けにもならない。なぜなら、内外両者相互の関係において、まさに内なるものの側面に属しているのは、〔本来なら〕己れを思惟しつつある、また思惟せられた現実[8]という規定であり、これに対して外なるものの側面に属しているのは存在せる現実という規定だからである。――だから、もし或る人間に向って、お前の骨がしかじかの性質のものであるが故に、お前（お前の内心）はしかじかのものであると言われるとすれば、これは、「俺はお前の骨をもってお前の現実と見なす」ということより以外のことを意味するのではない。人相術におけるこの種の判断が横っ面をはりとばすことによって受けた応酬についてはさきに(1)のべたごとくであるが、この応酬が先ずもって〔顔という〕柔軟な部分をその権威ある地位からおろして、この部分がなんら精神の真実の自体(2)ではなく、まして精神の現実態でもないことを証明するにすぎないのに対して、――ここ頭蓋論における応酬は、ほんとうに、もって遙かに進んで、かかる判断をくだす奴の脳天を打ち割り、もって骨が人間にとって決して自体ではなく、まして況や人間の真実の現実態ではないことを、この奴の知恵と同じく手にとるように分りやすく証明することとならざるをえぬであろう。――

自己意識的な理性の訓練のない粗野な本能は頭蓋学を検討もせずに投げ捨てることであろうが、――投げ捨てられるほうの頭蓋学もやはり同じ理性の本能であって、〔自然的意識から〕成長して認識の予感にまでには到達し、「外なるものは内なるものの表現である」という没精神的な仕かたで認識を把握したものである。しかしながら、およそ思想がより劣悪であればあるほど、それだけ却ってその劣悪さが何処にあるか判然とせず、またこの劣悪さを解明することもより困難なことが往々にしてある。なぜなら、いったい思想がより劣悪だと呼ばれるのは、その思想にとって実在として妥当する抽象がより純粋であり、より空虚であるのに応じているからである。ところで此処で〔頭蓋学において〕到達された対立はその両項として自己意識的な個体性と物にまでなった外面性の抽象とをもっており、――前者は精神の内的な存在ではあっても、固定的な没精神的な存在として把握せられたものであり、そうしてかかる精神的な存在が後者たるやはり同様な存在に対置せられているのである。――しかしながら、この点にまで到達したことによって、観察する理性もじっさいその絶頂(3)に達したようであり、この絶頂でこの理性は己れ自身をふり捨てて、とんぼ返りをしなくてはならぬようである。なぜなら、劣悪さを極めたものにして初めてすぐにも転回しなくてはならぬという必然性を負うているからである。——ユダヤ民族(1)についても同様のことが言われうる。この民族は救いのすぐ門口に立っているからこそ、見さげられつくした民族であり、またそういう民族であったのである。この民族は自分が即自且つ対自的にしかあるべきはずであったところのものを、即ち自分自身の本質態を自覚せずに、却ってこれを置きちがえて、己れの彼岸(2)であるとし、かくてこの民族は己れを外化する。しかし、この外化によって、この民族は、若しもこの自分に対立しているものを再び己れのうちに取りもどすことができたとすれば、存在の直接態の内部に停滞していたときよりも、より高次である定在(生活)を可能にするのである。なぜと言って、およそ精神は、還帰してくるさいの対立が偉大であればあるほど、偉大だからである(3)。そうして精神が己れにこの対立を立てるのは、己れの直接的な統一を撤廃することにおいてであり、また自分だけでの存在を外化し放棄することにおいてである。しかし若しもかく己れを外化した意識にして己れを省み己れのうちに還帰することがない場合には、この意識の立っている中間の状態は祝福なき空虚である。なぜなら、この空虚な状態をみたすべきはずであったものは固定的な対極となってしまっているからである。このユダヤ民族の場合と同じように、〔頭蓋学という〕観察する理性のこの最後の段階は、この理性にとって最悪の段階ではあるが、しかし、それだけに、またこの段階にとっては転回は必至である。

〔三　観察する理性の結論〕

まことに観察の対象をなし内容をなす諸関係のこれまでに考察せられた系列を概観して見ると、そもそも観察の最初の仕かたにおいて、即ち非有機的な自然の諸関係の観察において、観察にとってはすでに感覚的な存在は消えうせているということがわかる。非有機的な自然の諸関係が具える諸契機は純粋な諸抽象として、また単純な諸概念として現われてくるのである。もっとも、これらの概念は諸物の定在にかたく束縛されたものであるはずだと考えられはするけれども、しかし、この定在は消え去るので、その結果として、契機は純粋な運動であることを、また普遍的なものであることを示すことになる。[1]そこで自由で自己完結的な過程が成立を見ることになるが、この過程がまだひとつの対象的なものであるという意義をいぜん保っているにはしても、それが登場してくるのは、今や一者[2]としてのことである。非有機的なものの過程においては、一者はまだ顕現をもたぬ内なるものであるのに、一者として顕現するようになると、過程は有機的なものとなっている。――〔しかし有機的なものにおいては〕一者は自分だけでの存在(対自存在)として、言いかえると、否定的な実在として普遍的なもの(環境)に対立し、これから脱却[3]して自分だけでの自由を保つので、その結果として、概念が実現されるにしても、この実現はただ絶対的な個別化の場面[4]のうちにおいてのことにすぎぬから、概念は有機的な現存のうちでは普遍的なものとして「そこ」に存在するという自分の真実の表現を見出すことがなく、却って外なるものであるにとどまっている、これを言いかえると、同じことであるが、有機的な自然の内なるもの[5]であるにとどまっていることになる。――有機的な過程は自由ではあっても、ただ即自的に自由であるにとどまり、これに対して自ら対自的には自由であるのではない。もっとも目的[6]においてはこの過程の自由の対自存在が歩みこんではくるが、しかし、この対自存在が顕現するのは過程とはちがった他の実在として、過程のそとにあるところの己れ自身を自覚せる知恵[7]としてのことである。かくて観察する理性はこの知恵に向う、即ち精神に、普遍態として顕現している概念に、言いかえると、目的として顕現している目的に向うこととなり、そこで今やこの観察する理性にとっては自分自身の本質が自分の対象である。

観察する理性が最初に向うのは自分自身の本質の純粋態(1)へである。しかし、この対象が自分で立てた区別のうちで自分で運動するものであるのに、この理性が捕捉するのは、ひとつの存在する対象としてのことであるから、この理性にとって「生成」してくるものは思惟の諸法則である。これらの法則は或る持続するものの他の持続するものへの諸関係であるが、しかしこれらの法則の内容に至ってはただ〔全体の〕諸契機たるにすぎないのであるから、これらの法則は自己意識の一者(2)のうちに紛れこんでしまう。——しかし、この一者という新しい対象とても観察する理性にとってはやはり存在するものとして受取られるので、この対象も個別的な偶然的な自己意識である。だから観察は私念された精神の内部にとどまるし、また意識をもっている現実と意識をもたない現実との偶然的な関係の内部にとどまっている(3)。精神がこの関係の必然性をなすにしても、これはただ自ら即自的にそうであるにすぎないから、観察は精神にもっと近く身体に迫って行って、精神の意志し行為する現実を、己れのうちに還帰し反省し省察を行いつつある精神の現実と、ただし精神の現実ではあっても、それ自身対象的である現実と比較する。この外なるものはたしかに個体の「ことば」であり、しかもこの「ことば」は個体が自分自身において具えている「ことば」ではあるけれども、同時に「しるし」であるから、外なるものがしるすべきはずの内容に対して没交渉であるが、没交渉であるのは、この「しるし」を立てるもの(内なるもの)が「しるし」に対して没交渉であるのと同じである(4)。

観察が〔表情という〕かかる可変的な「ことば」から転じて最後に固定的な存在にかえって行くのは、かかる理由によるのである。そこで観察は自分の概念(5)にしたがって、こう言明する。精神の外面的で直接的な現実であるのは、器官としての外面ではなく、また「ことば」や「しるし」としての外面でもなく、死せる物としての外面であると。かくして非有機的な自然に関するそもそも最初の観察によって撤廃せられていたこと[1]、即ち概念が物として現にあるはずであるということ、このことを、〔頭蓋論という〕観察のこの最後の様態が再興するのであり、しかも精神自身の現実をもって物となすという仕かたにおいて、逆の言いかたをすれば、死せる物に精神の意義を与えるという仕かたにおいて再興するのである。――これによって今までは観察についての「我々」の概念であったこと、即ち理性の確信とは己れ自身を対象的な現実として求めるものであるということを言明する段階にまで観察が到達したわけである。――もちろん、このさい、ひとびとは、精神が頭蓋によって表象せられ再現せられるからと言って、精神が物であると言明されているとは私念はしない。ひとびとの意見ではこの思想のうちに所謂唯物論があるのではなく、精神はむしろなおかかる骨とは別の或るものであるが、しかしおよそ「精神が存在する」ということ自身が意味しているのは「精神はひとつの物である」[2]というより以外のことではない。だから存在そのもの或は物的存在ということが精神について述語されるときには、このことの真実の表現は「精神とはひとつの骨のようなものである」ということなのである。したがって精神について「精神は存在する」と純粋に言われていることが[3]〔ひとつの骨となることにおいて〕その真実な表現を見出したということは、このうえもなく重要であると見なさるべきである。普通に精神について、精神は存在するとか存在をもつとか、物であるとか個別的な現実であるとか言われるときに、これによって私念され意味されているのは、ひとが見たり、手に取ったり突いたりなどすることのできる或るもののことではないけれども、しかし言われているのは、かかるものである。[4]かくて真実に言われているところのものがなんであるかは、「精神の存在は骨である」という〔命題〕において表現せられるということになる。[5]

　ところでこの結果は二重の意義をもっている。第一にはこの結果が自己意識の先立つ運動の結果を補って完全にするものであるかぎり、この結果は真実の意義をもっている。不幸な自己意識は己れの自立性を外化し放棄し、苦闘の結果として自分の対自存在をひきずり出して物とした[1]が、これによって不幸な自己意識は自己意識の立場から再び意識の立場にもどったのである。これはひとつの存在やひとつの物をもって対象とする意識の立場に自己意識が逆戻りをしたことを意味しているが、――しかしこのさい「物」であるところのものは自己意識でもあるから、「物」と言っても、自我と存在との統一であり、即ち範疇[2]である。対象が意識に対してかく規定せられているときには、意識は理性をもっている[3]。いったい自己意識と同じく意識も即自的には本来は理性であるけれども、対象が己れを範疇として規定するようになった意識についてのみ、「理性をもつ」と言われうるのである。――もっとも、この「もつ」ということは理性がなんであるかについての知とはまだちがっている。――そこで〔意識が理性をもつことにおいて成立するところの〕範疇は存在と自分のもの[4]との無媒介の統一であって、存在と「自分のもの」という両方の形式を遍歴しなくてはならないが、観察する意識とは、範疇がまさに存在の形式において己れを表現している場合なのである。それで観察する意識は〔頭蓋論という〕その結果に到達したときには、自分が無自覚的に確信していたところのものを命題(253)として言いあらわすが、――この命題はそもそも理性の概念[5]のうちに含まれているものであって、「自己は物である」という無限判断[6]であり、――これは判断ではあっても、己れ自身を止揚もする判断(否定判断)でもある。――だから、この結果によって範疇には、「範疇は対立であり、そうしてこの対立は己れを止揚する対立でもある」という規定がつけ加わったことになる。純粋範疇は存在または無媒介態という形式において意識に対してあるものであるから、かかる純粋範疇はまだ無媒介の対象であり、ただ現にあるにすぎぬ対象であり、そうして、このさいには意識のほうもまたこの対象に対して同様に無媒介の態度をとっている。しかるにかの無限判断という契機は無媒介態から媒介態或は否定態への過渡態であるから、現にある対象は意識にとって否定的な対象として規定せられ、これに対して意識のほうは対象に対抗する自己意識として規定せられることになる。言いかえると、観察において存在の形式を遍歴し終えたところの範疇が今や対自存在（自覚存在）の形式において定立せられることになるのである。こうして意識はもはや己れを無媒介に見出さんと欲するのではなく、かえって己れの行為によって己れ自身を実現せんと意志する。[1] 観察においては意識にとってただ物だけが関心事であったが、これと同じように、こう意志するようになると、意識にとっては自分自身が自分の行為の目的[2]である。

結果の第二の意義はすでに考察せられたごとく観察が没概念的であるということである。この観察が己れを把握し、また言いあらわすにあたって心得ていることはと言えば、骨をもって、即ち感覚的な物として見出されるにとどまって物であり、また意識に対する対象性をまだ失っていない〔頭蓋〕骨をもって、たわいもなく自己意識の現実態であると言明するより以外にはないのである。しかも観察は自分の言っているのがかかることであるのに、これについて、なんら明確なる意識をもたず、また自分の立てる命題をその主語と述語それぞれの限定において、両者の関係の限定において把握せず、まして況や無限判断の、即ち己れ自身を解体する無限判断と概念との意味においては把握しない。――むしろ観察は此処では一種の自然的な誠実さの形をとってあらわれてくる深底にひそむ精神の自己意識にうながされて、没概念的な裸のままの思想の恥しさを、即ち骨をもって自己意識の現実態なりと言明する思想の恥しさをかくすのであり、またこの没概念的な思想を白く塗りたて[3] übertünchen 体裁をつくろうのに、原因と結果[4]、しるし、器官など此処ではなんの意味をもたない幾多の関係をまぜこむという、さらにはこれらの関係から導き出されたもろもろの区別[5]を立てることによって、命題のどぎつさに蓋《ふた》をするという、またもや無思想な態度をもってするのである。

説的たるにすぎぬ現実であって——「そこ」にある現実ではなく、触れられ見られる現実ではない、即ち真実の現実ではない。これらのものは「そこ」にあるときには、即ち見られるときには、死せる対象であって、もはや精神の存在としては妥当するわけには行かない。しかしながら、本来の対象性というものは直接的な感覚的な対象性たらざるをえないから、その結果として、〔頭蓋論の説くごとく〕精神は死せる対象性としてのこの本来の対象性において——なぜ「死せる」であるかと言うと、〔頭蓋〕骨は生けるもの自身においてあるかぎりの死せるものだからである——〔初めて〕現実的なものとして定立せられることになる。——ところで〔頭蓋論の〕かかる「表象」の概念は、理性とは己れをもってあらゆる物たることであるとするものであり、しかも純粋に対象的な物たることでさえあるとするものだということであるが、しかし理性がかかるものであるのは概念においてのことであり、言いかえると、概念こそ理性の真実態にほかならないのである。このさい、もしも概念の内容が概念としてあるのではなく、「表象」としてある場合には、概念自身が純粋であればあるほど、それだけ概念は馬鹿げた表象に堕落する、——即ちもし〔無限判断という〕己れ自身を止揚する判断がその「無限性」の意識を伴って受取られずに、かえって持続的な命題として受取られて、この命題の主語と述語とが各自別々に妥当し、自己は自己として、物は物として固定せられ、それでいて一が他であるべきはずであると考えられる場合には、概念は馬鹿げた表象に堕落するのである。——本質的には概念である理性はすぐに己れ自身と己れの反対のものとの二つに分裂するのであるが、このさいの対立はまさに概念のものであるが故にすぐに止揚せられているものである。しかるに、かく理性が己れ自身としてと共に己れの反対のものとして現われてきているときに、理性がこの分離の各自全然別々の契機のうちに固定せられるときには、理性は反理性的に把握せられていることになる。そうしてこの分離の契機がより純粋であればあるほど、それだけ、このさいの内容の現れかたは、どぎついものとなるのであるが、〔表象的な〕意識に対してはかかる内容だけがあるか、それともかかる内容だけがこの意識によってたわいもなく言いあらわされるかのいずれかである。――ここには精神が内面から推し出してくる深きものがある。しかし精神はこれを表象する意識にまで推し出すだけで、この意識のうちに停滞させているので、――そこでこの表象する意識は自分の言っていることがなんであるかについて無知である。[1] この深きものとこれについての無知とのかかる結合は、生けるものにおいてその最高の完成の器官である生殖の器官と放尿の器官とを結合することにおいて自然が素朴に表現しているところの高きものと低きものとの結合と同じようなものである。――無限判断は「無限」なものとしては、己れ自身を概念的に把握している生命の完成にあたるであろうが、これに対して表象の域に止まっている意識は放尿の位置をとるものである。

(255)

B　理性的な自己意識の己れ自身を介する現実化*
Die Verwirklichung des vernünftigen Selbstbewußtseins durch sich selbst.

自己意識は物を己れとして、また己れを物として見出したが、(1) このことは、自己意識が即自的には対象的な現実であるということが自己意識に対して対自的であることを意味する。自己意識はもはやあらゆる実在性であるという無媒介の確信(2)ではなく、確信ではあっても、この確信にとっては、かえっておよそ無媒介のものが止揚せられたものであるという形式を具えている。したがって無媒介なものの対象性はただ表面としてしか妥当せず、この表面の内なるものと本質とに至っては自己意識自身である。(3) ——そこで自己意識は対象には肯定的に関係して行くから、この対象はそれ自身ひとつの自己意識である。(4) 対象は物たることとの形式(5)においており、即ち対象は自立的であるけれども、しかし自己意識は、この自立的な対象が自分にとってなんらよそよそしいものではないという確信をもっており、したがって自己意識は即自的には自分がこの対象によって承認せられている(6)ことを知っている。自己意識は精神である、即ち二重の自己意識となりながら、またこれら両者がそれぞれ自立的でありながら、自己自身との統一を保っているところの精神(7)である。ところで自己意識のもっているかかる確信が今や自己意識にとって真理にまで高まらなくてはならない。(8) 自己意識は即自的には、また内なる確信においてはしかじかのものとして妥当しているが、このしかじか

(256)

のものが自己意識の意識のなかにはいって行って自己意識にとって対自的となるべきなのである。

この現実化の普遍的な駅々[1]がなんであるであろうかと言うと、この現実化をこれまでの道程[2]と比較して見るだけで、大体のところはすでに明らかである。即ち理性は観察を行うにさいしては、範疇という場面のうちで意識の運動を、即ち感覚的な確信と知覚と悟性とを繰りかえしたが[3]、これと同じように、〔己れを現実化するにさいしての〕理性[4]もまた自己意識の運動をもう一度遍歴して、自立性から自分の自由[5]へと移って行くであろう。即ちこの行為的理性[6]も第一には自分をただ一己《いっこ》の個体として自覚しているにすぎず、そこでかかるものとしての己れの現実性を他者のうちに要求し生み出さざるをえないけれども[7]、――しかし第二には個体の意識が普遍性にまで高まると、個体は普遍的な理性となり、自分が理性であることを、即自且つ対自的に承認せられたもの[8]であることを自覚するようになるが、この承認せられたものはその「純粋意識[9]」においては、あらゆる自己意識を統一づけているものである。かくあらゆる自己意識を統一づけているものが単一な精神的実在[10]であるが、この実在が実在であると同時に意識をもったものになると、この実在は現実的な実体[11](基体)である。この実体のうちでは先立つ諸形式は自分たちの基底のうちに帰入しているのであるから、したがってこの基底に比すれば、これら諸形式は基底が生成するうえでの個々の契機であるにすぎぬ。もちろん、これらの契機は孤立して、それぞれ独自の形態として現象しはするけれども、じっさいにおいては、この基底によって支持されることによってのみ定在と現実とをもつのであり、これに対して真実態をうるのは、この基底自身のうちにあり、且つそこに止まるかぎりにおいてのことにすぎない[12]。

〔一　目標としての人倫の国〕

「我々」にはすでに「発生」している〔自己意識的な理性の現実化の〕概念であるところのこの目標を、即ち自己意識ではあっても、自分から自由な他の自己意識のうちにおいて、これが自分自身であることを確信し、まさにそうすることにおいて己れの真実態をえているこの承認せられた自己意識を、——もう実在性をえている形において「我々」が取上げて見ることにすると、言いかえると、このまだ内に潜んでいる精神をすでに定在をうるまでに成長した実体として「我々」が取り出して見ることにすると、この概念のうちには人倫の国(1)がひらけてくる。なぜと言って、いったい人倫とは、もろもろの個体が各自に自立的な現実性をもちながら、それでいて自分たちの本質が絶対的な精神的統一をえていることにほかならないからである。言いかえると、人倫とは、即自的に普遍的な自己意識が他の意識のうちにおいて自分が現実的であるのを自覚していることにほかならないのであるが、このさい「現実的」であるというのは、他の意識が完全な自立性をもっていながら、即ち自己意識に対して物でありながら、まさにそうであることにおいて自己意識が他の意識との統一を自覚しており、そうして物であるこの対象的な実在とのかかる統一において初めて自己意識であることを意味している。この人倫的な実体もその普遍性だけを抽象すれば、ただ思惟せられた法則であるにすぎないけれども(2)、しかし人倫的な実体は法則であると全く同時にすぐに現実の自己意識でもある、言いかえると、この実体は〔すべての人々のしたがっている〕習俗(3)なのである。反対に個別的な意識も「この」存在する一者であるのは、自分が個別的でありながら、普遍的な意識が己れの存在であることを自覚しているときにかぎられることであり、自分の行為と定在とが普遍的な習俗にかなっているときにかぎられたことである。

「自己意識的な理性の現実化」の概念というのは、他者が自立的であることのうちに、却ってこの他者との完全な統一を直観するということであり、言いかえると、或る他者が私によって私の前に見出された私から自由な物たることを具えて私自身の否定的なものであるのに、かかる物たることを却って私の私だけでの存在（対自存在）として対象にもつことであるが、現実化のかかる概念はじっさいひとつの民[1]の生活のうちにおいて、その完成された実在性をもっている。ここでは理性は流動的な普遍的な実体として不変で単純な物たることとして現にありながら、同時に多数の各自独立的なものどもに分散しているが、これはちょうど光が無数の各自に自分で輝いている点であるもろもろの星に分散するがごとくである。[2] これらの自立的なものどもは各自に絶対的な自分だけでの存在をもちながら、それでいて単純で自立的な実体のうちにただ単に即自的に溶けこんでいるばかりでなく、自ら対自的に（自覚的に）もまた溶けこんでいる。彼らがかく個別的な自立的なものであることを自覚しているのは、彼らが各自の個別性を犠牲に供して、この普遍的な実体をもって自分たちの魂とし、また本質とすることによっているのであり、そうしてこの普遍者のほうでもまた個別者としての彼らの業《わざ》であり、言いかえると、彼らによって生み出された仕事なのである。

いったい個体の純粋に個別的な行為と営為というものは、個体が自然的な存在として、即ち存在する個別態としてもっている諸欲求[3]に関係している。個体のかかる最も卑俗な諸機能でさえも無に帰することなく、現実性を保つのは、〔個体を〕維持する普遍的な媒体[4]によって、民全体の威力によって出来することである。――しかしながら個体はただ単におよそ自分の行為が存立するというこの形式を、普遍的な実体のうちにえているだけではなく、自分の内容をもやはり全く同様に普遍的な実体のうちにえている。個体の為すことはすべての人々が熟練している普遍的な技《わざ》であり、またすべての人々が従っている習俗である。かかる内容も完全に個別化されることもあるが、そういうかぎりの内容でさえも、その現実態について見れば、すべての人々の為すことに組みあわされ、からまされている。個体が己れの欲求のためにする労働は己れ自身の欲求を満足するためのものであると全く同様に、他の人々の欲求を満足するためのものでもあり、そうして個体が己れの欲求を満足することに達するのは、ただ他の人々の労働を介してのみ成り立つことである。――個別者が己れの個別的な労働においてすでに普遍的な労働を無意識のうちに成就しているのと同じように、個別者はまた普遍的な労働を己れの意識的な対象としても成就している。そこで全体は〔個別者からなる〕全体として個別者の仕事であり事業となり、個別者はこの事業のために己れを犠牲にし、そうしてまさに犠牲にすることにおいて却って全体から己れ自身を受けもどしている。――ここでは相互的(1)でないような如何なるものもなく、個人の自立性がその自分だけでの存在を解体することにおいて、この自立性が己れ自身を否定することにおいて、かえって自分だけで存在するという肯定的な意義をうるのでないような如何なるものもないのである。他者のために存在すること、言いかえると、己れを物となすことと自分だけで存在することとのかかる統一、かかる普遍的な実体はその普遍的なことばをひとつの民(2)のもろもろの習俗と法則とにおいて語っているのであるが、しかし、習俗や法則というこの存在する不変の実在とても、一見すると、この普遍的な実体に対立しているかに見える個々の個体性自身を表現したものより以外のものではない。もろもろの法則はおのおのの個別者がなんであり、またなにを為しているかを言いあらわしているのであり、個体はただに諸法則が己れの普遍的な対象的な物たることであるのを認めているばかりでなく、これと全く同様に個体は物たることのうちに己れを認めてもいる。言いかえると、この普遍的な物たることが己れ自身の個体性のうちに、またおのおのの同市民のうちに個別化せられていることをも認めるのである。だから普遍的な精神のうちにあるときには、各人はこの精神がただ自分自身であるという確信をもつだけであり、即ち存在する現実のうちに自分自身以外の何ものをも見出すことがないという確信をもっているだけである。各人は自分について確信をもっているごとく、他の人々についても確信をもっているのである。――私はすべての人々において、彼らが自ら対自的に(自覚的に)かかる自立的な実在ではあっても、これは私自身がそうであるのと同じであるにすぎぬことを直観する。また私は他の人々において、彼らとの自由な統一(1)を直観するのであるが、これは、この統一が私によってあるのと同じように、彼ら自身によってもあるという意味においてのことである。私は彼ら他人を私として、私を彼らとして直観するのである。

だからひとつの自由なる民のうちに理性(2)は真実態において現実化せられている。ここでは理性は現在せる生ける精神であり、そうしてこの精神のうちに個体は己れの使命 *Bestimmung* 即ち己れの普遍的で、しかも個別的である本質がただ単に言い表わされて物たることにおいて現にあるのを見出すだけではなく、彼自身がかかる本質であり、また己れの使命を達成してしまってもいる。古代の最も知恵ある人々(3)が「知恵と徳とは己れの民の習俗に従って生きることである」という箴言を与えたのは、かかる理由によることである。

〔二〕道徳性の生成

しかしながら、自己意識が精神であると言っても、差当ってはただ無媒介に、また概念のうえでそうであるにすぎぬから、かかる自己意識は、己れの使命を達成したという、また使命のうちに生きるという(4)かかる幸福から離れ出てしまっている。それともまた言いかえると、自己意識はまだ使命を達成しているのではない。まことに、これら両方のことが同等の権利をもって言われうるのである。

理性はこの幸福から離れ出ざるをえない。なぜなら、ひとつの自由な民の生活が現実的な人倫であると言っても、これはただ即自的に或は無媒介に成り立つことであるにすぎぬからである。言いかえると、このさいには「人倫」と言っても、存在する人倫のことであり、したがってかかる人倫としての普遍的な精神といえども、それ自身ひとつの個別的な精神であり、もろもろの習俗ともろもろの律法《おきて》との全体と言っても、ひとつの限定せられた人倫的な実体だからである。[1] この実体が制限を打破するのは、より高次の契機に至ったときに初めて、言いかえると、この実体の本質がなんであるかが意識されるに至って[2]初めて成立することであり、またこの人倫的実体が絶対的な真実態をうるのも、ただかかる認識においてのみのことであって、無媒介にこの実体が存在するときのことではない。存在するときは、この実体は一方では制限せられた実体であり、他方その絶対的な制限は、この実体の場合には、精神がまさに存在の形式においてあるということである。

だから、さらに言うと、現実的な人倫のうちに、言いかえると、民のうちに無媒介に出現しているかぎりの個別的な意識は〔実体に対して〕堅固な信頼[3]をいだいているのであり、この信頼にとっては精神がその抽象的な諸契機に分解しているわけではないから、この信頼もまた自分が純粋な個別態として自分だけで存在することを知らないのである。しかしながら当然の成行として、個別的な意識はかく自分だけであることに思い至るようになるが、そうなったときには、精神とのかかる無媒介の統一、言いかえると、個別的な意識が精神のうちに存在すること、即ち精神に対していだく信頼は失われてしまっている。こうして自分だけで孤立するようになると、今や個別的な意識自身が自分にとって実在であって、もはや普遍的な精神が実在であるのではない。自己意識のかかる個別態という契機はもちろん〔人倫である〕普遍的な精神自身のうちにもありはするけれども、しかし、あるのは「消失する量」としてのことにすぎぬから、自分だけで登場してきてもすぐに普遍的な精神のうちに溶けこむので、個別態というこの契機はただ信頼として意識にのぼってくるだけである。しかるに、この契機がかく固定すると、——そうしておのおのの契機が実在の契機であるから、それ自身実在として現われることに達せざるをえないのである——個体はもろもろの律法《おきて》や習俗とに反抗するものとなって現れてきている。律法や習俗は絶対的な実在性を欠いた単なる思想であり、現実性を欠いた抽象的な理論[1]であるにすぎぬが、これに対して「この」私としての個体が個体にとっては生ける真実態なのである。

〔さきには自己意識は幸福を達成したと言ったけれども〕、或は次のようにも言うことができる。即ち自己意識は、人倫的な実体であるという、或はひとつの民の精神であるというこの幸福をまだ達成したのではないと。その理由はこうである、〔理論的な〕観察から帰ってきたばかりなので、最初には精神がまだ己れ自身を介して[2]精神として現実化せられているわけではない。精神が定立されているにしても、これはただ内に潜める実在として、言いかえると、抽象としてのことにすぎないのである。——言いかえると、精神が存在するにしても、まだやっと無媒介にのことであるが、無媒介に存在するものとして、精神は個別的である。そこで精神は自分の前に世界を見出し[3]、この世界のうちに目的をいだいて歩み入る実践的な意識となるが、このさいの「目的」というのは、〔先ず差当っては〕この意識がかかる個別者であるという限定において己れを二重化すること、即ち己れを「このもの」として、また己れを己れの存在する対《つい》象として生み出すこと、そうして己れの現実と対象的な実在との統一を自覚するものと成ろうということである[4]。このさい実践的な意識はこの統一については確信をもっており、そこでこの意識の考えるところでは、この統一は即自的にはすでにできあがって現にあるのであり、言いかえると、自分と物たることとの合致はすでにできあがって現にあるが、ただこの合致が自分にとって自分自身を介して生成する必要がまだあるのであり、言いかえると、この合致を作り為すことが同時にそれを見出す所以なのである。ところでかかる統一が幸福[1]と呼ばれるものであるから、この個体は自分の幸福を求めるために、自分の精神によって世界のうちに送り出されるということになる。

だから、この理性的な自己意識の真理は「我々」にとっては人倫的な実体なのであるが、そうであるとすると、人倫的な実体というここのこの自己意識にとっては、その人倫的な世界経験[2]の出発点(原理)があるわけである。このさい、自己意識がまだ人倫的な実体となっていないという側面からすると、この経験という運動は人倫的実体に向って迫って行くものであり、そうしてこの運動の途上において撤廃せられるものは、この自己意識にとっては孤立したままで妥当するところの個々の諸契機である。これらはそれぞれひとつの直接的な意欲であるという形式を具えており、言いかえると、自然衝動であるという形式を具えているが、この衝動は満足に達しても、満足そのものが新しい衝動の内容となる。——しかるにこれに対して自己意識が実体のうちに存在する[3]という幸福を喪失したという側面から言えば、これらの自然衝動はこれらこそ真実の使命であり本質態であるという目的の意識を伴っている。人倫的な実体は「自己」をもたない述語[4](付加語)になりさがり、そうしてこの述語の生き生きとしたもろもろの主語はもろもろの個体である。そこでもろもろの個体は各自の普遍態を自分自身の力で満たし、またいったい自分の使命はなにかと自発的に配慮しなくてはならない。——だから右に諸契機と言った〔意識の〕諸形態は、かの第一の意義においては、人倫的な実体の生成をなすのであって、この実体に先立つものである。しかるに第二の意義においては、諸形態は人倫的な実体より後に起り、そうして自己意識のために、いったい何がその使命であるかを解決するものである。第一の

(261)

側面から言えば、もろもろの衝動の真実態が何であるかが経験されるさいの運動において諸衝動の直接態ないし生《なま》のままでの姿が消えうせて、諸衝動の内容がより高次の内容へと移って行くのであるが、しかるに第二の側面から言えば、消えうせて行くのは、自分の使命を諸衝動にありとする意識の誤れる表象である。第一の側面から言えば、諸衝動が達成する目標は直接的な人倫的実体であるが、しかるにこれに対して第二の側面から言えば、目標は人倫的な実体がなんであるかについての意識であり、しかもこの実体が己れ自身の本質であることを知っているような意識であり、そのかぎりこの第二の運動は人倫よりも一段と高い形態であるところの道徳性[1]の生成であるであろう。と言っても、これと同時にこれらの形態(契機)は道徳性が生成するにさいしてのただひとつの側面、即ち対自存在(自覚存在)に属する側面、言いかえると、意識が自分の諸目的を撤廃して行く側面をしかなしているにすぎないのであって、――道徳性といえどもやはり人倫的な実体自身から出てくるという〔即自存在の〕側面をなしているのではない。道徳性が生成するためのこれらの契機は失われた人倫への対抗において、目的とされるだけの意義をまだもつことはできないのであるから、これらの契機は此処では一応は素朴な内容において妥当するにしても、これらが迫って行くところの目標はやはり人倫的な実体である。しかしながら〔人倫的実体の生成と道徳性の生成というこれら二つの形式のうちで〕我々の時代にとってより近く、より理解し易いのは、意識が人倫的な生活を喪失した後に、これを求めて、〔人倫的な実体の生成に必要な〕かの諸形態を繰返すときに諸契機が呈する形式のほうであるから、諸契機をどちらかと言えば、かかる表現の仕かたにおいて「表象」することが許されるであろう。

〔三　行為的理性の諸段階〕

まだやっと精神の概念であるにすぎないところの自己意識がこの〔道徳性生成の〕道程に歩み入るのは、個別的な精神としての自分をもって実在であると考えるという限定においてのことであるから、この自己意識が目的とすることもまた個別者としての自分に現実化を与え、そうしてこの現実化においてこの個別者としての自分を享受せんとするということである。

自分だけで存在するもの（対自的に存在するもの）としての自分をもって実在であると考えるという規定においては、自己意識は他者の否定態であるから、意識面においては自己意識自身は肯定的なものとして或る他の自己意識に対立して登場してくるが、この他の自己意識はたしかに存在するにはしても、しかし自分にとっては自体的には存在しないものであるという意義をもっている。そこで意識はこの自分の前に見出された現実と目的との二つに分裂して現われてくることになるが、意識は現実を撤廃することによって、この目的を実現し、かの現実に代えてむしろこの目的を現実となさんとするのである。ところで自己意識の最初の目的は自分の無媒介な抽象的な自分だけでの存在であり、言いかえると、目的は「この」個別者としての自分を或る他者のうちに直観せんとすることであり、或は他の自己意識を自分として直観せんとすることである。[1] かかる目的の真実態がなんであるかが経験せられると、この経験は自己意識を一段と高次のものとする。こうして今や自己意識にとって目的であるのは、自分ではあっても、個別的であると同時に普遍的でもあって、法則《のり》を直接的に具えているかぎりの自分である。[2] しかしながら自分の心胸《むね》のこの法則が成就されて見ると、自己意識が経験するのは、個別的なものはこの成就においては維持せられるのではなく、かえって善なるものはただ個別的なものを犠牲にすることによってのみ実現されうるということである。かくして自己意識は徳となる。この徳のつむ経験とは、徳の目的とするところのものが自体的にはすでに実現せられており、幸福は行為自身のうちに直ちに見出されるのであり、そうして行為自身が善なるものであるということより以外の経験であることはできぬ。(1) こうして〔行為的理性という〕この領域全体の概念、即ち物たることが(2)精神自身の対自存在であるという概念がこの領域の運動において自己意識に対してあり、その認むるところとなる。だから自己意識がこの概念を見出すようになると、自己意識にとっては直接的に己れを言い表わし発揮する個体性(3)としての自分が実在であることになるが、この個体性は対立する現実において最早なんらの抵抗を見出さず、またこの個体性にとってはただかく己れを言い表わし発揮することそのこと自身だけが対象であり、目的である。

(262)

a　快楽《けらく》と必然《さだめ》性*

Die Lust und die Notwendigkeit.

自己意識はおよそ自分が実在であると考えている。そこで自己意識は自分の対象を自分自身においてもってはいるが、しかし、もっているのは、やっと自己意識が自分だけで(対自的に)もっているような対象であるにすぎないのであって、まだ存在するのではない対象である。存在は自分の現実とはちがった別の現実として自己意識に対立している。こうして自己意識は自分の自分だけでの存在を完遂することによって、自分を他の自立的なものとして直観することに向って行く。(1) この最初の目的というのは、個別的なものとしての自分を他の自己意識のうちに自覚するように成ろうとすることであり、言いかえると、この他者を自分自身と為さんとすることであるが、このさい自己意識はこの他者が即自的にはすでに自分自身であるという確信をもっているのである。(2) ――ところで自己意識は人倫的な実体から、(3) また思惟の静寂な存在から自分の自分だけでの存在にまで高まったのであるが、そのかぎり自己意識は習俗と生活との律法《おきて》を、また観察の与えるもろもろの知識や理論を、灰色(4)にまさに消えなんとする幻《まぼろし》としてしりえにしている。なぜなら、こんなものはむしろ自己意識のもっているのとはちがった別の自立存在と現実とをもっているようなものについての知識だからである。だから自己意識に魅入ったのは、個別態の感情と享受とを沈黙させるところの知識と行為との普遍態という天上の光輝ある精霊ではなくして、ただ個別的な意識の現実であるところの存在だけをもって真実の現実なりとする地霊なのである。

それは悟性と学問という
人間　最高の賜物をさげすみ――
それは悪魔に身を委ねて
没落せずにはおられない(5)

だから自己意識は生のうちに躍りこんで、自分が登場するさいに具えている純粋な個体態を実現へともたらす。しかし自己意識は自分の幸福を為す(6)というよりか、むしろ幸福を無造作に受取り享受するのである。自己意識にとっては自分と自分自身の現実との間に介在するのは、学問や律法《おきて》や原則という幻《まぼろし》だけであるが、これらの幻どもは、自分が実在であるという確信とはもう張り合うべくもない生命《いのち》のない霧のように消え失せる。そこで自己意識は自分に生命をとる(1) nimmt sich das Leben のであるが、これは熟した果実がもぎ取られるようなものである、熟した果実は取られるのであると同時にもぎ取る手に自分でも迎えにくるものであるが、このような熟した果実がもぎ取られる(2)ようなものなのである。

〔一　快《け》楽《らく》〕

自己意識の行為は欲望の(3)行為ではあるにしても、そうであるのは、ただひとつの契機からすることでしかない。自己意識は対象的にあるものを全面的に絶滅することに向って行くのではなく、ただ対象的にあるものの他的存在の形式〔の否定〕に、言いかえると、実在性を欠いた外観であるところの自立性の形式の否定に向って行くだけである。なぜなら、対象的にあるものも自己意識にとっては即自的には自分と同じものとして、言いかえると、自分と同じ自己性をもったものとして妥当するからである。いったい欲望とその対象とが相互に没交渉に、また自立して存立しているさいの場面は生ける定在であり、そこで欲望の享受は自分の対象に帰属しているかぎりのこの定在をなきものとするのである。しかるに此処では両方の個体に各自別々の現実性を与えている場面はむしろ範疇(4)であり、したがって存在ではあっても、この存在は本質的に表象せられた存在である。だから両方の個体を各自別々にしておくものは、自立性の意識であり、――そうしてこの意識が自然的な素朴な意識であろうと、それとも諸法則の体系にまで発達した意識であろうと、両者を分離するものがかかる意識であり「表象」であるという事態には変りはない。両方の個体を別々にしておくこの分離も、他方の自己意識が自分自身の自己性であることを知っているところの自己意識にとっては即自的には存在するものではないのである。だから自己意識は快楽の享受に、自立的であるかのように見えるひとつの意識のうちに自分を現実化するという意識に到達する、言いかえると、自己意識は両方の自立的な自己意識の統一を直観することに到達する。かくて自己意識は自分の目的に到達するが、しかし、まさに到達することにおいて、この目的の真実態がなんであるかを経験する。自己意識は自分を「この」個別的な自分だけで存在する実在であると把握しているけれども、しかし、この目的を現実化することがそれ自身この目的をなくしてしまうことである。なぜなら、自己意識にとって自分が対象となるのは、「この」個別者としてのことではなく、むしろ自分自身と他の自己意識との統一としてのことであり、したがって止揚せられた個別者としての、言いかえると、普遍者としてのことだからである。(1)

〔二　必然性《さだめ》〕

快楽《けらく》の享受されたということは、もちろん、自己意識にとって自分自身が対象的な自己意識と成っているという肯定的な意義をもってはいるけれども、しかし同時に自分自身をなきものにしたという否定的な意義をももっている。ところで自己意識は自分の現実化をただ前者の肯定的意義においてのみ把握していたから、自己意識の経験は矛盾として意識面にはいりこんでくる。即ち意識面では自分の個別態を達成したという現実性が否定的な実在によって無に帰せられるのを見るのであるが、この否定的な実在は現実性を欠いたものとして、かの達成せられた現実にむなしく対立していながら、それでいて、自己意識を食いつくす威力なのである。この否定的な実在はこの個体性が即自的にはなんであるかということの概念以外のものではない。しかし、この個体性は己れを現実化する精神(行為的理性)のまだもっとも貧弱な形態である。なぜなら、この個体性が自覚しているのはやっと理性だけの抽象であるにすぎないからである、言いかえると、この個体性は対自存在と即自存在との統一の無媒介態であることを自覚しているにすぎないからである。したがってこの個体性の本質は抽象的な範疇であるにすぎない。抽象的だと言っても、範疇はもはや観察する精神に対してのように無媒介な単純な存在をもつのではない。観察においては範疇は抽象的な存在であり、言いかえると、よそよそしいものとして定立されて物たることと一般であるが、ここではこの物たることのうちに対自存在と媒介態とがはいりこんできている(1)。だから範疇はもろもろの単純な本質態からなる展開せられた、ただし純粋な関係をもって内容とする円環として登場してくることになる。したがってこの個体性の現実化が達成せられたということは、個体性がもろもろの抽象からなるこの円環を単純な自己意識のうちに閉じこめられていた状態から、自己意識に対して存在するという場面のうちに、言いかえると、対象的な展開という場面のうちに投げ出したというより以外のことではない。だから快楽《けらく》を享受しつつある自己意識にとって自分の本質として対象となるものが何であるかと言えば、かのもろもろの空虚な本質態即ち純粋な統一と純粋な区別と両者の関係との展開(2)であって、個体性が自分の本質として経験するところの対象はこれ以上なんらの内容をもってはいないが、この対象こそ必然性《さだめ》と呼ばれるところのものである。なぜなら、必然性とか運命(3)とか、その他こう言ったものとは、いったい何を為すのか、いかなるものをもって一定の法則とし、また積極的な内容とするのかを、ひとの言うよしもないところのもの、まさにかかる

(265)

ものだからである。そうして必然性と呼ばれるものがかかるものであるのは、それが絶対的な概念ではあっても、しかし存在として直観せられた純粋概念自身であり、単純で空虚な、しかしそれでいて止むべくもなく妨ぐべくもない関係であり、しかもこの関係の業《わざ》は個別態を無とすることにほかならないからである。この関係がかかる強固な連関であるのは、連関しているものがもろもろの純粋な本質態であり、言いかえると、もろもろの空虚な抽象だからである。統一、区別、関係はいずれも範疇であるが、これらの範疇のいずれもが各自全くそれ自身としては無であって、ただ自分に対立するものへの関係においてのみあり、したがって離れ離れとなることはできないものである。これらの範疇が相互に関係づけられているのは、これらの概念によることである。なぜなら、これらは各自純粋概念そのものだからである。かかる絶対的な関係と抽象的な運動とこそは必然性《さだめ》をなしているものなのである。だから、まだやっと理性の純粋概念を内容としてもつだけで、ただ個別的であるにすぎぬ個体性は死せる理論から生命《いのち》のうちに躍りこんだ(1)のではなく、むしろ自分が生命《いのち》のないものであるという意識のうちに躍りこみ転落したにすぎない。この個体性に自己が与えられたにしても、頒ち与えられたのは、空虚でよそよそしい必然性としての、死せる現実としての自己であるにすぎないのである。

〔三　没　落〕

「出来」している移行は、一者の形式から普遍性の形式へということであり、また一方の絶対的な抽象から他方の絶対的な抽象へ、他の人々との共同を投げすてた純粋な対自存在(自分だけでの存在)の目的からその純粋な正反対へ、したがってやはり同じように抽象的な即自存在へとということである。だから一見すると、この「出来事」によっては、個体はただ没落[1]してしまったにすぎぬようであり、個別性の絶対的な無情がやはり冷酷な、しかし連続的な現実に突きあたってくだけてしまったようである。――しかし個体も意識であり、意識としては自分自身と自分の反対との統一であるから、この没落もなお個体に対してであり、その意識するところである。そうして個体が目的としたことと個体が現実化したこととも、同様に個体にとって本質であったものと即自的に本質であるものとの矛盾も、個体の意識するところである。――かくて個体は自分の為したこと、即ち自分の生命を自分にとったこと[2] sein Leben sich genommen zu haben のうちに含まれている二重の意味を経験することになる。即ち個体は生命をとったのであるが、しかしそうすることによって、個体が摑んだものは死であったのである。

だからこの個体にとっては自分の生命ある存在から自分の生命のない必然性《さだめ》へのこの移行は何ものによっても媒介せられていない転換であるように見える。もしも媒介者があるとすれば、それにおいては両側面は一であろうし、したがってそこでは意識は一方の契機を他方の契機のうちに認識することであろう、即ち意識は自分の目的と行為とを運命のうちに、また自分の運命を自分の目的と行為とのうちに、さらに自分自身の本質をこの必然性のうちに認識することであろう。しかしながら、かかる統一〔であるべきはずのもの〕は当面のこの意識にとってはまさに快楽《けらく》そのものであり、言いかえると、単純な個別的な感情である。そこで「この」自分の目的という契機から自分の真実の本質という契機への移行はこの意識にとっては正反対のものへのただ全くの飛躍である。なぜと言って、これら両方の契機が共に内含せられ結合せられているのは、感情においてのことではなくして、普遍的なものないし思惟であるところの純粋な自己においてのみのことだからである。だからこの意識にとってその真実態が生成してくるはずであった

(266)

経験によって、却ってこの意識はむしろ自分が自分にとって謎となってしまい、またこの意識にとっては、自分の行為の結果も自分が行為したこと自身ではない。この意識が遭遇することは、この意識に対しては自分が即自的にはなんであるかの経験ではないのである。そこで移行は同一の内容、同一の本質がただ単に形式を変更するということではない、即ち一方では意識の内容と本質として「表象」せられ、他方では対象として、言いかえると、自分自身の直観せられた本質として「表象」せられる同一の内容、同一の本質がただ形式を変更することではないのである。だから抽象的な必然性が普遍性のただ否定的で不可解な威力としての意義をもつことになり、そうしてこの威力に突きあたって個体性は微塵にくだけることになるのである。

自己意識のこの形態の現象が進んで行くのは右の点までのことである。この形態の現存の最後の契機は必然性《さだめ》のうちで自分を喪失するという思いであり、言いかえると、必然性そのものをもって己れにとって或る絶対によそよそしい実在であるとする思いである。しかしながら自己意識は即自的にはこの喪失を越えて生きている。なぜなら、この必然性ないし純粋な普遍性も自己意識にとっては自分自身の本質だからである。意識がかく必然性をもって己れとして知るということのうちに帰って反省することは自己意識のひとつの新しい形態である。

b　心胸《むね》の法則《のり》と自負の錯乱*

Das Gesetz des Herzens, und der Wahnsinn des Eigendünkels.

必然性が自己意識において真実にはなんであるかということ、このことは自己意識の新しい形態に対してはあり、その認めるところである。この新しい形態においては、自己意識は自分自身が必然的なものであることを認めている。ただし、この自己意識が自分のうちに普遍的なものを、言いかえると、法則をもつと知るのは、無媒介にである。そこで法則が意識の対自存在のうちにあるのは無媒介にということになるから、かかる規定の故に、この法則は心胸の法則と呼ばれる。この形態も前の形態と同じく対自的には個別性としての己れをもって実在であるとするけれども、しかしこの形態にとっては、かかる対自存在(自分だけでの存在)が必然的な或は普遍的なものであるという意義をもっているから、この規定だけ、この形態は前の形態よりも豊かである。

だから法則でありながら自己意識にとって無媒介に自分自身のものであるところの法則、言いかえると、心胸《むね》でありながら法則《のり》を自分においてもっているところの心胸、こういう法則ないし心胸が自己意識が現実化せんとして向って行くところの目的[1]である。そこでこの目的のかかる現実化がはたしてこの目的の現実化であるという概念に合致しているかどうか、また自己意識がはたしてこの現実化において自分のこの法則が実在であることを経験するようになるかどうかが見られなくてはならない。

〔一　心胸の法則と現実の法則〕

この心胸にはひとつの現実が対抗して立っている。なぜなら、心胸のうちでは法則はやっとただ対自的にあるにすぎず、まだ現実化せられているのではなく、したがって法則は法則でも同時にその概念の意味するのとはちがった或る他の法則だからである。〔そうであるとすると、現実のほうでも他者であることになるが、〕そのためにこの他者は現実化せらるべきものとは正反対のものであるひとつの現実として規定せられる。したがってこの現実は〔心胸の〕法則にも、また個別性にも矛盾しているものである。そこで現実は一方では法則ではあっても、個別的な個体性が抑圧せられているところの法則であり、心胸の法則に矛盾せる世間の暴虐を敢てする秩序[1]であり、[2]——そうしてまたこの現実は他方ではこの秩序のもとに受難している人類のあることを意味しており、彼らは心胸の法則に従うのではなく、かえってよそよそしい必然性《さだめ》のもとに隷属しているのである。——ところでこの現実は意識の現在の形態には対抗して現われてきているが、しかしこの現実は、自明であるごとく、先行の形態が個体性とその真実態とに分裂していたという関係、即ち個体性が残酷な必然性によって弾圧せられたという関係以外のものではない。[3] だから先行の運動が新しい形態に対抗して出現してくるのは、「我々」にとっては、この新しい形態が即自的には先行の運動から発源したからであり、したがってこの形態がそこから由来してきているもとの契機のあるのはこの形態にとって必然的なことだからである。しかるに、この契機はこの形態にとっては自分の前に見出されたものとして現われてくる。なぜなら、この形態は自分の根源についてはなんらの意識をももたず、むしろこの形態は先行のものとは無関係に自分自身だけであることをもって、言いかえると、この肯定的な即自(自体)に対して否定的なものであることをもって自分の本質と考えているからである。[4]

だから心胸《むね》の法則《のり》に矛盾しているこの必然性を撤廃すること、そうしてまた必然性によって現にある受難を撤廃すること、このことにこの個体性は向っている。かくてこの個体性はもはやただ個人的な快楽《けらく》だけを意志した先行の形態のごとき軽薄なものではなく、高貴な目的をいだいている真摯なものであって、快楽を求めるにしても、これを己れ自身の卓越せる本質を発揮することのうちに求めるのであり、また人類の福祉[1]を生み出すことのうちに求めているのである。この個体性の現実化するものは、それ自身法則であり、したがってこの個体性の求める快楽は同時に遍ねくすべての心胸が享受する普遍的な快楽である。この個体性にとっては両方のものが不可分である、即ち快楽は合法則的なものであり、そうして遍ねく人類の法則を現実化することは自分の個人的な快楽をしつらえる所以である。なぜなら、この個体性自身の内部においては、個体性と必然性であるものとが無媒介に一であり、法則は心胸の法則だからである。個体性はまだ個体性の立場を蟬脱していないので、個体性と必然性との両者の統一も両者を媒介する運動によって成就せられているのでもなければ、またまた訓練[2]によって成就せられているのでもなく、無媒介で無訓練の本質をそのまま現実化することが卓越さを発揮する所以であり、また人類の福祉を生み出す所以と考えられているのである。

これに対して心胸《むね》の法則《のり》に対立しているところの法則は心胸から分離せられて、それだけで自由である。そこでこの法則に従属している人類は法則と心胸との幸福な統一のうちに生きているのではなく、かえって残酷な分離と受難とのうちに生きている。或はそれほどではなく、人類がこの法則を遵奉することもあれば、蹂躙することもあるが、それでもやはり少くともこう言うことができる。前者の場合には人類は自分自身を享受することの欠如のうちに、後者の場合には自分の卓越さを意識することの欠乏のうちに生きている。〔要するに〕かの権力をもっている「神々及び人間の秩序[3]」は心胸から分離せられているから、この秩序がこういうものであるのは心胸から見れば外観であって、これにまだまといついているもの、即ち権力と現実性とをこの外観は喪失すべきはずである。もちろんこの秩序といえどもその内容においてはたまたま心胸の法則と一致することもあるであろうが、そういう場合には心胸がこの秩序もまたそれ自体、無であって心胸の法則にその席を譲らざるをえないのである。

を黙認することはありうる。しかしながら心胸にとっては純粋に合法則的なものそのものが肝心なことではなく、肝心なのは自分が合法則的なものにおいてそれが自分自身だという意識をもつことであり、合法則的なものにおいて自己満足をうることである。これに対して普遍的な必然性《さだめ》の内容が心胸と一致しないときには、この必然性は内容的にもまたそれ自体、無であって心胸の法則にその席を譲らざるをえないのである。

〔二〕 心胸《むね》の法則《のり》の現実化

だから個体は自分の心胸の法則を完遂する。こうして心胸の法則は普遍的な秩序となり、そうして快楽《けらく》は即自且つ対自的に(絶対的に)合法則的な現実となる。しかしながら、この現実化において心胸の法則はじっさいには個体から逃れ去ってしまい、この法則はまさに撤廃せらるべきはずであった当の事態になっている。心胸の法則はまさにその現実化によって、もう心胸の法則であることをやめている。なぜなら、この法則は現実化においては存在という形式を取得して、今や普遍的な威力であり、そうしてこの威力にとっては「この」心胸はどうでもよいものだからである。したがって個体は自分自身の秩序を設立することによって、もはやこれを自分の秩序としては見出さないのであるから、個体が自分の法則を現実化することによって生み出すものは自分の法則ではない。たしかにこの現実化は即自的には自分の現実化ではあっても、対自的にはよそよそしい現実化であるから、個体が生み出すのは、自分を現実的な秩序のうちにまきこむこと、しかも自分にとってただによそよそしいだけでなく、敵対的でもあり、自分より優越した威力をもってもいる秩序である現実の秩序のうちに自分をまきこむということ、まさにこのことであるにすぎない。

——個体は自分の為したことによって自分を存在する現実という普遍的な場面のうちに定立するのであり、ないしはむしろかかる場面として定立するのであるから、そこで自分の為したことは自分の見るところでさえも普遍的な秩序であるという価値をもつべきはずである。しかしながら、かかる定立によって個体は自分を自分自身から自由に解放したことになり、個体は普遍性として単独に成長して行き、個別性から自分を純化する。だから普遍性をただ自分の直接的な対自存在の形式においてのみ認めようと欲するところの個体はこの自由な普遍性のうちに自分を認めることはない。と言っても、この普遍性は個体の業《わざ》であり行為であるから、個体は同時に普遍性に所属しもしている。〔しかるに個体はこの普遍性に反抗するのである〕から、この同じ行為が普遍的な秩序に矛盾し抗議するという顚倒された逆《さか》さまの意義をもっていることになる。なぜなら、個体の為したことは自分の個別的な心胸《むね》の為したことであって自由な普遍的な現実であるはずはないと考えられているからである。しかし、それでいて同時に個体はじっさいにはこの現実を承認してしまってもいる。なぜなら、およそ行為するということは、個体が自分の本質を自分から自由な現実として定立するという意味をもっているが、これは現実が自分の本質であることを承認することにほかならないからである。

個体が現実的な普遍性に所属したものとしておきながら、それでいて、この現実的な普遍性がかえって自分に刃向ってくるのであるが、この刃向いかたがどのようであるかを、個体は自分の行為についての理解(概念)によって一層明確に規定した。この理解によると、個体によって為されたものとは現実であるから、普遍者に所属はしているけれども、しかしその内容に至っては、自分自身の個体性であって、これがいぜんとして普遍者に対抗した「この」個別的な個体性であることを保たんと欲するのである。このさい設定が問題になっているであろうところのものがなんであるかと言うと、それは、しかじかに限定せられた何か或る特定の法則ではなく、個別的な心胸と普遍性との無媒介の統一が法則にまで高められて妥当すべきはずであるという思想であり、この思想にしたがうと、法則であるもののうちにはおのおのの心胸が己れ自身を認むべきであるということになる。しかしながら、自分によって為されたものにおいて自分の現実性を定立したのは、ただ「この」個体の心胸にかぎられたことであり、そうしてこの個体によって為されたものはこの個体の心胸の考えでは自分の対自存在ないし自分の快楽《けらく》を表現しているものである。この為されたものがいきなり普遍者として妥当すべきはずだというのであるが、これは為されたものが真実には或る特殊的なものであって、普遍性としてはただ普遍性の形式を具えるにすぎぬことを意味する、即ち「この」個体の心胸《むね》がもつ特殊的な内容が特殊的であるがままに普遍的なものとして妥当すべきはずだと言うのである。だからこの内容のうちには、他の人々は自分たちの心胸の法則が完遂されていることを見出すのではなく、見出すのはむしろ自分たちとはちがった或る他人の法則である。そこでおよそ法則であるところのもののうちには、各人は自分の心胸を見出すべきはずであるという普遍的な法則、まさにこの法則にしたがって、他の人々は当の個体が設立したところの現実に対して刃向うのであるが、これはこの当の個体が他の人々の現実に対して刃向ったのと同じである。この個体が自分の卓越せる意図に反しており嫌悪すべきであると見出したのは、最初には硬化した法則だけであったが、右のごとき次第で今や人々の心胸そのものもかかるものであることを、この個体は見出すのである[1]。

この意識は最初には普遍性をもって無媒介の普遍性として知るにすぎず、また必然性《さだめ》をもって心胸の必然性として知るにすぎないから、現実化や現実の働きの本性はこの意識にとって未知である。即ち現実というものは、真実態においては存在するものであるから、むしろ自体的普遍者であって、「この」直接的な個別性として存在せんとして現実に身を委ねるものはこの自体的普遍者のうちではむしろ没落して行くということを、この意識はまだ知らないのである。だからこの意識は〔現実としての〕存在のうちにおいては、「この」自分の存在に達するのではなく、自分自身の疎外に達するのである。しかしながら意識がそのうちに己れを認めないところの当のものは、もはや死せる必然性ではなく、必然性は必然性でも、あまねくすべての個体性によって生命づけられた必然性(1)である。さきにはこの意識は自分が現行のものとして前に見出した「神々及び人間の秩序(2)」をもって死せる現実であると解したが、そう解するのは、かく自分だけで存在して普遍者に反抗する「この」心胸《むね》としての己れに固執せるこの意識(3)自身にかぎったことではなく、現実に参加している他の人々もやはり同様にこの死せる現実のうちにおいてはそれが自分自身であるということを意識しなかったであろう。かく前には現行の秩序を死せるものと見たのに、今やこの意識は現実がむしろすべての人々の意識によって生命づけられていることを、すべての心胸の法則《のり》であることを見出すのである。即ち意識は現実が生命づけられた秩序であることを経験(4)するのであり、しかもこれと同時にこういうことを経験するのは、じつを言えば、意識が己れの心胸の法則を現実化すること、まさにこのことによっている。なぜなら、現実化することの意味しているのは、個体性が普遍者として己れにとって対象となるより以外のことではないからである。しかし、それにも拘らず、この意識はこの対象のうちに己れを認めはしないのである。

〔三　自負の錯乱〕

だから自己意識のこの形態にとってその経験から真なるものとして出現してくるところのものは、この形態が対自的に(自覚的に)しかじかであるところのものとは矛盾している。しかしながら、〔一方では〕この形態が対自的にしかじかであるところのものも、それ自身、絶対的な普遍性の形式をこの形態に対して具えており、それは自己意識と無媒介に一であるところの心胸の法則である。これと同時に〔他方では〕存立している秩序、ただし生命を与えられている秩序もやはり自己意識自身の本質であり仕業《しわざ》であって、自己意識が生み出すものはこの秩序以外のものではなく、この秩序も心胸の法則と全く同じようにやはり自己意識との無媒介の統一においてあるものである。このようにして自己意識は二重の相対立する本質態に所属しているから、自らそれ自体において矛盾しており、この自己意識は内面のもっとも深いところで錯乱して zerrüttet いる。ただ「この」心胸《むね》の法則《のり》のうちにのみ自己意識は己れを認めるのであるけれども、しかし普遍妥当的な秩序もまたかの法則の現実化を介してやはり自己意識にとっては自分自身の本質となり、また自分自身の現実ともなっている。だから自己意識の意識面において相互に矛盾しているものは、自己意識に対しては、両者とも本質の形式においてもあれば、また自分自身の現実という形式においてもあるのである。

こうして自己意識[1]は自分の没落を自覚し、没落という契機を告白するが、そうすることにおいて自分の経験の総勘定を言いあらわしている。これによって自己意識は自分がかく内面的に自分自身の顛倒であることを、即ち自分の本質をもって直ちに非本質と考え、自分の現実をもって直ちに非現実と考える意識の狂い[2]であることを自分で示している。――ただし「狂い」ということをもって普通の場合のような意味に解することはできない。即ち普通に狂いと解せられているものの場合においては、何か或る非本質的なものが本質的と受取られ、何か或る非現実的なものが現実的と受取られるのであり、その結果として、この場合には或る人にとっては本質的ないし現実的であるものが他の人にとってはそうではなく、かくて現実性の意識と非現実性の意識、或は本質性の意識と非本質性の意識とが離れ離れになるが、「狂い」がこういう意味に解せられることはできないのである。――或るものが意識一般にとっては事実において現実的であり本質的であるのに、私にとってはそうでないという場合には、私はそのものが現実的ないし本質的でないという意識をもっていながら、これと同時に私も意識一般でもあるから、そのものの現実性の意識をももつことになる。――そうして〔もっと狂いがひどくなって〕現実性の意識と非現実性との意識というごとき両方の意識が〔私のうちにおいて〕固定させられるときには、統一があるにしても、この統一は普通に錯乱 Wahnsinn と呼ばれているものである。しかしながら、かかる普通の錯乱においては、狂っているのはただ意識に対する対象だけであって、意識そのもの、即ち自分自身のうちにおける、また自分自身に対する意識自身が狂っているわけではない。しかるに此処に生じてきている経験の総勘定においては、意識は自分の〔心胸《むね》の〕法則《のり》のうちに「この」現実的なものとしての自分自身を意識しておきながら、これと同時にまさにこの同じ本質態、同じ現実態が意識にとっては疎外しているのであるから、意識は自己意識として、絶対的な現実態として自分の非現実態をも意識している、言いかえると、現実態と非現実態という両側面が矛盾しているがままにいきなり自分の本質であるという意義を意識に対してはもっている。したがってこの意識の本質は内面のもっとも深いところで狂い錯乱しているわけである。

だから人類の福祉のためを思うて高鳴る心胸の鼓動は狂い乱れた自負の激昂へと移って行き、また意識が自滅に対して己れを保とうとする焦躁の念へと移って行くが、このさい意識が激昂し焦躁するのは、自分自身が顚倒であり、逆しまであるのに、これを自分から投げ出し[1]て、自分とはちがった他者のことであると見なし、またそう言明するのに汲々としているからである。そこで意識は普遍的な秩序をもって、心胸の法則と心胸の幸福との顚倒であると宣言し、そうしてこの顚倒は狂信的な坊主ども、豪奢に耽ける暴君たち、そうしてこれら両者から受けた恥しめの腹癒せ

(272)

に自分よりしたのものを恥しめ弾圧する役人ばらによって捏造され操縦せられて、欺かれた人類の名づけようもない不幸をもたらしたものであると声明するのである。(1)——かかる狂乱において意識は個体性をもって狂わせ乱すものであり、顚倒したものであると言明するのであるが、このさい「個体性」というのは、自分とはちがった他の、また偶然的な個体性のことである。しかしながら心胸《むね》、言いかえると、無媒介に普遍的であろうと意志する意識の個別性こそはかくも狂わし乱すもの顚倒したもの自身であり、また心胸の為すことが何を結果するかと言えば、かかる矛盾が自分の意識に生じてくるようにし、自分の矛盾を思い知ることであるにすぎない。その理由はこうである。心胸にとって真なるものとは心胸の法則《のり》のことであるが、——これはただ単に私念せられたものであって、現行の存立せる秩序のごとく日の明るみに耐えてきたものではなく、むしろ日の明るみにあえば没落して行くものである。そこで心胸のかかる法則も現実性をもつべきであるということになるが、この点では心胸にとっても現実としての、妥当している秩序としての法則が目的であり本質ではあるけれども、しかし心胸にとっては現実、即ち妥当している秩序としてのまさに法則はすぐにまたむしろ虚無なものなのである。——そこで心胸にとっては自分自身の現実、即ち意識の個別態としての心胸自身もまたやはり自分にとって本質ではあるが、しかしそうかと言って心胸にとっては自分自身のこの現実或は個別態を存在するように定立することこそ目的である。だから、心胸にとって直接に本質であるのは、むしろ非個別的なものとしての自己であり、言いかえると、心胸にとって直接に目的であるのは、むしろ法則としての、そうしてまさに法則であるが故に普遍態としての自己であり、しかも心胸は自分の意識自身に対して自分がこの普遍態であると唱えるのである。——そこで心胸のかかる自己理解(概念)が心胸の行為を介してその対象となるのであるから、心胸は自分の自己がむしろ非現実的なものであることを、そうして非現実態がかえって自分の現実態であることを経験する。以上のような次第であるから、顚倒されたものであり、また顚倒し逆しまにするものであるのは、偶然的な他の個体性ではなく、まさに「この」心胸があらゆる側面から言ってそれ自身において顚倒された、また顚倒するものなのである。

無媒介に普遍的である個体性は顚倒されたものであり顚倒するものであるが、しかし、このさい普遍的な秩序もすべての心胸の法則であり、そうしてこのことはこの秩序がすべての顚倒したものの法則であることを意味しているから、この普遍的な秩序といえども、個体性に劣らず、自らそれ自身において顚倒されたものであって、この点は激昂せる狂乱が声明したごとくである。もっとも一方ではひとつの心胸《むね》の法則《のり》が他のもろもろの個別者から受ける抵抗[1]において、却って普遍的な秩序はすべての心胸の法則であることを示している。いったい現行の諸法則がひとりの個体の法則に対して擁護せられる所以のものは、これらの法則が意識をもたない空虚な死せる必然性《さだめ》[2]ではなくして、精神をもった普遍性であり実体[3]であることにある。この実体はそのうちに生きる人々において現実性をえていると共に彼らはこの実体のうちにおいて〔初めて〕個々人として生きており、しかもこの実体が自分自身であることを意識しているのであるから、たとい、この秩序が内的な法則に逆行しているかのように、彼らがこの秩序について不平をならし、またこの秩序に心胸のもろもろの私念を対抗させることがあろうとも、じっさいにおいては、彼らはこの秩序をもって自分たちの本質であると考えて心胸《こころ》からこの秩序に愛着しており、そうしてこの秩序が彼らから奪い去られたときには、或は彼らが自分でこの秩序のそとに出て行くときには、彼らは一切を失うのである。ところでこの点にこそ、まさに「公共の秩序」なるものの現実性と威力とは存するのであるから、この秩序は自同的で遍ねく生命づけられた本質として現われてくるのであり、そうして個体性のほうはこの秩序の形式として現われてくるということになる。

――しかしながら〔他方から言えば〕この秩序といえども〔心胸と同じく〕やはり顚倒されたものである。

その理由はこうである。即ち公共の秩序と言っても、すべての心胸の法則であり、そうして〔すべての心胸即ち〕すべての個々人が無媒介にこの普遍者であるが、この点においてこの秩序はひとつの現実ではあっても、この現実は各自に自分だけで存在する個体性の、言いかえると、心胸の現実性たるにすぎない。だから自分の心胸の法則を設立するところの意識は他の人々から抵抗を受けるが、これは自分の心胸の法則が彼らの心胸の法則に、やはり同じように個別的な法則に矛盾しているからである。そこで他の人々が抵抗にさいして為すことも、今度は自分たちの法則を設立し妥当させるというより以外のことではない。だから現にある普遍者と言っても、ただ万人の万人に対する遍《あま》ねき抵抗であり、万人の万人に対する戦い[1]であるにすぎず、この戦いにおいて各人は自分自身の個別性を妥当させるが、しかし同時にこれを貫徹するには至らない。なぜなら、個人は一様に抵抗を蒙り、交互に他人によって解体させられるからである。したがって公共の秩序のごとく見えるものもかかる遍ねき戦いであって、この戦いにおいては各人はできるだけ多くのものを自分のほうへとひったくり、他の人々の個別性に対して権利を行使して自分自身の個別性を定着させはするが、しかし定着したこの個別性とてもやはり他の人々によって消え失せてしまう。公共の秩序とは世の成り行きであり、世路[2]であり、恒常な行路の外観を呈しても、この行路はただ普遍性であると私念せられたものであるにすぎず、その内容に至ってはむしろもろもろの個別性の定着と解体とがこもごもきたる本質のない無意味な遊戯[3]である。

普遍的な秩序のこれら両側面を「我々」が相互に比較して考察することにすると、あとで言った〔遍ねき戦いとしての〕普遍性のほうは不安定な個体性をもってその内容としており、そうしてこの個体性にとっては私念ないし個別性がかえって法則であり、そうして現実的なものが非現実的であり、非現実的なものが現実的なものである。しかしながら、これと同時にこの普遍性は秩序の現実性の側面である。なぜなら、この普遍性には個体性の対自存在（自分だけでの存在）が属しているからである。――〔普遍的な秩序の〕いまひとつ別の側面は安らえる本質としての普遍者であるが、まさにこの故にこの普遍者はひとつの内なるもの(1)としてあるにすぎぬものである。この内なるものも全く存在しないというわけではないが、そうかと言って決して現実ではなく、ただ現実性の地位を簒奪していた個体性を撤廃することによってのみ、この内なるものは自ら現実的となりうるのである。〔かく内なるものがそれ自身現実的となるようにする処に、〕意識の〔新しい〕形態が生じているが、この形態は、法則のうちに、即ち自体的に善且つ真であるところのもののうちに己れを認めるようになり、しかも個別性としてのではなく、ただ本質としての己れのみを認めるようになり、これに対して個体性のほうが顚倒された顚倒するものであることを知っており、したがって意識の個別性は犠牲にせられざるをえないとするのであるが、この形態が徳である。

c　徳と世路*
Die Tugend und der Weltlauf.

〔一　行為的理性における徳の段階〕

行為的な理性(2)の最初の形態においては自己意識は己れを純然たる個体性と感じ、そうしてこの個体性には空虚な普遍性が対立していた。第二の形態においては対立の両部分は各自に法則と個体性という両方の契機とも自分で具えていたが、しかし一方の部分である心胸《むね》は両契機の無媒介の統一であり、他方の部分(法則)は両契機の対立であった。今ここで徳と世路との関係においては、両方の項が各自に法則と個体性というこれらの契機の統一であると共に対立でもあり、言いかえると、法則と個体性相互間の運動であるが、ただ〔徳の場合と世路の場合とでは〕運動の方向は相反している。徳の意識にとっては法則が本質的なものであって、個体性は撤廃せらるべきものである。〔ところで個体性は徳と世路とに共通の契機であるから、〕個体性の撤廃せらるべきであるのは、徳の意識自身においてであると同時に、世路においてものことである。[1] 徳の意識においては自分自身の個体性は普遍者のもとへの、即ち自体的に真であり且つ善であるもの[2]のもとへの訓練[3]にもたらさるべきである。しかし、これだけではまだ個的人格の意識[4]が残っているが、真実の訓練としては、じっさい個別態への執着がもはや残っていないことの証《あかし》として全人格を犠牲にすることがあるだけである。こうして個々の個人が犠牲にされることに[5]よって、個体性は〔徳の意識の側におけると〕同時に世路の側においても根絶せられることになる。なぜ「世路においても」かと言うと、個体性も〔法則という契機と同じく徳と世路との〕両者に共通の単一な契機だからである。――世路においては個体性は有徳な意識において定立されているのとは顚倒した逆の仕かたの態度をとる、即ち己れをもって本質となし、これに対して自体的に善且つ真であるものを己れに従属させるという態度をとるのである。――さらに言うと、徳にとってと同じように、世路はそれ自身としても個体性によって顚倒された普遍者であり、普遍者の顚倒であるが、しかしこれに止まるものではなく、かえって絶対的な秩序ということもやはり〔個体性という契機と同じく徳と世路との両者に〕共通した契機である。ただ世路においては絶対的な秩序は意識に対して存在する現実として現にあるのではなく、世路の内的な本質である。

〔それにしても内的本質たるに相違ない〕から、絶対的な秩序は厳密に言えば徳によって初めて作り出さるべきものではない(1)。なぜなら、作り出すということは作為 *Tun* であり、作為として個体性の意識をひきおこすが、しかし個体性こそはむしろ撤廃せらるべきものだからである。〔そうは言っても、絶対的秩序の生ずるためには徳によって個体性の撤廃されることがやはり必要であるが、〕しかしこの「撤廃」によっては世路の自体(内的な本質)に即自且つ対自的に出現するに至る言わば余地があけられるだけなのである。

　現実的な世路の内容の大体はすでに明らかとなったが、さらに立入って考察することにすると、この内容もやはり(2)自己意識の先立つ二つの運動以外のものではない。徳という形態が出てきたのは、先立つこれらの運動からすることである。これらの運動がこの形態の根源であるから、徳というこの形態はこれらの運動を自分の前にもっているが、しかし、この形態は自分の根源をなきものにして己れを実現しようとすることに向っている、言いかえると、対自的となろうとすることに向っているのである。だから世路というのは一方の側面では己れの快楽《けらく》と享受とを求める個別的な個体性のことである。求めることにおいて個体性はたしかに没落し(3)、没落することによって、結果としては普遍者を満足させはするけれども、しかし、この「満足」もそれ自身としては〔快楽と必然性《さだめ》という〕この関係のその他の諸契機と同じく普遍者の顛倒された、それとはさかさまの形態であり運動である。現実はただ快楽と享受との個別態であるにすぎず、これに対して普遍者はあるにはあっても、ただ個別態に対立しているにすぎず、普遍者の空虚な形態にすぎないところの必然性であり、ただ否定的であるにとどまる反動であるところの、内容なき働きであるところの必然性である。――〔他の側面から言うと、〕世路のいまひとつ別の契機は即自且つ対自的(絶対的)に法則であることを意志し、そう己惚れることにおいて、存立せる現行の秩序を攪乱する個体性である。むろん普遍的な法則はかかる自負に対抗して己れを維持するのであり、しかも最早〔快楽の場合のように〕意識に対立した空虚なものとして登場してくるのではなく、つまり死せる必然性として登場してくるのではなく、意識自身における必然性[1]として登場してくるのではあるけれども、しかし普遍的な法則が絶対に矛盾している現実についての意識の面における関係としてどのように顕現しているかと言えば、狂乱としてであり、これに対して対象的な現実としてどのようにあるかと言えば、おしなべての顛倒、さかさまとしてである。[2] こうして普遍者は意識と対象というこれら両側面において、たしかにこれら各自を運動させる威力であることを示してはいるけれども、しかし、この威力の顕現の仕かたはただ遍《あま》ねき顛倒であり、さかしまであるにすぎないのである。

〔二　徳の騎士と世路との戦い〕

そこで〔世路における〕普遍的なものは自分の真実の現実性を、顛倒の、さかしまの原理である個体性[3]を徳が撤廃することを介して、徳から受取るべきであるということになる。したがって徳の目的とするところはさかしまの世路をもう一度さかしまにしてその真実の本質を顕現させることである。ところでこの真実の本質は世路においてはまだやっとその即自(自体)としてあるにとどまって、まだ現実的ではないから、徳はこの自体を信ずるだけである。[4] 徳はこの信を観 Schauen にまで高めることに向って行くけれども、しかし、自分の労働と犠牲との結実を享受するに至ることはない。[5] その理由はこうである。即ち徳も個体性である、このかぎり徳は戦いを、世路とのあいだに開始する戦いを行い為すことである、しかし、このさい徳の目的とし本質とするのは世路の現実性を征服することであるが、この征服によって善なるものが顕現するようになると、これをもって徳の行為は終息するのであり、言いかえると、個体性の意識は終息するからである。――この戦いそのものがどう耐えぬかれるか、この戦いにおいていったい徳が何を経験するか、徳が自分に引受ける犠牲によってはたして世路は屈伏し、これに対して徳は勝利をうるか、――これらのことはすべて戦士たちが使う生ける武器からきまらざるをえないことである。なぜなら、およそ武器とは戦士たち自身の本質、しかも相対したときの両者にのみ現われてくる本質以外のものではないからである。だから両者の武器がなんであるかも、この戦いのうちに即自的には現にあるものからすでに生じてきている。

さて普遍なものが有徳な意識に対して真実であるのは、信においてのことであり、言いかえると、即自的に成り立つことであり、普遍的なものはまだ現実的な普遍態ではなく、抽象的な普遍態である。普遍的なものはこの有徳な意識自身においては目的としてあり(1)、世路においては内なるものとしてある(2)。そうして普遍的なものが世路に対抗するさいの徳において現われてくるのも、まさにこの〔即自的〕という規定においてのことである。なぜなら、徳は善なるものを初めて実現しようと意志するのであり、自分でも善なるものをまだ現実であるとは公言してはいないからである。〔こうして善なるものは即自的であると限定せられるが、〕この「即自的」という限定は次のようにも考察せられることができる。即ち善なるものは世路との戦いにおいて登場してくるのであるが、これによって善なるものはひとつの他者に対してあることを、したがって即自且つ対自的にあるのではない或るものであることを示していると。なぜなら、もしもそうでないとすれば、善なるものが自分と反対のものを征服することによって初めて現実性をえようと意志することはないであろうからである。そこで善なるものはまだやっと他者に対してあるにすぎぬが、このことは善なるものについて右になされた反対の考察において示されたこと、即ち善なるものはまだやっと抽象であるということと同じである。抽象とはただ〔他者との〕関係においてのみ実在性をもつものであって、即自且つ対自的に実在性をもつものではないのである。(1)

だから此処に登場してくるような善なるもの或は普遍的なるものとは、もろもろの天賦とか能力とか力とか呼ばれるところのものである。(2) かかるものは精神的なものがなにか或る普遍的なものとして「表象」されるさいにもっているる存在するうえでのひとつの様態であるが、こういう普遍的なものは、生命をえ運動するには個体性の原理を必要とし、個体性において自分の現実性をもっている。そこでこの原理が徳の意識においてあるかぎりにおいては、この普遍的なものはこの原理によって善用せられ、これに対してこの同じ原理が世路においてあるかぎりにおいては、この普遍的なものは悪用せられるということになるが、——しかしこれでは、この普遍的なものは自由な個体性の手によって操縦せられて、これによってなされる使用に対しては無関心な受動的なひとつの道具であることになり、しかも自分の破壊を意味する現実を作り出すことにさえ悪用せられうる受動的なひとつの道具であるということになる、言いかえると、このようにでも、またあのようにでも形成せられることができ、そうして自分の破滅となるようにさえ形成せられることのできるところの生命のない、また自分の自立性に欠けたひとつの素材であるということになる。

この普遍的なものは徳の意識にとっても、世路にとっても、自在に駆使することのできるものであるから、こういう武装をしているのでは、有徳がはたして背徳を征服するかどうかは覚束ないことである。武器は双方において同一であり、これらもろもろの能力であり力である。もちろん徳は自分の目的と世路の本質との根源的な統一に対して信をいだき、この信をもって伏兵としておき、そうして統一であるこの伏兵が戦いのさなかにおいて敵の背後に襲いかかって、目的を即自的に、おのずと完遂すべきはずと考えている。(3) 即自でありながら完遂するのである以上、徳の騎

(278) 士[1]にとっては自分自身の行為である戦闘は本当のことを言えば自分でも真剣勝負とは考えることのできぬ見せかけの戦いであり八百長である。——なぜなら、この騎士が自分の真実の強味と頼んでいるのは、善なるものが自ら即自且つ対自的に[2]存在しているということであるが、これは善なるものが〔騎士をまつまでもなく、〕自分で自分を完遂することを意味しているからである。——いな、この八百長は真剣勝負とならしめることを騎士にできないのみならず、また許されもしない性質のものでもある。その理由はこうである。即ち騎士が敵に刃向けている当のものも、また敵によって自分に刃向けられているのを見出す当のものも、即ち自分自身の側においても、敵の側においても、騎士が戦いにおいて消耗せられ毀損せられる危険にさらしているところのものは、そもそも騎士が善なるもの自身の保全と現実化とのために闘っているのである以上、この善なるもの自身であるべきはずはない。消耗や毀損の危険にさらされているものは善なるもの自身ではなくして、どうにでも使用できるもろもろの天賦であり能力であるにすぎない。しかしながらこれらの天賦や能力こそはじっさいにおいては、まさに個体性に欠けたあの普遍的なもの自身以外のものではなく、そうしてこの普遍的なものが戦いを通じて維持せられ現実化せらるべきだと考えられているものである。——ところで、これと同時に現実化せらるべきはずのこの普遍的なものはじかに戦い自身の概念によってすでに現実化されている。それは即自(自体)であり普遍者であるが、それの現実化とはいったいなにを意味するかというに、即自的にあると同時に或る他者に対してあるということ、まさにこのことにほかならない。前に[3]のべた両側面のおのおのにしたがって普遍的なものは抽象となったのであるが、これらの両側面はもはや分離せられてあるのではなく、戦いにおいて、戦いによって、善なるものは両方のしかたで同時に定立せられているのである。〔だから騎士は真剣勝負することを許されないのである。〕——しかるに有徳な意識が世路に対して戦端をひらくのは、世路が善なるものの正反対であると考えてのことであるが、世路が戦いにおいて有徳な意識に差し出すところのものは、普遍的なものではあっても、これは抽象的な普遍者にとどまるのではなく、個体性によって生命づけられた普遍的なものであり、また或る他者に対して存在するところの普遍的なものであり、言いかえると、現実に善なるものである。だから徳が世路のどこをとらえようと、徳の触れるところ、これことごとく善なるもの自身の顕現している場所である。善なるものは世路の即自であるからして、世路のすべての現象のうちに離しがたく絡まっており、そうして世路の現実性のうちにおいて善なるものは「そこ」にあることをもえている。だから世路は徳にとっては傷つけられないものであり、不死身である。そうして徳の側において徳自身によって危険にさらされ犠牲に供せらるべきであると考えられたすべての契機もまた、まさにこのような善なるもののもろもろの顕現であり、したがって傷つけてはならぬもろもろの事態である。だから戦いは武器を保全すべきか犠牲にすべきかの動揺でしか、狐疑逡巡でしかあることはできない、言いかえると、自分のものを犠牲にすることも、敵のものを傷つけることもむしろ起ってはならないのである。徳は戦いにおいて自分の剣《つるぎ》を血塗らさぬことだけを心がけている闘士にさも似ているだけでなく、徳はそもそも武器を保全するために争闘を開始したのでもある。しかも徳はただに自分自身の武器を使用しえないだけではなく、敵の武器をも傷つけられないままに保ち、自分自身の側からする攻撃に対しても守らなくてはならない。なぜなら、これらすべては、徳がそのために戦いに入った善なるものの高貴な諸部分だからである。

これに対して、この敵にとっては即自がではなく個体性が本質であるから、敵の力は否定的な原理にあることになるが、この原理にとっては何ものも存続せず、また何ものも絶対に神聖ではなく、かえってこの原理はあらゆるもの の、またおのおののものを喪失を賭し、またこれに耐えることができる。これによって敵には、敵の側自身としても、

(279)

また相手が巻きこまれる自家撞着によっても、勝利は確実である。徳にとっては即自的にあるものは、世路にとってはただ己れに対してあるにすぎず、徳にとっては固定的であり、また徳が束縛されている契機のどれからも世路は自由である。かかる契機も世路にとっては自分が撤廃することも存続させることのできるようなものとしての意義をしかもたないから、世路はかかる契機を自由に手中に収めており、したがってまたかかる固定的な契機に拘泥している有徳な騎士をも自由にしている。騎士はこういう契機を外面にまとった外套でものようにぬぎ、後ろにおいて自由になり寛ろぐことはできない。まことに、かかる契機は騎士にとっては捨て去ることのできぬ本質なのである。

最後に善き即自が謀略をもって待伏せ場所から伏兵として世路の背後に襲いかかるべきはずであるということ(1)について言うと、この希望はそれ自身儚ないものである。世路とは、背後から襲いかかることを許さず、かえって八方に額《ひたい》をむけて立ち向っているところの目ざめた確実な自覚をもっている意識である。なぜなら、世路の世路たる所以は、すべてが己れに対してあること、すべてが己れの前に立っていること、まさにこのことに存するからである。それでは善き即自のほうはどうかというと、自分の敵に対してあるときには、この即自は「我々」の見てきたような戦いにおいてあるが、これに対して敵に対してあるのではなく、己れに即してあるときには、この即自はもろもろの天賦や能力という受動的な道具であり、現実性を欠いた素材である。(2)「そこ」にあるものとして「表象」されるとすれば、この即自は何か或る眠っているところの、そうして何処にあるかはさだかでないが、とにかく後ろにとどまっているところの意識であるであろう。

〔三　徳の敗北〕

だから徳は世路から敗北を蒙るが、これは徳の目的とすることがじっさいには抽象的な非現実的な本質だからであり、また現実性という観点からしても、徳の行為がただ言葉のうえだけでしか成りたたないところのもろもろの区別に基づいているからである。[1]徳は個体性を犠牲にすることによって善なるものを現実性にもたらすことにおいて存立しようと欲したのであるけれども、しかし現実性の側面というのは、それ自身個体性の側面にほかならないし、また善なるものは即自的なものであって、存在するものには対立したところのものであると主張せられたけれども、しかし即自的なものと言っても、これをその実在性と真実態とから解するならば、むしろ存在そのものである。即自的なものは先ず差当っては現実性に対立する本質だけを抽象したもの[2]ではあるけれども、しかし抽象とはまさに真実にあるものではなく、ただ意識に対してあるにすぎぬもののことであるが、しかしこれは即自的なものがそれ自身現実的だと呼ばれるところのものにほかならないことを意味している。なぜなら、現実的なものとは本質的に他者に対してあるところのものだからである。したがって言いかえると、即自的なものは存在であるということになる。しかるに徳の意識は即自的なものと存在とのなんの真実性をももたないかかる区別に基づいているのである。——世路は善なるものの顚倒であり、さかさまであると考えられたが、これは世路が個体性を原理としてもつからであった。しかし個体性というのは現実性の原理である。なぜなら、まさに個体性こそは即自的に存在するものを同時にひとつの他者に対して存在するようにさせるところの意識だからである。世路は不変なるものを顚倒し、さかさまにはしはするけれども、しかし、じっさいには世路は不変なものを顚倒し、さかさまにして抽象の無から実在性という存在へと転換するのである。

だから世路はこれへの対立において徳をなしているところのものに対して凱歌を奏するのである。世路は実在性を欠いた抽象をもって実在だとする徳に対して凱歌を奏するのであるけれども、しかし或る実在的なものに対して凱歌を奏するのではなく、区別でない区別(1)の捏造に対して、そうして人類の至福(2)やその蒙る弾圧や善なるもののための犠牲やもろもろの天賦の悪用についての華美《はで》な演説に対して凱歌を奏するのである。――こういうもろもろの理想的な本質や目的は聞いているうちに空々しい言葉としてくずおれてしまうが、かかる空語は心胸《むね》はこれを高めても、理性はこれを空《から》のままにしておくものであり、建徳(3)はこれを行うも、建設はこれをなんら行うことのないものである。こういう空語は長広舌には相違ないが、これはこういう高貴な目的のために行動すると公言し、こういう素晴らしい演説句調を弄する当人が自分では素晴らしい人物と思いこんでいることが内容であるのをいたずらにはっきりと言いあらわしているにすぎぬ長広舌である。――そう思いこむのは、自分のあたまをも他人のあたまを大きくはしても、中身のない空っぽの膨れあがりで大きくする増長慢というものである。――古《いにし》えの徳(4)は一定の確固たる意義をもっていた。なぜなら、この徳は民の実体(5)においてその内容豊かな基盤をもち、そうしてひとつの現実的な、すでに顕現せる善なるものをもって目的としていたからである。だから、この徳は現実をもって遍ねき逆さまであると考えて、これに刃向うこともなかったし、また世路に対して刃向うこともなかった。しかるに右に考察せられた徳は実体からぬけ出た実質のない徳であり、古えの徳のもっていたような内容に欠けた「表象」と口舌とのうえでの徳であるにすぎない(6)。――世路と戦う演説口調の空しさは、その用いる美辞麗句が何を意味するかを言わなくてはならぬ破目におち

(281)

いると、すぐに正体を見破られるであろう。――即ち美辞麗句は熟知されているものとして前提されているのであるが、この熟知されているもののなんであるかを強いて言えという要求がなされるとすると、この要求は、またもや美辞麗句の洪水をもってみたされるか、それとも美辞麗句の何を意味するかは心胸《むね》がこれを衷《うち》で言っているというわけで、心胸への哀訴によって要求への応酬がなされるかのいずれかである。(1) しかし、いずれにしてもじっさいにはそれを言うことのできない無能力を自白したのも同然であろう。――右のような演説口調の空しさは、たとい無意識的な仕かたにおいてにしても、現代の教養ある人々には確信されるに至ったようである。なぜと言って、かの美辞麗句の夥しい群《むれ》とこれで空威張りをするジェスチュアーとからは興味は全く消え失せているからである。そうして喪失した証拠には、こんな美辞麗句はただ徒らに倦怠を惹起するだけなのである。

それで〔徳の世路との〕かかる対立(2)から右のような結論が出てくるのであるが、この結論の要点がなんであるかと言うと、まだなんの現実性をももっていないであろう即自的に善なるものについての「表象」を、意識が外套(3)のように放り出して空《か》らにするということである。意識は自分の行った戦いにおいて、世路は見た目に映るほどには悪いものでないことを経験(4)したのである。なぜなら、世路の現実性というのは普遍的なものの現実性だからである。こういうことが経験されると共に、個体性を犠牲にすることによって善なるものを作り出す(5)という手段は崩れ去ってしまう。なぜなら、個体性こそはまさに即自的に存在するものを現実化するものだからである。そうして世路が顚倒であっても、この顚倒し逆さまにすることも善なるものの顚倒とはもはや見なされなくなる。なぜなら、顚倒は顚倒でも、むしろ単なる目的として見られた善なるものを現実性へと転換することだからである。個体性が運動するのは普遍的なものが実在性をうる所以である。

しかしながら右のような結論に到達したと共にじっさいにおいては、即自的に存在しているものの意識に世路として対立していたところのものもまた克服せられ、消え失せたのである。個体性の対自存在は世路においては本質ないし普遍的なものに対置されていたし、また即自存在から分離せられた現実であるかのように見えていたけれども、しかし現実が普遍的なものと不可分の統一においてあることが明らかとなった以上、徳の即自的なものがただひとつの見方(1)であるにすぎぬのと全く同じように、世路の対自存在もまたひとつの見方以上のものではないことが証《あか》されている。もちろん世路の個体性がただ対自的に、言いかえると、利己的にのみ行動すると「私念」することがあるにしても、個体性というものは自分の「私念」しているよりも善いものであり、その行為は〔対自的であると〕同時に即自的に存在するところの普遍的な行為である。(2)個体性が利己的に行動するというときには、個体性は自分がいったい何を為しているかを知らないだけのことであり、また個体性がすべての人々は利己的に行動すると「断言」するときにも、これは個体性がすべての人々は行為のなんであるかについて、かいもく意識をもっていないと主張しているだけのことである。――また個体性が対自的に行動するときも、これはまだやっと即自的に存在するにすぎぬものを現実にもたらすこと、まさにこのことなのである。――だから即自的なものに対立しているかに「私念」しているところの対自存在の立てる目的も、――それから対自存在の弄する空しい奸策も、また至る処に利己心を指摘するすべを心得ているその手のこんだ説明(3)もいずれも〔徳の場合における〕即自的なものという目的及び即自的なものについての演説口調と全く同じように消え失せてしまったのである。

かくして個体性の為すこと営むことがそれ自身において目的であり、(4)もろもろの力を行使し、それらの外化に興ずることは、さもなければ、死せる即自的なものであろうこれら諸力に生命を与える所以であり、(5)そうして即自的なものも実現されていないところの、顕現をもたぬところの抽象的な普遍的なものではなく、かえって即自的なものがそれ自身ただちに個体性の過程のかかる現在であり現実である。

C　即自且つ対自的に実在的であることを自覚している個体性*
Die Individualität, welche sich an und für sich selbst reell ist.

自己意識の概念は最初にはただ「我々」がそれについてもつものであるにすぎなかったが、今や自己意識が自分についてのこの概念、即ち「自分自身についての確信においてあらゆる実在性である」という概念[1]を把握するに至っているし、また目的[2]であり本質であるものも今後は普遍的なもの――もろもろの天賦や能力の――と個体性との自動的な相互滲透である[3]。――かかる中身、かかる相互滲透の個々の契機は統一に帰入する以前においては、これまでに考察せられた諸目的であるが、これらの目的は精神的な自己意識のかの最初の気のぬけた諸形態に所属するところの、もろもろの抽象や幻像[4]として消えうせてしまっており、ただ心胸《むね》と己惚れと演説[5]との私念された存在のうちにのみ真理をもっているものであって、即自且つ対自的に己れの実在性を確信している理性[6]において真理をもつのではない。この〔普遍的〕理性はもはや直接的に存在している現実へ対立している己れを目的として初めて実現しようと求めるものではなく、かえって己れの意識の対象としては範疇そのもの[7]をもっている。――即ちさきに〔行為的〕理性が登場したのは、自分だけで存在しているところの、言いかえると、〔現実に対して〕否定的な自己意識であるという規定においてのことであったが、この規定は撤廃せられた。かかる自己意識は自分の前にあって自分にとって否定的なものであるところの現実を見出し、そうしてこの現実を撤廃することによって自分の目的を初めて実現したのであるが、しかるに目的であり即自存在(1)であるものが他者に対するの存在、前に見出された現実であるものと同一であることが明らかとなったのである以上、もはや〔客観的な〕真理は〔主観的な〕確信から分離してはいない(2)。このさい、定立された目的のほうをもって自分自身についての確信であると解し、そうしてこの目的の現実化をもって真理と解しようと、それとも反対に目的のほうをもって真理と、そうして現実をもって確信と解しようと、いずれにしても真理はもはや確信と分離しているのではなく、かえって即自且つ対自的に本質であり目的であるものがそのまま直接的な実在自身についての確信であり、即自存在と対自存在との、また普遍的なものと個体性との相互滲透である。そこで行為することがそれ自身においてその真理であり、その現実であり、また個体性を表現すること、ないし言いあらわすことが行為することにとって即自且つ対自の目的である(3)。

だから〔個体性の〕かかる概念(4)の成立と共に、範疇が自己意識に対して、また自己意識の範疇に対する態度が〔先ず〕観察する自己意識として、次いで行為的な自己意識としてもっていた互に反対の規定から、自己意識は、己れのうちに還帰したのである(5)。自己意識は純粋範疇そのものをもって自分の対象としており、言いかえると、自己意識は己れ自身を自覚するようになった範疇である。これによって自己意識のこれまでの諸形態との清算は終了し、訣別がなされたのであって、これらの形態は自己意識の背後に忘却(6)のうちに横っている。これらの形態は自己意識にとって自分の前に見出された世界(7)として対立して現われてくることはなく、却ってただ自己意識自身の内部において、それ自身相互に澄明な諸契機(8)として展開されるだけである。もっとも、これらの契機も意識面においては、まだ相互に区別せ

(285)

られた契機の運動として離れ離れに現われてくるのであって、この運動はまだこれらの契機を実体的な統一のうちに一括し終えているわけではない。と言っても、これらすべての契機のうちにおいて自己意識は存在と自己との単純な統一を確保しているのであるが、この統一がこれら契機の類(1)である。

これによって意識は自分の行為のあらゆる対立とあらゆる条件とを投げすててしまったのである。意識は元気よく自分から出て行くが、しかしなにか或る他のものに向うのではなく、自分自身へと向って行くのである。個体性が自分自身において現実であるから、働きかけの素材(2)とか、行為の目的とか言っても、いずれも行為自身においてある。だから行為は、ひとつの円環(3)が自在に虚空《こくう》を、しかも自分自身のうちにおいて運動し、妨げられることもなく、或は広がり或は狭まって、完全に自足し、ただ己れ自身のうちにおいて、また己れ自身と戯れているにすぎないような光景を呈するのである。個体性がその形態を表現するさいの場面(4)というのは、この形態を受けいれるものであるという意義をもつにすぎない。この場面は、個体性が現れ出ようと欲するところの単なる日の明るみ(5)である。行為すると言っても、何ものをも変更するのではなく、また何ものに刃向って行くのでもない。行為するというのは、見られない状態から見られる状態に移すことという単なる形式〔のうえでの変化〕であるにすぎず、こうして日の明るみにもたらされて表現される内容も、この行為がすでに即自的にそうであるところのもの(6)より以外のものではない。行為が即自的にあるということ、これが思惟せられた統一であるという行為の形式であり、行為が現実的にあるということ、――これが存在する統一であるという行為の形式であり、そうして行為自身が内容であるのも、ただ自分が〔日の明るみのうちに〕移行し運動するという規定に対立する単純態という規定において成り立つことであるにすぎない。

a　精神的な動物の国と欺瞞、或は事そのもの*
Das geistige Tierreich und der Betrug, oder die Sache selbst.

それ自身において実在的であるこの個体性も最初はやはり個別的で限定せられた一定の個体性である。だから、この個体性は自分が絶対的な実在性であることを知っていると言っても、この実在性はこの個体性によって自覚されているかぎりでは、抽象的な普遍的な実在性であって、内実と内容とを欠いていて、ただ〔自己と実在とが一であるという〕この範疇の空虚な思想であるにすぎぬ。(1)――そこでそれ自身において実在的であるところの個体性のかかる概念がその諸契機に関してどのように規定されるか、またこの個体性にとって自分自身についての概念が意識面にどのようにはいりこんでくるかが見られなくてはならない。

〔一　実在的なものとしての個体性の概念〕

個体性でありながら自ら対自的(自覚的)にあらゆる実在であるというようなこの個体性の概念も最初は結果であって、(2)この個体性はまだ自分の運動と実在性とを表現していないので、ここではこの個体性も無媒介に単純な即自存在として定立せられている。ところでいったい否定性(3)というものは運動として現れてくるものと同じであるが、単純な即自においては限定としてあるので、存在或は単純な即自は限定せられた範囲のものとなる。したがって個体性は根源的に限定せられた自然[1](限定せられた生得の素質)として登場してくるが、——このさい、根源的な自然であるのは、個体性が即自的にあるからであり、——根源的に限定されているのは、ここでは否定的なものも即自においてあるので、質だからである[2]。しかしながら存在のかかる制限といえども意識の行為することはこれを制限することはできない。なぜなら、ここでは行為することと言っても、完全に自己自身へと関係することであって[3]、行為することの制限であるであろうところの他のものへの関係は撤廃せられてしまっているからである。だから自然(天賦)の根源的な限定と言っても、ただ単純な原理であるにすぎず、——遍ねく澄明な場面であって、このうちにおいて個体性は自由と自己同一とを保つと同時に妨げられることもなく自分の区別をこの場面のうちで展開し、そうして自分を現実化して、全く自分との相互作用に立っているのであるが、これは動物の場合に似ている[4]。即ち動物の不定な生命も例えば水、空気、或は地というような場面(生活圏)に、そうしてこれらの内部でさらにそれぞれ限定せられた諸原理に自分の生命の息吹きを吹きこみ、自分のもつすべての契機をこれらの原理のうちにひたし、こうして場面から制限を受けているにも拘らず、自分のすべての契機を自分の威力から出て行かないよう己れの一者のうちに保ち[5]、かくて動物の生命はそれぞれ特殊の組織をもちながら、同一の普遍的な動物的な生命であることを維持しているのに似ているのである。

この限定された根源的な自然のうちで意識は自由と全体性とを維持しているのであるが、意識のかかる限定された根源的な自然が個体にとって目的であるところのものの直接の、そうしてまた唯一の本来の内容として現れてくるものである[6]。この内容もたしかに限定された内容ではあるけれども、しかし、それがそもそも内容であるのは、「我々」が即自存在だけを遊離して考察するかぎりにおいてのことにすぎないのであり、これに対して真実態においてはこの「内容」は個体性によって滲透せられた実在性であり現実性であり、即ち意識が個別的なものでありながら自分自身において具えているところの現実性である。もっとも、この現実性も最初には存在するものとして定立せられていて、まだ行為するものとしては定立せられてはいないが、しかし行為することに対しても、かの限定は行為が踏み越えて出て行こうと欲しでもするかのような制限ではない。その理由はこうである。即ち一方から言うと、たとい存在する質と見なしたとしても、かの限定は行為が運動するさいの場面がもつ単純な色調である。しかし他方から言うと、およそ否定性が限定であるのは、ただ存在においてのことにすぎないのであり、これに対して行為すること自身は否定性(1)以外のものではなく、したがって行為している個体性においては限定も否定性全般のうちに、言いかえると、あらゆる限定の総括的概念(2)のうちに解消せられている。

ところで単純で根源的な自然も行為することと行為することの意識とにおいては行為することに帰属せる区別のうちにはいりこんで行く。行為することが最初に現にあるのは対象として、しかもまだ意識に所属しているような対象として、即ち目的としてのことであり、こうして現にある現実には対置されている。第二の契機は静止していると「表象」せられた目的を運動させることであり、目的を現実に、ただし現実と言っても、全く形式のうえでの現実に関係づけることとしての現実化であり、したがって移行そのものの「表象」であり、言いかえると、この第二の契機は手段である。最後に第三の契機はもはや行為するものが直接に自分のものとして意識しているところの目的ではなく、行為するものからそとに出て行為するものに対してひとつの他者であるような対象である。(3)——ところでこれらの相違する側面に関して〔それ自身において実在的な個体性という〕当面の領域の概念から言って銘記されなくてはならないのは、これらの側面において内容は同一であるにとどまること、いかなる区別もはいりこんではこないこと、即ち個体性と存在一般との間の区別も、目的が根源的な自然としての個体性に対してもつ区別も、目的が現にある現実性に対してもつ区別も、同様に手段が絶対的な目的としての現にある現実に対してもつ区別も、それから結果してきた現実が目的に対して、或は根源的な自然に対して、或は手段に対してもつ区別も、いずれもはいりこんではこないということである。

かくて個体性の根源的に限定せられた自然、個体性の直接的な本質も最初にはまだ行為するものとして定立せられていないが、このときには、この自然はそれぞれの個体性の特殊的な能力や才能や性格などと呼ばれる。そこで〔行為の立場をとって〕精神のこの特殊の色合いが目的そのものの唯一の内容と見なさるべきであり、また全くただこれのみが実在と見なさるべきである。もしもかりにひとが意識をもってこの根源的な自然を踏み越えて出て(1)何かほかの内容を現実にもたらさんと欲しているかに「表象」したとすれば、ひとは意識をもって無を無のうちに運び出そうと労苦していると「表象」することになるであろう。――それのみか、この根源的な自然はただ単に目的の内容であるばかりではなく、即自的には現実でもある、即ち普通には行為の与えられた素材として、前に見出された現実であって、行為することにおいて形成せらるべきであるところの現実として現象してくるその現実でもあるのである。これを言いかえると、行為とは表現せられていない存在という形式から表現せられた存在という形式のうちへとただ全くの移すだけのことであって、意識に対置されたかの現実の即自存在(客観的存在)なるものはただ単なる空《むな》しい外観に転落してしまっているわけである。だから、この意識は行動しようと決断するときには、現にある現実の外観によって迷わされることはないし、またもろもろの空しい思いや目的のうちをあれこれと彷徨することをやめて、思いを己れの本質の根源的な内容に集中しなくてはならないのである。――もちろん、この根源的な内容は意識がこれを現実化し終えたときに初めて意識に対してあるに相違ないけれども、しかし、ただ意識の内部において意識に対してあるにすぎぬ内容と意識のそとに即自的(客観的)に存在する現実との区別は崩壊し去っている。——もっとも意識が即自的に(含蓄的に)なんであるかが意識に対してあるようになるには、意識は行動しなくてはならない。言いかえると、行動するということこそは精神を意識として生成させる所以である。それで意識は自分が即自的になんであるかを自分の現実から知るのであるから、個体は行為によって已れを現実にもたらした後でないと、已れのなんであるかを知りえないことになる。——これがために個体は自分が行為し終えた後でないと、自分の行為の目的をきめることができないかのように見えるが、しかしこれと同時に個体も意識をもてるものである以上、行動を予め全く自分のものとして、即ち目的として現前させざるをえない。だから行動に向って行く個体はひとつの円環においてあり、循環論にまきこまれているかのようであって、この循環論においてはいずれの契機も他の契機を前提しているので、いったい始めは何処にあるのか見出しえないかのように見える。なぜなら、個体は自分の目的たらざるをえぬところの自分の根源的な本質を実行から初めて学び知るのであるが、しかし行為するためには、予め目的をもたざるをえないからである。しかしながら、まさにこの故にこそ、個体は無媒介に始めなくてはならず、いかなる事情(環境)のもとにおいても、始中(手段)終についてとやかく思い煩ろうことなく行為することに向って歩んで行かなくてはならない。なぜと言って、個体の本質であり即自的に存在する自然であるものが一挙にしてすべてであり、始中終のいずれでもあるからである。始めとしてこの即自的に存在する自然は行動することの環境のうちに現にある。いったい個体が或るものについて関心をいだくということは、はたして行為すべきか、ここでなにが為さるべきかという問いに対する回答がすでに与えられたも同然である。なぜなら、自分の前に見出された現実であるかのごとく見えるものも即自的には個体の根源的な自然であって、ただこの自然がひとつの存在であるかのごとき外観を呈するにすぎぬのだからであり、

――この外観は行為することが当然己れを〔主客に〕分裂させるというその概念のうちに含まれているものであるにしても、――こういう外観を呈するものも〔じつは〕個体にとって自分の根源的な自然であることを、個体がこの現実について見出す関心において表明しているからである。――〔目的の場合と〕同様にいかに行為するかということも、言いかえると、手段も〔根源的限定された自然によって〕即自且つ対自的に〔全く〕きまってしまっている。才能もやはりしかじかに限定せられた根源的個体性以外のものではなく、ただ内的な手段として、或は目的の現実への移行として見られたかぎりのこの個体性である。これに対して現実的な手段であり実在的な移行であるものとは、才能と関心のうちに現にあるところの事柄（課題）の本性とを統一づけるものであり、そうして前者は手段における行為することの側面を示し、後者は内容の側面を示しているが、両者とも存在と行為することとの相互滲透[(1)]であるところの個体性自身である。したがって現にあるものは、〔第一には〕自分の前に見出された環境であるが、これとても即自的には個体の根源的な自然である。第二は関心であるが、これこそ環境をもって個体がまさに自分のものとして、言いかえると、目的として定立することを示すものである。最後は環境と目的というかかる両者の対立を手段（内的手段）において結合し撤廃することであるが、しかしこの結合とてもなおそれ自身意識の内部に所属しているので、今しがた考察せられたものの全体もひとつの対立の一方の側面である。そこでなお対立が残っているように見えるが、この外観は移行そのもの（実在的な移行）によって、言いかえると、〔現実的な〕手段によって撤廃せられることになる。――その理由はこうである。この手段は外なるものと内なるものとの統一であり、手段が内的な手段（才能）としてもっていた限定とは正反対のものであって、この限定を撤廃するので、行為と存在との統一である己れを外なるものとしても、即ち現実的となった個体性自身としてもやはり定立するのであるが、これは個体性が自分自身に対しても存在するものとして定立されていることを意味するのである。以上のような次第で行動の全体は環境としても、目的としても、また手段としても、さらに仕事としても、己れのそとに歩み出ることはない(1)のである。

しかしながら仕事と共にもろもろの根源的な自然(天賦)間の区別がはいりこんでくるように見える(2)。仕事はこれが表現している根源的な自然と同じように、ひとつの限定せられたものである。なぜなら、仕事とは存在する現実として行為することから自由に放免せられたものであるので、仕事においては否定性は質としてあるからである(3)。しかるに意識は仕事とは反対に限定を否定性全般として、行為することとして具えているところのものであるから、意識は仕事のもつかの限定には対立する普遍者であり、したがって意識はこの当面の仕事を他のもろもろの仕事と比較することができ、そうしてこの比較に基づいてもろもろの個体性をさえ相異なるものとしてとらえることができる。〔例えば〕仕事において影響する範囲の広い個体をもって意志のより強力なエネルギーをもっているものとして、或はより豊かな天賦として、即ち根源的な限定において制限されることより少いものとしてとらえ、――これに対して他の個体性はこれをより弱い、より貧しい天賦としてとらえることができるのである。

大さの区別というかかる非本質的な区別とは反対に善悪(優劣)が絶対的な区別を示すでもあろうが、しかし此処ではこの区別は成立しない。善いと受取られるものであろうと、悪いと受取られるものであろうと、いずれも一様に或るひとつの個体性の為し営むことであり、その自己表現であり自己発揮であるから(4)、したがってすべては善いのであって、いったい悪いとはなんのことか、厳密にはこれを言うことができないであろう。悪い仕事と呼ばれるであろうものとは、このうちに己れを現実化している一定の天賦をもった個体的な生命のことであるが、この生命が悪い仕事になりさがるのは、ただ比較するという思想にのみよることであろう。しかしこの思想は、個体性の自己発揮であるという仕事の本質を越えて出て、(1)仕事のうちに何だか誰にもわからない他のものを探し求めるのであるから、或る空疎なものである。——そこで比較するという思想が成り立つとしても、これはただ前述の区別にのみ関しうることになるであろうが、しかし、この区別たるやそもそも大さの区別であるが故に、非本質的な区別であり、しかも「非本質的」であるのは、ここでは、相互に比較されるであろうところのものは相異なる仕事ないし個体性であろうが、しかし、もろもろの個体性というものは相互には没交渉であって、ただ已れ自身に関係する(2)だけであるからという断乎とした理由によることである。そこでただひとり根源的な自然(天賦)だけが自体であり、言いかえると、仕事を評価するさいの尺度(3)として根底におかれうるであろうところのものであり、そうして逆に天賦の評価に仕事が尺度とせられるのであるが、しかし仕事と天賦との両者は互いに符合していて、個体性に対してあるもので個体性によってあるのでないようなものは一としてない。言いかえると、現実であるもので個体性の天賦と行為とでないようなものは一としてなく、また個体性の行為であり自体であるもので、現実的でないものは一としてないのである。そこで比較するのなら、〔天賦と行為と現実〕というこれらの契機についてだけ行うべきだということになる。

だから凡そ高揚も起らなければ、悲歎も起らず、また悔恨も起らない。(4)なぜなら、こういうものはすべて個体の根源的な自然(天賦)及び現実のうちに現にあるこの自然(個性)の実現とはちがった何か他の内容と他の即自(自体)とを空想するところの思想からきているからである。個体の為すことがなんであろうと、また個体の出会うことがなんであろうと、それを為したものは個体であり、またそれが個体自身である。個体のもちうる意識としては、自分自身を可能性の闇からこの可能性を現在する昼のうちに、抽象的な即自を現実的な存在の意義をもつものに単に移すにすぎぬという意識があるだけであり、また個体のもちうる確信としては、昼において自分に出現してくるものが闇のうちに眠っていたものであるという確信があるだけである。(1) かかる統一の意識とてやはり、ひとつの比較であるには相違ないけれども、しかしこのさい相互に比較せられているものが対立をなすにしても、これはただ対立のまさに外観で(2)あるにすぎない。この外観は形式のうえで成り立つものであるが、個体性がそれ自身において現実であると考える理性の自己意識(3)にとっては、この外観はもう外観以上のものでは決してない。だから個体は自分の現実のうちにこの現実と自分との統一以外のなにものを見出しえないことを知っており、言いかえると、自分自身についての〔主観的な〕確信をただ〔客観的な〕真実態(4)においてのみ見出しうることを、したがってまたいつも目的に達していることを知っているので、個体は己れにおいてただ喜悦だけを体験しうるということになる。

〔二　事そのものと個体性〕

以上のようなのが意識が自分自身をもって個体性と存在との絶対的な相互滲透であると確信するさいに、意識が自分についてもっているところの理解であり概念であるが、「我々」はこの概念がはたしてこの意識にとって経験によって確証せられるか、またこの概念の実在性がはたしてこの概念と一致しているかどうかを見ることにしよう。さて仕事とは意識が自分に与えるところの実在性のことであり、仕事は個体が即自的になんであるかがそこで個体に対してあるようになるところのものであり、個体がそこで自覚的にかかるものとなることを得るところのものであり、したがって仕事において個体が即自的になんであるかが対自的（自覚的）となるところの意識は特殊的な(5)意識ではなくして普遍的な意識である。意識はおよそ仕事においては普遍性の場面のうちに、存在という限定のない空間のうちに己れを差し出したのであり、そこで自分の仕事からしりぞいている意識はじっさいにおいては普遍的な意識なのである。――なぜなら、ここに生じている対立においては意識は絶対的な否定性[1]ないし行為する働きとなるからであるが、――このさい「対立」というのは、限定せられたもの[2]であるところの自分の仕事への対立のことであるから、意識は仕事としての自分を越え出て行って[3]、自分自身では限定のない空間となり、こういう空間として自分が仕事によっては充たされていないのを見出すのである。さきに概念[4]においては意識と仕事との統一が維持せられていたが、こういうことの「出来」したのは、仕事が存在する仕事としてはまさに撤廃されていたということによっていたのである。しかし仕事は存在すべきである。そこで仕事の存在において個体性がどのようにして自分の普遍性を保つのか、またどのようにして自分を満足さすべきすべを心得ているかが見られなくてはならない[5]。――しかし差当って生成してきた仕事がそれ自身として考察せらるべきである。さて仕事は個体性の本性をことごとく受取ったのであるから、仕事が存在すると言っても、この存在それ自身がひとつの行為する働きであって、この働きにおいてはあらゆる区別項[6]は相互に滲透し解消されている。だから仕事は存立のうちに投げこまれていても、この存立のうちでじっさいにおいては〔当面の仕事をなした〕根源的な自然（天賦）の限定性が他のもろもろの限定せられた自然に刃向い出て[7]おり、またこれらのうちに侵入し干渉していることになるが、しかしこれと同様に他のもろもろの自然も右の自然のうちに侵入している。そこで当の仕事をなした根源的な自然の限定性はこのような普遍的な運動[8]のうちで消失する契機として已れを失うことになる。即自且つ対自的に実在的な個体性の概念の内部においては、環境、目的、手段、現実化というすべての契機が相互に相等しく[9]、そうして根源的な限定せられた自然は〔これらの契機がおいてある〕普遍的な場面としての意義をもつものにほかならないのであるが、しかるにこれに対してこの場面が対象的な場面となると、この場面の限定性がまさに限定性として仕事のうちで日の明るみに出て、この限定性は解体することのうちにこそ却ってその真実態をうるということになる。より立入って言うと、この解体は次のように現れてくる。即ちかかる限定性において個体は自分が現実に「この」個体となったことを思い知るようになるが、しかし「限定性」というのはただ単に現実の内容にだけ関するのではなく、まさに現実の形式(1)でもあり、言いかえると、そもそも現実性そのものとは、自己意識に対置されて存在するという限定性のことにほかならないのである。そこでこの側面からすると、現実とは概念からはぬけ出たところの、そうしてただ前に見出されるにすぎぬところの、よそよそしい現実である。ところで仕事は存在するが、これは仕事が他のもろもろの個体性に対して存在することを意味するのであり、しかも彼らに対してはよそよそしい現実として存在するので、彼らのほうではこの現実に代えて彼ら自身の現実を定立し、もって自分たちの行為によって現実と自分たちとの統一の意識をうることにせざるをえないことになる。(2)言いかえると、かの仕事について彼らが自分たちの根源的な自然によっていだかされている自分たちの関心(3)はこの仕事本来の関心とはちがった別のものであるから、この仕事もなにか或る別のものにされてしまっているのである。したがって仕事とはおよそ他のもろもろの能力や関心の反撃(4)によって解消せられるところの過ぎ行く或るものであり、仕事が個体性の実在性を表現しているにしても、表現しているのは、完遂され実現せられたものとしてというよりも、むしろ消失しつつあるものとしてのことである。

かかる次第であるから、意識にとっては自分の仕事において行為することと存在との対立が「発生」してくるのであるが、この対立は意識の先行の諸形態(5)においては〔結果であると共に〕行為することの初めでもあったのに、ここではただ結果(6)であるにとどまっている。しかしながら、意識が即自的に実在的な個体性として行動することにとりかかったときにも、じつはこの対立はやはり〔初めとして〕根底に横わっていたのである。なぜなら、行動にとってはしかじかに限定された根源的な自然が即自として前提されていて、遂行のための遂行という純なる遂行と言っても[1]、やはりこの根源的な自然をもって内容と[2]していたのであるが、しかるに純粋な行為することというものは自同的な[3]形式であって、この形式には根源的な自然の限定性は一致しないからである。〔かくてこの個体性に関しても概念と実在性との不一致が初めからあることになるが〕他の場合と同じように[4]、ここでも根源的な自然と行為することと両者のうち、どちらが概念と呼ばれ、どちらが実在性と呼ばれるかはどうでもよいことである。即ち根源的な自然が思惟せられたもの或は即自的なものであって行為することに対立し、そうして根源的な自然はこの行為することにおいて初めて実在性をもつと言うか、それとも根源的な自然が個体性そのものにとっても、また仕事としての個体性にとっても存在であり、これに対して行為することは絶対的な移行として或は生成として根源的な概念であると言うか、いずれでもよいことである。それで概念と実在性とのこのような不一致は当面の意識の本質のうちに横わっているわけであるが、意識は仕事においてこの不一致を経験[5]するのであるから、仕事において意識は已れを真実態においてある通りに自覚するようになり、かくて意識が自分自身についてもっていた空虚な概念は消えうせるのである。

ところで仕事とは即自的に自分が実在的であると考えているこの個体性の真実態であるが、この仕事がもつ右のような概念と実在性との基本的な矛盾が生じてきたのである以上、この個体性のあらゆる側面は再び相互に矛盾するものとして登場してくることになる。言いかえると、行為することとは否定的な統一であって、すべての契機を離れ離れにならぬようにおさえているものであるが、かかる行為することから個体性全体の内容が存在のうちに差し出されたものが仕事であるから、そこで仕事はこれらの契機を相互に自由に放免することになるので、これらの契機は存立の場面のうちでは相互に没交渉なものになってしまう。だから概念と実在性とは〔第一には〕目的と根源的な本質態であるところのものとして相互に分離する。即ち目的が真実の本質をもつべきだとしても、言いかえると、即自的なものが目的となされるべきだとしても、このことが事実となるかどうかは偶然的である。〔第二には〕概念と実在とは現実への移行と目的としてもまた同様に離れ離れになる。言いかえると、目的を表現しているような手段が選択されるべきだとしても、このことが事実となるかどうかは偶然的なのである。最後に目的と手段というこれら内的な契機が相互に統一をなすか、なさぬかはしばらくおくとして、とにかくこれらの契機を一括したもの、即ち個体の行為することは現実全般に対してもまた偶然的である。即ち下手に決定せられた目的と下手に選択せられた手段とが功をおさめるのも、おさめないのも幸運次第である。

このようにして仕事において意識にとっては、意欲することと遂行することとの、目的と手段との、そうしてさらにこれら内面的なものの総括と現実自身との対立が生じてくるが、こういう対立が生じてくることはおよそ意識の行為することがもつ偶然性を己れのうちに一括せるものである。しかしながら、これと同時に行為することの統一性と必然性ともやはり現にあり、しかもこの側面のほうがかの偶然性の側面を越えて包む[1]ので、行為することの偶然性についての経験がそれ自身ひとつの偶然的な経験であるにすぎないことになる。行為することの必然性というのは、目的が端的に現実に関係づけ結びつけられているということであり、そうしてかかる統一が行為することの概念である。即ちおよそ行動することのなされるのは、行為することが自ら即自且つ対自的に現実の本質であるからなのである。もちろん仕事においては遂行されてあることが意欲することと遂行することとに対してもつ偶然性が結果として生じきたり、そうして真実態[2]として妥当せざるをえぬように見えるところのこの結果の経験が行動することのかの概念に矛盾してはいる。しかしながら「我々」にしてこの経験の内容を〔ただ偶然性の側面にはとどまらない〕全体としての完全な姿において考察して見ると、この「内容」というのは消失する仕事のことであるが、持続しているのは消失することではなく、かえって消失すること自身は現実的であって仕事に結びつけられており、そうして消失することそれ自身が仕事と共に消失する[1]。否定的なもの（消失）はこれがその否定であるところの肯定的なもの（仕事）と共にそれ自身没落して根底に至る *zu Grunde gehen* のである[2]。

かく消失することが消失するということは即自的に実在的である個体性そのものの概念[3]のうちに含まれていることである。まことに仕事がそこにおいて消失するところの当のもの或は仕事において消失するところの当のものも、また経験と呼ばれたものに、個体性が自分自身についてもつ概念に対する優越を与えでもするかに考えられた当のものも、いずれも対象的な現実であるが、しかしこの対象的な現実というものは、このさいの意識においてさえ単独にはもはや真実のものではないひとつの契機であって、真実はただこの対象的な現実という契機と行為することとの統一においてのみ存するのである。そこで真実の仕事であるものとしては、ひとり行為することと存在との、意欲と遂行とのかの統一があるだけである。だから、この意識にとっては、自分の行動することとの根底に横わっているところの確信の故に、この確信に対置された現実はそれ自身、ただ自分に対してあるにすぎぬようなものである。かくしてこの意識は己れのうちに還帰して自己意識[4]となるが、この自己意識にとってはあらゆる対立は消失してしまっているのであるから、かかる自己意識としての意識にとっては、対立と言っても、もはや意識の自分だけでの存在が現実へ対立するという形式においては生じてくることはできない。かえって対立とそうして仕事において出現してくる否定性とは右のような次第でただ単に仕事の内容にのみ、言いかえると、また意識の内容にのみ関するのではなく、この否定性は現実そのものにも関するものであって、それが現実によって現実において現にある対立と仕事の消失とに関するのも、そもそも現実そのものに関することを介してであるにすぎない。だから、このようにして意識は自分の過ぎ行く仕事から己れのうちに還帰して自分の概念と確信とをもって、行為することの偶然性に関する経験に対抗して存在するものであり持続するものであると主張する。そこで意識が経験しているのは、じっさいには自分の概念であり、そうしてこの概念においては現実はただひとつの契機であるにすぎず、意識にとっては自分に対して存在するものであるにすぎないのであって、即自且つ対自的に存在するものではない。かく意識は現実が消失する契機であることを経験するのであるから、現実は意識にとってはただの存在一般としての意義をしかもたず、そうしてこの存在は遍ねく行為することと同一のものであり、遍ねく存在は行為と同一である。かかる統一が真実の仕事であり、そうして真実の仕事が事そのものである。事そのものは端的に己れを主張し、また持続するものとして経験せられるが、そう経験せられるのは、個々の行為することそのものの、即ち環境や手段や現実(結果)の偶然性であるところの事とは独立になされることである。

事そのものは環境や手段や現実というこれらの契機に対置されているにしても、対置されるのは、これらが孤立して妥当すると考えられるかぎりにおいてのことである。しかし事そのものは本質的には現実性と個体性との相互滲透として、これら契機の統一である。これと全く同様に事そのものは〔第一には〕行為することでもあり、しかも行為することとして純粋な行為すること一般である。[1] したがって事そのものはこれと全く同様に「この」個体の行為することでもあり、しかもこの行為することは現実への対立においてまだ個体に所属しているものとして目的としてのものである。〔第二に〕事そのものはこれと全く同様に〔目的であるという〕この限定から反対の限定への移行[2]でもあり、そうして最後に事そのものは意識に対して現にあるところの現実でもある。かくして事そのものとは精神的な本質態[1]を言いあらわしているものであり、この精神的な本質態のうちでは、これらすべての契機は単独に妥当するものとしては止揚せられており、したがってこれらすべての契機はただ相互に融通する普遍的な契機としてのみ妥当するのであり、またこの精神的な本質態のうちでは意識にとってはその自分自身についての確信が対象的な実在であり、ひとつの事である。ただ「対象」と言っても、自己意識から自分のものとして生み出された対象[2]であるが、しかしそうかと言ってまた自由な本来の対象たることを失わないものである。——かくて今や感覚的な確信と知覚との物が自己意識に対して意義をもつに至るが、しかし意義をもつのは、ただ自己意識を介してのことであり、この点に物と事との区別は基づいている。——それで感覚的な確信と知覚との場合に相応する運動[3]が事そのものにおいても遍歴されることになる。

そこで事そのものとは個体性と対象性そのものとの相互滲透の対象的となったものである。だから事そのものにおいては自己意識にとっては自分についての真実の概念が生成しており、言いかえると、自己意識は己れの実体[4]を意識するに至ったのである。同時に此処にあるような自己意識は実体の意識ではあっても、たった今生成したばかりの、したがって実体の直接的な意識であるが、かくのごときが精神的な本質が此処に現にありはしても、まだ真実の現実的な実体にまでは成長していないという実体の限られたあり方なのである。実体のこのような直接的な意識においては、事そのものは単純な本質であるという形式をとっているが、この本質は普遍者として自分の相異なるすべての契機を内含しており、またこれらに帰属はしても、しかしまた限定された諸契機であるかぎりのそれらに対しては没交渉に自分だけで自由でもあり、そこでこの本質はかかる自由で単純で抽象的な事そのものでありながら本質として妥当していることになる。「この」個体の根源的な限定の、言いかえると、事の相異なる諸契機であるところの目的や手段や行為することそのものや現実性は〔実体の〕かかる〔直接的な〕意識にとっては、一方では自分が事そのものためにに見捨て放棄することのできる個々の契機であるが、しかし他方ではこれらの契機はすべて事そのものを本質としてもっている。ただし、本質としてもつと言っても、事そのものが抽象的な普遍者としてこれらの相異なる諸契機のいずれにおいても見出され、これら契機の述語でありうるという意味においてであるにすぎない。事そのもの自身はまだ主語(主体)ではなく、主語として妥当しているのはかえってかの諸契機である。なぜなら、これらの契機が個別態一般の側面に属しているのに、事そのものはまだやっと単純な普遍者であるにすぎないからである。事そのものは諸種であるこれらすべての契機のうちに見出されると同時にこれらから自由でもあるところの類なのである。

〔三　相互的な欺瞞と精神的な実在〕

意識が一方では事そのものの表現しているところのこの観念論に到達し、他方では事そのものであるこの形式的な普遍性において真なるものをもっているとき、かかる意識は誠実であると呼ばれる。誠実な意識はいつもただ事そのものにのみ関わり、したがって事そのものの相異なる諸契機ないし諸種のうちをあれこれとさまよい、そうしてこれらの契機のどれかひとつにおいて、或はどれかひとつの意義において事そのものに達しない場合には、まさにこの故に他の契機のうちにおいて事そのものを摑み、こうしてじっさい、この意識は何時も満足をうるのであるが、この満足はこの意識にはそもそもその概念から言って頒ち与えらるべきはずのものであった。どういう行きかたをしようとも、この意識は事そのものを完遂し、またこれに達したのであるが、これは事そのものがかの諸契機の普遍的な類として、それらすべての述語であることによっている。

かかる誠実な意識の持主がもし或る目的を現実にもたらさないにしても、それでもなお彼はこの目的を意欲したとするのであるが、これは彼が目的としての目的を、言いかえると、なにも為さない単に純粋な行為をもって事そのものとすることを意味する。したがって彼は「なんといっても、やはりひとかどのことが為されたのであり営まれたのである」と言って自分の思いをのべ、また自らを慰めることができるわけである。ところで普遍的なものはそれ自身否定的なもの或は消失(1)を内含しているから、〔この意識の持主にとっては〕自分の仕事が無に帰せられるということでさえ、自分の行為である。彼は他の人々をして自分の仕事を無に帰せさせるように刺戟したのであり、〔仕事という〕自分の現実が消失することにおいてさえ、彼はなお満足を見出すわけであるが、これはちょうど悪童が横っ面をなぐられても、己れ自身を、即ちなぐらせた原因としての己れ自身を享受するがごとくである。それとも彼が事そのものを実現しようと試みることさえいささかもなく、全然なにも為さなかったとすれば、これは彼が願望しなかったからである。つまり事そのものと言っても、これは彼にとっては〔自分が決心さえすれば、決心は或る実在性をうるという意味において〕自分の決心と実在との統一、まさにこの統一にほかならないのであり、彼は現実とは自分の願望以外のものではないであろうと主張するのである。――最後になにか凡そ彼の関心を惹くものが彼の手出しをまつことなくして彼に生じてきたとしても、この現実は彼によって生み出されたのではないにも拘らず、彼がこの現実に関心をいだくというだけの理由で彼にとっては事そのものである。このさい、もし関心をひくものが彼が個人的に出合った幸運であるとすると、彼はそれをもって自分の所為《せい》であり自分の手柄であると考えて誇る。また関心を惹くものがこういうように自分にとっての幸運ではなく、世界におけるひとつの事件であって、これ以上なにも彼には関りはないとしても、彼はこの事件をもってやはり自分の事件とし、そうして実行を伴わぬ関心をいだいたということが或はこの事件に賛成するところの、或は反対するところの党派となって支持し或は抗戦したという意義を彼にはもっているのである。

この意識の誠実さは、この意識が至る処で体験する満足と同じく、すでに言ったことから明らかであるように、じっさいにおいては、この意識が事そのものについていだくいろんな思想を総合しないことに存している。事そのものはこの意識にとっては自分の事であると全く同様になんら仕事ではないものでもあり、言いかえると、純粋な、ただ為すだけのことでもあり、〔成就をかいた〕空しい目的でもあり、それからまた現実ではあっても〔関心をいだくだけで〕実行の伴わぬ現実でもある。この誠実な意識はこれらの意義のひとつひとつを順々に〔事そのものという〕この述語の主語となし、そうしてまたこれらの意義のひとつひとつを順々に忘れて行くのである。〔第一には何も為さなかったが〕意欲はしたのであると言う今は、或は〔何も為さなかったのは〕願望したかったからであると言う今は、事そのものはそれぞれ空しい目的、意欲と完遂との思惟せられた統一という意義をもっている。〔第二には〕目的が無に帰したことについて、それでもやはり意欲はしたのであると言って、或はそれでも為すには為したのであると言って自ら慰める場合、それからまた他の人々に為すべきひとかどのものを与えたと言って自ら満足する場合は、ただ単なる行為ないし全く悪しき仕事をもって実在と考えている。なぜ「悪しき仕事」かと言うと、無に帰せられるものとして全く体を成さないものは「悪しき仕事」と呼ばるべきだからである。そうして最後に幸運にも現実を自分の前に見出すという場合には、〔関心をいだくだけで〕自分の実行を伴っていないこの存在が事そのものとなっている。

しかしながら、この誠実さの真実態は、それが外見ほどには誠実ではないということである。(1) まことに誠実である以上は、相異なる諸契機をじっさいあのようにまで離れ離れのままにしておくほど、無思想ではありえず、かえって諸契機が対立したものであることをすぐに意識せざるをえないのである。なぜすぐに意識せざるをえないかと言うと、諸契機は端的に相互に関係しあっているからである。〔しかるにこの誠実な意識の言うところからすると、〕純粋な単なる行為することというものは本質的に「この」個体の行為することであるが、それでいてこの行為することもやはり本質的にひとつの現実であり、言いかえると、ひとつの事でもある。反対の方向から言うと、現実のほうも本質的に個体にとってただ自分の行為することとしてのみ、また行為すること一般としてのみあるが、それでいて自分の行為することも行為すること一般と同じく、同時に現実でもある。だから〔第一には〕個体の関わっているのがただ抽象的現実としての事そのものだけであるかのように見えるときに、個体の関わっているのは事そのものではあっても、これは自分の行為することとしての事そのものであるということもまた現にあるのである。そうかと言って、これと全く同様に〔第二には〕個体の関わっているのがただ為すこと、営むことであるときにも、個体は為すこと営むことについては真剣ではなく、かえってひとつの事に、ただし自分のものとしての事に関わっているということもある。最後に個体がただ自分の事のみを、また自分の行為することのみを意欲しているかに見えるときにも、個体はまたもや事一般について、言いかえると、即自且つ対自的に持続する現実に関わっているのである。(2)

事そのものとその諸契機とは此処では内容として現われてきているが、しかし両者が意識における諸形式としてあることもまた同じく必然的である。(3) さて諸契機は内容として登場してきても、すぐに消えうせるにすぎず、おのおのの契機は他の契機にその席を譲る。だから諸契機が現にあるのはただ止揚せられたものであるという限定においてのこととならざるをえないが、しかしそうなったときには、諸契機は意識自身の諸側面である。このさい事そのもののほうが現にあるのは、意識にとって己れに即するものとして、言いかえると、意識の己れのうちへの還帰としてのことであるが、これに対して諸契機相互間の駆逐のほうが意識においてどのように表現せられるかと言うと、諸契機は意識において定立されるにしても、己れに即するものとしてではなく、却ってただひとつの他の意識に対してあるにすぎぬものとして定立されるのである。内容のうえでの諸契機のうちのどれかひとつが意識によって日の明るみに差し出されて他の人々に対してあるものとして彼らの前におかれるのであるが、しかしこれと同時に当の意識はこの契機から己れのうちに還帰もしており、かくてこの差し出された契機とは反対の契機もやはり意識のうちには現にあることになる。そこで意識はこの反対の契機を自分のものとして自分のために取っておき保蔵するのである。これと同時に諸契機のうちのどれかひとつがただ差し出されるだけであって、他のどれかひとつはただ内面に保蔵されるだけであるというのではなく、意識は諸契機を交替させる。なぜなら、意識は一方の契機と同じく他方の契機をも、自分に対して、また他の人々に対して本質的なもの[1]となさざるをえないからである。全体は個体性と普遍者との自動的な相互滲透[2]であるけれども、しかし、この全体が当面の意識にとって現にあるのは、ただ単純な本質[3]としてのことであるだけであり、したがって事そのものという抽象としてのことであるにすぎぬから、この全体の諸契機は分離されたものとして事そのもののそとに落ち、また相互のそとにも落ちて離れ離れになってしまう。そこで全体としての全体は提出することと自分のために保蔵することとが分離しながら交替することによってのみ、剰すところなく尽され表現せられるということになる。こういう交替において、意識はただどれかひとつの契機だけを自分にとっておいて、還帰している己れにとって本質的なものとしてもち、これに対して他のひとつの契機はこれを己れにおいてもつにしても、ただ外面的なものとして、言いかえると、他の人々に対するものとしてもっているのであるから、これによって諸個体性相互間の遊戯がはいりこんでくることになり、そうしてこの遊戯(1)において諸個体性は自分自身をも相手をも欺瞞(2)していると同時にまた欺瞞されもしているのを見出すのである。

そこで或る個人(3)(個体性)がなにか或るものの実現に取りかかるとすると、取りかかることにおいて彼はその或るものを事となしたかのように見える。彼は行動するのであるが、行動することにおいて彼は他の人々に対してあるものとなり、彼が関わり課題とするのは現実であるように見える。だから他の人々は彼の行為をもって事そのものに対して関心をいだくものであり、事がそれ自身において実現せられることこそ彼の行為の目的であると、言いかえると、実現が最初の個人たる彼によってなされるか、それとも彼ら他の人々によってなされるかは、どうでもよいことであると受けとるのである。したがって彼らはかかる考えに基づいてこの事が彼らによってすでに成就せられていることを指摘したり、またそうでなければ、自分たちの援助を申出てこれを実行したりするが、そういう場合に、当人の意識は他人たちがそこにいると私念(4)し思いこむ位置からむしろ抜け出ている。即ち事にあたって彼の関心をひいているのは、彼自身の為すことであり営むことなのである。こういうことが彼にとって事そのものであったことに気付くようになると、彼らは自分たちが欺かれ錯覚(5)におちいっていたことを見出すのである。——しかしながら、彼らがかく援助のために急いで馳せ参ずるということそれ自身がじっさいにおいては彼らの見ようと意欲し、また示さんと意欲したものも事そのものをではなく、彼ら自身の行為であったというより以外のことではないが、これは、彼らが欺瞞されたと苦情をいうのと同じ遣りかたで彼ら自身もまた他の人々を欺瞞せんと意欲していたことを意味するのである。——かくて今やさきの個人にとっては自分自身の為すこと営むこと、自分の諸能力を発揮することが事そのものであるという意義をもっていることが暴露せられたのである以上、この個人(意識)は他の人々のためにではなく、自分のために自分の本領を発揮し勝手に振舞っているかに見え、したがって行為について配慮するにしても、これはただ自分の行為であるにすぎず、他の人々のものとしての行為はこれを意に介しないようであり、したがって自分と同様に他の人々にも彼ら自身の事に関して自由に放任するかのように見える。しかしながら〔勝手にさせてもらえると思った〕この他の人々はまたもや思い違いをしているのであって、彼は彼らがそこにいるものと「私念」し思いこんでいた位置からすでに抜け出ている。彼は「この」自分の個別的な事としての事に関わっているのではなく、事としての、即ちすべての人々に対してある普遍的なものとしての事に関わっている。だから彼は他の人々の行為や仕事に干渉し容喙するのである。このさい、もし彼がこの仕事を他の人々の手から奪いとることはもはやできないとすれば、彼は少くとも仕事に評価を加え、そうすることによって為すべきことを作り出して、それに対する関心を示すのである。もし評価にあたって彼が自分の是認と自分の賞讃との刻印をその仕事におすとすれば、このことは、彼が仕事においてただ単にその仕事自身だけを賞讃しているというつもりでなされているのではなく、同時に彼がこの仕事を仕事としてそこなわなかったし、また自分が非難を加えることによって仕事をそこないもしなかったという彼自身の寛大と節度とを自讃するつもりでもなされていることなのである。彼は仕事について関心を示しておきながら、それでいて仕事において己れ自身を享受しているわけであるが、同様に彼によって非難される仕事も、非難することとそのことによって彼に作り出されるところの、まさに自己自身を働かせることの享受の故に、彼にとっては歓迎すべきものなのである。しかしながら、彼がかく容喙するからと言って、欺瞞されたと考える人々、或はそう言いふらす人々自身もむしろ同じような遣りかたで欺瞞せんと欲したのである。彼らは自分たちの為すこと営むことを、ただ自分自身のためにだけある或るものであり、このものにおいて彼らはただ自分たちと自分たち自身の本質だけを所期していたかのように言いふらすけれども、しかし彼らがそもそも或ることを為し、こうすることによって自分たちを表現し、日の明るみに示すのである以上、彼らは日の明るみそのものと普遍的な意識とすべての人々の参加とをしめ出そうと欲するのだという自分たちの申立てには自分たちの実行によって真向うから矛盾している。およそ現実化するということは、むしろ自分のものを普遍的な場面のうちに提出することであるが、これによって自分のものもすべての人々の事となり、またそうなるべきはずである。

だから純粋な事のみに関わり、これだけが問題であると言われ、そんなふりがなされる場合に自分自身を欺瞞することと全く同様に他の人々をも欺瞞するということがある。或る人(意識)が或る事を提供し発表する場合に、彼の意識が経験するのは、発表したのが事であるのに、他の人々がむしろ食卓に運ばれたての牛乳にたかるハエのように、急ぎ馳せ参じてきて、自分たちにも用事があるのだと思いたがるものであるということであり、――そうしてこのさい他の人々が発表した当人について経験するのは、彼もまた対象としての事に関わっているのではなく、ただ自分の事にだけ関わり、これだけを問題にしているということである。これに対してただ行為すること自身、もろもろの力や能力を行使すること、言いかえると、個体性を言いあらわし発揮することだけが肝心な本質的なことであると言われるときにも、やはり自他交互に経験せられるのは、すべての人々が心を動かし招待されていると考えるということであり、またひとつの純粋な単なる行為すること、言いかえると、ひとつの個別的な特別の行為することがではなく、むしろ同時に他の人々に対してもある或るもの、言いかえると、ひとつの事そのものが提供せられたということである。〔事が問題であると言われる場合と行為することが問題であると言われる場合という〕これら両方の場合のいずれにおいても、「出来」してるのは同じものであるが、ただいずれの場合も妥当すると受取られたのとは反対のちがった意味をもっている。そこで意識は〔事と行為することという〕これらの両側面が同じように本質的な契機であることを経験し、そうすることにおいてまた事そのものの本性がなんであるかを経験するのであるが、その本性というのは、即ち事そのものが事ではあっても、この事はただ単に行為すること一般に、また個別的な行為することに対置された事にすぎないのではなく、また事そのものが行為することではあっても、この行為することは存立に対置された行為することにすぎないのではなく、さらに事そのものはこれらの契機を諸種としてもち、諸種から自由な類でもあるのでもないということである。かえって意識の経験するのは、事そのものが本質的な実在であり、そうしてこの実在の存在は個別的な個体の、またすべての個体の行為することであり、またこの本質的な実在の行為することも直ちに他の人々に対するものであり、言いかえると、事であり、しかも事であるのは、ただすべての人々の、またおのおのの人の行為することとしてであるということ、〔要するに〕事そのものがすべての人々の実在であり精神的な本質(1)であり実在であるということである。そこで意識の経験するのは、かの諸契機のどれもが主語(2)ではなく、むしろいずれもがいずれにもあまねき普遍的な事そのもののうちに解消するということである。〔誠実だと言われる〕この意識の無思想な遣りかたが次々に主語として妥当させた個体性の諸契機は単純な個体性に帰着し、このうちで総合せられるが、この単純な個体性は「この」個体性でありながら同時にすぐ普遍的でもある。これによって事そのものは述語という関係と生命のない抽象的な普遍性という限定を喪失する。事そのものはむしろ個体性によって滲透せられた実体であり、したがって主体(3)であるが、この主体のうちでは、個体性がまさに個体性自身として、言いかえると、「この」個体性としてあると同時にすべての個体としてある。そうして事そのものはまた普遍的なものであるが、この普遍的なものはかくすべての人々の、またおのおのの人の行為することとしてのみひとつの存在である。さらに事そのものは現実であるが、しかしこれが現実であるのは、これをもって「この」意識が自分の個別的な現実であり、またすべての人々の現実であると知っているという意味においてのことである。いったい純粋な事そのものと言うのは、さきに(1)範疇として規定せられたもの、即ち自我であるところの存在、存在であるところの自我のことであるが、しかし、この範疇も当時はまだ現実的な自己意識からは区別せられる思惟の立場のものであった。しかるに此処では現実的な自己意識の諸契機は、「我々」がこれらをこの自己意識の内容と呼ぶかぎりでは、目的と行為と現実とであり、同様に「我々」がこの自己意識の形式と呼ぶかぎりでは、対自存在と対他存在とであるが、これらの契機が此処では単純な範疇自身と一なるものとして定立せられており、これによって範疇もまた同時にあらゆる内容である。

b　立法的理性*

Die gesetzgebende Vernunft.

精神的な実在はその単純な存在において純粋な意識(2)であると共に「この」自己意識でもある。(3)個体の根源的に限定せられた自然(天賦)は即自的に個体の行為する働きの場面であると共に目的でもあるというその肯定的な意義(4)を喪失しており、この自然はただ止揚せられた契機であるにすぎず、そうして個体はひとつの自己であっても、しかしこれは普遍的な自己(5)としてのものである。反対に形式的な事そのものはその中身(6)を行為しつつ己れにおいて己れを区別する個体性においてもっている。なぜなら、この個体性の立てる区別が〔事そのものという〕かの普遍的なものの内容をなしているからである。そこで〔事そのものである〕範疇は純粋な意識の普遍的なものとしては即自的にあるが、しかし範疇は同時に対自的にもある。なぜなら意識の自己もやはり範疇の契機だからである。だから範疇は絶対的な存在である。まことにかの普遍性は存在の単純な自己自同性である。(1)

だから意識にとって対象であるところのものは、真なるもの(2)という意義をもっている。この対象であるところのものが存在し、また妥当するのは、自ら即自且つ対自的に存在し妥当するという意味においてのことである。この対象は、もはや確信とその真理、普遍的なものと個別的なもの、目的とその実在性という対立に煩わされることのない絶対的な事である。絶対的な事はかかる対立に煩わされるのではなく、かえって自己意識の現実と行為とをもってその定在としている。だからこのような絶対的な事は人倫的な実体であり、そうしてこの実体の意識が人倫の意識(3)である。この人倫の意識にとってその対象が妥当するのもやはり真なるものとしてのことである。なぜなら、この対象(4)は自己意識と存在とをただひとつの統一において統一づけているからである。この対象は絶対的なものとして妥当している。なぜなら、自己意識はこの対象においては己れ自身のもとにあるので、この対象を超えて出ることは自己意識にとってはもはや可能でもなければ、また自己意識の意志(5)するところでもないからである。可能でないのは、この対象があらゆる存在であり威力であるからであり、――そうして意志するところでないのは、この対象が「この」自己の自己であり、言いかえると、「この」自己の意志するところだからである。この対象は対象としてはそれ自身において現実的な対象である。なぜ「現実的」かと言うと、この対象は意識のもつ区別(6)を己れにおいて具えているからである。そこでこの対象は絶対的な実在のもろもろの限定的な法則であるところの諸群(7)に己れを区分する。しかし、かかる諸群が概念〔の統一〕をかき乱すわけではない。なぜなら、存在と純粋意識と自己という諸契機は概念のうちに包容されたままに止っているからであるが、――この概念がこれら諸群の本質をなすところの、また諸群という区別を立てても、これらの契機を離れ離れのままにはしないところの統一である。

人倫的な実体のこのような諸法則ないし諸群は無媒介に[1]承認せられていて、それらの根源や正当化を問題にしたり、また何かちがった他のものを求めたりすることは可能ではない。まことに即自且つ対自的にある実在以外の他のものはと言えば、ただひとり自己意識自身があるだけであろうが、しかし自己意識はこの実在とはちがった他のものではない。なぜなら、自己意識と言っても、それ自身この実在の対自存在のことであり、そうしてこの実在が真理であるのも、この実在が即自的なもの或は純粋意識であるのと全く同様に意識の自己でもあることによっているからである。[2]

自己意識は自分がこの実体の対自存在という契機であることを知っているから、法則の自分のうちにおける定在を言いあらわすが、言いあらわすのは、何が正しく且つ善であるかを健全な理性[3]が無媒介に知っているというようにである。健全な理性がこのことを知っているのが無媒介にであるごとく、このことがこの理性にとって妥当するのもやはり無媒介にである。そこでこの理性は「これが[4]正しく且つ善である」と無媒介に言うのである。しかもこの理性は「これが」と言うのであるから、限定的な諸法則があることになり、また充実せられて内容豊かな事そのものがあることになる。

このように無媒介に与えられるものは、やはり無媒介に受取られ考察せられざるをえない。感覚的な確信が無媒介に「存在する」と言明するところのものについてと同じような態度[5]で、人倫に関するこの無媒介の確信が言明するところの「存在」についても、言いかえると、人倫的な実在の無媒介に存在する諸群についてもまた、それらがどのような具合のものであるかが見られなくてはならないのである。これらの法則の若干の例がこのことを示すであろうが、このさい「我々」はこれらの法則を、これらについて知っている健全な理性が与えるもろもろの格言の形式において受取るのであるから、もしもこれらの法則が人倫の無媒介な諸法則と見なされた場合には、これらに関して当然妥当させられ主張せらるべきところの契機を、「我々」が最初から導入することがあってはならない。

「各人は真実を語るべきである」。――この義務がかく無制約的なものとして言明されたさいに、すぐに「もし各人が真実を知っているならば」という制約が追加せられるであろう。(1) そこで命令は今や次のごときものになるであろう。「各人はそのときどきに真実についての自分の知識と確信とにしたがって真実を語るべきである」。かくて健全な理性、即ちなにが正しく且つ善であるかを無媒介に知っているところの、このまさに人倫の意識も次のように言って説明するであろう、即ちこの制約は自分が普遍的な言明を行ったときにすでにこれとあんなにまで結びついていたので、自分がかの命令を述べたのも、そういうつもりであったと。(2) しかし、これでは健全な理性がすでにこの命令を言明したその直下において、むしろこの命令をそこなっていたことを、じっさい自分で承認するのも同然であるということになる。健全な理性が語ったのは、「各人は真実を語るべきである」ということであったが、しかしこの理性が私念し、つもりにしていたのは「各人は真実についての自分の知識と確信とにしたがって真実を語るべきである」ということとであるが、これは理性が自分のつもりにしていたのとはちがった別のことを語ったことを意味している。しかし、いったい、ひとが自分のつもりとちがったことを語るのは、真実を語らないということである。そこで真実でない点、或は不手際な点を改善すると、命令は次のように表現せられることになる。「各人は真実についてのそのときどきの自分の知識と確信とにしたがって真実を語るべきである」。――しかしこうなると、命題が言明しようと欲していたところの普遍的に必然的なもの、(3) 即自的に妥当するものはむしろ顚倒され「さかさま」にされて全くの偶然と化している。なぜなら、真実が語られるのは、私がそれについて知り確信するかどうかという偶然に委ねられているからである。そこで言われているのは、ひとが真実について知り私念し、またそれを把握することの起るがままに、真実と虚偽とが入り乱れて語らるべきであるというより以上のなにごとでもない。かくて内容は偶然的である。この偶然性が普遍性を具えていても、これは、ただ偶然性が表現せられるさいの命題の形式においてのことにすぎないが、しかし、この命題が人倫の命題として与えることを約束したのは普遍的で必然的な内容であるから、命題は内容の偶然性によって己れ自身と矛盾することになる。——そこで最後に命題を改善して、真実についての知識と確信との偶然性はなくなるべきであり、真実もまた知らるべきであるというようにしたとすると、これは出発点においてあったものとは真向から矛盾する命令であろう。最初には健全な理性が真実を語りうる能力を無媒介にもっているはずであったのに、しかるに今や言われているのは「理性は真実を知るべきである」ということであるが、これは理性が無媒介には真実を語るすべを知らないことを意味している。——内容の側面から考察することにすると、「ひとは真実を知るべきである」という要求においては、内容は捨て去られてしまっている。なぜなら、この要求は「ひとは知るべきである」という意味において知ることと一般に関係しており、したがって要求せられているのは、むしろ、あらゆる限定的な内容からは自由なものだからである。しかしながら〔立法の行われようとする〕此処で本来課題となっていたのは、人倫的実体におけるひとつの限定せられた内容であり、この実体にひとつの区別を設けることであったのに、右のような無媒介な遣りかたでこの実体を規定しようとするときには、内容と言っても、むしろ全くの偶然であるという正体を暴露したような内容であった。そうかと言って、内容を普遍性と必然性とにまで高めようとして、知ることが法則として言明せられると、内容は消えうせてしまうのである。

いまひとつの有名な命令は「汝自身のごとく汝の隣人を愛せよ」ということである。この命令は個別者への関係における個別者に向けられていて、この関係をもって個別者の個別者に対する関係であると主張するものであり、言いかえると、感情や情緒の関係[1]であると主張するものである。ところで行為的な働きかける愛——と言うのは、行為しない愛はなんら存在をもたぬので、恐らくは意味[2]されていないであろうからである——は或る人から害悪を取りのぞき、彼に善いものを恵与せんことを志している。このためには何が彼において害悪であるか、何がこの害悪に対処するという目的にかなった善いものであるか、いったい何が彼にとって福祉 Wohl であるかが識別せられなくてはならないが、これは私が彼を悟性 *Verstand* をもって愛さなくてはならないことを意味している。悟性を伴わない愛は彼にとって害になるであろうし、しかも害となるうえにおいて恐らく憎しみよりもひどいであろう。しかしながら悟性を伴った本質的な実質のある善行(慈善) Wohltun とは、その最も豊富で最も重要な形態においては国家[3] Staat (*status*) が悟性をもってなす普遍的な行為であり、——この行為と比較すると、個別者としての個別者の行為のごときはおよそ労して語るに値しないほど些細なものである。このさい国家のかの行為は非常な威力をもったものであるから、個別者の行為にしてこれに反抗しようと欲するときには、それだけで真向から犯罪であらんと欲することになるのか、それとも或る他人への愛情の故に普遍者が彼に対してもつ権利と分け前とを普遍者から騙し取らんと欲することになるかのいずれかであろうが、しかし、いずれにしても、個別者の行為はおよそ無益であり、また反抗するすべもなく破壊せられることであろう。そこで感情や情緒の立場での善行(慈善)にはただ全く個別的な行為の、即ち緊急の場合における助けであるという意義しか残らないことになるが、こういう助けというものは、偶然のものでもあれば、また束の間のものでもある。偶然がこのような善行に機会の有無をきめるだけではなく、およそかかる善行がはたしてひとつの仕事であるかどうか、すぐに解体せられはしないかどうか、さらにはそれ自身むしろ顚倒されさかさまになって害悪になるかどうかをきめるものもまた偶然である。だから他の人々の福祉のためのこの行動が必然的であると言明せられるけれども、しかし、いったいこの行動がどういう具合のものであるかと言うと、この行動は恐らく出現することがありうると共にまた恐らくありえないこともあるものであり、また然るべき場合が偶然に提供されるならば、この行動も恐らく仕事であり恐らく善であるが、しかし恐らくはそうでもないというような具合のものである。以上のような次第でこの法則はすでに考察せられた最初の法則と同じく、普遍的内容をもたず、また絶対的な人倫の法則として当然であるようには、即自且つ対自的にあるところの或るものを表現してはいない。言いかえると、両者のごとき諸法則はただいたずらに当為の立場にとどまるものであって、これに対して現実性はこれを少しももたない。これらの「法則」は法則ではなくして、ただ命令たるにすぎないのである。

しかしながら事柄そのものの本性からじっさいにおいては明らかであるのは、ひとつの普遍的な絶対的な内容は断念せられざるをえないということである。なぜなら、単純な実体――そうしてこの実体の本質は単純なものであるということである――には、これにおいて定立せられるどんな限定も適合しないからである。命令がその単純な絶対性においてそれ自身なにを言明しているかと言えば、無媒介の人倫的存在をであり、そうしてこの命令において現われてくる区別はひとつの限定であり、したがってひとつの内容ではあっても、この内容はこの単純な存在がもつ絶対的な普遍性のしたに立つ内容である。こうしてひとつの絶対的な内容は断念せられざるをえないのであるから、命令に適合し帰属しうるのは、ただ形式的な普遍性だけである。言いかえると、命令が自己矛盾してはならぬということ、ただこのことだけである。なぜなら、内容のない普遍性とは形式的な普遍性のことだからである。そうして絶対的な内容というのは、それ自身区別でない区別と、言いかえると、内容のないことと全く同じことを意味している。だから法則を定立し立法を行うことにとって残っているのは、単なる普遍性の形式であり、言いかえると、じっさいにおいては意識の同語反復である。この同語反復は内容に対立するものであり、そうして知ること(1)ではあっても、この知は存在するところの、言いかえると、本来の内容に関する知ではなく、自己自同性という内容の本質についての知である。

こうして人倫的な実在は無媒介には(2)それ自身或る内容であるのではなく、かえって或る内容が自分自身と矛盾しないことによって、はたして法則であることができるかどうかをきめる尺度であるにすぎない。立法的な理性はただの査法的な理性に格さげされているのである。

(306)

c 査法的理性*
Gesetzprüfende Vernunft.

単純な人倫的実体におけるひとつの区別はこの実体にとっては偶然性であるが、「我々」はこの偶然性が限定された命令において、知と現実と行為との知の偶然性として出現してくるのを見た。このさい、かの単純な存在とこれに合致しない限定性とを比較することを行うのは「我々」に属していたことであり、この比較において単純な実体は形式的な普遍性であることを、言いかえると、純粋な意識(3)であることを示し、そうしてこの純粋意識は内容から自由で、これに対立していて、内容が限定せられた内容であるのを知るものであった。このようである限りでは、この形式的な普遍性はさきに事そのものであったものと全く同一であるにとどまっているが、しかしこの普遍性も〔検査する〕意識のうちでは前とはちがった別の普遍性であって、もはや思想に欠けた惰性的な動かない類ではなく、かえって特殊的なものに結びつけられて、特殊的なものを支配する威力として、また真理として妥当するものである。――この〔検査する〕意識もちょっと見ると「我々」がさきに行ったところの検査と同じことを行うものであるかのように見え、その為すことはすでに起ったことと別のものではありえないように見える、即ち普遍的なものと限定的なものとを比較することであって、この比較から両者の不適合(1)が前と同じように結果として生じでもするかのように見えるのである。しかしながら〔限定されたものである〕内容が普遍的なものに対してもつ関係は、後者たる普遍的なものが前とは別の意義をえたので、ここではおのずと別のものになっている。即ち普遍的なものは形式的普遍性であるが、これなら限定的な内容でさえも具えることのできるものである。なぜ具えることができるかと言えば、形式的な普遍性の場合には、内容はただ自分自身との関係において考察されるだけだからである。「我々」が前に行った検査にさいしては、普遍的な堅固な実体が限定に対立していたので、この限定性が展開されて意識の偶然性となり、そうしてこの偶然性のうちに実体もはいりこんで行ったのである。しかるに此処ではこういう比較の一方の項は消えうせている。普遍的なものはもはや存在するところの、また妥当する(2)ところの実体、言いかえると、即自且つ対自的に義《ただ》しいものではなく、かえって単純な知であり、言いかえると、形式(3)であるが、この形式は内容をただ内容自身とだけ比較して、内容が同語反復であるかどうかを考察するものである。諸法則はもはや立てられ与えられるのではなく、かえって検査されるのであり、諸法則は検査する意識にとってはすでに与えられている。そこで検査するこの意識は諸法則の内容を単純にあるがままに受取るだけであって、「我々」が前に行ったように、内容の現実性に附着している個別性と偶然性との考察には敢て立ちいることはない。かえって検査する意識は命令としての命令に立ちとどまり、そうして自分が単純に命令の尺度であるのと同じような単純な態度を命令に対してもとるのである。

しかしながら、この検査はかかる理由によって遠くまでは及ばない。即ち尺度が同語反復であり、内容に対しては没交渉であるということ、まさにこのことによって、尺度はしかじかの内容を受け容れるのと全く同様にその正反対の内容をも受け容れるのである。――いま問題は私有財産(自分のもの)*Eigentum* のあることが即自且つ対自的に法則たるべきかどうかが問題であるとする。[1] このさい「即自且つ対自的に」と言うのは、他のいろんな目的に対して有用であるから法則たるべきであるというのではないことをさすが、およそ人倫的な本質態の人倫的な本質態である所以は、法則がただ自分自身とのみ同じく、そうしてかかる自同性によってあり、したがって己れ自身の本質のうちに根拠をもっていて制約せられたものではないということ、まさにこの点に存するのである。ところで即自且つ対自における(全くそれ自身における)私有財産は自己矛盾しはしないが、しかし、この場合の「私有財産」は〔反対の限定から〕孤立化された限定であり、言いかえると、ただ自同的なものとして定立せられた限定であるにすぎない。そこで私有財産のないこと、諸物には持主のないこと、[2] 或は財産の共有もまた私有財産と全く同様に自己矛盾はしない。或るものが何人にも所属しないこと、或はそれを占有する任意の誰にでも所属すること、或はすべての人々の共有に帰すること、そうして共有するにしても、各人に欲求に応じて属するか、それとも平等に属するかのいずれかであるが、これらすべてのことはこれらの反対である私有財産と同じようにそれぞれ単純な限定であり形式的な思想である。――さて物に持主がないと言っても、この物が欲求の必然的な対象と見なされることはある。そうであるとすると、その物がだれか或る個別者の占有物となるのもまた必然的であって、むしろ物が〔およそ持主から〕自由であることをもって法則とすることのほうが矛盾しているであろう。ところで物に持主がないと言っても、絶対に持主がないことを意味しているのでもなく、かえって物は個別者の欲求に応じてその占有に帰すべきであり、しかも占有に帰するのは貯蔵されるためではなく、すぐに消費せられるためである〔とも言える〕。しかし、このようにただ偶然にしたがって出鱈目に欲求に対して配慮するということは、このさい問題になっている唯一のものであるところの意識をもてる存在の本性には矛盾することである。なぜなら凡そ意識をもてる存在なら己れの欲求を普遍性の形式において「表象」し、配慮を己れの生活全体に対して及ぼし、また持続的な財産を獲得せざるをえないからである。だから物は任意の自己意識的な生命にその欲求に応じて偶然のままに頒ち与えらるべきであるとする思想は己れ自身と調和していなかったわけである。——〔そこで財は共有せらるべきであるが、〕財産の共有においては普遍的な持続的な遣りかたで財について配慮がなされるであろうけれども、この場合にも、各人に彼の必要とするだけのものが分配されるか、〔それとも平等に分配されるかのいずれかである〕。必要に応じて分配されるとすると、そのさいの不平等と個々人の平等をもって原理としている意識の本質とが相互に矛盾することになる。それとも後の原理にしたがって平等に分配されるとすると、分け前は欲求への関係をもたないことになるが、しかし、ひとりこの関係のみが分け前の、分配の概念(原理)なのである。

しかしながら、このようにして私有財産のないことの矛盾していることが現われてきても、このことの「出来」したのは、私有財産のないことが単純な限定のままに放置されなかったことにのみよっている。それで私有財産もその諸契機に分解せられるときには、それにとってもやはり全く同様のことが起ってくる。さて個別的な物も私の私有財産であるときには、そうであることによって普遍的なもの、(1)確定的なもの、持続的なものとして妥当することになるが、しかし、このことは消費せられて消えうせるということのうちに存している個別的な物の本性には矛盾している。個別的な物はこういう消えうせるものであると同時に所有物となったときには、私のものとして妥当し、しかもそうであることをすべての人々が承認し、彼らはみなこの「私のもの」から己れを排除し、介入を差控えるのであるけれども、しかし私が承認せられているということのうちには、むしろ私がすべての人々と平等であること、即ち排除の正反対が存するのである。――それから私が所有するところのものは物であるが、物であるということはおよそ他人一般に対する存在であり、全く普遍的に存在するのであって、ただ私のためにのみ存在するとはかぎらないことを意味しており、私が物を所有するのは、およそ物の物たることに矛盾している。だから私有財産は私有財産のないことと全く同じようにあらゆる側面から言って、自己矛盾しているのであり、私有財産と私有財産のないこととはいずれもこのように普遍性と個別性という正反対の、そうして互に矛盾している契機を両方とも具えているのである。――しかるに普遍性と個別性というこれらの限定のおのおのがそれぞれ私有財産、私有財産のないこととして単純に「表象」せられるだけで、それ以上に展開せられることのない場合には、一方は他方と同じように単純な限定であるが、これは自己矛盾しないことを意味しているのである。――だから査法的理性が自分自身で具えているところの法則を検査するための尺度はすべてに同じように善く適合するのであり、したがって事実においては決して尺度ではない。――いったい同語反復或は矛盾律は理論的な真理の認識に対してはただ形式的な規準であるにすぎぬことが承認せられているが(1)、これは矛盾律が真理と反真理とに対して全く没交渉な或るものたることの承認せられるのを意味している。しかるにもしもこの矛盾律が実践的な真理に対しては形式的な規準以上のものであるべきだと考えられるとすれば、これは奇怪な成行きとさえ言われざるをえぬであろう。

〔立法と査法〕

前には空虚であった精神的な実在に中身を与うべき両方の契機(1)について今しがた考察を行ってきたが、この考察において〔第一には〕人倫的な実体における無媒介の諸限定を定立することが、第二にはこれらの限定のはたして法則であるかどうかについて知ることが撤廃せられた。この撤廃によってえられた結果は、限定的な諸法則〔を定立すること〕も、これらの法則について知ることもいずれも成立しえないということであるかのように見えるけれども、しかし、いったい〔人倫的な〕実体というものは自分が絶対的な本質態であることについての意識(2)であるから、したがってこの意識はこの本質態における区別(3)をも、またこの区別について知ることをも捨てさることはできないものである。そこで法則を定立することと法則を検査することとがむなしいものであることの示されたのは、両者とも個々に孤立したものとして受取られるときには、人倫の意識の契機ではあっても、その支えなき契機であるにすぎぬという意味をもっているが、両者が登場してきたさいに行った運動は、形式のうえから言えば、この運動によって人倫的な実体が意識であることを示すという意味をもっているのである(4)。

ところで〔立法と査法という〕これらの両契機は事そのものについての意識のより立ち入った規定である。そのかぎり、両者は誠実(5)の諸形式と見なされることができる。そうすると、誠実が前には自分の形式的な諸契機のあれこれに関っていたのと同じように、今や誠実は〔立法における〕善且つ義《ただ》しきもの(6)の存在す「べき」いわゆる内容とかかる固定的な真理の検査とにあれこれと関わり、そうして健全な理性と悟性的な透見(7)とのうちに、それぞれもろもろの命令をくだす力とそれらの妥当性とをもつかに私念していることになる。

しかしながら、〔両者を契機とする〕かかる誠実さがないと、〔立法の〕諸法則は〔人倫的な〕意識の実在としては妥当しないし、また〔法則を〕検査することもやはりこの実在の内部において為すこととしては妥当しない。これらの契機のおのおのが他から離れて自分だけで無媒介に現実として登場してくるときには、一方の契機はもろもろの現実的な法則を妥当でない遣り方で設定し存在させることを表現しており、他方の契機もかかる諸法則からやはり妥当でない遣りかたで自由になることを表現している。こういうときには〔立法の〕法則は限定的な法則としては偶然的な内容をもっているが、――このことは、ここでは限定的な法則が恣意的な内容をしかもたぬ個別的な意識の立てる法則であるのを意味している。だから、かの無媒介の立法は、恣意をもって法則となし、人倫をもって恣意に対する――即ちただ立てられて法則たるだけで同時に命令〔としての効力を〕もたない諸法則に対する服従となすところの暴君の傲慢[1]である。同様に第二の契機も孤立しているかぎりにおいては、動かしえぬものを敢て動かすことである諸法則の検査を意味しており、そうしてまた絶対的な諸法則から離れて自由に屁理屈をこね、諸法則をもって自分には無縁の恣意であると受けとる知の傲慢を意味している。

こういう両方の〔孤立化せられた〕形式においては、〔立法と査法という〕これらの契機は実体に対して、或は現実的な精神的実在に対して、これを否定する態度[2]をとっている。言いかえると、これらの形式においては、実体はまだ自分の現実性をもたず、意識が実体を内含するにしても、これはまだ自分自身の無媒介態という形式においてのことである。実体があるにはあっても、まだやっと「この」個体の意欲することと知ることにおいてであるにすぎず、言いかえると、実体は非現実的な命令の「べし」[3](当為)と形式的な普遍性から知られるものとであるにすぎない。しかしながら、〔立法と査法という〕これらの態度が互に止揚しあったのである以上、意識は普遍的なもののうちに還帰してしまっており、かくて立法と査法というごとき右の対立も消えうせた。そこでこれらの態度が妥当するのは、個々別々にではなく、ただ止揚された態度としてのことであるにすぎぬが、このことによって、精神的な実在は現実的な実体である。こうしてこれらの態度がただ契機としてのみ於てある統一が生じているが、この統一は意識の自己[1]である。そこで今やこの自己が精神的な実在のうちに定立せられて、この実在を現実的な、中身をえた、そうして自己として意識せられた実在とするのである[2]。

こうして精神的な実在は第一には自己意識に対して即自的に(自体的に)存在する法則としてある。査法の普遍性は形式的な普遍性であって即自的に存在する普遍性ではなかったが、かかる普遍性は撤廃せられたのである。精神的な実在は〔第二には〕また〔立法の法則ともちがって〕「永久《とは》なる」法則[3]であり、この法則は「この」個体の意志のうちにその根拠をもつのではなく、かえって即自且つ対自的に存在するものであり、あらゆる人々の絶対的な純粋な意志であり、そうしてこの純粋意志が直接的な存在の形式をもっているのである。そうしてこの純粋意志は〔立法の法則のごとく〕ただ存在すべきであるにとどまる命令ではなく、存在し、また妥当するのであり[4]、範疇[5]の普遍的な自我である。この自我が直ちに現実であって、世界[6]と言っても、ただこの現実のことであるにすぎない。しかし、この存在する法則が端的に妥当するのであるから、自己意識が服従[7]すると言っても、この服従は、恣意をもって指令とするような、またそのうちに自己意識が己れを認めることのないような主人に対する奉仕ではない。かえって諸法則は自己意識自身の絶対的な意識[8]がいだく諸思想であり、これらの思想を自己意識は自分で直接にもっている[9]のである。また自己意識は諸法則を信ずる[10]のでもない。なぜなら、およそ信もやはり実在をたしかに直観しはしても、しかし、これをよそよそしい実在として直観するのであり、仰ぎ見るのだからである。人倫的な自己意識がその自己の普遍性によって実在と直ちに一であるのに、信は個別的な意識から始めるものであり、信はこの統一に向って断えず迫って行く運動であるにしても、この運動は個別的意識のものとして実在の現在に到達することはないのである。――しかるに人倫的な絶対的なかの意識は〔立法及び査法における〕個別的な意識としての己れを止揚してしまっており、止揚というこの媒介は完成しているが、ただかく媒介が完成したことによってのみ、かの意識は人倫的な実体を直接に自己として意識するものなのである。

だから自己意識の実在からする区別があるにはあっても、これは完全に透明である。これによって実在自身における区別の諸項も〔立法におけるごとき〕偶然的な諸限定ではない。およそ不同の到来するのは、ひとり自己意識からのみのことでありえようが、実在と自己意識とが統一をえているが故に、実在における区別の諸項はこの統一の生命《いのち》によって貫かれている分肢という諸群(1)であり、互に透明で疎隔をきたすことなき諸霊であり、区別のさなかにおいても自分たちの素性の無垢と調和とを冒瀆せられないままに維持しているところの天上の汚れなき諸形態(2)である。――これらの区別項に対して〔即ちもろもろの律法《おきて》に〕対して自己意識のとる関係もまた単純明透である。これらの律法《おきて》は存在するのであり、これ以上の何ものでもないが、――このことが自己意識の律法に対してとる関係の意識をなしている。これらの律法はソフォクレスのアンティゴネに対しては、神々の書かれざる、また偽りなき義として妥当する(3)。

この義の生くるは　昨日今日《きのふけふ》のことにあらで　永久《とは》なるを
この義の何時の日より顕《あ》れしかを　誰か知らん

諸法則は存在する。もしも私が〔査法の態度をとって〕これらの法則の発生を問い、これらを源《みなもと》(1)の狭い点にまで追いつめるとすれば、私はもうこれらを越えて出てしまっている。なぜなら、今や私が普遍者であるのに、諸法則のほうは制約せられたものであり制限せられたものであるからである。諸法則が私の透見に対して正当化せらるべきであるというのならば、私はすでにそれらの揺らぎのない自体存在を敢て動かしたのであり、私はそれらをもって、私にとってはおそらくは真ではあるが、しかしまたおそらくは真でないでもあろう或るものと見なすのである。およそ人倫的な心情(2)の人倫的な心情たる所以は、義なるものであるところのものに対して、かたき操守を持して動かず、義なるものをいささかでも動かしたり揺るがしたり、また元へかえしたりすることのないように戒心するということ、まさにこの点に存するのである。――或る物が私のもとに寄託(3)せられたとすると、その物は或る他人の所有物であるが、私はそれがそうであるから(4)という理由で、そのことを承認して、揺らぐことなく、この関係を堅持する。もし私が寄託品を自分のために取っておいて返さないとしても、私の査法の原理である同語反復から言えば、私は全然なんらの矛盾をもおかしてはいない。なぜなら、そのときには、私は寄託品をもってもはや或る他人の所有物とは見なさないのであるが、私が或る他人の所有物とは見なさない或るものを取っておくということは完全に整合的だからである。見方を変更することはなんら矛盾ではない。なぜなら、〔査法においては〕問題は見方としての見方のいかんにあるのではなく、対象のいかんに、内容のいかんにあるのであって、この内容が自己矛盾すべきではないと考えられているからである。それで――私が或るものを贈与するときに、私がなすように――或るものが私の所有物であるという見方を、それが或る他人の所有物であるという見方に私が変更することはでき、またそうすることによって矛盾をおかす責を負うことにはならないのと全く同じように、私はその反対の道を歩むこともできるわけである。——だから或るものが自己矛盾することを私が見出さぬからと言って、その或るものが義であるのではなく、かえって或るものが義《ただ》しいものであるが故に、それは義なのである。或るものが他人の所有物であるということ、このことが根底に横わっているのであり、このことについて私は小理屈をこねてはならず、またさまざまの思いや連関や観点をさがし求めたり、或はそういう思いつきに耽けったりしてはならない。法則を定立することにも、検査することにも、私は思考を及ぼしてはならないのである。こんなふうに私の思慮をめぐらすことによって、私はかの関係[1]を狂わすことになるであろう。なぜなら、私はじっさい私の好みのままに正反対のことをも全く同様に私の不定な同語反復の知識に適合したものとなすことができようし、したがってこの正反対のことをもって法則とすることもできるであろうからである。それで立法を行ったり、査法を行ったりすべきではなく、かえってしかじかの規定が義《ただ》しいものであるか、それとも反対の規定がそうであるかは、即自且つ対自的にきまっている[2]。私は私一己としては、私の欲するところの規定を法則となすことができ、またこれと全く同様にどんな規定をも法則となさぬこともできるであろうし、また私が検査し始めるそのとき、すでに私は非人倫的な道についているのである。義しいものが私にとって即自且つ対自的に存在するということ、このことによって私は人倫的な実体のうちにある。そういうとき、人倫的な実体は自己意識の実在であるが、これに対して自己意識のほうはこの実体の現実態であり、それを「そこ」にあらしめるもの(定在)であり、それの自己であり、それの意志なのである[3]。

訳者註　その一

一頁 (1) この書名を七三頁のものと比較すると、書名が二重であることがわかるが、また本文の見出し(ただし〔 〕つきのものを除く)と目次とを比較すると、本書の構成もやはり二重であることがわかる。これら二つのことは執筆の時期とも関連しているが、しかし、執筆の時期のことに先立って訳者註において引用する主要の文献を原語であげ、またそれぞれの略号を示すことにする。

ヘーゲル全集としては、今世紀に入ってからも、すでにラッソン－ホフマイスター版があり、また一九六八年から『ドイツの学研』Deutsche Forschungsgemeinschaft の委嘱によって完全を期した全集が公刊せられ始めており、一九六九年からはズールカムプ版も始まっているけれども、最初のものは未完のままに終っており、後の二つも現在のところ未完であり、殊に学研版に至ってはまだ第四巻(Jenaer Kritische Schriften)が公にせられているだけである。それで現在までの処では全集として完成しているのは一八四一年版だけであるが、一九二七年にはグロックナーはこれの写真版を公にした。これが「グロックナー版全集」という名で比較的広く世に行われているものである(ただし一八四一年版とは巻の番号などにおいて多少の相違がある)。それで本訳書註でも全集としてはこの版を用いることにしたが、引用することの多い巻の題名を略号とともにあげると、次のごとくである。

I Aufsätze aus dem Kritischen Journal der Philosophie und andere Schriften aus Jenenser Zeit.

III Philosophische Propädeutik, Gymnasialreden und Gutachten über den Philosophie=Unterricht. ……哲学予備学

IV—V Wissenschaft der Logik. ……大論理学

VII Grundlinien der Philosophie des Rechts oder Naturrecht und Staatswissenschaft im Grundrisse. ……法哲学

VIII—X System der Philosophie. ……エンチュクロペディー

XI Vorlesungen über die Philosophie der Geschichte. ……歴史哲学講義

XII—XIV Vorlesungen über die Aesthetik. ……美学講義

XV—XVI Vorlesungen über die Philosophie der Religion. ……宗教哲学講義

XVII―XIX　Vorlesungen über die Geschichte der Philosophie. ……哲学史講義

一八四一年の全集再版には後にヘーゲルの息子のカールによって編集せられた往復書簡集が追加せられたが、しかし現在では往復書簡集として、より信頼のおけるのは

Briefe von und an Hegel. Herausgegeben von Johannes Hoffmeister. 1952–60. ……書簡集

であるので、書簡はこの書の番号によって示すことにした。なおこの書簡集に添えられている人名索引は比較的なじみの少い人名の生年、没年、略歴などを知るうえにおいて便利である。

グロックナー版全集には附録として

Hegel=Lexikon ……ヘーゲル辞典

がついていたが、その改訂再版が一九五七年に出ている。取材の範囲はむろんグロックナー版全集に限られているけれども、重要な概念や人名について検討するには便利である。

グロックナー版全集もその第一巻にはイェナ時代のヘーゲルが書いたものを収録しているけれども、しかし網羅的でないうえに、公表したものにかぎられていて手記にまでは及んでいない。しかも現象学の成立史の見地からしては、イェナ以前の手記にまでもさかのぼる必要がある。ところでヘーゲルについて多くの有益な研究を含んでいるのは、一九六一年から公にせられ始めているところの

Hegel-Studien, Herausgegeben von Friedhelm Nicolin und Otto Pöggeler. ……ヘーゲル研究

であるが、イェナ以前の時代とイェナ時代とのそれぞれに対して、基本的な意義をもっているのは、このヘーゲル研究に収められている左の二つの資料である。

Gisela Schüler: Zur Chronologie von Hegels Jugendschriften. ヘーゲル研究第二巻(一九六三年)……シュラー

Heinz Kimmerle: Zur Chronologie Hegels Jenaer Schriften. ヘーゲル研究第四巻(一九六七年)……キムメルレの一

なおイェナ時代に関しては講義題目等も意義をもっているが、これについては

Heinz Kimmerle: Dokumente zu Hegels Jenaer Dozententätigkeit. ヘーゲル研究第四巻(一九六七年)……キムメルレの二

シュラー及びキムメルレの一のうちに名のあげられているもののうちで、印刷になっているものを含んでいる書名(グロックナー版以外)をあげると、左のごとくである。

Herman Nohl (Herausgegeben. 以下同様): Hegels Theologische Jugendschriften, 1907. ……ノール

Johannes Hoffmeister: Dokumente zu Hegels Entwicklung, 1936. ……ドクメンテ

Georg Lasson: Hegels Schriften zur Politik und Rechtsphilosophie, 1913. ……政治論文集

Georg Lasson: Hegels Erste Druckschriften, 1928. ……初期公刊論文集

Hans Ehrenberg: Hegels Erstes System, 1915. ……エレンベルグ

Georg Lasson: Hegels Jenenser Logik, Metaphysik und Naturphilosophie, 1923. ……イェナ論理学

Johannes Hoffmeister: Hegels Jenenser Realphilosophie, Bd. 1, 1932, Bd. 2, 1931. ……イェナ実質哲学

右のうちイェナ実質哲学の第一巻は、キムメルレの一では、じつは実質哲学ではないことになっているが、実質哲学に二巻あることがなお通念であるので、これにしたがっておく。政治論文集に収められているもので現象学にとって重要なのは

Über die wissenschaftlichen Behandlungsarten des Naturrechts. ……自然法の論文

System der Sittlichkeit. ……人倫の体系

であり、初期公刊論文集の場合は、次の諸論文である(これらはいずれもグロックナー版全集第一巻にあり、ページづけはこれにしたがう)。

Differenz des Fichteschen und Schellingschen Systems der Philosophie. ……差別の論文

Über das Wesen der philosophischer Kritik. ……哲学的批評の論文

Wie der gemeine Menschenverstand die Philosophie nehme? ……常識の論文

Verhältnis des Skeptizismus zur Philosophie. ……スケプシス主義の論文

Glauben und Wissen oder die Reflexionsphilosophie der Subjektivität. ……信と知

なお伝記であると同時にヘーゲルの手記からの写し或は抜萃を含んでいるものには、左の二著がある。

Karl Rosenkranz: Georg Friedrich Wilhelm Hegel, 1844 (1963). ……ローゼンクランツ

Rudolf Haym: Hegel und seine Zeit, 1857 (1962). ……ハイム

以上が基本史料であるが、主要な参考文献をあげると、哲学史との関係などで今日でも有益なのは

Kuno Fischer: Hegels Leben und Werke, 2 Bde., 1901 (Nachdruck, 1963.) ……フィシャー

を中心とする同じ著者の近世哲学史であり、いわゆる神学論文集を初めて取上げることによって今世紀のヘーゲル研究を創始したものは

Wilhelm Dilthey: Jugendgeschichte Hegels, 1905 (W. IV). ……ディルタイ

であり、初期から現象学までのヘーゲルの思索のあとをたどったものには

Theodor Haering: Hegel. Sein Wollen und sein Werk, 2 Bde., 1929, 1938. ……ヘーリング

があり、とくに現象学の研究として優れているのは

Jean Hyppolite: Genèse et Structure de la Phénoménologie de l'Esprit de Hegel, 1946. ……イポリット

哲学的識見において最も深いのは

Martin Heidegger: Hegels Begriff der Erfahrung (in Holzwege, 1950). ……ハイデガー

マルクス主義との関係において説いたのは

Georg Lukács: Der junge Hegel. Über die Beziehungen von Dialektik und Oekonomie, 1948. ……ルカーチ

であり、ディルタイとハイデガーとを結合しようとしたものは

Herbert Marcuse: Hegels Ontologie und die Theorie der Geschichtlichkeit, 1932. ……マルクーゼ

気のきいた対話の様式で全体を叙述しているのは

J. Loewenberg: Hegel's Phenomenology. Dialogues on the Life of Mind, 1965. ……レヴェンベルグ

である。序文を研究したものとしては

Erwin Metzke: Hegels Vorreden. Mit Kommentar zur Einführung in seine Philosophie, 1949. ……メッケ

「意識」の段階の研究としては

W. Purpus: Die Dialektik der sinnlichen Gewißheit bei Hegel, 1905. ……プルプウスの1

W. Purpus: Die Dialektik des Bewußtseins nach Hegel, 1908. ……プルプウスの2

がある。「不幸な意識」の段階の研究として優れているのは

J. Wahl: Le Malheur de la Conscience dans la Philosophie de Hegel, 1929. ……ヴァール

である。欧文訳で参考にしたのは次の二つである。

J. B. Baillie: The Phenomenology of Mind, second edition, 1930. ……ベイリー訳

Jean Hyppolite: La Phénoménologie de l'Esprit, t. 1, 1939, t. 2, 1941. ……イポリット訳

なお序文のみの英訳を含んでいるのは

Walter Kaufmann: Hegel. Reinterpretation, Text and Commentary, 1949. ……カウフマン

である。

書名が二重であることにかえる。ヘーゲル研究第四巻に収められているニコリンの『精神の現象学の書名問題について』によると、現存している初版には、扉に『意識経験の学』という書名と『精神の現象学』という書名を二つとも含んでいるもの(本訳書のテキストの場合)と何れか一方だけを含んでいるものとがある。これは製本にさいして指令が徹底しなかったという事情によることであるが、とにかく初版全体とすれば、書名は二重であり、これに応じて本書の構成もまた二重であるが、「序文」と「緒論」とを除いて、二重の構成を対照表で示すと、次のごとくである(上欄の区分Aは本文中――ただし〔 〕つきのものを除く――にあるもの、下欄の区分Bは目次に含まれていて上欄のものとは相違するものである)。

区分A		区分B
I 感覚的確信		A 意識
II 知覚		A 意識
III 悟性		A 意識
IV 自己確信の真理		B 自己意識
V 理性の確信と真理	AA	C 理性
VI 精神	BB	C 理性
VII 宗教	CC	C 理性
VIII 絶対知	DD	C 理性

こういう結果を見たのは、執筆の時期とも関係がある。序文の脱稿は書簡八四号によって一八〇七年一月一五日のことであり、本文の脱稿は書簡七六号によって一八〇六年一〇月一三日のことであるが、しかし印刷はすでにこの年の二月に始まっている。この部分が何処までであるかは明確には決めがたいが、書簡七一号及び六八号に関するホフマイスターの註からすると、本文の範囲内での前半であり、したがってVの終りまでであろう。この前半の起稿が何時であるかについても決定的なことは言えないが、一八〇五年五月のフォス宛書簡(五五号)の頃であろう。この書簡は当時イェナ大学からハイデルベルグ大学に転出せんとしていたヘーゲルが同大学の学長であり、またホメロスの独訳をもって知名なフォスに宛てたものであるが、ここでヘーゲルは秋までに学的な哲学体系を仕上げて、これを献呈したいと言っている。その趣旨は、いま跋扈している形式主義(シェリング)を打破すること、また術語に外国語をさけ、ドイツ語を用いることに努め、もって嘗てルターが聖書をドイツ人のものとし、フォスがホメロスをドイツ人のものとしたように、哲学をドイツ人のものとなそうとすること、これらの二点であるが、いずれも現象学の内容に合致している。ヘーゲルがこの企画を実行に移したことは、この書簡の草稿の裏面には緊急の仕事があるので開講を一週間遅らす旨の学生への二つの通達状の下書があり、したがって二週間開講を遅らせて稿を急いだことが示されており、書簡の五七号と五八号とはこの年の一一月一二月頃にはヘーゲルが体系を執筆しつつあることは友人たちの間ではすでに周知の事実となっていたことを示している。こうして稿は進み、六年二月にはすでに前半の印刷は始まった。

ところで同じフォス宛書簡草稿の空白になっている箇処に現象学の絶対知の段階に関する構想をしたためた断片があるが、これによると、すでに人倫の段階において絶対知に移ることになっている(ドクメンテ三五三頁)。だから右の対照表で言うと、V 理性の確信と真理 が終って、VI 精神 に移ったときにすでに絶対知は成立することになる。

しかし、この前半は二重の書名のうちでは、精神の現象学ではなく意識経験の学であったようである。なぜなら、ヘーゲルにおいて精神の現象学という表現が史料的に確認されるのは、一八〇六年冬学期の講義題目を彼が大学当局に届け出た同年の八月頃に始まることだからである。しかもこの冬学期の講義題目の一部は精神の現象学 Phaenomenologia mentis によって先立たれた論理学と形而上学、或は思弁哲学、即ち学の体系、やがて公刊せられるその第一部によって、というのであるが(キムメルレの二)、この題目は精神の現象学が体系の第一部ではなく、そうであるのは、これを序論として含む論理学と形而上学からなる思弁哲学であることを示している。だから、ましてフォス宛書簡当時の構想にしたがって書かれた意識経験の学は体系の第一部ではなく、それへの認識論的序論であり入門であった。

ところでⅤまでの前半を量的に見ると、Ⅰは我々のテキストで一〇頁、Ⅱは一三頁、Ⅲは二七頁、Ⅳは三八頁、Ⅴは一九一頁である。Ⅴの量はもはや序論のものではないが、こうなったのには二つの原因が考えられる。第一はシェリングの形式主義を打破しようとする意図がヘーゲルをしてすでに序論において事柄(ザツヘ)そのものへ躍りこませたということ(書簡九五号)であり、第二は知らず知らずのうちに歴史性の見地がはいりこんできたということである。

歴史性の見地が明確に出現するのは、Ⅵ 精神(ガイスト)からのことである。この段階はギリシャ—ローマ—中世より近世—現代(ロマンティーク)というように、全く歴史的順序で展開せられており、Ⅶ 宗教に至ると、歴史性の見地はさらに東方的時代にまで及んでいる。また本文より後に出来た序文においてはヘーゲルは精神史的反省という立場から自分の哲学体系を正当化しようとしている。しかしすでに前半でも知らず知らずのうちに歴史性の見地がはいりこんでいる。これが比較的顕著となるのは、Ⅳ 自己確信の真理からであって、ここで展開されるストア主義—スケプシス主義—不幸な意識という系列はもちろん歴史的変遷を越えて普遍的意義をもつ意識段階として考察せられているに相違ないとしても、ストア主義とスケプシス主義とがそれぞれの史的形態から分離しがたいものであることは明らかであり、また不幸な意識も中世クリスト教を取上げたものであることはその内容からして疑を容れる余地はない。Ⅴ 理性の確信と真理のAという第一段階はルネッサンス以後の科学の発展をとりあげたものである。もっとも、この見方からすると、有機体の観察や人相術や頭蓋論が異常に詳しいが、これは一面においてはすでに序論において事柄そのものに躍入しようとしたことに原因をもつと同時に、他面においてはヘーゲルとしては現代的関心の見地から詳論したのである。とにかくこのAは我々としては不十分であっても、ヘーゲル自身としてはルネッサンス以後の科学史を取扱ったものである。そうして第二と第三の段階は観察に対する実践——ただしなお個人的——の問題という観点からルネッサンス以後の変遷をあとづけたものという意義をもっている。

さらにⅠとⅡとⅢ或はAの意識においては歴史性は一層表面から姿を消しているけれども、Ⅰ 感覚が存在から始まっているのは哲学史がパルメニデスの存在(エオン)から始まるのに応ずることであり、Ⅱ 知覚においてもろもろの性質(アイゲンシャフト)をもつ物(ディング)の成立を見るのはアリストテレス——近代ではスピノーザ——における実体(ウーシィア)の立場にあたっており、Ⅲ 悟性において実体そのものが力となり、もろもろの性質がその発現となるのは、ライプニッツに代表せられる近代哲学における「実体は力である」という見方に応ずることをさしている。そうしてこの力学的な見方は実体性の範疇の立場が因果性の立場に転ずることを意味するが、この立場がすでにII 知覚において出現していた対自と対他との相即を通じてさらに相互性の範疇の立場に転ずるのは、ライプニッツにおいて、またカントにおいて相互作用の立場が同時に全体性の立場に転換するのに応じている。そうしてこの立場を通じて、A 意識がB 自己意識に移るのは、全体性或はむしろ「無限性」の立場をとれば、対象を意識することも自己を意識することにほかならずとして、フィヒテ哲学に移ることをさしている。だからIとIIとIII、或はAの意識においてもひそかに歴史性の立場がはいりこんでいるのである。

このようにすでに前半において歴史性の立場がはいりこんでしまったが、これはこの立場がヘーゲルにとって本質的であることによると共に、やはり講義が影響している。五年の冬学期にはヘーゲルは初めて哲学史の講義を行った(キムメルレの二)。同年の五月の決意を一一月一二月にも実行していたのは往復書簡によって明らかであるが、この頃には彼は哲学史を講じつつあったのである。ストア主義―スケプシス主義―不幸な意識という系列はけだしこの講義の途上で形成せられたものであろう。

一八〇五年の五月のフォス宛書簡にさいしてヘーゲルが哲学体系第一部として企てたことは哲学知への認識論的序論を含んでいた。彼にとって哲学知とは主客の対立を統一づけた絶対知であるが、これはむろん俗耳には入らぬものである。しかし俗耳には入らぬものであっても、哲学は哲学として別箇の境地に住むというのがイェナにおいてもヘーゲルが最初にとっていた立場であった。これを示しているのは、哲学的批評の論文であって、ここでヘーゲルは悟性や常識との関係において「哲学の世界はそれ自体顚倒せられたさかさまの世界である」(Die Welt der Philosophie ist an und für sich eine verkehrte Welt.)と言い、また哲学は公教的なものでなく秘教的なもの das Esoterische であると放言している。しかし、これでは理性の哲学としては失格であることに思い至って、彼は常識から絶対知にまでのぼる梯子(本書二五頁)をかけようとし、かくて認識論的序論が必要となった。しかし認識論的序論と言えば、彼に影響する処の多いカントの感性―悟性―理性の系列を独自の立場から展開するというようなこととならざるをえぬ。じっさい感覚から知覚を区別して独立させるならば、カントの系列からIとIIとIIIとVとがえられるのである。しかし形式主義を打破せんとして彼はすでに事柄そのもののうちに躍りこんだし、また哲学史を講じた関係もあって歴史性の立場が序論のうちに入りこんでしまったが、このことはまた彼にとっては意識がただ「認識」のみを事とする理論的なものにとどまらず、これと不可分離に実践的なものであることをも意味している（理論的と実践的ということについては三九六頁にある「即自且つ対自的に実在的であることを自覚している個体性」に関する総註参照）。ここからして、Ⅳ 自己確信の真理或は B 自己意識が生れてくる。こうしてすでに前半が稿の進むにしたがって量的にも実質的にも認識論的序説の枠を破ってしまった。

そこでおのずと構想に変化をきたした。すでに歴史性の見地はひそかにはいりこんだし、またこれに連関して意識は理論的たるにとどまらず、実践的でもある。実践的であるとすれば、道徳（人倫）と宗教とを度外視して絶対知の成立を説くことはヘーゲルとしてはできないことである。ここにフォス宛書簡草稿の空欄にしたためられていた構想は捨てられるのほかはなくなる。しかも歴史―道徳―宗教はヘーゲルが青年時代以来得意とした境地であり、イェナ期に入ってもすでに数多くの準備がなされている。こうして認識論的序説の枠からは次第に遠く離れてしまい、また「意識経験の学」という書名も不適切となった。そこでカントがランベルト（一七二八―七七年）からえて一時は主著『純理批判』の名とさえしようとし、また『自然科学の形而上学的基本原理』においてじっさいに用い、この書を通じてヘーゲルも熟知している現象学という名を採用して（この書を熟知していたことは差別の論文によって明らかである）書名を精神の現象学とし、これをもって体系の第一部とし、この見地から序文をかくに至ったもののようである（これに対して緒論は「意識経験の学」の立場からするものと言ってよいようである）。こうした経過が書名と構成とを二重にするという結果をまねいたのである。

以上が書名と構成とが二重となった事情であるが、こういう二重性はヘーゲル自身にとっても現象学が序論か体系の第一部かという問題にもつながっている。

一八〇七年の精神の現象学のほかにも、ヘーゲル哲学には二つの精神の現象学がある。第一はニュルンベルグ時代の哲学予備学のうちに含まれているものである（グロックナー版全集第三巻）。これは「意識の学」ということをもって副題とするものであって、意識一般と自己意識と理性とから成っている。意識一般はさらに感覚的意識と知覚と悟性とからなり、自己意識は欲望と主奴と自己意識の普遍性とからなり、そうして理性は僅か三節からなっているにすぎぬ。したがってさきの対照表上段のⅤまでのものであり、また特にⅤを著しく簡略にしたものである。だから「意識経験の学」と構想を同じうするものであり、また哲学予備学の一部であるところからしても、体系の第一部ではなく、哲学知に至るまでの認識論的序説である。

これはヘーゲル自身が最晩年にまでもっていた現象学についての少くもひとつの見解である。彼は一八三一年に現象学の再版のために改訂を行った。この改訂は我々のテキストでは二八頁の上より二段目の終りにまでしか至っていないが、それに先立つ二六頁上より二段目に初版では diese Phänomenologie des Geistes, als der erste Teil des Systems とあるのに、改訂はコンマ以下を削除している。したがって三一頁上より一行の den ersten Teil der Wissenschaft も当然削除せらるべきはずであったことになるが、この事実は最晩年までヘーゲルが現象学をもって体系の第一部ではなく、それへの認識論的序説であるという見解をいだいていたことを示している。因みに我々のテキストは全体としては一八〇七年の初版を忠実に再現しようとしたものであるが、右の二八頁までは晩年の改訂にしたがったものである(ただし、この改訂はむしろ改悪であって、行文をしばしば混乱におとしいれている)。

晩年までもっていた今ひとつの見解はエンチュクロペディーのうちに含まれている精神の現象学によって知ることができる。エンチュクロペディー――三版の序文は一八三〇年である――では精神の現象学は精神哲学の第一段階主観的精神に属している。しかしこの精神の現象学は内容からすると、ニュルンベルグの哲学予備学中のものと同様であって、その点では右の改訂と趣旨を同じうするが、同時に他方その位置からすると、ここでは現象学は体系への序論でもなければ、またその第一部でもなく、第三部に属するものとなっている。

このような動揺のあるのは、基本的にはエンチュクロペディーという書名の示すごとく、ヘーゲル哲学は何処からでも始まることのできるものであり、またそれぞれの部分がその独自性をもちながら、それでいて全体を反映するということに基づくのであり、したがって哲学予備学の場合も、エンチュクロペディーの場合もいずれも我々の現象学、とくに「意識経験の学」という部分に対して参考になる。

体系への序論か体系第一部ないし総論かということにも基本的な矛盾はない。たしかに現象学は現象知の学であり、主客の対立をまぬがれぬ相対知の学であるに相違ないけれども、しかし相対知と絶対知との間に全く相容れぬ区別があるのではない。なぜなら、絶対知の立場からする学である論理学といえども、ただ主客統一の立場に終始するのではなく、統一をもって基本の場面としながらも、そこにもやはり主客対立のあることは、いわゆる大論理学が客観的論理学と主観的論理学との対立を含んでおり、さらに主観的論理学である概念論もその第一段階は主観的、第二段階は客観的であって、第三段階において主客が統一に帰していることによって明らかだからである。

ここで現象学と論理学との関係いかんについてアリストテレス的な存在論の立場をとって言うならば、主客の対立において現象するものがヘーゲルにとっては「存在するもの」であるが、かかる存在するものの「存在」が凡そなんであるかを問う普遍的存在論が精神の現象学である。これに対して、神というすべての存在するものの根拠ではあるが、しかし最高の根拠としてひとつの特殊的なものでもある「存在するもの」の立場から現象学と同じことを展開したものが論理学であり、論理学の端初が現象学の場合と同じく存在であるのも、これがためであると言えよう。言いかえると、現象学と論理学との関係は普遍的形而上学と特殊的形而上学との関係にあることになる(ハイデガー)。そこに現象学が体系への序論でありながら体系総論の意義をもつ所以があり、それはちょうどカントにおいて『純理批判』が体系への序論でありながら事実のうえでは体系総論たる意義をもつのと同じである。しかも現象学の場合には、『純理批判』の場合とはちがって歴史性の立場を、特にⅥ精神から取り容れたものである。だから現象学は主客対立の立場をとりながら、この立場を克服し、一切を主体のうちに摂取して、「絶対者は主体である」ことを宣言し、しかもこの確立を歴史の境地において成就したものとして、ヨーロッパ近代の Subjektität(主客関係)の形而上学(ハイデガー)を代表するうえにおいて、その重要なエポックを劃する作品である。

書名が二重であり、構成が二重であると言えば、収拾のつかぬ混乱におちいっているようであるが、これは成立史的に分析した場合のことであって、出来上った現象学はヘーゲルの天才によって芸術品のごとき渾然たる統一を保っている。ただ表現は、バロック風にヘーゲル独自のものであり、また我々日本人には縁遠いことが背景となっており、さらに一切を主体のうちに摂取しようとするために前後の関連は錯綜している。訳者註は同じ現象学の内部で、また彼の他の著作や手記の種々の箇処を比較参照して語義をきため、また歴史的背景を明らかにし、さらに思想行程をたどらんとしたものである。

晩年のヘーゲルは現象学をもって体系の第一部ではなく、体系への序論にすぎぬものという見解に傾いていた。彼自身としてはすでに第一部は論理学、第二部は自然哲学、第三部は精神哲学というエンチュクロペディーの体系ができていた以上、こう言わざるをえなかったのであろう。師のこの見解を忠実に継承したのがヘーゲル右派である。またヘーゲルにおいて哲学と神学或はクリスト教との関係は全般的に微妙であるが、晩年のヘーゲルはクリスト教との和解に傾き、それとの衝突をさけた。右派は師のこの傾向にもしたがった。しかし「絶対者は主体である」と宣言する現象学はむしろクリスト教の克服に傾いている。だから現象学を高く評価したのはシュトラウス—フォイエルバッハ—マルクスなどの左派である。特にシュトラウスが現象学はオデュセウスの航海にも比すべきヘーゲルの発見の過程を示したものであり、またヘーゲル哲学のアルファにしてオメガであると言ったのは有名なことである。かく現象学をもってヘーゲルにおける体系総論であり、しかもその「体系」はエンチュクロペディーの体系より遙かに優れたものであるという左派の見解は今日の学界において支配的であって、人生観や世界観に関しては左派に同じないディルタイ、ヤスパース、ハイデガーなども現象学を高く評価する点では左派に同じている。しかし現象学に対してかかる態度をとるにさいして忘れてはならないのは、それがあくまでも精神の現象学であるということである。例えば意識を単に理論的なものと見ず、実践的なものと見る現象学にも意志の尊重のあるのは事実である。しかし現象学によって反省を促されたシェリングが『人間自由意志論』において、根源的な存在は意志であり、意志することに先立つ根拠はないと言ったほどの主意主義はない。ショペンハウエルの場合も、ニイチェの場合も同様である。また現象学は感覚を重んじはする。それはただに最初の段階であるだけでなく、啓示宗教においても「受肉」に関連して重大な意義をもち、したがって絶対知においても同様である。しかし感覚を重視すると言っても、そのとらえる個別者はすぐに普遍者になってしまうから、感覚の重視もあくまでも精神の立場からすることである。そこにフォイエルバッハとは相違をきたしている。また現象学は労働や実践を重んずる。しかし労働を重んずると言っても、唯物史観のように経済的生産に終始するのではなく、精神的労働のひとつの契機としてである。また実践と言ってもマルクス＝エンゲルスのごとき政治的革命的実践ではない。さらに即自(自体)と対自或は主観と客観との対立のほかに、対自と対他との対立があり、絶対精神のほかに現実精神があって、社会生活或は所謂「間主体性」Intersubjektivität の問題が重んぜられてはいても、直ちに現実の社会生活が取上げられているわけでなく、やはり精神の立場からすることである。また普遍と個別との対立は現象学における基本的対立のひとつであって、個別者を重んずるところにはキェルケゴールにおける「個別者の実存」がありはしても、これとてもやはり精神の立場からすることである。

　これらはみな現象学においては現実的可能性として含まれているにすぎない。しかし現実的可能性として含んでいるところからしては、現象学は近代の Subjektität の形而上学における最も重要なエポックのひとつを形づくるものである。

三(1)　目次にはこの語にすぐ次いで「学的認識について」Vom wissenschaftlichen Erkennen とあるが、これは序文全体の趣意を表明したものであろう。ところで同じ目次には序文についてはかなり詳しい小見出しがつけられている(ただしその頁づけは必ずしも正確ではないことがあるが、その場合には本書においては適当と思われる箇処に訳出しておいた)。その最初のものは「真なるものの場面は概念であり、そうして概念の真実の形態は学的体系であること」であるが、しかし、その頁づけは我々のテキストでは九頁ではなく、一二頁となっている。だから九頁から一二頁までは序文中の序文とでも言うべき箇処であって、序文ということとそのことについて論じていることになる。その論旨はおよそ次のごとくであろう。

普通には序文では、当該の著書において何が意図せられたか、いかなる結論が得られたか、同一問題に関する他の諸研究といかなる関係があり、それらに対して著者がいかなる態度をとり、それらをどのように評価し批判するかなどが論ぜられる。ところでヘーゲルにとっては、序文においてかかることを論ずるということとそのことがすでに問題なのである。*

* 当面の箇処だけでなく序文の全体と一致している点の多いのは『イェナのアフォリスメン』或は『一八〇三年から六年までのヘーゲルの日記 Wastebook』と呼ばれているものである(ドクメンテ三五二―三七五頁、ローゼンクランツ一九八―二〇一頁、五三七―五五五頁)。

一、目的は実現と併せて初めて意義をもつのであり、結果も生成といっしょにして初めて意義をもっている。目的や結果は普遍的なものであるが、普遍的なものは特殊的なものに滲透して初めてその意義をもつのに、目的や結果や普遍的なものをただ単独に掲げるならば、理由も言わず弁明もせずに断言するだけである。しかし目的を実現し結果を生成させ、普遍を特殊に滲透させるのは本論のことである。だから哲学的著作の場合には序文は書かれえないのである。

二、他の哲学的著作との関係と言えば、多くの場合、相違や対立や矛盾を声明することである。しかし真の哲学体系の場合には相違や対立や矛盾を越えて根底深く同一の生命が流れ、もろもろの哲学体系は有機的発展としての統一をもっている。*だからひとつの哲学体系が他の哲学体系に対してもつ相違や対立や矛盾を声明するにとどまることはできず、この点からしても、哲学的著作は普通の意味での序文をかくことはできないのである。

* この思想は一八〇二年の哲学的批評の論文にも或る程度まで現れているが、それが確立せられたのは、一八〇五年冬学期の哲学史講義においてであろう。この講義は最初からもっともよく整備されていたものであって、ローゼンクランツはイェナ時代以後、本質的な変化はないと言っており(二〇一頁)、後に哲学史講義が全集に収められるにさいして、イェナ時代の草稿が編集者ミシュレにとって基本的材料となったことは彼の解題(全集一七巻)によって明らかであり、特にシェリングに関する部分においては五年冬学期講義の語句がそのまま利用せられていることは欄外の註(一九巻六八〇、六八一頁)によってわかる。なお本文に花が咲くとか実がなるとかいうコンテクストにおいて、一見調和しない

論駁 widerlegen という表現が用いられているのも、哲学史のことを考えているからである。三、しかし目的や結果や普遍的なものを認識すること、またこういう認識に基づいて普通の意味での批評を行うことも全然無意義ではないが、こういう認識や批評は認識の、また教養の手始めであるにすぎない。かくしてヘーゲルにとっては普通に行われているような序文をかくことはできないのである。

ここで本書の七頁以下序文の全体について見透しを行うと、右に言った理由でヘーゲルにとっては普通の意味における序文をかくことはできぬ。それにも拘らず、彼がここに敢て序文をかきうるのはなぜであるかと言えば、自分の唱える哲学が時代精神の要求するものであり、時代精神を表現したものにほかならぬという確信に基づくことである。彼の提出する基本的なテーゼのひとつは「真なるものの場面は概念であり、そうして概念の真実の形態は体系であること」(七頁)であるが、このテーゼは彼個人のものではなく、時代のものであるから、時代がこのテーゼをどのようにして意志するに至ったかの経過をのべることによって、即ち精神史的反省を行うことによって彼は自分の哲学の一応の正当化を行うことができ、この意味において彼も序文をかくことができるのである。むろん哲学の叙述は本論そのものによるのほかはないから、こういう序文も「表象」と「断言」との立場を出ることはできないにしても、とにかく精神史的反省によって一応の序文をかくことはできるのである。

精神史的反省は実体性—反省知或は悟性知—直接知—理性知或は概念知という系列にしたがってなされているが、要するに実体性がもつ無媒介の統一から反省ないし悟性のもたらす分裂ないし対立をへて実体性の統一を恢復せんとする処に現代精神の動向がある。しかし統一を恢復すると言っても、中途の反省ないし悟性の意義を抹殺してしまうのは直接知の立場であり、これに対してそれにあくまでも意義を認めつつ恢復しようとするのが理性知ないし概念知の立場である。ところで直接知の立場というのは要するに当時のロマンティークのものであるので、とくにその批判に焦点をおきつつ現代哲学の課題が論じようとするのが序文における第一のテーマである。

精神史的回顧によって一応正当化せられても、ヘーゲルの立場は絶対知のそれである。即ち主客の対立を超えて統一づける立場、ただし統一づけると言っても対立そのものに即して統一づけ、統一づけた後においても対立を生かす統一の立場であるが、とにかく主客対立を越えた絶対知の立場である。しかるに普通の意識は主客の対立に立っている相対知であり現象知である。そこで相対知を絶対知にまでのぼることができるようにし、また逆に絶対知を相対知にまでくだることのできるようにする言わば梯子が必要となるが、これが精神の現象学である。そこでこの現象学を規定することが第二の課題である。

しかし現象学という梯子によって現象知がのぼって行くことのできる絶対知、またこの梯子によって現象知にまでくだってくることができ、したがって現象学自身においても駆使せられるところの絶対知が反省知或は悟性知及び直接知と類を異にすることは言うまでもない。そこで相対知の代表として記述的知識と数学的知識と直接知とを取上げつつ哲学的真理の性格づけが行われようとするが、これが序文の第三の課題である。

絶対知は独特の意味における概念知である。そこで「概念の努力」を引受けることが哲学的思索の必要条件であるが、論弁的思惟や健全な常識や天才の霊感との対照において、この条件の意義を明らかにせんとするのが序文の第四の課題であり、そうして最後に結語がそえられている。

以下、これら四つの課題に関する思想行程を取上げた註は総註(訳者註その二)として一括し、個々の箇処についての註(訳者註その一)のあとに置くことにする。

(2) 原語は historisch であるが、ヘーゲルは Geschichte に対しては深い意義を認めようとするのに対して、Historie はこれを多く軽蔑的な意味に用いる。即ち彼においてはヒストーリエとは、相互に内面的連関の明らかでない事実或は事項を羅列し記述し物語るもので、大体ストーリというほどのものである。ヒストーリエはもとギリシャ語のヒストリア或はヒストリェーからきていて、これは見聞し或は観察したありのままの事実を記述したものであるが、ヘーゲルはこのギリシャ語の語感を活用しようとしていると見ることができる。用例に就いては、エンチュクロペディー一六二節を参照。

(3) 原語は Versicherung であるが、これは十分な根拠や理由を具備せず単に主観的たるにすぎぬ主張のことで、多くの場合、ロマンティカー或は「直接知」の立場の人々の思想を叙述し乃至批評するに当って用いられる。

(4) テキストは曖昧であるが、しばらくメッケが可能とした二つの解釈のうちの一つにしたがっておく。

(5) 原語は Element であるが、ヘーゲルでは、要素・元素という意味に用いられることはむしろ稀れで、多くの場合、Er ist in seinem Elemente(彼は得意の境地にいる)というような用法の示す意味に用いられる。即ち或るものが存在し生存するために必要な境地・場面・環境・生活圏などを意味する。

(6) 原語は Dasein であるが、これは論理学では bestimmtes Sein のことである(『ヘーゲル辞典』参照)。しかし現象学では必ずしもそうではなく、ダーザインのダーが「そこ」を意味することもある。それで定在のほかに「そこ」にある存在、「そこ」の存在と訳したこともあり、さらに生活とも訳した。

四（1） 原語はVorstellungであるが、これはヘーゲルにおいては、概念に対立するものであって、善い意味に用いられることはない。表象は感覚或は直観と概念との中間に位するもので、前者に比すれば、すでに一般的且つ内面的であるけれども、後者に比すれば、まだ感性的形象性――この点でイメッジと同じである――を免れず、したがって特殊的で且つ外在的――ここにvorstellenせられた、即ち前に置かれたものである所以がある――である（本論ではストア主義の段階において概念との対立において規定せられている、一九九頁）。スピノーザ哲学で言えばintellectusに対するimaginatioにあたる。こういう特別の意義で用いられるので、本訳書では「表象」と括弧をつけることにした。ただし、じっさいにおいてはヘーゲルが表象を全く捨てて顧みないのではない。なぜなら、表象の立場は実体の立場であり、概念の立場は「主体」の立場であるが、真なるものを実体としてと同時に主体として把握することが必要である（一六頁）と考えられるのであって、実体の立場を、したがってまた表象の立場を全く捨てるのではないからである。このことは本論においてしばしば文芸作品における人物を典型として活用することにおいて現れている。

（2） 原語はKonversationであるが、ヘーゲルでは一種の術語であって対話Dialogに対立させられる。対話のように事柄（ザッヘ）を尽さず、社交を目的とするものであって、堅苦しいことには立ち入らず、深刻なことをも陽気にするものであり、偶然的な連関で運ばれるのがその特徴である。本訳書四六頁にも「会話のだらしない足どり」とあるが、なお美学講義（全集一二巻三九四頁）、哲学史講義（一八巻一八二頁）を参照。

（3） 本訳書三六頁の見出しを参照。

（4） 原語はMeinungであるが、これはヘーゲルでは、単に意見や見解を意味するに止まらず、私一箇の主観的な意見或は見解のことである。本訳書の三二一頁のほか、例えばエンチュクロペディーの二〇節にある次の文章に注意せらるべきである。Was ich nur *meine*, ist *mein*; gehört mir als diesem besonderen Individuum an. したがってマイヌングとは、マイネ・マイヌングのことであるので、本訳書では私念或は「つもり」と訳して置いた。

五（1） 註三の1参照。

（2） アフォリスメン（註三の1参照）の四五にも、「ひとが原理や結論をあがなったとて、おまけに事柄そのものまでもらえるものではない」とある。

六(1)　アフォリスメンの五二には次のごとくある。「通常哲学における王者の道とは、事柄についてのあらましの表象をえんがために、序文や批評を読むことである。」

(2)　原語は das substantielle Leben である。ズプスタンツはラテン語の sub-stare(下に立つ)に由来し、したがってズプスタンティエルは基礎的初歩的素朴的の意である。ヘーゲルでは、ズプスタンティエルな段階とは個別と普遍、主観と客観などの諸対立が直接未分の統一をなしている段階のことである。それで人間が絶対者や神に対して信頼をいだいている状態としては、やがて本訳書九頁二段に出てくるように、実体的生活とは信仰の生活のことである。ヘーゲルにとっては歴史的にも実体的生活が出発点であるが、これは個人としては幼い子供が両親に対して素朴な信頼をいだいて生活していることをも意味し、そのかぎり、初歩的な素朴な生活のことである。実体的段階に続くのはこの統一を分裂させる反省 Reflexion の段階である。

(3)　ヘーゲルも経験を大いに尊重しようとしていることはやがて緒論において明らかになってくるが、なお一八〇二年の自然法の論文の第一節「経験的取扱い方」、法哲学三〇八節、エンチュクロペディー三七—三九節など参照。

(4)　本訳書五六頁に出てくる哲学研究の条件としての「概念の努力」を参照。

(5)　註四の2参照。

七(1)　学の原語はむろん Wissenschaft であるが、その語法からすると、ヘーゲルの場合もフィヒテの Grundlage der gesamten Wissenschaftslehre, 1794. の Wissenschaft と同じである。したがってヘーゲルは例えば同一律—矛盾律—理由律を弁証法的に展開するものをもって本来の学と解しているから(註三〇〇の3参照)、学とは哲学のことであり、また特に形而上学ないし形而上学としての論理学のことである。ただし、かかるヴィッセンシャフトが今日の「科学」と全く無関係とは言いきれない。

(2)　フィロゾフィーにあたるギリシャ語のフィロソフィアがもと愛知を意味するのは周知のことである。愛知という呼びかたに対するヘーゲルの反感は差別の論文の最後の部分である「ラインホルトの見解と哲学」にも現れているが、しかし愛知ということ自身にまでヘーゲルが反対したのではなく、彼の反感はけだし愛が当時のロマンティカーの合言葉であったことによるであろう。

（3） 特に論理学のことをさす。

（4） ヘーゲルが時代を重視したことは法哲学の序文において「各人が彼の時代の息子であるごとく、哲学もまた時代を思想において把握したものである」と言ったことによって有名であるが（なお哲学史講義一七巻八五頁参照）、現象学当時の重要な資料としては次の三つをあげることができる。

一、アフォリスメン五一。「誰れでも自分の時代よりもよりよきものであろうと意志し、またそのつもりでいるが、しかし、よりよくある人とは彼の時代を他人よりもよりよく表現するものであるにすぎぬ」（ドクメンテ三六九頁）。

二、一八〇五年冬学期哲学史講義終講の辞（一八〇六年二月頃、即ち現象学の前半成立の頃）。「世界には新しいエポックが発生した。今や世界精神はすべて自分によそよそしい対象的な実在であるところのものを取除いて最終的に自分を絶対精神として把握することに、そうして自分にとって対象的に生成するものを自分のうちから生産することに、またこうして対象的なものを自分の威力のもとにおいて、それに対して泰然たる態度をとることに成功したようである。有限的な自己意識とこれにとっては自分のそとに現れてきていた無限な自己意識との戦いは終っている」（ローゼンクランツ二〇二頁）。

三、一八〇六年夏学期思弁哲学終講の辞（九月一八日、即ち現象学本論脱稿の一カ月ほど前）。「諸君、以上が私の形成発展したかぎりにおける思弁哲学である。諸君はこれをもって諸君の続行せられる哲学的思索の端緒とせられたい。我々は精神が飛躍して従前の形態を乗越えて新たなる形態を獲得するという重大な転回期に、醱酵の状態のうちにあるのを見る。従来の諸表象や概念や世界の紐帯やはすべて解体せられ、夢幻のごとく崩壊し、そうして精神の新しい朝日の光が拡がっている。とりわけ哲学はこの精神の出現を迎え、それを承認しなくてはならぬが、世の或るものはすでに過ぎ去ったものに執着して、この精神に無力な抵抗を敢てし、また大多数のものはこの精神を出現させながら、これを意識しない集団であるにすぎない。しかし哲学は精神を永遠なものとして認め、それに敬意を表さなくてはならない。好意をもつ諸君に別れを告げつつ、私は諸君の休暇の祝福を祈る」（ローゼンクランツ二一五頁、ドクメンテ三五二頁）。なお六〇〇頁と註七一の1参照。

八（1） 直観、直接知、宗教、そうして愛のうち、直接知というのはシェリング、ヤコービィ、シュライエルマッヒャー、ノヴァーリス、シュレーゲル兄弟などのロマンティカーの立場全般をさす表現であり（エンチュクロペディー六一―七八節）、また直観というのはシェリング、直接知というのはヤコービィ、宗教というのはシュライエルマッヒャー、愛というのはノヴァーリスを、それぞれ特にさしているであろう。なお序文ではヘーゲルはロマンティカーに対して反対のみを行ったようであるが、じっさいには彼の思想形成のうえで重要な契機をなすものであったことはノールに収められている『クリスト教の精神と運命』によって明らかであり、したがって現象学の内部においてもVI 精神のC道徳性において、とくにc全的に知ること(良心)において積極的意義が認められている。

(2) ラッソン(二版)はテキスト一三頁上より一行 das Sein desselben の desselben は、文法的には des Zentrums であるが、実質的には des Absoluten であると解している。けだし正解であろう。しかし「神的愛の中心における存在」という曖昧な表現は思想のうえでは次のごときことを意味するであろう。神が愛であることをヘーゲルも究極的には否定していないのは後の一八頁の二段によって明らかである。しかし神が愛であるとしても、神は言わば世界の中心に座をしめるものであり、したがって愛もまたそこにある。だから神が愛であっても、これはあくまでも世界の中心におけることであって、愛は周辺的なものにいきなり現れるのではない。周辺的なものから言えば、むしろ苦悩や受難という「否定的なもの」があるだけである(一八頁参照)。この「否定的なもの」を媒介として初めて「神の愛」ということもその意義をうるのに、ロマンティカーは周辺的なもの或は否定的なものの媒介をぬきにして、いきなり神や神の愛を説くので、いずれももはやじつは中心におけるものではなくなってしまうし、「どうしてそうであるか」という反省をぬきにした「存在」の立場におけるものとなってしまう。だから「神的愛の中心における存在」というのは、むしろ正確には「中心における神の愛の存在」であろう(六八頁左八行にも「中心にある存在」という表現がある)。

(3) 語義については註六の2参照。ここでは宗教的生活、とくに中世クリスト教における宗教生活が意味されている。精神史的回顧が中世クリスト教から始められているのは、ヘーゲルにとっての当面の論敵であるロマンティカーが多く中世への憧憬を示したからでもあろう。なお中世クリスト教は本文では先ずIV Bに属する「不幸な意識」という段階において取上げられている。

(4) 原語は Versöhnung であるが、VI 精神のCからすると(テキスト四七二頁)、この語にはヘーゲルはいつも息子(ゾーン)の意義を生かしている。即ち離心していた息子が再び親の息子となり、反目していた兄弟が再び共同の親の息子として互に心の通うようになることをもって原義としている。

(5) 原語は Reflexion である。所与を所与としてそのまま受取るのではなく、どうしてそうなるかの理由を問い媒介を求めることであり、納得の行くようにすることであり、したがって自我と不離である。反省の立場は悟性の立場とほぼ同一であるが、悟性よりも自我性、主観性が強いようである。しかしヘーゲルでは反省は自我への反省であるのみならず、事柄自身が己れの本質に反省することでもあるが、こういう場合にはむしろ還帰と訳した。

（6） 着想はカウフマンの注意するごとく、新約聖書ルカ伝の所謂「失せたる息子」からであろう。ルカ伝一五の一五―一六「其の人かれ（失せたる息子）を畑に遣して豚を飼はしむ。かれ豚の食《くら》ふ蝗豆にて、己《おの》が腹を充さんと思ふ程なれど、何をも与ふる人なかりき」。

九（1） 原語は Einsicht であるが、本論では VI 精神の B 教養という段階において信仰に対立する啓蒙の立場を示すものとしての意義を与えられている。

（2） 原語は Erbauung であるが、この語のニュアンスは新約聖書に由来している。パウロに「我らは活ける神の宮なり」（コリント後書六の一六）、「汝らの身は……聖霊の宮にして」（コリント前書六の一九）という語があるが、ここからしてクリスチャンとしての徳を養うことは己れを神ないし聖霊の住む宮として建てることと考えられた。したがってエルバウウングとはがんらいは建徳のことである。しかしロマンティカーの「宗教」を罵倒するヘーゲル、個々人の心情や徳性を本質的なことと は見ないヘーゲルではエルバウウングは単なる信心、単なるお説教というほどの意味のものであり、また「お説教」は有難いものであるところからしては erbaulich は「有難い」を意味する。アフォリスメンの六六にも「宗教がなくなったからと言って、ひとは哲学に対して Erbauen に身をいれ、牧師の代理をすることを要求している」（ドクメンテ三七一頁）とあるのは、やはりロマンティカーを罵倒したものであろう、なお宗教哲学講義（一五巻二二頁）を参照。こういうヘーゲルに反対したのがキェルケゴールの Erbauliche Reden の立場である。

（3） 原語は *diese* Gegenwart であるが、このディーゼは単なる指示代名詞ではなく、一般に個別的現実的なものに関係する。このことは、I 感覚的確信の段階において Dieses が一種のカテゴリーとしての意味をもっていることから明らかである。こういう場合には以下でも「この」と括弧をつけることにした。

（4） ヘーゲルは一八〇二年から翌年にわたってシェリングと共に『哲学の批判的雑誌』を刊行したが、これにシェリングは『哲学的な関係におけるダンテ』を寄稿しているところからすると、本文ではダンテが念頭におかれているようである。

一〇（1） ルネッサンスから啓蒙への時代が意味されている。

（2） 「信心」については註九の2を参照。

（3） 原語は das prophetische Reden であるが、本訳書四六頁にも出ている。ロマンティカーに関して用いられることが多く、本論では例えば、V 理性の確信と真理のBである「行為的理性」に属している「心胸《むね》の法則」や「徳の騎士」に関しても、同様の表現が用いられている。

（4） Horos はギリシャ語の ὅρος で、これはもと所有地などの限界標を意味するが、転じて物事の意味を限定すること、特に概念内容の定義(definitio)のことをさしている。

二（1） 内包と外延とが正確に比例するという思想は、Ⅲ 悟性における力とその発現(外化)との関係、V 理性の確信と真理における有機体の観察にさいしての内なるものと外なるものとの関係などにおいてしばしば出現してくる。

（2） 原語は Verstand であるが、全体をもろもろの側面ないし要素にまで分析すること、分割すること(三〇頁三段)及びひとつひとつの側面を固定させることとが Verstand の特徴である。固定させるところからすると、Verstand は verständigen 或は zum Stehen bringen という意味をもたせて用いられている。この点については Fichte の Grundlage der gesamten Wissenschaftslehre, Werke, Bd. I, Ausg. v. Medicus, S. 426. にある次の文章を参照すべきである。Es ist klar, daß, wenn das geforderte Festhalten möglich sein solle, es ein Vermögen dieses Festhaltens geben müsse; und ein solches Vermögen ist weder die bestimmende Vernunft, noch die produzierende Einbildungskraft, mithin ist es ein Mittelvermögen zwischen beiden. Es ist das Vermögn, worin ein Wandelbares *besteht*, gleichsam *verständigt* wird (gleichsam *zum Stehen gebracht* wird), und heißt daher mit Recht der *Verstand*.—Der Verstand ist Verstand, bloß insofern etwas in ihm *fixiert* ist; und alles was *fixiert* ist, ist bloß im Verstande *fixiert*. ヘーゲルがしばしば悟性をもって一面においては直観や表象によって与えられた全体をもろもろの構成契機に分析して区別や限定を立てるものとすると同時に他面ではこれらを凝滞させ固定させるものとしているのは、フィヒテの先例にしたがったことである。例えば大論理学(四巻)一七頁、エンチュクロペディー八〇節を参照。

（3） 旧約聖書、詩篇一二七の二に「エホバ、その愛しみたもうものに眠りのうちに賜物を与えたもう」(Seinen Freunden gibt er es schlafend)とあるによる。法哲学序文にも同様の語がでている。

（4） 註七の4に引用した一八〇六年夏学期思弁哲学終講の辞を参照。

（5） ヘーゲル論理学にある有名な「量の質への転化」の一例。

（6） カウフマン(一一三頁)は一八〇七年二月五日にヘーゲルの庶子が誕生したことに関係づけている。

（7） 原語は Leichtsinn であるが、本論では例えばⅦ 宗教の B 芸術宗教の喜劇に関しても用いられていて、変革期の心理的特徴としてヘーゲルがしばしば用いる表現である。

一二（1） 旧制度を建物に譬えてなされた変革期についての殆ど同様の叙述が一七九八年にかかれたヴュルテンベルグに関する論文にもある。金子・上妻訳『ヘーゲル政治論文集』(岩波文庫)参照。

（2） かかる場合の概念とは、実在性、現実性に対立して、即自的可能的たるに止まるものとしての概念のこと。

（3） 註七の1参照。

（4） これら二つのことは後にも(一二頁二段、四四頁)詳しく出ている。

一三（1） 註一一の2参照。

（2） 原語は esoterisch で exoterisch に対する。もとはアリストテレスがリュケイオンにおいて修辞学や政治学などを外部向けの通俗講義としたのに対して、自然学や形而上学は学園内部向けの専門講義としたことに由来している。ヘーゲル自身も一八〇二年の哲学的批評の論文では哲学というものは esoterisch たるべきものと考えていたが(註一の1参照)、ここでは「秘教的」はロマンティカーを攻撃するために用いられるようになっている。

（3） 原語は Vernunft であるが、語義のみについて言うと、Vernunft は vernehmen すること即ち聴くことに関係し、そうしてこの場合、聴かれるところのものは、基本的には神の語るところのもの即ちロゴスである。例えば歴史哲学講義(一一巻)六八頁にある次の文章を参照。Die Philosophie will den Inhalt, die Wirklichkeit der göttlichen Idee erkennen und die verschmähte Wirklichkeit rechtfertigen. *Denn die Vernunft ist das Vernehmen des göttlichen Werkes.* またその緒論のラッソン版(Vernunft in der Geschichte, 1920)の五五頁にも次のごとくある。Aber in der Vorstellung ist die Vernunft das *Vernehmen* der Idee, schon etymologisch das Vernehmen dessen, was ausgesprochen ist (*Logos*), —— und zwar des Wahren. Die Wahrheit des Wahren —— das ist die erschaffene Welt. *Gott spricht*; er spricht nur sich selbst aus, und er ist die Macht, sich auszusprechen, sich *vernehmlich* zu machen. Und die Wahrheit Gottes, die Abbildung seiner ist es, was in der *Vernunft vernommen* wird.

（4） カントにおいて悟性は Ich denke. ということその Ich であるところから、悟性は自我一般であり、また思惟するものである。

(5) 発展発達を学が必要とすると考える人々とこの必要を認めぬ人々との対立のことであるが、メッケは前者をもって啓蒙哲学者、後者をもってロマンティカーとしている。

一四(1) ここで「他の人々」とは、同じロマンティカーのうちで、シェリング及びその亜流を他の人々から区別することを意味するが、亜流としてメッケはイェナのアフォリスメンの九(註六八の3参照)に名のあげられている Görres と Wagner とをさすと考えている。

(2) ここで「絶対的理念」と言われているものは、後に四六頁に「三重性」と呼ばれているものと同じであって、所謂正反合の弁証法のことであろう。

一五(1) 「単調な形式主義」については、四四頁に「図式化する形式主義」としてさらに詳論せられている。

(2) 矛盾律或は自同律を存在論の最高原則としたヴォルフ哲学の場合を特にさすであろう。

(3) 「空無の深淵」というのは、シェリング哲学においては要するに一切が同一となることであるが、この表現はⅧ 絶対知の段階においても出てくる。なお大論理学(四巻)六六六頁参照。

(4) 思弁の原語は Spekulation であるが、ヘーゲルでは specto(見る)という意味が生かされている、即ち鏡にうつして己れの姿を見るごとく対立するもののうちに己れを見ることを意味する。しかし、ただ単に同一だけを見るものではなく、同時に区別をも認めるものであって、この意味において理性知と同一である。思弁から区別の面を捨てて同一の面だけを残すときには神秘主義が生ずる。エンチュクロペディーの八二節及びその追加参照。

一六(1) ここに訳者が括弧をつけた部分はシェリングの『ブルーノ』(一八〇二年)からのパラフレイーズであり(カウフマン)、そうして絶対者をもって A=A とすることも、シェリングの『私の体系の叙述』(一八〇一年)の第四節以下に出ている。

(2) 例えば Bei Nacht sind alle Kühe schwarz. 或は Bei Nacht sind alle Katze grau. というごとき諺であろうが、絶対者をもって暗夜とすることは、シェリングの『ブルーノ』にも出ている(カウフマン)。

(3) 習慣となって……障害をなしている若干の形式というのは、後に論ぜられるごとく、右の形式主義のほかには、真と偽との固定的対立、数学をもって認識の典型とする偏見、真理についての実体観などである。

一七(1) 第一段階はスピノーザ、第二段階はカントとフィヒテ、第三段階はシェリング。スピノーザ―カント―フィヒテ―シェリングの動きについてはⅧ 絶対知 の段階にも同様の叙述があるが、ただこの場合にはスピノーザとカントとの間に啓蒙の有用性 Nützlichkeit の立場が認められている。

(2) 否定態ないし否定性には二つの場合がある。ひとつは定在(ダーザイン)におけるものであって、この場合には否定は限定——すべての限定は否定の限定——或は質を意味しているが、いまひとつはかかるもろもろの限定を立てながら、これらを否定的に統一づける場合であって、このときには否定は本文におけるごとく主体ないし自我を、またそれらの運動を意味することになる。これが今後しばしば現れてくる否定の二重の意味である。

一八(1) 神の生命《いのち》についてはイェナ時代のヘーゲルにも思索のあったことは五六頁の総註に引用した一八〇六年夏学期における実質哲学講義が神の生経過 Lebenslauf Gottes についてのべている言葉によっても明らかである。ただし此処では愛 Liebe は Güte となり、これが裁き Gericht に対立している。

(2) 例えばノヴァーリスが『普遍草案』(Das allgemeine Brouillon)においてのべている考え(イポリット訳註による)。

(3) これらを欠いていない場合というのは、信と知という論文の終りに近い箇処で思弁的な受難の日 Der spekulative Karfreitag として叙べられている考え。

(4) 註九の2参照。

(5) 即自 an sich というのは「Aはアン・ジッヒにBである」という命題におけるアン・ジッヒである。この命題がAがBであるのは、なにか他のものに対し、他のものとの関係においてのことではなく、A自体において客観的に成立していることを意味しているかぎり、即自は自体的、客観的というのと同じである。しかし、この命題がAはBではあっても、これはA自身に対することではなく、即ちAの自覚するところではないことを意味するかぎり、即自は自覚的を意味するフュール・ジッヒ(対自)に対立する。そうして自覚的となることがまた現実的となることを意味するかぎり、即自的は可能的、含蓄的と同じであり、したがって即自が目的を意味することもある。そうして自覚的となり、現実的となるには媒介が必要であるところからしては即自的は直接的、無媒介的と同じである。またAはBではあっても、Bたることを自覚するのはより高次の立場、そうして究極的には絶対知の立場にある哲学的考察者としての「我々」に対してのみ成立しているところからすると、即自的は「我々に対して」für uns と同じである。

(6) 原語は Entfremdung でマルクスによって有名になった表現。一般には「疎外」と訳されている。

(7) 「対自的」の原語はフュール・ジッヒ、註一八の5参照。しかし対自に対立するものは即自だけにとどまるのではなく、同時に対他でもある。例えば知覚される物が他物に対してはしかじかであるのに、対自的にはそうではないという場合のごとくである。この場合には対自はむしろ即自である。さらに対他の「他」が他物というごときものではなく、他の人々であることがある(例えばⅤのCのaにある「事そのもの」の場合、四一八—四二四頁参照)が、この場合には対自的に存在するというのは、自分だけで存在するということである。そうしてこの意味が自覚的を意味する対自としばしば重なりあっている。

(8) 哲学史講義(一九巻)六六四—六七五頁によって明らかなるごとく、ここで Form 及び Wesen と呼ばれるところのものは、シェリングの哲学に関係し、前者は特殊者又は認識であり後者は普遍者又は存在である。なお Form が Wesen に等しい gleich というのは、シェリングにおいては両者が一であることを意味するが、ヘーゲルはこの「等しい」を「同格」と皮肉に解しているのであろう。なおシェリングの『私の体系の叙述』(一八〇一年)の一八節、一九節等を参照。

(9) 根本命題はたとい真であっても、まさに根本命題であって、実現を欠くが故に不完全であることについては二二頁二段参照。

一九(1) Prinzip=principium=Anfang.

(2) 註一七の2参照。

二〇(1) 原語は Aufheben であるが、ヘーゲルは最初はこの語を簡単に否定の意味に用いていた。例えばノールの編纂した『青年時代の神学論文集』の二六八頁、三〇〇頁などがそうである。しかし次第にこの語に肯定の意味をも導入しきたり、遂に大論理学の「成の止揚」という項の註解において、この語に、やめにする、終りにするという否定の意味と共に、保存するという肯定の意味をも与えて、自分の哲学の術語とした。これアウフヘーベンが止揚と訳される所以である。現象学においても、勿論この意味において使用せられることはあるけれども、しかし現象学はまだ過渡的段階で、この語はまだ明確に術語とはなっていない。

(2) 外的合目的性というのは、目的が物そのものに内在するのではなく、物は人間のいだく目的のためにあると考える啓蒙期によくあった有用性の思想、これを外的目的性の立場と見て、内的合目的性から区別したのはカント。この区別については例えばエンチュクロペディー二〇四節、三六〇節を、殊にアリストテレスの場合に関しては哲学史講義(一八巻)三四一頁を参照。もっとも啓蒙の「有用性」の原理にも、ヘーゲル独自の見地から、Ⅷ 絶対知においても、その意義を与えられている。

(3) アリストテレスにおいては、目的(τέλος, τὸ οὗ ἕνεκα)は形相因、動力因、質料因と共に自然の四因のひとつ。そうして目的因と動力因と形相因は結局のところ一であるから、目的因は同時に動力因であり、特に最高の目的である神は「動かされることなくして動かすもの」τὸ κινοῦν ἀκίνητον(アリストテレスの形而上学九篇七章)である。ただ本文においてはヘーゲルは目的因が動力因であることを独自の意味における「主体」たることと見ている。

二(1) それぞれシェリング、フィヒテ、ノヴァーリスの考えが暗に意味されているであろう。

(2) 判断における主語の何であるかは、述語において初めて表明せられるということについては、例えばエンチュクロペディー三一節、八五節、一六九節などを参照。

(3) 「存在」の場合の「古人」はパルメニデス、「一者」の場合はピュタゴラスであるが、エンチュクロペディー八五節で明らかであるように、これらはいずれもヘーゲル論理学の範疇である。その理由は範疇はすべて神或は絶対者の述語であるということに存する。なお、同じ例は六四頁左より七行にも出ている。

(4) 本文の言うことが成立するには、神が人格神であることを要するであろう。

三(1) 以上と同様の見解は五八―六〇頁にも述べられている。

(2) 同様の見解は差別の論文の概論的部分の「絶対的原則という形式における哲学の原理」に、またアフォリスメンの三三、四二、四五にもでている。

四(1) 東方的時代及びギリシャ・ローマの時代とから区別せられるクリスト教的ゲルマン的時代という時代区分はすでに『ドイツ憲法論』(金子・上妻訳『ヘーゲル、政治論文集』所収)において実質的に出来上っているから、「我々により近い時代」と言うのは、クリスト教的―ゲルマン的時代のこと。言いかえると、ヘーゲルはクリストの誕生をもって、それまでの世界史が新しい転回を行う軸 Angel(自然法学講義手稿、ドクメンテ三一九頁、三二一頁、歴史哲学講義四一〇頁)と見るが、この観点からすると、この軸以後の時代である。

(2) ここに使徒信条に示されている父子霊の三位一体の教義が生かされていることは明らかであるが、この三位はⅧ 絶対知の段階においては直接的存在―対他存在或は限定―本質或は普遍という形式において本論のⅠ 感覚―Ⅱ 知覚―Ⅲ 悟性にあたるものと説明せられている(下巻一一三九頁)。

(3) 即自且つ対自的は当面のテキストのように即自と対自とを合せたものとして術語的に用いられることもあるが、しかし現象学では必ずしもそうではなく、全くそれ自身において、全く独立的にというように普通の意味に用いられることもある。

（4） 註一八の5参照。以下において「我々に対して」が我々哲学的考察に対してという特別の意味をもつときには、括弧を附することにした。「我々」という場合も同様。

（5） 精神ではあるが、しかしまだ主体的ではなく実体的存在的対象的直接的なもののことで、精神的実在 das geistige Wesen とも呼ばれる。序文のほか本文でも例えば「事そのもの」に関連して両者ともしばしば用いられる。

二四（1） 創造の教義のごときものが考えられているであろう。

（2） テキスト二四頁二段上より一五行の Er の解釈についてはベイリー訳にしたがった。

（3） ヘーゲル論理学は「自然及び有限的な精神を創造する以前の神をその永遠な本質において叙述したもの」（全集四巻、大論理学の第一巻四六頁）であり、さらに論理的概念の外化と還帰とによってそれぞれ自然及び精神を認識するところに彼の体系が成立する。

（4） 原語は Äther である。ギリシャ人にとっては αἰθήρ は神々（天体）の住む明透な天空であり、アリストテレスでは人間の理性霊魂より遙に優れた天体霊魂にとってその体を形づくる元素で地水火風の元素とは異類のもの、即ちスコラ哲学者の第五元素である。イエナ論理学（ラッソン版）一九七頁でも、ヘーゲルはエーテルをもって「己れ自身に関係する絶対精神であるが、しかし絶対精神たることを認識はしないもの」であると言っている、即ち絶対精神の直接態であるとしている。本文にエーテルなる語が用いられるのは、「学」が常識よりも遙かに高次であることをさし、それが明透であるのは、絶対の他的存在のうちに純粋に自己を認識することに関する。

（5） ダッシュからあと、この文の終りまでのテキストは改訂にさいしての書込みである。

二五（1） 原語は die verklärte Wesenheit であるが、フェルクレールトというのは、もとはイエスがピリポ・カイザリヤ地方の或る山にのぼったとき（マタイ伝一七、マルコ伝九、ルカ伝九）の姿、また復活昇天したときのクリストとしての姿が光り輝きこの世のものとは見えないように思われたことをさす。つまりここでは絶対の他的存在のうちに純粋に自己を認識することを可能にするエーテルに比せらるべき哲学的認識が天上のものであって、地上のものではないことを意味する。

（2） 六世紀の偽ディオニュシィウス・アレレオパギタの影響でシナイの修道僧ヨハネス・クリマクゥスが同世紀の末に書いたと伝えられる『楽園への梯子』（クリマックス・トゥ・パラデェイスゥ）に由来する観念であろう。クリマックスは旧約聖書の創世記二八にある「ヤコブの梯子」にちなんで修道僧の修業の諸段階をもって楽園にのぼる三〇段階の梯子に譬えたのである(ニグレンの『エロースとアガペー』による)。

(3) 哲学的批評の論文にも「常識との関係においては哲学の世界はそれ自身としては顚倒せられたさかさまの世界である」と書かれている(註一の1参照)。

二六(1) 実体を自己が主体化することは自己だけがなすことではなく、実体自身が自分を主体化することであり、クリマックス(註二五の2)の梯子の観念から言えば、自己がのぼることとそれ自身が同時に実体のくだることである。これは序文でも今後しばしば現れてくる思想である。

(2) 初版には精神の現象学には「体系第一部としての」という規定がついていたが、これは改訂にさいしてヘーゲルによって削除された。

(3) 差別の論文のラインホルトに関する部分に彼が哲学に先立って哲学に至る基礎づけを論じたことがしるされていることから考えて、第一と第二とについてはラインホルトが実例であろうが、しかし第二についてはラインホルトが負うところ多いカント、そうしてまたフィヒテが例でもあろう(七五頁の総註参照)。第三は哲学史講義(一九巻六八一頁)のシェリングに関する部分に「ピストルから」という表現があるところから、シェリング及びロマンティカーをさすことは明らかである。

二七(1) 原語はBildungであって、教養、教育を意味すると同時に形成の意味がこめられている。こういうビルドゥングを世界史に適用するのは、レッシングが歴史をもって人類の教育過程と見たことに基づきつつ、ゲーテの『ヴィルヘルム・マイスターの修業時代』(一七九五—九六年)に代表せられる教養小説Bildungsromanの観念を織りこんだものである。なお本論においてビィルドゥングが特別に重要となるのは、VIのBにおいてであり、法哲学においてこれに対応しているのは市民社会(特に一八七節)である。

(2) 初版では「自己意識的精神」ではなく「世界精神」となっているが、次の段との関係からして初版のほうがむしろ妥当である。そうすると、「普遍的個人」というのは、時の経過が顕著な世界精神と必ずしも全く同一ではなく、個人であり個体でありながら、世界精神を、或はむしろそのひとつの段階ないし形式を徹底的に体現しているので、独自の形態として独立に存在しうる個体、即ち今日類型とか典型と言われているものをさすことになるであろう。じっさいにおいて現象学が文芸作品に表現せられている類型・典型を活用していることは、VのBに属する「快楽《けらく》と必然性《さだめ》」におけるファウスト、VIのA

「人倫」におけるアンティゴネ、Bの「教養」におけるラモウの甥などの例によって明らかである。

(3) 原語は Interesse であるが、これは inter-esse として dabeisein のこと。このことが特に明瞭なのはラッソン版歴史哲学序論 (Die Vernunft in der Geschichte) の五九頁。

二六(1) 今後しばしば用いられる表現であるが、個人にとって自分の本性でありながら、まだ身についていない、我がものとなっていない環境――当面の場合は三〇五頁と同じく文化的環境――というほどのことを意味し、まだ主体化せられていないために、「疎外」をまぬかれぬ実体というのと同じである。

(2) 註二六の1参照。

(3) 現象学において展開される「教養」の過程が内容から言ってあますところなきものであり、また形式から言ってひとつの段階から他の段階への移り行きが必然的であることとの理由は三三頁二段にものべられているが、さらに「緒論」において詳論せられている。

(4) 「形式」というのは東方的時代、ギリシャ―ローマの古代、中世より近代というごとき時代、さらにこれら時代の小区分がもつ独自の形式ないし形態のことで、結局においては時代というのと同じである。

二八(1) 原語は das erinnerte Ansich であるが、erinnern が innerlich machen であり内面化することを意味することについては、例えば哲学史講義(一八巻)二〇四頁の次の箇処を参照。In dem einen Sinne ist *Erinnerung* ein ungeschickter Ausdruck: und zwar in dem, daß man eine Vorstellung reproducire, die man zu einer anderen Zeit schon gehabt hat. Aber Erinnerung hat auch einen andern Sinn, den die Etymologie giebt, ——den: *Shichinnerlichmachen, Insichgehen*; dies ist der tiefe Gedankensinn des Wortes. その他エンチュクロペディー四五二節などを参照。

(2) ここでは三つの段階が区別されている。即ち(1) Dasein 即ち外界においてAが an sich にBであるという事実が原始的な又は外界に埋没せる Ansich(即自)、(2)次にこの事実が思惟された場合に自己(精神、或はむしろ表象)における存在 Ansichsein 又は das erinnerte Ansich が成立し、(3)さらにこれが悟性を通じて理性によって概念的に把握せられて対自的自覚的となるとき、実体は主体となるのであるが、ここで個人のなすべき転換は(2)から(3)へである。

(3) この精神は三二頁右より六行からすると、古代ギリシャの精神。

三〇(1) 普遍的自己ないし思惟というのは、「我、考う」の自我のことであり、また三〇頁三段から論ぜられる悟性のことである。

なお再版にさいしてのヘーゲルの改訂はここまでである。

(2) グロックナー版、ボーラント版、ヴァイス版及びズールカムプ版によって erkannt をイタリック。

(3) 大論理学(四巻)二三頁、エンチュクロペディー一九節にも同様のことがでている。

(4) 「もろもろの思惟せられたもの」というのは、カントにおいて「我、考う」の我である悟性が使用する諸範疇にあたるところの Gedankenbestimmungen のことである。直観ないし表象をこれらにまで分析するところに悟性の長所があるが、それぞれを別々に定立し固定させ(註一一の2参照)、したがって併在させるのが悟性の短所であって、これらを流動にもたらして否定的に統一づけるのが「理性」である。

三一(1) シェリングへの反対のために、ヘーゲルは「直観」の立場をしりぞけるに急であるけれども、イェナ時代の精神哲学(特に『実質哲学』第二巻のインテリゲンツという段階)が直観―記憶―表象―概念という段階を設定しているごとく、彼においても認識にとって最初にあるものはやはり直観である。だから本文に「円環」というのは悟性によって分析せられる以前に直観或は表象によってとらえられている具体的全体のことである。

(2) テキスト二九頁下より一一行 das Gebundene を das gebundene と読んだ。

(3) VIのCのc全的に知ること(良心)及び VIII 絶対知の段階でも言われていることを併せ考えるならば、ノヴァーリスの耽美主義に対する反対であることは明らかである。

(4) 「精神の生」に関しては、「生命《いのち》を得る者はこれを失ひ、我がために生命を失ふ者はこれを得べし」(マタイ伝一〇の三九など)という思想、したがってまたイエスの十字架の死と復活、パウロの十字架のロゴスと和らぎのロゴス、さらにディオニュソスがティタンたちに八つ裂きにされてよみがえったというザグレウス神話などが構想の基礎をなしている。

(5) 分裂のただなかにあって統一を恢復するところに精神の真の生命があることは、VIのB 教養の段階における「分裂の辞」において特に顕著である。

(6) 「さきに」とは一六頁二段。

三二(1) 哲学が「そこ」の存在に関わっていた時代とは「ソクラテス以前の時代」であって、この関わりの一応の完成はソクラテスであり、ひいては「アテナイの哲学」であろう。ソクラテスについては、ヘーゲルは実践的な方面においてもまだ自然的であることをまぬかれぬ人倫(ジットリッヒカイト)から主体的な内面的な道徳性(モラリテート)或は全的に知ること(良心)

の立場への転換を成就したと考えているが、これについては哲学史講義(一八巻)におけるソクラテス論参照。しかし現象学ではストア主義をもって表象に対して思惟を確立したものと見られているが(一九九頁)、ここからすると、「古代」とはストア派までとなる。またホフマイスターは本文に示されているような古代思想と近代思想との対立はヘーゲルがギムナジウム時代から親しんだ啓蒙哲学者ガルヴェ Christian Garve 1742–98 の著作及び彼がドイツに紹介したイギリスのファーガソン Adam Ferguson 1723–1816 が An essay on the history of civil society, 1766 において示した思想の影響に起因するものと見ている(ドクメンテ四一二頁)。

(2)「前に」とは三〇頁二段からの悟性についての論のこと。

三三(1) ここで放棄されるところのものは、一方では対象に対立せる自我ないし悟性の固定性、他方では悟性が対象について定立するもろもろの範疇的な思惟規定相互間の固定性である。

(2)「学」とはとくに論理学。

(3) ここに「予備」とは精神の現象学。

(4) 原語 Räsonnement(räsonnieren, fr. raisonner)はヘーゲルにおいても、少くとも多くの場合、悪い意味に用いられるが、彼がこの語に与えた意味は大論理学(四巻)五八一頁の次の文章によって明らかである。*Das Aufsuchen und Angeben von Gründen*, worin vornehmlich das *Raisonnement* besteht, ist darum ein endloses Herumtreiben, das keine letzte Bestimmung enthält; …… Was Sokrates und Plato *Sophisterei* nennen, ist nichts Anderes als das *Raisonnement aus Gründen*, またエンチュクロペディー一二一節註解でもレーゾンヌマンとは、主観的な形式的な不十分な理由(raison, Grund)をこじつけることであり、牽強附会であり、したがって或る場合には詭弁と同一であるとされている。それで本訳書では「理由づけ」とか論弁とか訳したこともある。

(5) 例としてはラインホルトの場合が意味されている。註二六の3参照。

(6)「世界性」ということは、特に VI 精神の段階からは、それまでには「意識の諸形態」であったものが同時に「世界の諸形態」であることにおいて顕著に現れている。

(7) 註三〇の1及び註二六の2参照。もし晩年の改訂が此処まで及んでいたとすれば「学の第一部」は削除されたはず。

三四(1)「若干の固定的思想」というのは一六頁左より六行の「若干の形式」にあたり、そのうちには真なるものと偽なるものとの固定的な対立も含まれている。したがって此処ですぐ三六頁の「哲学的真理」に移るとも解されうるが、テキストの目次の小見出しの頁づけにしたがってなお現象学の説明が続くものと解しておく。

（2）「現象学」が「意識の諸形態」を論ずるものであることはVの終りまでにおいて顕著なこと。

（3）「現象学」が意識経験の学であることは結論において詳論せられている。

（4）Ⅷ 絶対知の段階にも「経験のうちにない如何なるものも知られることはない」とある。

三五（1）「若干の古人」とはレウキッポス、デモクリトスのこと、哲学史講義（一七巻）三八七頁、大論理学（四巻）一九四頁参照。なお魂（ゼーレ）はヘーゲルにおいてもギリシャ哲学におけると同じく運動の原理であるが、しかし精神よりは低次の段階である。

（2）二三頁右より九行参照。

（3）ヘーゲルの「概念」が自己（Selbst）ないし自我と不離のものであることは、ここに極めてよく現われているが、Ⅷ 絶対知の段階においても、「自我とは概念としてそこに存在するようになったところの純粋概念である」と言われている。

三六（1）ヘーゲルが偽なるものに意義を認めると言っても、あくまでもそれを否定的なもののひとつと見てのことであって、普通に認識及び実践において偽なるものと言われているものをそのまま承認するのではない。

（2）「前に」とは二六頁左より三行。

（3）この「表象」は一六頁の「若干の形式」、三四頁の「若干の固定的な思想」のひとつ。

（4）出典はレッシングにある。„Er will Wahrheit. Wahrheit! Und will sie so baar, so blank, *als ob die Wahrheit Münze wäre!*" Lessing: Nathan, 3, 6.

三七（1）実体が自我と対象との区別を含むことについては三五頁を、両方の区別については註三三の1参照。

（2）一七頁左より三行の「己れを再興する相等」に同じ。

三八（1）対立するものは総合においては、もはやその契機となっていて、総合以前とは同一ではない。差別の論文でも、フィヒテ哲学を叙述するに当り、次のごとく言われている。「フィヒテにとっては対立するものは総合以前においては総合以後とは或る全く異ったものである。総合以前にはただ単に対立するものであって、それ以上の何ものでもない。一方は他方ではなく、他方は一方ではない」（第一巻八四頁）。また現象学のⅦのC 啓示宗教でも本文と同様のことが言われている。

（2）ヘーゲルは独断論をもって相対立する二つの主張或は命題のうちで、一方は真、他方は偽でなくてはならぬものとする立場と規定している。エンチュクロペディー三二節。
（3）シュターディウム Stadium はギリシャにおける尺度、トアズ Toise は古代フランスにおける尺度。
（4）哲学的真理については四四頁参照。
（5）原語は historisch であるが、語義については註三の2参照。
三九（1）シーザーは殺されたときに五六歳であったという古代からの伝承によって、生れたのは紀元前一〇〇年であったと信ぜられていたのに、ヘーゲルより後にモムゼンが研究の結果、生誕は一〇二年であることを確定したのを、カウフマンは実例としてあげている。
（2）数学についてはヘーゲルは一八〇六年の夏学期に Konrad Stahl の Anfangsgründe der reinen Arithmetik 及び Johann Lorenz の Grundriß der Arithmetik und Geometrie をテキストに使って講義しているが、数学に関する彼の見解はイェナ論理学及び大論理学によって知ることができる。
（3）作図の証明せらるべきものに対する外的合目的性に関しては大論理学（五巻）三一一頁、イェナ論理学（ラッソン版）一二一頁などを参照。作図のこの点についてのヘーゲルの非難にはデカルトにおける解析幾何学の構想に通ずるものがあるが、大論理学における「量の無限性」という段階を参照。
四〇（1）ヘーゲルの論理学が存在―本質―概念という構造をもつところから、イポリットは註において次のような意味のことを言っている。哲学即ちここでは論理学は存在の弁証法と共に本質の弁証法を具えている。前者では反省が事柄に対して外面的であるから本文の言う認識に対する定在の生成を示すものであるのに対して、後者では生成は内面的であるから、本文の言う本質の生成を示すものであり、しかも論理学は最後にこれ等二つの生成を概念の立場において統一づけるのに、数学は存在の論理学で取扱わるべき量の立場にとどまるものであるにすぎぬ。だから数学は外面的反省、即ち認識との関係における反省を具えるのみであって、その方法は哲学の方法たることはできぬというのである。しかし、むしろ五〇頁二段に論理学的思考は一方では定在の定立であると共に他方ではこの定在を全体の契機にまでおとすものであると言っていることから理解せらるべきであろう。

四二（1）「一」については次の段で論ぜられている。
（2）哲学の関わる現実については四四頁において論ぜられている。

（3） これらの問題は、何れもすでにイェナ論理学において論ぜられている。
（4） 精神ないし概念は否定の否定であるが、時は今の否定の否定であり、したがって時は「そこ」に存在する概念である。Ⅷ 絶対知の段階をも参照。

四三（1） 法則のことであるが、法則はヘーゲルにとっては例えば落下運動の法則における時間と空間とのごとく対立したものの総合を表現しているから、総合命題をなすものであり、そうしてこの総合は事柄の本性に基づくから、本文にあるごとく経験から拾いあげらるべきものではなく、概念によって把握せらるべきものとしてカントの所謂先験総合命題である（註一五〇の1参照）。したがって法則と概念とは甚だ相近いものであるが、概念の場合には対立するものが契機として動的に相互転換するところにその特徴があるのに対して、法則においては両者は相関係しながらも固定的である。この固定的であることをヘーゲルはしばしば存在的 seiend と言っているが、法則の場合には対立するものの関係が量によって外面的に規定せられ、数式によって表現されるのもこれがためである。なお法則と概念の関係については、Ⅲ 悟性及びⅤのAに属する有機的なものの観察における所論が参考にせらるべきである。
（2） 挺子の平衡の法則についてはエンチュクロペディーの二六一節、落下運動の法則については二六七節参照。

四四（1） アリストテレスの形而上学一〇七一b6「運動が生成し消滅することはありえない。なぜなら、それは永遠に存在するから」。
（2） 初版の文章には破格があり、原文は全集版、ラッソン版、ホフマイスター版で相違している。しばらくホフマイスター版にしたがっておく。なお舞踏については所謂『体系断片』（ノール三五〇頁）にもやや似た叙述がある。
（3） 四一頁右一行「かたく思いこまれ私念されていた諸思想」に同じ。
（4） 「憶《むね》のうちに収められる」のはⅧ 絶対知の段階においてのことである。なお原語 erinnern の語義については註二九の1参照。

四五（1） 方法についてのヘーゲルの見解は大論理学の緒論において明らかである。
（2） 原語は der wissenschaftliche Staat であるが、テキスト四一頁二段上より三行の das wissenschaftliche Gepräge はその言いかえであるから、この Staat は例えば in vollem Staat（盛装して）の Staat であろう。
（3） 「すでに」とは四一頁三段。

四六(1) 会話については註四の2、記述的については註三の2、序文については三—六頁を参照。

(2) 原語の räsonnierend については註三三の4参照。

(3) 「すでに」とは二六頁二段。

(4) ロマンティカーのことを意味しているが、予感 Ahnen についてカウフマンは一八〇四年までイェナ大学でヘーゲルの同僚であった Jacob Friedrich Fries の Wissen, Glauben und Ahnung, 1805. ことをあげている。

(5) 三重性とは正反合の Triplizität のことであるが、これがカントにおいて本能によって再発見せられたというのが何を意味しているかは、哲学史講義(一九巻)五六六頁に Die Triplizität, *diese alte Form der Pythagoreer, Neuplatoniker und der christlichen Religion,* kommt hier, wiewohl ganz äußerlich, wieder hervor.……Es ist großer *Instikt* des Begriffs, daß er (Kant) sagt: Die erste Kategorie ist positiv; die zweite ist das Negative der ersten; das Dritte ist das Syntetische aus beiden. とあることによって明らかである。即ち三重性の原理はすでにピュタゴラス学派、新プラトン学派、クリスト教の三位一体の教義などにあったものであるが、カントが範疇論において例えば質の範疇がもつ実在性—否定性—制限性という構造に正反合の関係を認めたこと(『純理批判』B一〇九—一一一)が「再発見」の意味である。カントにおけるこのような範疇構造がフィヒテにおいて定立—反定立—総合の方法となり、シェリングにおいてはさらに両極性とその同一性の原理となったことがこの原理が絶対的意義のものにまで高められたことを意味するのである。ヘーゲルはすでに信と知という論文においてカント哲学を取扱うにあたり、カントが範疇の構造に関して、悟性としての思惟も三重性という真なる形式を具えることを発見し、これによって事実上すでに悟性を理性にまで高め、思弁的なるものの萌芽を発生させたことを重大な功績に数えている。

四七(1) 「さきに」とは一一頁の「原理は完成ではないこと、形式主義に対する反対」という項。

(2) シェリングの自然哲学にヘーゲルが与えるをつねとする特徴のひとつ。詳しくは註二五三の1参照。

(3) 原語は Konstruktion である。カントが『自然科学の形而上学的基本原理』(一七八六年)において引力と斥力という根本的な二つの力から物質を「構成」したことがシェリングの自然哲学に多大の影響を及ぼし、広く世に用いられるようになった概念である。そうして構成の考えそのものはヘーゲル自身も採用するところで、この点ではイェナ論理学(例えばラッソン版二頁)以後一貫している。

四八(1) John Brown (1735–88) が Elementa medicinae (1780) においてのべた刺戟説 Erregungslehre によると、人体においては刺戟の増加と共に Erregung は増加し Erregbarkeit は減少し、そうして刺戟の減少と共に Erregung は減少し Erregbarkeit は増加する。そこで Erregbarkeit を犠牲にしてえられる Erregung は強力症 Sthenie であり、Erregung を犠牲にして得られる Erregbarkeit が無力症 Asthenie である。さらに強力症と無力症との各〻について直接間接の区別が立てられるのであるが、強力症の治療法は漸次に減少する刺戟による Asthenisieren (Schwächen) であり、無力症の治療法は漸次に増加する刺戟による Sthenisieren (Stärken) である。したがって本文の「強化」Stärken 及び「弱化」Schwächen もこの治療法に関係するであろう。シェリングは『自然哲学体系第一草案』Erster Entwurf eines Systems der Naturphilosophie, 1799. (Werke, II, S. 233 ff. Ausg. v. Schröter.) において右の学説を採用している。なおエンチュクロペディー二五九節、三七三節を参照。なおブラウンについてはクーノー・フィシャーの『近世哲学史』中のシェリングの巻(三四〇頁)によった。

(2) 例えば植物が炭素を、動物が窒素を代表するというステッフェンス Herik Steffens (1773–1845) の説を、シェリングは採用して『力学的過程の一般的演繹』(Allgemeine Deduktion des dynamischen Prozesses, 1800) の第一節において次のように言っている。「植物は炭素極を代表し、動物は窒素極を代表する。したがって動物は南極であり、植物は北極である」。また一八〇一年の『私の体系の叙述』においても同じである(シュレーター版全集三巻一〇三頁)。さらにこの書の一五二節には次のように言われている。「磁気が相対的同一を代表するものとして、むしろ理性に相応するのに対して、電気は相対的二重化を代表するから、悟性は電気である」。

(3) 原語は Genialität であるが、この語はロマンティカーに関して用いられるのがつねである。

四九(1) 新約聖書のピリピ書二の一〇に「これ天に在るもの、地に在るもの、地の下に在るもの、悉くイエスの名によりて膝を屈め……」(Daß in dem Namen Jesu sich beugen sollen aller derer Knie, die im Himmel und auf Erden und under der Erde sind, ……) とあるを参照。

(2) フィヒテの著作『最近の哲学の本来的本質についての公衆に対する日のごとく明らかな報告』Sonnenklarer Bericht an das Publikum über das eigentliche Wesen der neuesten Philosophie (1801) の題が利用されている。

(3) 自然哲学の批判から同一哲学の批判への移り行き。

(4) 「さきに」とは一五頁二段。

（5）「死せる悟性」は五〇頁左より五行において「一覧表を作成する悟性」と規定せられている。
五〇（1）一三頁一段において理解され易い形式を仕上げ完成することが学にとって不可欠の契機とされていたことに注意。
（2）この段の意味は明瞭ではないが、およそ次のごとくであろう。即ち三重性の思想はたしかにシェリング及びその一派によって悪用せられはしたが、そこにはこの原理がやはり卓越したものとして、たとい彼らの精神に対してではないにしても心情に対しては迫力をもっていたことが示されているし、また悪用を可能にしたものも卓越したものにとっても形式の完成が必要であるということであるというのであろう。
（3）魂（ゼーレ）は自分で運動するもの、運動の原理、註三五の1参照。
（4）この現実性とは四四頁において哲学的真理に関して言われていた現実性のこと。
五一（1）ここで prädizieren というのは二二頁右より三行において「くっつけること」heften（aufheften）であったのと同じことを意味する。主語が不動の実体であるとき、ヘーゲルは述語を与えることを beilegen とも言う。例えばエンチュクロペディー二八節、三三節。
（2）「さきに」とは一六―二四頁。
五二（1）所謂「質の弁証法」のことで、論理学の質範疇が論ぜられている箇処のほか、現象学ではII 知覚の段階においてとくに対自と対他との弁証法として論ぜられている。
（2）エンチュクロペディーの二六―七八節において述べられている「思想の客観性に対する三様の態度」から言えば、ここで「主張する独断論」と呼ばれているものは、第一の態度（二六―三九節）即ち悟性の態度であり、「断言する独断論」とは第三の態度（六一―七八節）即ち直接知の態度であろう。殊に主張 Behauptung が第一の態度に、断言 Versicherung が第三の態度に関係することについては、三二節及び七一節を参照。
（3）詭計 List は「理性の詭計」として歴史哲学の重要な概念。歴史哲学講義（一一巻）六三頁。
五三（1）原語は zusehen であるが、これは緒論において重要な概念となる。八四頁に始まる「知と真」という項を参照。
（2）「さきに」とは三一頁。
（3）ヘーゲルのアナクサゴラス観については、哲学史講義（一七巻）四〇七頁、歴史哲学講義（一一巻）三七頁を参照。
（4）アテナイの哲学者。

(5)「建徳」については、註九の2参照。

(6) 現象学をかくにさいして自国語を尊重することをもって、ヘーゲルがひとつの方針としたのは、フォス宛書簡(書簡五五号)によって明らか。註一の1参照。

五四(1) 悟性、したがって Verständigkeit はそのままでは不動性・固定性として生成に対立する(註一一の2参照)のであるから、本文の悟性は大論理学の初版の序文に所謂理性的悟性のことである。

(2)「思弁」の語義については註一五の4を参照。

五五(1)「すでに」とは四五頁二段。

(2) 後の六六頁から考えて、一方は常識主義、他方はロマンティカーの直接知の立場。

(3) テキストの四七頁下より二行の Eine solche Aufnahme より四八頁上より九行までの文章には破格があるようで意味は明確ではない。

(1) 四八頁上より一行の zu sein という不定詞を四七頁下より一行の die erste Reaktion という名詞の内容を説明するものと解すると、この不定詞は四七頁下より二行の pflegen にかかるのではなく、この動詞は die erste Reaktion (最初の反撥)を客語としてもつ他動詞として、培養する、育てる、奨励することを意味することになる。しかし、かく解したときには四八頁上より六行の so wie 以下において die erste Reaktion に応ずる客語が出てくるはずであるのに、七行の besteht まではそうはなっていない。したがって zu sein という不定詞は「最初の反撥」の説明であると同時に pflegen にもかかり、したがってこの動詞は自動詞として「……であるをつねとする」ことを意味することになる。

(2) so wie より以前と以後との意味は、新しいものが提供せられたとき、世人は一方ではすぐに反撥することがあると同時に、他方では最初は拍手喝采をもって熱狂的に歓迎しておきながら、やがて反撥に転ずることもあるというのであることはほぼ明らかであるが、そうであるとすると、四八頁上より七行の derselben Art は「同一の種類の」ではなく、「対応する種類の」を意味することになる。この句は日本語の立場からしてもかかる意味をもつことができるし、殊にヘーゲル当時の用法ではかかる意味をもちえたかも知れないが、とにかくイポリット訳はこの意味に解しており、訳者もまたこれが正しいと思う。しかしテキストにおいてこの句を説明すべき in dem besteht, was 以下は文字通りには「他の領域において超革命的な言動がそうであったところのもの」を意味するが、先ず「他の領域」というのは哲学に対する政治の領域であるに相違ないとしても、次に政治家の超革命的言動が能動的に反撥を惹起したのか、それとも反撥を蒙ったのかは明らかではない。しかし事実関係からすれば、後者であろう。即ちフランス革命の勃発当時には政治家の言動は最初は熱狂的歓迎を受けていたが、やがてこれは激しい反撥へと転じた。少くもヘーゲルの身辺においてはそうであったことは書簡六がロベスピィエールの没落をもって当然としていることによって明らかである。

五六（1）註三五の1参照。
（2）註一六の3参照。
（3）原語は Räsonnieren であるが、その語義については註三三の4参照。
（4）五二頁左より三行「内容に内在的な自己」にあたる。
（5）五四頁左より八行及び五五頁右より一行参照。
五七（1）「すでに」とは三七頁及び四四頁。
五八（1）「限定せられた否定的なもの」或は「限定せられた否定」とは今後しばしば現れてくる思想であって、例えば緒論（八二頁二段）参照。
（2）「さきに」とは五三—五四頁。
（3）原語は Subjekt であるが、この語がこの段において四重の意味に用いられていることについては、五六頁の総註を参照。なおこの段で論ぜられていることは、六〇頁三段からあげられている二つの実例の観点から解せらるべきである。
（4）註五六の4参照。
（5）五二頁左より八行及び五四頁右より七行の「生成」にあたる。
（6）原語は zugrundegehen であるが、ヘーゲルでは「没落する」という意味のほかに、根底に至るという意味をもっている。大論理学（四巻）五三九頁参照。
（7）三七頁右より七—九行、五七頁左より一行参照。
六〇（1）例えば「外は内である」とか「個別は普遍である」とかいう場合に、主語と述語とが全く同一であるとするところに同一性命題が成立し、対立していると同時に同一に帰するとするときには、思弁的命題が成立する。
（2）「相反するものから最も美しいハルモニアが生ずる」と言ったヘラクレイトスのこと（ディールス断片集の八）を想わせる。

六二(1) 述語がわざわざ名詞 Substantiv であるのは、それが主語である実体 Substanz の本質であることを示さんがためである。
(2) 「投げかえされる」というのは、五九頁左より八行に論弁的な思惟が述語づけの進行を阻止 hemmen されて反撃 Gegenstoß を蒙るというのと同じである。
六三(1) 原語は plastisch であるが、これはヘーゲルでは美学上の概念であるにとどまらず、真実の「哲学的叙述」を特徴づけるものである。大論理学第二版の序文を参照。

六三(1) 原語は geschehen であるが、この語はヘーゲルでは、いかなる理由で起るのかわからずに、ただ起ること、即ち happen するのを意味することが多い(例えば、Ⅳ 自己意識のスケプシス主義の段階、二〇五頁参照)。この特別の意味に用いられているときには、「出来する」というように括弧をつけることにした。
(2) 表現の形式から言えば、主語と述語とを関係づける理由が媒語として定立せられて、判断が推理となる必要のあることをさしている。
(3) 阻止が内面的であるというのは、阻止或は反撃を内面的に感ずるにすぎぬということであり、命題の形式そのものに即して言えば、繫辞アルにとどまって、推理の場合のごとく媒語として明示せられぬことである。
(4) 五五頁右より七行の「神的直観」を参照。
(5) 弁証法が証明から分離せられたというのは、カントの『純理批判』において弁証法が「真理の論理学」である分析論から追放せられて、「仮象の論理学」である所謂弁証論となってしまったことを意味することは明らかであるが、さらにアリストテレスにおいて証明(アポデイクシス)によって成りたち、そうしてカントの「真理の論理学」にあたる意義をもつところの『後分析論』(アナリュティカ・ポステリオーラ)からも弁証法はやはり追放せられて、『トピカ』の、殊に『ソフィストの反駁』即ち詭弁の論理とされたことをも意味するであろう。
六四(1) 理由を与え条件を示す形式 Form des Begründens und Bedingens というのは、数学のものであると同時に、哲学としては差別の論文における「ラインホルトの見解と哲学」という項から考えて、ラインホルトに代表されるものをさしている。
(2) 弁証法運動の成立する境地である「純粋概念」は三五頁の左より六行によって明らかなるごとく自己的、したがってまたこの運動の内容は主体である。なお五六頁の総註を参照。
(3) 五八頁左より八行にも出ている。

(4) 二一頁左より三行にも存在と一者とは純粋概念の実例としてあげられていた。

(5) この「障害」は一六頁左より六行のものと同一。

六五(1) 五五頁右より六行にかけても出ていた。

(2) 靴を例とする同様の論はエンチュクロペディー五節に出ているが、哲学史講義(一九巻)五四四頁ではヤコービィとの関連において出ている。

(3) 自然法の論文の最後の節では哲学としての自然法学と実証的な法科学との関係に即して本文と同様のことが語られている。

六六(1) 原語は der gesunde Menschenverstand であるが、イェナ時代において、これについてヘーゲルが論じた主なものは、差別の論文のうちに含まれている「思弁と健全な常識との関係」及びカント主義者で一八〇一年にはフランクフルト・オーデルの教授となり、さらにカントの没後、ケーニヒスベルクにおいてその後継者となった(一八〇四年)クルーク Wilhelm Traugott Krug (1770–1842) の諸作を評した常識の論文(一八〇二年)があるが、ヘーゲルにおいて常識が絶対者に関する信 Glaube の意義をもつことを示しているのは前者である。本文において常識主義とロマンティークとがならべて論ぜられ、一から他に自然的に移行しているのはこのためである。

(2) ヘーゲルがコーヒ好きで、その代用品をきらったことは一八一四年四月二九日ニュルンベルクよりのニートハンマー宛書簡(二三三号)によって明らかである(カウフマン)。

(3) イェナ時代のアフォリスメンの九にも「かつて詩人の天才語り Geniesprache のあったように、現在は哲学者の天才時代であるようである」とある。また哲学史講義(一九巻)のシェリングに関する部分には一八〇五年冬学期講義から次のような文章が採用せられている(六八一頁)。「二五年前には文芸に関しても、同じようなことが起り、天才の霊感が文芸を簒奪してしまい、ピストルからでものように全くめくらメッポウに自由に詩人としての感激において詩作した。そのさい生み出されたものは気狂いであるか、そうでないとしても、あまりにも平凡な散文であったので、内容は詩であるには余りにも拙劣なものであった。」この文章からすると、詩人の時期というのは、イポリット訳の註にあるように、所謂シュトルム・ウント・ドラングの時代のことであろう。

(4) フリードリッヒ・シュレーゲル(一七七二—一八二九年)は一七九八年から一八〇〇年までイェナにおいて兄アウグストと共に雑誌『アテネウム』を編集していたが、このシュレーゲルの詩作に関連して哲学史講義(一九巻)六四三頁に「この詩は概念の普遍性及び形態の限定性とそれらのどうでもよさとの間で動揺しており、獣肉《にく》とも魚肉《さかな》ともつかぬものであり、詩とも哲学ともつかぬものである」とある。

六七（1） 五五頁右より七行参照。

（2） ほぼ同様のことがVのBに属する徳の段階に出ている。三九三頁参照。

（3） 原語は letzte Dinge であるが、これは旧新約聖書に含まれている所謂終末論 Eschatologie の終末 τὰ ἔσχατα を意味しうる。タ・エスカタというのは現在の世（コスモス・フートス）が終りに近づいたとき、メシア或はクリストとサタンとの間に行われる戦い、死者のヨミガエリ、最後の審判、審判に耐えたものに来たるべき世に生きる光栄ある姿などのことで、新約ではヨハネ黙示録がかかる隠れた終末を顕わにした啓示（アポカリュプシス）である。本文の letzte Dinge 或は次の文章の letzte Wahrheiten は直接にはかかる終末を意味しているわけではないにしても、しかし語感としてはこの意味を伴っている。これはすぐ続いて信仰問答書（カテキスムス）という表現が出てくることによって明らかである（なお註七〇の3参照）。そうして信仰問答書としてヘーゲルの受けた教育から言ってもっとも手近なものをあげるならば、一五二九年に出版せられたルターのものが考えられる。

（4） この語はⅡ 知覚の段の終り（一二六頁）にも出ている。

六八（1） シュライエルマッヘルに代表せられる所謂感情神学 Gefühlstheologie の人々に対する反対であろう。

（2） 「王者の道」というのは、新プラトン派のプロクロス（四一〇年或は四一一―四八五年）がかいたエウクレイデス（ユークリッド）の幾何学の註解書のうちに伝えられているエウクレイデスに関する逸話に基づいている。即ちエジプト王プトレマイオス一世がエウクレイデスに向ってその一三巻からなる幾何学を読まずに幾何学に通暁する道はないかと尋ねたのに対して、エウクレイデスは「幾何学に至る王者の道はない」と答えた逸話に基づいている。イェナ時代のアフォリスメンの五二には、エウクレイデスのこの語を使って「哲学における普通の意味での王者の道は事柄についてのあらましの表象をえんがために序文や批評を読むことである」とあり、五三には「研究にさいしての究極の意味における王者の道は自分で思惟することである」とある。

（3） 「最高の火天」の原語は Empyreum であるが、これは ἔμ-πυρος なるギリシャ語に由来する。empyros における em は「の中に」を、pyros（二格）の pyr は火を意味するから、empyros は in Feuer stehend（焼けている）を意味する。それでEmpyreum は宇宙の最高処に位する火天 Feuerhimmel のことである。なお「火天」についてはイェナ時代のアフォリスメンの九にはさきに註六の3に引用した文章に続いて次のごとくある。「哲学の天才たちは、例えば炭素、酸素、窒素、そうして水素をこね合せたものに他人の手によって両極性などいう言葉の書かれた紙を押しこめ、さらにうぬ惚れを示す木製の弁髪などを添えたものをロケットとして空中に発射するが、彼らのつもりではこのロケットが最高の火天をさしているのである。ゲーレス、ヴァグナーなどがそうである。彼らにおいては極めて粗雑な経験がもろもろの素や極についての形式主義といっしょくたになり、そうしてこれらの縁《ふち》が極めて不合理な類推と泥酔した思想の閃めきとによって飾られている」。ヴァグナーというのは Johann Jakob Wagner (1775-1841) のことで、最初はフィヒテの影響を受けたが、この手記の当時はシェリングの追随者であった人で、ヘーゲル書簡集にもしばしばその名が見えている(書簡集の人名索引参照)。ゲーレスも多分同じようにシェリングの追随者であろう。なお右の引用文の最後に出てくる「思想の閃めき」Gedankenblitz は本文にもあるものであるが、この語はアフォリスメンの二三にも出ている。いったい「テーバイに向う七人」というのはアイスキュロスの作品によって有名となったギリシャの古伝説であるが、その一人であるカパネウスはテーバイの城壁にのぼって、ゼウスといえども自分を止めえないと豪語したために雷火に打たれて死んだ。アフォリスメンの二三は「思想の閃めき」をこのカパネウスであるとしている。「学の真理はすべてを明るくし喜ばしくする光であり、また暖かさであり、この暖かさのうちにおいてすべては同時に生《な》り出で栄え、内なるもろもろの宝を生命の広がりのうちに展示する。しかるに思想の閃めきはカパネウスである。カパネウスは天上の火の形だけを下手な一時的な遺りかたで模して無に帰するようにして、なんら持続的な生命には到達しえないのであるが、思想の閃めきというのはこのカパネウスのようなものである」。

（4） 五六頁右より三行の「概念の努力」に同じ。

六九（1） 哲学史講義（一九巻）によって明らかなるごとく、ここで問題にされている時代は新プラトン学派の時代である。即ちこの箇処で(1)ヘーゲルは、プロティノスの哲学が Schwärmerei だと一般に言われるけれども、プロティノスに対してはプラトンと共にアリストテレスの影響の顕著であることを指摘している(四〇頁)。次に(2)ヘーゲルはプラトンのパルメニデス篇をもって、新プラトン学派、特にプロクロスが真の神学であると考え、神的実在のあらゆる秘儀の真の表現であると解したと言っている(七四—七六頁、一八巻二四四頁)。(3)ヘーゲルによれば、プロティノスのエクスタシスによって含意せられるところのものは、じつは思弁的な概念である(四五頁)。なおパルメニデス篇の讃美はすでにスケプシス主義に関する論文のうちにも出ている(全集一巻二三〇―二三八頁)。

(2) カント哲学とフィヒテ哲学のことであろう。

七〇(1) 時或は時代については、七頁左より六行及びその註を参照。

(2) 新約聖書、マタイ伝八の二一には次のごとくある。また弟子の一人いふ「主よ、先づ往きて我が父を葬ることを許したまへ。」イエス言ひ給ふ「我に従へ、死にたる者にその死にたる者を葬らせよ」(Folge du mir und laß *die Toten thre Toten begraben.*)。

(3) 新約聖書、使徒行伝五の九には次のごとくある。ペテロ言ふ「なんぢら何ぞ心を合せて主の御霊を試みんとせしか、視よ、なんぢの夫を葬りし者の足は門口にあり、汝をもまた舁出すべし」(Siehe, *die Füße derer,* die deinen Mann begraben haben, sind *vor der Türe,* und *werden dich heraustragen.*)。

(4) イエナ時代のアフォリスメンにも本文と殆ど同様の文章がある。即ちその三九は次のごとくである。「最近の年の市が我々の後世である。理性においてはすべてが互に接近するように、山頂から見れば、嵐は近づいている。汝をかつぎ出すべきもののどもの足は門口に立てり(Pedes eorum qui efferent te, sunt ante januam)」。また四〇には次のごとくある。「学。個人がこれをもっているかどうかは、個人自身が、また他の人々が断言することができる。しかし、その断言が真実であるかどうかは、最近の環境、当世の決定することである。そうして、たとい当世が賛成したとしても、後世が決定することである。じっさい意識は教養の点で非常に向上し、把握のうえにおける野蛮人のような頑固さはもっと流動的なものとなり、もっと敏速なものとなったから、僅かの歳月が後世をもたらすであろう。ヴォルフ哲学が五〇年以上も続いたのに、カント哲学についてはすでにその死刑の判決はくだっている。フィヒテ哲学に対してはその立場の査定はもっと急ぎ足でやってきた。シェリング哲学がその本質においてなんであるかは、近いうちに顕わとなるであろう。この哲学に対する審判は言わば門口に立っている。……」。これらの文章はいずれも本文における Mitwelt 及び Nachwelt という表現がそれぞれクリスト教の終末論における「この世」κόσμος οὗτος と「来るべき世」αἰὼν ὁ μέλλων を語感として伴っていることを示している。

七一(1) 一八〇一年のヘーゲルには「決意」と題する次のような詩がある(ドクメンテ三八八頁)。

神の子は雄々しく　完成の戦ひを挑むべし

汝《なれ》との平和を断てよ　世のわざを断てよ
努めよ　試みよ　昨日よりは今日、今日よりは明日と
さらば　汝
時にすぐるを得ざるも　いともよく時とはならむ

七三(1)　註一の1参照。

七五(1)　道具に対してここで手段 Mittel と呼ばれているものは、やがて明らかになるように媒体 Medium のことである。道具は能動的、媒体は受動的であるが、前者はカントにおいて自発性の能力である悟性に、後者は受容性の能力である直観にあたる。

(2)　窮極の目的とは絶対者の認識。

(3)　認識は物自体にまでは及ばず、現象にのみ関しうるというカントの説。

七六(1)　原語は Leimrute であるが、jm. auf den Leim gehen が或る人に捕えられる、だまされることを意味するように、原文でも、だます、籠絡する意味がこもっている。

(2)　このさいの副文章がハイデガーの基本命題とするものである。総註を参照。

七九(1)　凡俗の見解と「断言」するだけですませるのはシェリングの場合、より善き知の予感に訴えるのはフィヒテの場合である(註一二三の2参照)。フィヒテは「自我は自我である」という自己意識に絶対的意義を認め、これから非我や絶対者の認識を導き出さんとしたが、ヘーゲルは一層自然的な感覚と知覚と悟性という対象意識から出立して自己意識に移る。

八〇(1)　ハイデガーは、この道程 Weg をもって魂が神にまで旅をする道程 itinerarium mentis in Deum にあたるものと解しているが、これはフランシスコ教団の神学者として著名であり、またアレオパギタ偽書に親しんだボナヴェントゥラ Bonaventura(1221–74)の著書名でもある。なお、魂と精神との区別については註三五の1参照。

八一(1)　所謂デカルト的懐疑のことである。

(2)　この懐疑主義は次の段で説明されるように、ただ否定するにすぎないのではなく、否定が限定せられた否定 bestimmte Negation であることによって一定の結果をもたらす懐疑主義のことである。序文の五八頁右より二行を参照。

八三(1)　テキスト上より一五行の welche を welchen とする。

(2)　序文の二八頁二段参照。

(3) 本論の二〇三頁からのもの。

(八三)(1) 序文の五七頁二段参照。

(2) 序文の一五頁左より三行参照。

(3) 死という抽象的否定を越えて生きる überleben ところに意識の特徴のあることは自己意識の段階(一八九頁)においても説かれている。

(4) これがハイデガーが第一命題とするものである。緒論への総註参照。

(八四)(1) 原語は Gewalt であるが、これはハイデガーが根本命題とする「絶対者は即自且つ対自的に我々のもとにあり、またあることを意志する」における絶対者の意志からくるものである。

(2) alles in seiner Art gut zu finden という表現は、VIのB 教養の段階にも出てきて、そこではこのアルトは「まがいもの」を意味する Espèce と同一視されているから、「すべてをそれなりに善いと見出す」ということを意味する。なお続く本文では、それなりに善しと断言せられるものを、まさにその理由によって理性が認めないと言っているのは、意識は個体であり種であると同時に類であり(一七九頁参照)、またそうであるべきことをも意味している。

(3) 同様のことがVIのCにある「美魂」についても説かれている。

(八六)(1) これは論理学の課題である。

(2) これがハイデガーの第二命題とするものである。総註参照。

(八七)(1) 原語は zusehen であって、すでに序文(註五三の1参照)においても用いられていた。

(2) 概念と対象とが本文のように二重の意味をもつのは、今後しばしば出てくることで、例えば自己意識の段階の初め(一七一—一七二頁)のごとくである。

(3) これがハイデガーの第三命題とするものである。総註参照。

(八八)(1) 例えば意識のほうで感覚が知覚に変るときには、対象のほうでも「このもの」が物となり、知覚が悟性に変るときには、物が力となるがごとくである。

(八九)(1) 八二頁の右より一〇行、八五頁の右より一行の必然性と同じではあるが、ただこれらの箇処では現象学における叙述が否定的な運動ではあっても、その「否定」は純然たる否定ではなく、そのつど「限定せられた否定」であり、したがって必然的に一定の結果をもたらすという側面から説かれたのに対して、ここでは意識が変れば対象もまた変り、そうして対象が変ることにおいて新しい経験がえられるという側面から必然性が説かれている(ただし両側面は基本的には同一)。

(2) 「前に」とは八八頁右より八行。

(3) 例えば感覚にとっては「このもの」が対象であるが、やがて「このもの」は真なるものではなく対象の意識に対する存在であるにすぎぬことが分ると、「物」が新しい自体として発生しているがごとくにである。

九〇(1) 原語はUmkehrungであるが、意識の経験の学が中世哲学においてitinerarium mentis in Deum(心の神への旅路)と言われていたものにあたる処からすれば(註八〇の1参照)、所謂「改心」にあたる。このことは例えばVのBにおいて行為的理性の変化に応じて快楽《けらく》↓心胸《むね》の法則《のり》↓徳という変化が生ずる場合に顕著である。

(2) 単語はZutatであって、註八七の1のzusehenに対立する。

(3) 「前に」とは八二頁二段においてのこと。

(4) 原語はgeschehenであるが、その語義については註六三の1参照。

九一(1) 註一八の5参照。

(2) 例えば感覚の「このもの」が知覚の物に移ったとき、物は「このもの」から生じたのではあるけれども、知覚にとってはただ与えられる対象であるにすぎない。知覚の物が悟性の力に移ったときもまた同様である。だから後のものが前のものから発生したということは「我々哲学的考察者」のみの把握することである。これが以下それぞれの意識段階の初めにおいて、その対象の発生、言いかえると、「概念」が「我々哲学者」によって展開される所以である。或る意識が先立つ意識から発生しながら、これを自覚しないということは後の段階は前の段階を忘却するとも言われているが、これはI 感覚の終りに近い箇処(一〇六頁右より八行)及びV 理性の初めの段階(二三四頁)において顕著である。

(3) 論理的諸契機のことである。

(4) VI 精神の段階のことである。したがってこの「緒論」は厳密に言えば、精神の現象学に対するものではなく、意識経験の学に対するものであって、一八〇五年五月の構想(註一の1参照)にしたがったもののようである。しかし最後に絶対知への言及のあることによって、同時に精神の現象学の緒論でもありうるようになっている。

九五(1) ここでAuffassenとBegreifenとの差異は、前者が感覚的確信を事実として受取るのに対して、後者は、感覚的確信の

「発生」Entstehen を概念的に理解するところにあるであろう(「発生」については九一頁右より四行参照)。プルプゥス(その一と二)は感覚的確信の発生は精神現象学の問題ではなくして精神哲学の問題であるとしている(なお総註参照)。

(2) カントにおいて時間と空間とは感性ないし直観の形式であることにも関係があるが、両者はやがて「このもの」の両側面である今と此処として意義をえてくる。

九六(1) これは知覚の段階に至って初めて実現することである。知覚においては物はひとつの物でありながら多数の性質をもっているだけでなく、一物それ自身として対自的に存在すると同時に他物との関係において対他的に存在する。

(2) 純粋な存在とは論理学においてあらゆる存在するものの否定としての、ないし無としての存在であるものにあたり、また歴史的にはパルメニデスにおいてドクサ(臆見)の対象に対立するものとしてのエイナイ或はエムメナイ(存在)にあたる。プルプゥスの一を参照。なお同時に無である純粋な存在という思想はすでに差別の論文(全集第一巻五一頁)にもある。

(3) 対象と意識との関係のことで第三項において論ぜられる。

(4) テキスト八〇頁上より一八行にも beiherspielen という表現があることで明らかであるように、ここで Beispiel は実例という意味をもつだけでなく、byplay(ベイリーの英訳)ということをも意味する。

九七(1) herausfallen という同一の表現は知覚の初め(一一一頁)にも、スケプシス主義の初め(二〇三頁)にも出ているが、一般に言うと、対立するものが契機として統一をえていても、この統一が直接的であるときには、両者がこの統一から離れ出て落ちることをさす。ここでは即自的事実的には或は我々考察者に対しては同一のものの相補足し合う契機である自我と対象とが純粋存在という無媒介の統一から離れでて相互に他者となることを言う。プルプゥスの一を参照。

九八(1) ここで「概念」というのは、八六―八七頁二段にあげられている二重の意味のうち知としての概念のことであって、対象の自体としての概念のことではない。プルプゥスの一。

(2) 結論において経験(八九頁一段)としての弁証法的運動と呼ばれたもののひとつであるに相違ないが、感覚や知覚などではまだどうして起るのか、わからないうちに「出来する」のに対して、スケプシス主義の段階においてはこの出来事は意識にとって自覚的に起るようになる(二〇五頁二段)。なお本文に見える此処と今、空間と時間との弁証法についてはイェナ論理学(ラッソン版)二〇六頁及び二〇三頁参照。

九九(1) ここにすでに「個別は普遍である」という思弁的命題が成立している。

（2） 言葉の重要性は今後しばしば説かれることであるが、これに関して最も基本的なのは、旧約聖書の創世記二の一九―二〇に創造せられたアダムが楽園において、すべての家畜、野のすべての獣《けもの》、空のすべての鳥にそれぞれ適切な名を与えたことを、イェナ実質哲学第一巻(二一一頁)がパラフレェイズして、いたずらに雑多な存在するものを端的に単純な観念的なものにまでアダムが止揚したことは、禽獣などに対する彼の支配権を確立した最初の行為であると言っていることである。

一〇〇（1） 「最初に」とは九七頁二段のこと。

一〇一（1） 「この確信の対象」という項。

（2） この見解に対しては、「人間は万物の尺度であって、存在するものについてはその存在の、存在しないものについてはその非存在の尺度である」と言ったプロタゴラスの感覚論、現象論が史的背景をなしており、したがってその反駁にとってもテアイトテス篇の八章におけるプラトンの見解が背景をなしている。

一〇三（1） 常識に関する論文(一八〇二年)には、クルーク(註六六の1参照)は自分の使用しているペンを演繹することを哲学に要求したとしるされているように、クルークがシェリングなどを攻撃することを目的として一八〇一年にかいた『最近の観念論について、或は知識論続稿』において、自分の使っているペンのごとき外的対象についての表象がいかにして発生したかを記述し叙述することは観念論者に対して当然なさるべき要求であると言ったことを背景としている(ドイツ学研版、ヘーゲル全集第四巻の註による)。なおクルークに関することはエンチュクロペディー二五〇節、哲学史講義(第一九巻)六四六頁にも出ている。

一〇四（1） 以上のような見解も、ヘラクレイトス派の説としてプラトンのテアイテトス篇の第一〇章に出ている。

（2） 「取消す」と訳したのは aufheben であるが、取消しの取消しが最初のものにかえるから、取消しにも肯定の意味がこもり、したがって「止揚」でもあるが、しかしアウフヘーベンは現象学では必ずしも術語とはなっていない。註二〇の1参照。

一〇五（1） プルプゥスは、アリストテレスにおいて上下前後左右が場所(トポス)の種(エイドス)であることに注意をうながしている。アリストテレスの自然学二〇五b三〇、プルプゥスの一と二。

（2） この「複合」ということによって知覚の立場への移行もすでに可能となっている。知覚の段階において物の実例としてあげられている一粒の塩をとって見るに、辛いと共に白くも亦あり、結晶において立方形でも亦あり、比重において一定でも亦あるが、これは一粒の塩が同じ此処として単純でありながら、多数の此処の複合であることによってのみ可能であって、ただ単なるこの此処に固執する感覚のとらえうることではない。

一〇六(1) Geschichte は Geschehen に由来するが、これは出来事のことである(註六三の1)。Ⅳ 自己意識に所属するスケプシス主義の段階に至ると、感覚的確信の弁証法的運動も、自己意識が理解したうえで自覚的に行うものであるのに対して、感覚の段階ではまだ「出来事」にすぎぬという意味がこもっている。

(2) ひとつの段階から次の段階に移ったとき、前の段階の忘却されることは、Ⅴ 理性の初めにも説かれている。註九一の2を参照。

(3) 暗にG・E・シュルツェ(七五頁の総註参照)への言及である。彼は懐疑論者であると唱えるけれども、実証主義者、感覚論者であるために、本文のごとき主張をなしたが、ヘーゲルによると、懐疑主義は古代のスケプシス主義であるかぎり、一切を無とし空とするものであるから、シュルツェの主張はあるまじきことであることになる。

一〇七(1) ここで実践的なものとはB 自己意識の初めに論ぜられる欲望(一七九頁)のことである。自己意識をもつものが欲望をいだくのは、ひとつには食物のごとき物が無にひとしいものであることを確信しているからであって、この確信を実証するのが物を食いつくし、費消することであるというのがヘーゲルの見解である。

(2) エレウシスの密儀はⅦのB 芸術宗教の段階において説かれているが、パンを食らいブドウ酒を飲むのがこの密儀の内容であるのは、人間にはパンとブドウ酒とに代表せられる食物、またその他の自然物を自由に費消する権が具わっていることを示さんがためであり、神が人と成ることを啓示するクリスト教の血と肉との密儀と同じく、じつは密儀とは言えないほど、顕わな事実を示したものであるというのがこの密儀に関するヘーゲルの見解である。

(3) 前註参照。

一〇八(1) 「この紙片」はクルークのペン(註一〇二の1参照)にあたる。

一〇九(1) 言葉については註九九の2参照。

(2) 知覚される物との関係については註一〇五の2参照。

一一〇(1) ひとつの段階が先立つ段階から発生したことという形式の側面はただ我々哲学的考察者のみの理解しうることであって、経験に従事している当の意識はこれを理解しえず、理解しうるのは当該段階の経験内容のみであることについては緒論(九一頁一段)を参照。

（2） 九五頁一段参照。

（3） 原語は herausfallen であるが、この語の意味については註九七の1を参照。

（4） 以上では暗にスピノーザ哲学が考えられている。知覚の立場における原理一般である普遍的なものはスピノーザの実体にあたり、知覚されるものと知覚するものとは属性たる延長と思惟とにあたる。知覚されるものと知覚するものとはこの普遍的なものに比すれば非本質的なものであるにすぎぬというのは、普遍的なものは抽象のようであっても、これは実体であり、これに対して知覚されるものと知覚するものとはスピノーザにおける延長と思惟というような属性にすぎぬからである。しかし、それでいて両者ともに普遍的であり本質的でもあって両者が合致すると言うのは、ちょうどスピノーザにおいて属性は各自の立場で実体を表現したものであるがごとくであり、また延長の秩序と思惟の秩序とが互に対応し呼応しているがごとくである。しかしここではA意識の対象を受取るという立場がとられているが、これはスピノーザの理性（インテレクトゥス）の立場とはちがうから、スピノーザ哲学との一致の成立するのは、自体的な、言いかえると、我々哲学的考察者の立場からすることであって、知覚という当面の対象意識の立場では対象のほうが本質的であって、これに対して主観のほうは非本質的であることになるというのであろう。なおスピノーザにおける延長と思惟とに当面の段階においてあたるものは、すでに感覚的確信において出現していた此処の次元である空間と今の次元たる時間と見ることができる（Ⅷ絶対知の段階参照）。

（5） 九七頁二段の感覚の場合に対応している。

（6） 立ち入った展開を行うのは論理学の課題である。イェナ論理学の「実体性の関係」（総註参照）のほか、大論理学の本質論に属する「物とそのもろもろの性質」という段階を、また簡単には小論理学の一二五—一三〇節を参照。

三

（1） ヘーゲルでは物の性質 Eigenschaften に対する関係は所有であり、したがって Eigenschaften には Eigentum（自分のもの）という意味がこもっている。エンチュクロペディー一二五節には Sie (Bestimmungen) sind *Eigenschaften* des Dinges und ihre Beziehung auf dasselbe ist das *Haben* とある。

（2） 原語は das Beiherspielende であるが、この表現については註九六の4参照。

（3） すでに序文（五八頁）にも緒論（八二頁）にも出ているところの否定が「限定せられた否定」であるという思想である。

（4） アウフヘーベンという表現が現象学において否定することと保存することという両方の意味を明確に具えている箇処の一例である。なお、この両義については大論理学における「生成の止揚」の註解を参照。

二三(1) 原語は Medium であるが、この語に空間の意味がこめられていることは、イェナ論理学(ラッソン版三六頁、エレンベルグ版三二頁)では相違する性質の肯定的統一は言わば空間であると言われていることによって明らかである。
(2) ひとつの物の諸性質が相互に貫徹 durchdringen しあいながら相互に触発する berühren ことがないというのは、やがて出てくる各自に自由な或は自立的なもろもろの素又は物質 Stoffe oder Materien とこれらおのおのの有孔性 Porosität とによって初めて理解せられうることである(自由な物質については一二〇頁、有孔性については一三二頁参照)。素というのは一八世紀の物理学においてしばしば現れてくる光素、色素、熱素、香素などの素のことであるが、ひとつの物が色彩、熱、香りなどの性質をもっているのは、かかる素をもっているからと説明せられるところからすると、これらの素は相互に貫徹しあい、したがって相触れることになるはずであるが、しかしそうはならないのは、それぞれの素にアナがあいていて、他の素はこのアナのうちにあるという有孔性によることである。以上については大論理学(四巻)六一三―六一八頁、エンチュクロペディー一三〇節参照。なおかかる説明が矛盾を含み不可解であることがヘーゲルをして素ないし物質を、またひいては物を力に帰着させる理由である。
(3) すでに感覚の段階の終りにおいて出現していた表現である。一〇五頁二段及び一〇九頁参照。
(4) 原語は Auch であるが、イェナ論理学(ラッソン版三六頁、エレンベルグ版三二頁)では Und となっている。
二三(1) 肯定的な普遍態においては、もろもろの性質は各自に限定せられ相互に区別せられながらも、物たることを実体(スブスタンティア)として、媒体ないし「空間」というその属性(アトリビュトゥム)において言わば諸様態(モディ)として相互に没交渉に共存しうるのであるから、肯定的な普遍態とはスピノーザ主義における実体にあたる。これに対して否定的統一はモナッドのごとく他物を排斥する個物を成立させるのであるから、ライプニッツ主義に立つものである(イポリットの訳と解説)。この否定的統一はやがて Ⅲ 悟性 において力となり、そのときにはもろもろの性質は力の外化・発現となる。
(2) テキスト九一頁下より一行の anderes はグロックナー版とズールカムプ版では Anderes である。ホフマイスター版でも同じことをさしている九二頁上より四行の場合には Anderes と大文字になっている(グロックナー版、ズールカムプ版も同様)。こういう読みかたの問題はアンデレスが諸性質相互間において一に対する他を意味するか、それとも一物に対する他物を意味するかという内容のうえの問題につながるが、前者と解するのはベイリー、後者と解するのはイポリット訳である。訳文では行文のうえでより自然的な前者の解釈をとっておいたが、後者にも捨てがたいものがある。二つの意味はやがて明らかとなるように相即し一に帰するから、究極においては問題はないにしても、行文に曖昧をきたしたのは、ヘーゲルが「物の簡単な概念」を示す当面の項では一物における性質相互間の関係と一物と他物との関係とを十分に明別せず、むしろ前者の関係に重きをおいて論じ、この区別を物に対する知覚の態度という項に至って、また特に無制約的普遍の項に至って初めて明示したことによると思う(総註参照)。

一一四(1) 否定ないし否定性に二つの意味があって、ひとつは定在における限定ないし質としてのものであり、他は自我ないし主体としてのものであることについては、註一七の2参照。

(2) 註一一〇の6参照。

(3) 「物質」とは註一一二の2に言った自由な物質のこと。

(4) これが個別と普遍の中間である特殊。

(5) 原語は zusammen*schließen* であって、今後しばしば出現する表現であるが、媒語があって推理(Schluß)の形式において両極を連結することを意味する。

(6) ただし我々哲学的考察者の見地から言って、完成しているのであって、まだ知覚という意識が経験し終えたのではない。

一一五(1) 九七頁二段及び一一〇頁一段を参照。

(2) 自同律ないし矛盾律のこと。

(3) ここではロックに代表せられる近代の認識批判の立場が考慮せられている。

(4) 緒論(八八頁の経験という項)参照。

一一六(1) テキスト九三頁下より九行の anderem をグロックナー版及びズールカムプ版により大文字とよむ。

(2) ここに連続と非連続との弁証法があるが、これは後にⅣに属する生命の段階において、またⅥのCに属する良心段階の自他関係において意義をえてくる。

(3) 註一一四の4参照。

一一七(1) 循環過程とは一者(一物)→他物との共同態→他物を排斥する一者→諸性質に共同の媒体としての一者(一物)→個別的性質それ自身→感覚的存在→知覚の一者(一物)。

(2) 一〇一頁の「この確信の主観」という項参照。

一八（1） この段においてロックに代表せる批判主義の「反省」が考慮せられていることは一層明らかである。
（2） この段においては一者であることが物の真であって多様であることは偽とされるが、次の段では反対に多様であることが真で一者であることは偽とされている。
（3） プルプゥスの二が注意しているように、ここで古代スケプシス派の第三のトロポス（一九八頁の総註のうちスケプシス主義に関する部分を参照）と呼ばれるものが活用せられている。これは、例えば絵画は視覚に対しては凹凸を示すが、しかし触覚に対してはそうではなく、また蜂蜜は味覚には甘く快適であるが、視覚に対してはそうではないごとく、物はこれを受取る五官のいかんによって相違した性質を呈するから、自体的にいかなるものであるかは決定しかねることをいうのである。それで内容に関するかぎり、所論はスケプシス主義の段階で言われていることと同じであるが、スケプシス主義では知覚の弁証法的運動はもはや意識に対する「出来事」ではなく、意識が自覚的に行うものであるところに知覚の段階との相違がある（総註の右の部分を参照）。
一九（1） ここには時空が物自体を受容するさいに我々の直観が用いる形式であるというカントの説が活用されている。
（2） さきに一一〇頁一段の終りにおいて知覚されるものと知覚するものとを比較して、知覚されるもののほうは本質であって、知覚されるとされないとに関りなくあるもの、即ちそれ自身において、それ自身によってあるものと規定されたことが意味されている。
二〇（1） この「かぎりにおいて」ということが物の自同性を保つために「知覚の論理学」（一二六頁右より六行）が用いるひとつの手段である。
（2） 註一一二の2参照。
（3） 「前に」とは一一八頁二段においてのこと。
三一（1） この「物に対する知覚の態度」という項で物それ自身が弁証法的に相対立する側面をもつことが明らかとはなったが、しかし明確にはまだ一と多との弁証法が論ぜられただけであって、一物と他物、自と他との弁証法は次の項に譲られている。
（2） 第二の態度というのは、感覚から知覚に移ってきて最初に循環過程（一一七頁）を遍歴するのが第一の態度であるのに対してのこと。
（3） 「前には」とは一一八頁二段―一二一頁において、物が一とされたときには意識は多、物が多とせられたときには意識は一であったこと。

（4） ここに至って初めて物はそれ自身において或は対自的にあると同時に対他的にあるという矛盾が明確に取上げられている。

一三三（1） 近代認識論にしばしば出現してくる第一次性質と第二次性質との区別が活用せられているが、この区別もやはり「知覚の論理学」(一二六頁)のひとつの手段である。

（2） 原語は zugrundegehen であるが、註五八の6に言ったごとく、ヘーゲルではただ単に没落することのほかに、根底に至るという意味をもっていることが多いが、ここも同様であって、根底は無制約的普遍性である。なお、この段ではライプニッツにおいてモナッドという実体が各自独立的でありながら、世界の生ける鏡として他のモナッドと対応・相応の関係に立ち、したがってまた Satz des Grundes(理由律)の Grund によって支えられたものであり、それに帰入することが活用せられているであろう。

（3） 論理的にいうのと同じであろう。

一三四（1） 本質的なものが非本質的なものと却って同等のものとして止揚せられるという弁証法は今後しばしば出現することであって、例えば主と奴、不変な意識と可変的な意識、高貴な意識と下賤な意識との対立の場合のごときがそうである。

一三五（1） ここでは bedingen は普通の場合のように、単に制約するとか条件を与えるとかいう意味においてのみ用いられているのではなく、物となす zum Ding machen の意味を含んでいるが、これはシェリングが『哲学の原理としての自我に就いて』(Vom Ich als Prinzip der Philosophie, 1795)において次のように言っていることに影響されているようである。*Bedingen* heißt die Handlung, wodurch etwas zum *Ding wird*, *bedingt*, das, was zum Ding *gemacht* ist; woraus zugleich erhellt, daß nichts durch sich selbst als Ding gesetzt sein kann, d. h. daß ein unbedingtes Ding ein Widerspruch ist. *Unbedingt* nämlich ist das, was gar nicht zum Ding gemacht ist, gar nicht zum Ding werden kann. (Werke, Bd. I, S. 90. Ausg. v. Schröter.)

（2） 悟性の国に入るとき、無制約的な普遍態は物ではないものとして力となるが、さらにⅣ 自己意識 の段階では生命となり、さらにその後には精神となる。

（3） 一一四頁左より四行参照。

（4） 普遍的なもの一般が知覚の原理であることは一一〇頁に出ていた。

一二六(1) 原語は Sophisterei であって、序文六七頁では哲学を非難するものの合言葉であったが、ここでそれを知覚する悟性即ち常識に向けて逆用しているのであろう。

(2) 原語は der wahrnehmende, oft sogenannte gesunde Menschenverstand であるが、この表現によってヘーゲルはロックの An essay concerning human understanding の human understanding を暗にさしているのであろう。哲学史講義(一九巻)四三一頁でも、ヘーゲルはロックの区別した第一次性質と第二次性質とに言及して、ロックは即自存在と対他存在との区別を導入し、前者をもって真と見ながら、それでいてすべてのことがただ後者のうちにおいてのみ真であるのを見たと言っている。

(3) 原語は Spiel であるが、これはやがて悟性の段階において Spiel der Kräfte 即ち両力の遊戯となる。

(4) すでに感覚についても同様のことが言われていた。九五頁左より二行参照。

(5) ens rationis にあたる。

一二七(1) 九六頁左より八行参照。

(2) 感覚の場合も同様であったことについては一〇六頁右より七行の「結果」という表現に注意。

一二八(1) 原語は Wozu diesen Verstand...die Natur...treiben will, ...であるが、この will はハイデガーが緒論の基本命題としたものにおける絶対者の意志である。

(2) 原語は zusammenbringen である。

(3) 一一七頁二段参照。

一二九(1) 「もろもろの思想」(ゲダンケン)とは知覚段階の総括にまとめられている普遍態と個別態、「も亦」と一者、対自と対他、本質的なものと非本質的なものなどである。

(2) 序文(三五頁左より六行)によって明らかなごとく、概念は自己的であり、自我にとって「自分のもの」(アイゲントゥム)であり自我的であるから、概念が概念であることを知らないというのは、概念が対象として与えられていても、じつは自我であり自己であることを知らないことを意味する。悟性の段階で言うと、「概念としての概念」とは、差当って先ず物の内なるものであり、さらに無限性であり、そうして最後には自己意識の自己である。

(3) 区別せらるべき二つのことと言うのは、結論の「経験」という項において叙べられたように、意識の態度が変れば対象もまた変り、こうして新しい対象が発生し、新しい経験がえられること、しかしこれは我々哲学的考察者だけが認めていることであって、経験に従事せる当の意識は前の段階からの発生を自覚してはいないということである。

一三一(1) 内容も論理的な形式から分離されえないという大論理学の緒論に表明されているヘーゲルの一般的な思想によることであるが、悟性段階に即して言えば、やがて一三七―一三八頁において明らかとなるように、形式のうえでは対自存在と対他存在との対立或は能動と受動との対立があり、内容のうえでは多数の自立的な「物質」とこれらの否定的統一との対立があり、そうして我々哲学的考察者にとってはこれら二様の対立は一に帰することをさしている。

(2) 「最初に」とは知覚の段階における「物の簡単な概念」という項においてである。

(3) 形式のうえでの対立である対自存在と対他存在との対立がまた誘発するものと誘発せられるものとの対立として能動と受動との対立であることは一三七―一三八頁によって明らかであるが、なお対他存在が受動性であり、対自存在が能動性であり、そうして形式のうえでの対立と内容のうえでの対立との相即にしたがって、媒体は受動的、一者は能動的であるのは、知覚の段階における物と諸性質との関係がイェナ論理学においては「実体性の関係」であったのに対して、悟性の段階における力と外化との関係がこの論理学では「因果性の関係」であったことに相応している。

一三二(1) 註一一二の2参照。

(2) ここに物における実体性の関係は因果性の関係に転換することになる。

一三三(1) この場合の概念とはまだ展開せられず実在性をもたないもののことである。

(2) やがて明らかとなるように、各自に実体的な両力を定立することは、因果性の立場が誘発する力と誘発せられる力との相互性の立場に転換することを意味する。なお本文において相互に作用しあう実体的な両力に対する「全体的な力」と言われているものは、この相互作用を媒介する媒語としての力であり、これがやがて物の内なるものとなって行く。

一三四(1) テキストは、…die Bewegung des Wahrnehmens, worin die beiden Seiten, das Wahrnehmende und das Wahrgenommene *zugleich*, einmal… dabei aber ebensowohl… であるが、イポリット訳は「両側面」というのを知覚するものと知覚されるものと解している(ベイリ訳は曖昧であるが、イポリットと同じのようである)。しかし、そう解するときには zugleich という語は意義を失ってしまう。それで訳文に示しておいたように、「両側面」というのは物における一者と多者、そうしてまた対自と対他という側面のことと解しておいたが、この場合にはこの段の終りまでの意味は次のごとくであろう。

即ち知覚の運動はこれを知覚するものの立場から見ても、知覚されるものの立場から見ても、知覚が真なるものの把握であるかぎり、無制約的普遍者において対立は統一をえているけれども、まだ錯覚が可能である本来の知覚から言えば、一者と多者とが、また対自と対他とが代る代る真とせられると共に偽とせられるのであるから、例えば一者をもって真とするときにも、多者への還帰もまたあり、しかもこの還帰が知覚する働きとしても、知覚されるものという対象としても成立するが、知覚の主客両面におけるこのような相互転換が悟性においては力と外化、誘発する力と誘発される力との相互転換としてただ対象的な運動としての意義だけをもつようになっていることを説かんとするのである。

一三五（1） 原語 sollizitieren, Sollizitation であるが、両力が各自に実体化せられるのは誘発するものであることによっている。大論理学（全集四巻）六五一―六五四頁においても「力の誘発」について語られているが、ここでも誘発は両力が互に外的なものとして互に働くための相互の前提であり、誘発する力は誘発せられる力に対して Anstoß のごときものであると言われている。したがって誘発は一方においては両力を実体化するものであると共に、他方では次の段において一層明らかとなるように、作用を相互的たらしめるものと解すべきである。

一三六（1） 原語は Spiel der Kräfte であるが、力には内容のうえで本来の力と外化としての力、或は一者と普遍的媒体、形式のうえで誘発するものと誘発せられるもの或は能動と受動という対立した限定があっても、これらの限定は相互に他に転換するから、対立するのはあたかも遊戯のごときものであることをさし、要するに力の相互性のことである。この力の遊戯はⅣ自己意識の段階では個人間の相互承認の過程として新しい意味をうることとなる（一八五頁三段参照）。

一三八（1） 「これらの側面」というのは、内容の見地からすれば、一者と媒体或は己れのうちに押しもどされた力と外化としての力であり、形式の見地からすれば、誘発するものと誘発されるもの、或は能動的なものと受動的なもののことである。

（2） 「先に」と言っても、本文にあることが明確に言われている箇処はないが、一三〇頁において我々哲学的考察者の立場からすれば、内容と形式とが一に帰すると言われた箇処のことであろう。

（3） 中間或は媒語とは註一三三の2に言った全体的な力のこと。

一三九（1） テキスト下より一四行の jedes をグロックナー版及びズールカムプ版により jede とする。

（2） 誘発するものと誘発されるものという区別を設定することによって両力を各自に実体的に独立させることを通じて却って一三三頁の思想の立場にかえり、それが真実であることが証明せられたわけである（ただし厳密に言うと、一三三頁では、思想ないし悟性は本来の力と外化としての力とを同一とするものであるよりも、区別するものとして叙べられていた)。
(3) 一二九頁右より九行の「概念としての概念」がここで一応とらえられるに至ったわけであるが、やがてこの「概念」が物の内なるものであり、さらに「無限性」であり、自己意識の「自己」であることが明らかにされて行く。

一四〇(1) 無制約的普遍者のことである。
(2) 一三三頁右より四行の悟性のこと。
(3) 概念と対象とについての相反する二様の意味づけについては緒論(八六頁三段)を参照。第一の普遍者は悟性の概念ではあっても、この概念は即自的可能的なものであって現実的なものではないから、そこでは本来の力と外化としての力とは、或は対自と対他とは現実には離れ離れになっているのに対して、第二の普遍者においては両者は統一に帰している。しかしこの統一はもはや知覚される現実の対象ではなく、物の内なるものである。
(4) 「概念としての概念」は一二九頁右より九行に出ていた。

一四一(1) 「諸物の真実な後ろの根拠」の原語は der wahre Hintergrund der Dinge であるが、このヒンテルグルンドは悟性の段階の最後の段にも現れてきて、そこでは両力の遊戯ないし現象という帳《とば》りの後ろにある自己となっている。
(2) 註一一四の5の場合と同じく、原語は zusammenschließen であって、悟性が物の内なるものをとらえるのは現象を媒介とし媒語とする推理の運動と考えられている。ヘーゲルがイェナ大学に就職したさいに討議のために提出した第二のテーゼは「推理はイデアリスムの原理である」ということであるから、悟性論もこのテーゼのひとつの証明である(Ⅲの総註参照)。
(3) 本質的なものと非本質的なものとの弁証法はすでに知覚の段階の「制約せられぬ普遍性」という項に出ていた。
(4) B 自己意識に対立するA 意識即ち対象意識のことである。

一四二(1) 「ひとつの」と言われるのは、ここに出現したのは最初の超感覚的世界であって、なお後に(一五六頁一段)第二次の超感覚的世界が出現してくるからである。
(2) ピュロンやティモンのスケプシス主義が新アカデメェイアに受容せられたところから、すでにスケプシス主義の論文(全集第一巻二三〇頁)においてヘーゲルはプラトンの弁証法をもって一種のスケプシス主義と解するのである。プラトニズムの場合にはスケプシス主義とちがって、弁証法の否定は積極的結果をもたらすことが多いが、これがイデアであり、真実の実在(ト・オントース・オン)である。本文において消失する此岸を越えて常住の彼岸が開けてくるというのは、ヘーゲルにおけるプラトニズムを表現したものである。しかしやがて明らかになるようにプラトニズムはヘーゲルにとっては第一次の法則を与えるだけで第二次の法則を与えるものではない。

（３） カントにおいて悟性が現象界を認識するものであるのに対して、理性が物自体の超感覚的世界を認識するものであるという語法にしたがってのことである。

（４） 序文（二四頁二段）の場合と同じように真理が住むことのできる境地ないし場面たるにとどまって、この場面の構造はまだ展開せられていないという意味である。

（５） 註一四一の２参照。

一四三（１） ハラー Albrecht von Haller (1708–77) の Die menschlichen Tugenden のうちに

Ins Innere der Natur dringt kein erschaffner Geist :／Zu glücklich sie noch die äußere Schale weist !

とあるのが出典であろうが、ハラーは詩人でもあるのほか、むしろ自然科学者、とくに解剖学者、生理学者であって、生命現象の分析に関してはヘーゲルにも影響するところの多い感受性―反応性―再生の原理（註二六八の１参照）は彼が Elementa Physiologicae (1757–66) において公式化したものであり（ベイリー二七一頁）、とりわけ反応性即ち Irritabilität という表現は彼に由来するものである (John Theodore Merz : A history of european thought in the nineteenth century ; 2 vols. I. p. 429.)。ハラーにはゲーテが反対したが（エンチュクロペディー一四〇節）、ヘーゲルはこのゲーテと見解を同じうするものである。しかしハラーの見解は人間の理性は有限的であって物自体を認識しえないとしたカントと方向を同じうするものであるから、本文ではハラー―カントの見解が意味されていると言ってよいであろう。なおハラーの詩句はヘーゲルがしばしば引用するものであり（ヘーゲル辞典参照）、すでにイェナ論理学（エレンベルグ版五四頁）にも出ているが、ただこの箇処では「自然の内なるもの」は「物質の内なるもの」となり、そうしてこの「内なるもの」が力と解せられている。

（２） カントに代表せられる見解。

（３） 現象学においては理性はⅢ 悟性 からⅣ 自己確信の真理 或は B 自己意識 をへてⅤにおいて初めて到達される段階である。なお「深く迫ってはいない」と訳したのは nicht eindringen であるが、その dringen はハラーの右の詩句からきているであろう。

一四四（１） 「現象に頼る」というのは物自体の認識を放棄して現象界の認識にとどまるカントに代表される考え。

（2）「それとも」以下の今ひとつの見解はロマンティカーのものであろう。

（3）ここに「聖なるもの」とあるのは、一〇〇一頁では、超感覚的なもの或は内なるものにおいて悟性もまた一種の宗教をもつとされているところから当然である。なおヘーゲルは『ユダヤ教の運命』という手記においてローマのポンペイウスはイエルサレムを占領して、神殿の至聖所に入ったが、そこがなんの神像もない全く空《から》の部屋であるのを見出して一驚したことをのべている（ノール二五〇頁）。ロマンティカーの「聖なるもの」はこの至聖所 the Holy of Holies のごとく全くの空虚であるから、夢想でみたすほかないものであるというのであろう。

（4）内なるものは現象から発生し、現象から由来した。だから現象が内なるものの内容であるが、この現象は「両力の遊戯」である。そうして内なるものは単純態であるから、両力の遊戯を単純態において定立したものが内なるものの内容であるが、かかるものはやがて明らかになるように、力の法則 das Gesetz der Kraft である。このような法則が内なるものであり、超感覚的世界である。なお本文には「限定された否定」の考えが働いている。

一四六（1）所謂運動の法則のことであって、特殊化して言えば、例えば $S=\frac{1}{2}gt^2$ である。しかし、これにおいては普遍的な区別の項であるところの時間と空間とは各自に静止し止住して相互に他に転換することがない。だから運動の法則であっても、静的な法則である。そこにこれを第一次法則と見て、さらに動的な法則としての第二次の法則が求められざるをえぬ所以がある。こうして運動の法則は力の法則となる。

一四七（1）ここに成立している法則は前註に言ったごとく運動の法則ではあっても、その両項が相互に他に転換するという交替の原理（一五七頁）を欠く静的な法則であり、第一次の法則であるが、交替の原理を具えるようになると、第二次の法則が生ずる。なお、この第一次法則とプラトニズムとの関係については註一四二の2参照。

（2）超感覚的世界へのぼったばかりのときに成立するものとして、法則が前註に言ったごとくまだ静的で動的でなく、またやがて明らかとなるように「諸法則」として各自に特殊的であって普遍的ではないことをさす。

一四八（1）一四四頁左三行に超感覚的なものとは「現象としての現象」のことであるとあったことに注意。

（2）ここに「原理」とは一四五頁左より六行にあった「悟性にとって真なるものは単純な内なるものである」ということ。

（3）ガリレイ―ケプラー―ニュートン。

（4）概念においては対立する契機が相互に他に転換して一に帰し、この一がまた対立におちいり、そうして対立が帰一するというように動的であるのに対して、当面の法則においては例えば時間と空間、陽電気と陰電気、磁力の北極と南極というような対立するものが関係づけられはしても、時間は時間、空間は空間、陽は陽、陰は陰というように各自に別々であって相互に他に転換しないというところに、概念と法則との区別が存するが、本文の「存在的」というのは、法則が概念に対してもつこのような特徴をさしている。

一四九（1） ヘーゲルは『遊星の軌道について』（一八〇一年）という就職論文においてもニュートンに反対しているが、反対のひとつはニュートンが数学的公式を用いたことに対するものである。この反対は前註に言った法則を構成する各項が自立的となることに帰する。なぜなら、各自に自立しているものの関係は量という外面的規定でとらえられるのほかはないからである。第二の反対はニュートンが力という概念をさけ、ただその結果としての運動の法則のみについて論ずることに対しており、この点についてはヘーゲルは物質をもって基本的には力であるという見解をとっているのであって、本文が引力説に意義を認めるのは、この現れである。もっとも本文は万有引力説は落下運動の法則や遊星運動の法則をただ形式的に統一づけるにすぎぬと言っているけれども、しかし諸力をひとつの原力或は諸力の体系に統一づけることはやがて明らかとなるように、ヘーゲルの意図したことである。イェナ論理学（エレンベルグ版四六―四七頁）においても、ヘーゲルは限定せられた関係――本文の限定された諸法則にあたる――は諸関係の体系のうちに契機として含まれるようになる必要があるとし、そうしてその理由として関係の無限性全体が力のうちにありとせられるからと言っている。

（2） 「法則の純粋な概念」はやがて次の段において力と規定されている。ただし限定的法則の力ではなく、また普遍的法則――法則そのもの――においても外化に対立する力ではなく、両者の対立を越えた力である。

（3） 一五六―一五七頁にしるされている第二次法則の場合との対照に注意のこと。

一五〇（1） 因果の法則が総合的なものであっても先験的なものではなく経験的なものであることを、ヒュームの唱えたのがカントに反省を促したのは周知の事実であるが、イェナ論理学（エレンベルグ版四二頁）からすると、このさいのカントと同様の問題についてヘーゲルが本文において独自の見解を立てようとしていることがわかる。即ち因果性が相互性であることにより、法則の両項は各自独立的ではあっても、両者を越え、両者において発現する基本的な唯一の力があることとなって、所謂因果の原則は先験総合として成立しうると考えようとしているのである。

（2） 「法則なるもの」の表示する区別が陽電気と陰電気とであるとされる場合には、自然について電力説がとられていることになるが、ヘーゲル自身は引力説をとるとも、電力説をとるとも、電磁力説をとるとも決めているわけではない。

（3）グロックナー版及びズールカムプ版にしたがって Zeit をイタリックとする。

（4）この段では電力の場合だけが論ぜられ、重力の場合は次の段に至って初めて論ぜられている。前者の場合には部分化の必然性がないとされ、後者の場合には部分化の必然性はあっても、部分相互が没交渉であるとされているが、しかしまた結局において二つの場合は一に帰すると考えられている。なお一六四頁の「総括」という項に至って明らかになるごとく、これら二様の必然性（先験性）を悟性が明確に認識しえないのは、純粋に概念の立場をとらず、なお表象に煩わされているからであって、概念の立場ではいずれの必然性も成立するが、これがまた「無限性」が成立する所以である。現象学において表象の立場が原理的に克服されるのはストア主義までもち越されている。

（5）自体的区別については一五二頁二段参照。

（6）ヘーゲルは「もつ」と「ある」とを区別する。例えばVのA 観察する理性 は理性を「もつ」にすぎぬが、VI 精神 は理性で「ある」というごとくである。「もつ」のほうが「ある」よりも主体に対して外面的である。例えば理性をもつにすぎぬ観察する理性は同時に理性本能たるにすぎぬごとくである。全集二〇巻の二九六頁に Haben ist ein Sein, das nicht selbst ist, was es hat. とあるのは「もつ」と「ある」との区別を簡明に示している。

一五一（1）Existenz は existo, ex-sto からきていて、外へ出ることを意味する。

（2）イェナ論理学（エレンベルグ版四六―四七頁）によって明らかなように、例えば電力、引力、磁力などがそれぞれ唯一の基本的な力ではない場合のことである。

一五二（1）以上、電力の場合に関して部分化の必然性のないこと、重力の場合に関して部分相互間に必然性のないことが説かれ、そうして二つの場合は帰一せしめられたが、所謂因果の法則が先験総合であることを証明しようとするのが当面の意図であるとすれば、以上はその総合性を示したものと言えるが、これに対して先験性を示さんとするのが次の課題である。

（2）所謂因果の法則において、もし根底にある力が統一でありながら、この統一自身に法則の表明するような各自独立的な区別項が自体的区別ないし内的区別として具わっておれば、この法則は先験総合命題となる。

一五三（1）「もつ」については註一五〇の6参照。

（2）ここでは悟性の立てる区別が事柄そのものの区別としての客観性をもたないとされているけれども、やがて一五四頁二段において、悟性は物の内なるものをとらえているものであるという理由で、この区別の客観性が承認せられている。

（3） 説明についてはイェナ論理学（特にエレンベルグ版四五頁）にも本文と殆ど同様のことがしるされている。

一五四（1） 規定を固定させ、区別に執着するのが悟性の本性である。註一一の2参照。

（2） 一四七頁一段には「超感覚的世界は諸法則の静かな国」とあったので、その法則には両力の遊戯の場合のような両項の交替ないし変転はなく、したがってまた両者の統一と対立との間にも交替はなかった。

一五五（1） ここで「概念」とは一五〇頁右より四行に「力」と呼ばれたものであろうが、また一四五頁左より六行に「悟性にとって真なるものは単純な内なるもの」とあったのに注意。

（2） 一四二頁左より一行の「経験」が此処でえられたことになり、また一五〇頁右より一行の「法則の内的必然性」が証明せられて、所謂因果法則の先験総合であることが明らかになったことになる。

（3） 原語は das Gleichnamige であるが、言葉のうえではギリシャ語の τὸ ὁμώνυμον, ὁμωνύμως のことで、これは ὁμόν（同）と ὄνομα（名）とから成っている。しかし本文の場合には同極相斥け異極相引くという磁気の原理（エンチュクロペディー三一四節）に関している。言いかえると、本文はシェリングにおける対極性の原理 Prinzip der Polarität を活用しているのである。

（4） 「前に法則と呼ばれたもの」とは、一四七頁一段の「諸法則の静かな国」の法則のことである。

一五六（1） 註四四の1参照。

（2） 原語は zersetzen であるが、すでに一三四頁左より七行の「分解」の場合と同様である。

（3） 「模像」という表現も一四七頁右より一〇行に出ている。

（4） さきに一四四頁左より三行において超感覚的なものは現象としての現象であるとされたことがここに完成せられたわけである。

一五七（1） 「普遍的な境地」の「境地」については一四二頁左より六行を、「直接的に高めたもの」の「直接的に」については一四九頁左より五行を、それぞれ参照のこと。

（2） ヴォルタ電池の水素極である。なおヘーゲルが現象学をかいた頃に電気について知られていたことは、ガルヴァニ（Luigi Galvani, 1737–98）及びヴォルタ（Alessandro Volta, 1745–1827）によって発見されていた程度のものである。

（3） 原語は Dieses Gesetz であるが、その Dieses は感覚的確信の段階において言わばカテゴリーである Dieses であり、したがって Dieses Gesetz はテキスト上より一行の das unmittelbare Gesetz と同じである。内容的には「法則」というよりも「両力の遊戯」にあたるものであり、さらに具体的に言えば、本来の法律の制定される以前の原始社会における復讐の慣習であろう。

一五八（1） 第一の段階は復讐の慣習であり、第二の段階は法律と刑罰の段階であるが、第三の段階はイエスの山上の教えが現世において虐げられ恥しめられるものは却って天国において祝福をうると説いたような意味において恩寵の秩序とでも言うべきものであろう。ただし、これをヘーゲルがそのまま肯定するものでないことはやがて明らかとなってくる。

（2） 前註に言ったごとく、犯人に対する刑罰が刑罰であり、屈辱であるのは現実の世界においてのことであって、「表象」される天国においては恩恵であるという考えである。

（3） 悟性のとっている「立場」が「内なるもの」をもって真なるものとするものであることは一四五頁右より七行の「立場」によって明らかであるが、この立場の生じたのは「両力の遊戯」を通じて実体的に対立しているものがすべてその支えを失ったこと（一三九頁左より四行）によっている。しかるに相互に顚倒の関係にある二つの世界を実体的に独立させるならば、再び知覚の立場に逆戻るというのである。そうして実体的に独立させるというのは、二つの世界のうち、一方は知覚の世界、他方は表象の世界であっても、表象は心像として基本的には知覚と同じものであることによっている。ただし悟性自身にかかる表象の立場が十分に克服せられていないことは一六四頁の「総括」という項において明らかにされている。

一五九（1） 刑罰についての同様の見解は法哲学九九節に示されている。

一六〇（1） 超感覚的世界に二つのもの或は二つの側面があり、ひとつは「諸法則の静かな国」であり、他はこれの顚倒であったことは一五六頁二段にしるされていた。

（2） これは論理学の課題である。

（3） IIの総註にあげた就職テーゼの一を参照。

（4） 原語は übergreifen であって、やがて自己意識の段階の初め（一七二頁右より七行）にも出てくる。

一六一（1） 「顚倒の顚倒」の思想であって、やがて生命現象の分析にさいして（一七七頁）も出てくる。

（2） イェナ論理学においてもその基本概念である。

(3) この「我々」という表現は、以下に展開せられる「無限性」がむろん悟性によって経験されるにしても、純粋に把握せられているわけではないことを示している。このことは一六四頁の「総括」という項において明らかになる。

(4) 法則の必然性のことは一五〇頁右より一行で問題としてあげられていたが、これはすでに解決を見たし、また一五六頁二段には内なるものの現象であることが完成したとしるされていた。

(5) この力については一五〇頁二段を参照。

一六二(1) この文章は無限性が成立を見る悟性の段階までがヘーゲル哲学独自の「概念」の生成を説いたものであること、そうして概念がまた生命の意義をもつものであることを示している。生命は青年時代の手記のうちに含まれる所謂『体系断片』(ノール三四五—三五一頁)の基本概念であるが、現象学ではやがてⅣ自己意識の段階において展開されることになる。そうして生命につながる「血」には聖餐式のブドウ酒に象徴せられるクリストの血の観念が生かされているであろうから、この文章は「概念」にも新約聖書ヨハネ伝のロゴスを想起させるものが多分にあることを示している。

一六三(1) イポリット訳やニンクの解釈からすると、訳者が括弧に入れた問はヘーゲルがエレア派やシェリングの問を法式化したものである(Caspar Nink: Kommentar zu den grundlegenden Abschnitten von Hegels Phänomenologie des Geistes, 1931)。なおイェナ論理学(エレンベルグ版二七頁)でも本文と同じことが論ぜられている。

一六四(1) 自己自身と同一であるもの——二つに分れること——自己自身に同じくなることという系列には、序文において宗教上の精神について論ぜられた場合(一三頁二段)と同じく、クリスト教の三位一体の教義が働いている。

(2) 魂は序文(註三五の1参照)にもそうであったように運動の原理である。

(3) このさい悟性の段階にとって法則が重要な概念であるところからすると、悟性から自己意識に移るのは、悟性としての自我が自然の立法者であるというカントの見解をドイツ観念論風に解釈したことになる。

一六五(1) 説明の必然性が事柄のものではなく、悟性自身のものであることは一五二—一五五頁に言われていたが、そこではまた悟性はこの必然性を即自的にもつにすぎないとも言われていた。

(2) 一五五頁右より八行参照。

(3) 一五八頁二段参照。

(4) 「経験」については一五五頁右より九行参照。

（5） 註一六一の3参照。
（6） 学とは論理学のこと。
一六六（1） 緒論（九〇—九一頁）参照。
（2）「意識一般」とは感覚と知覚と悟性とを含むもの。VI 精神 の段階の序論を参照。
一六七（1） 帳りの彼方にあるものが自我にほかならぬという構想に対して出所となっているのは、エジプトのザイスにおける女神に関するノヴァーリスの次のごとき言葉である。「ザイスにおける女神のとばりを取りのけることに或る人が成功した。彼は何を見たであろうか。彼は不思議中の不思議を、己れ自身を見た」。なおヘーゲルも宗教哲学講義（一五巻四七一頁）において、この女神の神殿にあったという銘文即ち「私はあったところの、あるところの、あるであろうところのものであるが、この私の帳りを死すべきものの誰れも取払ったことはない」をあげ、帳りの後ろにあるものは人間であり、自由な己れを知る精神であると言っている。
（2） テキストには破格があるようである。訳文では下より四行の ebensosehr を下より五行の nichts zu sehen をさすものと解し、下より三行の als はこの nichts にかかるものと解した。
一七一（1） 緒論の「知と真」及び「経験」という項を参照。
（2） 悟性段階の「総括」という項において自己意識について語られた箇処を参照。
（3） 以下における概念と対象との二様の呼びかたについては註八七の2参照。なお「静的統一としての、或は自我としての」の自我はフィヒテの「自我は自我である」の自我のことである。
一七三（1） 前註参照。
（2） 原語は übergreifen であるが、これについては註一六〇の4参照。
（3） やがて一八二頁において明らかであるように、IV 或は B 自己意識というこの段階において精神の概念が成立を見ることを意味している。
（4）「さしあたって」というのは、物（生命あるもの）との関係において自己意識は欲望として登場してくることを意味しているが、これに対する「第二」というのはひとつの自己意識が他の自己意識への関係として登場してくることである。そうしてさらに、第三には自己意識は主奴関係として、第四には精神化せられた主奴関係（ストア主義—スケプシス主義—不幸な意識)として登場してくる。

一七四(1) やがて一七九頁において取上げられる。

(2) 「二重の還帰」の思想である。註一八一の6参照。

(3) 「直接的」というのは、自己意識と自己意識との関係の成立以後においても、欲望はしばしば出現してくるからである。

(4) 「普遍的な結果」というのは、悟性の段階において結論としてえられた「無限性」のことである。以下本文において「無限」というのは、すべてこの独自の意味における無限性に関している。

一七五(1) やがて一八〇頁二段において叙べられること。

(2) 以下において生命に与えられる規定に関して注意せらるべきは、註一七四の4において言ったごとく「普遍的結論」とは無限性であること、そうして一六二頁二段において無限性が生命と同じものであり、また不安定であると共に安定であったこと、さらに時空はすでにI 感覚の段階の「存在」にとってもその両方向であったことである。なお「普遍的結果」より出てくるより以上のより詳しい展開は自然哲学の課題である。

(3) グロックナー版及びズールカムプ版にしたがって、「実体」に圏点をつける。

一七六(1) 「自体的区別」については一五二頁二段参照。この区別は無限性と同じものである。

一七七(1) 環境のことであって、まだ有機化せられていないというまでであって、所謂無機的自然ではない。註二八の1を参照。

(2) VのAの有機体の観察にさいして明らかとなるように、ヘーゲルは生命をもって感受性—反応性—再生によって成立するものと考えている。即ち生命あるものとは刺戟を感受し、それに反応して個体としての己れを、また種族としての己れを再生するものと考えているのであるが、このさい「再生」は当然栄養物の摂取にもよることである(なお総註参照)。

(3) 悟性の段階でも、第二次法則に関して出現していた「顛倒の顛倒」という思想である。一六〇頁参照。

一七八(1) 一七五頁右より八行の「円環」を参照。

(2) 知覚の段階でも物の「簡単な概念」の項においても連続と非連続との弁証法が現われていた。

一七九(1) ここに意識ないし自己意識が類としての類、言いかえると、類であることを自覚している類となっているが、マルクスが生産を通じて実現しようとした類的存在 Gattungswesen としての人間はここにその起源をもっている。

(2) フィヒテの「自我は自我である」の自我にあたるが、やがて欲望が対象の自立性においてフィヒテ哲学で言えば非我に撞着し、そうしてひとつの自己意識の他の自己意識に対する関係へと転ずることにおいて、またその承認の過程において生命の場合と同じように「無限性」が展開されて行くことになる。

一八〇(1) すぐ明らかになるように、自分で自分の否定を実行してくれる対象とは自己意識のことであるが、この自己意識は同時に自立的でもある。この点については、なお総註を参照。

一八一(1) 註一七七の1参照。

(2) この「絶対的」は同時に独特の意味における「無限」でもある。

(3) 類としての類が自己意識であることについては、一七九頁参照。

(4) 自我と非我との関係に終始し、非我をもって他我とすることのなかったフィヒテ哲学に対するアンティテーゼである。

(5) 註一七九の2参照。

(6) 原語は die gedoppelte Reflexion であるが、この表現は二〇一頁左より二行にも出てくる。

(7) 緒論における自然的生命についての記述(八三頁二段)を参照。

一八二(1) 自己意識の「概念」とは前段のa)としての自己意識、或は一七九頁の純粋自我、「概念」の対象である自我とは「自我は自我である」の自我。

(2) この精神の「概念」の実現されるのはⅥの終りにおいてであると解すべきであろう。

一八三(1) この「無限性」は、Ⅲ 悟性の段階の結論であったものである。

(2) 一六四頁にも無限性に関して殆ど同様な説明のあったことに注意。

一八五(1) Ⅲ 悟性の段階において出現した概念である。一三六頁二段参照。

一八七(1) 一八一頁にa)という段階として出てきた自我、また一七九頁の純粋自我のことである。

(2) 一七四頁右より三行にすでに出ていた。

一八八(1) 一八七頁右より六行に「此処では存在する対象は生命と規定せられている」と言われていたのに注意すること。

(2) ⅥのAのc「法的状態」という段階においてもローマ法的権利を認められているものが人格 Person であるが、しかし、この権利はすべての人々に一様な形式的な人格権・所有権であるから、人格は現実には甚だ無力であるという理由で、或る人を「人格」と呼ぶのは軽蔑の意をこめた表現であると言っている。ヘーゲルではペルゾーンという語には軽蔑の意味がこもっていることがかなり多い。当面の段階では存在は生命という存在であり、存在するものは生きているものであり、そうして生きているものはそれぞれ固有の形態を具えたものであるが、ペルゾーンはラテン語のペルソナからきていて、ペルソナは面であり仮面であり、役者が仮面をつけるところからは役者でもある。そうして本文において生を賭さなかったものも生かすだけは生かされて奴隷として使用せられることになっているが、これらから考えると、ペルゾーンというのは、生きもののうちで人間の面《つら》だけはもっているので、それだけの生きものとして取扱われるものというほどのことを意味しているであろう。

一八九(1) テキスト上より一一行の welches を welche とする。

(2) 所謂「相討ち」の場合である。

(3) 一八四頁三段において承認に与えられた規定と一致している。

(4) 一一一頁と同じくアウフヘーベンが明確に術語として用いられている場合である。

一九〇(1) 一八一頁のa)という段階の自己意識のこと。

(2) この概念とは前註の自己意識のこと。

一九一(1) この自立性とは、一八七頁右より六行の生命という存在の立場における形態のもつ自立性のことである。

一九二(1) 一八〇頁二段に欲望を満足させることが却って物の自立性を経験させると言われたことに注意。

(2) 「両契機」とは主が奴を支配することと物を享受すること或は奴が労働すること。

(3) ここには知覚の段階において出現していた本質的なものと非本質的なものとの関係が再現しており(一一三―一一四頁)、したがって知覚の段階において非本質的なものが却って本質的なものとなったごとく、やがて非本質的意識(奴)のほうが却って本質的意識となる。

一九四(1) 死をもって絶対的主人とする考えは、VIのA「人倫」という段階にも、Bに属する「絶対的自由」という段階にも出ている。

(2) 一六二頁における「無限性」についての記述にも同様のことがあった。

(3) 旧約聖書、詩篇一一一の一〇に「主を怖れるは知恵の初めなり」とあるさいの「主」の意味をもこめたのであろう。なお箴言一の七、九の一〇参照。

一九五(1) 一九三頁左より六行にも「已れに至り」とある。

（2） 一八〇頁右より九行においても欲望に関して対象への否定的関係について語られていた。
（3） 欲望と同じく、労働については現象学の内部ではⅥのA「人倫」の段階の共同体ないし国家、B 教養の段階の「財富」において取りあげられており、現象学以前では人倫の体系とイェナ実質哲学における論がある。これらの場合には、欲望と同じく労働も当面の自己意識の段階において考えられているような個人的なものではなく、じつは組織におけるものであるが、この組織は結局のところすでに人倫の体系に出てくる欲求の体系 System der Bedürfnisse である。

一九七（1） この形相はアリストテレス哲学のものであるとも言える。とくにデ・アニマの四三一b二一において「心は或る意味においてはすべての存在である」(ἡ ψυχὴ τὰ ὄντα πώς ἐστι πάντα.)と言われていること、即ち心は形相（エイドス）をとらえており、そうして形相が存在するものにおいては質料より重要であるかぎり、心はすべての存在するものであると言われていることを想起させる。じっさいヘーゲルは一八〇五年の秋にはデ・アニマの一部を翻訳している（キムメルレの一）。しかし本文では「形相」が絶対的なものとしての広がりをもっているところからすると、「形相」は個々の物の形相であるよりも、カントの範疇のごとき超越論的規定をもったものでり、むしろ「形式」であるということになるであろう。

一九八（1） 主という自己意識が対象性ないし客観をもちえないのは、その欲望の満足が要するに消失（一九五頁右より五行）であること、また主がじつは奴に依存し、自立的であるのは主ではなくむしろ奴であることによって明らかである。なお以下において即自存在或は自体存在 Ansichsein というのは客観的存在、対自存在 Fürsichsein というのは主観的存在、自我、意識というのと同義である。例えばテキスト三一三頁上より九行に In der beobachtenden Vernunft ist diese Einheit des Ichs und des Seins, des *Fürsich-* und *Ansichseins*...... とあり、また歴史哲学講義（一一巻）四一三頁にも Dieses *Fürsichsein*, dieses Bewußtsein ist aber zugleich die Trennung...... とある。
（2） 奴が己れのうちに押しもどされた意識であることについては、一九三頁二段参照。

一九九（1） 新しい意識形態の発生はただ即自的自体的に成立していること、或は我々哲学的考察者のみの理解していることについては、結論の「経験」という項を参照。なお此処ではストア主義は主よりもむしろ奴から発生するものとして叙べられているけれども、スケプシス主義の段階（二〇三頁）では別の観点から主にあたるものはストア主義、奴にあたるものはスケプシス主義と考えられている。
（2） 「無限性」はⅢ悟性の段階の結論であって、Ⅳに入ってからも、生命に関して、また承認に関して活用せられた概念である。
(3) 哲学予備学の現象学三五節には「自由とは他的存在のうちにおける自己同一である」とある。
(4) 「限定された内容」はやがて二〇二頁において意義をうることになる。
(5) 序文三五頁において概念とは「自己的」なものであったことを参照。

二〇〇(1) ストア主義が表象から明別して思惟或は概念の立場にまで高まったことは、ストア主義が普遍的な形成或は教養の時代(二〇一頁一段)の産物であることを意味するが、しかし、その思惟が思惟一般としての抽象性をまぬがれていないことは当時の社会状態である法的状態(註二〇一の3)から言えば、その思惟がローマ法の法的思惟であるにすぎぬことを意味している。
(2) 「同名」はIII悟性の段階において無限性に関して、また自己意識に関してしばしば用いられた表現である。

二〇一(1) ストアの賢者であったマルクス・アウレリウスは皇帝であり、またエピクテトスはかつて奴隷であったことが考えられているであろう。また哲学史講義(一八巻)四六七頁には、ディオゲネス・ラエルティオスの第七巻によってストア派の開祖ゼノンの伝記から「賢者は桎梏のもとにおいて自由である。なぜなら、彼は恐怖や欲望によって動かされず、自発的に行為するから」というゼノンの言葉が引用されている。
(2) ストア主義の体系は論理学と自然学と倫理学とから成るが、これらのうちで、倫理学の基本概念のひとつである ἀπάθεια (パトスのないこと)が意味されている。
(3) VIのA 人倫の段階にそのcとして出てくる法的状態のことであるが、これはローマ法によってすべての人々が所有権、人格権などを認められたと同時にすべての人々がローマ皇帝の権力に隷従し戦慄した時代である。
(4) 一八一頁に出ている自我の三段階のうちのa)という段階の自我のこと。
(5) 「正しい理性」ὀρθὸς λόγος から見て真且つ善たるもの及びその反対のもの以外のすべてに対しては、「どちらでもよい」という差別をつけない ἀδιαφορία と呼ばれる態度をとることである。
(6) すでに同様の表現が一八一頁二段に出ていた。

二〇二(1) この被限定性を克服するのがスケプシス主義の課題である。
(2) ギリシャ語では κριτήριον で、ストア派はこれを φαντασία καταληπτική とも呼んだが、ヘーゲルは哲学史講義(一八巻)四四四頁でこれを「概念的に把握せられた表象」と訳し、またストア派が「正しい理性」をもって真理の標準としたことにも言及している。

二〇三(1) 哲学史講義四七〇頁にも同様の記述がある。

(2) Skeptizismus は普通に懐疑主義と訳される。しかし懐疑主義というとヒュームに代表せられるものが考えられるのがつねであるが、この懐疑主義は必ずしも否定に徹底するものではなく、じつは所謂現象論であり実証論であり経験論である。しかるにヘーゲルはすでにスケプシス主義に関する論文(一八〇二年)においてヒューム―シュルツェに反対して、古代のスケプシス主義にしたがって、スケプシス主義というものをもって徹底した否定を行うものであり、しかもヘーゲルの所謂「限定的な否定」ではなく純粋な否定を行うものであり、したがって一定の結論を導き出さぬものであるとしている。もっとも古代のスケプシス主義が肯否の断定をさけ、あくまでもスケプシス、スケプトーマイの探究に徹せんとするところには実証論の意味に解せられる点があるようであるが、ともかくヘーゲルの解釈では純粋否定がスケプシス主義の基本的性格である。そうして一切を否定するところからスケプシス主義は却って不変なものの意識――ただし可変的なものの意識との相剋において――を喚起するものであるとヘーゲルは考えている。即ちジャン・ヴァールの注意するように、ヘーゲルのスケプシス主義は旧約聖書の伝道の書の冒頭にある「空の空、空の空、いっさいは空である」という結論に導き、こうすることによって不変な実在の意識を喚起するものであって、これが「不幸な意識」に対してスケプシス主義が過渡態をなすという結果をもたらしている。こういう独特の意味に用いられているのであって、これがヘーゲルがスケプティチスムスを懐疑論と訳してはならぬと言っている所以である(総註参照)。それで一般論である序文や結論では「懐疑主義」と訳したが、主題として取扱われている此処では「スケプシス主義」と訳すことにした。

(3) 一八一頁二段及び二〇一頁二段にある「二重の還帰」に注意。

(4) 原語は herausfallen であるが、これについては註九七の1参照。

二〇四(1) 一九九頁において表象と明確に区別せられた思惟のことである。

(2) 原語は verschwindende Größe であるが、これはすでにしばしば「消失する契機」と呼ばれたものと同じことを意味する。しかもすでに契機それ自身が具体的全体という自己の根底に没落 zugrundegehen し消失するものであるから、「消失する量」とは、単に「契機」と言われるものとも同一である。このことについては、例えばテキスト二二二頁上より二一行

Was für festes, an sich bleibendes Gesetz ausgesagt wird, kann ein *Moment* der sich in sich reflektierenden Einheit sein, nur als eine *verschwindende Größe* auftreten. … In ihrer (=Gesetze) Wahrheit, als in der Einheit des Denkens *verschwindende Momente*, müßten sie … 及び哲学史講義（一九巻）七四頁……und es resultiert, daß nur die Einheit Wesen, wahrhaft ist, alle andern Bestimmungen aber nur *verschwindende Größe*, nur *Momente*, … を参照のこと。

（3）註二〇五の4参照。

（4）「仕かた」Weise というのはスケプシス主義におけるトロポスのことであって、以下の文章はこのトロポスの独自の立場からする簡単な説明である。総註参照。

二〇五（1）二〇二頁の「被限定性」に注意。

（2）感覚、知覚、悟性の弁証法的運動はそれぞれの場合の意識が自覚的に行うものではなかったのに対して、ストア主義においては表象に対立する思惟の立場が確立されていることによって、弁証法的運動は意識によって自覚的に行われるものとなる。

（3）知覚の段階の総括という項において「知覚の論理学」に関して言われたことと殆ど一致していることに注意。

（4）スケプシス主義のトロポイは要するに関係ないし相対性のトロポスに帰するという解釈である（総註参照）。

二〇六（1）スケプシス主義の否定が「限定的な否定」でなく単純で純粋な否定であることを意味している。

（2）ἀταραξία は混乱・動揺 ταραχή のない安らかに落ちついた境地であって、スケプシス主義が理想とした境地である。

（3）緒論の「経験」という項において示された移行の原理にしたがい、スケプシス主義は先行の諸形態から結果として発生したものであっても、この発生を自覚していないので、「限定的な否定」の思想に至りえなかったことを意味するであろう。VのBのbである「心胸《むね》の法則《のり》」という段階についても同様の記述（三七一頁）がある。

（4）ピュロンやティモンに始まる古代のスケプシス主義について、我々が今日知ることのできるのは多くは、経験家のセクストゥス Sextus Empiricus（二世紀末頃）の著書、とくに『ピュロン綱要』によることである。

（5）これがピュロン―ティモンのスケプシス主義が新アカデメェイアの蓋然論、いつまでも探究（スケプトーマイ）するわけに行かないので、蓋然的なもの τὸ Εὔλογον にしたがうという蓋然論をもたらした原因である。

二〇七（1）「限定的な否定」でなく、純粋な否定は否定すべきものを新しく外から与えられなくてはならぬことを意味しているが、このことは「否定的態度における論弁的思惟」に関して序文(五七頁)においてのべられていた。

(2) Ⅶの C 啓示宗教の段階において、この宗教を出現させた「法的状態」のことを説くにさいして、ヘーゲルはスケプシス主義にはBの芸術宗教に属する喜劇に類したもののあることを認めているようである。

(3) 註一二八の2参照。

(4) 旧約聖書伝道の書の冒頭にある「空の空、空の空、いっさいは空である」と同じである(総註参照)。なお「言明」はギリシャ語では φάσις であろう。

(5) 註二〇六の5。

二〇八(1) 原語は das unwandelbare und sich selbstgleiche Bewußtsein である。このさい意識がむしろ自己意識と呼ばるべきものであることは前後関係から明らかであるが、das unwandelbare Selbstbewußtsein という表現は『心理学と論理学とへの資料』と名づけらるべきもの(ドクメンテ一九五―二一七頁)の論理学に関する部分にあり、この場合にはカントの『純理批判』(A六三八頁)からえられている。

(2) 本文は主と奴との関係が不幸な意識においてもいぜんとしてその意義を保つことを示している。

(3) 一八二頁参照。

二〇九(1) 人倫の体系においてヘーゲルはシェリングの叡智的直観を現実的に与えるものは人倫であって、ここでは精神の目と身体の目とは完全に一致するのであり、人間は他人において己れと同じ精神を見るという意味のことを言っている(政治論文集四六五頁)。こういう人倫関係が神人の関係にも認められているのは、人格神の前提があるからであろう(総註参照)。

(2) 「最初には」というのは「受肉」によってクリスト教が成立を見る以前のユダヤ教の段階のことをさしている。

二一〇(1) ラッソンは「不変なもの」が意味しているもの、或はその像をきめているものとしては、新約聖書ヤコブ書一の一七「父は変ることなく、また回転の影もなきものなり」、テモテ前書六の一六「主はただひとり不死を保ち、近づきがたき光に住み、人のまだ見ず、見ること能はぬものなり」をあげている。しかし旧約聖書からはマラキ書三の六「主なる我は変ることなし」などをもあげることができるであろうし、またヘーゲルが美学講義(一二巻)において旧約聖書詩篇のうちで人間の無力を鮮明に訴えているものとして特記しているのは、その九〇であり(五〇〇頁)、これにおいても神は人間とちがい変転のそとにあるものと歌われていると言っているから、この九〇をもあげることができよう。

二一（1） ヘーゲルは歴史哲学講義（一一巻四一二頁）において精神が絶対的な自己意識にまで高まったことのうちにユダヤ民族の世界史的意義が存するのであり、そうしてこの民族の宗教をもっとも純粋に表現しているのはダビデの詩と予言者であると言っているが、詩篇については、美学講義（一二巻五〇〇頁）においてその一〇四をもって神の崇高さを讃美する点において、九〇をもって人間の無力を訴えるうえにおいて、それぞれ典型的なものであるとしている。したがって本文が高く上ること自身、人間の無力を感ずる所以であるというのは、例えば詩篇一〇四と九〇との対照によって示されるものであろう。

（2） 神或はロゴスが人間となること Menschwerdung、或は受肉のことである。VIIのC 啓示宗教の段階参照。

（3） 所謂使徒信条に表明せられている父―子―霊の三位一体の教義のことをさしている。ただ使徒信条では父の位は天地及び人間の創造者である万能の父であるのに、ここではこの「父」が審判の神となっているのは、クリスト教の前身であるユダヤ教を父の位にあてようとしたからであろう。

二二（1） この「形態」の典拠は新約聖書ピリピ書二の五―七「汝らキリスト・イエスの心を心とせよ。即ち彼は神の貌《かたち》にて居給ひしが、神と等しくあることを固く保たんとは思はず、反つて己を空しうし僕《しもべ》の貌《かたち》をとりて人の如くなれり」である。

（2） 後の二一九頁二段を参照。

（3） 啓示宗教の段階に出てくる教団の精神 Geist der Gemeinde のことである。

（4） 不変なものを自体ないし即自として見ることはVIのBに属する信仰 Glaube において、即自且つ対自のものとして見ることはVIIのC 啓示宗教において、それぞれなされている。

二三（1） クリストの神の子としての誕生が処女懐胎という奇蹟によることを意味する。

（2） この「一者」は知覚の段階における物としての一者のことである。

二四（1） 原語は anziehen であるが、この語は例えば着物をきる場合に用いられる。したがってクリストの本体は霊であって肉はそとからまとった着物のごときものであり、外観であり仮現であるにすぎぬことを意味するから、ヘーゲルがグノーシス派の仮現説 docetism に傾いていることを示している。

（2） イエスの死んだときの弟子たちの状態が意味されていることは青年時代の手記（ノール、三三三頁）によって明らかであるが、続く句はクリスト教がパレスティナ以外の地方に広がったときのことであろう。

（3） 「最初に」というのは二〇九―二一一頁のユダヤ教的段階のことである。

（4） 原語は *der* gestaltete Unwandelbare と中性形でなく男性形であるが、これは形態をえた不変的なものがイエス・クリストであることをさしている。

二一五（1） 二一一頁左より一行にも「三重の仕かた」とあったが、その場合と比較すると、その第二段から、ここの「三重の関係」は始まっている。けだし純粋意識とは受肉した神イエス・クリストに対するものだからである。しかしこれは一応のことであって、純粋意識とはイエス・クリストにおいて神性を認めても自分に神性の宿ることを自覚せず、クリストを主とあがめ、またその審判に対しての畏怖をもいだくものであるから、むしろ前の「三重の仕かた」の第一段階にあたる。そうして「三重の関係」の第二段階は現実的な意識（二一二頁）とも規定せられているものであって、父―子―霊の子の位にあたるものである。したがって三重の関係もやはり三位一体の教義を解釈したものである（なお総註参照）。

（2） 差別の論文ではフィヒテの「自我は自我である」が純粋自己意識と呼ばれ（全集一巻七七頁）、これがさらに経験的意識に対立するものとして純粋意識とも呼ばれている。しかし青年時代の手記において「純粋意識」にあたるものは、ヨハネ伝の「生命《いのち》」に関して論じたさいの純粋生命の意識であるが（ノール三〇二頁）、これは神に対する即自的自体的関係としての信仰 Glaube であるとされている。この「信仰」というのはペテロがイエスにおいて神性を見ても、自分のうちには神性を見ることのできなかった段階とされている（註二一六の3参照）。本文が「純粋意識」と言っているのは、かかる信仰のことであって、思慕―純粋心情―憧憬（二一六―二一七頁）は感情としてのその諸様態である。なおⅦのB 芸術宗教が行事（クルトゥス）を論ずるさいにも「純粋自己意識」という表現があるが、これは清められて神の住む場所となった自己意識のことである。ここからすると、純粋意識というのは、意識であり心情であるに相違ないとしても、「純粋」であるのはやはり祈禱や讃歌によって清められて「活ける神の宮」（コリント後書六の一六）、或は「聖霊の宮」（コリント前書六の一九）となった意識のことと解せらるべきであろう。そう解して初めて第二段階との関係も理解せられることができる（総註参照）。

（3） この第二段階には二一二頁では「現実的な意識」という規定が与えられている。

（4） 三位一体の第三段階である霊に目ざめた状態をさすであろうが、この「霊」はまた教団の精神でもある。註二一二の3参照。

（5） 二一二頁参照。

（6） 啓示を必要とすることを意味する。

二六(1) 不幸な意識としてのクリスト教出現の前提としてのストア主義及びスケプシス主義についてはⅥのAに属する法的状態及びⅦのC啓示宗教の段階において語られており、また歴史哲学講義においても言及されている(一一巻四〇八頁、四二二頁)。

(2) クリスト教のうちに含まれるユダヤ教的段階である。

(3) 『クリスト教の精神と運命』(特にノール三一三頁)という手記からすると、ペテロがイエスをクリストと認めた段階(ヨハネ伝六の六九、マタイ伝一六の一六)、言いかえると、イエスを神の子と認めても、まだ霊(プネウマ、ガイスト)に目ざめていないために自分自身の神性は、これを自覚していない段階である。

(4) ヨハネ伝一五の二六「我が遣さんとする助主《たすけぬし》即ち……」、「我さらずば、助主、なんぢらに来らじ」などとあるさいの助主παράκλητος 即ち霊(プネウマ)に未だ目ざめていないこと、前註のペテロ的段階にとどまることをさしている(パラクレートスについてはRudolf Bultmann: Theologie des Neuen Testaments, Zweite Auflage, 1954, S. 433f.)。本文の以下で説かれることも純粋意識がまだガイストに目ざめぬペテロ的段階にとどまるということである。

(5) 「対象」とは形態をえた不変なものとしてのイエス・クリスト。

(6) 原語はAndachtであって、先立つ文章のうちに……geht es(das unglückliche Bewußtsein), ……nur *an* das *Denken* hin…… とあるさいのanとDenkenとを受けている。哲学史講義(一七巻)九四頁にもDie Andacht ist nur: daran hin denken. とある。意味からすれば、信仰であり敬虔であって、『クリスト教の精神と運命』にもdie andächtigen Gedankenの諸形態への言及がなされている(ノール三四二頁)。

(7) 美学講義(一三巻)三三四頁に取扱われているdas christliche Andachtshausにおいて鐘声をききつつ立ちこめる香煙のうちになされる祈禱のごときものが意味されている。

二七(1) 原語はGemütであって、美学講義(一三巻)一四九頁では精神の内面性Innigkeit des Geistesと規定せられている。

(2) 憧憬も思慕、敬虔、心情と同じく中世クリスト教徒のものでもあるが、憧憬は信と知という論文においてヤコービィ哲学の原理と考えられており(全集一巻三八七頁)、そうしてシュライエルマッヒャーはこのヤコービィ的原理の強化と見なされているから(三八八―三九一頁)、本文ではヤコービィ、シュライエルマッヒャーなどのロマンティカーのクリスト教観、またシュライエルマッヒャーに代表される敬虔主義などはクリスト教の信仰の一側面であるペテロ的段階(註二一六の3)にとどまるものであることが意味されているであろう。

(3)「自己意識の自立性と非自立性」という段階の初めにおいて規定せられたところの「承認」。

(4) 二一三頁左より五行の「彼岸」を参照。

(5) 二一一頁右より四行においても、不変なものに向って高く昇《のぼ》ることが同時にまた己れの無にひとしいことを意識する所以であると言われていた。

(6) 二一四頁右より八行の「努力」を参照。

(7) I 感覚的確信の段階において論ぜられた「このもの」としての個別者。

二八(1) 二一四頁右より四行参照。

(2) イェルサレムにあると伝えられるイエス・クリストの墓のこと。またクリストが死して三日目によみがえった墓のこと(総註参照)。

(3) 十字軍のことをも意味している。十字軍については歴史哲学講義(全集一一巻)の四九四—五〇四頁にも、本文とほぼ同様の趣意のことが詳しく説かれている。

(4) 父・子・霊の霊という精神、或は教団の精神の立場でとらえられた個別性のこと。

(5)「最初には」とは第三段階の禁欲を通じた還帰でないことをさす。

(6) 原語は Selbstgefühl であるが、二六二頁において合目的活動を行う有機体は中途の手段という段階において例えば餌としてなにを食うにしても、自己維持という目的をとげていることを、有機体が自己感情をもつと言いあらわしている。

二九(1) 聖餐式にさいして頒たれるパンとブドウ酒のことである。これは一方からすれば信者の労働——もっとも労働において働く能力が「天賦の賜物」であることについては二二〇頁参照——の結実であり、かかるものとして自己確信を与えるものであるが、他方からすればイエス・クリストの差し出した血であり肉であるから、これらを飲み食いすることは、クリストと血肉を同じうすることである。したがって本文は聖餐式でもあり、またクリストとの共同でもある Kommunion のことを意味している。

(2) 神が「受肉」してイエス・クリストにおいて個別者としての形態をとったために、世界におけるあらゆる個別者が不変者の形態として神聖なものとなったことを言う。イェナにおける人倫体系の続稿或はむしろ自然法学講義手記に関するローゼンクランツの叙述では、中世クリスト教においては、あらゆるものに新しいきよめ Weihe が与えられ、全自然は神聖となり、復活した生命の神殿となったと言われている。ドクメンテ三一四—三二五頁参照。

二二〇(1) 同様の見解はⅦのB 芸術宗教 の段階においても現われている。不変的なものそのものを人間が例えば飲み食いすることはできないが、形態をとった不変者の場合には可能である。なぜなら、この場合には不変者もパンやブドウ酒となっているからである。だから不変者が形態をとるのは人間をして自由に消費し使用させるために不変者のほうで行う犠牲である。グノーシス派的なクリスト教では食用に供すべく殺される家畜、家を建てるために伐られる木などにおいてクリストの十字架における死が見られることがあり、これが受難のイエス Jesus patibilis の思想である。Hans Jonas: Gnosis und Spätantiker Geist, Erster Teil, Drittete Auflage, S. 310, 422.

(2) 使徒信条の第一条に関するルターの解説によれば、人間が四肢、感官、理性などをもつことも創造神の恵みである(一五二九年の『小信仰問答書』)。『クリスト教の精神と運命』のうちにも、生活とその喜びも全く神から賜った恵みであり恩恵として受取る「敬虔な思想」andächtiger Gedanke のあることがしるされている(ノール三四二頁)。

(3) Ⅲ 悟性の段階における「両力の遊戯」にあたる。

二二一(1) 原語は Macht であるが、『クリスト教の精神と運命』はヨハネ伝第一章においてクリストの神の子としての力 ἐξουσία と呼ばれているものをもって、天上の神の立場で罪ありとし罪なしとする Macht であって、世間的な意味において裁判を行い刑罰によって支配し抑圧する Gewalt ではないと言っている(ノール三一〇—三一一頁)。したがって Macht は権威であり威力であり、これに対して Gewalt は権力であり暴力であるが、かかる用法はほぼヘーゲル哲学の全体に通ずることであって、例えば大論理学(全集四巻)においても、Gewalt は外なるものとしての Macht である(七一五頁)と言われている。

(2) 労働において現実に向って働きかける能力も天からの賜物である。註二二〇の2参照。

(3) 例えば食前の祈り Benedicite や食後の祈り Gratias のごときもの。

(4) この統一もやはり Kommunion である。

二二二(1) すでに自我の構造が論ぜられたさい(一八一頁左より七行)、またストア主義(二〇一頁左より二行)の場合にも出現した表現。

(2) 三重の関係の第一段階である対立ないし戦いがこの関係全体を通ずる場面であった。二一二頁右より一行。

二二三(1) 「敵」については二一〇頁左より二行参照。

（2）二一六頁左より三行参照。

（3）すでに二一〇頁の二段にも同様のことがしるされていた。

二三四（1）禁欲のことである。

（2）人格については註一八八の2参照。

二三五（1）祭司或は僧侶であり、一般的に言えば教会である。なお二一八頁左より九行の「普遍的な個別性」の立場から不変者は求められるべきであると言われるとき、かかる立場で不変者を求めるのは「教団の精神」の立場からすることであるから、教団の成立はすでにこのときに承認されていたことになる。

（2）原語はSchuldであって、責任と同時に罪をも意味している。

（3）この「自立性」は二二〇頁右より二行の「自立性」にあたる。即ち労働し享受することは物をなきものとすることを意味しているから、おのずと両者の結実として自立性の意識がえられ、またこの意識が真実性をうることをさしている。

（4）例えば行列をくんで吟唱する聖歌が自国語ではなく、ラテン語であるので意味のよくわからないことをさしている。

二三六（1）Vの初め(二三一頁)及びA 観察する理性 の段階を総括した箇処(三四七頁)にも同様の記述があるが、これらの記述をも併せ考慮すると、現実的な献身において自己意識が自分を外化して物とし対象としたことは、一面から言えば、Bの自己意識が再びAの対象意識にかえることであるが、しかし他面からすれば、自己を物とし対象としたと言っても、この「対象」は対象意識の対象そのままではなく、自己意識によって成立を見たものであるから、じつは対象ないし存在と自己との統一であり、これが不幸な意識がAとBとの統一としてのC 理性 を成立させる所以である。

（2）二二〇頁左より六行にも「天賦の賜物」とあった。

（3）原語は……hat an sich……auch sein Unglück von ihm (Bewußtsein) abgelassen, であるが、このさい abgelassen は所謂Ablaßに関係している。Ablaßとは、中世のクリスト教における absolutio と呼ばれたもののことである。即ち信者がなにか罪をおかしたとき、痛悔 contritio を行うのほか、聴罪司祭に罪の告白 confessio を行わねばならないが、司祭は罪に応じて断食とか教会への喜捨とか巡礼とかを課する。かかる義務が履行せられた後、罪の贖《あがな》いを満足したことが認められると、司祭によって赦免の宣告を受けるのであるが、この赦免のことである。しかし本文はこういう煩しい手続を経なくとも、信者は完遂した献身によって事実上すでに赦免をえているのである。

二三七（1）一八四頁にある承認の概念によることである。
（2）赦免のことであろう。
（3）Gemeinde（教団）のことである。
（4）この概念が実現を見るのは、V 理性の確信と真理 の C「即自且つ対自的に実在的であることを自覚している個体性」言いかえると、普遍的理性という段階においてのことである。とくに四〇二―四〇五頁に示されている目的―手段（行為）―現実の一体性を参照のこと。
（5）確信の内面的分裂はすでに二一九頁一段にもしるされていた。
（6）このことが実現するのも前々註にあげた段階においてのことである。簡単には三六二頁一段において与えられているこの段階に関する概観的な記述を参照。
二三八（1）いわゆる天国のこと。
（2）アリストテレスのデ・アニマの四三一b二一の言葉（註一九七の1参照）。
二三一（1）この「思想」については二二八頁右より八行参照。
（2）二二八頁右より五行参照。
（3）二二六頁にも、三四七頁にも同様の記述がある。
（4）「さきに」とは二二四頁三段及び二二六頁三段においてである。したがって媒介者とは僧侶ないし教会のこと。
（5）「和らぎ」については二〇九頁右より六行及び二一二頁右より七行を参照。
二三二（1）媒語は教会であるが、言明の内容については二二八頁右より八行を参照。
（2）自立性のほうは一八三頁の「自己意識の自立性と非自立性、主であることと奴であること」という段階に、自由のほうは一九八頁の「自己意識の自由、ストア主義とスケプシス主義と不幸な意識」という段階にそれぞれあたる。
（3）現象学の本論では世界という概念はVに至って初めて出現するが、しかし此処では理性は世界を観察し、世界に行為的に働きかけるだけで、まだ世界と一ではない。一であるようになるのはVIにおいて理性が精神となってからのことであり、こうなったときには意識の形態は世界の形態となる。
（4）『歴史における理性』（ラッソン版）の一一六頁にも、自己意識が自己意識として確立して初めて世界や客体に対して安定した関係がえられ、そこに数学、自然誌、物理学というような「有限的なものの学」が発展することができるのであるが、これが近代の顕著な特徴であると言われている。

（5） 歴史的にはフィヒテの自我の哲学、とくに自我と非我とを総合した絶対自我の哲学、その発展としてのシェリング哲学、かかるフィヒテーシェリング哲学によって受容せられたかぎりのカント哲学。なおテキスト三八五頁には、観念論には理論的と実践的との区別が設けられているが、この立場からすると、A 観察する理性は理論的観念論、B 行為的理性は実践的観念論である。

（6） 「主であることと奴であること」までの自己意識。

（7） 「自己意識の自由」のストア主義。

（8） スケプシス主義。

（9） 二一八頁一段参照。

二三三（1） 歴史的にはルネッサンスの時代のことである。

（2） イポリットは註(二二一頁)においてフィヒテが『日のごとく明かなる報告』(一八〇一年)において、自我が自我であるのは自分自身に関することであるから、何人も否定しないと言ったことをあげている。

（3） 一八一頁において区別された三段階のうち最初の段階の自我のことであろう。

（4） ストア主義とスケプシス主義と不幸な意識、そうして特にストア主義のこと。

（5） とくにストア主義における二重の還帰(二〇一頁二段)に注意のこと。

二三四（1） 一般に新たに生じた形態自身は先行の形態からの生成を自覚しないことは緒論において言われたごとくであるが、この事態を「忘却」と表現することもすでに一〇六頁二段に出ていた。

二三五（1） 註二三三の2参照。

二三六（1） やがて明らかとなるように、ヘーゲルは範疇をもって自己意識ないし自己と存在、主観と客観との統一と解しているが、こういう意義において範疇という表現は今後しばしば用いられる。そうして範疇も「単純な範疇」であるかぎりにおいては主観と客観との、したがってまた客観からくる区別をもたない。

（2） 大論理学(全集四巻五〇六頁)において、ヘーゲルはカテゴリーは語原から言っても、またアリストテレスが与えた定義から言っても、存在するものについて述語されたもののことであると言っている。

（3） とくにカントの場合を暗にさしている。

二三七（1） 一七頁にある媒介の運動にほかならぬ「単純な否定態」のこと。なお同頁の註2を参照。

（2） 「第二の事柄」とはカントで言えば、「範疇の形而上学的演繹」のことであるが、ヘーゲルはこれを諸範疇相互間の内面的発展の意味に解し、この点でフィヒテの功績を高く評価し（エンチュクロペディー四二節）、自分でも論理学をかかる意味における範疇論――ただし厳密に言えば範疇という表現は論理学の第一部「存在の論理学」においてのみ用いられる――として組織している。

（3） 正確には理性と言うべきであるが、カントが範疇をもって純粋悟性概念としたために、悟性という表現が用いられている。

（4） カントが『純理批判』の「超越論的分析論」の第九節において判断表を立て、これから範疇表を見出したことをさしている。

（5） 本来の物は厳密に言えばすでにII 知覚の段階において消失しているが、Vにおいて物に対応するものはCのaに出てくる事 Sache である。

二三八（1） イェナ論理学の「絶対精神」の段階ではフィヒテの自我に関連して次のように言われている。「絶対的な単純なものとしての個別性は自我であるが、この自我に対しては限定は外面的な、それ自体において存在する限定としてではなく、已れをなきものにすべきであるような限定として定立せられている（ラッソン版一七八頁、エレンベルグ版一五三頁）。なお純粋統一―数多性―個別性は後年のヘーゲル論理学で言えば、普遍―特殊―個別であるが、このさい普遍が已れを特殊化することによって成立する最後の個別が却って具体的普遍である（例えば小論理学の一六三節を参照）。こういう具体的普遍としての個別性が本文において「個別性」と呼ばれているものである。

（2） 哲学史講義（一九巻五六九―五七〇頁）にも次のようにかかれている。「だから心意のうちには、自己意識のうちには純粋悟性概念と純粋直観とがあって、両者相互の関係が純粋悟性の図式であり、超越論的構想力であるが、この構想力は純粋直観を純粋悟性概念たる範疇にしたがって限定するものであり、したがって経験への移行を形づくるものである」。

（3） 究極においては同じであっても、本文とちがい、対象としての他者への移行のことは次の段において取上げられている。

（4） 註二一五の2に言ったごとく、フィヒテにおける「自我は自我である」こととしての純粋自己意識である。

二三九（1）「我々」というのは、哲学的考察者のことであり、したがってこの段で述べられることが「あらゆる実在であることを確信している理性」という当面の意識によっては自覚せられているわけではないという意味がこめられている。

（2）緒論（八六—八七頁）において、また自己意識の段階の初めにおいて、概念と対象とのいずれにも動静二様の規定が与えられたのと同じ態度である。

（3）原語は Suchen であるが、やがて観察の探求としてその意義をえてくる。

（4）一切を「自分のもの」であるとすることは、当面の意識が理性をもってはいても、理性であるのではないものとして、やがて二四二頁において観察する理性となり、二四六頁において理性本能となることにおいて意義をえてくる。註一五〇の6参照。

二四〇（1）フィヒテの哲学が esse=percipi の立場をとるバークレの哲学と異なったものでないことを示さんがためである。

（2）原語は Anstoß であるが、これについてはフィヒテの『全知識学の基礎』（メディクゥス版全集一巻四〇六頁）を参照。

（3）原語は zusammenbringen であるが、同じ語がスケプシス主義の場合（二〇七頁右より六行）にも用いられていた。なお註一二八の2参照。

（4）これは悟性の段階の終りにおいて到達された無限ではない。この無限は悪無限でなく真無限である。

（5）じっさい感覚—知覚—悟性はA観察する理性において記述—標識—法則として意義をえてくる。

二四一（1）統覚の原語はもちろん Apperzeption であって、カントが例えば『純理批判』の分析論の一七節で der Grundsatz der ursprünglichen synthetischen Einheit der Apperzeption というように用いた語であるが、ヘーゲルは小論理学の四二節追加において、このさいの Apperzeption は通常の意味のものとはちがって、ちょうど坩堝が金属をとかすように自我が多様を自分のものとするさいの活動であると言っている。

（2）「べき」sollen というのは明らかにカント—フィヒテの場合を考えてのことである。例えばフィヒテでは「自我は自我である」とされるが、しかし、じっさいには非我が対立しているから、「自我は自我である」のではなく、「自我は自我たるべきである」にとどまり、そうしてこうなるには客観的世界をなきものにすることが必要であるが、これはフィヒテではいつまでたっても終ることのない努力たるにとどまっている。

二四二（1）「概念」はすでに序文（三五頁）において言われたごとく自己的なものであるから、概念を求めることは自己を求めることであるが、しかし観察する理性の求めるのは概念の対象的形態である法則であるから、自然の観察とはやがて法則を求めることに帰する。

(2) 原語である Interesse については註二七の3参照。

(3) 原語は besitzen であるが、観察する理性が理性であるのではなく、理性をもつのであることが此処でも示されている。註二三九の4参照。

(4) これは悪無限でなく真無限である。即ちⅢ 悟性 の段階において成立した無限性である。

二四三(1) 歴史哲学講義(全集一一巻五一七頁)がルネッサンス時代の特徴のひとつとしてあげているものである。「あげらるべき第三の主要な現象は精神が外へと出て行くこと、人間が自分の地を学び知ろうとする欲望であろう」。

(2) すでに自己意識の段階においてしばしば——例えば一七九頁二段——出てきた概念であって、「自我は自我である」というフィヒテ的な自我のことである。

(3) さきにスケプシス主義の段階において(二〇四頁一段)、それ以前に奴が労働によって物を否定しようとしても、この否定を完成しえないのに対して、スケプシス主義の場合の否定はその功をおさめるのは、すでにストア主義を通ずることによって表象から明別せられた思惟としての無限性の立場を予め完成していたからであると言われていたことから考えると、当面の意識も不幸な意識を通じて対象意識と自己意識とが一致するようになって生成したものであり、まだ理性であるだけで、このことを自覚せず、言いかえると、理性をもつにすぎず、理性の本能(二四六頁左より六行)であるにすぎないにしても、事実上は、即ち即自的にはすでに理性として完成していることが観察することを可能にするのであり、そうして観察を進めることはこの即自的完成を現実に経験させる所以であることをさすのであろう。

二四四(1) ラッソンやハルトマン(Nicolai Hartmann: Die Philosophie des Deutschen Idealismus, 1960, S. 340)は哲学を論理学から始めるという考えかたであるとしている。論理学は自然と有限的な精神とを創造する以前に神が己れ自身の本質においてあるその姿で神を叙述するものであるが(大論理学、全集四巻四六頁)、かかるものは意識の「深み」においてしかとらえられえないから、この解釈は当っていると見てよいであろう。

(2) 自然哲学の行うことである。

(3) 観察する理性は存在と自我との統一である範疇を存在の側から見たときに成立するものである。三四六—三四七頁参照。

（4） これはAのc 人相術と頭蓋論とにおいて、とくに後者においてのことである。

（5） この分離が初めてなされるのは、cに属する頭蓋論における「自我は物である」という肯定判断であると同時に否定判断でもあるところの無限判断においてのことである。三四七頁参照。

二四五（1） I 感覚 の段階において暗にクルークを批判した場合（註一〇二の1）と同一趣意の言。

（2） 記憶についてはイェナ実質哲学第二巻の一八六―一九〇頁で論ぜられている。

二四六（1） 二四〇頁右より六行の「空虚な私のもの」にあたる。

（3） 自然観察の三段階である記述と標識と法則とはそれぞれ感覚或は私念と知覚と悟性にあたる。そうして記述の段階ではまだ対象自身の運動は問題になっていないとされているが、この問題が始まるのは、標識の段階においてそれが物にとって本質的か、そうでないかが論ぜられるに至ってからのことである。

（4） やがて二四八頁に至って理性の本能と呼ばれるものであり、言いかえると、まだ理性をもつだけで理性であるのではない理性である。

（5） エンチュクロペディーの二八〇節では遊星は個体的な全体性の物体 der Körper der individuellen Totalität と呼ばれているが、諸遊星は各自の立場から見られるとき、地球という遊星と同じく「地」であり、そうしてこの地は普遍的個体とも呼ばれている（本訳書二九五頁参照）。それで本文が遊星は個体でありながら普遍的であると言っているのは、この「普遍的個体」であることをさすものと考えられる。

（6） ヘーゲルは岩石の主要種類として原始岩と第二層岩と沖積岩とをあげ、また土壌の主要種類として硅土と粘土と苦土 Bittererde と石灰土とをあげている。エンチュクロペディーの三四〇節の追加及びイェナ実質哲学第二巻の九三―九五頁を参照。

二四七（1） 自然の制限については、エンチュクロペディーの二五〇節、三六八節、大論理学（全集五巻四五頁）などにおける「自然の無力」Ohnmacht der Natur の思想を参照のこと。なお記述が「自然の限界」ないし「自然の無力」につきあたると共に、類―種―個という分類の立場から自然を観察するという態度は一度放棄せられているけれども、この態度は自然観察の終り（二九一頁の見出し参照）において再び取上げられている。

（2） 本質的なものと非本質的なものの区別はII 知覚 の段階に特徴的なことであった。一二二頁二段参照。

二四八(1) 連続と非連続との対立はすでに知覚される物に関して(一一六頁)、また生命に関して(一七八頁左より四行)出現していた。
(2) あらゆる実在であるという確信のこと。
(3) 観察する理性はここに理性の本能となっている。
(4) 有名なリンネ(Carl von Linné, 1707-78)に代表せられる自然的な体系のことである。ヘーゲルにとってイェナ時代の親友の一人であるフォークト(Friedrich Sigmund Voigt, 1781-1850)は、ヘーゲルがイェナを去る頃にはイェナの植物園長になった人物で、リンネの説を祖述していた。
(5) 此処と今とはⅠ 感覚 の段階の基礎概念であった。
(6) 動物についての同様のことはエンチュクロペディーの三六八節に出ている。
(7) 動物との比較における植物についての同様な記述は大論理学(全集五巻)の「区分」の項(三〇三頁以下)にある。
(8) これがヘーゲルの自然観察の中心を有機体におく理由である。
二四九(1) 後に二五五頁右より四行に出てくるように、酸と塩基とは相対するときには中和して化合物となってしまうことを意味している。
(2) この表現は二四五頁左より一行に出ていた。
(3) 標識が普遍的な限定として、おのずと限定的なものと普遍的なもの、或は非連続と連続との矛盾を含むというようなことがヘーゲルをして分類的体系の思考を放棄させて、対立するものの統一という法則――概念の対象的形態――を求めさせるのである。
二五〇(1) 「無思想」という表現は二四五頁右より五行に記述に関して出ていた。

二五一(1) ここで「法則」とはⅢ 悟性 の段階において第一次法則であったもの、その概念とは第二次法則であったもの。
(2) この点に関して、やがて実験が重要な意義をもつことになる。
二五二(1) 三四九頁の脳繊維が仮説の実例。
(2) 原語は das perennierende Sollen であるが、ヘーゲルではこの語はしばしばカント及びフィヒテの立場が悪無限におちいらざるをえぬことをさしている。例えば大論理学(全集四巻)一六四頁。
二五三(1) 哲学史講義(全集一八巻)はエピクロスが自然の考察にさいして類推の方法をとったが、この方法は現代の自然学においても採用せられているものであり、そうしてこれは感覚的な形像をこれになにか類似したものに適用することであると言っている(四九二—四九五頁)。そうしてエンチュクロペディーの二四六節も自然考察における直観的方法というのは表象や構想を、いな幻想をさえ類推にしたがって適用し、こうして対象に図式を外面的におしつけるやりかたであると言っているが、すでに序文においてシェリングの形式主義について語られたさい(四七頁)にも「表面的な類推」という表現があったから、本文において類推に関することは暗にシェリングに対する反対をこめた皮肉な言いかたであろう。

二四(1) 原文は、Er(Vernunftinstinkt) stellt Versuche über das Gesetz an. であるが、「法則に関する実験」というのは、カントが『純理批判』第二版の序文(XII—XIV)において落下運動の法則に関してガリレイが斜面を利用して行った実験を例としてあげ、実験によって初めて法則が見出されるのではなく、すでに予めおよその予想の立てられている法則を精密にするために実験は行われると言っているのと同じことをさすであろう。右の箇処においてカントはまた実験は自然から学ぶものではあっても、先生にすべてのことを言ってもらう学童の資格をもってするのではなく、証人を強制して尋問に答えさす裁判官のごとき態度をとるものであると言っているから、カントも実験をもってフランシス・ベイコンの尋問的実験 experimentia quaesita となしたことになるが、本文の場合もけだし同様であろう。

(2) クーノー・フィシャーはこの「諸条件」をもってベイコンが或る現象をまさにその現象として成立させる条件であるとした真実の差異 vera differentia をさすものとしている。

(3) 電気に関する同様の記述が哲学史講義のベイコンに関する箇処(全集一九巻二八八頁)及びエンチュクロペディーの三二四節に出ている。

二五(1) 歯と爪とが例としてあげられたのは、両者がそれぞれの種類の動物の標識とされたこと(二四八頁)によるであろう。

(2) 原語は Synsomatien であるが、これはペストの大学において医学、化学、植物学の教授であったヴィンテル(Jacob Joseph Winterl, 1732-1809)の用語である。ヴィンテルの名はイェナ実質哲学にあがっているが、とくに第一巻の一二一頁が「合体」のことと関係が深く、その他合体とヴィンテルとについて論じているのは、エンチュクロペディー三二七節の追加である。いったいヘーゲルにおいては本来の化学的過程とは相反するもののあいだに且つ媒体の参加をまって行われるものであるが、これに対して相反するもののあいだにではなく単に相違せるもののあいだに、且つ媒体を必要とすることなくして行われる一種の化学的過程の産物が「合体」と呼ばれるものをもたらす。これはアマルガム的混合、酸相互の混合、酸やアルコールと水との混合のごときものであって、参加する物体の本性には変化はないが、比重・凝集力・体積・溶解度・色彩などに変化がもたらされる。

（3） 化学的過程は相反するもののあいだに行われるが、相反するものの一方は即自的にはすでに他方でもある。だから両者は何れも他と結合して己れの全体を実現せんとする言わば衝動を負うており、この意味において両者は begeisten, begeistern されているのである。エンチュクロペディー三二六節及びその追加、三二七節等を参照。

（4） 物質（素）については註一一二の2参照。

（5） 熱（素）についてはエンチュクロペディーの三〇四節及びその追加にも本文と同様の注意がある。

二五六（1） 新しい意識形態が発生するとき、この意識自身は先行のものからの発生を自覚せず、ただ我々哲学的考察者のみの把握するところであるのは、緒論において言われたごとくであるが、当面の箇処においても事情は同じである。ここで観察は有機的なものに向うが、これは今まで取上げられた無機的なものから出てきたものであり、したがって無機的なものもその真実態においては有機的なものではあるけれども、観察はこのことを自覚せず、これまでとはちがった全然別の対象と考えて有機的なものに向うのである。そうして有機的なものの観察に向うのは自然の目的論的考察に向うことを意味するが、この点では序文における「理性とは合目的な為すことである」（二〇頁二段）という命題が想起せらるべきである。

二五七（1） 酸と塩基との場合のごとくである。二五四—二五五頁参照。

（2） 「最初には」というのは、次のβ目的論を通じてγにおいて法則の両側面が内なるものと外なるものとになるのに対してである。

二五八（1） この連続は非連続との関係において一七八頁に生命の問題において、また一一六頁において物の概念に関しても出ていた。

（2） 原語は Element であるが、語義については註三の5参照。

（3） 同じ句が二九八頁にも出ている。

二五九（1） 酸と塩基との関係については、二五四—二五五頁参照。

（2） さきに二五一頁において法則が「概念」であることは定在をもち観察されることと矛盾するどころか、むしろ概念であるからこそ、必然的に定在をもつと言われたことに注意。

（3） 目的論的関係の原語は teleologische Beziehung であるが、カントの『判断力批判』七七節の teleologische Verknüpfung

ないし Zweckverbindung にあたる。以下の本文においては、『判断力批判』に示されている目的論が考慮せられていることは明かである。カントは合目的性に美――ただし優美のみならず、崇高をも含む――に関するものと有機的なものに関するものとの二つがあるとしている。前者の場合には合目的性が事柄に外面的であり、主観的であるのに対して、後者の場合には内面的であり、したがって客観的であるが、客観的であるというのは、一応のことであって、後者の場合でも合目的性は究極的にはやはり外面的主観的である。その理由は合目的性の認識を与えるものが反省的判断力 die reflektierende Urteilskraft であることによっている。因果必然の法則によって成立しているかぎりの、言いかえると、現象であるかぎりの自然についての認識を与えるものは限定的判断力 die bestimmende Urteilskraft であって、この場合にはしかじかの普遍者(要するに時空の形式と範疇とから成る先験的原則)があって、このうちに与えられたものを包摂し、この普遍者の限定せられた特殊の場合として認識するので、この場合の認識は客観的であるが、反省的判断力の場合には与えられたものを包摂すべき普遍者はしかじかのものとして成立しているのではなく、ただ反省によって求められるにすぎぬものである。たといしかじかのものときめたとしても、これは客観的原理ではなく、研究上の主観的格率であり発見のための原理であり仮説である。そこでこの普遍者について客観性をもって判断しうるものは要するに造物主とか創造神というものであることとなるが、これは客観的に認識できるものではなく、道徳的信仰 der moralische Glaube によって支持せられるにすぎぬものである。この造物主ないし創造神はその認識の能力から言えば、カントが七七節において「世界原因としての根源的な悟性」der ursprüngliche Verstand als Weltursache と呼んでいるものであり、またしばしば人間には許されない直観する悟性 der anschauende Verstand とも呼んでいるものであるが、かかる悟性は本文の二六二頁一段にあらわれている。なお反省的判断力のことは、すでにベルン時代に成ったものである『主観的精神の哲学への資料』(ドクメンテ一九五―二一七頁、ただし題はむしろ「心理学と論理学とへの資料」と呼ぶほうが適当)に見えており、次いで反省的判断力を中心としてカントの目的論を取上げることも、すでに信と知という論文においてなされている(全集一巻三一五―三二一頁)。

二六〇(1) 暗にカントも意味されている。

(2) 二五七頁右より八行。

(3) この一者は二九八頁左より四行では類(再生を行うもの)となっている。

(4) カントの『判断力批判』の六六節は「有機化された存在における内面的合目的性を判定する原理について」と題せられて

いるが、そこには次のごとくかかれている。「この原理は同時にかかる存在の定義であるが、これは次のごとくである。自然の有機化せられた産物とは、そこではすべてが互に目的であり手段であるような産物である。かかる存在においては何ものもいたずらに、無目的にあるのではなく、言いかえると、何ものも盲目的な自然機構に帰せらるべきではない」(ただしカント自身では内面的合目的性といえども究極においても外面的主観的である)。

(5) 序文にある「理性とは合目的な為すことである」という命題を参照(二一〇頁)。

二六二(1) カントにとって人間には許されぬ der anschauende Verstand のこと、即ち創造神或は造物主のことである。註二五九の3参照。

(2) 以下本文で叙べられていることはカントにおける目的自体 Zweck an sich selbst 或は自己目的 Selbstzweck(この表現は二六八頁に出ている)についてのヘーゲル独自の解釈である。さてカントは有機的なものについて内面的客観的合目的性を認めたが、これはヘーゲルにとっては有機的なものがそれ自身において目的であることを意味している。しかし有機的なものが「それ自身において」目的であるということは同時に自体であり即自であるにとどまって対自ではないことを意味するから、おのずと目的たることは有機的なもののそとに出ることになる。これがカントが合目的性の所在を「直観する悟性」においた所以であるが、かく目的が有機的なもののそとに出るということがまた有機的なものが物として目的或は概念に対して没交渉にて振舞う所以であるというのである。「自己目的」という概念は例えば哲学予備学の論理学八三節において内面的合目的性に関して取上げられているが、そこでは自己目的とは目的と手段と結果との統一とされている。この場合との関係から言うと、本文ではこのさいの手段の段階は「働き」と言いあらわされている。ただしカントでは目的自体ないし自己目的であるものは有機的なものであるよりも人間であり人格であるが、この点はヘーゲルでは後に「それ自身において実在的であることを自覚せる個体性」の段階において、この個体性の根源的に限定せられた自然(素質)が目的をも手段をも結果をもきめるものとなって現れている。四〇二―四〇五頁参照。

二六三(1) 「そとに」というのは、註二五九の3に言ったカントの「直観する悟性」或は創造神ないし造物主としての根源的悟性においてのことである。

(2) 序文にもすでに実質的には出現していた所謂「理性の詭計」die List der Vernunft の考えである。註五二の3参照。

(3) 前々註参照。

二六四（1） ここで「働き」或は実在性と呼ばれているものはやがてγにおいて有機的なものにおける「外なるもの」となり、目的ないし概念のほうは「内なるもの」となる。
（2） カント的な見方をも含んでいる。
二六五（1） 二五四—二五五頁参照。
（2） Ⅲ 悟性の段階で用いられた言いかたをもってすれば、第一次法則の両項をなすものとしての内なるものと外なるものとの対立である。
二六六（1） この法則はA 観察する理性の全体に通ずる基本法則である。総註参照。
（2） 実験を通じて見出された非有機物の法則の場合である、なおここで「物体」と言われているものは、かの場合に「物質」ないし素と呼ばれていたものである。二五五頁参照。
（3） カントの der anschauende Verstand としてのようにであろう。註二五九の3参照。
二六七（1） 「さきに」とはβにおいてである。
（2） やがて明らかになるように、内なるものとは感受性—反応性—再生であるが、これらの間に比例的関係があることによって任意のひとつが他のものの表現であることを意味している。
（3） やがて（二六九頁）明らかになるように、「静止せる存在」とは神経組織と筋組織と内臓組織であると考えられている。
二六八（1） 有機体、殊に動物の有機体の基本的な機能は刺戟を感受して、これに反応し、反応することによって栄養を摂取するなどして個体としての、また種族としての己れを再生することにあるという意味において感受性 Sensibilität—反応性 Irritabilität—再生 Reproduktion であるとしたのはハラーであるが（註一四三の1参照）、この説を発展させて、これら三つの機能の間に法則を想定したのはキールマイヤー（Karl Friedrich Kielmeyer, 1765–1844）である。彼は一七九三年に行った『有機的諸力相互の関係について』Über das Verhältnis der organischen Kräfte unter einander in der Reihe der verschiedenen Organisationen, die Gesetze und Folgen dieser Verhältnisse. という講演において、感受性と反応性と再生という根本能力間の数的関係によって生物の発展段階を理解しようとした。第一に感受性は人間から生物の段階を下降するにしたがって減少し、植物においてはほとんど零に近い。もっとも感受性が減少すると言っても、それは感官の多様性においてのことであるから、感官の数の減少は個々の感官の鋭敏さの増加によって補充されるとも言うことはできるが、しかし全体として見れば感受性は生物の段階を下降するにしたがって減少する。第二に反応性の現象は外的刺戟に対する筋の伸縮に基づくものであるが、この反応性はその多様性、頻繁さ、速度などに関して感受性と同じく生物の段階を下降するにしたがって減少する。しかし感受性の発展段階が低くなればなるほど、反応性の現象は感受性のそれよりも長く続く。つまり反応性は持続に関しては感受性と反比例をなすのである。第三に感受性が生物の発展段階を下降するにしたがって減少するのに対して、再生は却って増加する、生まれる仔の数において示される繁殖力は生物の発展の程度及び発育の期間の長さに反比例するわけである。かくて感受性の多様性と反応性のそれとのあいだには正比例が成立し、感受性と反応性の持続及び再生の数的能率とのあいだには反比例が成立する(キールマイヤーについてはクーノー・フィッシャー近世哲学史、シェリングの巻、三四二―三四七頁による)。

キールマイヤーのこの説はシェリングに多大の影響を及ぼした。彼もまた『自然哲学の体系の第一草案』(Erster Entwurf eines Systems der Naturphilosophie, 1799)において右の三能力間の比例的関係を論じ、とりわけ感受性と反応性との反比例的関係を力説している(シュレーター版全集二巻一九六―二〇五頁)。

生物の基本的機能を感受性―反応性―再生にあるとするハラー―キールマイヤー―シェリングの説をヘーゲル自身も受けいれていることはイェナ時代の実質哲学によって明らかであるが、現象学の場合には特にキールマイヤー―シェリングの唱えた三機能間の正比例的反比例的関係を批判することが主題となっている。このさいの要点は次の二つである。第一にはヘーゲルが内なるものも内なるもの自身の立場での外なるものをもつと言うのは、三機能間に比例的関係が成立しているのである以上、一が他の外なるものとして、その表現となるからであり、第二には三機能間に数的関係を立てられるのは、ヘーゲルから見れば、がんらい三にして一、一にして三たるべき三機能のおのおのを固定的に分離する――III 悟性 の段階で言われた第一次法則の立場――からであり、そうしたときにのみ三機能の関係は外面的な関係であるところの数的関係となるとヘーゲルは批判するのである。

(2) 註二六二の2の目的自体に同じ。

二六九(1) 感受性―反応性―再生という機能と神経組織―筋組織―内臓組織という組織との関係を表現した法則と、諸機能ないし諸組織相互の関係を表明した法則がありうるわけである。なお註二六八の1にのべたキールマイヤー―シェリング説を参照。

(2) この場合には例えば一定の反応性ないし再生が一定の感受性の発現であり外化であるがごとくである。

二七〇(1) すでに、Ⅲ悟性の段階において第一次法則と第二次法則とが区別せられたが、「外なるものは内なるものの表現である」ということも、ヘーゲルからすれば第二次法則の立場におけるものたるべきである。しかるに観察は法則の両側面を存在と持続との形式(二六五頁二段)においてとらえるから、法則は第一次法則の立場のものとなる。これが有機体についてのキールマイヤー—シェリングの法則がなんらの真理をもたぬとヘーゲルが考える所以である。なお「この種の法則という思想」については以下で実例をあげたうえで、さらに二七八頁以下において詳しく再論せられている。

(2) 「先に」とは二六九頁三段においてのことである。

(3) 「先ずもって」というのは、最初には感受性—反応性—再生という三つの機能相互間の法則が取上げられ、機能と組織との関係は二七五頁に至って初めて取上げられることをさしている。

二七一(1) 反応性と感受性とが同一量をもつべきであるというのは、感受性—反応性—再生はヘーゲルにとっては三にして一なる統一を形づくるべきものであるからである。つまりⅢ悟性の段階で用いられた表現で言えば、第一次法則の立場ではなく、第二次法則の立場で成りたつからであるが、この立場からヘーゲルはキールマイヤー—シェリングの見解(註二六八の1)を批判しているのである。

(2) 「先ずさしあたって」と言うのは、感受性と再生が取上げられるのは、二七四頁二段に至って初めてなされることをさしている。

(3) シェリングは『自然哲学体系の第一草案』において感受性と反応性とを生命の Faktoren (innere Bedingungen) と呼んでいる(シュレーター版全集二巻二二三頁、二三〇頁以下)。したがって本文が暗にシェリング批判の意をこめていることは明らかである。

(4) ヘーゲルにとっては量的な区別は外面的であって、真実の区別は質的であり、そうして質的区別は質的対立を、即ち所謂弁証法的対立を形づくり、これがまた思弁的命題或は同一性命題を形づくることについては序文の四二頁及び六〇頁を参照。

二七二(1) ここで法則と言われているものは感受性—反応性—再生の間に正比例的反比例的関係を立てようとするキールマイヤー—シェリングの法則であって、以下この段はこの法則に対して、第二次法則ないし同一性命題の立場からヘーゲルが加えているユーモラスな批判である。

(2) 同じ表現がすでに二七一頁右より七行にある。

二七三（1） 内包と外延とは対立しながら同一に帰するという思想はすでに序文（一一頁一段）にあらわれていたし、またⅢ 悟性 の段階の力と外化との関係の場合にもあった。

二七四（1） じっさい無機物についても「凝集力の増減は比重のそれに対して反比例の関係に立つ」というステフェンス―シェリングの法則があって、これが二八六頁以下において取上げられている。

（2） この「最後に」は二七一頁右より六行の「先ずさしあたって」に応ずる。

（3） 二六八頁二段及び二七〇―二七一頁によって明らかであるように、感受性が受動、反応性が能動であるのに対して、再生は受動と能動との総合として有機体の全体を意味する。

（4） 二六五頁二段にも観察は諸契機を存在と持続との形式において探究するものであると言われていた。

（5） すでに二六九頁二段にも同様の文章があった。「内なるもの自身に直接的な外面性」というのは、感受性―反応性―再生が相互に他に対して表現となりうることをさしている。

（6） 二七五頁からである。

二七五（1） 比重、色彩、硬度などはⅡ 知覚 の段階における物がもつ性質である。これらのうち、とくに比重は二八六頁以下において非有機体の観察にさいして特別の意義をうることになる。

二七六（1） 神経組織と筋組織と内臓組織。

（2） 序文（三頁）を参照。

（3） ヘーゲルにとっての認識とは第二次法則を成立させるもの。

二七七（1） 有機体の場合の「存在」の意味については二七七頁右より一行参照。

二七八（1） ただし消えうせるのは、Ⅲ 悟性 の段階において言われた第一次法則即ち法則の表象であって、第二次法則ではない。

（2） 「先の諸形式」とは悟性の段階において定立せられた法則と理性の段階に入って実験を通じて定立された法則とのことである。悟性段階の「法則」は第一次法則であって、そこでは第二次法則は純粋な形では経験せられなかった。実験を通じて定立された法則について、先ず注意せらるべきは、「観察する理性」における記述―標識―法則という三段階がそれぞれ感覚―知覚―悟性というA〔対象〕意識の三段階を「観察する理性」という境地において繰返して展開したものであるということである。この繰返しにおいて記述―標識―法則の「法則」には二つの段階があり、ひとつは実験によって定立せられた法則であり、他は有機体の観察によって定立されたキールマイヤー—シェリングの法則のごときものである。前者も究極的には第二次法則たるべきではあっても、じっさいには第一次法則たるにすぎなかったが、しかし、この場合には対象が無機物であって、有機的統一を欠いているから、第二次法則たるべきであるという要求はそれほど切実ではなかった。しかるに後者、そうしてとくに諸機能に関する場合には対象が有機的統一を具えているから、当然第二次法則となるべきであるにも拘らず、そうはなっていないという観点から批判は行われているのである。

二七九（1） Ⅲ 悟性 の段階の総括の項において、この悟性は「無限性」を純粋にではなく、感覚的なものに埋れた形でとらえると言われていた。

（2） この「単純態」は二七八頁の左より五行の「単純な普遍態」の「単純」にあたるが、Ⅲ 悟性 の段階に関係づけるならば、「両力の遊戯」の根底にある「単純な内なるもの」或は基底的な力にあたる。

（3） すでに悟性の段階においても、第二次法則との比較において、第一次法則に関して同様の記述があった。一五六—一五七頁参照。

（4） すでに悟性の段階においても法則の内的必然性が問題にされていた。一五〇頁参照。

（5） この「無限」は悟性段階の結論としてえられた無限性のことである。

二八〇（1） 原語は Reflektiertsein であるが、この語は二七一頁右より一行に感受性に関して用いられていた。感受性は有機体が己れのうちに還帰することであり、受動とも呼ばれているが、この受動に対立する能動が反応性である。受動と能動とは相互に他なくしてはないから、相互交替において全体を形づくるが、この全体が再生である（二七一頁）。しかるにかかる交替から分離した独立のものと見たときの感受性が Reflektiertsein である（しかし、このときにはもはや有機的規定ではない）。なお次の二段で明らかであるように、Reflexion は広い意味においては反応性にも——したがって再生にも——適用せられるが、その場合にも三契機の相互交替の立場からとらえないときに Reflexion は Reflektiertsein となる。

（2） 「諸限定の交替」とは感受性—反応性—再生の交替、しかして交替の原理を具えることはすでにⅢ 悟性の段階において第二次法則を第一次法則から区別する所以のものであった。

（3） 二七五頁右より二行の比重、色彩、硬度のごとき性質。

（4） 「有機的な限定」とは感受性—反応性—再生のこと。

二八一（1） Potenz, Potenzierung はシェリングの用語であるが、ヘーゲルはこの表現をシェリングがエッシェンマイヤー（Karl Adolf Eschenmeyer, 1768–1852）からえたことを哲学史講義（全集一九巻六六五頁、六八二頁）においてのべている。なお此処に示されている外国語に対するヘーゲルの態度は序文（五三頁）の場合とも、また後の二九一頁の場合とも同じであるが、この態度はすでに一八〇五年五月のフォス宛書簡（書簡五五号）当時に執筆の方針として決定していたことである（註一の1参照）。

二八二（1） 感受性と反応性のこと。

（2） ここで「概念」とは二六八頁の自己目的ないし二六二頁のそれ自身における目的（目的自体）のこと。

二八三（1） この「認識」については註二七六の3参照。

（2） 外なるもの自身の内なるものと外なるものとのうち、前者はやがて「単純な内なるもの」などと規定せられ、これに対して後者は個体がもつ現実の形態と考えられるが、次いで問題が外なるものにあるところから考察は非有機的なものの場合に移り、ステフェンス―シェリング説（註二八七の2参照）にしたがって、その内なるものが比重、その外なるものを代表するものが凝集力であると一応規定せられ、そうして内なるものの観点から有機的なものと非有機的なものとを比較して、有機的なものの場合の内なるものを類として規定することになって行く。

（3） 「初めに」については二七四頁の見出し参照。

（4） 形態は前には神経組織―筋組織―内臓組織であったが、ここでは必ずしもそうではなく、やがて二八五頁右より一〇行において、その例として生態、色彩があげられている。

（5） 二五七頁の見出し参照。

二八四（1） 全般的に言ってこの段で述べられていることは、二八六頁のα、二九一頁のβにおいてなされている再論との比較において解せらるべきであるが、とくに二九五頁の二段目でもやはり推理的連結について語られている。二つの推理的連結が比較せらるべきである。この推理の一方の極は類としての普遍的生命であり、他方の極は普遍的個体或は地（註二九五の1参照）という個体化の原理であり、媒語は両極からなっているものであって、類の側からこれを見れば種であり、地の側からこれを見れば個である。したがって当面の本文に対自存在の極というのは類―種―個の類のことであり、ここで媒語であるとされている「現実の有機的なものは類の側から見れば種であるが、地の側から見れば個体である。だから当面の箇処では地にあたる環境の影響は取り立てて言われていないけれども、じっさいにはこれがあるのであり、類から種差——数的限定——によって種にまでは至りえても個にまでは至りえないのはこれがためである。

(2) この「一者」も類のことである。註二六〇の3参照。

(3) 「同一の生命」も類としての普遍的生命のことである。

(4) 「以前に」については、二七〇頁の見出し参照。

二六五(1) 感受性—反応性—再生。

(2) 「単純な内なるもの」という表現は二九二頁右より三行にも出ていて、やはり類のことを意味する。

(3) 「数」というのは類を区分する場合の種差としての数のことである。例えば有足獣を二足獣と四足獣とに区分する場合の二と四のごとくである。このことはこの段を再論した箇処(二九四頁)によって明瞭になるが、なお区分原理としての数のことについては、大論理学(全集五巻)三〇三頁、法哲学二七三頁など参照。

(4) ここで外なるもの自身の立場での内なるものが類であるのに対して、外なるもののほうは生態、色彩などの区別の全群、ないしこれから成る現実の形態であることが明らかとなっているが、やがてステフェンス—シェリング説を取上げつつ、前者は非有機体の場合には比重、後者は凝集力によって代表される性質の群と考えられている。

二六六(1) イェナ論理学に次のように書かれている。「自然の精神は隠れた精神である。精神が精神の姿においては顕現しない。精神はただ認識する精神に対して精神であるにすぎない。言いかえると、精神は即自的であっても対自的ではない」(エレンベルグ版一六六頁、ラッソン版一九三頁)。この言葉は以下この項〔3〕の全体にとって基本的な意義をもっている。

二六七(1) 有機体の外なるもの自身の内なるものである類が純粋な個別態(二八四頁右より八行)であったことに対応している。

(2) 有機体の外なるものである形態の場合における類(ただし明確に類と規定せられるのは二九二頁からのこと)—種差としての数—生態、色彩などから成る現実の形態という系列に、非有機的なものの比重—数—形状、色彩、硬度などという系列が対応するとされているわけであるが、所論に対しては史的背景がある。シェリングは『私の体系の叙述』の七二節において「凝集力の増減は比重のそれに対して一定の反比例に立つ」という命題をかかげているが、その理由はこうである。重力は単に存在の根底であって存在ではない。しかしそれは存在するに至らなくてはならないが、存在するには差別 Differenz を具えなくてはならぬ。この差別は凝集力によって定立せられる。かくて凝集力が差別であるのに対して、重力は差別における無差別 Indifferenz であるからして、比重となり、そうして比重と凝集力との両者は相対立し相抗争しているのである。こうして比重が無差別に関するのに対して凝集力は差別に関しており、したがって両者が反比例をなすというのがシェリングの考えであるが、この考えかたがヘーゲルの所論を規定しているのである。即ち比重が物体の自己自身への関係における統一の側面をさすのに対して、凝集力は物体が他者との関係において雑多な性質をもつという多様の側面をさすとヘーゲルが考えているという意味においてである。

さらにシェリングの考えはステフェンス(Herik Steffens, 1773-1845)に負うところが多い。彼は『地球の内的自然史考』(Beiträge zur inneren Naturgeschichte der Erde, 1801)において凝集力の見地から立てられた金属の系列がその比重の系列と比例的関係をもつことを説いている。ここからして我々は本文において「諸物体の系列」(二九〇頁)と言われているものが本来は金属の系列であることを知ることができる。ヘーゲルもイェナ実質哲学(二巻八三—八六頁)において次のような意味のことを言っている。或る金属の自己内存在の側面を形づくるものはその比重である。しかしなおこの金属が他物との過程的関係において示す雑多の側面があるが、この側面もそれが自己内存在の側面に対立するものであるためには、雑多がひとつの統一にまでまとめられなくてはならぬ。この統一をステフェンスは凝集力において見ようとするのであるけれども、彼が考慮したのは力学的過程のみであるにすぎず、なお他の過程が考慮されなくてはならないと。この文章は本文と符合する点をもっているが、なお自然哲学(全集九巻)二八〇節の追加にはシェリングとステフェンスとは遊星の系列と鉱物の系列とを並置したとあるところからすると、本文が「諸物体の系列」と呼んでいるのは、本来的に金属の系列であるのほか、さらに遊星の系列でもあることがわかる。

(3) およそ否定性は静的と動的との区別がある。静的な意味においては、否定性は「すべての限定は否定である」の否定として定在の限定と同じものであるが、動的な意味においては区別や対立におちいりながら、そのさいの他的存在を止揚するものであって主体(序文一七頁)ないし自我(序文一九頁)と同じである。しかるに非有機的なものの場合には否定性は静的なものであり、これが此処では「単純な対自存在(個別存在)」と規定せられているが、この規定はさきに二八四頁において有機的なものの形態という外なるもの自身の内なるもの(類)に与えられた規定に対応するものである。ただし内なるものに関して非有機体が有機体と全く同じであるのではなく、有機体の場合には、その形態自身の内なるものがもつ否定性は「主体」や自我の場合に比すると、まだ不十分ではあっても、非有機体の場合に比すると、やはり動的なものである。二九二—二九三頁参照。

（4） 知覚の段階における物がもつ性質のことであるが、すでに二七五頁右より二行に色彩、硬度と共に比重がかかる性質のひとつとしてあげられていたことに注意。

（5） 二七五頁左より七行にも同一の表現があって、有機的なものの場合との比較において論が進められていることが示されている。

（6） 比重のもつ「純粋な単純態」は有機的なものの外なるもの自身の内なるもの(類)が純粋な個別態(二八四頁右より八行)であったことに、またそういうものとして類が多様な対他存在に対して没交渉であるのは、あたかも水流がどんな水車(同頁左より六行)をでも動かすのと同じであることに対応している。

二六八（1） 比重に対する性質がどのようにして凝集力に一括されるかは二九〇―一頁に至って問題にされている。

（2） 「さきに」については二七〇頁の見出しを参照。

（3） 概念と抽象との関係については、二八五頁二段参照。

（4） 或るものが「普遍態」をそれ自身においてもつとは、二六二頁左より五行にあるように、それ自身において目的であること、即ち目的自体であること、或は二六八頁右より七行にあるように自己目的たること。

（5） 二五五頁にある酸と塩基との場合のごとく。

二六九（1） ステフェンス―シェリングの法則。註二八七の2参照。

（2） 註二七三の1参照。

（3） 「すでに」については註二八六の1参照。

（4） 註二八七の2に言ったごとく、ステフェンス―シェリングの法則では、諸物体をそれぞれの比重にしたがって配列すると、この系列はその他の諸性質の系列と対応をなすのであるが、後者は凝集力の系列によって代表されるのである。しかしヘーゲルはこのさいの凝集力は色彩、硬度などの同じく「ありきたり」の性質(二七五頁)の性質であって、特別の意味のものではないと批評しているのである。

（5） テキストは破格で曖昧であるが、その原因はヘーゲルが凝集力に特別の位置を与えるステフェンス―シェリング説を叙述するさいにすでにこれに対する疑惑をまじえたことにある。ベイリーの再版は明らかに誤訳であり、イポリット訳も十分ではない。本訳書ではテキスト二一四頁下より八行の tritt の主語を下より一三行の sie であるとし、したがって Kohäsion であるとし(tritt は下より九行の und の次にあるべきことになる)、下より七行の dieser 及び ihr を下より九行の die spezifische Schwere をさすものと解し、文脈を乱すと考えられる句を( )のうちに入れておいた。

二九〇(1) 註二八七の2に言ったごとく、「物体」は本来的には金属ないし鉱物であり、また遊星である。

二九一(1) 「すでに」とは二八八頁右より四行及び二八九頁左より六行。

(2) 外国語に対する態度は註二八一の1に言ったごとくである。

(3) 「さきには」とは二八六頁左より三行においてである。

(4) この規定とは有機体の外なるもの自身のもつ内なるものが非有機体の内なるものと同じように「単純な内なるもの」など(註二八五の2参照)であるということである。

(5) これまでは有機的なものの外なるもの(形態)自身の内なるものとその外なるものである現実の形態との関係が非有機的なものの内なるもの(比重)と外なるものとの関係に類似していることを指摘するのが主であったのに対して、この段では二つの関係の相違点をあげることが主になっている。即ち非有機的なものの場合には、その内なるものは外なるものに対立するにすぎなかったのに対して、有機的な形態の場合にはその内なるものは現実の形態を内含しているから、内なるものは外なるものに対して自由ではあっても、この自由はむしろ外なるものを自分のうちに包む自由であり、したがってこの自由は普遍的であり、この内なるものは類である。ただし外なるものを内が包むと言っても、包みかたはまだ抽象的であり、動的な意味における否定性を具えていても、まだ徹底したものではなく、これが否定性の「単純な否定性」或は「純粋否定性」と呼ばれる所以である。そこで次の段では論は再び非有機的なものに類似した側面を叙べることに帰っている。

二九二(1) 「別の関係」とは類—種—個の関係のことである。

(2) 二八七頁において比重という内なるものは単純な内なるものであったし、また二八五頁において有機的なものの形態の立場での内なるものもやはり単純な内なるものと呼ばれていた。

(3) 「没交渉」というのは、二八四頁において有機的形態の単純な内なるもの即ち類がどんな種類の水車をでも動かす水流に譬えられるようなものであることを意味している。

二九三(1) 比重が数という限定のみをもつことは二八七頁二段に出ていた。

(2)　個別が普遍であること、これがヘーゲル論理学の基本命題である。例えば小論理学の一六六節。
(3)　註二八六の1参照。
二九四(1)　類が問題であるさいに、意識がもち出されるのは、一七九頁において、自然は類ではあっても、類であることを自覚しないのに、意識は類であると同時に類であることを自覚しているものであるとしるされ、両者が極めて密接に連関したものであることによる。なお書題が最初から『精神の現象学』であったとすれば、ここには「意識」という表現のほかに、「精神」もまた出てきたであろう。註一の1参照。
(2)　この数は区分原理としての数である。註二八五の3参照。
(3)　註二八六の1参照。
二九五(1)　「普遍的な個体」とはやがて二九六頁左より八行において明らかとなるごとく地 Erde のことである。「地」は一方においては地水火風の四元素の一つであるにすぎないけれども、他方においては自余の三元素を自己のうちに含んで自立し自存するところの個体である。そうしてこの個体はすべての個別的な個体を自己のうちに含み、これらの根底をなすものとして普遍的個体である。エンチュクロペディーの二八九節には「地は個体性の抽象的根底である。過程において地は離れ離れに横わっている抽象的な諸元素の否定的な統一であることを示し、したがってまた実在的個体性であることを示す」とある。それで「地」はヘーゲル哲学における個別化の原理であって、「自然の無力」も、またそこにおける偶然性も、普遍的個体たる地に原因をもつと考えてよい。
(2)　この推理的連結によると、生命の個的形態は一方では類的生命の限定であり、他方では普遍的個体としての「地」によって限定せられたものであるが、地はまた生命の環境でもあるから、有機体の観察に移ってすぐヘーゲルが環境の有機体への影響について論じたのも(二五七頁)、この推理的連結によることである。
二九六(1)　「先に」とは二九四頁。
(2)　二八六頁の見出しαのもとに言われたことであって、内なるものであるとされた比重が凝集力に代表されると考えられたその他の諸性質群に対して、また凝集力がこれらの性質に対して没交渉であることをさす。
二九七(1)　この箇処のかかれたときの書名が『精神の現象学』であったかどうかは分らない。註二九四の1参照。

二九八(1)　私念されるものは個別的なものであり、「このもの」である。

（2）　同じ句が二五八頁にも出ている。
（3）　二八四頁右より五行参照。
二九九（1）　実験を通じて見出された法則のこと。二五四頁参照。
（2）　二五五頁では物質或は素と言われていたもの。
三〇〇（1）　二四四頁左より二行の精神にあたる。
（2）　「最初に」というのは心理学的法則に対してのことである。
（3）　概念―判断―推理の関係を、また概念における普遍―特殊―個別の関係をも意味しているであろうが、特に意味されているのは、同一律―矛盾律ないし排中律―理由律の関係であろう。イェナ論理学ではこれらの三つが「もろもろの根本命題の体系としての認識」と題して展開せられている（エレンベルグ版一一二―一二二頁、ラッソン版一三二―一四三頁）。さらにさかのぼると、差別の論文（全集第一巻）はこれらの三原則をフィヒテの『全知識学の基礎』における三原則に結びつけ、AがAであるのは自我が自我であるがごとくであり、AにAでないものが対するのは自我に非我が対するごとくであり、そうしてAとAでないものとを総合した理由の求められるのは自我と非我とを総合した絶対自我の求められるのと同じであるとしている（特に八一―八三頁）。
（4）　このさい「分裂」というのは、主客への分裂のことであるから、知識はそのさいの客観において内容をもつことになる。
三〇一（1）　論理学における形式と内容との相即については大論理学の緒論を参照。
（2）　ここで形式と言われているものは、序文（四五頁）において、「方法」の説明として、全体がその純粋な本質態において立てられたとき、この全体の構造が「方法」であると言われた場合の「方法」と同じものである。
（3）　三四六―三四七頁によっても明らかであるように、観察とは自我と存在の統一である範疇の存在の面において成立するものである。
（4）　いわゆる形式論理学に対する同様な非難について簡単には、小論理学の一六二節において、種々の規定や法則が相互の連関を欠いているので、この論理学はなくもがなの物語とされていることを参照。
（5）　この表現については註二〇四の2を参照。
三〇二（1）　三〇〇頁左より二行の場合と同じく表現としてはフィヒテの『全知識学の基礎』の「知識」であるが、内容から言うと、この知識をもって、その三原則が弁証法的統一を形づくると見られたような知識のことである。註三〇〇の3参照。

（2）原語はもちろん Gesetze であるが、この場合には das Gesetz=das Gesetzte である。

（3）論理学のことである。

三〇三（1）緒論において示されている段階から段階への移行に関する原理によることである。

（2）二四四頁左より二行の「精神」にあたる。

三〇四（1）ここでは犯罪に普通の意味におけるものと革命としての意義をもつものとが区別せられている。

（2）スケプシス主義に関する論文（全集第一巻）において、ヘーゲルはシュルツェの経験的心理学（二七三頁）を評するにさいして、経験的心理学というものは精神をもっていろんな能力でいっぱいになっている袋（二七五頁）と見るものであるとしているし、また哲学史講義（一九巻）にもカントを批評するにさいして、カントは心の袋のなかをあちこちとさがして理性を見出したとある（五七四頁）、なおヘーゲルが学んだ経験的心理学がいかなるものであったかを示すものは『主観的精神の哲学への資料』或はむしろ『心理学及び論理学への資料』と呼ばれるもの（ドクメンテ一九五―二一七頁）であるが、ホフマイスターの研究によると、すでにこの「資料」もシュルツェの影響を示している。なお三〇八頁の総註参照。

（3）二七五頁において馬及び犬を例として言われたことに対応している。

（4）「地」という普遍的個体（二九五頁）の威力による「自然の無力」（註二四七の1参照）の領域のこと。

三〇五（1）二八頁にも、一七七頁にも出ていたが、ここでは前者の場合のごとく文化的環境のことである。

（2）裏から言えば、個体性が環境において己れを表現するから、個体性の法則も「外なるものは内なるものの表現である」という観察にとっての基本法則のひとつの場合である。

三〇六（1）啓蒙哲学者ツィンメルマン（Georg Zimmermann, 1728–95）の『孤独について』Über die Einsamkeit, 4 Bde., 1784–85 はヘーゲルがギムナジウム時代から親しんだ書のひとつであるが、そのうちに次のような文章がある。「モラヌスは自分が穀粒となってニワトリに食われるのを想像した」。この文章は所謂『主観的精神への資料』という手記でも利用せられているものである（ドクメンテ四五四頁）。

（2）この「不確定な本質」は三一〇頁左より二行では「不確定な自発性」と呼ばれている。

三〇七（1）「外なるものは内なるものの表現である」という基本法則が適用されていることはここに一層明らかとなっている。

（2） この「形式」ということについては三〇三頁左より二行参照。

三〇八（1） 原語は Kreis であるが、後に四〇三頁において同一の表現が用いられている。そこでは個体性が行為の目的をも手段をも結果をも一挙にしてきめるものであり、言いかえると、個体性が始中終のいずれをも一挙にきめるので、何処から始めてよいか分らない循環にあることを意味している。一般にこのことはCの「即自且つ対自的に実在的であることを自覚している個体性」の段階に至って初めて十分に明らかとなる。

（2） 原語は das gemachte Sein であるが、すでに序文(二〇頁左より九行)でも同様の事柄について gemacht という語が用いられている。当面の本文において与えられた存在と為された存在との統一と言われているものはやがて次のcという段階において「形成せられない存在と形成せられた存在との統一」(三一〇頁)となっているが、この「統一」というのは、人間の身体が生得的に与えられたものであると同時にすでに人間の意志によって形成せられたものでもあることを意味している。したがって与えられた存在と為された存在との統一というのは観察する理性が心理学的立場をすててcの心身関係の問題に移らざるをえぬことを示している。

（3） この「実在的な個体性」は対自存在と即自存在との統一であるから「実在的」ではあるが、しかし観察の対象としてのものであるので、まだこの統一であることを自覚していない統一である。したがって精神と身体との存在的な統一であるにとどまるものであるが、これに対して対自存在と即自存在との統一であることを、この個体性が自覚するようになる、V理性はそのCという段階である「即自且つ対自的に実在的であることを自覚している個体性」の段階に到達する。しかし、そのためにはなお対自の側面が展開せられる必要があり、そこにB 理性的な自己意識の己れ自身を介する現実化或は行為的理性ないし実践的意識の問題が生じてくる。しかしこのBをへてC 即自且つ対自的に実在的であることを自覚している個体性が成立を見ても、これとてもあくまでも個体性であることをまぬかれないが、この個体性が克服されると、VI 精神に移ることになる。

三〇九（1） 「発生」とはひとつの意識形態が先立つ意識形態から発生することであって、緒論に示されている移行の原理にしたがい、当面の意識形態自身には自覚せられていないことを含んでいる。

（2） これは「根源的に限定せられた自然」とも呼ばれ、今後における基本概念のひとつであるが、生得的な一定の素質というほどのことを意味している。

（3） 原語は Nichtgetanhaben であるが、この getan が三〇八頁右より五行の為された存在即ち das gemachte Sein の gemacht にあたる。註三〇八の2参照。

（4） 人間はそのなすところのものであるというのがやがて人相術批判にさいして意義をえてくるヘーゲルにおける基本思想のひとつであって、その典拠は次のごとくである。マタイ七の一六―一八「その果《み》によりて彼らを知るべし。茨《いばら》より葡萄を、薊《あざみ》より無花果《いちじく》をとるものあらんや。かくすべて善き樹は善き果をむすび、悪しき樹は悪しき果をむすぶ。善き樹は悪しき果をむすぶこと能はず」。一二の三三―三五「樹は果《み》によりて知らるなり。……善き人は善き倉より善き物をいだし、悪しき人は悪しき倉より悪しき物をいだす」。ルカ六の四四「樹はおのおのその果によりて知らる」。

（5） 「表現」という語は人相術及び頭蓋論も「外なるものは内なるものの表現である」という基本法則の適用であることを示している。

（6） 原語は Zeichen であるが、ヘーゲル哲学におけるその基本的意味は簡単には哲学予備学のエンチュクロペディー一五五節において与えられている。これによると、いったい表象は外的定在とは本質的に相違したものであるが、かかる表象を表現するのに、また別の外的定在をもってするとき、この外的定在がツァイヘンである。ここからすると、ツァイヘンというのは、表現ではあっても、表現すべき事柄（ザッヘ）に対して外面的であり、したがって結合の偶然的恣意的なもののことで、その本来の場面は言語であることがわかる。したがってツァイヘンは言の葉、コトバ、符号を意味している。しかしヘーゲルは人相術に関して表情や身ぶりをも内面の意図や意向やまた性格を示すものとしてやはりツァイヘンと呼んでいる（三三三―三三四頁）。ところが新約聖書で「今の世」から「来るべき世」への移行を示す現象が邦訳ではシルシとなっているし、新約聖書に典拠をもつ思想（註三〇九の4）との連関もあるので、ツァイヘンには「しるし」という語をあてることにした。このシルシという概念は人相術及び頭蓋論をヘーゲルが批判するにあたり、基本的意義をもつものであって、人相術的表現については、これがシルシにすぎぬこと、頭蓋論的表現については、シルシでさえないことを説くのが基本の論意である。

（7） 心理学的観察のこと。

（8） 人間の形態はカントの美学におけると同じく、ヘーゲルの美学においてもやはり重要な概念である。

三一〇（1） 三〇八頁右より三行の「自分のものとしての自分の世界」を参照。

（2） この「現実」については三〇七頁右より七行参照。

(3) 形式的自発性については三〇三頁左より二行を、不確定な自発性については註三〇六の2を参照。

三一一(1) この問に対する答は三一六頁の見出しにおいて与えられている。

(2) 「先ず差当っては」というのは、三一五頁二段において器官の媒介者であることが明らかになるまでのことをさしている。

(3) テキストの下から一〇行の zuerst nur als の nur はグロックナー版では nicht であるが、このほうがこの段の結論からすれば、正しいので、グロックナー版にしたがって nur を nicht とする。

(4) 「為すこと」が「為されたもの」としては、他人からの働きかけによって、その為すがままに放任されて変転の場面に委ねられることは、Cのaに出てくる「事そのもの」という段階において仕事(ヴェルク)について論ぜられるにさいして詳しく展開せられている。

三一二(1) ラッソンはシラーの次のような言葉をあげている。「私の胸におさめられているうちは、行為は私のものであった。一度その行為の母胎である心胸《むね》の安全な片隅から引出されて、よそよそしい人の世に引き渡されると、いかなる人間の技《わざ》も親しいものとはなしえないあの意地悪い力たちに委ねられている」。

三一三(1) 「全体」というのは、当面の観察が内なるものを表現する外なるものを、手とか顔とかいう人体の特別の部分にかぎろうとするのに対しているから、「体格」とでもいうべきものであろう。

(2) 註三〇九の6参照。

(3) 原語はもちろん Sprache であるが、これは註三〇九の6に言ったごとく、「しるし」の原型である。しかし当面の段階ではむしろ表情や身ぶりを意味するから、この語は見られえぬもの(内なるもの)を見られうるもの(外なるもの)にするもの——das sichtbare Unsichtbare od. die sichtbare Unsichtbarkeit という意味に用いられている。三一四頁左より二行を参照。

(4) ラーヴァターのもののごとき(総註参照)。

三一四(1) ソロンがリュディアの王クロイソスに関して「誰れも死ぬる以前には幸福であると称えられえない」と言ったことが哲学史講義(一七巻)二〇一頁にのべられている。ソロンのこの語はヘシオドス一の三二に、またアリストテレスのニコマコス倫理学一の一〇に出ている。

(2) 「人間はその為すところのものである」というのはヘーゲルの基本思想のひとつを表現した命題である。エンチュクロペディー一四〇節追加に「人間が為すところのもの、それが彼である」とあり、法哲学一二四節にも「主体がなんであるかと言えば、それは彼の行動の系列である」とある。なお新約聖書における典拠については註三〇九の4参照。

三一五(1) 個体自身においてある外なるものないし外面が求められていたことは三一二頁左より一行から次頁にかけてによって明らかである。

三一六(1) 前註参照。

(2) ここに外化と呼ばれているものは三三四頁二段に至って初めて顔つき Miene 身ぶり Gebärde と呼ばれているものであり、表情のことであるが、これらは美学においては重要な概念である。美学講義(一三巻)三七三―三七四頁。

三一七(1) やがて三一九頁でも理論と実践との対立について語られているが、この場合の「理論」の意味に解せらるべきである。

(2) 註三〇九の6。

三一八(1) リヒテンベルグ『人相術について』二版(一七七八年)三五頁に出ている(ラッソンの註による)。なお三二一頁三段にも引用文がある。

(2) 「先の関係」とは心理学的観察の立てようとする個体性の法則の場合のこと。

(3) 三一七頁右より三行参照。

(4) 註三一四の2参照。

(5) 観察する理性は理性本能であった。

三一九(1) 「ひと」とはとくにラーヴァターのことであろう。

(2) 「実践的意識」という表現は後にBにおいて(三五八頁)にあらわれてくるが、これはまた三五二頁の行為的理性と同じである。それで、この段で理論と実践との対立がもち出されているのは、ヘーゲルが観察する理性即ち理論理性から実践理性に移って行こうとしていることを示している。

(3) ラーヴァターは彼の著書(総註参照)の副題目の示すようにセンティメンタルなロマンティストであった。

(4) 観察する理性と私念との内面的な関係については、自然観察の終りにおいても叙べられていた。

三二〇(1) 三一六頁参照。

(2) 能力や可能性が問題にされるのは頭蓋論の場合も同じである。三三九頁の見出し参照。

(3) 私念されたものが言いあらわしえぬものであることは、I 感覚の段階においてしばしば説かれたことである。

(4) ラーヴァターの著書名を参照のこと(総註参照)。

三二一(1) リヒテンベルグ、前掲書、七二頁。

(2) 同書、六頁。

三二二(1) 頭蓋論においてこの命題に応ずるものは一歩進んだ「精神の現実性は骨である」という命題であって、後者にはⅧ 絶対知の段階において多大の意義が与えられている。

(2) 註三一四の2参照。

(3) この場合のは「否定」は「すべての限定は否定である」の否定、即ち限定としての否定ではなく、限定を立てながら、これをなくする働き或は主体としての否定。

(4) 註三〇九の6参照。

(5) これについては後のCのa(三九九頁)を参照。

三二三(1) 「錯覚」は、Ⅱ 知覚の段階の基本概念のひとつ。

(2) 仕事が他の人々によって変更される可能性をもつことについては、Cのaを参照。

三二四(1) 同様のことが自然観察の段の終りにも出ていた。二九八頁右より八行参照。

(2) ラーヴァターはセンティメンタルなロマンティストである。

(3) 三二二頁右より三行参照。

(4) 原語はGegenbildであるが、このBildは三〇七頁にある「二重の画廊」のうちの反映としての画像にあたる。

(5) 「ことば」については、註三一三の3参照。

三二五(1) この「観察」が言わば理論として実践に対立していることについては、註三一九の2参照。

(2) この物が頭蓋骨である。

三二六(1) 三一六頁左より二行の「監視すること観察すること」及び三二五頁右より四行の「己れの行動を観察しつつある外化」を参照。

(2) 例えばfrei von der Leber weg sprechenは「腹蔵なくものを言う」ことを意味する。

(3) ティマイオス篇七一d。

三二七(1) シェリング、ヤコービィ、シュライエルマッヒャーなどのロマンティカーのこと。序文九頁、五三頁参照。
(2) 三四九頁に脳繊維について同様のことがしるされている。

三二八(1) ガルの大脳定位説のことをさしている(総註参照)。
(2) 「原因」という表現に関しては三二五頁左より七行の因果連関を参照。

三二九(1) テキスト二四〇頁下より一二行の zwar については zwar=ze wâre=fürwahr と解した。
(2) 構成の原語は konstruieren であるが、ここでは、構成という語をしばしば用いたシェリングの自然哲学をあてつけて「捏造する」というほどの意味に用いられているものと思われる。なお註四七の3を参照。
(3) 三二五―三二六頁において言われていたように、ここで求められている「器官」というのは、精神が外界に向って働きかけるための器官ではなく、身体に向って働きかける器官であり、また対象的な存在と対他存在(他の人々に対する存在)とをもたぬ器官のことであり、そうしてかかる条件をみたすものが脳髄とされたこと。したがって頭蓋骨はこの器官でなく、これが働きかける即身的な定在である。
(4) 自己意識をもった個体性の性格や気質の「しるし」であること。しかもヘーゲルは「しるし」としての意義をも頭蓋骨に拒否している(三三四―三三五頁一段)。

三三〇(1) 人相術の場合と同じく、頭蓋論の場合にも、求められている表現は個体自身においてあるもの即ち即身的表現。
(2) 「前に」確定した関係とは三二五頁左より七行の因果連関。
(3) 暗にガルをさすことは、イェナ時代のアフォリスメンの七八によって明らかである(総註参照)。

三三一(1) 予定調和の内部における相互作用へ論が移行しつつあることが示されている。
(2) 「も亦」はII 知覚の段階において出現したその基礎概念のひとつである。
(3) 形態と大さとがどのようかは、次の頁において明らかである。

三三二(1) ガルの定位説をさす。
(2) 一方の側面というのが脳髄における区別項の流動的な統一、他方の側面というのがその他の身体的組織のことであることは、三二八頁一段によって明らかである。

三三三(1) 例えば序文に出ていたブラウンの刺戟説 Erregungslehre(註四八の1)の刺戟をさすのであろう。なお「刺戟」という表現は『心理学と論理学とへの資料』という手記にもしばしば出ている、総註参照。

(2) 因果的機械的関係 Mechanismus や化学的関係 Chemismus など。

(3) この種の命題にⅧ 絶対知 の段階において大きな意義が与えられている。

三三四(1) シェークスピヤの『ハムレット』第五幕第一場。

三三六(1) 三三一頁右より四行参照。

(2) Ⅱ 知覚 の段階で論ぜられた物のもつ性質にあたる。

(3) 旧約聖書創世記二二の一七、「わたし(神)は大いにあなた(アブラハム)を祝福し、大いにあなたの子孫をふやして、天の星のように、浜べの砂のようにする」。なお三二の一二、イザヤ書一〇の二二、ロマ書九の二七、ヘブル書一一の一二。

三三七(1) ラーヴァターの著書の副題目で三二〇頁左より一行にも出ていた。

(2) 三二一頁二段参照。

三三八(1) 三一九頁左より一行及び三二一頁右より一行。

(2) Er hat es faustdick hinter den Ohren. = Er ist sehr verschlagen.

(3) なにか童話にあるか、それとも全くの空想か、いずれかであろう。

三三九(1) 二六六頁にあったこの命題が頭蓋論にとっても基本的であることが示されている。

(2) 註三〇九の2参照。

三四〇(1) 「べき」はがんらいはカント及びフィヒテの立場を表明するために、ヘーゲルが用いる語である。註二五二の2参照。

三四一(1) 「も亦」は、Ⅱ 知覚 の段階のひとつの基本概念。

(2) 「存在」は、Ⅰ 感覚 の立場のものであり、したがってここで「存在」について論ぜられるのは、頭蓋論に感覚の立場のあることを意味する。むろん理性は範疇に立脚しており、範疇は存在と自我との統一であっても、観察する理性はこの範疇の存在の面において成立するからでもあるから、頭蓋論には感覚の立場がある。そうしてここで「存在」に精神の真実態であることが否定せられるのは、A 観察する理性 がBの別名である行為的理性(三五二頁)へと移行しようとしていることを意味する。

(3) 物とはⅡ 知覚 の対象であって、Ⅴ 理性 においては本来の物については語られえないことがすでに二三七頁左より四行において言われていた。なお註二三七の5参照。

（4） 存在の否定であることによってのみ現実的であるこの意識とは実践的意識（三五八頁）、言いかえると行為的理性。

（5） 三三三頁二段にある頭蓋論の基本命題を参照。

（6） 三二四頁右より四行によって明らかなるごとく、人相術の場合に照応していることに注意。

（7） 三三四頁にある頭蓋論の基本規定を参照。

（8） 三三三頁左より九行の「自分に対して、また自分のうちにあること」をさしているのであろう。

三四二（1） この応酬については三二二頁右より三行及び三二四頁右より七行参照。

（2） 三二四頁右より七行にも自体とあって人相術の場合に照応していることに注意。

（3） 絶頂であることがこの段階に対して Ⅷ 絶対知 において重要な意義の与えられる所以である（総註参照）。

三四三（1） ユダヤ民族については、青年時代の手記のうちでは『ユダヤ教の運命』（ノール二四三—二六〇頁）と『体系断片』、政治論文集のうちでは『ドイツ憲法論』（モラ版）一二一頁、講義ではイェナ時代の『自然法学手記』（ドクメンテ三一四—三二五頁）、歴史哲学講義（全集一一巻）四二一頁などを参照。なお見さげられつくした民族 das verworfenste Volk という表現は『自然法学手記』のうちにもある。

（2） ヤーヴェという超越神。

（3） 差別の論文にも次のようにかかれている。「固定的となった諸対立を撤廃することが理性の唯一の関心事である。いったい全体性というものが最高の生き生きさにおいてあるのは、最高の分裂からの再興であることによってのみ可能である」。全集一巻四六頁。

三四四（1） 以上は実験の段階までの成果である。二五五頁参照。そこにも「素はひとつの存在する物ではなく、存在であるにしても、普遍的なものとしての存在である」としるされていた。

（2） 「一者」とは再生を行う類のこと、これについては註二六〇の3参照。

（3） 原語は entziehen であって、二五八頁左より五行の「脱却」の場合と同じである。

（4） 二九五頁に出ている普遍的個体としての「地」のことである。三〇四頁では偶然的個別化の場面と呼ばれていた。

（5） 二六六頁の見出し参照。

(6) 二五九頁の見出し参照。

(7) カントが『判断力批判』において「直観する悟性」と呼んだものにあたるが、これと同じではなく、自然をそとから観察している主観のことである。註二五九の3参照。

三四五(1) 二九九頁の見出し参照。

(2) この「一者」は三〇二頁左より二行の否定的統一にあたる。

(3) 本来の心理学と個体性の法則を見出すものとしての心理学。

(4) 人相術。

(5) 理性とはあらゆる実在であることを確信するものであること(二二八頁参照)、及び自我と存在との統一である範疇の存在面において成立するものが観察であること(三四六—三四七頁参照)。

三四六(1) 撤廃されたというのは、実験を通じて感覚的存在が消えうせたことである。三四三頁参照。

(2) 三三三頁にある頭蓋論の基本命題参照。

(3) 三四二頁左より五行の「純粋」を参照。

(4) 頭蓋論の基本命題が唯物論の表明であることを意味している(総註参照)。なお私念されるものは言われえないものであって、言われているのはそれとは別のことであるのはⅠ 感覚的確信 の段階において説かれたこと。

(5) 第二のことは次の段にある。

三四七(1) 同様の文章がすでに二二六頁右より六行及び二三一頁右より七行にある。

(2) 範疇については註二三六の1参照。

(3) 「もつ」については、註一五〇の6参照。

(4) 同様の表現については、二三九頁左より一行参照。

(5) 註三四五の5参照。

(6) 「無限判断」については、総註を参照。

三四八(1) Bの「理性的な自己意識の己れ自身を介する現実化」のことをさしている。

(2) Bの段階では目的は重要な概念である。

(3) 原語は übertünchen であるが、構想のもととなっているのは、新約聖書、マタイ伝二三の二七「わざはひなるかな、偽善なる学者、パリサイ人よ。汝らは白く塗りたる墓に似たり。そとは美しく見ゆれども、内は死人の骨とさまざまのけがれに満つ」であろう。

(4) 三二五頁左より七行の「因果連関」を参照。

(5) 素質或は可能と現実との区別ごときものであろう。三三九頁の見出しを参照。

三四九(1) 差別の論文(全集一巻一三〇頁)にも意識の繊維説 Fiberntheorie des Bewußtseins とあるが、この説はアーベルよりえられたものであろう。

(2) 三四六頁左より四行参照。

(3) 註三四六の3参照。

三五〇(1) 註三四六の4参照。

三五一(1) ここに「自己意識」と言われるのは、無限判断(三四七頁)或は同一性命題が成立したときの自己意識のことである。

(2) 自己意識の段階の最後に(二二八頁)成立を見た当時の「あらゆる実在であるという確信」のことである。

(3) 対象が自己意識であるのは、自己意識は真実にはただ他の自己意識に対してあることにおいてのみ自己意識であるからである。一八一頁参照。

(4) 例えば a「快楽《けらく》」においても、b「心胸《むね》の法則《のり》」においても対象は本質的には他人である。

(5) 「物たること」はⅡ 知覚の基本概念であるが、ここでは身体をもつかぎり、他人も一種の物であるというほどのことを意味している。

(6) 承認の概念については、一八四頁参照。

(7) 精神の概念については、一八二頁参照。この概念が実現せられると、ⅤはⅥ 精神に移る。

(8) 今後の運動が確信を真理にまで高めることを目指す点においてⅣの段階と対応していることに注意のこと。

三五二(1) 原語はむろん Stationen であるが、この表現はすでに結論においても用いられていた。八〇頁参照。なおここで「普遍的な駅々」というのは、ⅤのうちのＢとＣとのことである。

(2) 「これまでの道程」とは、Ａ 意識(ⅠⅡⅢ)と、Ｂ 自己意識(Ⅳ)のことである。

(3) 範疇ということについては二三六頁参照。自我である存在、存在である自我にほかならぬ範疇の存在面において成立するものが観察する理性であるが、このA 観察する理性 において、記述は感覚に、標識は知覚に、法則は悟性にそれぞれあたる。そうして実験によって法則が定立せられてから後、有機的なものについての観察、論理学の観察、心理学の観察、人相術の観察、頭蓋論の観察がなされたのは要するに「外なるものは内なるものの表現である」という基本法則の具体化のためであった。

(4) 原語の diese は Vernunft をさすが、この理性とは次の行に出てくる行為的理性(tätige Vernunft)のことである。

(5) IVのAは自己意識の自立性、Bは自己意識の自由であったが、それぞれVのBとCにあたる。

(6) 行為的理性は三五八頁においては実践的意識とも呼ばれている。

(7) このことのもっとも顕著なのはBのaである快楽《けらく》においてである。

(8) この「即自且つ対自的」はCの「即自且つ対自的に実在的であることを自覚している個体性」の場合にあたる。したがってBの別名が行為的理性であるのと同じようにCの別名は普遍的理性である。

(9) 「純粋意識」という表現はすでに不幸な意識の場合(二一五頁)に出ていたが、Vでは当面の箇処を除くと、初めて現れてくるのはCのb 立法的理性 の初めにおいてである(四二四頁)。このことは、前註に言ったごとく、Bをもって行為的理性と呼ぶとすれば、Cは普遍的理性であるが、この普遍的理性もb 立法的理性において純粋意識の段階に入ることを示されている。

(10) 四二三頁においては「事そのもの」が一応こう呼ばれている。

(11) VIA 人倫の段階における主題であるところの人倫的実体のことであるが、このことはすでにここで人倫の問題にはいっていることを意味する。しかし、この「人倫」はやがて明らかになるように、むしろ「道徳性」である。なお四二四頁及び四三一頁に対する総註参照。

(12) VI 精神という段階の序論的部分にも同様の記述がある。

三五三

(1) VI A a 人倫的世界にあたる。

(2) 画一的で固定的な法則ないし法律に対するヘーゲルの反感はVCのaである「立法的理性」にもあらわれているが、しかし、そうかと言って、実践における普遍的客観的規定を彼が無視するわけではない。これが彼のジッテ(習俗)を重んずる所以である。なお、四二四頁の総註参照。

(3) 三五六頁の格言(ピュタゴラス派の人の)を参照。

三五四(1) 原語は ein Volk であり、そうしてこれはまた ein freies Volk(三五六頁二段)のことであるが、以下の叙述によっても明らかであるように、ギリシャ人をさしており、したがってその生活とはポリスにおける生活のことである。しかしやがて注意されるように、ギリシャ人は多数の都市国家に分散していて統一的な民族国家を形づくったわけでないから(註三五七の1参照)、民族と訳さず、民と訳すことにした。なお ein freies Volk はヘーゲルにおいては青年時代の『民族宗教』という手記(ノール三―二九頁)以来ギリシャ人のことである。

(2) 四三九頁二段にも同様の記述がある。

(3) 原語は Bedürfnisse であるが、これは Begierden(欲望)と同じでもあるが、後者が個人的であるのに対して、前者は社会生活のうえでのものである。法哲学の一八八節には System der Bedürfnisse という用法があり、そうしてこれは分業と交換の体系であることが示すように、Bedürfnisse は社会生活における欲望のことで、したがって需要でもある。

(4) これは前註に言った「諸欲求の体系」のことであって、法哲学では市民社会の基底をなしているが、すでに人倫の体系においても国家の行う統治の第一の体系として論ぜられている。政治論文集四九二頁。

三五五(1) この相互性においてⅣ 自己意識の段階において説かれた「承認の概念」が実現を見ていることが注意せらるべきである。

(2) テキストの上より五行の seines Volks をズールカムプ版にしたがって eines Volks とする。

三五六(1) この「自由」は差別の論文にフィヒテを批判するにさいして「最高の共同は最高の自由である」(全集一巻一〇九頁)とヘーゲルが言った場合の「自由」である。

(2) 正確に言えば理性的自己意識の理性或は行為的理性。

(3) 自然法の論文にはディオゲネス・ラエルティオス八の一六からの引用であるとして、或る人が自分の息子に対する最善の教育はなんであるかと質問したのに対して、ピュタゴラスの或る徒は「息子をよく治められた国家の市民となすとき」と答えたと言われている(全集一巻五一四頁)。法哲学の一五三節にも殆ど同様のことがしるされている。なお本文の「習俗に従って生きる」の「生きる」については、Ⅵ A a 人倫的世界の段階では「普遍者のうちに、普遍者のために生きること」が高調せられている。

（４）前註参照。

三五七（１）Ⅵ 精神のAのbである人倫的行為においては、ギリシャ的な人倫の基本的な制限はそこでは精神がまだ自然的であることをまぬかれえない点にあるとされ、したがって人倫が普遍と個別との統一であるといっても、そのさいの「個別」は国家の一員、家族の一員としてのものにとどまって、こういう団体の枠のそとに出た真実の個人ではなく、また人倫を全体として見ても、ギリシャ民族自身としてのものではなく、それぞれの都市国家のものであり、またたとい真の個別と真の普遍との統一であるとしても、自然的に恵まれた天賦によることであり、したがってこういう人倫はただつかの間の青春のごとく過ぎ去らざるをえぬものであると言われている。

（２）「意識される」のは三六〇頁によって明らかであるように道徳性 Moralität によることである。法哲学では少くも表現のうえでは道徳性よりも人倫のほうが高次のものであるのとはちがって、現象学では人倫がⅥのAであるのに、道徳性はCであって、一段と高次のものとなっている。こういう見方はイェナ実質哲学の第二巻においてプラトン的―ギリシャ的な国家観をもってまだ個人の独立には徹しないものであると見て（二五一頁）、現代的な国家を構想したときに、すでに現れていた。

（３）原語は Vertrauen であるが、Zutrauen である場合もある。Ⅵ 人倫的行為の段階で明らかなごとく、まだ個別者に真の独立の認められていないところの、ギリシャ的人倫の特徴とせられているが、人倫の体系（政治論文集四七三頁）及びイェナ実質哲学第二巻（二五四頁）では農民或は兵士の人倫とされ、そうして法の哲学（一六三節）では家族の人倫ともされている。

三五八（１）三六三頁右より五行にも快楽《けらく》に関して同様のことがしるされている。

（２）この段階の題名参照。

（３）「世界」はⅤ 理性という段階に入って初めて成立を見（二三二頁）、そうしてAにおいて先ず観察の対象となったものであるが、Bである行為的理性ないし実践的意識も世界と交渉をもつものである。しかし、この実践的意識がまだ世界に対して否定的に対立するにすぎないのに対して、Cという段階を通じて、理性と世界との対立がなくなったとき、Ⅵ 精神に移り、ここでは以前には意識の諸形態であったものが世界の諸形態となる。しかし、すでに行為的理性の段階においても、「経験」は世界経験（三五九頁）であり、また「目的」は世界目的（三六九頁の総註参照）である。

（４）この文章がもっともよく適合するのはａ 快楽《けらく》である。

三五九（１）ここで「物たること」と言っても、じつは他人が自分から独立的であることをさすにすぎないが、このことはａ 快楽が本来は男女間の愛情に関するものであることによっても示されている。かく幸福をもって、単なる欲望や傾向（ナイグング）の充足と見るよりも、社会生活における調和と見るのがヘーゲルの特徴である。幸福と不幸とは青年時代の手記においてそれぞれギリシャ民族とユダヤ民族の特徴とされたが、この場合にも彼は幸福の核心を社会関係の調和において見ている（ノール、三七三―三七四頁）。信と知という論文においても、カントが道徳と幸福とを分離するに急であったのに、最高善の論に至って一転して道徳と幸福との一致を要求するようになり、そのさいの幸福が無反省に欲望や傾向の満足と考えられていることをヘーゲルが難じているのも（全集第一巻四一二頁）、やはり同様の考えかたに基づく。

（2）　緒論において立てられた経験の原理にしたがって快楽《けらく》と心胸《むね》と徳とのいずれにおいても経験が叙述せられている。なお註三五七の3を参照。

（3）　実体のうちに存在するとは、実体に対して信頼をいだくこと。三五七頁左より二行参照。

（4）　述語が付加語の意味をもつことについては序文（註五一の1）参照。

三六〇（1）　ここで道徳性というのは、三五七頁二段にあった人倫的実体についての意識のことであるから、Cのbである立法的理性とcである査法的理性のことであろう。とくに四二五頁右より八行参照。したがって歴史的に言えばカント―フィヒテに代表せられる道徳観であることになる。なお総註参照。

三六一（1）　a快楽《けらく》の段階のことであって、個別的であることにおいて、対象意識における感覚の段階にあたる。

（2）　b心胸《むね》の段階のことであって、心胸と法則《のり》という個別と普遍とが相互に矛盾することにおいて、知覚の段階にある。

三六二（1）　「徳と世路」という段階のことであって、世路においては善なるものが自体的には実現せられており、その内なるものであることにおいて、この段階は悟性の段階にあたる。なお徳の経験が終了して、Cの段階に移って行為自身のうちに幸福が見出されるようになるという点では不幸な意識が赦免をえたのちにも、まだまぬがれなかった不幸がここに克服せられたことになる。註二二七の6参照。

（2）　三五一頁左より六行参照。

（3）　この「個体性」がC「即自且つ対自的に実在的であることを自覚している個体性」である。また三九四頁二段参照。

三六三（1）　題名の *Lust und Notwendigkeit* における Lust は、例えばテキストの三四一頁下より一行にある Der tapfere Jüngling, an welchem die Weiblichkeit ihre *Lust* hat,…… という用法の示すごとく、男女間の愛欲を意味しているので、本来的には恋愛のことに関している。
（2） 三五九頁右より一行以下にも、即自的にはすでに成立している自他の統一を為すことがそれを見出すことであるとかかれていた。
（3） 人倫にひとたび到達した後にこれを恢復するという道程即ち道徳性生成の道程がとられえている。
（4） 法哲学の序文には「哲学が灰色一色に描くとき、生の形態はもう老いている。灰色一色では哲学は若返ることはできず、ただ理解せられるだけである。ミネルヴァのフクロウは迫りつつある夕暮れと共に初めて羽ばたきを始める」とあるが、この場合に対しても、本文の場合に対しても、「灰色」という観念のもとをなしているのは、ゲーテの『ファウスト』（一の一八三〇—一八三四）にある「すべての理論は灰色、緑なすはただ生命の黄金《こがね》なす木のみ」という意味の句であろう。
（5） ゲーテ『ファウスト』一の一八五一—一八六七。法哲学の序文にも同様の引用があるが、いずれも原文そのままではなく、大意をとったものである。なお訳文の最初にある「それは」は「自己意識は」である。
（6） 「為す」については註三六三の2参照。
三六四（1） この表現の裏面の意味については、三六八頁右より七行の「二重の意味」を参照。
（2） ベイリー訳はエドマンド・スペンサーの『仙女王』二の一二の五四をあげているがヘーゲル自身にとっては或は Christinia Charlotte Johanna Burckhardt（ヘーゲル辞典参照）がモデルであったかも知れぬ。
（3） 一七九頁の「自我と欲望」という項を参照のこと。
（4） 範疇は自我と存在との統一であった。
三六五（1） 子供が生れ、男女一体としてのきずなの生ずるようなことをさしている。

三六六（1） 三四七頁における無限判断の成立が想起せらるべきである。
（2） すでに二三六—二三八頁において範疇の区分に関して、本文の統一と区別と両者の関係にあたる統一（単一）と数多と個別（総体）との円環が展開せられていた。
（3） 青年時代の手記のうちで運命を主題としたものは『クリスト教の精神と運命』である。
三六七（1） 三六三頁左より二行参照。

三六八（1） 原語は zugrundegehen であるが、その二義については註五八の6参照。

（2）三六四頁右より三行参照。

三七〇（1）三五八頁及び三六一頁に出ていた目的の第二段階である。

三七一（1）この秩序については後の三七二頁及び三七八頁に一層詳しく述べられており、前者によって「神々及び人間の秩序」であること、即ち家族及び国家に関する法制であることがわかる。

（2）グロックナー版及びズールカムプ版にしたがって、ここにハイフンがあるとする。

（3）三六五―三六九頁参照。

（4）緒論に示された移行の原理のあらわれである。

三七二（1）後の三七八頁左より五行参照。

（2）訓練を要すると考えられるとき、c 徳という段階に移ることになる。

（3）神々及び人間の秩序というのは、後にVI A 人倫の段階において神のおきて das göttliche Gesetz と人間のおきて das menschliche Gesetz と呼ばれるものにあたるが、前者は家族のおきて、後者は国家のおきてである。けだし家族のおきては人間の自然的な愛情に基づくものであり、国家のおきては人間の分別によって設定せられたものだからである。だから当面の本文でも神々及び人間の秩序というのは家族の制度――したがってまた私有財産制度――と国家の制度、またこれらを支える宗教上の制度というほどのことを意味していると考えられる。

三七五（1）最初は心胸《むね》の法則《のり》に反するものは現行の客観的な秩序ないし法則のみであったが、今や人心も同様のものとなった。この点について、イポリット訳は着想の材料としてシラーの『群盗』の主人公カール・ムーアが人間をワニのような偽善者の族と罵倒したことをあげている。

三七六（1）死せる必然性は a 快楽の場合のものであり、生命づけられた必然性ないし秩序はやがて c において世路となって行くものである。

（2）註三七二の3参照。

（3）例えば『群盗』の主人公。

（4）三七〇頁左より五行の「経験」に対応していることに注意。

三七七（1）例えば『群盗』の主人公のごときいわゆる義賊の場合。

（2）「狂い」の原語は Verrücktheit であるが、これについては、すでに『心理学と論理学への資料』において取扱われており（ドクメンテ二四七頁）、そのさいの文章が殆どそのまま哲学予備学のエンチュクロペディー一五三節に採用せられている。なお「狂い」にとっては、本質的なものが非本質的、非本質的なものが本質的である点では、それは知覚における錯覚に似ているけれども、しかし錯覚が対象意識としての「狂い」であるのに対して、ここでの「狂い」は自己意識としてのものである。以下この段ではこの区別が説かれている。

三七八（1）フロイトにおける Projection にあたる。

三七九（1）ヘーゲル自身の若き日の感慨を反映している点ではⅥのBに属する啓蒙の場合（テキスト三八五頁）と同じであって、書簡一一号においてヴュルテンベルグ公国の政治家と宗教家との結託、したがって具体的に言えば、君公と宗務局 Konsistorium との結託を非難していること、またフランス革命勃発当時における彼自身の言動が行文の背景をなしている。この行動については書簡集第四巻一五九頁に収められてあるテュビンゲン時代についての報告 Aus der Semestral-Berichten des Tübinger Stifts を参照。

三八〇（1）三七五頁一段にあったように、或る個人が自分の心胸の法則を客観的な法則として設定したとき、他の人々がこれは自分の心胸《むね》の法則《のり》に反するとして刃向うこと。なお「抵抗」については次の段で詳論されている。

（2）三七六頁右より三行参照。

（3）実体であることはやがて明らかになるように、「内なるもの」であることを意味し、そうしてこのことが徳の段階——悟性にあたる——に導いて行く。

三八一（1）bellum omnium contra omnes（ホッブス）。

（2）原語は Weltlauf であるが、「世路難」という場合の世路にあたる。カントの『道徳形而上学の基礎づけ』（カッシラー版二六〇頁）にも Weltlauf について同様の用法がある。

（3）Ⅲ 悟性 の段階において出現した「両力の遊戯」にあたる。この「両力の遊戯」が諸物の内なるものへ導いたが、当面の箇処においてこの「内なるもの」にあたるのは、徳が原理とする善且つ真なるものである。

三八二（1）ここに徳の段階が「諸物の内なるもの」をとらえる悟性の段階に対応していることが示されている。

（2）行為的理性については三五二頁右より五行。

三八三(1) 個体性が有徳な意識においてのみならず、世路においても撤廃せらるべきであるというところから、徳の騎士と世路との戦い(三八五頁)が始まる。
(2) 真であり且つ善であるものとは法則にあたる(三八二頁右より七行)。
(3) 心胸の法則の立場が自分の無訓練の卓越さを発揮しようとしたこと(三七二頁一段)に対応する。
(4) ここではベイリーの解するごとく、訓練に二つの段階が設けられている。第一の段階では個々の衝動や感情や意志が普遍者(個々の徳)の支配のもとにもたらされるのであり、第二の段階ではこれらの衝動や感情や意志をもっている個的人格そのものが普遍者の支配のもとにもたらされるのである。
(5) 原語は diese einzelne Aufopferung であるが、前註において言った第二段階の訓練がすべての個々人において行わるべきことをさしているであろう。
三八四(1) 世路は無秩序のように見えながら、即自的自体的にはすでに「秩序」であることが世路と戦う徳の騎士が敗北する理由である。
(2) 「やはり」と言うのは、三七一頁一段において心胸の段階に関して言われたのと同じく、徳の段階に関しても、緒論に示された移行の原理が成立するからである。
(3) 三六七頁の「没落」という項。
三八五(1) 三七六頁一段の生命づけられた必然性のこと。
(2) 三八一頁に述べられた公共の秩序における「万人の万人に対する戦いの側面」に関する。
(3) 三九一頁「徳の敗北」という項においては、個体性については、徳が実現せんとする善且つ真なるものの現実性の原理であるという逆の評価がなされている。
(4) 信 Glaube はすでに差別の論文(全集一巻五七頁)が取上げているものであるが、要するに自体的即自的なものを対自をまじえずに、ただ即自的自体的にとらえようとする態度のことである。なお四三八頁二段参照。
(5) 徳が結実を享受するようになるのは、VIのA 人倫においてのことである。
三八六(1) この目的は行為的理性にとって第三段階の目的である。三六二頁参照。
(2) 「内なるもの」については、三八二頁右より四行参照。

三八七（1） 善且つ真なるものは、信の対象として、初めて実現せらるべきものであるときには、即自的自体的であり、また世路との戦いをひらくものとしては対他的であるが、いずれにしても抽象であるから、二つの規定はこの意味において一であるというのである。

（2） 不幸な意識の段階において能力を以て、不変者が使用させるべく意識に委ねた天賦の賜物（二二〇頁）とされたことに注意。

（3） 「信」については、三八五頁左より四行参照。

三八八（1） 例えばセルバンテスのドン・キホーテやカルデロンの悲劇の主人公（総註参照）。

（2） 三八六頁二段において考えられたところでは、善なるものは即自的であるにすぎぬから、徳の騎士によって実現される要があったが、即自且つ対自的であるのなら、もはやその必要はない。

（3） 「前に」とは三八六頁二段参照。

三九〇（1） 三八七頁左より二行の「伏兵」を参照。

（2） 「素材」については三八七頁二段参照。

三九一（1） やがて明らかになるように、個体性と現実性との区別、対自と対他との区別。

（2） この「抽象」については三八六頁二段参照。

三九二（1） 前々註参照。

（2） 三七八頁二段参照。

（3） 註九の2参照。

（4） 三五六頁の箴言を参照。

（5） 人倫的実体のこと。

（6） 「古えの徳」とは人倫のことであるから、就職テーゼ一二に見られると同じような、「徳」に反対するヘーゲルの態度が示されている（総註参照）。

三九三（1） 序文（六七頁）にも同様の記述があった。

（2） この「対立」は三九二頁右より三行の「対立」。

（3） 「外套」については、三九〇頁右より五行参照。

(4) この経験は三八六頁右より三行の「経験」に対応する。

(5) 三八四頁右より一行参照。

三九四(1) 三八六頁二段において善なるものは即自的なものとして抽象であることが叙べられた。

(2) 法哲学の言いかたをもってすれば、「欲求の体系」としての市民社会の肯定であるが、同じ考えはⅥのBに属する教養の段階において国権 Staatsmacht に対立する財富 Reichtum にも示されている。

(3) ヴュルテンベルクの議会を批評した論文において「歴史の心理学的な見方」(六の三五〇頁)と呼ばれるものにあたる。これについては例えば法哲学一二四節参照。

(4) 三六二頁二段と対応していることに注意。

(5) 「諸力」については三八七頁二段参照。

三九六(1) Ⅳ 自己意識 の段階の終りを参照。

(2) 三五八頁、三六一頁参照。これまで行為的理性の立場における目的とは快楽と心胸の法則と徳とであった。

(3) 「もろもろの天賦や能力」については、註三八七の2参照。「相互滲透」はC或は普遍的理性(三五二頁)の基本概念であって、とくにaにおいて顕著に現れてくる。

(4) 三六四頁右より一行の幻《まぼろし》に対応する。

(5) 演説については三九二頁二段参照。「演説」で徳の段階が代表せられている。

(6) 三五二頁に出ていた普遍的理性のことである。

(7) 三六六―三六七頁参照。ここで範疇は統一―区別―両者の関係であるとせられたが、今や範疇のこの構造が自己意識によって身をもって体験せられ、自己意識自身がかかる構造をもつものとなっている(次の段参照)。またaの終り(四二四頁)において、範疇には一層発展した規定が与えられている。

三九七(1) 特に徳が実現しようとする善且つ真なるものは即自的にのみ存在するものであった。三八六頁二段参照。

(2) Ⅳ 自己意識 の段階の場合との対応に注意。すぐ次いで出てくる確信と真理についての二様の呼びかたも、一七一―一七二頁における概念と対象とに関する二様の呼びかたと同様のものである。

(3) 三六二頁一段において予示されていたことが此処で出現を見たわけである。

（4） 三九九頁の第一項の見出し参照。

（5） ここでは観察する理性と行為的理性とを統一づけるものが普遍的理性（三五二頁）と考えられており、したがってこれは理論理性と実践理性との統一である（総註参照）。

（6） 忘却については註二三四の1参照。

（7） 観察する理性の場合に関しては二三二頁、行為的理性の場合に関しては三五八頁参照。

（8） 四二四頁において明らかになるように、諸契機とは、内容的には目的―手段―結果（現実）のことであって、これらが根源的に限定せられた自然（一定の天賦）において統一づけられているのである。

三九八（1） やがて明らかになるように、この類というのは内容のうえでは目的―手段―結果、形式のうえでは対自と対他という諸契機（四二四頁参照）を類として包含するところの「事そのもの」であり、そうしてこれが「人倫的実体」の意味をもつようになって行く。

（2） 「素材」については四〇二頁左より八行参照。

（3） やがて四〇三頁において目的―手段―結果の円環として現れてくる。

（4） 四〇〇頁一段参照。場面とは要するに根源的に限定された自然が展開されるときの場面のことであり、またこの根源的自然がこの場面自身でもある。

（5） 四〇六―四〇七頁参照。

（6） 根源的に限定された自然のこと。

三九九（1） この空虚な思想が内容の側面から言って、目的―手段―結果という諸契機に、形式の側面から言って対自―対他の諸契機に展開されて行き、そうしてこれらが自己意識と同一のものとなるところにこの段階の運動がある。四二四頁一段参照。

（2） 心胸の法則《のり》の場合（三七一頁）も、世路（三八四頁）の場合も同様であった。

（3） 否定性に二義があって、一方では運動或は主体としてのものであるが、他方では限定ないし質としてのものであることについては註一七の2参照。

四〇〇（1） この表現については註三〇九の2参照。

（2） 前々註を参照。また質の弁証法については、簡単には序文のうち五二頁参照。

（3） 三九八頁右より五行参照。
（4） 動物の場合と似ていることが「精神的な動物の国」という題名のある所以。
（5） 「一者」とは類のことである。二九八頁左より四行参照。
（6） やがて次の段において「限定せられた根源的自然」が目的であるのみならず、手段であり結果でもあることが説かれる。
四〇一（1） これは限定としてのではなく運動としての否定性である。
（2） 目的と手段と結果とを、また対自と対他とを総括した概念であって、やがて「事そのもの」と規定せられる。
（3） 以上では目的—手段—結果のいずれもが「根源的に限定せられた自然」であって、区別はただこの内容の形式のうえでのものにすぎぬことが主張せられようとしている。
四〇二（1） 「踏み越えて出て」については四〇一頁右より二行参照。

四〇四（1） この「相互滲透」が当面の段階の基本概念であることについては、三九六頁右より八行参照。

四〇五（1） 註三九八の3参照。
（2） 人相術の段階以来しばしば触れられてきた仕事がここで初めて本格的に取上げられるが、しかしそれぞれ特殊的（四〇二頁二段）個体性の産物である仕事が示す区別が取上げられるのは、最初には量的という非本質的区別の立場からであるにすぎず、本質的区別が問題になるのは、四〇七頁に始まる第二項からのことである。
（3） 四〇〇頁右より三行にも出ていたが、否定性には存在におけるものと運動ないし働きとしてのものがあり、前者の場合には否定性は限定であり質である。
（4） 「自己発揮」については、三六二頁一段及び三九四頁二段参照。
四〇六（1） 「越えて出て」については、註四〇二の1参照。
（2） 四〇〇頁右より四行の「自己自身へと関係する」を参照。
（3） 自体が尺度とされることについては緒論（八五頁）を参照。
（4） 精神的であるにしても動物の国たる所以。
四〇七（1） 三九八頁左より七行及び四〇二頁二段参照。
（2） 四〇二頁左より五行参照。

（3）「理性の自己意識」「理性」とは行為的理性に対する普遍的理性（三五二頁）であり、「自己意識」とは三九七頁左より四行の「己れ自身を自覚するようになった範疇」に関する。

（4）主観的確信と客観的真理との一致については、三九七頁一段参照。

（5）意識は前項においてはまだ特殊的であることをまぬかれなかった。とくに四〇二頁二段参照。

四〇八（1）「絶対的な否定性」とは限定ないし質としての否定性ではなく、働きとしての、また「主体」としての否定性であり、したがってまた個体性自身でもある。

（2）仕事が「限定せられたもの」であることについては、四〇五頁右より四行参照。

（3）註四〇二の1参照。

（4）「さきに」とは三九九頁の第一項においてのこと。

（5）テキストは……und es ist zu sehen, wie in seinem Sein die Individualität *seine* Allgemeinheit erhalten, und sich zu befriedigen wissen wird――であるが、ベイリーもイポリットもいずれも seine Allgemeinheit の sein を個体性を意味するものと解しているが、これは意味のうえでは正解であるとしても、文法的には不可能である。なぜなら、sein は in seinem Sein の sein と同じであり、仕事 Werk をさすと解せらるべきだからである。しかし sich zu befriedigen wissen というのは、やがて明らかになるように（註四一五の5参照）、仕事において目的―手段―結果が分離をきたしても、これらに形式的に通ずる類概念である「事そのもの」を自己意識がもち出すことによって仕事における消失をまぬがれることを意味しているから、テキストに普遍性というのは事そのものがもつこれらの契機に通ずる普遍性のことであり、したがってこの普遍性を具えているものは個体性でもあることになる。以上のような次第で ihre とかくべきであるのに、ヘーゲルが誤って seine とかいたのか、それとも Individualität とかいておきながら、Individuum とかいたつもりであったかのいずれかであろうと解せられる。

（6）区別項とは目的―手段―結果など。

（7）「刃向い出て」の原語は herauskehren であるが、この kehren はすでに「心胸《むね》」の段階でも用いられていて、刃向うことを意味する。三七五頁左より六行参照。

（8）「普遍的な運動」というのは、すべての人々がお互に抵抗しあうこと。三八一頁右より八行の「遍ねき抵抗」を参照。

（9） 四〇四頁一段の終りの文章を参照。

四〇九（1） やがて四一八頁左より三行以下において明らかになるように、形式のうえでの区別とは対自存在と対他存在との区別のことであるが、ここでの「形式」は、後者のことをさしている。

（2） 「心胸」が自分の法則を設定する場合と同様である。三七五頁一段及び三八一頁一段参照。

（3） 「関心」については、四〇三頁左より三行参照。

（4） 原語は Widerspiel であるが、心胸の段階でも定着と解体との交替に関してやはり遊戯 Spiel（三八一頁左より三行）という語が用いられていた。

（5） ここで先行の諸形態というのは、行為的理性の諸段階のこと。例えば心胸の立場に対してある現実は快楽《けらく》における必然性から発生したものであるのに、心胸はこれを自覚せず、その撤廃に向ったこと（三七一頁一段）。なお徳の場合については三八四頁一段参照。

（6） 三九九頁左より四行にあったごとく先行形態からの結果であると言われただけでなく、仕事に関する経験（四〇七頁右より六行）の結果であるというのである。

四一〇（1） 三九四頁二段にある「個体性の為すこと営むことがそれ自身において目的である」ということ。

（2） 「内容」ということについては四〇一頁左より二行参照。

（3） 四〇〇頁右より四行の「完全に自己自身へと関係すること」にあたる。

（4） 例えば自己意識の段階の初めの場合を参照。

（5） 四〇七頁左より六行の「経験」に対応している。

四一一（1） 原語は übergreifen であるが、これについては註一六〇の4参照。

（2） 仕事が個体性の真実態であることについては、四〇九頁左より二行、四一〇頁左より七行を、なお註三一四の2参照。

四一三（1） 仕事はたしかに他の人々からの抵抗にあって消失するが、消失するということは却ってそれが行為の概念の「消失する契機」であることを示しており、そうして仕事が結びついている現実もまた同様であるというのであろう。このさい仕事や現実を消失する契機として含んでいる概念とはやがて「事そのもの」として規定せられるものであるが、ただし、この「事そのもの」がかかるものであるのは、当の個体性自身においてのことであって、他のもろもろの個体性との関係においては欺瞞(四一五頁に始まる第三項参照)を含んでいる。

(2) ここにはすでにしばしばあった「限定せられた否定」の思想が働いており、こういう否定は一定の肯定と一定の否定とを両者の根底にあるものによって総合するが、本文の場合には、至るべき根底というのは「事そのもの」のことである。

(3) 第一項において論ぜられた概念は四一〇頁左より六行において、一度は空虚な概念として消えうせたが、この段では再びその意義が恢復せられている。

(4) この「自己意識」は四〇七頁右より四行の「理性の自己意識」であり、また普遍的理性であろう。

四一三(1) やがて四一六頁右より四行によって明らかであるように、「純粋な行為」とは結局は「なにも為さない行為」のことである。

(2) ここで「移行」とは四〇一頁左より六行によって明らかなように手段のこと。

四一四(1) 原語は die geistige Wesenheit であるが、das geistige Wesen という形で四二三頁にも出ていた。

(2) 自己意識によって生み出された対象である点に、「事」の「物」に対する相違があるが、この点で事は πρᾶγμα にあたる。

(3) 感覚の場合の「このもの」についての私念と知覚の場合の物に関する錯覚とに、事そのものにおいて対応するものは、四一五頁から始まる第三項において説かれる欺瞞である。

(4) 三五三頁左より四行の人倫的実体のこと。

四一五(1) 根源的に限定せられた自然のこと。

(2) 主語となれば事そのものは人倫的実体となり、さらにこれを通じて実体は主体となるが、このことはこの段階の終り(四二三頁左より二行の主体)において或る程度実現している。

(3) 観念論についてはVの初め(二三二頁)を参照。ただし、A 観察する理性をもって理論的観念論、B 行為的理性をもって実践的観念論であるとすれば(下巻八四九頁参照)、 事そのものにおいて到達せられた観念論はこれら両者の総合であろう。

(4) 原語は ehrlich であるが、感覚的確信に、またとくに物の知覚がただひたすら真なるものをとらえようとするという意味において Wahres-nehmung であったのに対応して、事そのものという真なるものだけをとらえようとする意識が ehrlich である。しかし、ちょうど感覚的確信が同時に私念であり、知覚が同時に錯覚であるごとく、誠実な意識も同時に欺瞞である。イポリットはこの誠実をモンテーニュやラ・ブルュイエールの l'honnêteté に結びつけているが、中世から革命までのフランスを背景としているⅥＢにある「教養の世界」においてもこの ehrlich という概念が再現してくるところからすると、不当とは言えない。

（5） 註四〇八の5において言った「満足」のえられるのは、事そのものにおいてであることがここに示されている。

四一六（1） 或る人の仕事が他の人々から受ける抵抗によって消失することはすでに叙べられたごとくである。四〇九頁一段参照。

四一八（1） ここでは「誠実」の誠実でないことだけが説かれているけれども、四三六頁二段では、「誠実」には、人倫の意識にとっての不可欠の契機であるという意義が恢復せられている。

（2） 以上で事そのものの内容のうえでの諸契機――要するに目的―手段―現実――の説明は終り、次の段から即自或は対自と対他という形式のうえでの契機の説明に移っている。なお Sache は物とはちがって「自己意識から自分のそとに生み出された対象」としては πρᾶγμα にあたるが（註四一四の2）、以下において対自と共に対他をもって契機とするのは、Sache が英語の sake――for the sake of… の――と同じくゴート語の sakjō に、古高ドイツ語の secchia に由来し、これらの古語は gerichtlicher Streit を、つまり係争事件を意味していたところから当然である。

（3） 前註参照。

四一九（1） 内容のうえでの或る契機を自分に対して本質的であるとするときには、この契機は他人に対しては非本質的ではあるが、しかし他人に対する関係から言えば、却ってこの非本質的な契機が本質的であり、さきに本質的であった契機は非本質的であるから、知覚の段階における本質的なものと非本質的なものとの弁証法にあたるものがあることになる。

（2） 「相互滲透」は三九六頁右より八行によって明らかであるように、当面の個体性についての基本的規定である。

（3） 四一四頁左より三行「事そのものは単純な本質である」とあることによって明らかなように、事そのもののことである。

四二〇（1） Ⅲ 悟性 の段階における「両力の遊戯」に対応する。

（2） Ⅰ 感覚 の段階における私念、Ⅱ 知覚 の段階における錯覚にあたる。

（3） この場合の「個人」の実例として最もよくあてはまるのは、すでにロイス Josiah Royce がその遺稿である Lectures on modern idealism(1919)において言っているように、またブレイエが哲学史の第二巻（七四二頁）において言っているように、学者、研究者、作家、評論家などである（イポリットによる）。なおレヴェンベルグ一七〇頁参照。

（4） 感覚との対応が示されている。

（5） 原語は täuschen であって、知覚との対応が示されている。

四三（1） 四一四頁右より一行に「精神的な本質態」とあるのと同じであるが、「精神的実在」という表現はすでに三五二頁にも出ていた。

（2） 主語のことは、四一五頁右より六行に出ていた。

（3） ここですでに段階Vの範囲内で「絶対者は主体」という序文に示されたテーゼが成立を見ている。

四四（1） 段階Vの初め（二三六頁）を参照。したがってやがて本文に「思惟」というのは、観察のことであろう。

（2） 純粋意識は受肉のあった後の不幸な意識の第一段階（二一五頁）をなすものであったが、普遍的な理性の段階に関しても出現していた（三五二頁）、即ちそこでは承認されたものがすべての自己意識を統一づけるのは、純粋意識によることであるとされていた。

（3） 精神的実在が純粋意識と「この」自己意識との統一ではあっても、この統一が「単純な存在」において成立するということは、精神的実在がまだ存在的な無媒介性をまぬかれぬことをさしている。言いかえると、事そのものと自己との統一として精神的実在は生じたのであり、またこれにおいて立法的理性もまた成立を見るのであるけれども、しかし、いずれもまだ存在的な無媒介性をまぬかれないのである。ここに立法的理性が「人倫に関する無媒介の確信」（四二六頁）として感覚的確信との間にもつ類似が今後しばしば指摘せられる所以がある。

（4） 前段階の第一項において説かれたこと。

（5） 三五二頁の普遍的理性にあたる。

（6） 「中身」とは目的―行為―現実と対自―対他（前頁を参照）。

四五（1） 範疇が絶対的な存在であり、単純な自己自同性であるということは、この範疇の立場をとる立法的理性に感覚的確信に類似したものの生ずる所以である。

（2） グロックナー版及びズールカムプ版にしたがい圏点をうった。

（3） 人倫的実体はすでに三五三頁に出ていたものであるが、それが一度喪失されてここで恢復せられたことになる。だからこの実体の意識であるところの「人倫の意識」というのは三六〇頁にあったところの道徳性、即ち人倫であるだけでなく、人倫のなんであるかについての意識であるところの道徳性のことである。

（4） テキストの下より四行の denn es の es は対象（Gegenstand）をさすと解した。

（5） 立法的理性もむろん理知に関するけれども、しかし査法的理性に比較すると、後者が知識であるのに対して、前者は意志であるとされている。このことはこれら二つの理性が比較され関係づけられる四三六頁の「立法と査法」という項に至って明らかになる。

（6） 四三九頁右より八行には、およそ不同は自己意識からくるとある。

（7） 四三九頁左より七行にも出てくるものであるが、「心胸《むね》」の段階に出てきた「神々及び人間の秩序」（三七二頁）と同じことを意味し、したがって家族のおきてと国家のおきてとがそれぞれ「群」であることは、ⅥのAによって明らかである。ただし立法的理性の段階ではやがて出てくる二つの命令が示しているように、カントが『道徳の形而上学』において義務を、自己に対する義務と他人に対する義務とに区分し、両者を完全義務と不完全義務とに区分し、さらに自己に対する義務については身体的存在としての自己に対する義務と精神的存在としての自己に対する義務との区分を設けたことに関している。即ちこういう区分によって絶対的実在のもろもろの限定的な法則が与えられるが、これらが此処では「諸群」をなすのである。もっとも立法的理性によっては、こういう「諸群」は現実には成立しえないという批判が主となっているが、やがて四三九頁の「諸群」を通じてⅥのAのaとなると、「諸群」は家族のおきてと国家のおきてとなる（なお総註参照）。

四三六（1） ここで言われていることが人倫の意識にとって究極的には正当であることは四四〇頁によって明らかであるが、しかし本文に「無媒介に」と言うのは、立法的理性の段階はまだ直接的であるので、やがて次の段で明らかとなるように、カントが『道徳の形而上学への基礎づけ』などにおいて、道徳法則の認識に関しては健全な常識を尊重したことを暗にさしている。

（2） 四二五頁一段参照。

（3） 前々註参照。

（4） 原語はdiesであるが、立法的理性が次の段に出てくる人倫の直接的確信であることをさしている。

（5） 感覚的確信の言明を受けとるさいの無媒介の態度については九五頁参照。

四三七（1） ここで取上げられている「真実を語るべきである」という命令、四二九頁で取上げられる「汝の隣人を愛せよ」という命令などについて、カントが『道徳の形而上学』において説くにあたり、しばしばKasuistische Fragenという名のもとに、一々の具体的な場合（Kasus）に臨んでいかに行為すべきかについて教えているが、ヘーゲルはこの点をとらえて、「無制約的な定言命法」がじつは制約つきの、条件つきの「仮言命法」にすぎないことを暴露した所以であると言っているのである。

ただしカントのあげたカズゥイスティークの一々の内容まで、ここでヘーゲルが取上げているわけではない(総註参照)。

(2) 原語は meinen であるが、これは I 感覚的確信 の段階の基本概念のひとつであるから、立法的理性が人倫に関する直接的な確信であることを示すために用いられていることになる。

(3) カントにおいて定言命法が所謂先験総合命題であることにあたる。

四二八(1) 定言命法の形式。

四二九(1) 原語は Verhältnis der Empfindung であるが、VIのAのaでは、即ちテキスト三二〇頁二段上より一一行では die Beziehung der Empfindung oder das Verhältnis der Liebe と言い直されているから、Empfindung というのは、ここでも「感覚」を意味するのではなく、感情や情緒を意味すると解すべきである。

(2) 一般的な論議であると同時に、カントにおいて愛の義務が Wohl*tun*, Wohl*tat* の義務であることを暗にさしている。例えば『道徳形而上学』のうちの徳論二九—三一節。

(3) 国家が例えば救貧税 Armentaxen を徴収などして貧民の救済政策をとることなどが考慮せられているであろう。救貧税のことはイェナ実質哲学二巻二三三頁に出ているが、しかし法哲学の立場をとれば救貧政策を担当するものは本来の政治的国家ではなくして市民社会であり、したがって法哲学の二四二節には、私的になされる慈善は偶然性をまぬかれえないので、慈善は市民社会によって公共的になさるべきことが説かれていて、本文と一致している。なお市民社会がヘーゲルでは悟性国家 Verstandesstaat であることについては法哲学一八五節参照。

四三〇(1) 「仕事」であるためには他の人々よりの抵抗に耐えて持続することが必要であることは前段階で説かれたことである。

(2) この「即自且つ対自的に」については、四二五頁右より五行参照。

(3) 原語は Sollen であるが、これはしばしばカント—フィヒテの立場を特徴づけるためヘーゲルの用いる表現。

(4) ズールカムプ版にしたがってダッシュをおく。

(5) 四二四頁の左より五行の「単純な存在」を参照。

(6) カントが『実践理性批判』の分析論第四節の註解において寄託品 Depositum を例にとって、寄託品を返還しないという格率(主観的方針)がもし法則となるならば、世にはおよそ寄託品なるものはありえないことになるから、法則としたときに自己矛盾を含む格率は道徳的であることはできず、そうしてこのことは自同性命題 identischer Satz であると言ったことが暗に意味されている。

四三一(1) すでにここに立法が意志に関するのに対して、査法が知に関することが示されている。註四二五の5参照。

(2) この「無媒介に」に対して媒介された場合が考えられる。四三六頁に始まる「立法と査法」という項では、立法と査法とが相互媒介の関係に立つときには、両者は人倫の自己意識における「誠実」の両形式となっているが、このときには人倫的実在は内容をもつことになる。

(3) 「純粋意識」については四二四頁左より五行参照。

四三二(1) 四三〇頁左より六行参照。

(2) 「妥当する」については四二五頁右より五行参照。

(3) 知と形式との関係については四三一頁二段参照。

四三三(1) 自然法の論文も本文と同じように私有財産とその否定とを実例として、カント倫理学の形式主義を批判している(総註参照)。

(2) いわゆる res nullius のことである。哲学予備学の義務論九節参照。

四三四(1) 単なる占有 Besitz だけでは本来の所有権は成立せず、そのためには、なんらかの形式をふんで物が「自分のもの」であることが他の人々によって承認せられ、公共的普遍的となることを必要とするのをさしている(ただし当面の本文ではヘーゲルは用語のうえでは Besitz と Eigentum とを必ずしも区別していない)。簡単には哲学予備学の義務論一一節、またカント『道徳形而上学』の法論六節、七節参照。

四三五(1) カントは『純理批判』B一九一において矛盾律は真理のただ形式的規準たりうるだけで、そのほかにさらに時空の形式と範疇とからなる「原則」を必要とするとした。

四三六(1) 「前には空虚であった精神的な実在」については、四二四頁二段を参照。そこに「精神的な実在はその単純な存在において純粋な意識であると共に「この」自己意識でもある」と言われているところからすると、「空虚」というのは、「単純な存在」にあたり、ここで「両方の契機」というのは、純粋意識と「この」自己意識とであることになるが、前者は普遍性、後者は個別性であるから、所有権の問題に関して取り出された普遍性と個別性とでもあることになり、またそれぞれをもって規定とする立法と査法ともなる。

（2）三五二頁にも精神的実在であると同時に意識をもったものになると、この実在は現実的な実体（即ち人倫的実体）となるとある。したがって本文の「意識」は四二五頁右より八行の人倫の意識でもある。
（3）「区別」とは四二五頁左より二行の「諸群」である。なお、註四二五の7参照。
（4）言いかえると、個別者の自己意識が人倫的実体にまで高まることになる。
（5）四一五頁左より五行参照。
（6）立法的理性の段階に出ていた。四二六頁右より九行参照。
（7）査法が悟性的な透見によって行われるというのは、それが自同律・矛盾律に固執するからである。
四三七（1）やがて四三九頁において引用されるソフォクレスの『アンティゴネ』で言えば、この暴君はクレオンであるが、このことはVIのAで示されるように、「諸群」が家族のおきてと国家のおきてであることを暗示している。
（2）この「否定する態度」に対立する肯定的な関係は四三九頁左より五行に「単純明透」のものとして出ている。
（3）四三〇頁右より八行の「当為」を参照。
四三八（1）この「自己」は四二四頁左より五行の「この」自己意識が一段と高まり、したがって精神的実在ももはや「単純な存在」ではなくなったときの自己である。
（2）行為的理性の初めにおいて設定せられた人倫の恢復或は道徳性の生成という目標はここに到達せられ、「精神」が顕現したので、「意識経験の学」は終りをとげ、「精神の現象学」に入ることになる。
（3）四三九頁に引用されている詩句を参照。
（4）四二五頁右より五行参照。
（5）この範疇については四二四頁を参照。
（6）世界はVに至って観察の対象として生じ、そのBにおいて人倫的な「世界経験」の世界となったが、今や世界は自我と同一のものとなった。こういう自我がVI 精神である。
（7）この「服従」については、四三七頁左より九行参照。
（8）一八〇五年五月の草案では立法的理性の段階ですぐに絶対知に至るが、この「絶対知」はまた絶対意識でもある（ドクメンテ三五三頁）。

（9） 「もつ」については、註一五〇の6参照。
（10） 信は徳の段階にも出ていた。三八五頁参照。
四三九（1） 「諸群」とはⅦＡａによって明らかであるように、家族のおきてと国家のおきてのことであって、そこでは両者が対立しながら、相互に他に転換して調和的全体を形づくることが説かれている。なお、註四二五の7参照。
（2） 同様の記述については、三五四頁二段及び三六三頁一段参照。
（3） 次の詩句はソフォクレスの『アンティゴネ』四五六―四五七行から引用されている。
四四〇（1） 四二六頁右より三行の「根源」を参照。
（2） これがⅥＡａの主題である。
（3） カントのことについては註四三〇の6参照。なおやはり寄託品のことを実例とした同様の論は自然法の論文にも出ている。全集一巻四六六頁。
（4） 媒介をつくして到達した究極において出合う無媒介のものについては、同様のことが法哲学二七九節に言われている。
四四一（1） この「関係」については、四三九頁左より五行の「関係」を参照。
（2） 四二五頁右より五行参照。
（3） 当面の段階の限界内において「実体は主体」が証明せられたことになる。

訳者註　その二（総註）

序文

〔一　現代哲学の課題〕

七頁

「真なるものの場面は……」という第一項についてはすでに註三の1においてのべたから、第二項以下をひとまとめにして言うと、現代哲学の課題は次のような精神史的反省によって決定せられている。

（一）　最初の段階は、人間が直接的な信仰のうちに生活し、絶対実在と和らぎ、それが外的にも内的にも現在していることが確信せられ安心のえられている時代であり、明らかに中世クリスト教が生きていた境地である。そうしてこの段階が実体的であるのは、絶対と相対、無限と有限、実在と現象、普遍と個別、客観と主観などの諸対立がまだ分離せずに無媒介に統一をえているからである。

（二）　しかしこの実体的統一は分裂せざるをえないが、これを行うものが主観的反省である。この反省によって統一が破れるだけでなく、無限から有限へ、実在から現象へというごとき移行がなされるから、この第二の段階においては人間の関心と注意とは此岸の生活と現実の経験とに向っている。それでこの反省或は有限性の時代とは、明らかにルネッサンスから啓蒙にかけての時代のことである。

（三）　しかるに現代においては、主観的反省によって人間は対立や分裂におちいり普遍的彼岸的実在から分離して有限的相対的な生活に齷齪することに、もはや嫌悪の情をいだき、再びもとの実体的全体性を恢復することを希求するようになっている。ところでこの恢復には、ヘーゲルにとっても、反動と進歩とも言うべき二種のものがある。ひとつは中間段階の反省や経験や有限性に意義を認め、これらに媒介せられつつ実体性を恢復しようとするのではなく、せっかく通過した中間段階を放棄し、したがって実体的全体性を思惟により分析し展開することをなさずに、無造作に実体的感情を恢復し再興しようとするものであり、今ひとつは中間段階に媒介としての重大な意義を認めるものである。前者はフランス革命以後ドイツに勃興したロマンティークであり、その直接知であり、後者はヘーゲル自身の立場、即ち理性知・概念知の、したがってまた絶対知・絶対精神の立場である。

こういう経過をとって絶対知の立場は誕生してきているが、それだけにまた誕生したばかりの新生児のごときものである。そこで絶対的精神がすでに即自的にはもっている豊富な内容を展開すると共に誰れにでも理解のできる悟性的な形式を与えることが必要である。だから本文でも、この形成発展の要求を形式と内容との両面にわたるとしているが、このさいの論旨は次のごとくである。

（一） 絶対者の哲学もその内容が展開せられず、殊に悟性的形式を欠くならば、特別の個人の秘教的所有物であるに止まり、したがってまた単に主観的なものにすぎない。そこに絶対者の哲学が時代の要求するものであるにも拘らず、世人の承認をうることができず、世人が却って過去の哲学をもって是とする所以がある。しかしながら理性は悟性よりも高次のものであるとしても、決して悟性を蔑視するものではなく、これを契機として含むものであり、したがって、「悟性的理性」或は「理性的悟性」（『大論理学』初版序文）でなくてはならぬ。悟性をもって有限のうちに住む「反省」にすぎないとして無下に斥けるところに、ロマンティークの「直接知」が生ずるのである。

（二） しかしロマンティークの哲学のうちで、シェリング哲学だけは特別のもののように見える。なぜなら、それは「三重性」（四六頁三段）即ち正反合の弁証法という正当な形式を採用しているばかりでなく、自然哲学などにおいてこの形式に極めて豊富な内容を与えているからである。しかしシェリング哲学においては形式は内容に外から無理に押付けられたものであるから、この哲学はじつは単調な形式主義であるにすぎず、しかも彼においては対立は統一に帰入するだけで解消してしまうから、絶対者も彼の同一哲学においては「空無の深淵」であるにすぎぬ。これに対して形式は内容に外から適用せられるものではなく、内容そのものへの沈潜からおのずから定まってくるようなものでなくてはならないのである。

そこで現代の哲学的課題は、反省の段階に媒介せられつつ、実体性を恢復するという絶対精神の立場をとり、そうしてこれをその本性の要求するごとく形式と内容とのいずれの側面から言っても、発展発達をえさせるという点に存することになる。

〔二　精神の現象学〕

第一に絶対実在の認識について根本的見解が表明せられ、第二にはこれと自然的意識との媒介の役割を担うものとして精神の現象学が提案せられ、第三には現象学における媒介の手続が概略的一般的に説かれている。

一、先ず「現代哲学の課題」という前段階との関係づけから言うと、現代哲学は形式主義を非難し罵倒するにも拘らず、シェリングにおいて明らかなごとく、再び形式主義を擡頭させているが、これはそもそも絶対者の認識が本性上いかなるものであるかについての理解がまだ欠けているからであった。そこで絶対者の認識のいかなるものであるかが明らかにせられなくてはならないけれども、これはヘーゲルにとっては体系そのもの、殊に体系総論である現象学そのものによって行わるべきで、そうでないと「断言」たるを免れない。しかしそれにしても、この点について根本的見解を予め表明することがそれの本論における実現の理解を容易ならしめることは明らかである。かくして彼はここですでに哲学についての自分の根本的見解を表明しようとする。

この見解は真なるものが実体であるだけでなく主体であること、或は簡単には絶対者が主体であることに帰着する。先ず語義的に言えば、実体即ち Substanz (substantia, substare) は下に立つもの・基礎・基底・基体を意味し、ギリシャ語の ὑπόστασις の訳語である。つまり種々なる性質や状態を担うところの物である。主体即ち Subjekt (subjectum, subjacere) も下に投げられ置かれたものを意味し、ギリシャ哲学における τὸ ὑποκείμενον (下に横っているもの) の訳語で、語義的にはズブスタンツと殆ど同じである。しかしヘーゲルにおいては、実体が「存在的」で媒介を欠くのに対して、主体は「自己」の意味をもち、したがって媒介や反省の働きを伴うところに、両者の相違がある。この意味において主体は所謂主観であるけれども、ヘーゲルの主体は形而上学的なものとして絶対者であるから、客観に対立する主観ではなく、かかる対立を所謂止揚したものであり、したがって正確には絶対主体である。もっともヘーゲルにおいては、個物をもって第一実体とするアリストテレスなどにおいてとは異なり、実体といえども、またあらゆるものの基礎として絶対者ではあるけれども、しかし実体のほうが主客・個普などの諸対立の存在的無媒介的な未分の統一であるのに対して、主体とは反省の媒介によってかかる統一を破り対立に陥れながら、この対立を止揚するところに生ずるものであって、本文において抽象的普遍性が実体性に数えられるのもこれがためである。

真なるものはただ単に実体としてのみならず、主体としても把握せられなくてはならぬというのは、歴史的にもっとも近くはカントの所謂コペルニクス的転回、もう少しさかのぼればデカルトに始まる近代の主客関係の哲学、さらに遠くさかのぼればアリストテレスに代表せられるギリシャの実体観とクリスト教の人格神との結合に基づくものであることはメッケの言うごとくである。ただしギリシャ思想に関しては、論理的な面での実体観のほかに、世界や人生に対する態度としてはヒューマニズムがあって、これがクリスト教を迎えいれる地盤をなしていたとヘーゲルの考えていたことは、VIIのB 芸術宗教と啓示宗教との叙述にしたがってあげておくべきことである。

しかしヘーゲル自身がこの序文において言っているところからすると、絶対者をもって右のごとき意味における主体であるとすることもじつを言えば、すでに彼の時代観のうちに用意せられていた事柄である。即ち彼は中世以来の精神史を実体性の段階と反省の段階と実体性恢復の段階とに分ち、現代をもって最後の段階に配当したけれども、現代の哲学的課題はロマンティカーの考えるごとく無造作に実体性を再興するところにあるのではなく、中間の反省の段階に十分な意義を認め、これに媒介せられつつ実体性を恢復するところに存するとしたが、かかる精神史的構造は同時に彼の主体概念の構造でもあるのである。だから主体も最初は実体として主客・個普などの対立を無媒介的存在的に統一しているが、しかしやがて反省によってこの統一が破れて区別や対立が生じ、そうしてこれに徹底するときには却って統一への還帰が行われ、ここに反省が媒介の意義をもつ所以がある。だから已れを再興する統一において初めて主体概念は完成するのである。かくてヘーゲルの主体とは反省に媒介せられた実体のことであるが、そこに当面の本文において、シェリング哲学をもって一種のスピノーザ主義と解し、これへの反対として反省的媒介の必要が高調せられる所以があるのである。ただ反省によって生ずる区別や対立は絶対的なもの、即ち矛盾としての或は絶対否定としてのものであり、したがってまたヘーゲルでは哲学的認識が絶対の他的存在における自己認識たることの力説せられるところに反省の立場との相違があるだけである。そうして対立が矛盾としてのものであり、否定が絶対否定であることは、実体の立場においてとは異なり、主体の立場においては、我々個別者もまた肯定せられることを意味するから、絶対者といえども、我々個別者と同じく、已れの内容と根拠とを反省し定立することになるが、ここに絶対者或は主体の「自己」としての意義が発揮せられることになる。

そこで「真なるものは実体としてのみならず、同時に主体としても把握せられ表現せられなくてはならない」。「実体は本質的に主体である。」「絶対者は主体である。」かくのごときがヘーゲル哲学の根本命題である。本文ではこれに種々の変容が与えられているが、それらのうちで重要なのは次の三つである。

(一) 「理性とは合目的的な活動である」。実体はそれ自身としては存在的な単純なものではあるけれども、しかし可能的にはすでに主体のもつ豊富な内容を目的としてもつもの、或は可能性として負うているものである。そこでこれらの内容を分析し展開するものが悟性の反省であり、そうして理性はかかる媒介を通じて実体の統一を恢復するものであり、或はむしろ恢復させる動力である。だから理性は実体がすでに目的として負うている主体としての意義を実現するものとして合目的活動なのである。この意味において「真理とは自己生成であり、己れの目的を終りとして前提して初めとしてもち、ただ実現と終りとによってのみ現実的であるところの円環である*」。そうしてこれがまた「真なるものは全体である」こと、或は「絶対者が結果である」ことなどの意味である。

＊　これがヘーゲルの哲学体系がエンチュクロペディー——これは字義的にはキュクロス即ち円環においてあること——として円環を形づくり、また大論理学における存在論の冒頭において「なにをもって学は始めらるべきか」が論ぜられるにあたり、前進が同時に背進であると言われる所以である。

(二)　がんらいズブイェクトは文法的には命題の主語である。そこでヘーゲルはこの点に因んで、ズブイェクトの意義を闡明しようとしている。さて命題——ただし定言判断——の主語は内容的には実体であり、述語は属性であるが、実体は存在的な、したがって表象せられる対象的なものであって、自己内反省の運動を行うものではない。これに対して述語はかかる表象の本質として思惟が定立するものである。このさい実体は不動であるから、かかる述語は実体である主語自身が定立するものではなく、したがって主語自身に帰属するや否やは明らかではなく、むしろただ認識主観のみが定立するにすぎぬところの、この意味において主観的たるにすぎぬものである(このことは五八—六一頁において再論せられている)。これに対して主体は己れ自身の内容を反省し展開して行くものであるが、そのさいひとつの規定は他の規定に対して媒介・理由・根拠となるところからすれば、ヘーゲルにとって真理を表現する形式は判断或は命題ではなくして寧ろ推理*である。ここに例えばⅢにおいて現象を媒語として悟性が超感覚的なものと結びつく場合のごとく、本論の展開においてしばしば推理の形式が使用せられる所以がある(就職テーゼとの関係については一一八頁の総註を参照)。

＊　エンチュクロペディー一八一節「すべては推理である。」

(三)　「絶対者は精神である。」フランクフルト時代のヘーゲルにとっては、絶対者は生命であったが、イェナに移ってから理性となり主体となり精神となった。この「精神」はその起原においてはクリスト教のものであるが、ヘーゲルはクリスト教の核心を使徒信条にある三位一体の教義*において見ている。彼の解釈はほぼ次のごとくであろう。神は世界を創造し歴史を摂理し審判を行う。これが父なる神であるが、しかしこの位においては神はまだ抽象的普遍性の段階に止まり、実体的即自的自体的であるにすぎぬ。そこで神が抽象的普遍性を放棄し受肉して「人の子」として生れ、個別性を肯定する。これが子の位であるが、また限定性・他的存在・対自性・個別性或はむしろ特殊性の段階でもある。しかし「人の子」は罪を、十字架を負うたものであるから、肉に死し霊によみがえらなくてはならぬ。この霊の位において初めて即自且つ対自であるという精神の真義は発揮せられる。だから実体的普遍性を特殊性への反省によって媒介する主体とは、すでにクリスト教においての「精神」として存するものである。主体が主語として不動なものでなく自己内反省の運動を行うものであるのも、それがかかるところに由緒をもつ精神だからである。しかしクリスト教の精神はまだ宗教としてⅦ宗教に用いられる表現をもってすれば、「表象の形式」を免れず、したがって全体としてはまだ実体的である。即自且つ対自ではあるにしても、まだこのこと自身が対自的自覚的となっていないのである。そこで哲学にとっては一層徹底した反省の媒介が必要であり、そうしてこの媒介の役割を担うものが精神の現象学にほかならぬ。ここでもまたヘーゲルの考えは彼の時代観と根本的には同一なのである。

＊ この教義の承認はすでにフランクフルト時代に始まっているが、一層明かなのは一八〇三年頃の『自然法学手稿』(ドクメンテ三一四―三二五頁、ただしドクメンテでの題は『人倫の体系の続稿』となっている)においてであり、また一八〇六年夏学期実質哲学の講義の一部(ドクメンテ三四九頁、本訳書では五六頁の総註に引用)にもヘーゲルの解釈が示されている。

二、実体の統一を反省がくだくときに生ずる対立は絶対的な矛盾的なものである。したがって哲学的認識は絶対の他的存在における自己認識であるが、これがおよそ哲学の成立しうる地盤であり境地である。魚の水中にしか棲息しえないごとく、哲学もただこの境地においてのみ成立することができる。しかし普通の認識は「意識の立場」をとるものであるが、これは対象についてはこれを已れ自身との対立において、已れ自身については対象との対立において知るものである。だから意識の立場からすれば、哲学的認識は言わば天上のものたるに止まる。そこで普通の認識は哲学に向って天上にまでのぼる梯子を与えることを要求するし、哲学のほうでもこの梯子を与え、普通の自然的意識にまでくだり、これに已れを滲透させるのでなくては、現実意識がもつ自己確信を欠くことになる、言いかえると、哲学の「主体」がまだそれ自身実体的たるにすぎぬことになる。この意味において、実体を主体に転換させるものが精神の現象学なのである。

しかし現象学には二つの相がある。ひとつは意識経験の学であり、他はまさに精神の現象学として精神の世界史である。前者からすれば、現象学は認識論的序説であるが、後者からすれば、一種の歴史哲学である。しかし、いずれの相においても出発点は感覚であり到着点は絶対知であって、二つの相は全体としては渾然たる統一を保っている。

三、こうして現象学の必要なる所以は明らかとなり、またその規定も与えられた。そこで問題となるのは現象学の手続いかんであるが、ヘーゲルはこれを現象学の全体——いな哲学の全体——にわたる認識段階の問題として表象と思想(ゲダンケ)或は悟性と理性或は概念との三段階に分けて論じている。

(一)　さて精神の現象学は世界精神がそれまでに成就してきた事業のあとを個人——厳密に言えば個別的個人——をして遍歴させようとするものであるが、これは非常に困難な仕事であるには相違ない。しかし必ずしもそうではない。なぜなら、個人にとって世界精神は実体であって、絶対知の立場がたとい個人によって十分に自覚せられていないとしても、すでに彼の実体となっており、この意味において彼は即自的事実的にはすでにこの立場に到達しているからである。そうして世界史の現段階が個人にとって実体であることを、ヘーゲルはそれが「表象」としてとらえられていることであるとし、その理由には外的存在を内面化することはすでに古代哲学によって成就されていることをあげている。だからここで認識段階として出発点となるのは表象である(ただし表象も、またその基礎をなす直観も個々物に関するものであるよりも、むしろ世界や人生の全体に関するものである)。がんらい認識にとっては、先ず感覚や知覚や記憶の能力を働かせて、外的存在にかかわり、経験をつんでそれを表象として内面化することが必要であるが、この労苦を引受けることは、我々はもうこれを免れている。[*]ところで表象は内面的なものであり、また言葉のさす意味として我々が普通に考えているものであって、よく知り熟知したものであるけれども、しかしまだ形象性を免れず、したがって一方において感性的直観的な個別性と主観性とに、他方においては外在性・対象性に煩わされていて、まだ精神にとって十分には已れのものとなってはいない。

*　ただし、これは大体のことであって、現象学の内部においてもIとⅡとⅢとは或はA意識は外的存在にかかわる自然的意識を取扱ったものであり、表象の克服もストア主義に至って始まると見ることができる(一九九頁参照)。

(二)　かくて悟性が必要となってくる。悟性とは普遍的な自我であり自己であって、思惟するものであり分析するものである。表象せられる実体は種々の規定を未分のままに統一づけ円融の状態においているものとして、まどかに調和して美しい生ける全体性とも言われることができるのに、悟性はこれを分析して根源的な要素に還元する。これらの要素は一面から言えば、表象のごとくもはや外在的なものではなく、カントにおける「我考う」の自我が用いる範疇のごとく、自我にとって直接に「自分のもの」であるけれども、しかし他面から言えば、それぞれが自我の無制約性にあずかるために、各自が絶対性をもち、相互に分離し固定する。ここに表象せられる実体的全体性がもっていたまどかに美しい調和は悟性によってずたずたに引き裂かれ、その生ける具体性は死せる抽象性に転ずる所以があり、ロマンティカーが悟性を、また反省を忌避するのもこれがためである。

(三) しかしながら精神の生命とはいたずらに死を忌み憚り荒廃と分裂とを回避するものではなく、むしろ死という否定的なものを熟視し直視し、分裂・対立のただなかにあって統一を恢復するものである。かかる精神の生命力によって一方では自我と対象との形式的対立が、他方では内容相互間の対立が相互転換の運動を通じて統一と具体性――ただし感性的ではなく理性的な具体性――を取り戻すことになるが、ここに成立するものが「概念」であり、また「主体」に外ならないのである。*

* ただしここでは悟性からすぐ概念或は理性に到るように見えるけれども、両者の間にはなおひとつの段階がある。即ち悟性をもって孤立せる各規定を絶対的なものとなす立場であるという理由で独断論(本訳書三八頁)と呼ぶとすれば、理性は思弁の立場であるが、両者の中間にはなおスケプシス主義の立場が介在するのである。エンチュクロペディー七九―八二節参照。そうしてヘーゲルはプラトニスムスをも一種のスケプシス主義と見ようとしている。即ち彼はアリストテレスからは多くの影響を受けているけれども、プラトンからはそうでないかのように見えるが、これはじつは決して事実ではない。プラトンの哲学はアカデメイアの哲学であり、新アカデメイアがピュローン、ティモンのスケプシス主義を受容した史実にも基づきつつ、ヘーゲルはプラトニスムスをもって一種のスケプシス主義と見ているのであって、スケプシス主義に関する論文でもプラトンのパルメニデス篇をもって「真正なスケプシス主義のドクメント、体系」(全集一巻二三〇頁)と言っている。要するにヘーゲルはプラトンの弁証法をスケプシス主義と見てこれを活用せんとしているのである。

もっとも現象知にはむろん対象と自己との不一致がある。しかし一致があるからこそ、不一致も感ぜられるのであるから、不一致は却って現象知を絶対知にまでのぼらせ、一致を実現させる動力である。そうして右のごとき諸段階を通じて絶対知にまでのぼるとき、実体は主体化せられるが、これは主体によって実体が主体化せられることだけを意味するのではなくして、実体が自分で自分を主体化することでもある。なぜなら、実体のそとに起るかのように見えるもの、実体に対する働きであるかに見えるものも、じつは実体自身の働きだからである。こうして絶対知にまで到達することによって、現象学は終り、哲学は論理学に移る。

〔三　哲学的真理〕

現象学が現象知の学であって、真実知或は絶対知の学ではないところから、第一に真偽対立の問題が取上げられ、第二にはこの問題の角度から哲学的真理が記述的真理及び数学的真理とは異る所以が論ぜられ、そうして第三には哲学的真理そのものの本性とその方法とが説明せられる。

一、「精神の現象学」という前段階のうちに含まれていたことから言うと、精神の現象学は体系の第一部であって、精神としての精神を取扱う学ではなく、直接的な精神が精神であることを自覚するに至るまでの道程を取扱う学であり、言いかえると、直接的な定在という境地における精神、即ち本質としてのではなく現象としての精神を問題とする学である。ところで精神の直接的定在とは意識のことであるが、意識とは知とこれに相違し対立する対象という二つの契機を含むものであるから、現象学では意識が次第に対象の新しい側面を経験して遂に対象との区別がなくなるに至るまでの道程が説かれる。この意味において現象学は意識のつむ経験の学であるが、しかしこのために現象学は対象と意識との不同を含むことになり、現象学の内容は否定的なものでしかないことになり、そうしてこの否定的なものとは当然偽なるものである。

そこでおのずと湧いてくる疑問はなぜ真理そのものから説き始めないで、それに先立って虚偽に拘泥する必要があるかということである。しかしながら「真なるものは主体である」。だから真理が対象と意識、客観と主観、存在と思惟などの一致であるとしても、この一致は差別や対立を含まぬ一致ではなく、一度差別や対立が定立せられ、これを止揚することを通じて再興せられるところの、かくして生成するところの一致が具体的な意味における真理なのである。しかも統一が再興せられた後においても、それにとっても対立や区別は不可欠であって、ここに「思弁」の立場が神秘主義と異る所以がある（註一五の4参照）。だから対立や区別は真理が主体であり精神であるために、已れ自身のうちに定立するものにほかならぬ。しかるにヘーゲル自身の叙述は現象学がⅧ 絶対知において終了すれば、もはや主客の区別はなくなり、存在・非存在・生成・定在・対自存在などのごとき内容上の区別だけが残り、これによって現象学と論理学との間には明確な限界が設定せられるかのような観を与えるけれども、じっさいにおいてはそうではないことは明らかである。なぜなら、大論理学自身も、存在論と本質論とから成る客観的論理学と概念論である主観的論理学とに分たれており、さらに概念論自身も主観性と客観性と両者を総合するイデーという三つの段階から成っているからである。だから現象学と論理学との相違は、前者が主客の対立に出発して主客統一に終るのに対して、後者はこれを受けて主客統一に始まるけれども、しかし漸次明瞭に主客対立を出現させ、そうして最後に統一に還帰する点に存するというまでであって、即ち対立と統一とのうち、いずれをもって表とし、いずれをもって裏とするかに両者の区別が存するだけであって、対立を含む点では両者は同様なのである。かくしてただに現象学的真理のみならず、哲学的真理全体が虚偽——ただし止揚せられた契機としての——を、より一般的に言えば、否定的なものを含むことになるが、ここに哲学的真理の特徴は存するのであり、したがっていきなり真理そのものから始めるわけには行かないのである。ところで虚偽をいささかも含んではならないとされるのは、歴史的(記述的)真理と数学的真理との場合である。そこでこれらが問題として取上げられなくてはならないことになる。

二、ヘーゲルは歴史的真理及び数学的真理に対する哲学的真理の相違をのべるために、考えかたにおける独断論というものを持ち出している。そこで先ずこれが考えかたの全体においていかなる位置をしめるかを明らかにすることにすると、小論理学における「予備概念」(一九—八三節、とくに七九—八一節)は弁証法の正反合に相応して、「論理的なもの」の側面に抽象的或は悟性的と弁証法的或は否定的—理性的と思弁的或は肯定的—理性的との三つを区別している。

(一) 悟性とは問題となっている事柄について、或る思惟規定を本質として定立し、これに固執し、ただこれのみをもって真理とするものである。しかしヘーゲルでは、ひとつの規定は必ず反対の規定に転換し、両者の総合において初めて具体的真理は成立するのであるから、ただ一方の規定にのみ固執し、これのみをもって真理とするのは独断論にほかならない。三二節において相対立する主張のうちで、一方の命題は真理で、他方の命題は虚偽でなくてはならぬとするのが独断論の立場であるとせられているのは、これがためである。*

* ここでは悟性が第一にあげられているのは、論理的なものの側面が問題だからであって、認識手続としては悟性に先立って、これによって分析せらるべき直観ないし表象の全体がある(註三一の1参照)。

(二) しかしひとつの規定は已れを越えて反対の規定に転換せざるをえないが、ここに独断論を否定する懐疑論の意義があり、この立場は哲学的認識にとって不可欠の契機である。*

* 現象学では懐疑論への言及は先ず緒論においてもなされているが、そのときにも明らかにせられるように、懐疑論とヘーゲル自身の考えかたとの相違は前者が否定にのみ終始するのに、後者は否定しても、その否定は「限定された否

定」であるところに存する。

(三) しかし対立の相互転換においてその具体的統一が成就せられ、ちょうど人倫関係において相手のうちに已れの心の見られるごとく、対者との同一が見られるが、ここに思弁の立場は成立する。しかし思弁においても対立や区別がなくなるのではなく、これらが存続しながら帰一が行われ、そうして統一がまた対立に分化するという過程において思弁的真理は成立する。そこで「追加」ではこの同一と不同との同一から不同の面を捨象するときに成立するものが神秘主義であると言われている。

当面の本文においてヘーゲルが哲学的真理にとって否定的なものが不可欠の契機であるとするのは、独断論を斥け、懐疑論に意義を認め、思弁的知識を高調することを意味する。そうして独断論とは「真なるものは固定的な結果であるところのひとつの命題、或はまた無媒介に知られるひとつの命題のうちに存する」*(三八頁)かのように考えるものであるが、このような真理の代表的なものは歴史的真理及び数学的真理であるから、これらとの対照において、哲学的真理の特性が論ぜられようとするのである。

* 差別の論文の総論的箇処に含まれる「絶対的原則の形式における哲学の原理」においても、哲学的真理はただひとつの命題によっては表現せられえないことが高調せられている。

ただしここに歴史とは、ゲシヒテのことではなく、例えばシーザーの生年をもって紀元前一〇〇年とするごとく単に個別的な事実を記述し記録するヒストーリのことである。「シーザーはいつ生れたか」と問われるならば、紀元前一〇〇年と答えるほかはないのであって、かかる史実そのものについては、反対への転換が成立することを、ヘーゲルといえども、決して認めるのではない。しかしゲシヒテの場合は異なる。けだしゲシヒテとは、第一義的には精神の時における実現であるが、時とは「そこ」に存在する概念即ち否定の否定として、外化せられて「そこ」に存在するようになり直観せられるところの精神そのものだからである。*

* イェナ時代の自然哲学講義(イェナ実質哲学一巻四頁)にも「精神は時間である」とさえ言われている。

数学的真理については、数学的方法がスピノーザやライプニッツやヴォルフなどにおいて哲学の理想的方法として採用せられたことに対して態度をとるという角度から、数学の認識自身とその対象という二つの側面に分けて論ぜられている。

(一) 認識の側面では、数学的思惟はその進みかたが問題の本性そのものから内面的にでてくるものとして「事柄自身の行程」*ではなく、例えば直角三角形の定理を作図によって証明する場合の補助線の引きかたなどで明らかなごとく、認識主観の手続たるにとどまり、したがって事柄そのものには外面的で人為的技巧的である点が非難せられている。この非難はデカルトが解析幾何学を構想するにあたり、ユークリッド風の幾何学に対して加えたものと同種のものであることは注意せらるべきであろうが、じっさい大論理学は「量の無限性」という段階に関する註解の一「数学的無限の概念規定」において、デカルトの解析幾何学を高く評価している。

＊ 大論理学の緒論「論理学の一般的概念」。

(二) 対象の側面では幾何学の原理が量或はむしろ大きさという事柄の核心には触れない表面的な外面的な、したがって非現実的な生命のない規定であり、しかもこの規定の実現せられる境地も空間という等しく生命なき死せるものであるために、諸命題の間には概念の自己運動による内面的連関はなく、ただわずかに相等性の線に沿うて進行が行われるだけであり、しかもこれとてもその本性上同時に不等性でもあるという具体的な生けるものではなく、抽象的なものたるにとどまり、したがって例えば直径と円周との関係の問題などにおいて通約不可能性に撞着して無限の概念を解明しえないことが非難せられている。しかしヘーゲルは、量が事柄の本性に外面的な規定であるために、真の質的対立を——したがってまたその極に生ずる内面的な相互転換を——具ええないことを根本的には認めながらも、すでにイェナ論理学(ラッソン版一四頁)において微分法の無限小の問題を論じ、さらに大論理学の右の註解の二においてはケプラー、ガリレイ、カヴァリェリ、ロベルヴァル、フェルマ、デカルト、バロー、ニュートン、ライプニッツ、オイラー、ラグランジュなどに触れつつ、微分法や函数論を取扱っている。

算数学において幾何学の空間に相応するものは時間であるが、これはそれ自身としては、ヘーゲルにとっては、さきにも言ったごとく、精神そのものの、概念そのものの定在であるけれども、しかし数学においては、量という原理のためにかかる生命を剝奪せられて「一」となっていることに注意が促されている。

三、要するに歴史的真理と数学的真理とは、ただひとつの定言命題において表明せられうべき性質のものであり、この意味において独断論に成立を許すものであるのに対して、哲学にあっては真理は「主体」である。それは肯定的なものであっても、否定し区別し対立におちいりながら統一を恢復する生ける運動としての肯定的なものである。だから現象学的真理にかぎらず、およそ哲学的真理は真偽の対立を含むものであって、真理を一方に、虚偽を他方に離在させるようなものではない。*もちろん否定や区別や対立があり、したがって虚偽があるのは、現象たるには相違ないけれども、しかしこの現象は生滅ではあっても、この生滅それ自体は生滅しないのであるから、現象がそのまま本質の恒常性を具えるのである。

＊ 当面のテキストでは、主として真偽の対立について論ぜられているけれども、本論で明らかなごとく、善と悪、同と不同、本質と非本質、主と奴、高貴と下賤などの対立の場合も同様である。

かくただに現象学だけではなく、哲学全体が真偽の対立を内含するのであるから、現象学はただ単にヘーゲル哲学の認識論的序説にとどまるものではなくして、すでに精神の哲学であり、したがってまた体系総論でもあるのである。

こうして哲学的真理は、歴史的記述的真理からも、数学的真理からも区別せられた。しかしそうかと言って、*哲学は社交的会話において働いているレーゾンヌマン、即ち形式的主観的であるにすぎぬ理由をくっつけるレーゾンヌマンのだらしない足どりを是とするものでも、またロマンティカーの「天才の霊感」という神がかり的な無方法の態度をとるものでもない。このロマンティカーへの言及を機縁として、ここに再びシェリングの自然哲学及び同一哲学への痛烈な攻撃が展開せられている。ヘーゲルによれば、シェリングのみはロマンティカーのうちにあって、ひとりよく神秘的直観のみに頼らず、内容を正反合の「三重性」という真なるものの真の形式によって展開したかのように見えるけれども、しかしこの形式は彼の自然哲学においては、具体的特殊的内容とは少しも相即せず、外からこれに押付けられた図式であるにすぎず、したがってそれが一切を「空無の深淵」のうちに投げこむ同一哲学に終らざるをえないのは当然なのである。

＊ これは悟性の一種ではあるが、思弁的なものの契機としての懐疑論ではなく、ただ否定のための否定を事とし詭弁を弄するものとしての懐疑論でもある。エンチュクロペディー八一節参照。

さらに形式主義への反対を機縁として、哲学をして有機的組織たらしめる「概念自身の生命」、即ち分り易く言えば、弁証法がシェリングの場合におけるごとく、特殊的具体的内容のいかんに拘らず、外から強圧的にこれに押付けられる形式的図式ではなく、むしろ対象自身の本性への沈潜から自動的に生じきたるものであることが高調せられ、そのさい、最も簡単な質*の範疇が例として取上げられている。

＊ 現象学の内部では、質の範疇に関する対自存在と対他存在との弁証法はII 知覚の段階において展開せられる。

さて或る定在ないし物が或る物として成立するのは自己同一を保つからであって、これがなくては物は崩壊してしまうが、この自己同一を保たしめる単純な限定が質にほかならない。しかし限定たる以上、ただひとつの質ということは無意義であって、自余の質との、また当の質を共有している他物との、さらには相違した質をもっている他物との関係或は対立がなくてはならぬ。だから或る物をして自己同一を保たしめる質を定立するのは抽象であり思惟の働きであり、質とは思惟規定であるが、このさいの「思惟」が実体的直観的全体を分析して抽象的規定を定立する悟性にほかならぬ。しかしこの悟性もただ単に主観の能力であるにとどまるのではない。なぜなら、或る物は悟性の定立する質によって初めてその物だからである。だから悟性はむしろ対象自身のものである。言いかえると、対象自身が「主体」として悟性的に已れを反省してこういう抽象的規定を定立するのである。しかし抽象的規定はもとよりそれだけで成立しうるものではないから、質の対自存在は対他存在に転換しなくてはならぬ。だから真の悟性は抽象的規定に固執するにとどまる独断論的なものではなく、かかる規定の相互転換を成就するものとしてじつは生成である。しかしかかる生成としての悟性はもはや単なる悟性ではなくして、理性或は思弁の契機としてのものであり、いな理性自身である。

以上で哲学の真理が大体どのようなものであるかが明らかにせられたが、しかし「真なるものは全体であり」、そうして方法とは全体の構造以外のものではない。だから序文におけるヘーゲル自身の所論もまだ真の証明に欠ける「断言」以上のものではないが、しかしまたそれだけに、彼の所論に対し、常識が月並で陳腐な真理に改めて注意を促し、これを断言しようとも、さらにはロマンティカーたちが神秘的直観の立場から事新しく見えるものを提供し断言しようとも、ヘーゲル自身の断言も崩れることはないのである。このことを機縁として、レーゾンヌマンと常識とロマンティカーの神秘的直観との関係において、なお哲学的思索の必要条件が論ぜられようとする。

〔四　哲学的思索〕

すでに哲学的真理について論じたヘーゲルは最後に哲学的思索を取上げているが、論点は第一には哲学研究にさいしての条件が概念の努力を引受けるにあること、第二には論弁がこの条件に反するものであること、第三には常識主義とロマンティカーの「天才の霊感」ともやはり同様であることとである。

一、概念の努力を引受けるというのは、注意を即自存在、対自存在、自己同一というごとき純粋概念そのものに集中し、これらが自己運動であるのを把握することであるが、このことの意味はすでに質の弁証法に関して言われたことによって明らかである。即ちひとつの定在ないし物がその物であるのは質によっており、これによって物は自己同一を保つのであって、そうでないと解体するのほかはない、しかし自己同一と言い、質と言い、いずれも他に対するということがあって初めて成立するから、対自はむしろ対他に転じ、そうして対他における自己同一ないし対自として物は初めて成立するのである。ヘーゲルが純粋概念の例としてあげる即自存在—対自存在—自己同一も、けだしここに言った対自—対他—対他における対自という同じことの異った表現であろう。

概念の努力を引受けることに反するものとは、心像である表象をたどって進行する思考のことであるが、表象は表象せられた実体或は基体をもち、そこに内容と素材とをもっているから、この思考は質料的思考である。しかしそうかと言って概念に即する思索は非現実的なものではなく、すでに規定せられた意味における現実に即するものであり、したがって内容をもっているから、非現実的な思想のうちであれこれと論弁をこねる Räsonieren もまた右の条件に反するのであり、ただこの場合は形式的思考であるということになる。しかしヘーゲルは表象をたどって進行するという習慣を中断することは質料的思惟にとってと同じく形式的思惟にとっても煩わしく、つらいことであると言っているが、ここからすると、形式的思考も質料的思考もいずれも実体観を前提とするものであり、またいずれも Räsonieren であることになる。そこで彼は前者をもって否定的態度における Räsonieren であり、後者をもって肯定的態度における Räsonieren であるとし、両者の根底に横っている実体観は後者の場合に初めて論ずるという観点から Räsonieren を取上げている。

二、最初に取上げられるのは右の形式的思考であり、また否定的態度における Räsonieren である。いったい Räsonieren という語がヘーゲルにおいてなにを意味しているかは、さきに註三の4においてあげた用例によってほぼ明らかであるが、いまひとつあげると、エンチュクロペディーの八一節には次のような文章がある。Oft ist die Dialektik auch weiter nichts als ein subjektives Schaukelssytem von hin- und herübergehendem *Räsonnement*, wo der Gehalt fehlt und die Blösse durch solches Scharfsinn bedeckt wird, der solches Räsonnement erzeugt. したがって Räsonieren というのは、理由を求め理由を提供することであり、その意味においては raison を働かせる raisonnement ではあっても、ただ反対のための反対を行うものであり、詭弁であり論弁である。そうして法哲学二一二節の註解が理由をあげることによって論弁を行うものを悟性としているところからすると、論弁は悟性のひとつの変容であることになるが、けだし悟性が抽象的一面に固執することに由来するであろう。要するにこのようなものが否定的態度における、また本来の Räsonieren であるが、しかしかかるただ否定のための否定ではいかなる結果にも到達することはできず、否定すべき新しい材料をいつもそとから取ってこなくてはならぬ。だからかかる論弁は懐疑論ではあっても、真の哲学的思索の契機としての懐疑論ではない。これに対して哲学的認識における否定は事柄の本性そのものに即したものであるから、一定のものの否定として「限定せられた否定」*であり、したがってまた一定の結果をもたらすものである。

＊「限定された否定」については緒論で再論せられている。

しかし論弁がただ反対のための反対をするというのは、むしろ与えられた見解を反駁する場合のことであって、それ自身として或る表象せられた実体ないし基体をもち、この基体についての表象にそうて進行して行く思考である。この意味において、それは形式的思考であるというよりもむしろ質料的思考であり、ここに論弁の肯定的態度がある。それにも拘らず、論弁は内容に即した反省であるよりも内容から出て主観のうちへ反省するものであり、したがって論弁の肯定的態度もやはり否定的態度に通ずることになる。

このことを明らかにするために、ヘーゲルは肯定的態度における論弁を概念的把握と対照しているが、このさい注意せらるべきは、ズブイェクトというただひとつの語に次のような四つの意味が与えられていることである。第一にズブイェクトはヒュポケイメノンの訳語であって、基体のことであり、実体（ズブスタンツ）というのと同じことを意味し、この意味においては属性或は偶有性に対立し、これを支え担っているものである。第二には判断或は命題の形式に即して文法的に言えば、ズブイェクトは主語であり、この場合には属性は述語となる。ところで第三にズブイェクトは主観を意味する。基体、実体、主語は論弁においては表象せられた客体であり対象であるから、実体が属性をもち、主語か述語をもつにしても、属性は実体自身の、述語は主語自身の定立したものではなく、むしろ論弁という認識主観が実体或は主語にくっつけたものであるにすぎぬ。そこで属性は実体の、述語は主語の本質ではなく、偶有性であり附加語であるにすぎぬから、論弁はひとつの属性から他のもろもろの属性へ、ひとつの述語から他のもろもろの附加語へと浮動して行く。かくて実体と属性、主語と述語とを結合するもの、また属性相互、或は述語相互を結合するものは論弁という認識主観であることになる。こういう意味においてズブイェクトは主観なのである。しかしながら第四には概念的把握においてはズブイェクトとは「実体は主体である」或は「真理は主体である」と言われる場合の主体である。概念的把握においては論弁が表象する実体や主語は「主体」として「自己反省」を行うから、述語においてその本質に帰しており、属性と言っても、偶有性でなく本質であり、述語と言っても附加語でなくやはり本質である。この把握においては一般に実体ないし主語について定立されたものは実体ないし主語自身の定立したものであり、実体と言っても論弁におけるような存在的な不動なものではなく、生ける精神として己れ自身を反省して規定を定立して区別や対立に陥りながら、統一を恢復し、いつも己れ自身の根拠に還帰して行くところの主体である。第三の意味までは普通の実体観の立場がとられており、第四は独自の主体観に立つものであるが、前者から後者への移行がズブイェクトというただひとつの語に即して行われているのである。

ヘーゲルの言わんとするところは彼のあげる実例について見れば明らかである。さて「神は存在である」*というごとき命題において、主語は表象せられたものであるが、概念的把握の態度においてはこのような主語の本質を表明するものは述語である「存在」というごとき思惟規定であって、これは単なる属性或は附帯する偶有性にとどまるものではなく、むしろ本質であって主語たる実体は述語に移行してしまっている。ヘーゲルが述語を「存在」das Sein というようにわざわざ名詞 Substantiv の形で示しているのは、述語がもつ実体としての本質的な意義を表明せんがためである。だから神というごとき表象される主語はむしろ無用に帰するが、ここに普通の実体観の維持せられえない理由がある。しかるに論弁は思惟的に反省するにしても、ありきたりの実体観をまぬがれていないから、それにとって本質的なのはどこまでも主語の位置にある表象されたものであり、これが基底であって述語は主観的な反省によって定立せられる附帯的な属性であるにすぎぬ。そこで論弁はその定立したひとつの述語をすてて、これから自由に他のもろもろの述語に移行して行くことになり、もとの述語を徹底的に考えぬき、それに即した移行をなすのではなく、漠然たる直観や表象を頼りとして恣意的に振舞う。かくして主語と述語との結合も、種々なる述語相互の結合も、判断し認識する主観の恣意に委ねられることになる。ここに肯定的態度における論弁も、否定的態度におけるそれと一に帰する所以がある。

＊ ヘーゲルはもうひとつ「現実的なものは普遍的なものである」という命題を例としてあげているが、この場合には主語も述語と同じく「概念」であろう。しかし述語が主語の本質であり、主語自身の定立するものであるという、その他の事態は同じである。

述語は主語の本質であり、主語たる実体は述語に移ってしまっている。だから思惟は自分の定立した存在とか普遍者とかいうごとき述語から自由に浮動して他のもろもろの述語に移ることを許されず、もとの述語が実体としてもつ重みによって運動を阻止せられるために、もとの述語について、したがってまた主語について徹底的に考えぬかなくてはならない。かりに大論理学より例をとることが許されるとすれば、存在は非存在に、普遍者は個別者に転換し、しかもこの転換は無媒介に行われるのではなくして、存在と非存在との場合には生成という、普遍と個別との場合には特殊という媒介を通じて行われる。このようなのが即ち概念の自己運動であり弁証法的運動であるが、そこに真理の主体であり、生ける実体であることが自証せられて行く。かかる意味において存在・非存在・対自・対他・一者・多者・自己同一・自己不同・普遍・個別のごとき概念的規定そのものに即して思惟する努力を引受けることが哲学研究の必要条件なのである。

かくてヘーゲルが真理の表現形式として判断或は命題をさけようとする所以は明らかである。けだしこの形式を採用するならば、哲学的認識に無用な通俗の実体的な直観或は表象に煩わされることになるからである。しかも命題が「存在は非存在である」とか「普遍は個別である」とかいうような弁証法的思弁的なものであるときには、かかる命題が主語と述語とを同一なりとする「同一性の命題」*であるのに、命題の形式というものは主語と述語との不同を主とし同一を従とするものであり、またたとい不同な両者の同一性が定立せられるにしても、これは繋辞「アル」によって無媒介の断言として行われるにとどまり、誤解を招きやすいからである。だからヘーゲルは真理の表現形式としてはおよそ命題の形式をしりぞけようとするのであり、ひとつの概念規定から他の概念規定へ媒介を通じて移行し発展して行く推理が彼にとっては真理の表現形式である。**

* ただし同一性の判断は同時に無限判断(三四八頁)として否定判断でもある。

** 推理の形式と就職テーゼとの関係については一二八頁の総註を参照。

しかしこう言えば弁証法的運動といえども、命題をもって要素とするから、要素的命題について媒語を、或は理由・条件を求めることが必要となり、したがって無限の運動があるだけで、真理のなんたるかは、決定的には明らかにしえないのでないかという疑問が生じてくる。これに対して、ヘーゲルは「弁証法的運動の境地は純粋概念であり、したがってこの運動も或る内容をもつが、この内容はそれ自体において徹頭徹尾主体である」(六四頁)と答えている。

ところで哲学研究の必要条件が概念的把握の労苦を引受けることにあると言えば、哲学的認識はただ全く概念的論理的であって直観的表象的なものをいささかも必要としないかのように見えるけれども、しかし概念が自己的(三五頁)なものであるところからすると、右の言葉は哲学的認識も自己において或る内容をもつことを示しているが、この自己はまた主体であり精神であって、そこにも或る内容の直観乃至表象を必要とすることが示されている。それはどのような内容のものであるか。

さてローゼンクランツによると、一八〇六年夏学期の実質的哲学講義においてヘーゲルは次のように言っている。「神が己れ自らを直観することが宇宙万有の永遠なる創造である。宇宙においては各点はいずれも相対的全体性として独自の生活過程を営んでいる。かく多様なものが定立せられること、これが神の慈愛である。しかしまた個別者は個別者として己れを止揚して己れの普遍性を示すが、かくすることが……絶対的転換点たる神の義であり、神の義は絶対的威力として実在するものの否定的な側面を取出し、それを対自存在（孤立存在）から他のすべてのものとの統一へと転換させる。神は永遠に自己同一的な自己意識であって、静止的であると同時に生成的であるというこの二重の宇宙過程のいずれかに簡単に無媒介に埋もれてしまわないから、彼が〔審判した〕被造物を再び創造することも全くイデアリテート*の性格を保持しているが、このかぎり、神は永遠の知恵であり祝福である。おのおのの相対的全体性は、そうして極めて些細なものでも、その生活過程においては祝福せられている。もちろんこの祝福せられた自己内存在を相対性が中断しはするけれども、しかし個別者はまさに制限せられたものであるから、それが導いて行かれる審判はいわれなきものではない。しかし神は絶対に普遍的な全体性であるから、世界の審判者としても断腸の思いをなさざるをえぬ。神は世をさばくことはできず、彼はそれをただ憐むことができるだけである。」（ローゼンクランツ一九二頁、ドクメンテ三四九頁）

＊「イデアリテートにおいて」というのは、ここでは慈愛と審判とがそれぞれ孤立したものでなく、或る全体の契機であることを意味している。

右の言葉においては、三位一体的なクリスト教の神観がまだ直観的表象的に表明せられているが、ここで神の慈愛と言われるものが論理的には存在或は個別性であり、義ないし審判と呼ばれるものが非存在乃至は普遍性であることは一見して明らかなことであり、しかも慈愛と審判とに関するかかる見解をヘーゲルが晩年までもち続けたことはエンチュクロペディーの八〇節及び八一節の追加において有限の諸物が存在し存立することは神の慈愛であり、それが存在しなくなり存立しなくなることが神の審判ないし威力であると言っていることによって明らかである。だから論理的概念的規定の底にはかかる直観的表象的実体的全体がやはり存するのである。無論これにとどまらずに、反省の媒介を通じて初めて哲学となりうるのであって、この点からすれば、実体的直観は無用に帰するとも言いうるけれども、しかし根底にかかる直観或は表象の存することには変りはなく、したがって分析し媒介を求めることがどこまで推し進められるかも、かかる直観的内容によって定まることなのである。

哲学研究にさいしての必要条件が「概念の努力」を引受けることにあるというときの「哲学」は論理学である。このことは序文が現象学への序文であるよりも、むしろ論理学への序文であることによっている。しかし真なるものを実体としてとらえ且つ表現すると同時に主体としてもとらえ且つ表現することが必要であると言っているところから明らかであるように、ヘーゲルは必ずしも無下に実体ないし表象を斥けるものではない(註四の1参照)。文芸作品の与える像 Bild を重んじ、その表象とのからまりにおいて概念的把握を行うことの多い現象学においてとくにしかりである。

三、概念把握の努力を引受けるという哲学研究の条件にもとるものには、なお常識主義と天才の霊感とがある。常識主義については、誰れでも目と指とをもっていても、鞣皮と道具とをえただけでは靴をつくることはできず、つくるには特別の技能をみがく必要があるにしても、哲学の場合には各人は生れながらにして理性をもっているから、これだけで格別の修練をもつまずに哲学し、また哲学を批評することができるとか(六五頁)、哲学に関して時勢におくれないようにするには哲学的著作の序文と評論とを読めば十分であると考えるものであるとか(六八頁)言われているところからすると、世のいわゆる常識主義をさしているかのように見えるけれども、靴の例にしても、哲学史講義(一九巻)五四四頁によると、ヤコービとの関連においてもち出されたものであるから、すでに差別の論文において「思弁と健全な常識との関係」について論ずるにさいして、ヘーゲルが「健全な常識」をもって思弁と同じく絶対者に関するものではあるけれども、しかしまだ「信の直接的確信」の立場にとどまるものであり、感情の立場にとどまるものであるとしているように、「健全な常識」と言っても、彼の場合には著しく宗教的色彩の濃厚なものである。本文において常識主義をもって「心胸《むね》の無垢」とか「良心の純潔」とか(六七頁)に訴えるものであるとしているのは、これがためである。だからここで常識主義とされているものはロマンティークの直接知の穏やかな形式のものであって、両者は実質的には相違していないが、これはすでに言った実体的生活―悟性による反省的媒介→直接知→哲学知という教養の段階において直接知が中間の媒介をぬきにして実体的生活にかえらんとするものであるところからして明らかである。だから目次の見出しに「健全な常識としての、また天才の霊感としての自然的な哲学的思索」とあるごとく、ヘーゲルは常識主義とロマンティカーの天才の霊感とを対照しつつ、また結びつけつつ論ずるのであるが、両者とも概念的把握の努力をもって哲学研究の要件とする彼の斥けざるをえぬものであることは自明である。

最後に「著者の公衆への関係」において、思想的に成熟したヘーゲルの落着いた確信が表明せられているが、この確信を支えているものはしばしば言った彼の現代観である。即ち絶対知の哲学が彼一個の個人的な見解ではなく、世界精神の現段階が要求するものにほかならぬということが、たとい一時的には当時流行の哲学者たちに歓迎せられないとしても、徐々に公衆の心をとらえ、そのうちに滲透して行くであろうことを彼に確信させているのである。

五 緒論

台本にある〔Einleitung〕の括弧を、一九五二年版、一九六四年版にしたがって取除くと、初版からここに Einleitung とあったことになるが、しかし何に対する緒論であるかと言うと、本来は二重の書名(註一の1)のうち「意識経験の学」に対するものであったであろう。なぜなら、諸段階は世界の諸形態ではなくして意識の諸形態であるし、また意識が精神にまで至ればすぐに絶対知が成立するようにのべられているからである。それではこの緒論のテーマはなにかと言うと、第一は哲学をもって認識論とする見解への反対である。

さてラインホルト Karl Leonard Reinhold (1758-1823) が一七八六—八七年に発表した『カント哲学に関する書簡』はカント哲学の影響力を決定的なものとし、またフィヒテ哲学の出現をうながしたものである。彼は八七年から九四年までイェナ大学の教授であったが、彼の後任となったのがほかならぬフィヒテである。このラインホルトは一八〇一年には『一九世紀初頭における哲学の状態についてのわかり易い概観への寄与』という雑誌の第一巻と第二巻を公刊し、また自らもこれに寄稿した。これがヘーゲルに差別の論文(一八〇一年)においてラインホルトを俎上にのせる機会を与えたが、このラインホルトへの反対が所論の背景をなしている。しかしラインホルトへの攻撃は同時にカントに対するものでもある。即ち哲学において認識に取りかかる前に予め認識能力の性能、種類、限界などを検討しておかなくてはならぬというカントの認識論的考えかたへの反対が緒論の第一のテーマであるが、これを積極的に言えば「絶対者のみが真なるもの、真なるもののみが絶対」という絶対者の哲学の提唱となる。

しかしかくヘーゲルが認識論を無下にしりぞけ、シェリング風の絶対者の哲学を至上のものとしていたのは、イェナ初期のことであって、当時は哲学は常識の「さかさま」であり、公教的なものであるよりも秘教的なものであるとしていたが(註一の1参照)、一八〇三年にシェリングがイェナを去ってヴュルツブルグに移ってからはヘーゲルの思想にも変化があって、一度現象知・相対知を許し、これから絶対知にまでのぼるのでなくては、絶対知の哲学も現実性を欠くことに思い至り、認識論的哲学にもその意義を承認するに至った。一八〇三年の冬学期の講義において「精神の現存（エクジステンツ）の最初の形式は意識である」として「意識の立場」について論ずるようになったのは（実質哲学第一巻一九七頁、二〇五頁）、これを示している。緒論において「現象知叙述の要」というのは、こういう変化によることであるが、この叙述が第二のテーマであり、そうして第三のテーマは叙述の方法いかんということである。

ところでハイデガーはこの緒論の構成を次のような命題の形式で表現している。

基本命題　絶対者は即自且つ対自的に我々のもとに存在し、また存在することを意志する。
第一命題　意識は自ら自覚的に自分の概念である。
第二命題　意識は己れ自身において己れの尺度を与える。
第三命題　意識は己れ自身を吟味する。

最も重要なのは基本命題である。ヘーゲルが認識論的哲学を承認するに至ったと言っても、これは絶対知の哲学に現実性を与えんがためであって、絶対者の認識は可能であるという彼の基本的信念には変りはない。彼は「叙述の方法」に関して目標について論ずるにあたり、目標は絶対知であって、自然的意識はそこにまで向上せざるをえぬ圧力を内発的に感ずると言っているが、この「圧力」のよってきたる処は右の根本命題によって表明せられている。これをハイデガーはパルウーシア即ち再臨にさいしてのクリストの現前、またその支配のもとにある世の姿と解しているが、しかしヘーゲルの場合にはむしろ神の受肉或はMenschwerdungと解するほうが正しいであろうことは、I　感覚にはじつはⅦ啓示宗教の意味がこもっていることから察せられる（Iについての総註参照）が、いずれにしても一種のクリスト教的信念が彼を支えていることは否定できないようである。「意識経験の学」にも、ハイデガーの注意するように、中世哲学における心の神への旅路itineralium mentis in Deumにあたるものがあり（註八〇の1参照）、これがまた「意識経験の学」を道徳と宗教とを含む「精神の現象学」に移行させた所以であろう。

「叙述の方法」に関連してなお史的背景について言うと、当時でもラインホルトにもカントにも反対するものもあったが、その一人がシュルツェ Gottlob Ernst Schulze(1761-1810)である。彼は一七九二年に古代の懐疑論者アイネシデモス(前一世紀)に因んで『エーネジデムス、或はイェナのラインホルト教授によって提唱された原哲学 Elementar-Philosophie の基本について、また理性批判の僭越に対する懐疑主義の弁護』をかいて注目をひいたが、さらに一八〇一年には『理論哲学批判』も公にした。これが翌年にヘーゲルをしてスケプシス主義に関する論文をかかせる動機となった。シュルツェは懐疑主義者ではあるが、しかしヒュームに代表せられる近代的な意味における懐疑主義者であり、したがって同時に実証主義者でもあって否定には徹底してはいない。しかるにヘーゲルは古代スケプシス派の丹念な研究のあとを示したこの論文において古代スケプシス派のほうが否定に関してシュルツェよりも遙かに徹底しており、はるかに哲学的であると讃辞を呈している。この論文は現象知叙述の方法に関して、ひとつの段階から他の段階へ移行の必然性を問題とするにあたって多大の寄与をなしている。ただし否定をもって純粋な否定ではなく「限定的な否定」であるとするところに古代のスケプシス派との相違があり、これがまた移行を必然的なものとする所以である。

差別の論文においてとはちがい、ヘーゲルはラインホルト─カントにも意義を認めるに至ったが、これはフィヒテに対しても同様であることを意味しており、じっさいにフィヒテは本論において、そうして特に、Ⅳ 自己意識において多大の意義をもっている。しかしフィヒテは「自我は自我である」という自己意識に出発点を求めたが、これはじつは非我の捨象において成立しているから、ヘーゲルは自己意識について論ずるに先立って、感覚─知覚─悟性という自然的意識を取上げる、即ち対象意識を取上げるのであるがこれが段階間の連関いかんの問題に関して、意識と対象との相即関係に基づいて意識が変れば対象も変り、対象が変るところに新たな経験がえられるとして経験の概念を確立しえた所以である。

この緒論の主要なテーマとその史的背景は以上のごとくであるが、テーマにそうて思想行程をたどるならば、およそ次のごとくであろう。

一、いったい真理を認識することに取りかかるに先立って、予め認識について理解をえておくことが必要であると考えるのは、もっともなことではある。この場合に認識は能動的なものと考えられるか、それとも受動的なものと考えられるかの何れかであるが、前者ならば認識は対象を形成加工する道具のごときものに、後者ならばそれを通じて対象が与えられる媒体のごときものとなる。しかしながら所産物から道具の形成加工した部分を取除くならば、事物は再びもとの状態に復帰するにすぎないごとく、結果としてえられた認識から主観的能力の加えた変更を除去すれば、再び最初の出立点に逆戻るだけで、真理認識に関して少しも進歩してはいない。また認識能力をもって対象を受け容れる媒体であると考えるならば、認識論はこの媒体における光線屈折の法則のごときものを教えることになるが、求められているのは光線の屈折ではなく、それを通じて真理が我々に触れる光線そのものとしての真理認識であり、そうしてもしこの光線そのものが除去せられると言うのならば、もはや空虚な場所以外に何も残らないことになる。

だから認識論は無用のものである。それは批判的であり無前提的であろうとするけれども、じつを言えば、種々の前提をもっている。そもそも認識をもって道具であるとか媒体であるとか考えるということそのことがすでに認識を概念的に把握しようとはせずに、まだ感覚的たるを免れぬ「表象」の立場でとらえることを前提しているのである。その他、主観と客観、認識と絶対者、これらの関係いかんの問題などの場合もまた同様であって、認識論者は概念的反省を行わずに、常識が使用する言葉或は俗称哲学のお題目の域にとどまっている。特に絶対者と認識或は主観との分離を十分な吟味・反省をも行わずに勝手に仮定している。それで彼らは誤謬に陥るのを怖れると称するけれども、じつは真理に対する恐怖をいだくものであり、絶対知にまで邁進する労をいとい、相対知・現象知の域にとどまらんとする怠惰をかくしているものである。だからこのような認識論的見解にとやかく煩わされる必要は少しもない。けだし「絶対者のみが真なるもの、或は真なるもののみが絶対」だからである。

二、右の確信に立脚する絶対者の哲学が出現するならば、認識論的哲学は日の出を迎えて消え失せる星のごときものであるにすぎない。それは一般的に言えば、相対知・現象知に所属するものである。しかし絶対者の哲学もまだ登場しつつあるだけで、展開せられ実現せられているのではないから、それが正当であるという弁明や証明はまだ行われていない。だから絶対知そのものがまだ現象知たるにとどまっている。そこでどうしても一度相対知・現象知・自然的意識の立場をとり、これを行くところまで行かせ、十分に納得させつつ絶対知にまで向上させるのほかはない。そうせずに、ただ無造作に通常の見解を斥け、哲学知・絶対知をもってこれとは全然類を異にするものと「断言」する——シェリングのごとくに——にとどまるならば、相手側もやはり同様の「断言」をもって報いることになるだけである。また哲学知について自然的意識がもつより善きものの予感に訴える——フィヒテのごとくに——こともできない。なぜなら、そうすれば、哲学的知のかかる意識におけるあり方に、即ち現象に議論の基礎をおくことになって、現象知を超克することはできぬからである。

だから認識論的哲学が相対知・現象知の立場にとどまるものであるにすぎないにしても、それを無造作に斥けることをせずに、一度その立場を、またその基礎をなす自然的意識の立場をとり、これをして自ら絶対知にまで向上させるよりほかに、絶対者の哲学を弁明し証明する道はない。即ち「現象知の叙述」は是非とも遂行されなくてはならぬ課題である。

三、そこでこの「現象知の叙述」を実行するには、方法論上必要な全般的予備的注意が与えられる必要があるが、これは進行、知と真との関係、経験という三つに関している。

(一) さてこの現象知の叙述はまだ自然的な精神であるところの魂(ゼーレ)がその本性によって予め定められている駅々という意味におけるすべての段階を遍歴して本来の精神にまで純化せられて行く道程である。この道程において、自然的意識は自分が真理だと思っていたものを喪失するのであるから、それは疑惑の道程或はむしろ絶望の道程と呼ばれることができ、また懐疑主義をとるものとも言える。しかしこの懐疑主義については次の二つのことが注意せられなくてはならない。

(イ) この懐疑主義は徹底的に遂行せられ委曲を尽した詳細なものであって、ただひとからげのものであるにすぎぬのではない。言いかえると、哲学するに当っては権威に屈従することなく、すべてを自ら吟味し、ただ己れの確信にのみ従わんと決心する——デカルトにおけるごとくに——だけで済まそうとすることではない。このような決意がなされても、まだ種々の自然的な表象や思想や臆見が残っているが、現象知の叙述はそれらのすべてに、一々に刃向い、それらの真知でないことを証明するものである。この意味において、それは徹底的に遂行せられた懐疑主義である。

(ロ) 懐疑主義をとるのであるから、現象知の叙述は否定の道であり、否定の運動であると言える。しかしこの「否定」とはそれによって何もなくなってしまうような否定ではない。すべて否定は真実のものであるかぎり或るものの否定として限定的なものであり、したがってその結果としてつねに一定の積極的内容が生ずるのである。ヘーゲルがこう言っているのを、「すべての限定は否定である」という命題を換位することによって、「すべての否定は限定である」とも表現することができようが、かく否定が必ず限定的であって、一定の内容をもつから、現象知の叙述が否定の道ではあっても、そこには種々の段階が生じ、且つそれらの一から他への進行は必然性を具えることができるのである。しかるに否定によって何もなくなるかのように考え、したがってまたいつも否定すべき材料をそとに求めなくてはならない懐疑主義は自然的意識のひとつの形態として、現象知の叙述におけるひとつの段階——IVのBに属する——を形づくるべきものであるにすぎぬ。

しかしひとつの段階から他の段階への進行が必然的であるのは、すでに目標が必然的なものとしておかれていることにもよる。自然的生命は有限性を自分で越えてでることはできない。越えてでるには、他者によって引きずりだされなくてはならぬが、これが即ち死にほかならぬ。しかるに意識あるものは有限的でありながら同時に無限、個物でありながら同時に絶対類、感性的でありながら同時に理性的であり、自然的意識も自体的概念的にはすでに絶対知である。だから自然的意識は絶対知に至るまでは休止することのできぬ不安を負い、これに向う内発的な衝迫ないし圧力——この圧力がハイデガーのいわゆる基本命題における絶対者の意志である——を感じている。ここにも進行が必然的連関を具えうる今ひとつの理由が存するのである。

(二) ところでここに次のような疑問が生ずる。現象知の叙述とは現象知を絶対知に関係づけて現象知が実在性をもつかどうかを吟味し検査するものと考えられるであろうが、これには尺度・規準がなくてはならない。ところで尺度たるべき絶対知はまだ顕現していない。だからこの叙述は不可能であるかのように見えるが、じつはそうではない。

(イ) さて意識は対象に関係するが、対象はこの関係を離れて即自的自体的にも存在する。この即自的自体的存在が真というものにほかならぬ。しかし対象はもちろん意識に対してもまた存在し、そうしてこの対他存在の特定の仕かたが知といわれるものである。だから意識自身がそれぞれの段階において真と知、或は自体存在と対他存在との両面を具え、真或は自体において知を吟味し検討すべき尺度を具えており、尺度は意識にそとからもってこられる必要はないのである(ハイデガーの第二命題)。

(ロ) ところで意識とはいつも対自的自覚的なものである。だから意識には即自存在或は自体存在と対他存在、真と知との両者が具わっているだけではなく、両者を具えていることそのことをも意識は自覚している(ハイデガーの第一命題)。だから我々がそとから手出しをしなくても、意識自身が真と知とを比較し、真を規準として知を吟味し検査して真或は自体に合致させようと努力する。だから我々哲学的観察者がなさなくとも、意識自身が吟味し検査するという作業を行っているのであるから(ハイデガーの第三命題)、我々はむしろ傍観しておればよいのである。

(ハ) そこで意識は真と知との喰違いを自覚し、知を真或は自体に合致させようと努力する。言い換えれば、意識は今まで真と考えていたものが対象自体ではなくして、それの自分に対する存在或は現象にすぎないことに気付き、自分の態度を変えて、知を対象に合致させようとする。ところで真と知、即自と対他とはつねに相関者であるから、知が変れば、じつはこれに応じて対象もまた変るのである。意識の変化は同時に対象の変化をもきたすのであり、新しい対象が発生し生成してくるのである。ここにさきに懐疑論に反対して否定はつねに限定的なものであり、したがってそれは同時に或る内容の肯定だと言われた所以がある。

(三) かく意識の転換に相応して対象もまた転換するのであるから、現象知の叙述ではいつも新しい対象が発生し生成し、これにおいて意識はいつも新しい事柄を経験して行くことになる。この点からすれば、この叙述は意識経験の学である。しかしながら経験という概念をこのように解するのは、普通の考え方とは相違している。なぜなら、普通には、意識の態度いかんとは関わりなしに、偶然的外面的につきあたる新しい対象において新しい事柄が経験せられ、したがってそれまでの理解の誤謬であったことも認められるのであり、経験にさいしては意識はただ全く受容的であると考えられるからである。しかしすでに言ったごとく、真と知、自体と対他とは相関者であって、意識が変ずれば、これに応じて対象もまた変ずる。例えば感覚は「このもの」が自体であり真であると考えるが、やがて「このもの」は自体ではなく、自体の已れに対する存在或は現象にすぎぬことに気付いて知覚に移って行くが、そうなったときには、自体はもはや「このもの」ではなくして「物」となっているのであり、そうして知覚が悟性となったときには、対象も物から力となっている。だからやはり意識の転換によって新しい対象が生成するのに相違ないが、しかしこれが「経験」の語感にそぐわぬことにも変りはない。そこで次のようなことになる。意識の転換が新しい対象の発生・生成をもたらすのではあるけれども、しかしこの「生成」は経験に没頭せる意識そのものの認めるところではなく、ただ我々哲学的観察者のみがこれを認識しているのである。言いかえると、先行の意識形態から後続の意識形態が生成し、かくて両者間には必然的連関が生ずるのではあっても、これは経験の途上にある意識自身の認むるところではないから、この必然的連関という形式的側面には、我々哲学的観察者の助力が必要なのである。こうして諸段階間に内面的連関がつけられることによって、真実知ならぬ現象知の叙述もすでにそれ自身学であることができる、即ち端的に意識経験の学なのである。

しかし現象知の叙述は意識経験の学であるから、たとい精神的真理の全範囲を包含するものではあっても、それは知と真との対立をまぬがれない意識の諸形態を展開するものであるにすぎぬ。しかしそれでも経験が発展するにつれて、精神の現象が本質と同じくなり、この叙述が精神に本来的な学の立場と一致するようになる。* 最初はこの一致も無自覚的であるが、自覚的となれば、絶対知の段階が到達せられるが、即ちこれがこの叙述の目標にほかならない。

* なお、この緒論を理解するうえにおいて参考となるのは、ハイデガー、イポリットのほかに、ヘーゲル研究第一巻にあ

る Otto Pöggeler : Zur Deutung der Phänomenologie des Geistes と同別冊三にある Pöggeler : Die Komposition der Phänomenologie des Geistes とであるが、ペゲラーは叙述が精神の学となったときに終るということを理由にして、この緒論は精神の現象学に対する緒論であるよりも、むしろ意識経験の学に対するものと見ている。

九三 〔A　意　識〕

括弧がつけてあるように、初版では本文にはなく、ただ目次にのみあるものである。したがってB 自己意識に対してA 意識を規定することも、その内部を概観し段階づけることも行われてはいないが、本文にしたがっておよそ次のごとく言いうるであろう。

意識には広狭の二義があり、広い意味においては少くとも意識経験の学の意識であり、ひいては現象学の全体に及ぶ意識である。しかし狭い意味においては自己意識に対するものであり、したがって感覚—知覚—悟性からなる対象意識である(ただしヘーゲル自身はⅥ 精神を概観するにさいして、意識一般 Bewußtsein überhaupt と呼んでいる)。対象は感覚の段階では「このもの」ないし存在するものであり、知覚では物であり、悟性では力であるが、この系列は論理的には個別—特殊—普遍の関係である。感覚は「このもの」をもって真なるものと思いこみ、そう私念しているけれども、「このもの」と言ってもじつはすべての「このもの」でもあり、存在するものと言っても、純粋存在でもある。ここにすでに個別に対する普遍が生じているが、普遍の立場から個別をとらえるようになると、知覚の物が生ずる。なぜなら、物とはもろもろの性質をもっているものであり、また一物は他物との関係においてのみ成立するからである。しかし知覚の物においては個別と普遍とは互に関連はしても、まだ対立するだけで、統一には帰していない。同一律に執着する知覚が対立の一方だけを真として必然的に錯覚におちいらざるをえぬのはこれがためである。それで知覚の物という段階はこれを論理的に言えば、普遍と個別との絡みあいにほかならぬ特殊態である。しかし絡みあいがあって、錯覚の必然的であることこそ却って個別と普遍とを越える統一のあることを、もう物的(ベディンクト)でない、無制約的(ウンベディンクト)な普遍のあることを示している。この無制約的普遍にまでのぼるものが悟性であり、この普遍において物は力となり、物ともろもろの性質との関係は力とその外化とのものとなり、一物と他物との関係は両力の関係となる。そうして力はもはや感覚せられ知覚せられる物ではなく、物の内なるものであるところから、独特の「無限性」の見地が成立して、Ａ意識はＢ自己意識に移って行く。

右のごとく感覚―知覚―悟性、或は「このもの」―物―力は論理的には個別―特殊―普遍を意味している。じっさいヘーゲルはⅧ絶対知の段階においてＡ意識をこの立場から回顧し、さらにこの回顧を現象学の全体に及ぼしている。したがってＡ意識の感覚―知覚―悟性という構造は現象学の全体に対して基本的な意義をもっている。顕著なのは観察の記述―標識―法則、行為的理性の快楽《けらく》―心胸《むね》の法則《のり》―徳、自然宗教の光―動植物―工匠であって、これらの系列はいずれも全く個別―特殊―普遍の関係によって成立している。

Ａ意識では歴史性は顕著ではない。しかし舞台裏ではそれが強く働いていることは明らかである。すでに序文(三二頁)は近代の修学から古代――ギリシャ――の修学を区別して、その目的は自然的意識を形成して個別態から普遍態にまで高めることにあると言っているが、感覚―知覚―悟性はこの自然的意識であり、とくに感覚がそうである。そこで感覚における「存在するもの」はパルメニデスにおいて臆見(ドクサ)の対象であるものであり、「存在」は真なるものにほかならぬ存在(エイナイ)であり、その他この段階では感覚論、独在論に関してはプラトンのテアイテトス篇にあらわれているところのプロタゴラスやヘラクレイトス派の説とプラトンの反駁とかが論法として活用せられている。そうして知覚の物はもろもろの性質をもっているのであるから、明らかにアリストテレスの実体である。しかし実体を実体としてと同時に主体としても把握することが現象学の基本的課題であるから、そこで物という実体の成立と共に古代の修学から近代の修学に移ることになる。実体観に関してはスピノーザ哲学も活用せられてはいるが、しかしやがて働かない実体はなく、実体は力であるというライプニッツ的立場に移って行く。これが知覚から悟性へ、物から力への移行である。働く力の立場は因果性の立場であるが、これがやがては諸力の相互性―全体性の立場に移り、そこにはライプニッツ―カントの見解の活用せられていることは明らかである。

実体性―因果性―相互性はイェナ論理学における「存在の関係」Verhältnis des Seins の段階であり、したがって行論は多くの点でこれとの類似点を示している。

Ａ意識は自己意識に移るが、この移行は「実体は主体」という現象学の最も基本的なテーゼの最初の証明である。

九五

I 感覚的確信、或はこのものと私念

題して「感覚的確信或はこのものと私念」というが、感覚とは見ること聞くことであり、確信と言うのはまだ無媒介に「このもの」を真なりと信じていることをさす。しかし「このもの」と言っても、じつは「このもの」にとどまるのではなく、すべての「このもの」でもあり、存在するものと言っても、じつは同時に純粋な存在でもある。だから「このもの」をもって真としているのは、ただそう思いこんでいるだけであり、meine Meinung であり私念(註四の4)であるにすぎない。以上が題名の意味である。

自然的意識を絶対知にまで高めようとするとき、右のごとき感覚的確信に出発することはたしかに自然的である。ヘーゲルが感覚的確信を考察するにあたっては、ただあるがままにこの確信を受容すべきであって、いささかも反省を加えてはならぬと言うのも、こういう自然性によることである。しかし、この確信に対しても概念的把握の態度をとり、その発生を論ずること(緒論参照)は可能であるが、プルプゥス——その一と二——によれば論ずるものは精神哲学である。たしかにそうであり、この観点からすれば、エンチュクロペディーのうちに含まれる「現象学」がその意義をもつ。しかし精神哲学は自然哲学に、これは論理学に、そうして論理学は現象学に基づくから、これでは解明にはならず、感覚的確信の発生はいぜんとして問題としてのこるのである。この問いに答える手がかりを与えるものは「離れ落ちる」(九七頁)と言われている現象である。即ち我々哲学的考察者から見ればこの確信における主客は相互媒介の関係にあって両者は渾然たる統一を形づくっているが、やがてこの直接的であることをまぬがれぬ統一が破れて主客は相別れ、そうして差当って客に優先が認められることによって感覚的確信が生ずるという意味のことが言われているのであるが、ここからすると、感覚的確信が発生するのは絶対知からであるということになり、緒論と関係づけるならば、その基本命題である「絶対者は即自且つ対自的に我々のもとにあり、またあることを意志する」というさいの「意志」が感覚的確信を支えていることになる。ただ絶対知も現象学ないしはむしろ意識経験の学という媒介をへない最初には直接的であるが故に主客は分れ、そうして先ず客に優先が与えられることによって対象意識が、したがってまた先ず感覚的確信が生ずるのである。だから絶対知に至るまでの過程は感覚的確信の本性が絶対知であるということをこの確信が自証する過程にほかならないことになる。したがってヘーゲルも認めて

いるように絶対知に達したとき、却って感覚的確信に還帰するのである。ここに最低たるにすぎぬかに見える感覚的確信のもつ最高最深の意義がある。

しかし絶対知はまだ自証していない。だからそれが感覚的確信を支えると言っても信念としてであるにすぎぬが、この信念はヘーゲルにとって実体的基礎をなしているクリスト教でありギリシャ宗教である。現象学において前者に応ずるのは、VIIのC 啓示宗教の段階において至高実在が受肉してイエスという「このひと」——「このもの」の一種——となることにおいて行論が感覚的確信への還帰を見て、最低のものは最高のものであり、最浅のものは最深のものであると言っていることであり、後者に応ずるのは、すでにこの段階において先廻りをしてVIIのB 芸術宗教に属するエレウシスの密儀をもち出していることであるが、この密儀はヘーゲルにとっては感覚的な自然物がパンやブドウ酒として人間に費消せらるべきものにすぎぬことを教えるものであり、感覚的な「このもの」がなきものにせらるべきものであり、無に帰するとする点において感覚的確信の真実態を示したものである。

こういうわけでこの段階は最低にして最高、最浅にして最深という二重の意義をもっている。

この段階に関する所論は対象面と主観面と主客関係の面とに分けて展開せられ、最後に総括が附せられている。

一、対象面では時間と空間との次元にしたがって「このもの」が今と此処とに分けて論ぜられている。

(一) 「今」とは何であるか。「今」は例えば夜である。そこでこの真理を書きとめて置く。しかしやがて「今」は昼となり、さきの真なるものは気の抜けた生気のうせたものになってしまっている。かくて「今」とは夜でも昼でもないと共にまたいずれでもあるところのものに外ならぬから、「このもの」はむしろ普遍的なものであることになる。言葉の観点からしても同様である。感覚は「このもの」をもって実在だとするが、しかしそんなものは言葉では表現することはできない。例えばこの現実の絶対に個別的な紙片と言って見たところで、これはいずれの紙片についても成り立つことにすぎぬ。だから単なる「このもの」は実在しないのに、これを実在するかのごとく思い込んでいるにすぎぬのであるから、感覚の確信は私念である。

(二) 「此処」の場合も同様である。「此処」は例えば樹である。しかし向きをかえれば「此処」は家である。だから「此処」は家でも樹でもないと共に何れでもあるものとして普遍的なものである。

二、しかしながら感覚は「このもの」の実在性を頑強に確信するが、対象のうちにはないのであるから、それは見たり聞いたりする感覚の働きそのもののうちに、私のうちにあるとせられるのほかはない。しかし「私」もまた普遍的なものである。たとい「この」現実の全く個人的な「私」と言って見たところで、かかる「私」も何人にも通ずるものでしかない。単なる個別的な自我はなく、それは同時に普遍的な自我なのである。

三、右のようにして単なる「このもの」は対象のうちにも自我のうちにもない。しかしそれでも感覚は「このもの」の実在性を確信することをやめず、頑強にこの確信に固執する。そこで客観と主観とを分離せずに両者の関係としての全体のうちに確信の根拠が求められるのほかはないことになる。言いかえるならば、「今」を夜とするだけで「今」が昼となったときのことを考えず、また「此処」を樹とするだけで家とはせず、ただ「今」を夜とすることにとどまるところの、或は「此処」を樹とすることにとどまるところの当の直接的な主客関係としての感覚のうちには「このもの」が実在すると主張せられるのである。ところでこのような「このもの」は一と二との場合のようには言葉によっては表現できないものであるから、もはや言詮を越えた事柄であって、指示するほかはない。しかしはたして「このもの」を実在として指示することができるであろうか。

(一)　時計の秒針にしたがって例えば十五秒の点を「今」として指示するとする。しかしそうしたときに、この点はすでに存在するものではなく存在したものに、即ち存在しないものになっている。そこで十六秒の点が「今」として指示せられる。しかしそうしたときにも、この点はすでに存在しないものとなっている。かくて「今」はいずれの時点でもないと共にいずれの時点でもあることになる、即ち普遍的なものであることになる。だから「このもの」は言われえないのみならず、指示せられることもできないのである。

(二)　「此処」の場合も同様である。前も後も上も下も右も左も「此処」である。さらにこれらのおのおのに関しても、例えば上に関しても同様の分割が行われうる。だから「此処」とは多数の「此処」の複合であり普遍的なものなのである。

四、以上のようにして単なる「このもの」は客観的にも、主観としても、また主客関係から言っても真なるものではないという結論がえられているのであるが、さらに総括が附せられている。その趣意は次の三点に帰する。

(一)　すでにこれまでの行論においてパルメニデスの哲学、プロタゴラスやヘラクレイトス派の感覚論、独在論が活用せられているが、総括に対して機縁を与えているのはシュルツェとクルークとである(註一〇六の3及び一〇二の1参照)。

(二)　シュルツェが「普遍的な経験」として感覚的個物の実在性を説いたのに因んで、IV 自己意識の段階で初めて論ぜらるべき実践的なものに此処ですでに言及されているが、この「実践的なもの」とは欲望のことであり(註一〇七の1参照)、さらにこれとの連関においてエレウシスの密儀(註一〇七の2参照)がもち出されている。

(三)　単なる個別的なものはなく、個別的なものと言っても、普遍的なものにおける個別者であるが、個別者がかかる態度でとらえられるようになると、感覚は知覚に移る。

一〇九

II　知覚、或は物と錯覚

感覚の対象である「このもの」はじつはすべての「このもの」であって、単なる「このもの」は私念されたものであるにすぎぬ。しかるに個別を普遍において真に wahr とらえる nehmen ものが知覚 Wahrnehmung である。知覚のとらえるのは物 Ding である。物は一物でありながら多くの性質をもったものであり、また一物はそれ自身として対自的に存在すると同時に対他的にも存在するが、知覚は対象意識として同一律をもって真なるものの標準とするから、矛盾したものの一方だけを真とする。そこで知覚は必然的に錯覚でもある。以上が題名の簡単な意義であるが、なお物は対象として与えられるもので、その生成には主体の働きかけの参加していないもの、或はないと見なされているものであるが、物の生成に主体の働きが参加し、歴史的社会的生活において意義をもっているものとなったときには、物はVのCという段階で論ぜられる事 Sache となり、そうしてこの場合には錯覚に対応するものは欺瞞 Betrug である。

史的背景をなしているものをあげると、古代では感覚の段階におけるパルメニデスに知覚の段階において応ずるものはアリストテレスである。この段階の物はアリストテレスの実体であるが、このことはイェナ論理学では物と性質との関係が実体性の関係 Substantialitätsverhältnis であることによって明らかである。いまひとつ古代哲学で重要なのはスケプシス派である。スケプシス派が物事に断定をくだしえない理由を箇条書きにまとめたものはトロポイ(一九八頁の総註のうちスケプシス主義に関する部分を参照)と言われるが、それらのうちで知覚に関するものがここで活用せられている。物の弁証法に対してスケプシス派のもつ寄与は大であるが、二つの注意すべきことがある。ひとつはスケプシス主義は現象学ではストア主義と共に自己意識の段階に所属するから、スケプシス主義では物の弁証法は意識がすでに自覚的に駆使するものであるのに対して、知覚の段階における物の弁証法にはそういう自覚はなく、「出来事」であるにすぎぬ。いまひとつには、スケプシス派では否定が無に帰し、すべては空となる純粋否定であるのに対して、ヘーゲルの場合の否定は「限定された否定」であり、したがってまた一定の結果をもたらすものであるところに相違がある。

近代では先ずスピノーザである。じっさい知覚の段階にはスピノーザ哲学に通ずるものが多い。感覚の段階における「このもの」の弁証法によって普遍的なものが発生したのであり、普遍的なものが知覚の原理一般であるから、知覚されるものも、知覚するものもいずれも普遍的なものであって、両者は同じものを一方では静止の観点から、他方では運動の観点から見たときに生ずるもので、両者は対応し呼応し一に帰するというのは、スピノーザにおいて延長と思惟とが実体の属性(アトリビュトゥム)として各自の立場から実体を表現したものとして同一に帰するのと同じである。そうして延長にはすでに前段階において出現していた空間をあて、これからその個別化である「此処」に進むのはスピノーザにおける属性から様態(モードゥス)への移り行きである。しかし此処も原理一般である普遍的なものにおいてあるものであるから、此処と言っても、「この」此処にとどまるものではなく、すべての此処であり、此処の集合であって、例えば一粒の塩といえども、単一な此処であると共に、白くある此処、辛くある此処、結晶において立方形である此処、一定の比重をもつ此処であるところから、多くの性質をもった物の概念が確立されるが、このさい多数の性質が於てある「も亦」(Auch)ないし媒体(Medium)をもって物たること(Dingheit)と呼んでいるのは、スピノーザの実体を独特の立場から解釈したものである。そうして「物の簡単な概念」を立てた後に知覚の働きに移っているのは延長という属性に対応する思惟という属性に移ることである。こうして知覚の段階の基本構造にはスピノーザ哲学に応ずるものが多いのである。

しかしヘーゲルの物は一と多との弁証法と共に自と他との弁証法を含んでいるが、この「自」を、即ち物の一物としての、個体としての独立を高調し、その故に却ってまた他物との連関を高調し、自と他とを、ひいては一と多とを没落させて根底に至らしめているのは全くライプニッツ哲学の手法である。

なお近代哲学のうちで背景をなしているのは、ロックである。意識面において知覚は真なるものをとらえようとするが、そのさい必ず主観の反省が加わるから、この反省に由来するものを取去ることによって、知覚は真なるものをとらえようとするというのは、ロックに代表せられる認識論上の批判主義である。

知覚の段階は現象学の全体に対して重要な意義をもっているが、これは次の三点に帰着する。

一、知覚論の成否はヘーゲル哲学の成否である。知覚は対象意識であるから、同一律をもって真理の標準とするが、物はヘーゲルによれば一と多、自と他との矛盾を含んでいる。そこで知覚はこういう対立の一方を主観の反省に由来するものと見て、これを捨て、他方だけを真なりとする。しかし知覚は対立せるもののいずれをも偽とすると同時にいずれをも真とするが、これは意識だけが矛盾におちいるだけでなく、対象自身も矛盾しているのであり、真なるもの自身が矛盾を含んでいることを意味するとヘーゲルは言うのである。彼が一八〇一年にイェナ大学に就職するにさいして討議せらるべきテーゼとして提出したものの第一は「矛盾は真なるものの規準、矛盾のないことは偽なるものの規準である」(Contradictio est regula veri, non contradictio, falsi.)ということであるが(初期刊行論文集四〇四頁)、知覚論もこのテーゼの証明である。知覚論を承認するか、しないかはヘーゲル哲学を承認するか、しないかの岐れ目である。

二、一と多、対自と対他、本質的なものと非本質的なものなどの弁証法は種々の変容のもとに現象学の全体を貫くものである。

三、物とは実体である。そうして物は右のごとき矛盾を含んでいるが、矛盾したものは没落して根底に至る。この根底が無制約的普遍であるが、これはもう知覚できる物ではなく、物の内なるものである。この内なるものは先ず悟性の段階では力となり、自己意識の段階では生命となり、そうしてやがて精神となって行く。だから知覚論は「実体は主体である」という現象学の基本的テーゼの証明への第一歩である。

この段階のテーマはなんであるかと言うと、知覚は感覚から出てきたが、一般にひとつの段階は前の段階からの由来を知らない。そこで知覚の発生を論ずることは我々哲学的考察者の課題であるが、知覚は対象意識であるから知覚の対象たる物の発生即ち概念を明らかにすることが第一のテーマである。第二のテーマはこの物を知覚するものがどのように受取り、それに対していかなる態度をとり、何を経験するかということである。そうしてこの経験から生ずる無制約的普遍が第三のテーマであり、最後に総括が附せられている。

一、「このもの」と言っても、すべての「このもの」のことである。そこに単に個別的な「このもの」は否定せられているけれども、しかしこれと同時に「すべての」の普遍のうちに包まれることにおいて肯定せられてもいる、即ち止揚せられている。しかし止揚されるというのは、肯定せられるにとどまるのではなく、否定もやはり含まれているのはむろんである。

なぜなら、すべての「このもの」においても、ひとつの「このもの」は他の「このもの」ではないのであり、そこに否定は含まれているからである。だからすべての「このもの」には肯定と否定との両面がある。

「このもの」には此処と今とがあるが、此処もまた個別的な此処ではなく、じつは「すべての此処」であるが、「すべての此処」において物の概念は成立する。なぜなら、一粒の塩をとって見るとき、それは単一の此処でありながら、白としても、辛いとしても、立方形の結晶としても、一定の比重をもつものとしても此処であって、此処の集合だからである。そうして感覚の段階の初めに言われていたところからすると、一粒の塩から分解によってその内にはいって行っても、また外に出て行っても事情は同じである。かく此処という方向において知覚の対象たる物が成立するのに対して、今という方向に成立するものが知覚の働きであろう(ただし、この点は十分に展開せられていない)。

そこで物は肯定と否定、肯定的普遍と否定的統一の両面をもっている。

(一) 一定の物においても、また諸物の全体においても、さまざまの性質が互に影響することも触れあうこともなく共存している。だから物とはこれらの性質をして於てあらしめる媒体であり、また白くあると共に辛くも亦あり、結晶が立方形でも亦あるなどの「も亦」である。或は物は自由な諸物質から成るものと「表象」せられる。即ち光素、色素、熱素、香素などのそれぞれにアナがあいていて、他の素はこのアナのうちにあるから、互に影響しあい触れあうことがなく各自に自由な物質からなるという「表象」も生じてくる(註一一二の2参照)。しかし、もろもろの性質の或は自由な諸物質の媒体であり、「も亦」であると言われるものはまだ物ではなく、物たることという肯定的普遍の側面である。

(二) それぞれの性質は限定的なもので他の性質との関係なしにはありえないものであるが、しかしいずれも普遍的媒体においてあるものとしてその唯一性に与かり、これを分有しているから、それぞれの性質は各自独立で他とは没交渉である。この意味においてそれは個別的性質であり一者であり、他を拒否し否定する統一をなしている。ここにディングハイトに対立するディングが成立するが、これが否定的統一の側面である。

しかしそれぞれの性質がいかに独立的だと言っても、他との関係を断ち切ってしまうならば、もはや特定の限定せられた性質ではなくなってしまうのであって、「個別的な性質」も純粋にそれだけとして考えられるときには、もはや感覚的存在であって、知覚とは無関係である。だから第二の個別性が最初の普遍性に結びつかなくてはならないが、この結びつきにおいて多数の性質或は多数の性質をもてる物が成立する。言い換えるならば、右のごとく先ず普遍性と個別性とを別々に展開した上で再び結びつけるところに生ずる感覚的普遍性、言いかえると、個別性と普遍性との中間である特殊性が「性質」と呼ばれるものであるが、この性質或は性質をもてる物が知覚の対象なのである。

したがって知覚の対象は普遍と個別、肯定と否定、「も亦」と一者というごとき対立を含み矛盾したものである。しかし一者と「も亦」との矛盾に連関してなお一物と他物との矛盾がある。いったい一者たることによって物は他物から区別され、さらには他物と対立するのではない。どのようなものも一者たるに相違ないから、一者たることによってはむしろすべての物との同一が定立せられるだけである。だから一者として物が他物を自分からしりぞけるのは限定された性質をもつことによっている。しかし限定せられた性質というものも他物との関係や対立なしにはありえない。そこで物は自分だけであり対自的にあると同時に対他的にもあるということになる、即ち物には対自と対他との矛盾がある。ところでこの矛盾は個別と普遍、否定と肯定の矛盾のうちに内含せられはしているけれども、それが明確には展開せられていないのは、不十分という非難をまぬかれぬであろう。じっさい一物と他物との矛盾をすでに物の概念を論ずるさいに展開しておかなかったために、物という対象に対する知覚のとる態度を説くにさいして、循環過程(一一七頁)と呼ばれるもののうちには、自と他との対立も含まれているのに、知覚のとる態度としては物を一とするか多とするかという場合だけを取上げるにとどまり、自と他との矛盾は無制約的普遍の出現を論ずるさいに初めて明確に取上げられるという結果をきたしている。

二、それでは右のごとき対象に対して知覚はいかなる態度をとるか。先ず知覚は何をもって真理の標準とするか。

知覚は対象をもって所与と考え、これに対して純粋に受容の態度をとるから、対象の真理性はその自己自同性にあるとする。しかし対象たる物が矛盾を含んでいるから、ひとつの規定に対してこれと相違する他の規定が出現するけれども、知覚はこれらの規定を比較して相違や矛盾を除去して対象をして自己同一を保たしめ、これをもって真理とする。「真理の規準は……自己自同性であり、知覚するもののとるべき態度は自己自同性を保つものとして捕捉することである」(一一五頁)。

そこでこういう規準にしたがって知覚は物を受容するのであるが、「物の簡単な概念」の示すごとく物は矛盾しているから、知覚は次のような循環過程にまきこまれることを経験する。第一に対象は純粋な「一者」として受取られる。しかしこの「一者」である対象は性質をもっているが、白いとか辛いとか言っても他物にも通ずる普遍的な性質であるから、物は唯一ではなくなる。そこで第二には一物は他物と連関し連続し、共同性一般或は連続性としてとらえられなくてはならぬことになる。しかしながら物のもてる性質はただ単に普遍的な性質たるには止らないで、一物を他物に対抗させ他物を拒斥させる所以のものであるから、諸物間の連続を断ってそれぞれの物の間に非連続が存すると考うべきである。ところで第三には右のごとくにして到達せられたひとつの物にしても、ただひとつの性質だけをもつのではなく、多数の性質に並存並立を許す「も亦」であるから、ひとつの物自身をもさまざまの性質をおいてあらしめる媒体としなくてはならぬ。しかし第四にはこれらの性質はまさに媒体の普遍性に与かり、これを分有するものとして各自別々で独立のものであるから、ひとつの物における他の性質とも、またおよそ物とも絶縁したものとして、文字通り個別的性質であることになる。けれどもかかる単に個別的な「性質」はじつは性質でも、物においてあるものでもなく、したがってもう知覚の対象ではなくして、感覚の対象であるが、感覚はその弁証法に動かされて知覚に移行せざるをえぬ。かくて知覚は再び第一の立場に帰り、そうしてこれから第二第三第四へと移るという循環を反復することになる。

ここで次の二つのことに注意する必要がある。第一には右のような循環過程のうちにまきこまれているのは、感覚から知覚に移ってきたときにとる知覚の態度であるということ、言いかえると、物に対して知覚のとる第一の態度であるということである。しかしやがて循環過程の経験は知覚をして矛盾は自分が物に加えた反省の介入によるものであると考えさせることになる。そこで知覚は矛盾するものの一方を自分の反省に基づくものと見て、その責めを自分に引受け、これを物からは除去し、受容に訂正是正を加えて真なるものをとらえようとする。これが知覚が物に対してとる第二の態度である。第二に注意すべきことは当面の段階では右の「循環過程」の含んでいる矛盾が全面的には取上げられてはいないということである。そこには一物における一と多のほかに、一物と他物、或は対自と対他との矛盾があったが、これらのうちで、ここで取上げられているのは一と多との対立だけである。

そこで自同律に固執する知覚が物に対してとる第二の態度というのは、一者と「も亦」という矛盾した規定のうちいずれか一方が対象的真理に帰属し、他方が錯覚に基づくものときまっているわけではなく、個別或は「一者」が対象的真理で、「も亦」は錯覚によるものであるとせられるかと思えば、またこれと全く正反対の態度もまたとられるのである。つまり代る代る正反対の態度がとられる訳であるが、この点を分析して言えば、次のごとくである。

(一) 知覚は物をもって一者としてとらえる。もちろん物は多くの性質をもち、これらが知覚せられるのであるから、物は一者ではなく多者であるかのように見えるが、しかし自己自同性をもって真理の規準とする知覚は多であることを錯覚とし、その原因を己れに帰することによって、しいて物の自己自同性を確保しようとする。そのために例えば感官の相違がもち出される。即ち物それ自体は一者であるけれども、眼をもって見るときには白く、舌をもって味わうときには辛く、触官をもって感ずるときには結晶が立方形であるというように、多様であることの原因は感官の相違に帰せられる。また空間というような感性の形式(カント)を通じて現象するときには、自体的には一者である物が多となるとも考えられる。

(二) しかし物は一者であることによって他物を斥けるのではなく、一者であるのはいずれの物にも通ずることである。他物を斥けることのできるのは限定をもつことによるのであるから、物は性質を具えなくてはならぬ。物それ自身が性質をもち、性質は物にとって己れのものである。しかし物がただひとつの性質をもつということは無意義で、それも他の性質に対することによって初めてその性質であるから、物における性質は多数である。かくて白いと共に辛く「も亦」あり立方形で「も亦」あるのは、物それ自体であることになる。「も亦」は例えば感官の相違に基づく主観的現象ではなくして、対象的真理である。もっとも「も亦」と言ったのではさきの一者がまつわりついてきて意識はまた矛盾に陥るから、これを切抜けるために「かぎりにおいては」ということがもち出される。例えば物は白いかぎりにおいては辛くなく、辛いかぎりにおいては立方形でないというがごとくである。かくてこの「かぎりにおいては」によって多数の性質は分離分立せられ、これらの統合は主観がただ便宜的に行うもので決して対象的真理ではないとせられる。しかし多様の対象性はまだ常識的な「かぎりにおいては」では客観性を欠くので、さらにさまざまの性質をもって光素・色素・熱素・香素などの「自由物質」とする科学のテクニックがもち込まれることによって完成する。

かくて知覚は一方では物の真理は一で、これを多とするのは錯覚であるとしながら、他方では物の真理は多であって、これを一とするのは錯覚なりとする訳であるが、このことはただ意識のみが矛盾におちいるのではなく、対象自身も知覚が最初に考えたごとく自己同一的なものではなく、矛盾を含んだものであることが経験せられたのを意味する。ここに至って最初には我々哲学的考察者が定立したにすぎなかった物の概念が当面の現象学的意識たる知覚にも経験せられざるをえないことになる。

三、そこで個別と普遍とは相互に他に転換するから、両者の対立を越えた無制約的普遍が誕生することになるが、ヘーゲルは一物と他物との場合に出立してこの普遍の誕生を明らかにしようとする。所論は必ずしも明確ではないが、大凡次のごとくであろう。

さて物は一者であり対自的に存在する。しかしこれと同時に物は対他的に「も亦」存在する。この意味において物は一にして二であり「も亦」であるという矛盾が見出される。そこで矛盾するものの一方を錯覚なりとして意識が引受けることによって解決しなくてはならぬようにも見える。しかし意識はすでに矛盾が対象自身に帰属することを経験したのであるから、もはや簡単にはかかる態度はとりえない。と言っても一者たることとこの「も亦」とは矛盾するから、意識はこの矛盾をまぬがれるために、両者は同一の対象物に所属するのではなく、相違する対象物に割当てられるべきだとする。即ち物は対自的には自同的で一であるが、この統一が他物によって攪乱せられると考えられるのである。しかしながら物が対自的に存在して一であることのできるのは限定によることであるが、限定とは一物を他物から限るものであると同時に、まさにこの故に他物との関係なしにはありえないものである。だから対自存在と対他存在とは二物に割当てられるのではなく、ひとつの物がそれ自身において対自存在であると同時に対他存在である。かくて対自存在と対他存在とを「かぎりにおいては」によって分離することはできぬ。物は対自存在であるそのかぎりにおいて対他存在であり、対他存在であるそのかぎりにおいて対自存在なのである。ここにすでに対自存在と対他存在とが没落して、両者の根底にあって両者を統一づける真に自同的な無制約的な普遍性に到らざるをえない所以がある。

右のごとく対自存在と対他存在とを二物に割当てることはできず、ひとつの物がそれ自身において対自存在であると同時に対他存在である。しかし知覚の意識はここで本質的性質と非本質的性質とを区別することによって、この矛盾を切抜け抽象的な自同性をいぜんとして確保しようとする。さて物が対自存在であるのは限定をもつことによってであるが、すでに言ったごとく、ひとつの物自身においても或る限定は他の限定に対することによってのみその限定なのであるから、おのずから物は多数の性質をもち、したがって一たると共に多である。そこで知覚は諸性質に本質的と非本質的という価値の差等をつける。即ち物は対自存在であるかぎりにおいては唯一の本質的性質(属性)をもつが、対他存在として他者に関係するかぎりにおいては其他の多数の非本質的性質を具えると考えるのである。かく価値の差等を設けることによって意識はなおも自同律を確保しようとするが、しかし「かぎりにおいては」によって対自存在と対他存在とを分離しえないのみならず、所謂非本質的性質といえども物自身に必然的に帰属するのである以上、これを敢て非本質的なりとするのは、本質的必然的であって、しかも非本質的附帯的であると言うに等しいから、本質的性質と非本質的性質との分離もまた成立することはできぬ。

こうして物自身が一と多、自と他というような矛盾を含んだものであるから、対象たる物も、またこれをとらえる知覚も、没落して根底に至り、こういう対立によって煩わされ制約せられていない、もはや物的ではない無制約的普遍とならざるをえないが、もはや物ではなく、物の根底であり、物の内なるものであるこの無制約的普遍が悟性の対象である。

四、総括は知覚の立場をロックの An Essay concerning human understanding の human understanding にあたるものと見て、以上の叙べたことをまとめている。さて知覚は常識的な対象意識として矛盾律・自同律にしたがって真理を把握しようとするが、その対象たる物は個にして普、一にして多、対自にして対他というごとき意味において矛盾したものである。そこで知覚は側面を区別したり「も亦」とか「かぎりにおいて」を口にすることによって、また本質的性質と非本質的性質との区別を設けることによって、対象の自同性を維持するに努めるが、これが「知覚の論理学」である。しかし、すでに対象自身が矛盾したものである以上、かかる切抜策はすべて詭弁であって無効であり、むしろ個別と普遍との相互転換を通じて両者の底にあって両者を統一づけている無制約的普遍の立場にまで深まって行く必要のあることを示している。すでに感覚から知覚に進んだときに普遍は生成したけれども、しかしこの普遍はまだ個別からでてきたばかりのものとして個別との対立に煩わされ両者の間を転々動揺する矛盾としての特殊であって、なお感覚的な物によって制約 be-dingen せられていた――性質は感覚的普遍性である――のに対して、かかる対立を越えた無制約的な、したがってもはや感覚的でない、そうして真の意味において自同的な普遍にまで深まり高まって行かなくてはならぬ。この真実な普遍が悟性の対象である。

三八

Ⅲ　力と悟性、現象と超感覚的世界

すでに知覚の段階において無制約的普遍者がその成立を見たが、この立場をとれば、一者と多者、対自と対他とはいずれも相互に他に転換して一に帰することになる。このさい一者が多者に、多者が一者に転換をするというのは、一者とは力であり、多者とはその外化であるということであるから、物ともろもろの性質との関係は力と外化との関係に――そうしてやがて明らかとなるように、対自と対他とは誘発する力と誘発される力との関係に――転ずる。こうして力というものが成立することになるが、この力を対象とするものが悟性である。しかし悟性が力を対象とするというのには、二つの場合がある。ひとつは力と外化とが相互に転換するというそのことを対象とする場合であるが、そのかぎり悟性の対象は現象である。いまひとつは力と外化という対立を越えた全体的な力を対象とする場合であるが、かかるものが物の内なるものであり、これが超感覚的世界を成立させるのである。以上が題名の簡単な意味である。

成立史的に言うと、この段階にとってもっとも重要なのはイェナ論理学であり、そこで「存在の関係」と呼ばれている段階である。この場合と照合すると、物と性質との関係は実体性の関係であり、力と外化との関係は因果性の関係であり、これに続くものは相互作用である。因果性の関係は明らかに力と外化との関係にあたるが、本文がこの因果関係を力と外化とに対応する対自と対他との関係にしたがって、それぞれの項を自立化させて能動と受動、誘発するものと誘発されるものとすると共にまさにその故に、かく実体化せられた両力が相互作用の関係にあるとするのは、イェナ論理学における相互作用の段階にあたるものである。そうして相互作用はおのずと全体性を成立させるが、この全体性がヘーゲルには独自の意味における「概念」を与えるが、こういう概念の成立はイェナ論理学では相互作用において「存在の関係」が「思惟の関係」に転じ、そうしてここで概念とその展開であるところの判断と推理とが論ぜられることに応じている(成立史上、なお残っていることは思想史的背景の場合にのべる)。

　思想史の見地からすると、この段階に対して史的背景をなしているものには、古代ではプラトン主義がある。知覚の段階においてスケプシス主義の活用せられていたことはすでに言ったごとくであるが、スケプシス主義に関する論文が示しているように、ピュローンやティモンのスケプシス主義が新アカデメイアに受容せられたという史的事実をも顧慮して、ヘーゲルはプラトン主義をもって一種のスケプシス主義と解するものである。「一種の」というのはスケプシス主義が否定に終始し、空無に終りがちであるのに対して、プラトン主義はスケプシス主義と同様な否定を駆使しながら、否定せられた現象の彼方に恒常な実在(ト・オントース・オン)を見てとることが多いところに相違をもつからであり、ヘーゲルはかかるところに例えばパルメニデス篇に示されている弁証法にその多大の意義を認めるのである。当面の段階において「両力の遊戯」という現象の彼方に「諸法則の静かな国」という超感覚的世界が開けてくるというのは、ヘーゲルのかかるプラトニスムを表明したものである。

　しかし史的背景としてより重要なのは近代哲学であるが、そのうちで第一にあげらるべきものはライプニッツ哲学である。ライプニッツは『人間悟性新論』や『自然と恩寵との原理』において「実体」といえば必ず活動する能力を具えたもののことであって、働きのないものは実体ではありえないとし、さらに『新体系の第一解明』では力でない実体はありえないとしたが、知覚の「物」という実体から悟性の「力」への移り行きは全くライプニッツ哲学の行きかたである。そうしてライプニッツ哲学において各実体(モナド)は独立であっても、その働きには相互間の対応があり呼応があって、諸実体は共通の根底に至るのも、本文が誘発する力と誘発される力との相互作用である「両力の遊戯」を通じて物の後ろの根底 Hinter-grund に至るのと同じである。

第二にはガリレイ―ケプラー―ニュートンにおける運動の法則が「両力の遊戯」という現象を通じて悟性に物の「内なるもの」をとらえさせるうえにおいて、ヘーゲルに多大の寄与をなしていることは明らかである。しかし近代科学では運動が力によっていると認められるにしても、力自身はこれを出来るだけ表面には出されず、その結果としての対象的に観察せられ計量せられうる運動だけを問題とし、「運動の法則」が立てられようとする。そのために、たとい運動の法則ではあっても、これによって関係づけられるところの例えば時間と空間という両項は、時間は時間、空間は空間として各自に固定して互に転換することがなく、電力説、磁力説、電磁力説などのとられた場合も同様である。このことについて、序文が数学に言及している箇処やⅤのＡ 観察する理性が法則定立について論じている箇処をも併せ考えて言うと、いわゆる運動の法則では、各項が固定して互に転換しないから、両項の関係は外面的関係としての量的関係となって、数学的公式によって表明せられることになるのに対して、ヘーゲルにおいては運動の法則は力の法則(一四六頁)たるべきものである。むろん悟性には対象化し固定させる傾向が強いから、悟性にとってはかかる「運動の法則」もその意義をもっているけれども、悟性もそれが力の法則であることをやはり認めているが、力の法則である以上、その両項は互に他に転換するのであり、したがって両力として対立はしても、これは両力を越える基本的な力が二分して現れてきたものであり、そうして現れてきたものもまた基本的な力に帰一するということになる。これがヘーゲルが「運動の法則」をもって第一次の法則とし、これを「力の法則」と見る立場から「第二次の法則」を導き出して、独自の意味における、「無限性」に到達する所以である。即ち両力と言っても基本的な力がそれ自身において己れを二分することによって生じたものであり、また相互転換において基本的な力に帰一するものであるから、基本的な力、対立する両力などという限定があり、それぞれが有限であっても、じつはいかなる限界もないという意味での「無限性」の立場に至り、ここに独自の意味における「概念」が成立を見ることになる。

こういう処からすると、ヘーゲル独自の概念はガリレイ―ケプラー―ニュートンとの対決から生れてきたものであることになる。

第三はカント哲学である。消極的には悟性の認識しうるのは現象だけであって物自体や超感覚的なものは、これを認識しえないというカントの見解への反対があるが、積極的には次の点があげらるべきである。即ちカント哲学において関係範疇の実体性—因果性—相互性の相互性は量範疇の一—多—全の全に対応するものであり、したがって相互性はまた共同性であり全体性でもあるが、カントはこういう系列における最後の段階をもって先立つ二つの段階の総合であると見た。ヘーゲルはここにTriplizität, trinityの再生を見るのであるが(註四六の5)、この見方が行論を導いているのは疑を容れないことであるが、これがカント哲学との積極的関係の第一の点である。第二の点はカントが統覚の行う多様の総合的統一をもって「根源的統一」と呼び、またこれをもって「根本命題」と名づけたこと(『純理批判』B一三七頁)である。ヘーゲルはすでに信と知(一八〇二年)において多様の総合的統一が根源的統一であることに多大の意義を認め、多と一との対立はじつはこの根源から由来したものであるとし、そこにカントの悟性にも理性の曙光があるとしているが、カント解釈としての当否はともかく、この解釈がヘーゲルをして一と多という両力の底に基本的な力を定立させ、そうして因果の法則が先験総合であるかどうかというヒューム—カントの問題をも、因果性がじつは相互性であり、互に作用する両力は独立のものではあっても、両者を越える根源としての力がそれ自体においてもつ対立ないし区別として、この根源から発生したものと見る立場から解決しようとする結果をもたらしている(註一五〇の1参照)。カント哲学との第三の関係はカントが悟性をもってあらゆる自然法則の根源(クヴェル)である(B一九八頁)とし、また自然の立法者であるとしたことである。もっともカントにおいては「自然」と言っても、現象の秩序に属するものであり、悟性と言っても直観において多様が与えられることを要するものであるが、とにかくカントのこの見解がフィヒテに始まるドイツ観念論では自我をもって自然の立法者と見ることになる。ヘーゲルもまたこの流れに棹さすものであり、そうしてこのことが彼をして対象意識を自己意識に転換させる所以となる。

カントにおいてトリプリツィテートの再生を見るヘーゲルがクリスト教の父—子—霊の三位一体の教義に影響せられていることは明らかである。今かりに相互に転換する両力をB及びCとし、根底にある基本的な力をAとすると、Aを頂点とし、BCを底辺とする三角形を形づくると言いうるが、BとCとが相互に転換して帰一するのはAにのぼる所以である。しかしAもまた己れを二分するというのは、頂点AがBとCとにくだることである。このことは就職テーゼの第二の一部に「三角形は精神の法則である」(Triangulum est lex mentis)としるされていることに、またイェナ時代に『神的な三角形について』(ドクメンテ三〇三—三〇六頁)という断片の残っているのに応ずることである。解釈の当否はしばらくおくとして、トリプリツィテートをかかる意味の無限性としていることはクリスト教の影響がヘーゲルにはいかに強いかを示している。無限性が絶対概念(ロゴス)であると共に生命《いのち》であり、また精神(ガイスト—プネウマ)であるのも(一六二頁)、このような雰囲気によることである。ただし、クリスト教と言っても、ヘーゲルの場合にはグノーシス派――ヨハネ伝の系統のものであって、おのずと正統派から見れば片寄りはあるようである。

こうして無限性は生命《いのち》となり精神となるのであるから、序文が提出した「実体は主体」という基本的テーゼがAである対象意識の範囲内で証明せられたことになるが、これが悟性段階が現象学の全体においてもつ基本的意義である。

この段階のテーマの第一は悟性の対象であるところの力の概念をきめることであり、第二はこうしてきまった力について悟性が経験するところのものが「内なるもの」であるということであり、第三はこの経験を通じてさらに経験せられるものが「無限性」であるということであり、最後は「無限性」の立場から全体を総括し、また自己意識への移り行きを説くことである。

一、すべて或る段階が他の段階にまでのぼったとき、高次の段階は低次の段階から自分が由来したことを自覚しない。感覚が知覚にのぼったときもそうであったが、知覚から悟性に至ったときもまた同様である。ところで悟性も対象意識であり、その対象は力であるから、この力の概念を仕上げることは我々哲学的考察者の課題であることになるが、仕上げるというのは要するに知覚が到達したもはや物ではないところの無制約的普遍者の概念を展開することである。知覚の物は一方では媒体であり、またこれにおいてある多様な性質であったが、他方では一者でもあった。こういう多者と一者とは無制約的普遍者においてあるものとして見れば、相互に他に転換して不離である。だからこの観点からすれば、一者は力であり多者はその外化であることになる。しかし物には一者と多者との対立のほかに一物と他物、対自と対他との対立があったが、この対立の観点からすれば、力と外化とはいずれも実体的に独立した力と、即ち誘発する力と誘発される力となるが、誘発することと誘発されることとは相互的である。例えば外化によって生じた多様がそとから本来の力に歩みよって、これを外化するように誘発すると考えても、この誘発するものが誘発するものであるのは、誘発するように本来の力によって誘発されることによっているのであるから却って受動的であり、そうして誘発されるものも誘発されるように誘発するものとしてやはり能動的である。このように誘発することと誘発されることとの関係は交互的であるから、多様と一者とのうち、どちらを誘発するものと考えようと同じことになる。そうして多様な性質である外化と一者としての力との関係が内容の側面であるのに対して、誘発する力と誘発される力との関係は形式の側面であるが、いずれの側面においても両力は相互に他に転換する。

これが「両力の遊戯」である。けだし、両力はそれぞれの限定によって互に他に対立するように見えても、すぐに互に他に転換するから、対立するのは戯れのごときものであり、外観であるにすぎぬからである。したがって両力の遊戯はまた現象である。このさい内容と形式との両側面におけるかかる相互転換は悟性もまたこれを認めているが、さらに我々哲学的考察者の観点からすれば、形式と内容という両側面の対立もまた相互に転換して一に帰するとされている。しかしこういう相互転換があるのは、両力とはじつは両者が帰一するさいの統一をもって媒語とする両極であることを意味している。かく両極にまで分解し、両極として発現すると共に両極を己れに帰一させるところのこの媒語であるところの基本的な力が悟性にとっての究極の対象であり、また物の「内なるもの」である。

二、かかる力について悟性はなにを経験するか。両力の遊戯という現象を悟性が経験するのはもちろんのことであるが、その彼方にある「内なるもの」について悟性はなにを経験するか。これにおよそ次のような三つの段階が区別せられている。

（一）　内なるものはいかなる現象でもない。だから、それは無であり全くの空虚である。これが内なるものを悟性が受取るさいの第一の態度である。

（二）　しかし、およそヘーゲルにおいてはすべて否定は純然たる否定ではなく、必ずや或るものの否定であり、「限定せられた否定」である。それでは内なるものはなにの否定かと言えば、現象の否定である。だから現象が内なるものの内容をなすのである。もっとも無媒介にその内容をなすのではなく、内なるものは両力が相互転換において帰一する単純なものであり、そのかぎり「悟性にとっては真なるものは単純な内なるものである」（一四五頁）から、現象をこの「単純な内なるもの」という場面のうちに取りいれるならば、「内なるもの」のなんであるのかが悟性によって経験されることになる。かくしてヘーゲルにとっては「内なるもの」の経験は、悟性が一方の極として立ち、「両力の遊戯」という現象をもって媒語とし、そうしてこの媒語という帳《とばり》（一六七頁）を通してその向うに、後ろにある根底としての内なるものと推理的に連結する運動として成りたつことになる。内なるものはむろん現象のかなたにあるものとして超感覚的なものであるけれども、かかる推理的連結によって、内なるものは第一の態度で考えられたように空無ではなく、「現象としての現象」であることになる。「現象としての現象」というのは、単に直接的な現象ではなくして、現象たるにすぎぬものとして定立せられた、即ち止揚された現象であることを意味するが、こうして内なるものも空無ではなくして、内容をもつことになる。しかし、こういう推理的連結によって生ずるものにも、第一次の法則と第二次の法則という二つの段階がある。

現象をまさに現象として定立するのは、単純な「内なるもの」という場面においてあるものとして、現象を定立することである。この場面について先ず考えられることは、現象は此岸であり、かの場面は彼岸であり、そうして此岸は両力の遊戯として変転つねなきものであるから、かの場面は常住の場面であるということである。そこでこの常住する場面のうちに現象を取りいれるならば、どうなるかと言うに、すでに両力の遊戯においても本来の力と外化としての力、誘発する力と誘発される力、形式と内容とは一に帰したのであるから、現象を内なるもののうちに取りいれるならば、区別は一様で単純な普遍的な区別であることになり、そうしてこの区別は場面の常住のものであるのに応じて静止した固定的なものとなるが、かかる普遍的な区別が普通に「運動の法則」と呼ばれているものである。かくて内なるもの或は超感覚的なものは諸法則の静かな国である。しかしここに成立を見た法則はまだ第一次の法則であるにすぎぬ。

　この法則の場合には内なるものは静止の場面である。だからこの場面のうちに取りいれられた普遍的な区別、即ち時空というごとき法則の両項は、たといその法則が「運動の法則」ではあっても、例えば時間は時間、空間は空間として各自に固定して相互に他に転換することがない。だから内なるものには変転する現象としての意義が十分には生かされず、内なるものは変転の此岸に対する常住の彼岸たるにすぎぬことになるが、これでは内なるものが現象の根底であるという意義も十分には発揮せられないことになる。また現象を内なるものにまで高めたと言っても、この高めかたはまだ直接的であるから、法則と言っても、唯一ではなく多数の特殊的な限定せられた法則があるが、これらは各自に限定せられたものであるから、現象の全範囲にはわたらないものである。こうして第二次の法則が要求せられることになる。

（三）　かくて第一次の法則に対して、第一には唯一の普遍的な法則の定立せられる必要があり、ここに万有引力の法則がその意義をうる。もっともヘーゲルはニュートンの万有引力の法則をもってガリレイの落下運動の法則とケプラーの遊星運動の法則とをただ形式的に統一づけたものにすぎぬと非難しているけれども、これはじつは数学的公式をもって表現するというような形式上のことに関しているにすぎぬようであり、彼が唯一の普遍的な法則ないし特殊的法則の体系的統一（イェナ論理学）を求めていることは明らかであり、ただ目下の問題は自然哲学に関しているのではないから、引力説をとるとも、電力説をとるとも、磁力説をとるとも決めてはいないだけである。要するに彼は普遍的法則を求めているのである。しかし唯一の普遍的な法則ないし特殊的法則の体系的統一がえられたとしても、まだ法則なるもの自身 *das* Gesetz selbst がえられただけである。そこで第一次の法則に対抗してえられなくてはならぬ第二のことというのは、この法則なるものの概念である。ヘーゲルはこの「概念」を再び力と呼んでいるが、これが引力であるか磁力であるか電力であるかは別として、とにかくこの力というのは、第一次法則の立場ではその両項は互に関係はしても、固定して互に他に転換することのなかったのに対し、両項において已れを発現し、したがってまた両項をも相互に他に転換させるものである。こうして「両力の遊戯」がもっていた「交替の原理」(一五七頁)を具えた法則が成立することになるが、これが第二次の法則であり、この法則によって内なるものが「現象としての現象」であるということも初めて完成する。この第二次法則の成立を説くために、ヘーゲルは「説明」ということを持ち出している。説明においては引力とか電力とかいうごとき単純な力が両項の関係を示す法則と同一性質、同一内容のものであり、説明とは同語反復の運動にすぎないけれども、まさにこのことが法則における両項の対立は単純な力が自体的に具えているところの自体的な内的な区別であることを意味し、したがってまた対立せる両項をも相互に転換させる第二次の法則の立場を、悟性がとり、またこの法則を経験している証拠であるというのである。もっとも、こういう転換の必然性は悟性自身だけの主観的なものであって事柄そのものの客観的な必然性ではないとも言っているけれども、これは事態の一面であって、単純な力という悟性の概念は諸物の内なるものであるという理由(一五五頁)で転換の必然性は事柄そのもののものとして悟性に対して対象としてあることが認められている。かく「説明」に関する事態には両面のあるのは、けだし、悟性は第二次法則を経験はしても、この「経験」は純粋なものではなく、統一と対立、肯定と否定というごときすでに論理的に純粋となった契機のほかに、陰陽の電気、距離、速度、引力というごとき、またその他幾千もの感覚物(一六五頁)との混合において、即ち感覚的なものに包まれた形でなされるので、言いかえると、悟性はまだ「表象」の支配から十分に自由でないために、第二次法則の経験はあっても、その経験が純粋ではないことによるであろう。

ところで第一次法則では陽電気は陽電気、陰電気は陰電気、磁石の北極は北極、南極は南極であるが、第二次法則は「交替の原理」を具えているから、例えば北極が南極であるということになる。すでに第一次法則も変転する現象を常住の境地に移したものであるから、顚倒された世界であるが、第二次法則の世界はそのまた顚倒である。ところでこの「顚倒」ということを文字通りに受けとると、第二次法則はなにか現実離れのした世界において成立するかのごとくである。分り易い例をとれば現世において辱しめを受け虐待を蒙ったものはまさにその故に天国においては祝福をうるというがごとくである。即ち第二次法則の世界は現実の知覚される世界に対立する恩寵の世界というごとき「表象の世界」において成立するかのようであるが、対象意識であり固定化の傾向の強く、また感覚物との関りの故に表象からまだ十分には自由でない悟性がかかる見解をもつことのあるのも事実であるけれども、すでに知覚において無制約的普遍者を経験し、さらに両力の遊戯においておよそ対立が交替してやむことのないのを経験した悟性は二つの世界ないし境地の対立を固定させるにとどまるものではない。だから悟性の経験する第二次法則はたしかに顚倒を含むとしても、これは顚倒のまた顚倒であって現実を離れた顚倒された世界において成立するものではない。かくして悟性は無限性を経験していることになる。

三、無限性というのは次のようなことを意味している。自己自同的なもの(A)があっても、これがすぐに二分して対立したもの(BとC)となる。対立したものは各自に独立しはするが、同時に他なくしてはないから、相互に他に転換して自己自同的なものにかえり、そうしてこれがまた已れを二分するという限りなき循環である。このさいAがどうしてBとCとに二分するかと言えば、Aも普通に「絶対実在」と言われているようなものではなく、Aという統一自身が抽象であってBとCとの対立自身に対立する一方の項であるにすぎず、したがってAもまさに自同的なものとしてA自身となるためにはBとCとの対立へと已れを二分せざるをえないからである。したがってBとCという二分したものが相互転換を通じてAにかえるということも、B及びCがAとの対立の一方の項であるにすぎぬという状態を止揚することである。しかしBとCとがAに帰するということも自己自身と同じものになるにとどまるのではなく、同時に自己自身と不同になることでもあるから、こうして生じたAもまたBとCとへ二分せざるをえず、かくして窮まりないのである。

事態がかくのごとくであるとすれば、AもBもCも限られたものであるにすぎぬと同時に限られたものではない。これが「無限性」という名のある所以である。

無限性とは第二次法則以外のものではない。悟性はすでにこれを経験している。しかし無限性をとらえるものが矛盾を思惟する思惟のみであるのに、悟性はすでに純粋となった諸契機のほかに幾千もの感覚物に関わっており、無限性を純粋にではなく、感覚物に包まれた姿においてとらえており、したがってなお表象の立場を残している。これが重力、距離、速度、空間、時間、電力、陰電気、陽電気などが悟性にとっては離れ離れとなり、悟性をして第一次法則の立場に停滞せしめがちであり、また顚倒の成立を知覚される世界とは別個の「表象された世界」に求めさせがちであるという結果をもたらすのである。要するに無限性を純粋に把握するものは悟性ではなくして我々哲学的考察者である。

四、概括は無限性の観点からなされている。無限性はヘーゲル哲学に独自の「概念」であり、したがって感覚の段階に始まる運動にとってもすでにその運動の原理であったが、それが比較的自由に現われてくるのは、悟性の段階に入って「両力の遊戯」が経験されるようになってからのことであり、さらに一層明確になるのは「説明」において、第二次法則において、即ち第一次法則の顚倒においてのことである。むろんすでに叙べたごとく、悟性はまだ純粋思惟には徹底せず、多分に表象の立場を残しているから、無限性の経験は純粋ではないが、しかし、それをすでに経験しているのも事実である。ところで概念は自我にとって「自分のもの」であり、自己的なものである(三五頁)。だから概念にほかならぬ無限性が経験せられるのは、対象を意識することが他者を意識することではなくして自己を意識することであるのを意味している。無限性がまだ感覚物に包まれて現われてくる「説明」にさいしても多大の満足を悟性が感ずるのも、そこで悟性は言わば自己自身と対話をかわしているからである。かく「概念としての概念」(一二九頁)の成立と共に物の内なるものは自己となり、意識の側の自己と一致することになる。現象という帳は取り払われて自己が自己を意識するのである。もとより他者はあるが、しかし、これは自己という「同名のもの」が已れを已れから拒斥することによって生じたものであるから、この同名のものと一である。このようにして無限性の経験と共に自己意識という新しい形態が発生しているが、しかしすべて新たに発生した意識形態はその由来を自覚しない。だから対象意識が自己意識であると言っても、今まで対象であった物が直ちに自己とされるわけではなく、自己意識は自己意識たるの面目の発揮され易い新しい対象に向うのである。

就職テーゼの第二には「推理はイデアリスムスの原理である」(Syllogismus est principium Idealismi.)とある。悟性→現象或は両力の遊戯→諸物の内なるもの或は物自体という推理にしたがって対象意識の自己意識であることを示した悟性論はこのテーゼの重要な証明であり、イデアリスムスの証明である。もっともイデアリスムスという表現は、V 理性の確信と真理という段階に至って初めて出現するけれども、イデアリスムスの基礎はすでに悟性論の終りにおいて対象意識が自己意識に転じたときに成立していると言うべきであろう。しかし、このイデアリスムスが貫徹されているかと言うに、少くも問題がある。悟性論以後における主要な問題点をあげると次のごとくである。

一、無限性によって対象は生命となる。このさい自己意識のほうは先ず欲望という形態をとるが、この点からすれば対象は例えば呼吸する空気であり、食いつくす食物である。これらはそれ自身としては無機物であるとしても、生命を成りたたしめるものであるという理由で生けるものであるとされている。ところでこの生けるものはたしかに無にひとしいものとして食いつくされ費消せられるけれども、しかし窮極においてはそれの自立性は承認せられている。なぜなら一八二頁において「欲望の対象は普遍的な絶滅すべからざる実体であり、流動的な自同的な実在である」と言われているからである。

二、自然観察の総括がなされるさいに、自然には類―種―個、或は普遍―特殊―個別の論理的組織のうちには入り切らないもののあることが承認され、その根拠が「地」(二九六頁)に求められているが、この「地」はヘーゲル哲学における「個別化の原理」としての質料(ヒュレー)とも言うべきものである。

三、ヘーゲルがVのAにおいて頭蓋論に異常に多くのスペースをさいたのは当時世人の関心をひいていた問題であったことのほかに、それが精神は骨であり物であるという、イデアリスムスの見地からは重要なテーゼを含むためであるが、そこでこのテーゼに与えられている解釈は精神は物であると共に物でないということである。このさいの肯定と否定との結合は行為的実践的理性(B)を通じて「即自且つ対自的に実在的であることを自覚している個性体」(C)という段階においてなされてはいるが、しかし、このときには物はもはや社会生活における物、即ち事(ザッヘ)そのものに転じている。

四、そこでイデアリスムスと言っても、対物関係の基盤におけるものではなく、対人関係の基盤において成立するもののようである。そう思わさせるうえにおいて重要なのは「自己意識はその満足を他の自己意識においてのみ達成する」(一八一頁)という命題であり、またこの命題に続いて精神の概念をもって「我々である我」と「我である我々」(一八二頁)としていることである。

五、むろん対物関係も残っているが、この観点からしても、「物が自我である」というのは、Ⅷ 絶対知におけるこの命題についての説明の示すごとく、Ⅵ のBに属する啓蒙によって確立せられる有用性 Nützlichkeit の原理によることであり、したがってこの原理が意外にも絶対知を支配していることによるのかも知れぬ。

一六九 〔B 自己意識〕

B 自己意識というのは区分Bに属するもので、ただ内容目次にのみあるものであり、したがって全体の概観と段階づけとを欠いているのは当然である。これに対して一七一頁の Ⅳ 自己自身だという確信の真理 は区分Aに属するものであるが、やはり概観と段階づけとを欠いているし、そのうえ一八三頁から実施されている段階づけにも問題がある。即ちかなり長い序論的部分ののちに、A 自己意識の自立性と非自立性、主であることと奴であることとB 自己意識の自由、ストア主義とスケプシス主義と不幸な意識とに二分されている。この二分法もVのBに関してその意義をもっているけれども(三五二頁)、そうしてⅣのAのCにおいても同様であるけれども、しかしいつもの三分法と異なっていて、奇異の感をいだかせる。そこで全集第三巻所収の哲学予備学の現象学について見ると、自己意識の段階(二二―三九節)は次のように三分されている。

一、欲望
二、主奴関係
三、自己意識の普遍性

またエンチュクロペディー(四二四―四三七節)の場合もほぼ同様である。即ち

一、欲望
二、承認しつつある自己意識
三、普遍的自己意識

である。ところで現象学の場合の序論的部分もやはり欲望に関していることを考えると、哲学予備学とエンチュクロペディーとが現象学のB或はⅣを整備したものであることは明らかである。そこで当面の段階は次のごとく段階づけらるべきものと考えられる。

一、自己意識自体或は欲望(本訳書一七一―一八二頁の序論的部分)
二、自己意識と自己意識との関係或は主奴関係(一八三―一九七頁)
三、自己意識の自由、ストア主義とスケプシス主義と不幸な意識(一九八―二二八頁)

右の三段階も概念の個―特―普の構造によるものである。最初の段階では、自己意識は観念的にはあまねくすべてを包む普遍者ではあるけれども、じっさいには個人的であって、物を対象として欲望の満足を求める。しかし、これでは自己意識にとって本来の規定である「無限性」を実現しえないので、他の自己意識との関係に移って行く。ここに特殊が特殊に対立して相争うことになるが、この戦闘を通じて相互に同等のものとして承認せられるとき、自己意識は普遍性に到達して自由を獲得するのである。

かく自己意識も概念の個―特―普という構造によって段階づけられており、したがってまた対象意識の感覚―知覚―悟性に相応する構造をもっている。対象意識は理論的意識、自己意識は実践的意識であるが、後者たるBが最後に前者たるAに

かえることによって、理論的と実践的とを総合したC即ち理性が成立することになる(なお理論的と実践的とについては三九六頁の総註を参照)。

歴史的にはB或はⅣの背景をなしているのはフィヒテの自我哲学であるが、ただフィヒテにおけるよりも自我の取扱いかたははるかに現実的である。フィヒテは「自我は自我である」という命題に、即ち自己意識に出立したけれども、ヘーゲルはもっと自然的な感覚―知覚―悟性という対象意識に出立し、悟性の終りにおいて到達せられた無限性によってフィヒテの右の命題を基礎づけたが、それだけに自我のとらえかたもまた一層現実的である。即ち無限性によって意識は対象の自己であることを確信しているけれども、しかしこれはただ観念的にのみ成立していることで、現実には対象は非我として対立している。ここに自我は非我でないというフィヒテの第二の命題が成立するが、しかし第一の命題もいぜんとして妥当している。そこで本来的には無にひとしき対象を現実に無となすものとして自我は欲望となる。この意味において自我はフィヒテにおけるとはちがい、最初から実践的であるが、これによって、フィヒテでも理論的知識の底にじつはかくれていた衝動(トリーブ)が明確に定立せられたことになる。しかし欲望の満足せられるには無きものとすべき対象が前提であるから、欲望の立場は自我の非我への依存に終始し、窮極の満足はえられない。欲望の立場はフィヒテ哲学の第二命題にとどまるのである。かくてその第三命題の絶対自我に至らなくてはならぬが、至りうるのは、自我と他我との関係、即ちひとつの自己意識と他の自己意識との関係においてのみ可能なことである。なぜなら、対象が他我であるときには、対象は一面において独立的であると共に相手側で自己を否定してくれるからである。かくしてフィヒテの自我哲学の思い至らなかった他我との関係がはいりこんできて、無限性の概念の対人関係における実現である「承認」によって絶対自我に到達されようとする。しかし対人関係と言っても、ただ単に精神的なものではなく、同時に対物関係のはいりこんでくることをヘーゲルは見失っていないから、自我と他我の関係は物についての労働を含む主奴の関係となり、そうしてさらに主が奴になり、奴が主となり両者が同等となることによって普遍的自己意識(エンチュクロペディーの場合)が成立を見、ここに一応フィヒテの絶対自我が達成せられるが、この絶対自我は他在のうちにおいて自己自同性を保つこととしての自由(哲学予備学の現象学三五節)をもっている。しかも自己意識はすでに普遍性に到達しているので、この自由が内面化せられる。こうしてストア主義とスケプシス主義と不幸な意識とが成立を見るが、ここでもフィヒテの自我哲学とは似てもつかぬものとなっている。ところでストア主義の自由はなお思惟一般の立場からするものとして抽象的であって、この点で奴に対する主にあたるが、この自由の現実化を引受けるものがスケプシス主義であり、これは享受にのみ耽ける主とちがって言わば労働に精進する奴にあたる。スケプシス主義はストア主義のまだ残していた限定的なものをすべて解消し変転にもたらすが、その故に却って変転を越えた絶対的なもののあることに想到する。かくして不変な自己意識と可変的な自己意識との二つに分裂した不幸な意識が生ずる。

不幸な意識の段階は歴史的にはユダヤ教から始められている。不変な自己意識というのはもちろん自己意識たるに相違ないけれども、歴史哲学講義が精神を絶対的な自己意識の水準にまで高めたことがユダヤ民族の世界史的意義であると言っている(四一二頁)ところからすると、不変な自己意識とは先ず差当ってアブラハムやモーセやダビデや予言者たちの人格神である。この神は絶対的な主人であるから、ここに主と奴とがそれぞれストア主義とスケプシス主義において内面化せられていたことから一歩進んで両者の関係そのものが内面化せられ、しかも宗教化せられていることになる。不幸な意識の不幸はむろん克服せられはするが、しかしこれは一応のことであって、神の受肉があった後でも、主奴関係に立脚するために、現実にはむしろ永遠の不幸のように叙せられている。ここで想起せられるのは『体系断片』という手記(ノール三四三―三五一頁)の終りにおいて、ヘーゲルがユダヤ教とフィヒテ哲学とはただ方向が相反するだけであって、根本の性格においては同じであるとしていることである。即ちフィヒテは自我を絶対者としたが、そのために却って非我に撞着し、その独立性を却って明確にし、いつまでも対立の立場にとどまった、これに対してユダヤ教は神をもって絶対者とし、絶対的主人とし、人間をもって奴にすぎぬものとしたが、そのためにフィヒテと同じくやはり対立に終始せざるをえなかったというのである。

以上のようにしてBないしⅣというこの段階の史的背景をなしているものはフィヒテの自我哲学であって、ヘーゲルはこれを独自の立場から解釈して現象学のひとつの段階としているのである。

一七　Ⅳ　自己自身だという確信の真理

悟性は「無限性」の立場に到達することによって意識から自己意識に転じた。この自己意識の立場からすると、対象は他者ではなく、自己であることが確信せられているが、しかし初めにはこの確信はまさに確信たるに、即ち主観的確信たるにとどまっている。そこでこの主観的確信を客観的真理にまで高めるのがⅣの目的である。しかし一六九頁の総註において言ったごとく、A「自己意識の自立性と非自立性、主であることと奴であること」までを自己意識自体という段階として解しうるから、AとBとのことは後に譲って、ここではこの段階だけを取上げることにすると、これの史的背景をなしているのもフィヒテの自我哲学である。したがってヘーゲル自身の準備的な仕事としては、もとより差別の論文があるが、行論のうちに現れてくる生命の概念に関するものとしては、青年時代の手記『体系断片』があり、イェナ時代に入ってはこれを自然哲学の立場から論じた実質哲学がある。そうしてやはりフィヒテにはない自我と他我との関係をヘーゲルが展開したのは現代哲学風に言えば間主体性 Intersubjektivität (フッセルル)の立場をとったことを意味するが、この立場はヘーゲルでは人倫の立場である(なお生命と人倫との関係については一八三頁の総註を参照)から、自然法の論文や人倫の体系が準備的仕事のうちに数えられることになる。なお人倫の体系も欲望の問題をも取上げているが、そこでは欲望の満足と言っても、ただ個人の立場からのみなされるものではなく、社会的組織においてなされるものであることが示されている。したがって当面の段階における欲望の分析はその抽象面であることがわかる。

この段階の思想行程を分析的にたどるならば、およそ次のごとくである。

さて悟性の終りにおいて到達せられた無限性の立場から言えば、意識はもはや対象という他者を意識するのではなくして自己を意識するのであり、したがって確信と真理とはもはや分離せずに一致するに至っている。しかしながら対象意識が自己意識にほかならぬということは、右の間主体性の原理が働いているかぎり、ヘーゲルにおいては対象が事物ではなくして他人である場合、即ち自己意識が自己意識に対する場合のことであるから、以下の所論はこの境地にまで自己意識を導いて行くこと、言いかえると、それを個別態からさしあたって特殊態にまで高めることをもって目標としている。そこで第一には自己意識自体がどのようなものであるかが反省せられて欲望の態度をとることが明らかにせられ、第二にはこの欲望の対象が無限性の概念にしたがって生命或は生けるものと規定せられ、第三には再び自己意識に還帰し、その欲望満足の態度が無限性を実現しえず、他の自己意識との関係に、即ち個別態から特殊態の段階へと移行しなくてはならぬ所以が論ぜられている。

一、自己意識は対象においても他者をではなく自己を意識しているが、しかし先行の諸形態から発生しきたったものであり、感覚の「このもの」、知覚の物、悟性の内なるものからの還帰の運動によって生成したものである。この運動がすでに完成したという観点をとれば、自己意識はただ「自我が自我である」という同語反復であるにすぎず、感覚と知覚と悟性との対象はもはや何等の実在性をももたない。しかしこの運動がなお存続しているが、そのかぎり、対象は現象としての存在を確保し、ただこの現象の本質は自己であるということになる。そこで対象は本質的には自己のうちに包まれその他的存在はもはや成立すべきではないにも拘らず、現象であるかぎりやはり他者としての存在を保っているということになるから、対象は自我にとっては否定的な否定せらるべき無力なものである。かくて自己意識は欲望——これは対象意識における感覚に相応する——の態度をとる。欲望を満足するために、自我がそれを食いつくし、費消するのは、対象が自我たるにすぎぬという主観的確信を客観的真理にまで高める所以なのである。

二、そこでこの欲望の対象がもっと正確に規定せられることが必要となってくるが、これは感覚や知覚や悟性の対象のごとく自我から独立に存在するのではなく、ただそう見え、そう現象するだけで、内実においては自我であるところのものである、つまり対象意識の対象と自我との中間に位するものであるが、ヘーゲルはこれをもⅢ悟性或はA意識の終りに到達された無限性の立場から規定しようとする。無限性とは、区別があっても、これが統一に帰し、そうして統一がまた区別に分化することであったが、かかる無限性にも、無限性であるにとどまる場合とそうであることを自覚している場合との二つ、即ち即自的存在的無限性と対自的自覚的無限性とがおのずから区別せられうる。こうしてヘーゲルは前者をもって生命とし、後者をもって自己意識とするのである。

そこで生命はたとい即自的存在的にであるにしても、無限性であるに相違ないから、ここには区別があっても、これは統一のうちに解消しているのであり、運動があっても、これが同時に静止であるという意味において軸回転運動のごときものであり、空間的に堅固な形態を取って非連続的でありながらも時間としては自己同一を保って連続的である。かく生命は統一的普遍的であるが、しかしだからと言って、生命が区別をもたぬのではない。むしろ生命はその実体的普遍態を自ら否定して個々の非連続的な多数の形態に分散する。そうして個体は普遍的生命をもって実体とし、これから存立をえているからこそ、堅固な独立性を保っている。しかしこれも普遍的生命に由来するものであるから、やがてそのうちに解消して行く。かかる意味において生命は普遍と個別、統一と区別、静止と運動、時間と空間、連続と非連続などの円環にほかならぬのである。なおこのさい、今までのことと関係づけると、時空は感覚の「このもの」の両方向である今と此処とを形づくり、そうして今と此処、とくに此処は物の分析においても意義を認められ、また時空は悟性の立てる法則の重要な契機であったし、連続と非連続も物の分析にさいして取上げられていたことが注意せらるべきである。

ところで本文においては主題とはなっていないが、右の円環を個々の生物から見て、過程と形態とがいかなるものであるかと言うと、この点で本文を理解するうえにおいて有意義なのは、VのAに属している有機体の観察に関して、機能には感受性と反応性と再生とがあり、これらに対応して組織には神経組織と筋組織と内臓組織とがあるとせられているということである(とくに註二六八の1参照)。即ち動物は神経組織によって外界の刺戟を感受し筋組織によって刺戟に対して反応的に行動し、そうして内臓組織によって個体としての又種族としての自己保存を行うと言うのである。この見方からすると、本文は次のようなことを意味している。生物は刺戟を感受し、これに反応し、そうして環境から食物その他の栄養を摂取し、これを同化消化して個体としての種族としての己れを再生し保存することになるが、この再生或は保存の過程はまた生物が己れを組織し己れに分肢を与え己れを形態化する所以であり、そうしてこの形態化は普遍的全体的生命から見れば、それが個体にまで分肢する所以である。このかぎり環境に宿る普遍的生命は個体のために、個体が自己を保存し独立の形態をうるためにあるものであり、個体によって摂取せられ費消せられるものであり、個体の食いものである。かく生物が自分に独立の形態を与えることは、自己保存に帰着するところの過程によるが、この過程においては生物は普遍的生命を摂取し同化し費消し食いものにしているのであるから、独立の形態として個体が存在し存続するということがそのまま諸個体間に生命が交流し連続する過程であり、いな独立の個体が普遍的実体のうちに解消することにほかならぬ。それで要するに個体としての生命が過程から見れば感受性—反応性—再生であり、形態或は組織から見れば神経組織—筋組織—内臓組織であることを考慮すれば、本文は比較的に理解しやすいものとなる。

　ところでかく実体的普遍から個体的形態への分化を通じて再び統一が恢復せられるとき、この統一はもはやもとのままの直接的統一ではなくして自己内還帰的統一であるが、ヘーゲルはこれを類と名づけている。が生命そのものは即自的存在的無限性であるから、かかる類を自覚的現実的に存在させることは*できず、そうするには対自的自覚的無限性である自己意識に転換せざるをえないのである(なお生命が類であるにしても、そうであるのを自覚しないことはVのAに属する自然の観察にさいして類—種—個の組織の貫徹せられえないこととして現れてくる)。

＊　マルクスは『国民経済学と哲学』Nationalökonomie und Philosophie という手記において人間を類的存在 Gattungswesen と規定したが、この類的存在は人類としての類であると同時に生産の概念を通じて生命としても類であるが、本文において自己意識が対自的に類であるというときの類もまたこの二重の意味においての類であるから、マルクスの類的存在は当面の箇処に由来するものと考えられる。

三、かくて再び自己意識が取上げられる。自己意識は類であることを自覚しているから、対象たる生命の世界は否定的な否定せらるべき無力なものである。したがって自己意識は、すでに言われたごとく、欲望の態度をとり対象を食いつくし滅却し、己れの確信を対象的にして、その真実であることを経験する。これが即ち欲望の満足である。ところでこの満足において自己意識は却って対象の自立性を経験する。なぜなら、欲望を満足するには対象を否定し滅却しなくてはならぬが、否定するためには、否定せられるべきものとして対象が実在しなくてはならぬからである。かくてひとつの欲望を満足すれば、別の欲望が発生し、そうして新しい対象が対抗しきたって極まるところがない。これが即ちヘーゲルの所謂悪無限である。しかし自己意識の概念は真無限に存する。そこで自我が対象を否定するには止まらないで、むしろ対象のほうで自分を否定してくれ、しかも対象としての自立性を保つのでなくてはならぬ。だが己れを否定しながら、それでいて自立的であるのは、ただ自己意識だけである。* だから欲望の充足はむろん人間にとって必要であるとしても、真無限を実現し、満足をうるためには、自己意識は物を対象として欲望の態度をとるのではなくして、他の自己意識を対手とし精神の態度をとるのでなくてはならぬ。かくて自己意識はただ他の自己意識との関係においてのみ満足を得るのであるが、これがまた自己意識が自ら自覚的に類であり類にまでのぼりうる所以である。

＊ イェナ論理学一九四頁には精神ではない単なる生命のうちには「無そのものは存在しない」と言われているが、さらにイェナ実質哲学講義二巻八〇頁の欄外脚註にも「我々は無であり、したがって甚だ肯定的である」と言われている。

すでに言ったごとく、自己意識論はフィヒテ哲学の自我論にあたるものである。そこで以上のことを自我の段階的な構造という見地からのべると、第一の段階においては自我は「自我は自我である」の自我であって、ここには区別もなければ運動もない。しかし自我はまだ現実には無限性を達成してはいない。達成するためには自我は物をなきものにしなくてはならぬ。これをなすのが欲望であり、またその満足であるが、こういう媒介態が第二段階である。しかし欲望の満足は却って物の自立性を経験させるが、ここには自我は非我を定立するというフィヒテの第二命題が成立する。しかし十分なる満足は非我との関係においてではなく、ただ他我との、他の自己意識との関係においてのみえられることになったが、これが第三段階である。このことをフィヒテ流に言えば、自我も他我も絶対自我の自己制限によって成立するということになるが、この絶対自我がヘーゲルの「精神」であり、自己意識の「類」であることもヘーゲルにとってはこれによって実現されるのである。

かくて自己意識がその無限性という概念を実現することのできるのは、他の自己意識に対する場合のことである。相対立する自己意識が「人倫」の立場において相互に承認しあい相互に他のうちに己れを見るときには、我々なる我、我なる我々が成立しているが、これが無限性の現実存在としての精神にほかならぬ、言いかえると、各自独立自由な自己意識が帰一しながら、またこれらに分化し、そうしてまた帰一するという無限性が精神にほかならぬのである。ここに精神の現象学の「精神」の概念は存し、今後の所論はすべてこの概念の実現を目標とすることになる。しかしこの「目標」が明確に定立せられるのは、VのBにある「人倫の国」(三五三頁)においてであり、そうしてこの目標が一応の実現を見るのは、VI 精神のAにおいてである。

しかし差当ってはまだ欲望の立場から離れることの必要を認めたにすぎぬ自己意識が特殊として相対するにすぎぬから、争闘は不可避であるが、この争闘が主奴の関係へと導いて行く。

〔八三〕

A　自己意識の自立性と非自立性、主であることと奴であること

ベルン時代のヘーゲルはカント—フィヒテにしたがい、実践理性の優位の見地から人間の自由を高調したが、それだけにまた障害につきあたって苦悶した。そこでフランクフルトに移ってからは人間の自立性よりも、むしろ人と人との関係或は共同態の立場をとって思索した。そのさい彼がとくに重んじたのは生命であり、またその統一であり愛であったが、しかしすでにフランクフルト時代においても愛は家族構成の原理にすぎなくなった(ノールの附録の一〇)。そこでこの愛に代るものとして現われてきたのが人倫 Sittlichkeit であるが、そのおこりは、この時代にカントの Metaphysik der Sitten (1797) の研究を行い、その註解(シュラーの番号で七六)をも書いたことにあるようである(ただし、この註解は今日では失われている)。カントはこの書において法律と道徳とを分離したが、ヘーゲルはこの分離に反対して生命の概念によって両者を総合する立場をとったが、やがて立場は書名のごとく Sitte となった。この見地をとったのは、法則を無視するわけではないが、カントのごとく抽象的固定的な法則道徳(マックス・シェラーのいわゆる Gesetzesethik)となることをさけ、法則のごとく客観的でありつつ同時に生きた人間によって実行されているところの、またよりゆとりのあるジッテを重んじたことにもよっていたようである。しかしジッテでは特殊的となるきらいがあるので Sittlichkeit をもって己れの見地とした(以上については なお四二四頁の総註を参照)。こうして自由の概念もまたおのずと変貌し、差別の論文が言うところの「最高の

共同こそ却って最高の自由」(全集一巻一〇九頁)の自由となった。

こうしてイェナ時代には人倫の立場が確立せられた。したがって当面の本文に対する準備的な仕事を含んでいるのは、差別の論文のほか、実質哲学のうちの精神哲学と人倫の体系とであって、前者は承認の概念及び承認のための戦いを、後者は主奴の関係を含んでいる。

前総註の終りに言ったごとく、自己意識が自己意識に対立するようになったが、この境地においては自己意識の原理である無限性は相互承認であることにある。そこで第一にはこの承認の純粋概念が展開せられ、第二にはこの概念が現段階の自己意識によってはどのように経験せられ実現せられうるかが問題にせられて、それが一方的承認たるのほかなきことが論ぜられて、第三の問題である主奴関係に移って行く。

一、かりに相対立する自己意識の間に無限性が実現しているとすれば、それらは相互に他に転換し、したがってまた帰一し、そうしてこの統一が已れを分割するのでなくてはならぬ。ここにはいかなる契機も、いかなる規定もそれ自身であると共に顚倒して反対に転ずる、即ち「無限」であり、言いかえるならば二重の意味をもっているが、しかし、これは相互承認ということにほかならぬ。なぜなら、相互承認が実現している場合には、自己は自己を否定して他者に存在を許し他者を肯定するが、しかしこの自己否定を通じて却って自己を肯定し、しかもかかることが自他いずれにおいても行われているからである。そこで承認の概念はおよそ次のごとき意味においての二重性ということに帰着する。

(一) さて自己意識に対して他の自己意識が対立しているときには、自己意識は自己を喪失しているように見える。しかし自己意識はかく対他的にしか存在しえないから、他者は却って自己である。だから他者の存在を肯定することは、同時に自己を肯定する所以である。したがって肯定は二重の意味をもっている。

(二) 自己は他者を否定することによって初めて自立的であり、自由であると言える。しかし他者の存在なくしては自己は存在せず、むしろ他者が自己であるから、他者を否定することは自己を否定する所以である。したがって否定も二重の意味をもっている。

(三) 自己は他者を否定することによって已れに還帰すると言える。しかし自己は他者においてあるから、「他者」を否定するというのは、正確に言えば、他者における己れの存在を否定することであって、他者を自由に放免し、他者をして己れに還帰させることを意味するのであり、かく他者をして他者自身に還帰させることを通じて初めて自己への還帰も成立する、即ち還帰もまた二重なのである。言いかえると、両者は互に自己を与えることを通じて相手より自己を受けもどすのである。

（四） かく肯定も否定も還帰もいずれも他者に向うと共に自己に向うものとして、即ち行為の向う客体から言って二重の意味をもったものであるが、さらに自己意識の行為はその主体から言っても、ただ一方的なるにとどまることはできぬ。およそ自己意識とは独立的な自己完結的なものであるから、ただ一方だけがなにかをなそうとしても、他方がこれを行ってくれるのでなくては、何事をも実行することはできない。行為は双務的なのである。

以上のようにして行為は対象の側から言って、他者に向うものであると同時に自己に向うものであるのみならず、さらに主体の側から言っても、一方の行為が不可分離的に他方の行為でもあることになるが、これが承認の、言いかえると、精神的統一の概念である。

この概念はさきに悟性の段階において「両力の遊戯」と呼ばれたものと同じものであるとも言える。ただそれが対象意識の境地において成立するものであったために即自的無自覚的であったのに対して、今や自己意識の境地で行われるので、対自的自覚的である。この観点からすれば、自己意識が意識としての側面をも具え、意識としては相互に他者として対立するにとどまり、したがって両極を形づくるけれども、自己意識としては相互に他に転換し規定を端的に交換し、統一を形づくり、したがっていずれも他に対して媒語の位置に立ち、この位置から相互に承認しあっているのみならず、そうしていることをも相互に承認しあっているのである。

しかしながら以上は承認の純粋概念であって、当面の自己意識によって実現せられているわけではなく、実現せられるのは、一方的承認即ち主奴関係にすぎないのであって、十分な実現を見るのは、VIのC 自己確信的精神の終りにおいてのことであり、さらに言うとこの道徳的な精神がVII 宗教に対してVIII 絶対知の主体面を形づくることによって承認の概念も、そうしてまた精神の概念も初めて完成する。しかるにすでに此処でかかる概念が展開せられたのは、知覚の場合において物という概念の成立を説くこと、悟性の場合において力という概念の成立を説くことなどと同じく、我々哲学的考察者の立場からすることである。そこでさらにこの概念が現段階の自己意識によってどのように経験せられるかが次の問題である。

二、さてまだ欲望の立場を脱却し切らない直接的個別的な自己意識が相対するとき、両者は相互に他者であり、そうして他者性はすでに生命の概念が成立したここでは独立の「形態」即ち人間という面《つら》をしている生き物である点に存すると考えられる。しかし両者はいずれも主観的には自己意識としての自分だけでの対自存在の絶対自由をもつことを確信しており、この点からすれば、他者は存在すべきではない。しかしこの確信はまだ承認せられてはいないから、これをお互いがお互いに対して証明し思い知らせなくてはならぬ。証明するには他者という対象を否定しなくてはならぬが、ここでは対象とは生命である。そこで彼らはお互いに相手の死を目指す。しかし承認の概念から当然であるように、相手の死を目指すことは已れの生命をも賭する所以である。ここに承認をうるために生死を賭しての戦闘が開始せられることになる。けだし生を賭さないものは、たとい禽獣と異なる人間の面《つら》を具えていることを承認せられるとしても、自由な独立的な自己意識であることは承認せられないからである。

ところでもしこの戦闘において両者が共に死んでしまうとすれば、統一が生じても、これは死せるものであり、そうしてこれがさらにいずれも死せる二つの物に分解するだけであるから、両極が自己を意識的に与え且つ受けて精神的に交流することはない、即ち承認は実現せられない。ヘーゲルがここで目指しているのは精神的統一であるが、これにはむろん生命或は直接的な意識が否定せられなくてはならないにしても、この否定は死という抽象的否定ではなくして、否定すると同時に保存するもの即ち所謂「止揚」でなくてはならないのである。かくて承認にとっては自己意識と同じく意識もまた欠くべからざるものである。言いかえると、生死を賭して戦うのは、対他存在を捨象してただ対自存在だけを抽象しようとする所以であるが、承認には対自存在と同じく対他存在はあくまでも必要なのである。

かくして承認をうるための生死を賭する戦いによって自己意識に経験せられたことは、純粋な自己意識と同じように生命もまたやはり本質的で欠くべからざるものであるということである。自己意識は他の自己意識に対することによってのみ存在しているのであるから、相手を殺してしまっては承認はえられず、いな自己意識でさえなくなってしまうのである。だから戦いにおいて一方は純粋自己意識として生命を捨象し生死を超脱し、他方はそうではなかったとしても、前者も後者を生かしておかないと、承認はえられないのである。かくて一方は主となり、他方は奴となる。

三、そこで主と奴とのそれぞれについて考察することが必要となってくる。

(一) 主は承認のための戦いにおいて生を超脱して純粋自己意識たることを証《あか》した。したがって生ける物があっても、これにおいて主は「自我は自我である」ことを保っている。この意味において主は無媒介に存在する。同様に奴があっても、これは生を超脱しなかったものであるから、主にとっては無きにひとしいものであり、主はここでも「自我は自我である」ことを保ち、この意味において主は無媒介に存在している。こうして主は無媒介態であるが、しかし、これは事態の一面である。承認のための戦いを通じて経験せられたことは生命もやはり純粋自己意識と同じように本質的であるということである。それ故に主は生を超脱しなかったものをも殺さずに奴として生かしておいたし、また自分でも生きて行かねばならなかった。そのかぎり主も奴を媒介として、また物を媒介として存在することになる。これが主の媒介態である。だから主は無媒介態にして媒介態である。そこで主は一方では物を介して奴と媒介的に関係する。生を超脱した主にとっては物は無きにひとしいものであり、物において主は「自我は自我である」ことを保っているが、奴は生を保たんとして物に執着して死の前におののいたが故に、主は物を介して奴に関係し、奴を支配のもとにおくのである。かくして主—物—奴という推理的関係が成立するが、しかし主—奴—物という推理的関係もまた成立する。ところで奴といえども広い意味においては、即ち純粋自己意識ではないにしても、ともかくも自己意識であり、したがって物を無きものにする。しかし物はかかる自己意識に対して自立的であるから、奴はこの否定を終結させることはできぬ。そこで奴は物を加工し労働するだけである。しかし、かかる奴を介して物に関係するところの主は純粋でまじりけのない享受のみを楽しむことができ、自己確信を客観的真理にまで高めることができる。

ここに主が奴によって承認せられていることは明らかである。けだし奴が自分だけでの存在ないし対自存在を放棄して主に隷従し、その結果として労働に従事するのは主の意志と要求によることであり、この意味において奴の為すことは本質的には主の為すことだからである。しかしこの承認は一方的であって双方的ではない。双方的であるならば、対自存在の放棄を奴が自分に向ってなすと同時に主に向ってもなし、主が対自存在の放棄を奴に向ってなし、奴に対して要求すると同時に自分に向ってもなし、この放棄を自分でも引受けなくてはならないからである。

主は純粋無雑の享楽をほしいままにすることができる。そのかぎり、奴は主の自己意識としての確信を客観的真理にまで高めたものである。しかし、まさにこの故に主は奴に依存している。奴の為すところは主の要求によるのであるから、本質的には主の為すところであることから言えば、主が本質的であって、奴は非本質的であるけれども、しかし奴といえどもやはり自己意識があり、そうして自己意識は自由意志をもったものであって、およそ自由意志によることのないいかなる行為も自己意識から出てこないところからすると、主が奴をして奉仕させているというよりか、むしろ主は奴に奉仕してもらっているのであるから、主が奴に依存していることになるが、そのかぎり、本質的なのは却って奴であって主は非本質的である。

すでに知覚の段階においても物の非本質的な性質が却って本質的となり、本質的な性質が却って非本質的となるという弁証法があったが、ここには自己意識の境地において同様の事態が出現してきているのである。VIのB 教養の段階における「高貴なる意識」(貴族)と「下賤なる意識」(町人)との関係もまた主と奴との関係と論理的には同様である。

本質的であるかのごとく見えた主が却って非本質的となり、非本質的であるかのごとく見えた奴が却って本質的となったが、そこには「承認の概念」が働き、この概念が自己意識によって経験されるようになったと解さるべきであろう。即ち奴は対自存在の放棄を自己に向ってはなしても、主に向ってはこれをなさず、主はこの放棄を奴に向って要求はしても、自己に向ってはこれをなさなかったのであるが、しかし主の奴への依存が経験せられたということは主もこの放棄を自己に向ってもなし、奴もこの要求を主に向ってなさざるをえぬに至ったのである。

承認の概念は悟性段階の結論たる無限性を自己意識の境地に移したものである。これに対して主奴の対立は本質的と非本質的、対自と対他との対立として知覚における物に相応する段階であったが、しかし主奴関係の経験は承認の概念を実現して自己意識の境地における悟性の段階に相応するものが生じたのである。

主奴関係の経験によって承認の概念は実現せられた。しかしこの実現は一応のものであって、十分なる実現は、VIのA 人倫の段階、さらには、C 道徳性の段階、このうちでも良心の段階においてのことである。けだし相互承認はただ精神(ガイスト)のもとにおいてのみ可能なことだからである(しかし承認も精神もVIII 絶対知に至って初めて真の意味において完成することはすでに言ったごとくである)。

しかし奴は奴となったそのときからすでに現実に自立的であるのではなく、完成して初めてそうなるのである。そこでこの見地から奴が取りあげられなくてはならない。

(二) さて奴はもちろん最初には自立的ではないが、しかしちょうど主が完成したときには奴に転換したごとく、奴もまた完成したときには主に転換する。この転換を成就するものとして、ヘーゲルは畏怖 Furcht と奉仕 Dienst と形成 Bildung 或は労働 Arbeit との三つをあげている。

(イ) 自己意識たる以上、奴にとってもあらゆるものを否定し端的に自立し対自的に存在することが真理ではある。しかしこの真理は主において対象的に与えられているだけで、彼自身においてあり彼自身に即するのではない。彼は主を絶対否定性の鑑《かがみ》として仰ぎ見るだけであるが、しかし必ずしもそうではない。彼は主人に対して畏怖を感じているが、この主人は究極的には絶対的主人であるところの死であり、さらには死に至らしめる絶対者であるから、彼はあらゆる特殊的個別的なものへの執着を震駭せられ、存立し固定するもののすべてに関して流動的となり解消せられている。だから絶対的否定性は主において対象であるだけではなく、すでに彼自身においてあり彼自身に即するものである。

（ロ） かく絶対的な畏怖という心情において存立し固定するあらゆるものが解消すると言っても、この解消はまだ全般的なものであって、現実に個別的なものについて行われるのではなく、且つ内面的即自的であって、対自的自覚的ではない。そこでさらに奉仕が必要である。奉仕は畏怖においてすでに成就せられている全般的な解消を個々の場合に当って現実に実行し、且つ自覚的にするものであって、これらがなくては畏怖はまだ主観的形式的たるにすぎぬ。

（ハ） しかし奉仕といえども、主体の活動であるから、畏怖と同じく主体的即自的であって、すでに奴の体験せる絶対の否定性をまだ真に客体的対象的対自的にするものではない。そうさせるのは物を形成する労働である。主は労働の成果を享受し純粋無雑の自己感情を味っているけれども、享楽は単なる消失たるにすぎぬから、この自己もまたすぐに消え行くものであるのに対して、奴は労働において物を形成する。この形成に当って、一面では奴は欲望を制御することを要するけれども、他面却って形成によって奴には己れ自身の心が対象的に存立をうるようになる。すでに奴の体得せる全般的な解消に真の対象性を与えるものは奉仕ではなく形成である所以はここに存する。そうして形成においては己れの心が対象的に実現せられるのであるから、奴はもはや物に圧倒せられず、却ってこれを支配する威力を具えるようになっている。彼はもはや物に依存しないが、この依存こそ彼をして主に隷従させたものであるから、彼は主に対しても自由となっている。もっとも形成には畏怖と奉仕とが、そうして特に絶対的な畏怖が伴わなくてはならぬ。これを体験して心中一切の執着が解消しているのでなくては、己れの心と言っても、まだ奴隷の境涯を脱しない我意・我執であるにすぎぬ。そういう場合には形成もあらゆるものを支配するにたる絶対概念を与えずに、ただ若干のものを支配する奴隷の技能を与えるだけである。

畏怖—奉仕—労働をもって教養 Bildung の系列と見ることもできるが、この系列は種々の変容のもとに多くの場合にその意義を保っている。例えば後に言う不幸な意識の場合や、VIのB 教養の場合がそうであるが、このことはそもそも現象学が自然的意識を絶対知にまで高めようとするものであるところからして当然である。

右のようにして主は奴になり、奴は主になるが、これは両者が本質的には平等であることを意味している。平等であるとすれば、自己意識は主奴関係という特殊態から普遍態にのぼっていることになる。

自己意識が普遍態の段階に到達することは、ひとつの自己意識と他の自己意識との対立を越えた社会或は共同体が成立を見る所以である。実質哲学の第二巻は承認のための戦いの行われる段階を所謂自然状態とし、この戦いが終って成立を見るものを現実的精神 wirklicher Geist（二一三頁）と呼んでいるが、これにおいては労働と言っても、交換を目ざしたものであり、したがって法的な契約があり、違約に対しては訴訟が可能であり、犯罪に対しては刑罰がある。要するに「現実的精神」とは所謂法的状態である。さらに哲学予備学における「自己意識の普遍態」という段階は、自己意識が已れを家族――ただしすでに法の支配のもとにある――とか祖国（国家）とかいう精神的普遍態に所属するものであることを認める段階（三九節）であり、エンチュクロペディーの「普遍的自己意識」の段階（四三六節）も殆ど全く同様である。

しかし現象学の此処ではヘーゲルはこういう社会ないし共同体の問題にまでは進んでいない。それは当面の立場がなおⅣ 自己意識にあってⅥ 精神にあるのではないからである。そうして続く「自己意識の自由、ストア主義とスケプシス主義と不幸な意識」もやはり自己意識として通過しなくてはならぬ段階として論ぜられている。しかしストア主義とスケプシス主義とが歴史的な意味のものと関連せざるをえず、したがって不幸な意識も中世クリスト教であることは否定できないが、このことが「自己意識の普遍態」が歴史的になにを意味するかについてひとつの解釈を与える。

ここで思い起されるのは、イェナ実質哲学第二巻二四六頁及び哲学予備学の現象学三六節がソロンはアテナイ人に法律を与えたが、ペイシストラトスは彼らに服従の必要を教えて、ソロンの法律を現実にもたらし、これによってアテナイ人には支配 Herrschaft の必要はなくなったと言っていることである。これらのうち、ソロンの段階は当面の箇処では承認の概念にあたり、ペイシストラトスの段階は主奴関係にあたり、支配が必要でなくなったというのは奴が完成して自己意識が普遍化したことにあたるから、この普遍化を通じて形づくられる社会はペイシストラトス以後のアテナイのごときものということになる。これも法的状態であるに相違ないが、しかしすぐ続く「自己意識の自由」がストア主義―スケプシス主義―不幸な意識であるところからすると、一層限定して、Ⅵ のA 人倫の段階の最後にある法的状態、即ちヘレニズム文化の、またローマ法の支配する段階であることとなる。じっさい、ストア主義にしても、スケプシス主義にしても、不幸な意識にしても、この「法的状態」の――ただし、その否定面の――産物である。これが「自己意識の普遍態」が歴史的にはなにを意味するかについてもっとも妥当な解釈であろう。しかし「自己意識の普遍態」が歴史的にどのような時代にあたるにせよ、ここに展開せられている主奴関係は社会や国家のすべての変革にさいして、また個人の成長にさいして体験せられるものとして、普遍的な意義をもっている。

なお主奴関係の段階は現象学本論のうちにあって後世への影響のもっとも顕著な部分である。『国民経済学と哲学』によって明らかなごとく、マルクスが現象学の基本概念は労働にありとしたのは、この部分に出立することであり、また全般的にいって、資本家に代って労働者が支配の地位に到達しうるという確信をマルクスに与えたのも、やはり奴が却って主となるという論である。さらにサルトルも『存在と虚無』の第三部第一章の三において、この部分を取上げているが、ヘーゲル研究者のうちにあって、とくにこの部分を重んずるのは Alexandre Kojève : Introduction à le lecture de Hegel. Leçons sur la phénoménologie de l'esprit, professées de 1933–39, 1947（独訳 Hegel. Eine Vergegenwärtigung seines Denkens, Kommentar zur Phänomenologie des Geistes, herausgegeben von Iring Fetscher, 1958）である。

一六八

B　自己意識の自由、ストア主義とスケプシス主義と不幸な意識

承認の概念が自己意識の境地において実現せられるとき、無限性もまた同様である。ところで承認と言い、無限性と言い、いずれも自由と同じことである。なぜなら、自由とは「他的存在のうちにおける自己同一」（哲学予備学の現象学三五節）のことにほかならないからである。ところで無限性はがんらい悟性の段階において「両力の遊戯」を通じて物の内なるものとして見出されたものである。そこでこれに応じて自由もまた自己意識の立場で内面化せられることになるが、かくて先ず成立するものがストア主義とスケプシス主義とである。前者は抽象的自由であり、後者は現実的自由である。ところでスケプシス主義の自由はあらゆる限定的なものを解消し流転のうちに投げこむが、そのために却って流転を越えた不変なものの意識に到達させる。しかしスケプシス主義の否定は純粋な否定であって「限定的な否定」ではないから否定するためには否定せられるべきものの与えられることを必要とする。そこでスケプシス主義は不変なものと変ずるものとの間を転々動揺することになる。この矛盾を矛盾として受けとめて克服しようとして苦悶するのが不幸な意識であるが、これにおいては主奴関係そのものも内面化せられ、そうして自由は不変なもの——ただし不変な自己意識として人格神——との対決においてえられ

ようとするが、このさい自己意識になお残って個別性が否定せられ自己意識が物にまで外化せられ普遍的自己となることによって、自己意識は対象意識と結びついて、C 理性の段階、或は、V 理性の確信と真理という段階に移って行く。

ストア主義とスケプシス主義と不幸な意識*との「自己意識の自由」は内面化せられたものであるから、もはや主奴の関係を乗り越えてはいるけれども、しかしこの関係は内面化せられた形式で残っている。即ち抽象的自由に住するストア主義は享受をこととする主にあたり、抽象的否定を現実的否定に転ずることを引受けるスケプシス主義は、物の他在性に撞着して労働し労苦する奴にあたる。そうして不変者・絶対実在という内面化せられた絶対的な主人との関係において、奴の畏怖と奉仕と形成とにあたる自己止揚に努力して不変者との統一をえようとするものが不幸な意識なのである。

現段階では現象学はまだ精神史とは直接の関係をもたない。即ちストア主義とスケプシス主義と不幸な意識とは、およそ歴史的見地を離れて、個人の自己意識が教育せられるに当り、必ず通過しなくてはならぬ段階であるという観点から取扱われている。言いかえると、ストア主義が理性的普遍にのみ妥当を許し自余一切のものを捨象するアパテェイアの態度をとること或は賢者の理想を立てること、スケプシス主義が外から与えられるすべてのものに関して矛盾を指摘し、それらを否定し、それらに囚われぬアタラクシィアという明鏡止水のごとき静かな境地に住むこと、不幸な意識が絶対者に憧憬をいだき神に奉仕して禁欲・苦行・喜捨などの行をなすこと、いずれもおよそ時代のいかんを問わず、個人の自己意識が向上するために必ず遍歴しなくてはならぬ段階として論ぜられているのである。しかしながらじっさいにはすでに名称からして不可避であるように、またストア主義の場合のごときはその精神史における出現に言及せられているように(二〇〇頁)、叙述は歴史的現象と密接に結びついている(この部分の執筆当時即ち一八〇五年冬学期にはヘーゲルが初めて哲学史講義を行ったのは註一の1に言ったごとくである)。そこでこの観点から現段階に参考となる箇処或は文献をあげるならば、次のごとくである。

現象学の内部では、現段階の全体が、VIのAのc 法的状態と、VIIのC 啓示宗教——特にその生成を論じた部分——とにおいて再論せられている。前者との関係は、現段階の出発点たるストア主義の抽象的普遍が具体的にはローマ法の法的普遍であること、スケプシス主義の絶対否定がローマ皇帝の権力の前にはすべてが無に帰した状態の反映であること、不幸な意識もやはりこの状態の産物であることを示し、後者との関係は不幸な意識がクリスト教的意識たることを告げている。

* ストア主義については、哲学史講義(一八巻)四二九—四七三頁参照。

スケプシス主義については、同、五三八―五八六頁、特にスケプシス主義の語義については五五二頁参照。即ちそこでヘーゲルはスケプシス主義とは探究し吟味するだけで判断決定を行わず、もってアタラクシィアの境地を実現せんとするものであるから、「スケプティチスムスを懐疑論 Lehre des Zweifels と訳してはならぬ」と言っている。しかし現象学の成立史の観点に立てば、哲学史講義よりも、一八〇二年のスケプシス主義の論文がより重要であり、そこではスケプシス主義の否定の絶対否定であることがさらに一層高調せられている。なお哲学的思惟一般にとって不可欠な契機としてのスケプシス主義については、エンチュクロペディー八一節に簡潔に取扱われている。

不幸な意識に関するものとしては、現象学の内部では、右にあげた箇処のほかにⅥのBに属する「信仰と純粋透見」があり、さらに歴史哲学講義(一一巻)の「クリスト教」(四〇九―四三〇頁)がある。しかしクリスト教の場合でも、現象学の成立史のうえでは、イェナ時代に信と知という論文と後にのべる『自然法学手稿』とがあり、これら以前にはノールが編纂した『青年時代の神学論文集』が重要なものとして関係してくる。なお不幸な意識を主題として取上げた研究にはジャン・ヴァールのものがある。

一、ストア主義については、第一には先立つ主奴関係からどのようにして発生してきたか、その特徴が表象に対する思惟の立場を確立した点にあることと、第二にはしかしこの思惟がまだ思惟一般であるにとどまるために現実の生活からは遊離していること、第三にはしたがって自由と言ってもなお抽象的であって与えられた限定的なものを残していることとが論ぜられている。

(一) さて主は自立的ではあるけれども、しかしこの自立性は享楽において実現せられるものであるから、すぐに消え失せて物としての客体的な即自存在をうることがないのに対して、奴は労働し物を形成するから、その主体的な対自存在は物の形相として即自存在に転換し、しかも奴は仰ぎ見る主において対自存在を対象的に意識しており、ここに対自存在と即自存在とは一に帰している。もっとも奴が奴たるかぎり、対自存在と即自存在とはまだ別々のものであるけれども、しかし我々哲学的観察者にとっては、両者は同一不二のものとなっているから、「我々」にはここに新しい意識形態が発生しているが、それは即自存在と対自存在とを思惟或は概念によって区別すると同時に統一づけ、もって無限性を実現せる意識形態である(ただし、ここでは奴からストア主義が出てくる側面が説かれているけれども、スケプシス主義の段階ではストア主義はむしろ主にあたるものと考えられている)。それで表象に対して思惟の立場を明確に確立したのがストア主義の基本的特徴である。表象は主観にとってすでに内面的であるが、しかしまだ形像ないし心像を離れえない。しかるに思惟は概念によって把握するが、これは一面においては全く対象的でありつつ、他面においては直接に自我のものであり、私のものである。表象が私のものであるときには、予めそれが私のものであることを断っておく必要があるのに、概念の場合にはそう断らなくとも、私のものであるほど、概念は直接に自我のものである。かかる概念或は思惟の立場を確立したことがストア主義の基本的特徴である。ここに自由の存するのはもちろんであるけれども、しかしこの自由はまだ即自存在と対自存在との直接的統一として抽象的自由であるにすぎぬ。言いかえると、ここで無限性を実現せるものは、思惟一般或は概念一般という抽象的普遍であり、まだこの境地において具体的内容が展開せられているわけではない。これが精神史上にあってはストア主義と呼ばれるものであるが、しかし物の形成を普遍的な形成・教養にまで高めるかぎり、いかなる時代の自己意識のうちにもあると認められるものである。

(二) ストア主義においては、自己意識は思惟一般の態度をとる。この思惟はもちろん「無限性」の実現であるから、自己から区別せられた他者としての対象がありながら、これが自己と一に帰するのであるけれども、しかしこのことはまだ純粋普遍性の立場からするものたるにすぎない。ここでは自己にとってなにかが真或は善であるのは、それが一般的に思惟せられうるかぎりのことなのである。しかるに生活はさまざまの個別的具体的な内容をもち、欲望と労働とはこれに向って働きかけているが、これらすべてはこのストア的自己意識にとっては無縁のものである。またさまざまの偶然的事情に纏綿せられる支配隷従の関係の場合も同様であって、ストア主義者はたとい主となっても奴を酷使して享楽に身を委ねることを願わず、奴であっても主の恣意に隷従するをいさぎよしとせず、ひたすら思想の純粋普遍性のうちに住もうとする。こうしてストア主義の態度の特徴は没生命 Leblosigkeit——ἀπάθεια にあたる——ということに存する。

(三) かくてストア主義は外界に対して無関心—— ἀδιαφορία にあたる——の態度をとる。だから内界が外界から自由であるごとく、逆に外界も内界から自由である。ストア主義の自由は抽象的自由であり、その普遍も抽象的普遍であるにすぎぬ。その思惟は形式的であって、体系を形づくりえない性質のものであり、形づくるがごとく見えても、そのさいの内容は外から与えられた限られた限定的なものであるにすぎず、思惟が自分自身で展開したものではない。だから何が真であり善であるかと問われるならば、ストア主義は理性的であることに真と善とは存するという以上には、なにも答えることはできぬ。かくストア主義の自由は抽象的である。しかしがんらい自由とは無限性のことであって、それにとっては他者や限定されたものがあってはならぬ。だから自由が抽象的であるのは、他者の否定をまだ完成していないことを意味する。そこでこの否定を完成し限定的なものを解消するものがなくてはならないが、これが即ちスケプシス主義にほかならぬ。

二、スケプシス主義については、第一にそれが実在的現実的否定性であること、第二にその結果として自己同一の安静 ἀταραξία がえられること、第三にはしかしこれが個別的経験的偶然性に纏綿せられるために同時に攪乱――ταραχή――であることが論ぜられている。

（一）スケプシス主義は実在的現実的否定性である。この点でストア主義が物の他在性の克服を奴に押付け、その意味でこれを捨象し、自分ではただ労働の成果を享受することにおいて自由を体験している主人に似ているのに対して、スケプシス主義は現実に物の他在性に撞着し、その否定に労苦する奴に対応する。奴の場合との相違は、奴が物を否定しようとしても、この否定を完結しえなかったのに対して、スケプシス主義は否定を完結させることができる点にあるが、完結させうるのは、スケプシス主義が表象から明別せられた思惟の無限性の立場から否定を行うからであって、そこにストア主義のスケプシス主義に対する寄与がある。

ところでこの場合、ヘーゲルはスケプシス主義の否定が向うところのものとして次の三つをあげている。

（イ）感覚と知覚と悟性との諸対象。これらはいずれもすでに弁証法的運動によって否定せられたが、この運動が感覚―知覚―悟性のどの段階においてもまだ自覚的なものでなかったのに対して、今やスケプシス主義は自己意識のひとつの形態として、そうして特にストア主義を通じて表象から明別される思惟或は概念の立場をとるものとして、弁証法を自覚的に駆使するところに相違はあるのである（この相違はロとハとの場合にも妥当する）。

（ロ）支配と隷従との関係。このさい、人倫の法則――特に家族と国家との法則（このことはⅥのＡ人倫の段階によって明らか）――も、家父ないし支配者の命令と考えられるところから、この関係のうちに含められている。

（ハ）抽象的思惟――ストア主義の――の立てる学問（論理学、自然学、倫理学）。

以上の三つがあげられるのは先行諸段階との関係からして当然のことであるが、またここに史的材料が駆使されていることは明らかである。即ち実在的否定性ということで、スケプシス主義の為すことが一般にどのようなものであるか、また為すさいの仕かたWeiseがどのようなものであるかがきまると言われるとき(二〇四頁)、この「仕かた」とは古代スケプシス主義がτρόπος, τρόποιと名づけたものにほかならぬ。すべていかなる意見或は主張にもその反対が同等の権利をもって対抗するから、判断は決定せらるべきではなく決定を差控え中止すること――ἐποχή――にせらるべきであり、この中止からして物事に攪乱されない自由な境地即ちアタラクシィアがえられるというのがピュロンやティモンに始まるスケプシス主義の要旨であるが、この判断中止を実行するためにやがて先ず十ヵ条の方針(トロポイ)が、次いで五ヵ条が、さらに二ヵ条があげられた。十ヵ条と五ヵ条とを、ヘーゲルの哲学史講義(一八巻)によって、簡単に示せば、次のごとくである(ここではヘーゲルの哲学史講義によって大意を示すにとどめるが、十ヵ条のほうはアイネシデモスのものとして、五ヵ条のほうはアグリパのものとしてC. L. de Vogel: Greek Philosophy, III に正確な形で出ている)。

十箇のトロポイ

(1) それぞれの動物は有機組織の相違によって同一物についても異なった印象を受けとること。

(2) これを人間にかぎっても同様であること。

(3) 例えば絵画は目には隆起せるごとく映じても、触官にはそうでないごとく、同一の対象も感官の相違によって現われかたを異にすること。

(4) 同一の主観も、静止と運動、睡眠と覚醒、正気と酩酊、愛情と憎悪、青年と老年のごとき状態のいかんによって、同一の対象についても意見に変化をきたすこと。

(5) 同一の対象も視点・距離・場所柄などの相違によって異なった現われかたをすること。

(6) いかなるものもただそれだけ独立に感覚せられるのではなく、他のものと混合しているために、混合のいかんによって異なった現われかたをすること。

(7) 同一の物にも密度や嵩によって現われかたに相違のあること。

(8) すべてのものは他のものとの関係においてあるから、この関係のいかんによって現われかたに相違があり、それ自体として何であるかは明らかでないこと。

(9) 稀れにしか経験されないか、しばしば経験されるかによって、同一のものにも受取られかたに相違のあること。

(10) 風俗・習慣・法律などは時処によって相違するから、善悪正邪の絶対的決定はなされえないこと。

右のうち（10）はさきの（ロ）にあたり、その他は（イ）にあたる。特に（3）はすでに知覚の弁証法において意識的に活用せられていたものであり、（8）——これが最も根本的なトロポスである——はヘーゲル流に言えば、対自存在と対他存在との弁証法をもたらすものであって、やはり知覚及び悟性の段階において根本的な重要性をもつものであった。

五箇のトロポイ

（1）　哲学者の意見が区々で一致していないこと。

（2）　証明せんとすれば、理由を求めて無限に遡源するほかはないこと。

（3）　対象は主観との、或は他の対象との関係においてしか与えられぬこと。

（4）　無限の遡源をしないとすれば、証明してないものを真理として仮定せざるをえぬこと。

（5）　循環論証がさけえられないこと。

このうち、（3）は十箇条の（8）にあたり、その他はさきの（ハ）にあたる。

十箇条と五箇条とを通じてもっとも基本的なのは十箇のトロポイの（8）或は五箇のトロポイの（3）であって、ヘーゲルもこれによってスケプシス主義をしてすべての限定ないし区別を解消させている（二〇五頁二段）。

（二）　スケプシス主義は右の三つの対象（イロハ）に対して意識的自覚的に弁証法を行使する。だから感覚・知覚・悟性も、支配隷従の関係からくる身分的差異も、支配者の恣意に基づく人為的便宜的な——ギリシャ人の所謂ノモス的な——風俗・習慣・法律も、抽象的思惟の学問ももはや自己意識を拘束することはできぬ。こうしてあらゆる限定的なものは消え失せ、自己意識は完全な自己同一をえていると言える。これが即ち攪乱されない状態としてのアタラクシィアの自由である。

（三）　しかしかかる自由がえられるのは、実在的否定性によるが、否定するには、欲望の場合と同じく、外から否定せらるべきものを受取ることが必要である。だから自己同一の普遍態或は不変態は個別的偶然的経験的なるものに纏綿せられざるをえないことになる。言いかえると、自己意識は例えば感覚を信憑しないにも拘らず、自ら見、自ら聞き、そうして見聞したところにしたがって思考し行為し、また風俗・習慣・法律などを人為的便宜的として斥けながらも、なお且つその場合その場合の必要に応じてこれらを遵奉しているのである（なお註二〇六の4を参照）。かくて自己同一の普遍態・不変態と自己不同の個別態・可変態との間を転々動揺してやむことがないというのが自己意識の実情であって、攪乱（タラケー）のないアタラクシィアを求めながら攪乱をまぬがれえないのであるが、この点ではスケプシス主義は、VIのB　教養の段階における

「分裂の辞」の自己意識に、またⅦのBにある喜劇の意識に似ている。

かくてスケプシス主義はまだ奴の境涯を脱しないことになる。しかしかかる矛盾は同一の自己意識に所属するのであるから、これを受けとめて統一づけようとする努力の生ずるのは当然であるが、この努力を引受けるものが「不幸な意識」という新しい段階である。

三、すでに言ったごとく、まだこの段階では現象学は精神史とは直接には無関係である。しかしすでにストア主義とスケプシス主義とがいずれも歴史的なものでもある以上、それらに続く不幸な意識がクリスト教であることは否定できない事実である。ところでヘーゲルはクリスト教に対して基本的意義をもつものを三位一体の教義にありとするが、この教義は当面の箇処のほかに、ⅥのBに属する「信仰と純粋透見」及びⅦのC 啓示宗教の場合にも論ぜられており、したがって現象学の内部で三度取上げられていることになる。これはすでに序文が「絶対者は主体」という基本的テーゼに関して、クリストの「精神」という概念をもち出して三位一体の教義について論じたこと(二三頁二段)に応じていて、いかにクリスト教が、またその三位一体の教義が現象学にとって重要であるかを示している。

クリスト教は現象学の本論において三度取上げられているわけであるが、これを現象学の構成の見地から言うと、当面の箇処は自己意識の、或は対自の立場からするものであり、純粋透見に対する「信仰」の場合は、それが属している「教養」という段階が個別と普遍、主観と客観、現実と彼岸などの対立の厳しいのに応じて即自ないし自体の立場からするものであり、啓示宗教の場合は即自且つ対自の立場からするものである。これを歴史的立場に移して言うと、当面の箇処は成立を見てからルネッサンスの頃にまで至るクリスト教を、透見に対立する信仰の場合は啓蒙期にまで生き続けて啓蒙が対決せざるをえなかったクリスト教を、啓示宗教は啓蒙と革命とを通じて成立した「道徳性」の立場から解釈せらるべきクリスト教を、それぞれ展開したものであることになる。

クリスト教出現の歴史的事情に関しては、ⅥのAのc 法的状態と、Ⅶ 啓示宗教とにおいて語られているが、いずれにおいても当面の箇処と同じようにストア主義及びスケプシス主義に結びつけられている。即ちストア主義の思惟一般の立場からする普遍態というのは、具体的に言えば、法的状態における法――ローマ法――の普遍態のことであり、スケプシス主義においてあらゆる限定的なものが否定されるのは現実的にはローマの、カイザーの権力によってすべてが解消せられることにあたり、そこに人間のかぎりなき苦悩と不幸とがあり、そうしてこの不幸がさらに内面化せられるところにクリスト教は誕生したと言うのである。要するに社会と歴史との見地を加えて具体的に説明したまでであって、根本においては当面の箇所と同じである。ただ現象学のこれらの箇所ではユダヤ民族に言及されていないが、これを行なっているのは、人倫の体系の続稿或は自然法学講義の手記(ドクメンテ三一四—三二五頁、ただし、この手記の大部分はローゼンクランツ及びハイムの叙述)である。これに歴史哲学講義における「クリスト教」と法哲学三五八節とを加えて考えると、ユダヤ人は一方では当時の諸民族中極悪非道の最たるものであって、すでにそこからして不幸にあえいでいたが、この不幸がローマ人の支配によって一層深刻化したこと、他方ではがんらい彼らは自然への対抗において生活していたために精神の優位、人間の優位を自覚しやすい事情にあって、これが「受肉」の教義を生んだことがクリスト教を先ずユダヤ人において誕生させ、そうして状態を同じうする他の諸民族ないし諸地方に広がって行ったということになる。

　こういうユダヤ民族との関係は不幸な意識の前提のひとつであるスケプシス主義の取扱いかたをもきめている。即ちこのスケプシス主義の取扱いかたが甚だ独自のものである。スケプシス主義を懐疑主義と訳すとき、ヒュームに代表せられる立場のことが考えられるが、これは絶対否定に徹するものではなく、蓋然論であり経験論であり実証論である。ヘーゲルが反対したシュルツェの解釈もそうであり、また経験家であった古代のセクストゥスにもそのような傾向があるにも拘らず、ヘーゲルは一八〇二年の論文以来かかる解釈に反対してスケプシス主義の否定は絶対的なものであって、あらゆる限定的なものを解消する否定であり、その故に却って変転を越えた不変なものが自己意識に具わっていることを明らかにするものであるとする。ところで否定が絶対否定であってあらゆるものが無となる点では旧約聖書の伝道の書の冒頭にある「すべては空、空の空」と軌を同じうするものとなることは、けだしジャン・ヴァールの指摘するごとくである。彼の解釈が妥当であることは、VIのB 教養の段階において、国権と財富、善と悪、高貴と下賤との対立が相互に他に転換して空無に帰することをヘーゲルが論ずるにあたり、彼を導いているものが伝道の書の右の句であって、この句は彼にとって感銘深きものであったことによっても支持せられる。そうしてすべてが無に帰するが故にこそ、却って不変なものが意識せられるというのは、伝道の書が「すべては空、空の空」と観ずることによって頽廃におちいるという面をもつにしても、しかしそう観ずるが故に、却って主なる神への信仰を維持し、ないし強化したことに応ずる。だからすでにスケプシス主義の解釈そのものが伝道の書の立場をとっているのである。そうしてこれに応じているのは、主奴関係において奴の主に対する畏怖を旧約詩篇一一一の一などに見られる「主を怖れるは知恵の初めなり」という見地から解釈しているということである。伝道の書は旧約聖書のうちでギリシャ時代のものであって、パレスティナの都市が以前のように長老 Gerousia によってではなく、毎年市民によって選挙せられる評議会 Boulē によって支配せられ、ギリシャ―ローマ風の広場、ギムナジウム、劇場、浴場が建設せられていた時代のものであって、*その成立をかりに前二〇〇年頃と見ても、ピュロン(三六〇―二七〇年頃)及びティモン(三二〇年頃―二三〇年)に始まるスケプシス主義を受容し、それをヤーヴェ信仰によって消化したことは、年代やパレスティナの事情からして可能ではあっても確定せられたことはないようであるが、とにかくヘーゲルのスケプシス主義の解釈が伝道の書との結びつきによってユダヤ教的に色づけられていることは疑うべくもない。

* W. O. E. Oesterley and Theodore Robinson: Hebrew religion. Its origin and development, 1952, pp. 340–342.

不幸な意識の前身であるスケプシス主義のこのようなユダヤ教的性格に応じて、当面の箇処では先ずクリスト教の前段階としてのユダヤ教について語られ、ついで本来のクリスト教の段階に移り、これがさらに三位一体の教義に応じて三段階に細分せられている。

(一)　さてストア主義は主にあたり、スケプシス主義は奴にあたるから、主奴関係はこれらにおいても内面化せられて存続しているが、不幸な意識の場合もまた同様である。これはスケプシス主義が一方で不変なものを意識し、他方で可変的なものを意識することをもって、前には二人の個人に割り当てられていた主奴の関係が同一の個別者内部に宿るようになった所以であると言って、不幸な意識に移って行くこと(二〇八頁)によって明らかであって、ここでは奴が可変的な自己意識として内面化せられているだけでなく、主も不変な自己意識として内面化せられ、さらに神として絶対化せられている。

神と人との関係をもって主と奴との関係として見るということは、青年時代の『ユダヤ教の精神』(ノール二四三―二六〇頁)という手記の基本的な主張でもあって、ユダヤ教をさすことは疑うべくもない。このさい主のほうについて言うと、「主」というのはただの空語ではなくして人格神をさしているが、このことは歴史哲学講義が精神を絶対的な自己意識にまで高めたことがユダヤ民族の世界史的意義であると言っていることによって明らかである(全集一一巻四一二頁)。このさい「絶対的」というのは、民族的な制限をも越えた超越神を立てたことを意味し、「自己意識」というのはその超越神が人格神であったことを意味しているのである。当面のテキストにおいても不変なものが das Unwandelbare とも das unwandelbare Bewußtsein (od. Selbstbewußtsein) とも言われているのは不変なものがじつはすでに人格神であることを意味しており、そこからしてユダヤ教の地盤において神の受肉ないし人間化が行われ、そうしてユダヤ民族の場合と同様な法的状態のもとにある人間にも広くクリスト教の受容せられるに至ったということになる。主に対する奴のほうについて言うと、『ユダヤ教の精神』が示しているように、ユダヤ教では人間は奴として主に対する依存欲が強く、また一種の唯物論者であって、敬虔であると同時に強慾で罪悪深重である(ダビデ)。現象学においてユダヤ民族への言及はただ一回だけであるが、これは頭蓋論との関係においてなされている。頭蓋論の基本命題は精神が頭蓋骨であり物であるという一面において精神を純粋に立てると同時に他面においてこれを全くの物とする命題であるが、これがユダヤ教にあたるものと考えられている(三四三頁、なお三〇八頁の総註参照)。これらからすると、ユダヤ民族は一方において神を絶対的な自己意識として、絶対的な人格神として、極端に高くのぼらせると同時に、他方ではこの主人への服従によって奴としての物的幸福の与えらるべきであると強請する意味において奴的人間にまでなりさがることになる。この「なりさがる」という処からすれば、ユダヤ人は極悪非道であるが、同時に高きを極める崇高の精神の所有者でもある。かくてユダヤ人において対立は極まったが、それだけに、彼らは救いの門口に立っている(同頁)というのである。

当面の本文においてもユダヤ教的段階に関しては高く上《のぼ》ることがどん底に下《くだ》ることであり、下ることが上ることであり、上っても、自己の低さ、卑しさ、醜さがつねに意識せられるから、こういう敵との戦いが終ることがないという不幸が描かれているが、文献的には何を材料としているかと言うと、歴史哲学講義がダビデの詩と予言者たちとをもってユダヤ的心情を最もよく表現したものであるとしていること(四一二頁)、また美学講義(一二巻)が詩篇の一〇四はユダヤ人の崇高の精神を、九〇は人間の虚《むな》しさを最もよく表現したものと言っている処(五〇〇頁)からすると、これらが念頭におかれているであろう(ただし詩篇全体が少くも編集せられたのはギリシャ時代のことである)。

クリスト教におけるかかるユダヤ教的契機がその前提のひとつであるスケプシス主義に酷似していることはもとよりであるが、スケプシス主義には不変な自己意識と可変的な自己意識との対立と転換とがあっても、両方ともに定着せず、「すべては空の空」に帰してしまうのに対して、両者がまさに矛盾するものとしてそれぞれ定着する点に相違があり、これがまた受肉の教義を生んだ所以を考えられているのであろう。

(二)　しかし不変者に上ることが可変者に下ることであり、下ることが上ることである以上、不変者と可変者とは不離であるという理由で、また不変者と言っても可変者と同じく自己意識であるという理由で、不変者の形態化即ち所謂受肉ないし神の人間化に移って行くが、これは処女懐胎のごとき奇蹟をヘーゲルが信ずるものでないことを示している。受肉によってユダヤ教の不幸は一応解決せられ、本来のクリスト教に移って行くが、クリスト教については歴史哲学講義がクリスト教はイエス自身にのみよってなったものではなく、使徒たちに至って初めてその真理は表現せられるに至ったと言っている（四二一頁）ことが示しているように、ヘーゲルは使徒信条をもってクリスト教のエッセンスと考えているものであり、したがって彼はこの教義に基づいて、ただし創造神を審判者と見なしつつ、クリスト教を審判者―形態をえた不変者―霊或は（教団の）精神と段階づけている（二一一―二一二頁）。もっとも、この場合の第一段階はクリスト教におけるユダヤ教的段階であって、本来のクリスト教については純粋意識―現実意識―非本質的意識という三段階を設けているが（二一四―二一五頁）、しかし純粋意識は受肉したイエス・クリストを対象とするものではあっても、ヤーヴェと同じくクリストも「主」と呼ばれその審判が怖れられることの示すように、畏怖の意義をもっているから、これら二つの段階づけは基本的に相違したものではなく、いずれも三位一体の教義に基づくものである。そうして彼は前の三段階の全体を通じて、したがってまた後の段階づけの全体をも通じて、不変者との分離、人間の低さ、卑しさ、醜さという敵との戦いが基本的場面をなすと言っているが、このことは不幸な意識の「不幸」にとって主奴関係に立脚するユダヤ教がいかに基本的意義をもつかを示している。

（イ）クリスト教の第一段階は純粋意識と規定せられているが、この純粋意識という表現は純粋透見に対立する信仰においても現われてくるものであるが、しかし前身は純粋生命の意識であり（註二一五の2）、したがってイエスにおいて神を見ても、現人《あらひと》としてのイエスを離れては神性を知らず、また己れに神性の宿ることをも知らぬペテロ的段階（註二一六の3）である。ペテロのことがしるされている『イエスの宗教』という手記はかかる段階を信仰 Glaube と呼んでおり、また差別の論文も絶対者と結びつきつつもそれとの統一については意識をもたず、ただそれとの対立のみを意識するにとどまるものをもって、グラウベと呼んでいるが、純粋意識とはかかる意味でのグラウベのことである。本文がこのグラウベをもって、さらに Andacht—reines Gemüt—unendliche Sehnsucht とも規定するのは、中世のクリスト教にもペテロ的段階があることを意味すると共に、シュライエルマッヒャー―ヤコービィなどの敬虔主義、またヘーゲルの生地ヴュルテンベルクにおけるアンドレエ Johann Valentin Andreä（一五八六―一六五四年）―ベンゲル（一六八九―一七五二年）―エティンガー（一七〇二―一七八二年）のヴュルテンベルク敬虔主義も同様のものであるという意味をこめたものであろう。そうして現人であるイエスを離れては神を求めぬのはクリスト教の精神に徹したものでないことを証明したものが十字軍の失敗であるとして、本文は第二段階に移っている。ただし、本文において墓 Grab をえようとする戦いと言われているのは、多くの解説者が解するように、たしかに十字軍のことをさしているに相違ないが、しかし必ずしもこれにとどまるのではない。本文がこの戦いの失敗は不変者を単なる個別者としてではなく普遍的な個別者として求むべきことを教えたと言っているのは、それを父—子—霊の霊、したがってまた教団の精神の立場から求むべきことの自覚せられたのを意味するに相違ないが、しかし、そうであるとすると、クリスト教は十字軍の頃から初めて霊の段階に入ったことになる。これも全然史実に反することではない。なぜなら、ヘーゲルが自覚していたかどうかは別として、けだし七つのサクラメントのうちザンゲ礼はペトルス・ロンバルドゥス(一〇九五年頃—一一六〇年)やフロリスのヨアキム(一一三五年頃—一二〇二年)の提唱によって正式に承認せられるに至ったと言われているからである。しかし必ずしも奇異ではないにしても、基本的にはそうであることは否定できない。殊に「霊」がまた教団の精神であるとすると、十字軍の頃になって初めて教団ないし教会が成立を見ることになる点からして然りである。ところで自然法学講義手記からすると(ドクメンテ三二〇頁)、本文が「墓」と言っているのは、一面において十字軍に関すると同時に、イエスが死後三日でよみがえったと伝えられるさいの墓でもあって、この墓からの「ヨミガエリ」が不変者を霊の立場或は教団の精神の立場で求めることを教えたということになる。当面の段階はまだ歴史と直接の関係をもつのではないから、「墓」がかかる二重の意味をもっても不思議なことではない。

純粋意識とは要するに右に言ったペテロ的段階の信仰である。その対象は個別者としての形態をえた不変者である。だから、これが純粋意識に対してあり、そうして純粋意識もまた即自的にはかかる不変者即ち「純粋に思惟する個別性」(二一六頁)であるが、対自的にはそうではない。だから純粋意識は形態をえた不変者に触れ感ずるだけである。ここに純粋意識は思慕—純粋心情—憧憬であるとして、その感情であることの強調せられる所以がある。しかし純粋意識がじっさいにはこれだけのものにとどまらぬことは、クリスト教の第二段階について見れば明らかである。

(ロ)　この段階は後に(二二二頁)なって初めて現実意識という比較的に正当な規定をえているものであるが、それだけに叙述は晦渋である。さて本文は突如として純粋心情はすでに不変者との統一をえて満ち足りた自己感情をえていると言っているが、これはどうしてであるか。Ⅶ のＢ　芸術宗教において行事(クルトゥス)——ただし、まだ個人が私的に行うもの——について論ぜられている箇処にも「純粋自己意識」或は「純粋意識」という表現が出ているから、ここから推論すると、純粋意識・純粋心情はその名のごとく、神を迎えるにたる場所或は清き宮(註二一五の2)となるべく、祈禱や讃歌によって、清められ純化せられた意識や心情として霊（ガイスト）に触れ、それにあずかっているが故に、不変者との統一をえて満ちたりた自己感情をもつのであろう。それでは、どういう意味においてガイストにあずかっているかと言うと、このさい重要なのは、右の講義の手記も強調しているように、不変者は形態をえたが、不変者は普遍者であるから、この形態化によって世界全体が聖なる世界となったと言っていることである。そこでやはり芸術宗教の行事論から推論すると、人間が例えばパンを食いブドウ酒を飲むのも、不変者が形態をえて己れを可変化し有限化して己れを差し出しているから可能なのである。そうしてパンやブドウ酒を作るために人間が働かせる能力もまた「天からの賜物」（二二〇頁）である。だからパンを食いブドウ酒を飲むという享受において、また享受のために労働することにおいて、人間は日々に霊にあずかっているのであるが、純粋意識はこういうことの感得を可能にしたのである。ところで時あって聖餐式においてパンとブドウ酒とを「主の食卓」に供え、またこれを参加者が頒けて飲み且つ食らうが、これは労働することも享受することも神的生命にあずかっているからこそ可能であることを改めて対自化せんがためのものにすぎぬ。自立的な物（二一九頁）の形式における外的な実在を享受することによって神的生命にあずかっているという自己確信をうるというときの「自立的な物」というのは聖餐式のパンとブドウ酒のことである。したがってこの段階は聖餐式に象徴されるコンミュニオン（神との共同）を取上げたものである。そうしてさらに感謝即ち食前の祈り食後の祈りのごとき感謝のささげられるのも、このコンミュニオンを日常化し、また心情化するためのものである。言いかえると、to set apart as sacred としての sacrare のサクラメントに象徴される段階であり、そのうちで最も重要な聖餐式を取上げたものである。

この段階は「現実に向う欲望と労働」（二一五頁）とも規定せられているが、欲望し労働し享受するのは物をなきものとすることであるから、当然の結果として自立性の意識を与えることになり、そこにこの段階が現実意識と規定せられている所以がある。しかし欲望し労働しているのである以上、いかに感謝しても、そこに個別性があり、自分だけでの存在があり、「わたくし」のあるのは言うまでもない。だから神的生命との統一或はコンミュニオンをえているという確信はまだ真二つに分裂しているが、ここからすると、純粋意識がクリストを「この」個人として求めるために感覚的確信にあたるものをもっていたのに対して、この現実意識の段階は知覚に相応することになる。ところで知覚の段階には、本質的なものと非本質的なものとの対立があったが、すべてが不変者から与えられているのに、「わたくし」に囚われている現実意識は非本質的なものの極を形づくることになり、非本質的な意識（二一五頁）、言いかえると、奴としての意識であることになる。かくて所論は第三段階に移って行くのである。

（八）　こうして人間は個別性を断滅しようとするが、しかし人間が自分の低さ、卑しさ、醜さを自覚するのは、すでに不変なものの意識があればこそであり、不変なものの意識によって媒介されてのことであるから、このさいの媒介の当体である教会によって、また僧侶によって個別性の断滅が行われる。ここで突如として僧侶の持ち出されるのは、奇異に感ぜられはするが、しかし不変者を単なる個別者としてではなく、普遍的な個別者として求めることになったときにすでに教団の精神の立場がとられていたのであるから、必ずしも奇異ではない。そこで善悪正邪については信者は僧侶の忠言にしたがい自ら決定をくだすことがない、即ち意志を放棄するのである。また信者は行列をくんで訳のわからぬラテン語の讃歌を吟唱するが、これは労働と享受との与える人格の自立性を放棄する所以であり、さらに断食において享受を断念し、己れのものである所有物の一部をさいて教会に喜捨する。

こういう断滅は「わたくし」の放棄である。がすべて個別の否定は普遍の肯定であるから、教会は生成し存続し栄える。この点からすれば第三段階は教団のガイスト、即ち霊の段階である。しかしまたこのように自己を普遍的な自己とすることはまた自己を外化して物とすることである。だから己れを物とするこの自己放棄によって初めて人間には客観的世界が現前し、それに関心をいだき、それを観察することができる。ここに自己意識は再び対象意識と結びついて理性の段階へと移って行く。

しかし不幸な自己意識においては主奴関係は内面化せられているばかりでなく、そのさいの主は不変者として絶対化せられていたが、主奴関係の目ざすものは承認であった。そうして「承認の概念」とは一方が他方に向って要求することを自分に向っても為し、しかもこのことが相互になされるということに存した。ところで不変者と可変者とは不離であるから、後者が自己放棄を意志し、これを行うのは後者のみの一方的行為ではなく、また前者の意志であり、わざである（二一七頁）。ところで奴のほうはすでに主の要求にしたがって自己放棄を行なった。じっさい純粋意識―現実意識―非本質的意識の行なったことは、さきに奴の行為とされた畏怖―奉仕―労働と同様のものである。純粋意識は畏怖であり、畏怖であるからこそ、形態をえて個別者となった不変者を対象としながら、あたかも主を鑑《かがみ》として仰ぎ見る奴のごとく、自分がそのような不変者であることを自覚しないのである。そうして現実意識は労働するものであったし、非本質的意識の行う「わたくし」の断滅は明らかに奉仕である。だから奴のほうは主の要求することをすでに行なったのである。それでは主のほうはどうか。主のほうも自己放棄を行うのでないと承認の概念は実現しないが、主のほうでも自己放棄を行なっていることは、奴の自己放棄が赦免 Ablaß をもたらすとヘーゲルの言っていることが示している。もっとも不幸な意識の段階では「赦免」はただ自体的に行われているだけで、対自的にはそうでないとヘーゲルは言っているが、啓示宗教の段階で彼が言っている処からする*と、奴のほうが自己を放棄し外化して普遍的な自己となり物となるのに応じて、主のほうでも実体たることを放棄して自己意識となるのである。ここに実体は主体となり、絶対者は主体となる。

＊　ただし不幸な意識の段階でも不変者の形態化即ち受肉があるから、実体性の放棄を一層徹底させることが現象学におけるその後の運動の課題であるということになるであろう。

このテーゼの証明のために不幸な意識は現象学のうちに座をしめているのである。しかし赦免或は和らぎの実現にはなお幾多の段階をへてⅥのCに属する全的に知ること(良心)とⅦのC啓示宗教にまで至らなくてはえられないのであって、赦免がまだ自体的であるにすぎぬ不幸な意識はなお不幸のままに止まっているが、それはこの段階の成立の基本的場面がフィヒテ的自我にあることによっている。

二二九　〔C　理　性〕

「C理性」というのは区分Bに属するものであり、したがって初版ではただ内容目次にのみあるものである。内容目次には(C)(AA)理性とあるが、このさい理性には当然広い意味と狭い意味とがあり、広い意味においては(C)として理性は絶対知をも含むが、(AA)としては区分Aに属するV　理性の確信と真理　と同じものである。この狭い意味の理性についてだけ次の総註でのべることにする。

二三一　V　理性の確信と真理

理性のなんであるかはすでに不幸な意識の結論としてえられたことである。即ち意識が個別的でありながら、あらゆる実在であると確信することが意識の理性たる所以である。しかし、この確信にはただ単に主観的な確信にとどまる場合とすでに客観的真理である場合との二つがあり、前者から後者にまで高まらなくてはならぬが、高まったときに先ずえられるものがⅥ 精神である。以上が題名の簡単な意味である。

哲学予備学の現象学四〇―四二節及びエンチュクロペディーの場合の四三八―四三九節について見ても理性の規定は本文と同じである。即ち前者では理性は〔対象〕意識と自己意識との、対象についての知と自己についての知との統一であり、そうして理性には単に確信にとどまるものと真理に到達したものとがあり、後者では理性は概念の主観性とその客観性及び普遍性との同一であり、そうして単なる確信から真理にまで到達したときには理性は精神となることになっている。

現象学の場合にⅤはAとBとCとの三段階に分れているが、これらは確信が真理にまでのぼって行く段階である。しかしAにまで至るに先立って、Ⅴの序論ともいうべき部分(二三一―二四一頁)がある。ここではこの序論だけを取上げるが、この部分自身もまた教会に関する部分(ただし、これは訳者のつけた見出し以前の部分)と観念論に関する部分(ただし訳者の見出しの〔二〕と〔三〕とを〔一〕のうちに含める)との二つに分れている。

一、さて不幸な自己意識はアスケティスムスを実施することによって己れを対象的な物とし普遍的な自己とし、普遍的な意志を定立し肯定したが、これが自己意識を再び対象意識と結合し、統一づけることをえさせ、したがって単なる対象意識にもどるのではなく、これと自己意識との統一としての、即ちあらゆる実在であるという確信としての理性を誕生させたのである。しかし、この誕生は不幸な自己意識自身にとっては自体的即自的には成立してはいても、この自己意識自身の自覚することではなく、この確信の所有者はこの意識を不変なものと媒介する媒語であった。だからヘーゲルは当面の箇処においても、「この媒語はあらゆる真理であるという確信なのである」(二三二頁)と言い切っている。

この媒語は教会であり、しかもカトリック教会であるが、中世の教会をもって理性を実現したものと見るのは通念に反するし、またこの教会に続いて理性を実現するものと見られているルネッサンスとカント―フィヒテのドイツ観念論とは相互に調和しないし、それにカトリック教会を理性を実現したものと見ることはヘーゲルのプロテスタンティズムに矛盾している。

これらの諸点のうち、ヘーゲルのプロテスタンティズムから始めると、彼がルターの宗教改革に画期的意義を認めることが少くも明確化するのはベルリン時代のことであって、イェナ時代にはそのようなことはなく、ギリシャ―ローマにおける都市国家の成立と滅亡、クリスト教の勃興に続く世界史的事件はフランス革命であり、したがってイェナ時代には彼はむしろカトリシズムのほうを高く評価していた。このことは一八〇二年の信と知という論文が主客の対立を越える絶対者の哲学の出現を妨げているもののひとつをプロテスタンティズムであるとし、とくにヤコービィやシュライエルマッヒャーなどの主観性の哲学はこのプロテスタンティズムの再現であるとしていることに現れている。また翌年の頃に成ったと思われる『自然法学手稿』(ドクメンテ三一四―三二五頁、ただしドクメンテでは題は人倫の体系の続稿)では、クリスト教はカトリシズムにおいてギリシャ風の「美しき宗教」となったのに、これを破壊したのがプロテスタンティズムであると言って、やはりむしろカトリシズムを讃美している。だから現象学が理性の確信の所有者をもってカトリック教会と見たとしても、当時においては彼のプロテスタンティズムと矛盾はしない。しかしそれにしても中世の教会において理性の実現を見ることは通念に反するとも言えるが、歴史哲学(全集一一巻四九四頁)においてヘーゲルも主張しているように、中世の教会はクリスト教のほか、封建勢力をも芸術をも学問をも支配下においていたことを思うならば、必ずしも奇異ではない(法哲学三五九節も教会をもってともかくも知的な国 das intellektuelle Reich であったと規定している)。殊に不幸な意識という段階の行論からすればそうである。即ちカトリック教会が個的自己意識にアスケティスムスを課することによって、個的自己意識は物にまでひきずり出されて対象的な物となり、普遍的な自己となり、普遍意志を定立し肯定したのであるから、カトリック教会をもって理性の実現者と見るのは、むしろ当然であることになる。それにルネッサンスに始まる科学研究との関係から言っても、「わたくし」を滅して普遍意志を肯定し、所謂物となって対象的に考えることのできるようになって初めて、世界に対する関心も生じ観察も行われるのであり(註二三二の4参照)、またルネッサンスの運動自身に教会の内部から生じたという面もあるから、少くもひとつのすぐれた見解として認められうるであろう。

二、観念論についてはヘーゲルは三項目に分けて論じているが、これらをひとまとめにして言うと、ここで「観念論」というのは明らかにドイツ観念論である。即ちフィヒテにとっては自我は自我であり、このさい自我は非我に対立するにしても、非我を克服して絶対自我の立場をとりうるのであるが、こういうフィヒテの哲学、またこのうちに受容せられたかぎりのカント哲学、さらにはフィヒテ哲学を絶対自我の方向に発展させたシェリング哲学、これらがここで「観念論」と呼ばれるものである。しかし本文はこういうドイツ観念論をもってルネッサンスにすぐ続くものとしているが、不調和の感をまぬがれない。なぜなら、ルネッサンス時代がヘーゲルの言うごとく世界について関心を、興味をいだいたにしても、まさにその故に経験に訴えて世界を知らんとしたのであり、そうして経験とは観察のことであり、またその結果を記述することであり、諸物を相互に区別する標識を求めることであり、実験によって法則を確定せんとしたのであって、決してフィヒテ風の絶対自我の哲学をとるものではなかったからである。しかしながらここで「観念論」と言われているものは、個別的な意識が個別的でありながら、あらゆる実在であると確信しているその確信であるにとどまって、この確信が同時に客観的真理とはまだなっていないものである。そういう無媒介の確信であり、無媒介に登場してきてあらゆる実在であると理由をのべずに断言しているだけのものである。言いかえると、ただ漠然と全般的にあらゆる実在は自我にとって「自分のもの」であると断言しているだけであって、「自分のもの」と言っても、これはまだ空虚(二四〇頁)であり、抽象的であるにすぎぬのである。フィヒテの絶対自我の哲学にしても、他我の克服はもとより非我の克服さえ出来上ってはいないのに自我は絶対実在であると確信し断言しているだけのことであり、したがって自我は自我たるべきであると言っているだけのことである。だから、この空虚な「自分のもの」を充実したものとするためには、翻って諸物の観察を行わざるをえぬのである。言いかえると記述し、諸物を相互に区別する標識を求め、また実験を行わざるをえぬものである。したがってこの観念論をルネッサンスにすぐ続くものとして、いな両者をいっしょにしてヘーゲルが取りあげているのはなんら不思議ではないのである。

　ところで観念論の無媒介な登場があるとすれば、その媒介せられた登場もあるはずであるが、これがまさに現象学の場合である。即ち現象学は感覚—知覚—悟性の弁証法によって対象的に自体的に存在するものが同時に対自的に存在するのであることを、また欲望、自我と他我、主と奴、ストア主義とスケプシス主義と不幸な意識との弁証法によって対自的に存在するものが同時に自体的に客観的に存在することを証明したのであって、現象学は観念論の生成を説いているのである。この生成が論理的であると同時に歴史的であるところから言えば、ここにヘーゲルの優れた歴史主義のあることは明らかである。しかし結論に示されている現象学における移行についての原理によると、すべて新しく発生した立場自身はその発生を自覚せず、由って来たるところを知らない。だから「観念論」という新しい意識形態もフィヒテなどにおけると同じような無媒介な登場の仕かたをするのであるが、これは裏から言えば観念論が同時に経験論であることを意味するから、ヘーゲルの思考には論理整然たるものがあることになる。

　この観念論に関して特記せらるべきは範疇についてのヘーゲル独特の解釈である。一般に当面の観念論に関する準備的な仕事としては、差別の論文と信と知という論文があるが、とくに範疇に関して重要なのは後者である。ここでヘーゲルはカントが「統覚の根源的な総合的な統一の原則」(註二四一の1参照)と呼んだものを取上げる。カントでは直観によって与えられた多様を自我が統覚において範疇を使って総合的に統一づけるのであるが、この統一をもってカントは総合的であると同時に根源的であるともした。ところですでに知覚及び悟性の段階における一者と多者との対立に関して言ったごとく(IIIの総註)、ヘーゲルは「根源的」ということを重視し、統一は多様に対立するものであるよりも、むしろこの対立を越えたものであると解する。その結果として範疇は直観の多様に対立するものであるよりも、この対立を越えて一段と高いものとなってしまう。そこに範疇が主観と客観、自我と対象との統一として観念論の基本概念となる理由がある。したがって、ちょうど悟性の段階において基底的な力が両力の対立に分裂し、そうして両力が相互に他に転換して基底的な力にかえり、基底的な力がまた両力に分極して「無限性」を形づくるのと同じ事態が範疇にも生じてくる。

三、最後にV 理性の確信と真理 の区分について言うと、これは全く範疇の右のごとき構造にしたがってなされ、AとBとCとに区分せられている。Aは観察する理性、Bは理性的自己意識の自己自身による現実化、Cは即自且つ対自的に実在的であることを自覚している個体性である。これらのうちBが行為的理性 die tätige Vernunft(三五二頁)とも、実践的な意識 das praktische Bewußtsein(三五八頁)とも言い直されているところからすると、Aは普通に理論理性と、Bは実践理性と呼ばれているものである。Aは自我と対象、自己意識と対象意識との無媒介の統一としての範疇の立場において成立するものであるが、無媒介であるから、媒介を求めざるをえず、抽象的な空虚な「自分のもの」を充実することを求めざるをえぬ、即ち観察せざるをえぬ。これがAが観察する理性たる所以である。しかし観察は対象に、存在に向う。だから観察する理性は範疇を即自ないし存在の方向において展開するものでもある。観察しているうちに自我と存在、主観と客観とには統一があると同時に分離もあり対立のあることが分ってくるが、対立を自我は克服しなくてはならぬ。かくして行為的な実践的な理性の段階即ちBに移ることになる。即ちBは範疇を対自の方向から展開したものである。そうしてCは即自にして対自なる範疇の立場で成立する段階である。そこで意識が即自的自体的には観察によって理論的に探究し、対自的には行為的実践的に努力し、とくに自我と他我との対立の克服に努力し、こうして成立するのが即自且つ対自の立場であり、普遍的理性(三五二頁)の立場である。しかしこれは普遍的理性とは言っても、まだ個人の立場からぬけ切っていない段階であるが、そこにCが「即自且つ対自的に実在的であることを自覚している個性体」と呼ばれる所以がある。言いかえると、行為的理性ないし実践的意識におけるように、個人はもはやいたずらに共同体と対立し、それを克服すべきものとは考えないけれども、しかしまだ個人が共同体のうちに自己を見出さず、共同体が個人のうちに現実に宿らぬ段階である。こういう段階は法哲学において市民社会と呼ばれるものであるが、ここからすると、共同体 Gemeinwesen と社会 Gesellschaft とはヘーゲルでも同じであると同時に、社会の場合は個と全、或は個と個との対立のほうが主となっていると言える。したがってCは社会的理性とも呼ぶことのできる段階である。

それで誤解を怖れず、分り易く言えば、Aは理論的理性、Bは実践的理性、Cは社会的理性であり、それぞれ範疇の即自―対自―即自且つ対自という構造にしたがって成立するものであり、またいずれも理性の確信を真理にまで高めて、精神にまで至らんとする段階である。

二四二

A　観察する理性

あらゆる実在であるという確信も確信であるかぎり、観察する理性とならざるをえぬのは前総註に言ったごとくである。しかし観察するのはまだ抽象的な空虚な「自分のもの」を充実するためであるから、物を観察すると言っても自己を求めることである。ところで概念とは自己的なものである(三五頁)から、観察の求めるものは概念である。と言っても、観察する理性は「存在」としての範疇において成立する理性である。だからそれは存在的な対象的な形態における概念即ち法則(註四三の1参照)を求めるものであり、記述することも、標識を求めることも、法則を定立せんがためである。かかるA 観察する理性もa)とb)とc)とに分たれており、a)は自然の観察(二四五頁)、b)は精神或は自己意識の観察(二九九頁)、c)は両者の関係の観察(三〇八頁)であるが、しかし基本の境地が「存在」にあるから、b)とc)といえどもまた存在するものとして、しかもc)といえども感覚的に存在するものとして観察せられるのである。

二四五

a　自然の観察

〔一　自然物の観察〕

本文ではaに対してbとcとが区別せられているだけで、a自身には区別は設けられていない。しかし目次を見ると、a

に続いて記述一般、諸標識、諸法則とあり、そうしてこの記述—標識—法則という系列と同位のものとして「有機的なものの観察」がおかれ、これがαとβとγとに分たれている。そこで先ず記述—標識—法則の系列に関する部分を「自然物の観察」と見て、その思想行程をたどると、次のごとくである。

あらゆる実在であることを確信する理性も、ただ単に確信であるかぎり、すべてが「自分のもの」であると言っても、これは抽象的であり空虚である、だから、じっさいには感覚と知覚と悟性とが理性にも残っている。そこで自然を観察する理性も理性の境地において対象意識のこれらの段階を再び遍歴せざるをえぬ。そこで理性も最初は感覚の態度をとるが、しかし感覚された個別は「観察」たる資格をもたない。かかる資格をもつものは個別から抽象された普遍であり、そうしてこの抽象を行うものが記述である。ところで記述せらるべきものは無限に豊富であるが、こういうものがそのまま記述されることのできぬのは、もちろんである。かくて非本質的なものから本質的なものを区別することが必要となるが、この本質的なものは、或るものがそれを目印として他のものから区別されるところのものとしては標識である。この標識も最初はただ認識にのみ役立つものとして主観的であるにすぎないが、それが同時に客観的であり、人為的体系が同時に自然そのものの体系であることが一切の実在であろうとする理性の根本要求に基づいて達成せらるべきである。このことが達成せられて客観的な標識がその成立を見たとしても、それは連続的なものの切断として、限定された普遍者として、限定的にしてしかも普遍的なものとして、矛盾し対立せるものを含んでいる。つまり標識は諸物の区別を含むと共に関係をも含んでいるから、標識を指示せんとする観察は、或は普遍(連続)をもって原理とし、或は限定(非連続)をもって原理とすることになり、両者に関して矛盾・動揺に陥る。かくて観察の求むべきものは対立し矛盾せるものの統一であるが、この統一が即ち法則である。物のうちに認識せらるべき理性的なものとはこの法則のことなのである。法則は相反するものの統一としてその本性においては概念であるけれども、観察にとってはその対象化的傾向の故に、経験において対象的存在的なものとして与えられる。このことは概念にとっても対象性や現実性が不可欠の契機であることからして当然のことであるが、しかしまた法則は概念的なものにまで純化されなくてはならぬ。この純化をなすものが即ち実験である。実験によって法則の契機は一定の感覚物への依存を脱却して普遍者となり、自立性をえて物質(素)と呼ばれるものとなる。しかし物質は普遍者としてすでに概念的なものであり、したがって互に対立する「物質」は同一に帰するけれども、それはまた存在的対象的なものであり、そこに観察の対象化的傾向はあるのである。

かくて結論は次のようである。すでに相対立するものが同一であることが明らかとなったが、自己に対立するものにおいて自己を維持するものは生命的有機的なものである。したがって法則の定立せられうるかぎり、およそ自然はじつは生命的なものである。しかしつねに他者を外から対象として受容する現象学的意識一般の、殊に観察する理性の対象への方向の故に、生命的なものは従来の運動から発生した結果としてではなく、新たなる対象として登場せざるをえない。かくて観察はこの生命的なものに移って、その法則を認識しなくてはならぬことになるが、この観点からすれば、記述—標識—法則について右に言われたことは有機的たることの明示されぬかぎりの自然物の観察であることになる。じっさいヘーゲル自身もAの結論(三四三頁から)を示すにあたって、記述—標識—法則の部分に対してはかかる見方をとっている。

なお記述から標識を通じて法則に到る運動に対する、殊に法則・経験・実験に関する論に対する史的背景としては哲学史におけるフランシス・ベイコンに関する叙述(全集一九巻二七八—二九六頁)が参考になる。

右のような次第で自然物の、また非有機的自然の観察であるかぎりの「自然の観察」は「有機的なものの観察」に移って行くが、内容目次で明らかであるように、後者には番号はつけられないままに前者と同位のものとされているのは、前者を後者の形で展開せんとする意図を示したものである。こうして最後には(二八六頁の見出し参照)有機的なものの観察と非有機的なものの観察との関係に言及して、自然全体の観察の立場を守っている。

二五七

〔二〕 有機的なものの観察

この見出しは本文にはないが、目次にはヘーゲル自身がしるしているものであって、aと同位のものとなっているから、ここでaの終りまでを取上げることにすると、テーマは次のごとくである。

さて自然の観察は法則に向ったが、法則とはヘーゲルでは対立するものの同一のことである。ところで有機的なものとは己れに対立するものとの関係において己れを維持するものであるから、自然の観察はおのずと有機的なものの観察に向うことになる。そこで有機的なものに対立する他者とはなんであるかと言えば、先ず考えられるのは、非有機的な自然であり環境であるから、ヘーゲルは第一にはこの関係を取上げる。しかしじつは環境が一方的に因果的に有機体に及ぼす影響であるこの関係が法則を与えるものでないことを論じて(目次のα)、目的論的関係に移り(β)、そこで第二に有機的なものに関して外なるものは内なるものの表現であるという基本法則を立て、これを特殊化している(γ)。

一、空気、水、地、地帯、気候などのごとき環境が有機体に及ぼす影響がはたして法則たりうるかどうかが先ずもって検討せられているのであるが、こういう影響のあるのは事実であって、それぞれの有機体は構造や形態において環境の影響を反映している。例えば空中に住む動物は鳥類の構造を、水中に住む動物は魚類の構造を、寒帯に住む動物は厚い毛皮をもつがごとくである。かく環境が有機体に影響を及ぼすのはもちろん否定できないけれども、しかしこの影響は法則と呼ばれるに値するほど必然的なものではない。有機体は環境から影響を蒙ると同時にそれに対する自由をもつから、この関係には多くの例外があるだけでなく、この関係に従っている有機体の場合でさえも、環境の有機体に与える規定は皮相なものであるにすぎぬ。要するに有機体は環境によって影響されると共にまたこれから自由でもある。

しかしこういう所論に関連して注意せらるべきことが二つある。第一には環境が有機体に影響を及ぼすにしても、この影響は「大きな影響がある」(二五八頁)というにとどまり、必然的関係ではないという理由で法則たる資格はないと断ぜられているけれども、しかし裏から言えば「大きな影響がある」には相違ないということである。ところで環境は後に「普遍的個体」とも「地」とも呼ばれているもの(註二九五の1参照)であるが、観察の立てようとする区分が類から種差によって種にまでは至ることができても、個にまでは及ぶことのできないのは、この普遍的個体ないし「地」の影響によることであるとされて、類—種—個と論理的にのみ解しえない自然の偶然性が強調せられている。したがって、この法則の成立しないのは「地」の影響によることであるということになるが、じっさい、この立場から二九八頁にもう一度繰返して「大きな影響がある」と言われている。第二は「大きな影響がある」という表現の示しているように、有機体と環境との関係が取上げられながら、じっさいに取上げられているのは一方的に環境の有機体に対する関係であり、しかも因果関係である。そこでかく関係が一方的であり、因果関係であることが重要である。αに対してβが環境との関係から分離して有機体をそれ自身として考察しようとしているのは、たしかに事実である。しかし「非有機的」な自然が空気、水、地帯、気候などであるとしても、ヘーゲルでは必ずしも無機的自然ではない。なぜなら、彼が有機体をもって環境から空気を呼吸すると同時に栄養を摂受して生きていると考えていることはⅣのうちの生命に関する論からして明らかなことであり、したがって「非有機的」な自然と言っても、まだ有機体にとって有機化されていないというまでであって、それ自身はむしろ有機的な自然であり、この場合には有機体は環境と相互作用に立つ。だから当面の法則が成立しないのは、むしろ有機体が環境からのみ一方的に因果的に限定せられると考えられることに基づくのであることになる。そこでこういう一方的な因果的関係を捨て去ったへーゲルは有機的なものについて目的論的関係を確立することに移って行くのである。

ひとたびことが目的論的関係に移ってからヘーゲルに顕著な影響を与えているのはカントの『判断力批判』である。そこでカントは合目的性に二つを区別した。ひとつは事柄に内面的な、したがって客観的な合目的性であり、他は事柄に外面的な主観的な合目的性であるが、有機体の考察には因果的な機械観のほかに内面的客観的合目的性の見地をもってする目的論の必要であることを高調した。しかしカントは究極においては有機体の場合といえども、合目的性の見地から考察するのは、考察するうえでの主観的な格率(方針)であって客観的な原理ではないとした、即ち有機体の場合でも結局のところ合目的性は外面的主観的なものであって、これが内面的客観的でありうるのは人間にはもつことを許されない「直観する悟性」(註二五九の3)にのみ、即ち創造神や造物主にのみ可能であるとした。したがってカントでは合目的性は結局のところ外面的である。こういうカントの所論に対してヘーゲルは次のような独自の解釈をくだしている。

有機体の場合の合目的性が一方では事柄に内面的であり、したがって客観的でありながら、他方では外面的主観的であるということは、一言をもってすれば、有機体がカントの言う目的自体であり、自己目的であるということである(註二六二の2参照)。目的自体であることは有機体がそれ自身において目的であることを意味しているけれども、しかし同時にこのことがまだ自体的即自的可能的であって、対自的現実的でないことをも意味している。前者から言えば、目的は決して有機体のそとにあるのではなく、有機体に内在する。中途で無縁の他者に関係するように見えはしても、有機体の活動が要するに個体としての、また種族としての自己の維持に帰するのはこれがためである。したがって初めは終りであり終りは初めであり、手段 Mittel の段階、或は媒介 Mitte の段階という「中」において合目的性からはずれるように見えても、これはあくまでも外観であるにすぎぬ。なぜなら、どういう餌を食らうとしても、有機体は所詮は自己を維持しているからである。かくて始中終は一に帰するが、これが「自己目的」ということの意味である。しかし、このように有機体がそれ自身において目的であるにしても、これは即自であって、対自ではない。この点からすれば目的は有機体に内在するのではなく、そのそとにあり、その活動が必ずしも合目的ではなく、始中終がややもすれば相分れ、殊に中が目的からはずれることの多いのはこれがためである。

ところで右のごとき事態の両面は観察する理性の立場に応ずることである。一方で有機体の活動が要するに自己維持であって、その始中終、とくに始終が帰一するということは「理性とは合目的活動である」(序文二〇頁二段)ことを認識せしめる所以であり、そのかぎり有機体を観察する理性は自己を認識している。一般に理性が自然を観察するのは、概念を認識せんがためであり、そうして概念は自己的であるから、自然のうちに自己を認識せんがためであり、有機体の場合はもっともよくこの目的にかなっているが故に、観察する理性はこれに向ったのである。しかし他方からすれば、観察する理性は即自的に理性たるだけで、まだ対自的には理性ではなく、自己を対象化し、自己を対象のうちに見失う。ところで対象化することはまたそれぞれの規定を孤立化させる所以であるから、始中終、とくに始終と中とは相離れる。そこに観察がややもすれば目的観を放棄する所以がある。しかし即自的自体的に成立しているものは対象的にもやはり現象せざるをえぬから、理性は合目的性の見地から有機体を観察するのである。

以上のように環境が一方的に因果的に有機体に及ぼす影響を取上げて、これには法則たりうる資格はないと断じ、このことを切っ掛けとして有機体についての目的論的な見方を確立することがａと同位にたつ「有機的なものの観察」と題せられる段階の第一の主要点である。

こうして有機体には両面がある。即ちその活動の始中終が帰一している側面は観察にとっては潜在して顕在していないのであるから、この側面は内なるものである。これに対して始中終、殊に中が始終から離れている側面が外なるものである。しかし内と外とは分離するにとどまるのでないから、そこで理性が有機体において観察せんとする法則は「外なるものは内なるものの表現である」ということになるが、これがこの段階の第二の主要点である。

二、「外なるものは内なるものの表現である」というのが「有機的なものの観察」の第二のテーマであるが、この法則はその特殊化においてじつは以下Ａ観察する理性の全体にわたるものであるので、むしろこの点を第二の主要点として解明することにすると、この第二点に移ってから、影響の顕著なのはシェリングの説であるが、これに対してもヘーゲルはやはり独自の解釈をくだし、これを自家薬籠中のものとしている。

先ず内なるものと外なるものとがそれぞれどのように規定せられているかと言うに、ヘーゲルはキールマイヤー――シェリング説(註二六八の1)にしたがって内なるものをもって感受性―反応性―再生とし、これに応じて外なるものをもって神経組織―筋組織―内臓組織としている。そこで「外なるものは内なるものの表現である」というのは、かかる組織においてかかる機能の表現を見ることをいうことになるが、しかしさらに内なるものと外なるもののいずれも各自の立場においての内なるものと外なるものとをもつと考えられている。内なるもの自身の立場における外なるものというのは、キールマイヤ

－－シェリング説のごとく感受性―反応性―再生という三機能の間に正比例的反比例的関係が成立しているとすれば、任意の一が任意の他に対して発現であり、外化であるという意味をもつことをさすのである。だから此処にも外なるものは内なるものの表現であるという法則が成立する。これに対して有機体における外なるもの自身のもつ内なるものと外なるものとは、非有機体における内と外とに酷似しているという理由により、この場合とのアナロジィによって決定されようとしている。非有機体の場合には、ステフェンス－シェリング説(註二八七の2参照)にしたがい、その内なるものは比重、その外なるものは凝集力に代表せられる比重以外の諸性質の群と一応規定せられているから、ここにも外は内の表現という法則の成立が少くとも問題となりうる。こういう非有機体の場合とのアナロジィによって有機体の場合には類―種―個の系列が立てられ、この系列における類が内なるものとして個体の形態という外なるものにおいて表現をもつと考えられており、此処にも「外なるものは内なるものの表現である」という基本法則がその適用を見出すことになる。そこで有機体の場合だけを考えると、この基本法則の成立には三つの場合、非有機体の場合をも加えると四つの場合があることになる。

目次では内なるもの自身のもつ感受性―反応性―再生という三契機のうち任意の一が他を表現するという場合が$\alpha\alpha$、かかる内なるものが神経組織―筋組織―内臓組織という外なるものにおいて表現をもつという場合が$\beta\beta$、外なるもの自身の内なるものについて論ずる場合が$\gamma\gamma$とされているが、本論は$\gamma\gamma$において非有機的なものとのアナロジィの必要上、これに移って自然を全体として類―種―個の体系として把握しようとしながら、この体系が貫徹せられえないのは、地という普遍的個体の影響によることとしている。

しかし翻って考えると、環境の有機体に及ぼす影響という場合も、有機体は環境の影響を有機的に反映しているのであるから(二五八頁)、そうしてたとい、この関係を一方的な因果関係と見たとしても、「大きな影響がある」には相違ないから、ここにもやはり「外なるものは内なるものの表現である」ということが成立しうることになるが、さらにａ自然の観察とは相違するｂとｃとにも、「外なるものは内なるものの表現である」という法則はあてはまるのである。ｂにおいては先ず論理学的法則が取上げられるが、ここでは種々の思惟規定は互に連関し対応して、ちょうど感受性―反応性―再生という三機能が互に他の発現であり外化であるのと同じような関係が成立しているのである。ｂにおいて次いで取上げられるのは心理学的法則であるが、これは環境の有機体に及ぼす影響に酷似したものであって、ただ環境が文化的歴史的社会的環境となり、有機体であったものが各個人の心理や性格となっているという相違があるだけである。次いでｃにおいて取上げられる人相術的法則と頭蓋論的法則とのうち、前者は表情などを心意や意図の表現と見るものであり、後者は頭蓋骨の形状においてやはり心意や性格の表現を見んとするものであるから、これら二つの法則も「外なるものは内なるものの表現である」という法則の適用である。

それで「外なるものは内なるものの表現である」というのはじつはA観察する理性の全体にわたる基本法則であることになるが、特殊法則をヘーゲルの叙述した順序にしたがってあげるならば、次のごとくである。

一、有機体に及ぼす環境の影響
二、感受性—反応性—再生の相互関係
三、感受性—反応性—再生と神経組織—筋組織—内臓組織との関係
四、比重と凝集力との関係
五、類と個体の形態との関係
六、論理学的法則
七、心理学的法則
八、人相術的法則
九、頭蓋論的法則

これらのうち、一の内容について説明し、またこの一への対立において目的論の立場を明らかにするのが「有機的なものの観察」という段階の第一の主要点であるとしたが、二から五までについて叙べることが第二の主要点である。これらの四つの法則に対する、また基本法則に対するヘーゲルの態度は批判的であるが、このことをもって我々は「有機的なものの観察」という段階の第三の主要点となすことができるであろう。

三、理性が観察において求めているものはじつは対立するものが対立しながら同一であるという概念であり無限性である。これをしいて法則と言えば、Ⅲの悟性段階に所謂第二次法則であって第一次法則ではない。だから「外なるものは内なるものの表現である」ということも、また言わばその系である「外延は内包である」ということも、いずれも序文(六〇頁)に所

謂思弁的命題であり同一性命題である。或はむしろ頭蓋論の終りに出てくる言いかたをすれば無限判断（三四七頁）である、即ち肯定においても否定においても「無限」なる判断である。即ち主語と述語との間に区別があり、いな対立がありつつも、両者は同一に帰する。しかるに観察する理性は理性であることを自覚せず自己を対象のうちに見失う。だから、それはかかる無限判断、同一性命題、思弁的命題、無限性、概念を知らない。それは外なるものと内なるものとをそれぞれ固定的に定立するから、観察する理性には外なるものは内なるものであり、内なるものは外なるものであることはない。しかしそれでも両項の同一性はほのかに認められているので、この同一性が「表現」という語で言いあらわされることになる。そうして観察は外なるものと内なるものということき両側面をそれぞれ固定させるから、両側面の規定も、両者の関係の規定もいずれも量的なものになる。けだし固定したもの相互の関係は外面的関係である量とならざるをえぬからである。観察はただ第一次法則をしか知らず、したがってまた量化を行うのであるが、こういうことが最もよく現れているのは感受性―反応性―再生に関する第二法則の場合である。

有機体が刺戟を感受するのは自己のうちに還帰することである。しかし還帰はしても有機体は対象たる他者に働きかけるが、これが即ち反応性である。しかし働きかけることによって却って有機体は自己のうちに還帰するが、これが再生である。だから感受性と反応性と再生とは自己を維持するものであるという、目的自体であるという、自己目的であるという有機体の概念そのものから導き出される三つの契機であって、三者は三にして一、一にして三である統一をなしている。三者は区別をもちながら、相互交替をなすのであって、それぞれの限定を固定することは許されない。しかるに観察する理性はこの固定化を行う。そうして固定化を行うから、またおのずと量化することにもなる。かくして生ずるものがキールマイヤー―シェリングの法則なのである。

第三法則の場合もほぼ同様である。例えば感受性が神経組織をもち、これにおいて表現せられると言っても、感受性は神経組織を越えて筋組織にも内臓組織にも滲透している。したがって組織のこういう区別もまた固定的なものではないのに、この区別が固定されているから第三法則も真の意味の法則を与えず、せいぜい、ただ第一次法則を与えるだけである。

第四法則に至ってはそもそも自己維持をなすことのない非有機体に関するのであるから、第二次法則を与えぬことは自明である。内容的に言っても、外なるものをどうして凝集力にまで一括するかが問題であり、たとい一括しえたとしても、凝集力も、これに対して内なるものをなす比重も、いずれ物がもっているところの、ただありきたりの感覚的性質のひとつであるにすぎぬから、相互滲透することのないのは明らかである。

第五の法則においては内なるものは類であり、外なるものは現実の形態である。しかし類の区分原理は数である、即ち類の限定は数であるが、そもそもこのことは類が個体のもつ形態に没交渉であることを示している。したがって少くも第二次法則の成立しえないことは明らかであるが、その原因は有機体に対して「地」という「普遍的個体」或は環境の支配力が強大であることに存するとされている(地の威力は類―種―個の関係についてのみ言われているが、しかしその他の関係、しかも実験によって発見せられた法則の場合にも妥当することであろう)。なおヘーゲルにとっては類―種―個の関係は有機体に関するものではあっても、形態というその外なるものに関するのであるから、同時に非有機体にも関するものであると考えられて、「有機的なものの観察」は「自然の観察」と同位のものであるとされ、この観点から「ひとつの有機的全体としての自然観察」(二八六頁)について語られている。

かくして有機的なものの観察或は自然の観察は概念を与えない。与えるのはせいぜい第一次法則であって、第二次法則ではない。第二次法則の成立しない点ではヘーゲルの論は峻烈を極めているがしかし同時に第一次法則の成立は彼もこれを認めているものと思われる。第一次法則の枠内でしか成立しない理由のひとつは観察の対象化の態度であり、いまひとつは「地」のもつ強大な威力である。むろんこの威力の強大を思うとき、自然は偶然的運動(二九七頁)の領域であり、偶然性の領域であり、観察の仕事は「私念」(二九八頁)であるにすぎぬ。しかし、この「威力ある場面の内部において」(二九六頁)、また対象的な見方の枠内においては第一次法則は成立し、また妥当するのであろう。一見すると、諸法則をただ粉微塵にくだくような論じかたをしながらも、著しく詳論しているのはやはりそれらの意義を彼が認めていたからであろう。しかし対象的な見方の枠内でしか成立しないものであり、また殊に地の強大な威力という場面の内部においてしかこれらの法則が成立しないということは、それらが自分のうちに根拠をもたないものであること(二九七頁)、即ち経験的法則であることをヘーゲルが認めていたことを意味している(なお実験によって発見せられた法則もやはり第一次法則であり、じつは経験的法則として成立するということになるであろう)。当面の段階に対して準備的仕事をなしているのは、イェナ実質哲学のうちの自然哲学であるが、ホフマイスターがすでにこの実質哲学に始まっていた自然学の経験化 Empirisierung は現象学において完成を見ている(実質哲学の第一巻解題)と言っているのは、当面の段階を念頭においてのことであろうが、この見解は正当であると思われる。ヘーゲルは決して単純な観念論者ではない。

b　自己意識をその純粋態において、またその外的現実への関係において観察すること、論理学的法則と心理学的法則

しかし自然は観察する理性に自己を、概念を、第一次法則ではない第二次法則を与えない。そこで観察する理性は本能的に自己意識においてならば、それが与えられるであろうという期待をいだいて、その観察に向うのであるが、このとき先ず与えられるものが思惟の諸法則であり論理学の諸法則である。これらは相互に区別せられながらも相互に貫徹しあうことにおいて初めて「概念」として成立しているのに、観察はそれぞれを遊離するから、初期の目的には達しない。しかしこれらの法則はじっさいにおいては、個的主体によって意志的行為的否定的に統一づけられて「概念」として成立しているから、観察は本能的に個的主体の個体性へ向って行く。こうして論理学は心理学に移る。しかし個体性を観察すると言っても、それをただ個別的にとらえることは理性にとっては無意義であるので、心理学は個体性の法則を求めることになるが、求めるには個体性を環境との関係において観察せざるをえぬ。心理学も最初は論理学と同じく自己意識をそれ自身として即ち「純粋態」において観察していたが、個体性の法則を求めるようになると、それを「外的現実との関係」において観察することになる。

以上がbの題名の簡単な意味であるが、その思想行程をたどると、次のごとくである。

一、観察は相対立するものの統一たる概念を求めて自己意識に向うが、そのときに最初に見出されるものが思惟の諸法則である。これらの法則は一見そう思われるごとく単に主観的形式的なものでは決してない。なぜなら、それらは純粋思惟の諸法則であるが、純粋思惟とは主観と客観とに分裂しながら、しかも両者を統一するものであり、したがって客観を自己のうちに含めるものとして内容をもっているからである。しかもこの内容は一切の内容であって、ただそれが感覚的でないというだけのことである。しかし一切の内容であるのは、種々の思惟法則が相互に動的統一をなすことにおいて成立することである。

ところでいまはこれらの法則が観察されるのであるから、諸法則は対象的存在的なものとなり、したがってまた各自に離在せしめられている。思惟の法則——das Gesetz＝das Gesetzte——ということも、じつはかかる対象的分別的立場におい

て成りたつことである。けれども思惟の諸法則は真実態においては動的統一を形づくり、これによって一切の内容を、現実を自らのうちに含む自立的自存的なものであるが、しかしこの自立性は意識が与えられた現実を否定して自己のものとなす否定態において実現するから、意識は能働的行為的とならざるをえない。こうして観察といえども事態のかかる本性に導かれて行為的意識に移り行くが、そこに生ずるものが観察する心理学である。

二、観察する心理学は先ず傾向、激情、悟性というがごとき雑多な心理的能力を蒐集する。これらは各人に共通のものであるが、これらを統一しているものは各人の個体性であり個性である。前者は普遍性の側面であり、後者は個別性の側面である。観察にとってより多く課題であるのは後者の側面であるが、観察するのだからと言って、個性をただ個別的に記述することは精神の本質が普遍者であることに矛盾するから、心理学は個体性の法則を求めねばならぬことになる。

三、この法則の内外両側面のうち、一方は環境、境遇、習慣、風俗、宗教などであり、他方は個体性自身である。前者は外なるものの側面であり、後者は内なるものの側面である。つまりこの法則は環境又は世界の影響から個体性を把握せんとするものであるが、しかし個体性は環境によって影響されると共に逆にこれに変革を加えることもあり、さらに現実に対して無縁の態度をとることもあるものである。個体性は普遍的であると共にそれ自身また個別的でもあり、そうして普遍的であるかぎり、それは環境よりの影響を受け入れ風俗、慣習、宗教などにしたがって普遍的となろうとするけれども、これは事態の一面であって、個別的であるかぎり、現実に対して冷然たる無縁の態度をとることもあり、さらには現実に変革を加えることもある。要するに個体性は環境により影響されるにしても、どう影響されるかをきめるものは個体性自身の自由であり、個体性は自分で自分の環境をきめるものである。個体性自身が個別的にして普遍的、対自的にして即自的、主観的にして客観的なものである。しかるに観察はかかる両面を相互に離在せしめるから、両者のあいだには必然的関係はなくなり、法則は不成立に終る。しかし観察する理性とは理性本能としてかかる両者の統一を求めざるをえぬ衝動を負うたものであるが、こういう両者を統一づけていると考えられるものには先ず差当っては、与えられた存在と為された存在との統一としての身体的にして精神的、精神的にして身体的なものがある。そこで観察は身体的精神的な関係に向うことになる。

なお、このb段階に関する準備的な仕事については、次の段階に関連して一括して言及することにする。

c　自己意識が自分の直接的な現実に対してもつ関係の観察、人相術と頭蓋論

観察する理性は概念を求めるが、これは対立するものが対立するがままに一であるところに成立するものである。しかし自然の観察はこれを与えなかった。そこで自己意識においてならばと期待して観察はこれに向った。最初は自己意識をその純粋態において観察していたが、個体性の法則を求めざるをえなくなって、外的現実との関係における自己意識の観察に移ったが、「概念」はやはり与えられなかった。そこで与えられなかったのは外的現実との関係において観察するからであって、「直接的現実」との関係において観察するならば与えられるであろうと期待することになる。このさい直接的現実とは身体のことである。身体は生得的に与えられたものであると同時に精神の働きによって為され形成せられたものであるから、そこには精神という内なるものが表現せられているはずである、こういう即身的表現は顔つきであり表情であると共にまた骨相である。前者において人相術、後者において頭蓋論が成立する。以上が題名の簡単な意味である。

しかし、これら二つについての論は論理学及び心理学の場合、とくに論理学の場合に比して著しく詳細であって、ヘーゲルが体系への序論であるべきはずの「意識経験の学」という構想を放棄せざるをえなくなったひとつの原因をなしていると考えられる。しかし詳細にわたらざるをえなかったのには二つの理由がある。

第一は歴史的な理由である。ここで人相術と呼ばれているものがラーヴァター(Johann Kaspar Lavater, 1741-1801)のものであることは、人名を殆んどあげることのない現象学が珍しくリヒテンベルグの名を二度まであげて、その『人相術について――人相術者に反対して』(Über Physiognomik wider die Physiognomen, 1778)からの引用を行なっていることによって明らかである。なぜなら、このリヒテンベルグが反論しようとしたのはラーヴァターにほかならないからである。ラーヴァターはスイスのプロテスタント牧師で、また文筆家をもって聞えていたが、彼の『人相術断片――人間知と人間愛との促進のために』(Physiognomische Fragmente zur Beförderung der Menschenkenntnis und -liebe, 4 Bde., 1775-78)はじつに一世の耳目を聳動したものである。リヒテンベルグは直ちに反撃に出たが、ゲーテは深い関心をいだき、ラーヴァターと交友関係を結んだ。

一八〇三年シェリングよりの書簡(三八号)は彫刻家ダンネッカーがラーヴァターの胸像をシラーのものと共に大理石に刻

んでいたことを告げているが、これによって彼が「南方の魔術師」という名をほしいままにし、多くの信奉者をもっていたことがわかる。影響はオランダにもイギリスにも及んだ。オランダでは有名な解剖学者カンペル(Pieter Camper, 1722–89)はラーヴァターに賛成して顔面角(facial angle)の説を唱え、イギリスでも解剖学者ベル(Charles Bell, 1774–1842)が『表情の解剖学についての試み』(一八〇六年)をかき、これが有名なダーヴィンの『情緒の表出について』(一八七二年)の出現をうながすことになる。とにかく現象学のかかれた頃には、ラーヴァターはヨーロッパ的存在であった。

頭蓋論のほうについてはイェナ時代のアフォリスメンの七八にガル博士が頭蓋論についての講演を行って最高の驚歎をかちえたことがしるされているので、ガル(Franz Joseph Gall, 1758–1828)のものであることは明らかである。ガルはバーデンのプフォルツハイム生れの医者であったが、脳の諸機能はそれぞれ一定の位置にかぎられているという定位説(Lokalisationstheorie)を提唱し、頭蓋の形状によって性格、気質、素質、能力を認識しうると説いた。ただし彼自身は本文(三〇八頁)の示すごとく Schädellehre ないし Kraniologie という称を用いていたのであって、今日一般に用いられている Phrenologie という名称は一八一五年頃になって一派の人々によって初めて用いられたものであり、また主著『神経系統一般の、特に脳神経系統の解剖学と生理学』(Anatomie et physiologie du système nerveux en général et du cerveau en particulier……reconnaître plusieurs dispositions intellectuelles et morales……par la configuration de leur tête, 1810–18)は現象学のかかれたより後にフランスにおいて公けにされたものであるが、その以前からガルはドイツの諸地方で講演を行い、イェナにもきたのであって、宣伝を帝国の命令で禁止されフランスへ亡命せざるをえなかったほど、世人の注目を浴びていた。ガルもドイツではカールス(C. G. Carus, 1789–1869)、フランスでは病理学者ブルセ(F. J. V. Broussais, 1772–1838)のごとき有力な信奉者をえて、当時におけるヨーロッパ的存在であった(後に実証哲学を唱えたことで有名なコントも彼の信奉者となった)。

こういう歴史的な事情がヘーゲルをして人相術と頭蓋論とについて詳論させた一因である。しかし事態的な理由もある(ただし、これは本来的には頭蓋論について妥当するのであって、人相術の場合は頭蓋論の場合に準ずるにすぎない)。

「観察する理性の結論」(三四三頁の見出し)という項によって明らかであるように、頭蓋論は観察する理性の正体をあからさまに暴露したものである。さて理性とは自我があらゆる実在であるという確信(二二八頁)であり、この確信の立場をとり、それを確証するためにあらゆる実在において自我を見、自我をもってあらゆる実在と見ようとするものが観察する理性であった。ところで実在 Realität というのは realitas のことであり、res 即ち物たることである。だからあらゆる実在において自我を見、自我をあらゆる実在と見ようとするということは、端的に言えば物において自我を見、自我をもって物と見ることを含んでいる。ところで物と言えば、本来的には見ることのできるもの、手に取ったり手で突いたりすることのできるもの(三四六頁)であるが、頭蓋論の基本的命題は自我とか精神とか人間とかがこういう見ることのでき、手にとることのできる頭蓋骨であるということ、即ち唯物論を表明したものである。かかる唯物論はあらゆる実在であることの確信として、あらゆる実在において自我を見、自我をあらゆる実在として見ようとしていた観察する理性の正体を暴露したものである。むろんすでに非有機体の観察にさいして、実験によってえられた「素」は物ならぬ物であって、かかる対立する素を統一づける概念が生じていたのであり、況や有機体の観察、論理学的心理学的法則の観察となった場合に概念の出現しているのは、なおさらのことである。しかし、それでもあらゆる実在において自我を見、自我をもって実在となさんとする観察には自我をもって、目で見たり手に取ったり手で突いたりすることのできる物であるとする唯物論がじつは暗に含まれていた。自然の観察、純粋態における自己意識の観察、外的現実との関係における自己意識の観察、直接的現実との関係における自己意識の観察と、すでにすべての場合がつくされたにも拘らず、「概念」が見出されなかったのは、観察には暗に唯物論が前提せられていたからであるが、この暗に含まれていた事態を白日のもとにさらし、対決を迫るものが頭蓋論にほかならないのである。

或は次のようにも言うことができる。不幸な意識は苦闘の結果として自我をひきずり出して物とし、こうして自己意識は再び対象意識となった(二二六頁、二三一頁、三四七頁)。そうかと言って自己意識がただの対象意識に逆戻りをしたにすぎないのではない。もはや対象は単なる対象ではなくして同時に自我である(三四七頁)。かくて対象と自我との統一としての範疇が成立している。しかし、この範疇は自己と対象との統一であるにとどまる統一である。そこで意識のほうでも、このただ無媒介にあるにすぎぬ統一に対して、やはり無媒介に受取るという態度をとるときに成立するものが観察する理性にほかならない。しかし、このような直接的な存在、即ち「そこ」にあるにすぎぬ存在はまた目で見たり手に取ったり手で突いたりすることのできる物である。たとい観察がこの事実を暗らまし、ごまかすにしてもそうである。したがって自我や精神や人間の「存在」をもって頭蓋骨であり、骨であるとする頭蓋論の唯物論はこの正体を、観察する理性につきつけて、この事態との対決を迫るものなのである。

こうして頭蓋論は観察する理性のうちに含まれている唯物論を純粋な形式(三四二頁、三四九頁)において取り出したものとして、それの完成であり、転換の不可避であることを示す段階である。頭蓋論は観察する理性にとって不可欠の段階であり、ちょうど神と人との分離を極限にした故をもって、却って救いの戸口(三四三頁)に立っていたユダヤ民族の状態にも比すべき段階である。

頭蓋論が与える「精神は物である」或は「自我は物である」という命題は一方では精神ないし自我を物にまでさげる唯物論を意味すると同時に、他方では物を精神ないし自我にまで高める観念論を意味している。こういう二様の意味をもっているのは、この命題が肯定判断であると同時に否定判断でもあり、肯定判断であるかぎり、主語と述語とが全く同一に帰するところの、序文(六〇頁)にいわゆる同一性命題でありながら、唯物論と観念論とが全く相反したものであるのと同じく、主語と述語とは全く対立したものであり、それでいてまた両者は同一に帰するのであるから、この命題は序文(同頁)にいわゆる思弁的命題である。この思弁的命題を当面の本文は無限判断*と呼んでいる。

* 無限判断を特別に取上げているのは、Hermann Schmitz の Hegel als Denker der Individualität, 1957 のうちに含まれている Das unendliche Urteil und der Schluß als Prinzipien der Dialektik という論文である。

このさい無限判断の規定に関して、ヘーゲルがカントの影響のもとにあることは明らかである。カント(『純理批判』B九七―九八)によると、無限判断とは形式のうえでは肯定判断であるが、内容のうえでは否定判断である。例えば「霊魂は死すべきものではない」と言えば否定判断であるが、これに対して「霊魂は不死なるものである」と言えば、形式のうえでは肯定ではあっても、内容のうえでは否定判断である。それではなぜ、この判断が「無限判断」であるかというと、すべてのものを死すべきものと死すべきではないものとに分ち、霊魂は死すべきではないものに所属させられてはいるが、しかしどのような死すべきでないものであるかという限定はまだ与えられていないからである。カントでは無限判断は範疇表における質範疇の第三段階たる制限 Limitation にあたるが、この立場ですべてのものを死すべきものと死すべきでないものという二つの領域に分ち、両者の範囲を制限すると共に、霊魂の属している不死なるものの領域自身のうちで霊魂が何処にあるかはなお不定であるという意味においてこの判断は無限なのである。

かく無限判断が肯定的であると同時に否定的であるということは、ヘーゲルにおいても受けつがれているけれども、ただ「無限」の意味が異なっている。ヘーゲルにおいては無限は肯否いずれにも関していて、肯定においても否定においても無限な判断が無限判断である。しかも、この無限は悪無限ではなく真無限である。言いかえると、すでにⅢ 悟性段階の終りにおいて成立を見た無限性の「無限」なのである。無限判断は「無限性の意識」(三四九頁)をもって受取られなくてはならぬとヘーゲルの言っているのは、これを意味している。肯定において無限であるところから言うと、「自我は物である」ということはたしかに成立する。しかも、この命題において主語は主語、述語は述語としてそれぞれ固定するのではなく、言いかえると、この命題は「持続的な命題」(同頁)ではなく、主語は述語に転換し、述語は主語に転換し、両者全く同一に帰するのである。即ちこの命題は序文にいわゆる同一性命題であり、この意味において肯定に関して徹底的であり、無限である。しかし同時にこの同一性が主語と述語とに分裂し、互に否定的に対立するが、この意味においてこの判断は否定においてもまた徹底的であり、無限である。したがってすでに悟性段階の終りにおいてえられた無限性の立場において、統一が対立に分裂し、対立するものが相互転換において統一に帰するという運動において成立するものが即ち無限判断であり、無限判断はこういう意味において肯否のいずれにおいても無限なのである。なお同一性判断が同時に無限判断であることは、八二五頁に」この同一性判断は同時に無限判断である」としるされていることによって明らかである。

もっともヘーゲルの論理学(エンチュクロペディー一七三節、大論理学、全集五巻八九—九三頁)においては、例えば「このバラは赤くない」というときには赤であることは否定せられていても、色をもつことは否定せられていないのに対して、赤の類概念たる色をまで否定するものが無限判断であり、実践の領域から例をとるならば、訴訟においては或る人の或る物に対する所有権が否定され、ないし否定さるべきと主張せられるにすぎないのに対して、犯罪においては凡そ所有権そのものが否定されているが、かかる犯罪が無限判断にあたるものであると言っている。したがってここでは無限判断が否定においてのみ無限であることが強調せられているきらいはあるけれども、論理学においても無限判断は肯定判断と否定判断との総合の位置に立つものであるから、根本においては現象学の場合と同じである。

かくて無限判断とは肯定においても否定においても無限なものである。肯定において無限であるかぎり、頭蓋論の命題もまた成立する。ただそれは「持続的な命題」にとどまって「同一性命題」に至ることがないのみか、否定において無限であることを忘れている。そのかぎり観察する理性は実在の自我に対する否定性をあらわにする行為的理性に移って行かなくてはならないことになる。

しかし肯定においても否定においても無限であるということは表象の立場で成立することではなく、ただ概念の立場においてのみ成立することである。いな無限判断とヘーゲルの「概念」の立場とは結局同じものである。だから無限判断なくしては、Ⅷ絶対的な知ることも成立することはできない。じっさいⅧにおいて、それまでの経過を回顧するにあたり、ヘーゲルは感覚―知覚―悟性の系列のうち、感覚の与える直接的存在を極限化したものが頭蓋論の無限判断である(一一四〇頁)とし、そうして知覚の与える対自と対他との関係を極限化したものはⅥのBに属する啓蒙の有用性の立場であり、悟性の与える対自と対他とを包む普遍ないし内なるものを極限化したものはCに属する良心の立場であるとし、有用性の立場と良心の立場とで無限判断の意味を完成させ、こうして完成した無限判断の立場によって啓示宗教の実体を主体化することにおいて絶対的な知ることは成立を見ている。だから無限判断は絶対的な知ることにとって全く不可欠なものであるが、これを与える最初のものが頭蓋論である。ヘーゲルがこれについて詳論するのには歴史的な理由のほかに事態的な理由も十分にあるというこ*とになる(ただし頭蓋論以後における絶対的な知ることの成立の経過が妥当かどうかは別問題である)。

＊ 頭蓋論は現象学における第一の頂点 Spitze であり、第二の頂点は啓蒙の有用性、第三の頂点は全的に知ること(良心)の立場、そうして啓示宗教が最後の転換点 Letzter Wendungspunk である。

絶対的な知ることとの関連からなお言うと、それが成立してしまうと、現象知の学も精神の歴史も、絶対精神の頭蓋の場 Schädelstätte(一一六五頁)即ちゴルゴタ(新約聖書マタイ伝二七の三三、マルコ伝一五の二二、ルカ伝二三の三三、ヨハネ伝一九の一七)をなすにすぎぬとされている。神の受肉したものであるクリストは十字架について死ななくてはならぬが、死ねば残るのは頭蓋骨(ゴルゴタ)のみである。しかしクリストの死するのは絶対者がまさに絶対者たらんがためであるが、絶対者も現象知と精神の歴史とを欠くならば孤独であって、絶対者も却って絶対ではない。これらがあって初めて絶対者は現実的であり、これらはむしろ絶対者の王座であり、その支配権を現実に示したものであるが、そう解したときには、これらはただのゴルゴタにはとどまらぬ。古代彫刻の神像が人像であるごとく、人体もまたゴルゴタにはとどまらぬ。それを単なるゴルゴタにしたのがガルの誤りである(美学講義、全集一三巻三七三頁)。

このようなゴルゴタ論からしても、この段階はヘーゲルにとっては重要なものである。

以上によって人相術と頭蓋論、とくに後者の詳論せられざるをえなかった理由は明らかとなったが、現象学以前の準備的研究について言うと、ラーヴァターの人相術の場合は、年代の関係上あったことが可能であるが、ガルの頭蓋論の場合にはイエナ時代のアフォリスメンの七八に次のようなユーモラスな記録があって、ヘーゲルがイエナでガルの講演をきいたことがあるだけである。

「本格的な自然誌のさる愛好者が提案して言うには、すでに講演の課程を最高の驚嘆をもって終了させて、もう十分有名なガル博士に今一度講習をやってもらうように要求しよう、なぜなら、講習によって氏が尽くるところを知らぬ人物であり、断えず新しい話を我らに語るすべを心得ている人物であることがわかるからであると。ところで氏は最初この提案に反対でない態度をとり、新しい準備によって自分の頭蓋論をもう一度明るみにもたらすことを約束した。即ち氏が約束したのは次のようなことである。

一、脳のことを叙べるのに、その薄い膜をのばすのを、紳士に対してはパンツで、淑女に対しては一対のズボンでやって見せること。

二、神経の起原が臀部にあるのを示すこと。

三、淑女には舞踏の気質(Sinn)のほかに、裁縫や料理の気質があり、田夫野人の場合には(打穀の)からざおの気質があり、ほかのものにはほら吹きの気質があるというような具合に、こんなに非常に数多くの気質を格別考えもせずに示すこと。

四、孤児院からバルバラ・シュプリュツバインという髪結いさんを氏はつれてくるが、この髪結いさんは頭蓋骨の扱いになれ経験をつんでいるので、ガル博士の説を支持するであろうということ。」

この記述のうち、一には本文にも相応することがあり(註三三〇の3参照)、また三にも、本文は「洗錬された心理学と人間学」(三三七頁)があげる人殺しの気質、盗人の気質、詩人の気質などの想定において対応している。しかし、このアフォリスメンの七八以外には頭蓋論に関する記述はないから、準備的考察なしに論を展開したことになるけれども、ガルの生理学的心理学を理解する素地はすでにずっと以前からできていた。これを示すものがホフマイスターによって『主観的精神の哲学への資料』Materialien zu einer Philosophie des subjektiven Geistes(ドクメンテ一九五—二一七頁、計七六九行、ただし題はシュラーのごとく『心理と論理学とへの資料』とするほうが妥当)である。

この手記は問題を表象と悟性とに大別しているが、表象に関する部分は現象学の頭蓋論における「心理学」ないし「人間知」と著しい類似を示している。

本文は三四九頁において突如として「脳繊維」ということを持出して、かくのごときものは、頭蓋骨とはちがい、「そこ」

にある存在となったときには、もはや生けるものでなく死せるものであって、ただ解剖学に対してのみ存在するものであるから、仮説のうえのものたるにすぎないと言っている。ところで手記にはしばしば脳繊維ということが出ており、しかも仮説のひとつとして出ている(ドクメンテ二〇二頁、二〇三頁、二〇七頁)。手記によると、機械的な原因として働く脳髄のうちには種々の繊維があり、そのひとつが他を刺戟し、そうしてこの他方が魂のうちにおけるひとつの表象を刺戟するのであって、魂自身のうちにおいてひとつの表象が直接に他の表象を刺戟するということはないことになっている。また本文は一定の感情がおこったさいに脳髄の一定の位置における運動が頭蓋の一定の位置の形状に影響するという想定を立てるにあたって(三三五―三三六頁)、思考に伴って感ぜられる苦痛を持出しているが、これも手記のうちにある(ドクメンテ一九七頁、二〇〇頁)。即ちこれによると、頭脳労働にさいして疲労の感ぜられるのは、脳における神経液が消費せられるからである。また本文は精神の座たりうる一応の候補者として、脳髄と脊髄とをあげているが(三二八頁)、同様のことは手記にもある(ドクメンテ九七頁)。さらに本文は脳髄の頭蓋骨への働きかたが因果連関(三二五頁)かどうかを問題としているが、手記も脳髄をもって機械的原因(ドクメンテ二〇二頁)として働くものとしている。本文は頭蓋論の確定しうるのは現実ではなくて可能性であり素質 Anlage である(三三九頁)と言うが、この素質は手記にしばしば出てくる Disposition にあたるものである。本文は頭蓋の一定の形状から推定せられうべき素質や能力のひとつとして詩人のものをあげているが(三二九頁、三三五頁)、手記もやはり詩人の能力を取りあげている(ドクメンテ二〇五頁)。そうして最後に本文が頭蓋論は概念の立場においては成立しえないとしても、それが表象の立場では成立しうる可能性をまで否定するものではないと言っているが(三三七頁)、これは手記の第一部が「魂の基本的な力は表象する力である」(ドクメンテ一九九頁)という立場のものであることに応じている。

手記の第一部に対して基本的な影響を及ぼしているのは、ホフマイスターによると、アーベル(Jakob Friedrich Abel, 1751-1829)である(ドクメンテ四四九頁)。アーベルは一七七九年からシュトゥットガルトのカール校の教授であり、九〇年からはテュビンゲン大学の教授であったが、カール校は古風なテュビンゲン大学に対抗して領内に新風を吹きこむために、ヴュルテンベルグのカール・オイゲン公によって創立せられた学校であったので、おのずとデカルト、ホッブス、連想心理学で有名なハートリ(David Hartley, 1705-57)、テーテンスやラーヴァターに影響を与えたボネ(Charles Bonnet, 1720-93)などの心理学、即ち精神の活動の座をもって脳髄であるとし、それを物質的な印象や痕跡によって説明しようとし、したがって脳繊維や神経振動や神経液という流動体についての仮説を立てたところの生理的心理学を、アーベルは受けいれており、著書には『人間の表象の根源』(一七八六年)、『心理学入門』(一七八六年)、『観念再生の原因についての就職論文』(一七九四年)などがあって、自分の心理学を「哲学的人間論」とも呼んでいた。有名な詩人シラーはこのアーベル教授のもとで卒業論文として『哲学的心理学』(一七七九年)及び『人間の動物的本性と精神的な本性との連関についての試み』(一七八〇年)をかいている。ヘーゲルの日記(一七八五年七月一四日)は友人たちとの会合においてアーベルの講演をきいたことをしるしており(ドクメンテ一五頁)、また彼のテュビンゲン大学在学は一七八八—九三年であるから、アーベルの講義をきいたことは十分可能である。

それで手記の基本をなしているのは、テュビンゲン大学におけるアーベル教授の講義のノートでもあろうが、しかしその一七九四年の著作も利用せられているところからすると、出来あがりはベルン時代であろう。しかし、この手記の狂気に関する部分は殆んどそのまま哲学予備学のエンチュクロペディー一五三節に転用せられているので、イェナ時代にも活用せられていたものであろう。以上のような次第でガルの生理学的心理学を受けいれ理解する素地はすでにずっと以前から出来ていたわけである。

なおこの手記はただ一箇処(二一〇頁)においてではあるが、人相術にも触れている。そのさいの関連は、言語と観念との結合であり、この結合は外面的恣意的であるが故に、言語は観念に対してただ「しるし」たるにすぎぬが、人相もまた内面に対して同様であるということである。現象学において有機体の観察以来の指導的な見地は「外なるものは内なるものの表現である」という基本命題であって、現象学が人相術に対してくだした断案は人相や表情は内面の「しるし」たるにすぎぬということであり、そうして頭蓋論の場合は「しるし」でさえないということである。したがってこの手記は人相術と頭蓋論との取上げかたをもきめていることになる。なお、ローゼンクランツ(一三頁)によると、ギムナジウム時代のヘーゲルが作成していた抜萃のうちに「経験と人相術」という項目があるが、しかし、この項目についてのローゼンクランツの説明では、抜萃されたもののうちに、ラーヴァターとリヒテンベルグとが含まれていたかどうかは不明である。

この手記の第一部はアーベルのほかに、テーテンス、ガルヴェ、エーベルハルト(カントの批判者)、シュルツェ、ラインホルトなどの著書から材料をえているが、これらは現象学における「心理学的法則」という段階に対してもやはり素材をなすものである。特に「袋の心理学」がシュルツェと関係のあることは、註三〇四の2に言ったごとくである。なお本文の

「個体性の法則」は環境の影響から個性を理解せんとするものでもあるが、すでにギムナジウム時代のヘーゲルが親しんだシュレック(Johann Mathias Schröckh)の『世界史』はヴォルテールの『諸国民の習俗と精神についての試み』(一七五六年)の影響のもとにあったものであるから、着想は仏独の啓蒙哲学者からえられたものであろう(ドクメンテ四〇一頁)。

手記の第一部を表象に関するものとすれば、第二部は悟性に関するものである。第一部におけるアーベルに第二部においてあたるものはカントであるが、この部分においてヘーゲルは論理学をもって悟性活動の規則の学であると見ようとしている。「論理学的法則」の段階に対する準備的仕事としてはイェナ論理学が重要であるが、手記のこの部分はイェナ以前における論理学についてのヘーゲルの教養を示すものとして意義をもっている。

なお、手記の心理学の部分は異常心理学ともいうべきものを含んでいるが、これはBにおいて意義をうることになる。

人相術と頭蓋論という二つの段階の思想行程をたどると、ほぼ次のごとくであろう。

人相術の観察も「外なるものは内なるものの表現である」という基本法則の適用である。そこで「外なるもの」がなんであるかが決定せられることが必要であるが、そのために差当って第一に器官が候補として取上げられ、第二には外なるものが反省としての外化と規定せられて、第三にはこういう外と内との間に法則的な必然的関係がはたして成立するかどうかが検討せられることになる。

一、器官に関しては二つの意義を考えられる。ひとつには器官は為す働き Tätigkeit 或は為すこと Tun を行うものであるが、いまひとつには為されたもの或は実行 Tat である。ところで為すことは自覚的な個体性又は精神と同一のものであるから、内なるものの表現であるというよりか、むしろ内なるもの自身である。したがって為すこととしての器官は求められている「外なるもの」ではない。これに対して実行又は仕事はたしかに個体性の表現ではあり、またそうであることが主張せられなくてはならないけれども、これはBの実践の立場からすることであって、Aの観察の立場からすることではない。かくて器官ではないとすると、静止せる全体としての身体的形態(体格)が求められている外なるものでないかということになるが、しかし内なる個体性が活動であるのに、この外なるものは静止しているものであるから、とうてい求められている表現であることはできぬ。こういうものが内なるものの表現であるとすれば、人相術は占星術と異なるところのないものになってしまう。なぜなら、占星術は生誕のときにおける星辰の一定の位置が或る人間の運命を示していると言うが、静止せる全体としての身体的形態の内面の動きに対する関係もこれと全く同様に外面的だからである。しかし翻って考えると、器官には右に言った二つの意味のほかにさらに第三の意味がある。

個体性の真実の表現は為されたものであり、仕事である。人間がなんであるかは、その仕事がなんであるかである。しかし仕事は離身的であるのに、いま求められている表現は即身的であるから、これをもって表現とすることはできない。これに対して為すこと或は為す働きとしての器官には個体性そのものが現存しているのであるから、これもその表現ではないと言ったが、より正確に言えば、器官において現象しているのは、個体性が自体的になんであるかということである。このことは手という器官において特に顕著である。人間は彼の為したものであるが、為すのは手によってである。そこで手が生得的に、また内面からの形成によってもっている形態においては当の人間が自体的になんであるかが表現せられている。この自体がさらに外に現れて個々の為されたものとなり、また個体性の一々の状態となるが、これら個々のものの全体を手はその形態においてすでに予め表現しているのである。そう考えると、手は為されたものとしての外と為すものとしての個体性という内との媒介者であり媒語であることになるが、しかしかく外なるものでありながら、こういう媒介者としての意義をもっているのは、手相のみにかぎらず、声の音質や音量もまた同様である。

二、こうして器官は外と内との媒介者であり、媒語であるという意義をもつことになったが、しかしかかる意義をもつものは、手のごとく直接に外界に向って働きかける実行の器官にはかぎらない。否それはむしろ顔つき、顔色、面貌のごときもの、即ち一言をもってすれば表情又は人相 Physiognomie である。これらはたしかに外界のうちに何ものをも実現しないが、しかしこれらにおいては人間はその実行から即ち現実的外化から自己のうちに還帰し自己を観察の対象として反省し省察すると共に、この反省を即身的に外化しているのであり、実行するものが実行にあたって自己自身とのあいだに交わす一種の「ことば」であり、反省の存在的となったものであり、反省ではあっても、他人に対してもあるものとして他人によって観察せられることができる。まだ行為の立場をとっていない観察にとっての外なるものとはこのような存在としての反省であり、表情であり人相である。これらのものは外界のうちに何ものをも実現しないが、しかしこれらのものにおいて人間はその実行から即ち現実的外化から自己のうちに還帰し自己を観察の対象として反省し省察すると共にこの反省が即身的に外化せられているので、対他存在となり、他人によっても観察せられうる。だから、ここで求められている外なるものとはこのような存在としての反省であり、表情であり顔つきであり人相である。

三、人相というこの反省的存在において個体性は己れの内に還帰しているのであるから、この存在の観察によって内なるものを知ることはたしかにできる。例えば実行が真面目になされているのか、それとも冗談になされているのかを顔つきで知ることができるがごとくである。しかしこの反省的存在はどこまでも「存在」であるから、精神や自己意識とは必然的関係にあるものではない。それは表現であると共に表現でないこともある「しるし」たるにすぎぬ。顔つきは人間の面であると共に仮面でもあることもできるのである。のみならず顔つき、顔色、相貌のごときものは個別的な形態である。だからそれはとうてい言表し尽すことのできぬ悪無限のものであり、「私念」の対象たるにすぎぬ。この点においては「内なるもの」もまた同様である。それは実行によって示されるものではなく、これに関する当人の反省であり意図であるが、意図とは「つもり」にすぎず、実行に関する自分一個の私念たるにすぎない。人相術が内なるものと考えるところの能力、性質、気質なども同様のものである。かくて内外の両側面はいずれも個別的であって私念されたものであるにすぎないから、かかる両項のあいだの関係であるとせられるところの人相術的法則もまた私念された法則以外のものであることはできぬ。

人相術の場合の思想行程はおよそ以上のごとくであるが、頭蓋論の場合は次のごとくであろう。即ち内外の両側面のなんであるかをきめるのが第一のテーマであり、こうしてきまった両側面については法則的必然的関係の成立しえないのを説くのが第二のテーマであり、素質と現実との区別を設けることによって法則の成立を弁護しようとしても、これは観察する理性の自己否定をもたらすというのが第三のテーマである。

一、人相術の法則は成立しないことになったが、しかし精神の即身的表現には人相術的表現のほかになお一つのものがありうる。人相術的表現即ち表情は自己意識の活動がそのうちに生動しているものとして動的であるが、いまひとつ即身的表現があるとすれば、これは静的な固定的な存在としての、したがってそのうちには自己意識の活動がもはや生きて動いていない全くの死せる物たるべきはずである。かかる表現はなんであろうか。かかる表現とその内なるものたる精神とは当然各自別々に存在する自立存在である。しかし法則を求める観察は両者のあいだに必然的関係を要求するのであるが、或る自立存在の他の自立存在への必然的関係とは因果関係のことである。ところで精神が原因として身体に結果を及ぼすためには、精神自身も身体的とならざるをえず、そうして精神がそれにおいて原因として働くこの身体的なものとは器官のことである。しかしこの器官は精神がそれを通じて外的現実に働きかける媒介者としての器官ではなく、それを通じてただ自分の身体にのみ働きかける媒介者でなくてはならず、したがってそれは他人に対する存在をもつことはできぬ。かかる規定を充足する器官には所詮ただ脳髄があるだけである。したがって精神の即身的静的表現とはこの脳髄が因果必然的に、しかも直接に結果を及ぼす頭蓋のことである。つまり精神は脳髄器官を通じて原因として頭蓋に結果を及ぼし、これを形成するからして、頭蓋の形状が精神の表現であることになる。ここに「精神の現実は頭蓋骨である」という命題によって立つ頭蓋論が成立することになる。

二、しかしながら脳髄が頭蓋に及ぼす形成については多くの疑問がある。頭蓋も骨として有機体である以上、自己形成を行うから、頭蓋のほうがむしろ脳髄に働きかける原因でないか、しかも頭蓋は骨として硬質のものであるから頭蓋のほうこそ脳髄に働きかける原因でないか、しかし脳髄もまた有機的なものであって自己形成を行うとすると、両者間の関係は予定調和の内部における相互作用でないかなどである。このようにいろいろな想定が可能であって決着がつかないのは、頭蓋に働きかけるとされる脳髄のもつ形や大さという規定はそもそも精神にとっては非本質的偶然的であるのに、この規定において脳髄が原因と考えられているからである。しかし頭蓋論にとっては脳髄の頭蓋骨への働きかけを明確に規定することはその主要な関心事ではなく、頭蓋論は精神の一定の特質には頭蓋骨の一定の形状が対応していることだけを観察によって確定せんとするものであり、この意味において頭蓋論の根本命題は「人間の現実と定在とはその頭蓋骨である」ということである。即ち精神の活動が多面的であるのに応じて、脳髄のそれぞれの位置もそれぞれの機能をもち、そうして頭蓋のそれぞれの位置もまた脳髄の機能に応じた形状をもつから、この形状と精神の特質との間には必然的な対応の関係があることを、頭蓋論は主張するのである。しかしながら単に「死頭」caput mortuum たるにすぎぬ頭蓋は手のごとく実行の器官でもなければ、表情のごとく「しるし」又は「ことば」の意義をもつものでもない。頭蓋骨は「されこうべ」としてただ単に存在するにすぎぬものであり、厳密に言えば、自らを越えて他を指示することはなく、少くも自己意識的活動を意味することはない。

しかしひとあって言うかも知れぬ。頭蓋骨それ自身は感情をもたないけれども、すべての精神活動には一定の感情が伴い、そうしてこれは脳髄の一定の位置を占めるから、この位置に近接せる頭蓋骨の位置もなんらかの仕かたで形成せられざるをえず、かくて頭蓋骨の一定の位置の一定の形態は精神の一定の性質を意味し表現すると。しかしすべて感情というものは共同感情であって、或る感情のうちには他の感情が混合し、そうして脳髄という中枢器官においては特にしかりであるから、精神活動に伴う感情がいずれの精神活動のそれであるかは決定できないことを思うならば、この仮説の信憑するにたらぬことは明らかである。

かくて「外なるもの」は全然没精神的な、単なる物であるところの頭蓋骨であり、この頭蓋骨には多数の位置があり、これらの位置は隆起や窪みのごとき幾多の形態をもち、さらにかかる形態が個別的変容を含むばかりでなく、「内なるもの」のほうも精神自身ではなく、観察の対象化的傾向の故に物として表象せられて、物のもつ色彩、形状などと同様の「性質」、したがって知覚される物の場合と同じように固定的な性質をもつものである。頭蓋論が内なるものと考える気質や性格はかかる精神的な「性質」であり、しかもこのさい外なるものも、内なるものも、いずれも夥しき群をなし、且つそれらのおのおのが個別的変容をもつ。かくて内外いずれの側面においても成立せる夥しき群より取出された「この」形態と「この」性質とのあいだに必然的法則的関係を見出すことはとうていできない。頭蓋論的法則の出鱈目さはイスラエルの子孫たちが浜の砂に譬えられるからと言って、彼らのおのおのをその砂粒のおのおのに割当てる出鱈目さと異なるところはない。もちろん頭蓋骨の或る位置の一定の形態が一定の精神的性質を指示しうる可能性はたしかにある。しかしそれは表象の可能性であって概念のそれではない。

三、しかし、このことに関連して頭蓋論にはひとつの弁解が残っているが、それは「素質」ということによるものである。即ち頭蓋骨の一定の位置がもつ一定の形態が一定の精神的な性質を意味するという法則通りに事実がならないとき、頭蓋論は事実はそうではないけれども、そうなるべき素質はたしかに存在すると弁解するのである。しかし頭蓋論はもともと観察として現実に立脚し、その法則が現実性をもつべきことを要求するのであるからして、頭蓋の位置がもつ形態によって指示されるものが現実ではなく可能であるにすぎぬということは、頭蓋論の自己否定にほかならぬ。

頭蓋論の段階の思想行程をたどるならば、およそ以上のごとくであるが、なお観察する理性の段階の全体についての回顧がなされ、これによって次の段階への移行が示されているが、回顧のことはすでに叙べたごとくであるので、移行についてだけ言うと、頭蓋論の与えた無限判断は肯定であると同時に否定であるが、頭蓋論は観察する理性として肯定面のみを取り出したので、さらに否定面が取上げられなくてはならぬが、そうするものがBの行為的理性である。

B　理性的な自己意識の己れ自身を介する現実化

題名のうちの「理性的な自己意識」というのは、Ⅳ 自己意識に対応するものであって、これのごとく単なる自己意識ではなく、すでにⅤの立場における自己意識であることを示さんがためである。そうしてこの理性的な自己意識は行為的理性(三五二頁)とも実践的意識(三五八頁)とも言いなおされているもので、行為的であり、実践的であることが「自己自身を介して」行為的に能動的に自己を現実化することを意味している。このさい現実化の目標は人倫の恢復であり、言いかえると、道徳性である。

ここではBの序論的部分(三六二頁まで)だけを取上げることにすると、この部分は現実化の諸段階がどのようであるかということと、これらの目標が人倫であることと、そうして人倫であるよりもむしろ道徳性であるということの三つのテーマが含まれている。*

* ここで第一のテーマとしたものは本文に訳者のつけた見出し以前の部分において叙べられていることであるが、重要であるのでこの部分を独立させ、また見出しでは〔3〕となっている部分のことをも、この第一のテーマのうちに含めて叙べることにする。

一、理性は観察によって無限判断において物が我であるとともに我でないことを知った。物が我であるというのは可能ではあっても現実ではないのであるから、理性はこの可能を現実と為さねばならぬ。言いかえると、物が我であるということは観察の考えるがごとく、ただ与えられ見出されるにとどまるのではなく、理性は物を我と為さなければならず、為すうえにおいて単なる物を否定するということがなくてはならぬ。ここに観察する理性は行為的理性に、実践的意識に移り行くことになる。

このさいの「物」を全体として考えると、本来の物と人とに分けることができる。そこに生ずる対物関係と対人関係とはもちろん交錯するが、一応二つに分けて考えると、前者においては道具や機械をもってする労働或は生産が成立する。この問題は現象学の内部ではすでに主奴関係において出現していたものであって、当然ここで展開せらるべきはずのものである。しかもヘーゲルにはそうする用意は少くも或る程度ととのっていた。即ちすでにフランクフルト時代において一七九九年の二月一九日から五月一六日にかけてステュアートSir James Stuart(Stewart)1712-80のAn inquiry into the principles of political economy, 2 vols., 1767をその独訳にしたがって研究し(ドクメンテ二八〇頁、四六六頁)、さらにイェナに移ってからはアダム・スミス――ただしガルヴェの独訳(一七九四―九六年)にしたがって――をも研究し(イェナ実質哲学一巻二三九頁)、構想――ただし対人関係との交錯において――はすでに一応は整っていた。これは当時の精神哲学講義及び人倫の体系によって明らかなことであって、とくにスミスの名のあがっている前者は機械や工場労働のことにも言及している(実質哲学一巻二三七頁、二三九頁)。こういう構想は後年の法哲学にも面影をとどめ、そこでヘーゲルは占有Besitznahmeについて論ずるにあたり、物はこれを身体的に把握するだけでなく、労働によって形成して初めて「自分のもの」であるという「しるし」を具えるに至って我がものとなると考えている(五四―五八節)。法哲学に名ごりをとどめている構想もこれだけにとどまるのではないが、しかし、この問題は一般に対人関係のほうを重んずるヘーゲルでは十分には展開せられず、マルクスの課題として残ることになるが、当面の箇処もまた同様である。

取りあげられない理由のひとつは現象学的意識の特徴ということである。さて今ここでは、V理性といえども現象学的意識のひとつの形態にすぎぬが、現象学的意識にとって著しいひとつの特徴はその対象が先行のものから発生することを知らず、外から与えられる新しい対象、自分の立場に適当な新しい対象へ移って行くという点にある。例えば非有機体のうちに観察が実験を通じて対立するものの過程的統一を見出したとき、これによって非有機体がその真実態においては有機的であることが明らかにされたのであるにしても、有機体の非有機体よりのかかる「発生」は観察する理性の認めるところではなく、却ってそれは対立の動的統一を見出すに適当な新しい対象としての有機体に向ったのである。さらに翻って言えば、対象意識から自己意識に転換したときもまた同様であった。対象意識の最後の段階であるIII悟性において成立を見た無限性の立場からすれば、対象を意識することは自己を意識することであったが、こういう意味の自己意識が展開せられたのではなく、自己意識は「無限性」の立場を発揮しやすい対象に向ったのであり、そうしてこの対象が先ず生命であり、次いで他人としての自己意識であり、こうしてひとつの自己意識はただ他の自己意識との関係においてのみ満足をうるという立場から問題は展開せられて行ったのである。いまここでも実践的行為的理性が物と我との統一を成就せんとするにあたっても、それはかかる統一を実現するに適当な対象に向うのであるが、この対象が即ち他人である。けだし他人は身体をもった他者として対象物の意味を具えると共に人としては我と同じく自己意識をもてるものであり、対象性はその外殻にすぎず、その内実に到っては我と同じものだからである。かくて「理性的自己意識の自己自身による実現」とは要するに実践によって自己が他己のうちに自己を見出して個人の社会化されて行く過程であることになる。

じっさいこの段階が行為的理性とは呼ばれずに、題名に理性的自己意識とあるように、ヘーゲルは観察する理性が理性の立場において対象意識にあたるのに対して、「行為的な理性」は自己意識に対応するものであるという見地から、この行為的理性を段階づけている。即ち観察する理性は対象意識の感覚―知覚―悟性に対応して記述―標識―法則と進み、最後の法則に関しては特に有機的なものの法則――外なるものは内なるものの表現である――を定立しようとしたのであるが、行為的理性の場合も自己意識の諸段階に対応しつつ進んで行くのである。ところで自己意識は大別してその自立性と自由という二つの段階に分たれたから、これに応じて行為的理性も先ずＢとＣという二つの段階に大別されることになる。簡単に言えば、Ⅳにおいて自己意識が満足をうるのは、他の自己意識との関係においてのみのことであるとされたが、ＶＢの理性的自己意識の「自己意識」もまた他の自己意識との関係においてある自己意識なのである。

行為的理性或は実践的意識といえば、労働や生産を可能にするものも十分考えられうるのであるが、しかし右のごとき次第でヘーゲルでは「行為」は対物関係において成立するものであるよりもむしろ対人関係において成立するものになる。ここにＶがⅥのＡである人倫を目ざして進んで行く所以がある。

そこで行為的理性は自立性を求めるが、求めるのは、最初は個別者の立場においてである。そのために一方の自己意識が主として他方の自己意識を奴としたのと同じような事態*が生ずるが、このことの顕著なのはａ快楽《けらく》という段階である。しかし奴も主に対してやがて自立的となり、両者は矛盾的に対立することになるが、これに対応しているのがｂ心胸《むね》の法則《のり》という段階である。この矛盾を克服するには自己意識は個別態を否定しなくてはならぬことが自覚されるようになると、普遍的理性(三五二頁)が生ずるが、これを可能にするのがｃ徳という段階がうる経験である。そうしてこの普遍的理性の成立と共に行為的理性はⅣ自己意識の「自由」の段階にあたるＣへと移って行く。

＊　Ｂと主奴関係との関連についてはｂに関する総註を参照。

行為的理性は本来の意味においてはＢにのみ関するが、その快楽《けらく》―心胸《むね》―徳という段階はまた対象意識の感覚―知覚―悟性にも対応している。

Ｃは普遍的理性の段階であるが、普遍的理性と言っても、ここでは個別者に出立するものであって、個普相即の人倫にはまだ至らず、これを目標として進んで行くものである。

こうしてBとCとは人倫を目標として進んで行くことになるので、右のような段階づけを正当化するためにヘーゲルはすでにここでⅥに属する「人倫の国」に展開を与えている。

二、「人倫の国」というのは相互承認(一八四頁)という意味での無限性の実現している国、「最高の共同は最高の自由である」という意味での自由(差別の論文)の実現している国、我々なる我、我なる我々という精神(一八二頁)の躍動している国、すべてが交互的であって、交互的でないものはなにひとつとしてない国のことである。したがって自我が他我に対して要求することを自我は自分にも要求し実行し、しかも自他がお互いにそうするのであるから、自我と他我とは各自に自立的でありつつ相互に他のうちに己れを見るのであり、また全体は個々人に対してもとより強制を加え犠牲を要求するけれども、しかし全体は個別者が相共にそういう自己否定を行うことによって肯定せられ定立せられたものであり、個々人が相共に為す事業であり、法律とか制度とか言っても、個々人が相共になす自己立法によって定立せられたものであり、したがって服従と言っても自律であり(ノール二一九—二二〇頁)、それらは個々人の日常の行為のうちに生きているものであり、そうして全体は個別者を自由に存在させ、衣食住の経済的欲望をも充足するのである。要するにすべてが交互的であって、交互的でないようないかなるものもない国である。

しかしながら、こういう人倫の国というのはじっさいにおいてはギリシャのポリスであり、特にアテナイのポリスである。そうであるとすると、この国が行為的理性と普遍的理性とにとって目標であるということはただ単に昔にかえることが目標であるということになる。

そこでヘーゲルは人倫とかかる理性との関係について二様の解釈をもち出している。即ち一方から言うと、行為的理性はたしかに人倫を目標として進んで行くのであるけれども、しかし他方では人倫はそのままでは目標とはなりえない限界を負うたものである。この限界についてはⅥAbにおいて詳しく叙べられているから、これを顧慮に入れて言うと、要するに人倫の自然性のことである。ギリシャ的人倫はたしかに「精神」を実現したものであるけれども、しかしその精神はまだ自然的であることをまぬかれていない。だからギリシャ人は幾多の都市国家に分れて民族として統一的な国家をなすことがなかった。また各都市国家の内部で、自我と他我、個人と全体、個別と普遍とが対立しながら統一をうると言っても、これはギリシャ人に恵まれた独特の天賦即ち自然によることであり、したがって彼らの人倫は美しい人倫ではあっても、美しいだけに須臾にして過ぎさる青春の花のごときものである。のみならず、個別と普遍とが相即し調和しているのは、じつは個別がまだ国家や家族の枠を破ってそのそとに出た真実の個人に目ざめていたわけではなく、個別はまだ国家の一員、家族の一員として全体のふところのうちにいだかれ、全体に対して信頼をいだいていたからであった。だからギリシャ的人倫は一言をもってすれば自然的人倫である。

しかるに我々近代人は真実の個別に目ざめているのであるから、ギリシャ的人倫を達成することが我々の目標であることはできぬ。このさい人倫を達成することが我々の目標ではなく、それを恢復することが我々の課題であるとも言うことができるが、ヘーゲルによると、達成するということと恢復するということとは全く同じであるのではない。達成するというときには、我々の衝動や意志の内容が変って行って人倫となるだけであるが、理性が一度到達した人倫を恢復しようというときには、目的となるべきものの内容についての反省が加わり、「誤れる表象」がくだかれて行くから、おのずと人倫とはなんであるかについての意識がえられることになる。この意識が人倫よりも一段と高い道徳性である。だから我々の目標は人倫ではなくしてむしろ道徳性であるということになる。

じっさい理性的自己意識の自己自身による現実化の快楽《けらく》―心胸《むね》―徳はルネッサンス的人間の快楽主義に始まって、それ以後の改革家、革命家の態度を背景としたものである。

三、しかし目標が人倫にあるよりも、むしろ道徳性にあるということは問題を含んでいる。「理性的自己意識の自己自身を介する現実化」以後の、即ちBとCとの目標が道徳性にあるとすると、これはCのbとcとである立法的理性と査法的理性とにおいて達成せられるものであることになる。なぜなら、これらは要するにカント及びフィヒテに代表せられる近代道徳だからである。こうして人倫よりも、一段と高い道徳性に達したのである以上、もはや人倫について詳論する必要は必ずしもないはずである。なぜなら、すでに人倫について概略の説明を行い、それを恢復する道をとって、それよりも一段と高い道徳性に到達したのだからである。しかるにヘーゲルはⅥのAにおいて人倫について詳しく再論し、さらにそのCにおいて再び道徳性についても詳論している。むろんヘーゲルによると、道徳性の生成と人倫の生成とは同じことの対自の面と即自の面として一に帰するというのであるから、Ⅵにおいて人倫が再び出てくるのは矛盾ではないとも言えるが、しかし個々の点は別として全体の結構から言えば、コジツケという感が深い。こういう矛盾におちいったのは、ヴィーラントに代表される新人文主義によって育成せられたヘーゲルにはギリシャを絶讃しようとする気持が強いと同時に、ギリシャもそのままでは現代の要求に応じえないという意識もまた強いという両面が彼にあることにもよるが、現象学の成立もまた影響していると見らるべきであろう。すでに註一の1に言ったごとく、書名に「意識経験の学」と「精神の現象学」との二つがあり、前者の構想ではVで終り、終ったところで絶対知の展開にはいるはずであった。この構想からすると、行為的理性への入口では必ずしも必要ではない人倫の国について比較的に詳しい説明をすでにこの入口において行い、したがって人倫についてはこれだけですませ、そうしてCのbとcとにおいて道徳性を生成させたのは当然であり整合的である。ここに「道徳性」というのは、一八〇五年冬学期の精神哲学講義(実質哲学二巻)によると、近代国家を成立させる近代の人倫とも言うべきものであるが、この講義は近代国家の基礎のうえにすぐ芸術と宗教と哲学とを、したがってできあがった「精神の現象学」におけるⅧ絶対知を展開しているのであって、意識経験の学の構想と一致している。しかるに書名が精神の現象学となって、Ⅵ以下が詳しく展開せられることになったために、人倫も道徳性も再論せられるという結果を見たのであると解せられるであろう。

人倫の国及び道徳性については自然法の論文、人倫の体系、実質哲学のうちの精神哲学が準備的仕事をなしているが、快《け》楽《らく》―心胸《むね》―徳について言うと、これらは人倫或は道徳性に至る途上において克服せらるべきものであるから、人倫的でも道徳的でもなく、むしろ異常心理でさえある。この点で参考になるのは『心理学と論理学とへの資料』の「狂い」Verrückungという項或はこれを殆ど踏襲した哲学予備学のエンチュクロペディー一五三節であるが、この「狂い」の観点からすると、「心胸の法則《のり》と自負の錯乱」のみが「狂い」ではなく、「快楽《けらく》」も「徳」も同様であると言えよう。

なお本文の順序では道徳性の生成について論ぜられた後に、行為的理性の諸段階が取上げられているけれども、これについてはすでに一において取上げておいた。

三六三

a　快《け》楽《らく》と必然性《さだめ》

現実化にあたって、快楽を求めるのは、理性的な自己意識も最初には個別的だからである。そうして快楽は本来的には男女関係のうえのものである(註三六三の1参照)から、それに耽けることによって断ちがたき絆《きずな》が生ずるが、これが単なる個別者としての自己意識には全く外的な必然性《さだめ》であり、これに出遭って個別的な自己意識は没落する。したがってこの段階の小区分は快楽と必然性と没落とである。

一、実践的自己意識が自分を実現するにさいして最初の段階において目的とするところのものは個別的自己であるから、意識にとって実在するところのものは、ただ「この」己れあるのみであるが、しかしこの己れに対しては他者が対立している。そこでこの他者のうちに己れを見ること、または他者を己れとなすことが目的となるわけである。こういう意味において他者のうちに己れを享受するという快楽がこの意識の求むるところであり、それは地霊に魅られているが、かかる快楽はゲーテの『ファウスト』において、とりわけ主人公のグレェトヘンとの恋愛において具現している。しかし快楽は欲望とはちがう。欲望は、IV 自己意識に属する生命の段階に立つ自己意識において成立するものであって、その対象をなきものにして満足を求めるものである。しかし自己意識はすでに、V 理性の立場をとっており、理性の基本的な規定は範疇ということであり、そうして範疇とは対象と自我との同一であり、しかもひとつの自己意識は他の自己意識に対することによってのみ満足をうるのであるから、対象も自己と本質的には同一なものであり、やはり自己意識である。対象との間に分離があっても、これは相互に相手が自立的であるかに「表象」するところの自立性の意識であるにすぎぬ。しかし、この分離は自他の統一という範疇の立場にある自己意識には抵抗すべくもないので、二つの自己意識はかかる自立性の意識をかなぐり捨てて互に相手において己れの対像《つい》を見て個的自己を実現する。これが快楽である。

二、快楽を求める自己意識は相手において己れの対像を見ることによって「この」個別的な自己を直観しようとしていたのであるが、快楽《けらく》がとげられると、直観せられたのは、「この」個的な自己ではなく、相手と絆のできている普遍的な自己である。しかし、この事態は、あくまでも「この」個的な自己の立場をとっている当面の自己意識にはどうしてそうなるのかわからない「出来事」であり、ただよそよそしい必然性《さだめ》である。もともと理性は自我と対象との統一である範疇の立場をとるものであり、しかも行為的理性の場合には、範疇は観察する理性の場合のように、単なる直接的存在の形式をとるものではなく、自己意識相互の統一であるから、自我の、したがって媒介の、また否定の参加を許したものである。だから範疇はここでは直接的な統一から区別へと移り、区別が再び統一に還帰するという円環運動をなすのであって、快楽の満足もこうしてえられるのである。しかし快楽はただ「この」個的自己の実現のみを求めるものであるから、範疇もここではまだ抽象的であって、それぞれ抽象的な本質態である統一―区別―関係(統一)という以上にはなんらの内容をもたぬ。かかる範疇は自己意識がただ即自的にそれであるにすぎぬところのものであるから、快楽の成就において範疇の円環運動が展開され対象化せられても、自己意識はただ即自的にかかる範疇であるにとどまって対自的自覚的にはそうではなく、円環運動と言っても、この自己意識にとっては、それぞれ抽象的本質たるにすぎぬ統一—区別—関係の円環運動であるにとどまり、よそよそしい他者であり対象的である。つまりこの円環運動は自己意識の概念であっても、それはまだ概念せられざる概念、即ちよそよそしい必然性なのである。

三、快楽の享受において自己意識の経験するところのものはかかる概念せられざる概念であり、必然性であり運命であるから、これにつき当って「この」個別的な自己意識は没落するだけである。快楽を享受せんとするかぎり、自己意識は生命を自分に取ったつもりでいたが、それは却って自分から生命を取ったにすぎぬことである。しかしこの必然性は自己意識が即自的にはすでにそれであるところのものであるから、この点に反省が及ぼされると、自己意識はもはや単に個別的ではなくなり、こうして「心胸《むね》の法則《のり》」という新しい形態が生ずる。

ここに取りあげられているものが何時如何なる場合にもひとつの人生観として成立するものであるのは言うまでもない。しかしヘーゲルにとってとくに資料となっているものがゲーテの『ファウスト』であるのは、そこからの詩句の引用によって明らかなことであり、また快楽がじつはグレェトヘンとの恋愛によって代表せられるものであることも同様である。『ファウスト』第一部(Faust. Die Tragödie, erster Teil)の公刊は一八〇八年であるけれども、しかしすでに一七九〇年には断片(Faust. Ein Fragment)が公表せられており、この断片がヘーゲルに異常の感動を与えていたことはイェナ時代のアフォリスメンの五〇によって明らかである。そうしてファウストがルネッサンス時代の生んだ伝説的人物の一人であるところからすると、この段階は歴史的にはルネッサンス時代にあたるということになる。

かくこの段階がゲーテの『ファウスト、断片』が与える心像にしたがって展開せられていることは明らかであるが、こういう態度はすでに『心理学と論理学とへの資料』において表明せられていたことである。そこで人間の心理を知るにはむろん自他の観察も必要ではあるが、しかし史書、伝記、旅行記、戯曲、小説もまた人間心理のなんであるかを教えるものであると(ドクメンテ一九六頁)、ヘーゲルは言っている。当面のBはこの態度を明確に示している段階であって、bにおいてはシラーの『群盗』、cにおいてはカルデロンの悲劇、セルバンテスの『ドン・キホーテ』がそれぞれaにおける『ファウスト』と同様の位置をしめている。さらにCのcにおける、またとくにⅥのAにおけるソフォクレスの『アンティゴネ』、Bにおけるディドロの『ラモウの甥』も同様であるが、こういう態度は現象学の序文(二七頁)では「特殊的個人」に対する「普遍的個人」と表現せられた典型(Vorbild)の尊重(註二七の2参照)において表明せられていたことである。

なお特にこの段階を取扱ったものとしては、ヘーゲル研究の別冊三(一九六六年)に Joseph Gauvin : Plaisir et nécessité がある。

b　心胸《むね》の法則《のり》と自負の錯乱

心胸というのは「無媒介に普遍的であろうと意志する個別性」(三七九頁)のことであるが、「無媒介に」というのは、「訓練をもへずに」(三七二頁)ということである。したがってこういう個別的な自己意識は個別的であるのに普遍的、主観的であるのに客観的とうぬぼれ自負しているだけであり、また自分をもって普遍的とするかと思えば個別的とし、個別的とするかと思えば普遍的とするものとして狂っており、しかもこの「狂い」は対象意識の立場での狂い、即ち錯覚ではなく、自己意識の立場での狂いであり、心の最も奥深い処での狂いであり(三七八頁)、内面のもっとも深いところでの錯乱(三七八頁)である。

以上が題名の語義であるが、この段階についての構想はすでに『心理学と論理学とへの資料』(ドクメンテ一九五―二一七頁)の「狂い」Verrückung の項(四三七―四七六行)――哲学予備学のエンチュクロペディー一五三節はこれを大体において踏襲したもの――にその端を発するものであるが、この手記はまた人間の心理を知らせるもののうちに戯曲(一一七行)をもあげている。この観点からすると、当面の段階にとってのモデルとしては特にシラーの『群盗』の主人公カール・ムーア(Karl Moor)が考えられる。ムーアについては、美学講義(一四巻)の五六四頁にゲーテの『ファウスト』について叙べたのちに、ヘーゲルは次のように言っている。「ファウストと同じような仕かたでシラーのカール・ムーアも彼の時代のおしなべて市民的な秩序に、また世の中と人類との状態の全体に対して激昂し、普遍的な仕かたにおいてこれらに反抗する」とあり、次いでヴァレンシュタインを取上げて、ムーアに関連させつつヘーゲルは次のように言っている。「ムーアと同じように、ヴァレンシュタインもドイツの統一と自由という偉大な公共的な目的をいだくが、彼はこれを遂げるのに、人為的に外面的に結合したもろもろの手段によったために、ここぞというときに、彼は目的を破壊し仕損じたが、これは彼が皇帝の権威に反抗したことにもよっており、この威力につき当って彼は自分の企てをみじんに砕かざるをえぬ。カール・ムーアやヴアレンシュタインの追求するような世界目的はおよそただ一人の個人によって、しかも他の人々を従順な道具と見るような遣りかたで実行できるものではなく、一方では多くの人々の意志によっておのずと実現せられるものであり、他方では多くの人々の意識に反して、また意識なしに実現せられるものである」。この言葉は「心胸《むね》」と題せられる段階のみならず、Bの全体において論ぜられることに多くの照応するものをもっていて、示唆に富んでいる。特に注意すべきは次の二点である。第一にはBにおいて立てられる三つの目的は、V 理性の段階のものであるにふさわしく、個々の目的ではなく、人生や人の世の全体に関する究極目的即ち世界目的であることが示されており、第二には、Ⅳ 自己意識のAに対応する段階として、この目的をとげるにあたり、主奴関係に対応して他の人々を征服するという態度のとられることが示されている(なおフランス革命当時におけるヘーゲル自身の心境も、心胸《むね》という段階の背景をなしているが、この点については、註三七九の1参照)。

　この段階で論ぜられていることは、家族、所有権、国家、宗教などの現行の秩序が心胸の法則《のり》に反して「さかしま」であること、しかし心胸の法則も心胸のうちにとどまらずに現実化されなくてはならないが、現実化すれば心胸を離れて独立のものとなるだけでなく、そもそも設定せらるべき法則が具体的状況に応じていかなる性格のものであるかは問題にされておらず、ただ「心胸の法則」たるべきであるというにとどまる主観的個人的なものであるために、それが現実化せられても、他の人々はそれを承認せず、彼らも各自心胸の法則を設定せんとして反抗するから、現行の秩序だけではなく、人心もまたことごとくさかしまであり、したがって己れもまたさかしまであることを自覚して狂乱におちいり、没落すること、この没落において個別性が否定せられることにより自己意識は徳にまで高まり、世路が「万人の万人に対する戦い」というのは外面であって、その「内なるもの」は安らえる秩序であり実体であるのを自覚すること、以上の三つである。

　一、享楽をとげることによって、個別的な自己意識は没落するが、この没落を通じて、それは必然性《さだめ》が己れのものであることを認めるに至ったのであるから、個別的な自己意識も法則をもっている。ただしこの法則は自己意識が訓練をへずに直接に心胸のうちに宿しているものとして「心胸《むね》の法則《のり》」である。この心胸の法則から見れば、現実のうちに現在行われている法則は全くの「さかしま」である。現行の家族制度や所有権や国家や宗教の制度というのは狂信的な僧侶と豪奢を極める暴君、それから両者の役人、上から受けた恥しめの腹いせを下のものを恥しめることではらそうとする役人によって捏造され、操縦されて人類を言いようとてもない不幸におとしいれた、さかしまの秩序であるにすぎぬ。そこで自己意識はかかる世間的秩序を打破し、これに代えて心胸の法則を実現しようとするのである。もっとも世間的秩序というものは快楽《けらく》の立場において必然性と呼ばれたものにほかならないが、自己意識はすでに必然性が己れ自身のものであることを知り、それを心胸のうちに宿しているのであるから、この点から言えば、自己意識がただいたずらに現行の秩序や制度に反抗するということはないはずであるが、いったいすべて現象学的意識というものは自分が先行のものから出てきたことを自覚しないものである。これを当面の段階について具体的に言うと、訓練もへずに己れの本質を卓越した素晴しいものであると思いこみ、人類の福祉を実現しようとするから、現行の秩序のもつ必然性はじつは自分の由来であり、自分の本質であるのに、このことを自覚せずに、自己意識は現行の秩序を全くの「さかしま」と受取って、これに反抗するのである。

二、心胸の法則も心胸のうちにとどまっていては無意義であって客観的に現実化せられることが必要である。しかし現実化し設定して見ると、心胸の法則も存在する現実となり、よそよそしい、自分よりもすぐれた威力をもっている現実の秩序のうちに組みこまれてしまい、自分の意図とは独立に動いて行って、もはや自分にはどうにもならない。この点について、さらに言うと次のようになる。この自己意識が己れの心胸の法則を現実化するときに、状況に応じてどんな一定の法則が設定せらるべきであるかを問題にしているわけではなく、自己意識が原理とし普遍的な原則としているのは、およそ客観的に法則であるところのもののうちには、各人は己れの心胸を認むべきであるということである。そこで「この」個体である当の自己意識は自分の心胸の要求を満足するところの法則を設立するのであるが、この「法則」なるものはただ法則としての普遍性の形式を具えるだけであって、その内容に至っては「この」個体の要求を満足する特殊のものであるにすぎぬ。そこでこの自己意識の設定した法則のうちに他の人々が己れを認め満足をうるというはずはないから、彼らはこの当の自己意識に反抗して自分たち各自の心胸《むね》の要求をみたす法則を設定しようとして反抗するのであるが、これは当の自己意識が他の人々の法則《のり》に反抗したのと同じである。

最初にはこの自己意識はただ客観的に成立している現行の秩序や制度だけを己れの心胸の法則に反する「さかしま」であると考えていたが、事ここに至って今や硬化した法則のみならず、すべての人々の心胸そのものを「さかしま」であると感ずるようになる。

しかし、こうなってくると、現行の客観的秩序といえども、最初に考えられたように、ただよそよそしい、死せる必然性《さだめ》ではなく、すべての人々相互の間の抵抗の結果として生じたものであり、すべての人々の心胸によって生命を与えられ精神を与えられた生ける必然性であり、そうして自分自身もそれに生命を与えた一人であるということになるが、それにも拘らず、心胸というこの自己意識は客観的秩序のうちに己れを認めず、ただ自分の「この」心胸にのみ執着する。しかし、そうかと言って、自分の心胸の法則も心胸のうちにとどまらず、実現させなくてはならぬと考えるところからすると、自分の本質が客観的普遍的なものであることをやはり認めていることになる。

しかし、事ここに至ると、この自己意識は心の最も奥深いところで狂っていることになる。或るものを他の人々が現実的ないし本質的であるとするのに、或る人は逆の見解をとることがあっても、この人もまた意識一般を具えているのであるから、容易に狂いを是正することができる。さらに狂いが昂じて或る何か客観的なものを本質的ないし現実的としておきながら、逆の見解をもとり、しかも二つの見解が心のうちで固定したとき、そこに普通に妄想或は錯乱と呼ばれるものが生ずるのであるが、しかし、この場合にも狂っているのは対象的なものに関してであるにすぎぬ。しかるに当面の自己意識は一方では自分の本質をもって「この」心胸であるとしておきながら、他方では法則であり、しかも客観的となった法則であるとし、そうしてその逆をもなすのであるから、心のもっとも奥深いところで狂っていることになる。このように狂っているから、自己意識は没落せざるをえぬが、しかし没落するのはいやである。そこで焦燥におちいり、激昂して、「さかしま」であるのは、自分ではなく世人であり、人心であるとして狂いや「さかしま」を外に投げ出し転嫁するのである。こうして自己意識は自負の狂乱におちいることになるが、これがますます狂いを深めることになる。そこで「さかしま」であり、「さかしま」にするものは、あらゆる側面から言って、即ち個別的—普遍的、非本質的—本質的、非現実的—現実的などいうあらゆる側面から言って、この自己意識自身であることになる。個別的主観的なものを普遍的客観的なものによる訓練のもとにおかないかぎり、この自己意識は没落するのほかはないのである。

三、しかるに訓練の必要が自覚されると、自己意識は一段と高い徳という段階にのぼることになり、世間に対する見方も異なってくる。世間は一方から言えば、「万人の万人に対する戦い」である。各人は自分の周囲から出来るだけ多くのものをひったくり、自分の権利を他人に対して行使するのであるが、しかし、こうして確定した権利も他人からの抵抗によって解体する。法則《のり》の設定の場合も同様であって、各人がそれぞれ自分が法則と信ずるもの、自分の心胸《むね》の法則を設定しようとするが、しかし他の人々の抵抗にあって、この設定は解体する。そこですべての人々に関して、確定或は設定と解体とがこもごも起るのが世の歩みであり、この歩みが「世路」というものである。しかし、これは世の中の現象面であって、その底にはすべての人々のあいだの相互的な抵抗の結果として或る安らい存立せる「内なるもの」がある。こうして自己意識は自分の個体性を撤廃し、犠牲に供し、客観的普遍的なもののもとに身をおくよう自分を訓練し、もって法則という自体的に善且つ真なるものを体現する徳を養い、またこの徳によって澆季の世路と戦い、その内なる善且つ真なるものを現実化しようとするようになる。即ちc徳の段階に移るのである。

三八二　c　徳と世路

題名のうち、「世路」の意味はすでに明らかである(なお註三八一の2参照)から、徳について言うと、ヘーゲルが古えの徳(三九二頁)を讃美しても、これは人倫のことであって徳ではないが、全般的に言って、「徳」という語を彼が善い意味に用いることは稀れである。これはたしかに片寄りであって、彼の経験に由来しているようである。その少くもひとつの現れはロベスピィエールに関するものである。一七九四年のクリスマス前夜にシェリングにあてた書簡(六号)はロベスピィエールの陰謀は全く恥ずべきものであったとしているが、歴史哲学講義(全集一一巻五六一頁)においてフランス革命について論ずるにあたり、このときには抽象的な自由の原理と同時に徳の原理が支配したが、徳はただ心情のうちにのみあるものであり、他の人々が徳をもつかもたぬかも、ただ心情によってのみ知られうるのであるから、他の人々は容易に嫌疑の対象となりうると言った後に、さらにロベスピィエールについては次のように叙べている。「ロベスピィエールによって徳の原理は最高のものとして設定せられた。ひとは彼が徳について真剣であったとも言えるであろう。しかし今や徳と恐怖とが支配することになる。なぜなら、ただ心情からのみ支配するところの主観的な徳が怖しい専制をもたらすからである。主観的な徳は裁判の手続をもふまずにその威力を行使し、その刑罰は同様に単純なものであり、即ち死刑である。この専制は没落せざるをえなかった」。同様のことは現象学の内部でもVIのBに属する「絶対自由と恐怖」という段階において叙べられているが、ロベスピィエールの徳の原理に対する、このような態度はすでに少くとも書簡六号当時からいだいていたものであろう。それで「徳」というのは個人においてあるものであり、またその心情に関するものであり、したがって社会や国家の具体的な状態からは遊離しやすく、独善的な理想にはしりやすく、他の人々や世の中に対して峻厳苛酷の態度をもって臨み、それらを悖徳のかたまりとして戦闘をいどみ、いささかの咎をも許さず、いな世にはおよそ無罪ということはありえないという態度をとりがちのものである。徳について論ずることが美辞麗句をつらねた演説口調となり声明となり宣言となるのは(三九二頁)、「徳」のかかる性格によることである。「徳」をこのように規定することは法哲学の一五〇節においても見ることができるが、すでにイェナ時代から「徳」に対してはヘーゲルがこのような態度をとっていたことは、イェナ大学就職のテーゼの一一に「徳は能動に関しても受動に関してもおよそ責がなく罪がないということを締め出してしまう」とあり、一二には「完全な人倫は徳への反対において立っている」とあることによって明らかであるが、当面の段階において徳に対してヘーゲルのとっている態度はこのテーゼの場合と同じである。

この段階には「徳の騎士」(三八五頁)が出場してくるが、ヘーゲルに対してその像をきめているものは「騎士」という点に重きをおけば、セルバンテスのローマン的なドン・キホーテであろう。これについては美学講義(一三巻二一四頁)はドン・キホーテをもっておのが大義に関して動ずることのないところの「狂い」を体現するものであるとしているが、この点からすれば徳の段階も錯乱である心胸の段階と同じく『心理学と論理学への資料』の構想した「狂い」に属することになる。しかしドン・キホーテの場合には高遠な理想に殉ずることはあっても、必ずしも徳が主題であるわけでない。そこで「徳」という点に重きをおくならば、むしろサンティアゴ修道会の騎士に叙せられもしたカルデロン(Calderon de la Barca, 1600–81)が重要であろう。美学講義(一四巻五六五頁)はカール・ムーア及びヴァレンシュタインのことについで、カルデロンについて次のように言っている。「それ自身においては実体的な諸目的のひとつの把握の実例として、私はカルデロンの若干の悲劇をあげたいと思う。これらの悲劇においては愛(カリタス)、名誉などがそれらの権利や義務に関してそれ自身固定的な諸法則のコデックスにしたがってかのように行動する個々人に即して取扱われている」。これによって本文が「徳」と言っているものが愛や名誉であることがわかるが、すでに言ったことで明らかであるように、けだしロベスピィエールもまたヘーゲルにとっては「徳の騎士」の一人であろう。

この段階において論ぜられていることは、行為的理性の全体において徳と世路とがいかなる位置をしめるかということ、徳の騎士が世路と戦うこと、騎士が敗北し世路が勝利をうること、これらの三つである。

一、Bの第一の段階である快楽《けらく》においては個体性にはただ空虚な普遍性が死せる必然性《さだめ》として対立しているにすぎなかったが、第二の段階では個体性と普遍性ないし秩序という対立の両部分はいずれも心胸《むね》と法則《のり》という両契機を具えていた。さらに第三段階である徳と世路となると、いずれもが心胸と法則という両契機を具えているだけでなく、さらに両契機を総合せんとする運動である。ただ運動の方向は正反対であるとせられているが、これは次のことを意味する。即ち徳の場合には法則という真且つ善なるものが主であって、個体性をその支配のもとに立つように訓練し、この意味において個体性を犠牲にし撤廃して、真且つ善なるものという即自的な普遍的なものを実現せんとする運動がある。しかし個体性は徳にも世路にも共通のものであるから、徳において個体性が犠牲に供せられ撤廃せられるということがすべての個々人によって為されることを通じて、おのずと真且つ善なるものも世路のうちにて実現せられることになる。そうして、このさい個体性が撤廃せられ犠牲に供せられなくてはならぬということが個体性をもって本来の原理とする世路と徳が戦わねばならぬ所以である。これに対して世路は徳とは正反対に個体性をもって本来の原理とするものであり、善且つ真なるものをむしろ自分のもとに従属させるものではあるが、しかし世路といえども即自的にはやはり普遍的なものであり、いな絶対的な秩序であるから、世路は個体性に出立してもやはり即自的には普遍的であるものと結びつき、個体性の活動によってそれを実現するという運動をなすのであるが、このさい世路といえども即自的にはすでに普遍的なものであることは、徳の考えるごとく、それにおける個体性が犠牲に供せられなくてはならぬとしても、この犠牲によって善且つ真なるものが初めて生み出されるのではなく、ただそれが顕現する余地があけられるというにとどまることになる。しかしここにすでに徳の世路に対する敗北の原因がある。

世路の内容についてさらに言うと、これは先行の形態から出てきたものであるが、ただ徳もやはりひとつの現象学的意識として自分の内容が先行のものから出てきたことを知らないだけである。ところでここで先行のものとは快楽と心胸である。だから世路の内容とは「我々」から見れば、一方ではただ快楽《けらく》*とその享受だけを求める個別的な個体性である。もっとも快楽を満足することによって「この」個体性は没落し、没落することによって却って普遍的なものを満足させ、それを出現させはするけれども、しかし世路自身は各人各自に己れの快楽と享受とを求めることにすぎぬから、世路は普遍的なものの「さかしま」である。世路は他方では、個体性でありながらいきなり法則であることを意志するという自負において、客観的に成立している秩序を攪乱するところの心胸《むね》という個体性であるが、この個体性の立場ではすでに言った理由によって必然性《さだめ》は快楽に対してのように、ただ死せるものではなく、すべての人々の心胸によって生命を与えられ精神をもった必然性ではあるけれども、しかしこの個体性は意識としては狂いであり狂乱であり、また対象的現実としても普遍的なものから見れば「さかしま」であるにすぎない。

* 快楽はもと男女間のものと考えられていたけれども、ここではもっと広い意味に解せられているようである。しかし以上では「我々」の立場から徳と世路とが行為的理性においてしめる位置をきめたにすぎない。

二、これに対してここで取上げられる徳そのものは先ず差当っては「善且つ真なるもの」という抽象的な普遍的なものに執着し、個体性をもって犠牲に供せられ撤廃せらるべきものであるとし、したがってかかる個体性を本来の原理としている世路をもって澆季の世と見て、徳の騎士としてこれと戦端を開始するものである。戦う以上は武器が必要であり、いずれが勝つかは武器のいかんによってきまることである。そこで徳の騎士の武器がなんであるかを見ることにすると、騎士は善且つ真なるものを、即ち徳を初めて世路のうちに実現しようとするのであるから、武器である徳はまだ現実とはなっていない即自的なものである。或は騎士は世路と戦い世路に対立しているのであるから、騎士がより頼むところの徳は対他的なものであるとも言える。しかし即自的であるにしても対他的であるにしても、いずれにしても武器である徳は即自且つ対自的なものではなくして、それから一面だけを抽象したものにすぎぬ。要するに徳の騎士が武器とするものは抽象であるにすぎぬのである。

徳がかかる抽象であることを言いかえると、それはもろもろの天賦とか能力とか力とか呼ばれているところのものである。徳の騎士によると、これらは自分が使用したときには善用されるが、世路が使用したときは悪用せられるのであるが、しかし、こんなに善用もせられれば悪用もされるものは全く受動的なものであり、まさに抽象的普遍である。だから、こういう善且つ真なるものは徳の騎士自身が駆使すると同時に世路もまたそうすることができる。

そう考えてくると、徳の騎士にとっての武器が即自的な普遍的なものだけであるのに、世路のほうはこれをもって武器とすると同時に本来の個体性の原理或は対自的であるという原理をも武器としている。だから徳の騎士は世路との戦いに敗れざるをえないのである。

この戦いをヘーゲルは次のように描いている。騎士は善且つ真なるものの保全と実現のために戦っているのであるが、これはもろもろの天賦とか能力とか呼ばれるものにほかならぬ。ところで戦いにおいて武器として使用されるそのことにおいて、これらの天賦や能力はすでに単なる即自的なものであることをやめ、同時に対他的対自的なものとなっている。しかもこれが善且つ真なるものの具体的なありかたであるとすると、戦士は自分の武器をもはや損傷の危険にさらしてはならないということになる。それでは他方世路のほうはどうかと言うと、もろもろの天賦や能力や力と呼ばれるものは、がんらいどうにでも、また誰にでも使えるものであるから、世路もまたそれらを使っている。しかも世路がそれらを使うのは個体性ないし対自存在の原理においてであるから、世路はそれらを現実化しているのである。そこで騎士が世路の何処をとらえようと、何処に襲いかかろうとするとしても、何処もこれことごとく善且つ真なるものの顕現たらざるはないのである。だから騎士は自分の武器を傷つけてはならないだけでなく、相手の武器をも傷つけてはならず、それを自分の側からする攻撃に対しても守らなくてはならぬ。こうして徳の騎士は敗北するのである。

三、かくして徳は敗北する。しかし敗北するのは決して徳の全体ではなく、すでに題名に関して言ったような徳であり、即ちただ個人にのみ関し、その内面の心情においてのみ成立する徳、したがって実行するというよりか、徒らに口舌をもって演説句調で讃美される徳、こういう抽象的理想をかかげて世をきびしく糾弾する徳である。かかる徳はただ即自的であるにすぎぬもの、抽象的普遍であるにすぎぬものを絶対視し、その立場から個体性は撤廃せられ犠牲に供せらるべきものであると唱える。たしかに快楽《けらく》や心胸《むね》の個体性は撤廃せらるべきものであるに相違ないけれども、しかしそう努力するときにもやはり個体性は、およそ行為を成立させるものとしてやはり必要である。「個体性の運動は普遍的なものの実在性であり」、「個体性はまさに即自的に存在するものの現実化である」(三九三頁)。こうして徳は敗北し、他方の世路は勝利をうる。世路にとって本来の原理はたしかに個体性であり対自存在ではあるが、しかし世路はがんらい個人ではなく公共的なものであり、しかも個体性をもって原理とするものであるから、もろもろの天賦や能力や力と呼ばれる抽象的普遍は世路が自在に、しかも公明に活用しているものである。「世路は変じないものをさかしまにはするが、しかし変じないものをさかしまにして抽象の無から実在性という存在に転換するものである」(三九一頁)。だから世路が勝つにしても、勝つのは抽象としての徳に対してのことである。

なおこの段階において「世路」と呼ばれているものは法哲学では市民社会となるものであるが(註三九四の2)、この点についてはさらに次の段階の総註において叙べられるであろう。

ただ単に個人的な快楽《けらく》に執着するという固定観念、自負の故に社会的国家的生活においていたずらに公共の秩序を攪乱しようとする固定観念、道徳や宗教における固定観念が捨て去られることによって、「狂い」は是正せられて、個人は社会生活のうちに安住することになるが、こういう個人がCの「即自且つ対自的に実在的であることを自覚せる個体性」と呼ばれるものである。

三六六

C　即自且つ対自的に実在的であることを自覚している個体性

「即自且つ対自的に実在的であることを自覚している個体性」というのは徳の世路に対する敗北から生れ出たものである。もろもろの天賦、もろもろの能力という善且つ真なるもの、或は即自的に普遍的なものは徳の「演説」や説教をまつことなくして世路のうちにすでに実現していることがわかり、個体性はもはや世路と戦うのではなく世路のうちに安住するようになったから、個体性は即自的なものと対自的なもの、普遍的なものと個別的なもの、客観的なものと主観的なものとの相互滲透——ただし各項の運動による動的な統一——である。これが当面の個体性が即自且つ対自的にある所以である。しかも、この個体性は即自且つ対自的にあるだけでなく、そういうものとしてあることを自覚してもいるのであって、これが原文において sich という語のある所以である。しかも実在的 reell であるというのは即自的なものと対自的なものというごとき対立の統一自身が物 realitas res となって出現していることを意味するのであるが、しかしこの「物」はもはや知覚せられる物(ディング)ではなく、aにおける「事そのもの」の事 Sache である(註四一四の2及び註四一八の2を参照)。こうして即自的なものと対自的なもの、普遍的なものと個別的なもの、客観的なものと主観的なものとの統一がえられているのであるから、すでに絶対的なものが成立を見ているような感を与える。当初に計画せられた「意識経験の学」の構想がこの段階(C)において少くとも殆ど終りに近づいているのもこの感じに通ずることである。aの終りにおいて事そのものが述語ではなく主語であり実体であり、いな実体であるよりも「主体」である(四二三頁)と言っているのも、当初の計画の名残りであろう。しかし出来あがった「精神の現象学」の構成から言えば、絶対知の成立にはなお前途遼遠であるが、このことは題名では「個体性」ということにおいて現れている。即ち此処ですでにたしかに絶対的なものが成立しているにしても、この成立はまだあくまでも個体性の立場からするものであり、絶対者はおろか、本来の共同体(Gemeinwesen)さえまだ成立を見ていない段階である。むろん、この個体性は世路のうちに安住しているのであるから、社会はありはするけれども、しかし、この「社会」は法哲学の見地からすれば市民社会(die bürgerliche Gesellschaft)である。つまり全体をではなく、個人を主とする市民社会——ただし*法哲学におけるように経済面は此処では取り扱われてはいない——であり、これにおける人間心理が当面の段階の問題である。

＊　aはⅥのBにある「教養の国」において再論せられているが、この国において人間の目的とするのは権力と財富とであるから、すでにaにおいて経済面が展開せられてしかるべきであるとも言えるが、しかしこのことはaにおいては行われていない。

以上は題名の意味に関することであるが、Ｖ理性の見地からすれば、この段階は普遍的理性(三五二頁)と規定せられたものであり、三九六頁までは先立つ行為的理性及び観察する理性との関係という見地から、この普遍的理性の段階を概観しようとした箇処である。

さて行為的理性の立場では快楽《けらく》―心胸《むね》の法則《のり》―徳という究極目的が現実や世界のうちに初めて実現されなくてはならなかった。したがって自己意識は現実に対して否定的に対立するものであったが、今やかかる対立はなくなっている。したがって個体性のもつ主観的確信は同時に客観的真理であり、個体性は現実への対立において改めて実現すべき目的をもたず、ただ自分自身を表現し発揮することだけがそれ自身において目的であり、即ち自己目的である。

理性の立場は範疇の立場である。だから普遍的理性の場合も同様である。しかし観察の場合には範疇は存在と自我との統一ではあっても、この統一がそれ自身存在的であり、そうしてこの存在的な統一を主観のほうでもやはり存在的なものとして受取るという態度をとった。しかるにこれに対して行為的理性は存在と自我との統一が対立ないし区別におちいったが、今やこの区別もまた克服せられるに至った。言いかえると、さきに快楽に対しては、ただよそよそしい必然性《さだめ》として現れてきたにすぎぬ純粋統一―純粋区別―純粋関係という範疇の構造がその後の運動によって自己意識によって身をもって体験せられ、こういう構造のものであることを自己意識が自覚するに至ったのである。＊

＊　なお範疇についてはaの終り(四二四頁)において一層の展開が与えられている。

こうして普遍的理性の立場にある個体性にとっては、ただ自分を表現し発揮することだけがそれ自身において目的であり、そうして発揮するというのは闇のうちにあったものを日の明るみにもたらすようなものであって、もう主観と客観、個別と普遍というごとき対立があるわけではない。

しかしここで与えられている概観はじつはaに関するだけであって、bcには言及せられていないが、aとbcとの区別がどのようであるかは、行為的理性以後の段階を概観している三五二頁によって明らかである。即ちこの箇処において普遍的な理性は即自且つ対自的に承認せられたものであることを自覚しているものであるが、この承認されたものがさらにその純粋意識においてあらゆる自己意識を統一づけるときに、単純な精神的実在が生ずると言われているが、bの初めにも、「精神的実在はその単純な存在において純粋意識であると同時にこの自己意識である」(四二四頁)とあるところからすると、純粋意識が言わば境界標となってaはbcに転ずると見らるべきである。

この段階の思想史的背景について述べるに先立って「意識経験の学」の構想においてこの段階がいかなる位置をしめていたかを明かにして、註一の1において述べた「精神の現象学」の成立史を補うことにすると、イェナ論理学の「主体性の形而上学」では、「理論的な自我或は意識」と「実践的な自我」とが論ぜられた後に両者の統一として「絶対精神」が展開せられ、これでイェナ論理学は終っている。イェナにおいてヘーゲルが最初にもっとも力をそそいだ講義は論理学であったから、理論知—実践知—絶対知という構造は「意識経験の学」にとってもその最初の構造であったであろう。しかしイェナ実質哲学となると、構造は進展を示している。その第一巻の精神哲学は、精神の最初のありかたを意識とするものであるが、その第一段階と第二段階とは内容的に言うと、それぞれ理論と実践とであり、第三段階は「所有と家族」、最終段階は「民族精神」である。第二巻の場合は第一段階は「主観的精神」、第二段階は現実的精神、第三段階は(国家構成)憲法(Konstitution)であり、そうして第一段階はさらに知性と意志とからなり、また第三段階の最後において「芸術と宗教と(哲)学」が論ぜられている。

以上によって明らかであるように、イェナ論理学では理論的意識と実践的意識との後に直ちに絶対知に入っているのに、精神哲学では絶対知に至るまでになお二つの段階が設定せられるに至っており、それらは第二巻で言えば、「現実的精神」と「憲法」とである。

ここに「意識経験の学」の成立史が告げられている。理論と実践とについて言えば、ⅠⅡⅢ(A)は理論的意識であり、Ⅳ(B)は実践的意識であるが、Ⅴは両者の統一である。だからイェナ論理学で言えば、ここですでに「意識経験の学」は絶対精神に移るのであるが、このことは「精神の現象学」においても、次のような形で現れている。即ちⅤはCの第一段階(AA)であり、そうしてCはDDであるⅧ絶対知をも含むが、このことがイェナ論理学において理論的自我と実践的自我を統一づけるものが絶対精神であることに当っているのである。

しかしⅤの内部においてその理性の立場で再び理論と実践との対立が繰返されることになるが、観察する理性(A)と行為的理性(B)を統一づけた普遍的理性という当面の段階(C)はこの立場で両者の統一づけたものである。したがって実質哲学の第二巻の場合の「現実的精神」にあたるものであるが、これから民族精神ないし憲法或はむしろ人倫の問題を論じて絶対知に入らんとしたのがけだし一八〇五年五月頃に構想せられた「意識経験の学」であった。

右の「現実的精神」は交換を目ざした生産ないし労働*と契約と犯罪及び刑罰と権力的法則とから成っている。第一は法哲学における市民社会の「欲求の体系」という段階に、第二と第三とはその司法という段階にあたり、そうして第四でその国家へと移っている。国家に移った後に憲法ないし国家構成を論じて絶対知に移るのであるが、このさいの国家構成は「精神の現象学」の場合のVI 精神のA 人倫にあたるものである。

＊　ホフマイスターでは、この段階は「承認されてあること」Anerkanntsein となっているが、これはホフマイスターのつけたもので、必ずしも妥当ではない。

それで基本構造から言うと、当面の段階は市民社会にあたるものである。ただ市民社会と言っても、行為的理性の場合と同じく経済的問題は取上げられていない。aにおいて登場する人間は学者、研究者、作家、評論家などのインテリであり(註四二〇の3)、そうしてb、cはこの市民社会の道徳的基礎を論じたものである。だから当面の段階はこういう人間を念頭におきつつ市民社会における人間心理を取扱ったものとも言うことができるものである。

ところで市民社会がヘーゲルにおいて概念化せられるのは法哲学に始まることであるが、しかし市民社会理論のことはすでにギムナジウム時代から彼の熟知するところであった。なぜなら市民社会理論はファーガソン(Adam Ferguson, 1723-1816)の An essay on the history of civil society, 1767 に始まるが、このファーガソンをドイツに紹介したのはギムナジウム時代のヘーゲルに多くの知識を与えた啓蒙哲学者ガルヴェ(Christian Garve, 1742-98)であったからである(ドクメンテ四〇八頁、四四二頁)。そうしてさらにフランクフルト時代にステュアートを、イエナ時代にスミスをガルヴェの訳でヘーゲルが研究したことはすでに言ったごとくである。

ところで当面の段階aにおいて市民社会的人間の取扱いかたをきめているものはライプニッツのモナドロジィである。おのおののモナドは窓をもたないと言われるほど独立的であり、個性的であるが、しかし、それでいて世界の生ける鏡としてその表象において意志において世界の全体を映し、したがってモナド間には対応の関係があり、もろもろのモナドは予定調和によって相互に統一づけられている。当面の段階のaにおいて描かれているところの「個体性」はこのモナドに酷似している。それは「根源的に限定せられた自然」を負い、この「自然」によって、他者にではなく、ただ自己自身に関係するだけであり、そうしてこの個体性のいだく関心も、目的も、これをとげる手段も、行為の結果としての現実もみなこの自然によってきまるのであり、その展開であるにすぎず、したがってモナドと同じく、それ自身ひとつの世界であり、それでいて予定調和を信ずるもののごとくただ個性をつくすことだけを念願として自由奔放に嬉々として振舞っている。この段階とモナドロジィとの酷似は否定すべくもない。

ところでイェナ論理学における「客体性の形而上学」と「主体性の形而上学」とは明らかにモナドロジィにしたがって構成せられたものであって、そこでモナド、心、自我などと呼ばれているものは根源的な限定を負い、ただ自己自身に関係するのみでありながら、相互の間に関係があって全体を構成するのである(エレンベルグ版一二七頁、一二九頁、一五三頁など)。

要するに「即自且つ対自的に実在的であることを自覚せる個体性」というのは、市民社会における人間の心理と態度とを、ライプニッツの単子論の立場をとりつつ、ガルヴェ―ファーガソン―ステュアート―スミスの市民社会理論にヘーゲルが自己の体験を織りまぜて展開した段階である。ただし、これはaに関することであって、b、cは市民社会の道徳的基礎を取扱ったものであるが、そのさいの道徳理論はとくにカントを題材としたものである。

三九九

a　精神的な動物の国と欺瞞、或は事そのもの

「精神的な動物の国」と言われているが、たとい「動物的」であるにしても、「精神の国」であるには相違ない。それではいかなる意味においてそうであるかと言うと、第一には「即自且つ対自的に実在的であることを自覚している個体性」は普遍的理性としてVの最高段階の理性的存在者だからであり、第二にはこういうもろもろの個体性間の相互作用によって、「精神的実在」(四二三頁)なるものが生じ、これがやがて人倫的実体(四二五頁)として、VI精神の出発点となって行くからである。それではいかなる意味において動物的であるかと言えば、やはり二つの理由があげられている。第一は「即自且つ対自的に実在的であることを自覚している個体性」にも類的な普遍の実現において動物的生命に似たものがあるということである。動物と言えば陸棲動物、水棲動物であり、また空中にすむ鳥などであるが、動物的生命が成立するにはかかる生活圏(エレメン

ト)が必要であり、さらに生活圏はそれぞれの動物において特殊化せられている。それぞれの動物は自分の生活圏に生命の息吹きを吹きこみ、自分の諸契機をひたし、生活圏から制限を蒙って、それぞれ特殊の体制・組織を具えてはいるが、しかしそれでいてやはり同一の普遍的な動物的生命であることを保っている。これと同じようなことが当面の個体性にもあるのである(四〇〇頁)。第二には動物はただ本性ないし本能にしたがって生きるだけで、そこには高揚もなければ、悲歎もなく、悔恨もないが、当面の個体性にもまた同じことがあるのである(四〇六頁)。

それではどうしてかかる「精神的な動物の国」が欺瞞(四一五頁)と対《つい》をなすかと言えば、これは「事そのもの」によって説明せられることである。「事そのもの」というのは内容的と形式的という二つの側面をもっている(四二四頁)。内容的な契機というのは要するに目的—手段—結果(仕事)であるが、かかる個体性も他のもろもろの個体性に対するから、そこに対自と対他という形式のうえでの区別が生ずるので、個体性は目的—手段—結果のうち、任意のひとつを対他とし、他の任意のひとつを対自とするために、自他いずれをも、しかも交互に欺瞞することになるのである。* しかし、この相互欺瞞が不可避であることによって、単に自我と存在との統一であるにすぎなかった範疇を、さらに現実的な自己意識と一なるものとして定立し具体化する精神的実在が生じ、事そのものも絶対的な事(四二五頁)となり、かくして問題は道徳に移って行くのである。

* VIのBに属する「教養の国」は当面の段階の再論と見なされるものであるが(八四五頁)、これに関しては個々人が権力と財富との獲得において相互に欺瞞しあうところに、この国が精神的ではあっても、動物的である所以が存するとされている。

以上は題名に即した大体の意味であるが、この段階がモナドロジィを駆使しつつ市民社会における人間の心理を分析したものであることは先立つ総註において言ったごとくである。なお、事そのもの、欺瞞、その反対である誠実などの観点からこの段階を再論することの多いのは、VIのBに属している「教養の国」であるが、研究書のうち、市民社会論という見地からこの段階に特別の意義を認めようとするのはルカーチ(György Lukács, 1885-1971)のものである。しかし彼が事そのものをもって「商品」と見ることは、再論せられている段階では人間の目的は権力と財富とに帰するから(八三二頁)、十分可能であっても、当面の段階上は忠実とは言えない。そうしてモイレン Johan der Meulen の Hegel. Die gebrochene Mitte, 1958 の場合もほぼ同様である。

この段階において説かれていることは、当面の個体性とはなにか、事そのものとはなにか、欺瞞がどうして起り、なにを意味しているかの三つである。

一、「即自且つ対自的に実在的であることを自覚している個体性」もやはり結果であるが、結果とは先立つ形態からの結果のことである。だから徳が世路に対して敗北して即自的なものと対自的なものとが相互滲透をうることによって生じたのがこの個体性である。しかし結果であるということは、この個体性も存在的に限定せられたものとなっていることをも意味しているが、それはちょうど、論理学において有と無との相互転換としての成も固定して定在となるのと同じであろう。ところで論理学の定在が質をもっているのと同じようなことがこの個体性にもあるが、ヘーゲルはこの質を「根源的に限定せられた自然」と呼んでいる。つまり個体性は普通に生得的な個性と呼ばれているものをもつことになるのであるが、そのかぎり、この個体性も最初は個別的な個体性であって、これにとっては普遍性はまだ空虚な思いであるにすぎぬ。

ところで根源的に限定せられた自然には否定性がある。けだし、限定とは存在的なものにおける否定性のことだからである。しかし否定性には限定ないし質としてのもののほかに、運動としてのものがあるが、こういう否定性を発動させるものが行為の働きである。行為においては環境、関心、目的、手段、結果などが区別せられはしても、これらを区別しつつ定立しながら、帰一させるところに運動としての否定性があるが、根源的に限定せられた自然は一面においては已れを展開してこれらの諸契機となると同時にまた他面ではこれらを否定的に統一づけるものである。そこでそれぞれの個体性がいかなる環境においてあるか、なにに対して関心をいだくか、なにを目的とするかはすべてこの根源的に限定せられた自然によってきまっていることであり、またなにをもって手段とするかも同様である。手段とは才能のいかんであるが、才能とは根源的に限定せられた自然によってきまるものである。才能はまだ内的手段であるが、道具その他のいかなる外的現実的手段を用いるかも、やはりこの自然によってきまることであり、そうして最後に出来あがった結果としての仕事もまたこの自然のいかんを表現したものであるにすぎない。そこで根源的に限定せられた自然は環境―関心―目的―手段―結果を包んだ場面のようなものであり、個体性はこういう場面のうちを妨げられることなく、自由に闊歩しているのであって、それぞれの動物が自分の生活圏のうちにおいて生を楽しんでいるのと同じである。そうして動物が自分の生活圏のそとには出ることがないのと同じように、この個体性もまた根源的に限定せられた自然が形づくる場面を越えてそのそとに出ることはない。

もっとも行為の結果である仕事は客観的普遍的なものであるから、自他の間で相互に比較され区別され、この区別を通じて個体性の強弱優劣が、したがって個体性の制限が顕わになるのであるけれども、しかしかかる比較は個体性の外に出ることによって初めて成立するものであり、したがってそれは個体性にとっては無縁のものでしかない。しいて比較するのなら、仕事を当の個体性の根源的に限定された自然と比較することしか可能ではない。だからひとつの個体は他の個体性と比較することを許さぬ絶対的な立場にたっているのである。したがってここには高揚もなければ悲歎もなく悔恨もなく、個体性はつねに喜悦を感じているだけである。

二、しかし仕事はたしかに客観的普遍的なものであって、それぞれの個体性をその根源的に限定せられた自然が形づくるところの場面から引きずり出して、もろもろの他の個体性にまざまざと直面させるものである。

仕事は一方においては、たしかに個体性の表現であり、この意味においてそれは比較を許さぬ絶対的なものであるけれども、しかし他方においてはそれはまた存在するものであり、対象的現実的であり、したがってすべての人々に対してあるところのものである。そこで仕事は他の個体性たちの対象となるが、そのときには心胸《むね》の法則《のり》の持主がその法則を設定したときと同じようなことが起る。即ち他の個体性たちが彼ら自身の個体性によって、もとの個体性のなした仕事に対していだく関心や目的は自ら別個のものであり、彼らはこれらに基づいてこの仕事に変更を加える、しかも自他相互に変更を加えあうのである。そこで仕事とはなんであるかと言えば、もろもろの個体性が各自の根源的に限定せられた自然にしたがっていだく関心や目的やまた各自の能力によって相互に作用しあうことによって崩壊するという全般的運動のうちにおける消失する契機でしかないということになる。

仕事は存在する現実であるが、個体性がそこに自己の表現を見ても、この「自己」は他のもろもろの個体性からの干渉や容喙や変更によって消えうせてしまうから、個体性は仕事のうちに自己を認めることがない。だから行為と存在、意欲と遂行とは矛盾することになるが、しかし「即自且つ対自的に実在的であることを自覚している個体性」の概念から言えば、行為と存在、意欲と遂行とは一致すべきはずであったのに、じっさいにはそうはならないわけであるから、ここには概念と実在性との矛盾があることになるが、すでにこういう基本的な矛盾のある以上、前には個体性の形づくる場面のうちにおいて統一づけられていた諸契機はバラバラになってしまう。即ち根源的に限定せられた自然にしたがって関心や目的がいだかれるとは限らず、またそれらにしたがって選択せられた手段が仕事を成就させるともかぎらず、仕事としての一応の成功をとげるかどうかは全く運しだいということになり、個体性によって渾然たる統一をえていた諸契機は相互にバラバラになってしまうのである。

しかし、それでもなおこの個体性は自分の概念と実在性との一致を貫徹しようとする。そうするのは、じっさいにおいてはこの概念に変更を要求することになるが、貫徹するためにヘーゲルは「事そのもの」というものをもち出してくる。[*]

＊ 再論である「教養の国」では、個体性と普遍性、主観性と客観性との「相互浸透」がえられるためには、個体性の否定であり普遍化である教養 Bildung が必要となっている。

すべての仕事はもろもろの個体性が相互に行う干渉や介入や変更によって消えうせるが、消えうせるこの仕事はまた存在する現実でもあった。ところで存在する現実が消えうせるということは、およそ現実が個体性から独立のそれ自身として存在するものではなく、個体性に対してあるものにすぎず、個体性の概念のひとつの契機であるにすぎぬことを意味しているが、このさいの概念の対象的となったものが事そのものである。事そのものは関心でもあれば、目的でもあり、手段でもあり、そうしてさらに結果ないし仕事でもあり、これらの契機は事そのものによって統一づけられている。もっとも個々の個体性の個々の行為という個別的な事について見れば、これらの契機は離れ離れになってはいるけれども、しかし事そのものから見れば、これらの契機は渾然たる統一を形づくっているというのである。そうしてただひたすら事そのものに忠実であろうとする意識が誠実と呼ばれるものであると言われている。

しかし仕事の消失ということを介して個体性の概念が却って存在する現実をも契機として包むというときには、最初に個体性に与えられた概念にはじつは変更が要求せられている。言いかえると、存在する現実をもひとつの契機として包む概念の対象化せられたものである事そのものはそのままではゴマカシを含むものである。だからヘーゲルも誠実な意識もその外見ほどには誠実ではないと言っている。

このゴマカシがどこにあるかと言えば、事そのものが関心―目的―手段―結果(仕事)のそれぞれを主語とする述語であるという処にである。「誠実」な意識はこれらの契機のひとつひとつを主語とし、事そのものを述語づけると同時にひとつひとつの意味を順々に忘れて行くのである。したがって関心や目的をいだくというのは、ただ興味をいだき意図したことであるにすぎないのに、ひとかどの客観的な仕事と同じように事そのものであるという意義をもつことになる。具体的に言えば、例えば世界に或る事件が起ったとして、それが自分の参加を少しもまつことなくして起った事件であるにしても、それに興味をもち関心をいだいたというだけの理由でひとかどの事業を成就したと思いこむ場合と全く同じようなことが「事そのもの」にあるのである。

いったい事というのは知覚の場合の物に対応するものである。ただ物が意識に対して外から与えられるにすぎぬものであったのに対して、事は自己意識によって生じたものであるところに相違がある。ところで物をとらえる知覚は真なるものをとらえるものでありながら同時に錯覚でもあったが、同様のことがひたすら事そのものに即さんとする誠実な意識にもあるが、これが即ち「欺瞞」である。ところですでにⅣにおいて確立せられたように、ひとつの自己意識はただ他の自己意識に対してのみあるのであるから、この欺瞞は相互的になされるものである。そうして錯覚が取り去られうるものではなく不可避的なものであり、これによって却って物は個別と普遍とを総合したもはや物ならぬ無制約的普遍にまで高まったが、同様のことが事そのものにもあり、かくてそれは変容して精神的実在にまでのぼるのである。

三、事そのものには大別して二つの方面がある。ひとつは内容、他は形式である。最初にひとつの個体性が環境―関心―目的―手段―結果を含む場面であると言われたとき、これらは場面の、したがって個体性の契機であるが、これが内容のうえでの契機である。しかし仕事は自我に対して他我の存在することをまざまざと自覚させるものであったが、そこに自他の対立が生じ、したがって対自と対他との対立があることになる。「欺瞞」というのは要するに内容のうえでの諸契機のどれかひとつの契機をもって他我に対するものとして公表し公言するが、同時に他のどれかひとつの契機を心中にしまっておき、そうして他我からの干渉や容喙のあったときには、今度は心中にしまっておいた契機を他我に対して示し、さきに他我に対して公言した契機を心中にしまい、こういうことを内容的契機のひとつひとつについて順々に行い、それらを交替させることであり、しかも自他相互にこの交替を行うことである。

ところで関心や目的をいだくこと、手段を働かせることはまだ主体的な行為であり、これに対して仕事は客観的なものである。そこでヘーゲルは内容的な契機をかかる行為と仕事との二つに帰着させて論じているが、その趣意をくだいて言えば次のごとくであろう。

いまここに或る人(A)が或るテーマについて研究論文を発表したとする。それは客観的普遍的な仕事である。だから、それは当人(A)によってなされようと、他の人々(B)によってなされようと、どうでもよいはずである。そこで他の人々はそういう研究はすでに自分たちによって成就されていると注意をうながしたり、また助力を申出たりする。すると当人は業績をあげるためにやっているのではなく、ただ自分の興味の赴くままに自分の能力を働かしているだけだと答える。こうして他の人々はだまされたと思うのである。しかし、だまされたと思う人々も、まただましている。なぜなら、客観的な公共的な仕事だというので、容喙したり助力を申出たりするのであるが、じつは自分たちのなすべき事を見出さんとしているからである。ところでもとの当人のほう(A)であるが、ただ自分の興味の動くままに自分の能力を働かせているだけであり、ただ自分の事をやっているだけだと言ったのであるが、そうであるとすると、他の人々(B)にも同様のことを許すはずである。ところがじっさいにはそうではない。彼(A)は他の人々に業績をあげさすまいとして干渉する。もし仕事がもう進捗していて他の人々から奪いとることができないとすれば、彼は批評を行う。批評はほめるか、けなすかのいずれかであるが、ほめるときにも、客観的公共的な事をなしているだけでなく自分の寛大と節度とを誇示してもいるのであり、けなすときにも、けなすそのことにおいて自分の為すべき事を見出して喜んでもいるのである。そこで今度は他の人々(B)のほうがだまされたと思うのであるが、しかし、だまされたと苦情を言うほうもやはりだましているのである。なぜなら論文とか作品とかとして公表したのである以上、それらは彼らにとってただ自分だけの事であるにとどまるのではなく、客観的普遍的公共的な事であるから、批評せられるのは当然だからである。

かくして自他いずれをも欺瞞することが行われている。しかも欺瞞するだけでなく、欺瞞されもまたしている。欺瞞は交互に行われているのである。しかしこれは不可避的な必然的なことである。そうであるとすると事そのものの意味も変ってこなくてはならない。それは最初に考えられたように、自分一己の事にとどまるのではなく、同時に他の人々の事であり、そうして他の人々の事であると同時に自分の事でもある。私的であると同時に公的、公的であると同時に私的、個別的であると同時に普遍的、普遍的であると同時に個別的である。またそれは主体的な働きであると同時に客体的な成果であり、その逆でもある。*しかし、こうなると、事そのものはもはやかかる内容的形式的契機を主語とする述語ではなく、またこの意味における類でもなく、却って事そのものが主語とならなくてはならない。言いかえると、事そのものは自他、公私、普個、主客、働きと成果などの対立を所謂止揚せられた契機として含み、自己限定においてこれらの契機となるところの精神的実在に、いなこれを通じてさらに絶対的な「主体」となるが、こうなったときには個別的なものにすぎなかった最初の個体性もまた変容を蒙り、精神の国の一員となっている。そうしてこの国は行為的理性に対して目標として設定せられた人倫の国であるから、ここに人倫が恢復せられたことになる。

* こういう事そのものはVI 精神 の序論(七三二頁)では「人倫的現実」となっている。またこういう事そのものはやが

て絶対的な事（本訳書四二五頁）と呼ばれるが、「絶対的な事」はⅥのBでは国権 Staatsmacht となっている（テキスト三五五頁）。

こうして事そのものは精神的な実在となり、これによって精神的な動物の国はもはや動物の国ではなく端的に精神の国となるが、これと同時に範疇の意義もまた変っている。範疇はⅤの段階に入ると共に自我である存在、或は存在である自我として成立を見たが、当時はまだ「単純な範疇」であるにすぎなかったのに、Bのa 快楽《けらく》と必然性《さだめ》において統一―区別―関係の構造を具えるようになった。しかしさらに当面の段階の運動によって範疇は現実的な自己意識のもつ目的―行為―現実という内容的契機及び対自と対他という形式的契機と一なるものとして定立されることによって具体化した。こういう精神の国或は具体化せられた範疇の立場からして、この国の道徳的基礎を自覚しうるまでに意識は進んできたことになる。

四二四　b　立法的理性

四三一　c　査法的理性

立法的理性と査法的理性とが互に密接に連関したものであることは、テキスト三〇八頁（訳文四三六頁）に二行あきになっている箇処からは、じつは査法的理性に関するのではなく、むしろ二つの理性が孤立すべきものではなく、相補う契機たるべきものであり、ただそうであることによってのみ、両者は人倫の自己意識――三五六頁において目標となった道徳性――を成立させうるものであることを説いているのであるから、それで此処では一を立法と、二を査法と、三を立法及び査法として、ひとまとめにして述べることにする。

しかし各項の思想行程をたどるに先立って全体の概観を行うと、立法的理性というのは行為的理性に対する普遍的理性のひとつの様態である。普遍的理性においては自己意識は即自且つ対自的に承認せられたものであることを自覚する――この「自覚」が「即自且つ対自的に実在的であることを自覚している個体性」の自覚である――が、この承認せられたものがさらにあらゆる自己意識を統合するときに、ただしこの承認されたものがその純粋意識において統合するときに、この純粋意識によってとらえられるものが単純な精神的実在（人倫的実体の抽象態）であるとせられる場合の純粋意識が立法的理性である（註四二四の3参照）。ところで純粋意識なるものはすでに不幸な意識及び徳においても出現していたが、それは要するに

「信」と呼ばれるものと同じである。信も実在を観じはするが、しかし、これをよそよそしい実在として観ずるのであり、しかもそれ自身としては個別的意識たることをまぬかれぬものである(四三八―四三九頁)が、立法的理性が純粋意識であるさいには、この個別的という点が重んぜられている。立法的理性という段階の冒頭において「精神的実在はその単純な存在において純粋意識であると同時にこの自己意識である」と言われるのも、純粋意識が精神的実在に対して信をいだくにすぎぬことを意味している。即ち精神的実在が純粋意識であると同時に「この」自己意識であるにしても、まさに「単純な存在」においてのことであるから、純粋意識は、そうしてまた精神的実在も「この」自己意識には滲透せず、したがって純粋意識も現実には「この」自己意識に転落し、精神的実在を純粋に意識するものがまさにその純粋性の故に却って個別者たるにすぎず、したがってこれにとっては精神的実在はよそよそしいものであることを意味している。

　ところで差別の論文においてヘーゲルは信をもって健全な常識と同じものと考えているが(全集一巻五五―六〇頁)、ここでもまた同様である。さてカントは道徳に関して理性の自己立法を重んじたが、同時にこのさいの理性をもってむしろ健全な常識であり健全な理性であるとしたが、ヘーゲルはこの「健全な理性」において精神的実在についての純粋意識にあたるものを見たのである。純粋意識は精神的実在という「絶対的な事」を意識しており、そのとらえる法則はたしかに即自且つ対自的に存在するものであり、また即自且つ対自的に妥当するものであるには相違ないが、しかし、これは事態の一面であって、純粋意識は現実には個別的意識たることをまぬかれえないものであるから、人倫的なものについて知っていると言っても、ただ形式的に知っているだけであって、実質的には自分一己の恣意を法則として押しつけるものであるにすぎず、純粋意識はこの点でただ「単純な存在」をとらえているだけで、その他の点では「私念」たるにすぎぬ感覚的確信に似たものであって、人倫的なものについての無媒介な確信(四二六頁)であるが、これがちょうどカントの自己立法的理性にあたるとヘーゲルは見るのである。そうしてカント倫理学はさらに批判的倫理学であり、法則たりうるや否やを形式的普遍性をもって規準として検査し検討するものであるが、そこからしてカントの道徳的理性をヘーゲルは査法的理性にあたるとするのである。

　それで立法的理性と査法的理性という二つの段階において暗にカント倫理学の顧慮せられていることは疑う余地のないところであるが、これについては準備的な仕事がある。ローゼンクランツによると、ヘーゲルは『実践理性批判』についてはすでにスイス時代にしばしば論究したが、一七九七年にカントが『法論』と『徳論』とを公にし、さらに両者を『道徳の形而上学』としてひとまとめにしたので、これを機会にヘーゲルは九八年八月一〇日から『道徳の形而上学』について丹念な研究を行い、手記をものした。これについてローゼンクランツの言っているのは次の二点に帰する。第一はヘーゲルが適法性と道徳性との分離に反対して両者を「生命」の立場で総合したが、後にはこれを人倫と呼んだこと、第二は義務概念からくる絶対主義とこれによって却って生じたカズゥイスティークに反対したことである(ローゼンクランツ八六―八七頁、ドクメンテ二八〇頁。なおこの手記はシェラーでは七六号、また人倫という概念の出現の時期については三八二頁の総註にある一八〇一年の就職テーゼ参照)。これらの二点はいずれも当面の箇処にほぼ一致している。即ち三においては人倫の立場が高調せられているし、一の論旨は、カントが種々の義務をもって無条件的な「定言命法」としておきながら、しばしばそれらに具体的な場合(Kasus)に応ずるカズゥイスティークを設けたのは定言命法がじつは条件つきの「仮言命法」にほかならぬことを暴露したものであるということに帰する。

この手記の結実はフランクフルト時代の『クリスト教の精神と運命』にも見られるが、また結実のひとつである自然法の論文も当面の段階に寄与している。即ち二において取上げられている「財産の私有か共有か」という問題はすでにこの論文においてもやはりカント批判に関連して出現しているし(全集一巻四六七頁)、また三があげている寄託品の例もまた同様である(四六六頁)。

こうして当面の段階がカント倫理学と深い関係をもつことは明らかであるが、しかし同時にヘーゲルの取りあげるのはカント倫理学自身としてではなく、市民社会の道徳観を代表するものとして取りあげていることはすでに先立つ総註において言ったことから明らかである。

思想行程をたどると、およそ次のごとくである。

一、立法的理性には肯定的な側面と否定的な側面とがある。前者においては立法的理性は精神的実在の、いなひいては「絶対的な事」の意識であり、即自且つ対自的に善且つ義なるものとして存在するところの、また妥当するところのものの、即ち人倫的実体についての、それがなんであるかについての意識である、即ち人倫の意識であって行為的理性が目標とした道徳性(三六〇頁)はこの立法的理性において到達せられたと言ってよいであろう(註四二五の3参照)。この点からすれば、この理性が法則を定立するのも、もっともなことである。しかし、これは事態の一面にすぎないのであって、立法的理性は絶対的な事の純粋意識ではあっても、まさにその純粋性の故に却って直接的な意識であり、それ自身としてはじつは個別的意識であるにすぎぬ。これが立法的理性が同時に健全な理性として、言いかえるならば常識として直接に無媒介に人倫的本質態を知り、これを定立するものにすぎぬと言われる所以である。かく立法的理性が人倫的本質態について知っているのは、ただ形式的にであって実質的にはそうではないが、これはあたかも感覚的確信が単純な存在を知っているだけで、具体的にはなにひとつ知っていないのと同じである。

このことは若干の実例について見れば明らかである。例えば「各人は真実を語るべきである」ということが無条件の命令であると言われる。しかし常識が真実を知っているとはかぎらない。そこでこういう命令には「もし各人が真実を知っているならば」という条件がつけられるということになるが、そうなると、真実を語るということは、それを知っているか知っていないかという偶然に委ねられることになるから、この命題は決して普遍必然的に(アプリオーリに)妥当する命令ではない。こうして常識が真実を知っているとはかぎらないところから、命題を改めて「各人は真実を知るべきである」と言われるとすれば、これは最初に知っていると公言したものを知らないと自白したも同然である。しかも何を知れと言うのではなく、ただ形式的一般的に真実を知れと言っているのである以上、具体的な内容は捨象せられてしまっている。

また「己れのごとく汝の隣人を愛せよ」と命ぜられるが、このさい「愛」というのは個別者の個別者に対する関係のことであり、感情や情緒の立場での関係のことである。しかしそうかと言って愛がなにもしない愛である時にはこの命令は無意義であるから、それは *Wohltun*(善行)であり、隣人に向って善いことを為すものでなくてはならぬ。しかし何が隣人に対して善いか悪いかを見分けるものは感情や情緒ではなく悟性である。しかし最もよく悟性を働かせて行動するものは国家(正確には市民社会であり、そうして市民社会はまた悟性国家、註四二九の3参照)である。だから「善行」や「慈善」は国家によって公共的になされて初めて意義をもつ。むろん緊急の援助という形で、個別者の個別者に対する慈善にも意義がありはするが、しかしその機会は偶然であり束か の間のものにすぎぬ。だから、この命令もまた決して普遍必然的ではない。

要するに「健全なる理性」は人倫的本質態について知っているにしても、知っているのは、それが即自且つ対自的に存在し妥当すべきものであるという形式だけであって、なにがそのように妥当するかということではない。こういう内容に至っては立法的理性は妥当しないものをしいて妥当させようとして強要するのであるから、その命令はまさに命令であり、指令でしかなく、恣意をもって法則となさんとする暴君の傲慢(四三七頁)たるにすぎぬ。

二、かくして「健全なる理性」が知っているのは人倫的本質態の形式だけであって、内容ではない。この形式というのはすべてに通ずるものとして自己矛盾してはならぬという自同律である。そこで法則を定立することはできないにしても、法則であるかどうかを検査することはできるといえる。ただし検査すると言っても、与えられたものを人倫的法則と比較することではない。なぜなら、人倫的本質態については、それがなんであるかは知られてはいないのであるから、比較をしようにも比較のしようがないからである。だから比較すると言っても、与えられた具体的な内容をそれ自身と比較して自己矛盾を含むかどうかを検討するだけである。こうして立法的理性は査法的理性となる。

しかし、どんなものでも、無媒介にそれ自身として取上げるならば、矛盾を含まないから、こういう態度をもってすれば、どんなものでも道徳的であることになる。しかも或るものを直接的にではなく、立入って検討するならば、必ずその反対をも含んでいるが、この反対のものもまたそれ自身としては矛盾を含んでいないから、今度は反対のものをもって道徳的とすることができる。そこで査法的理性というのは要するに小理屈をこねて自分勝手のものを人倫的法則となそうとすることとして知の傲慢(四三七頁)であるというのほかはない。

例えば私有財産制度が妥当とも言えるし、その否定が妥当とも言える。*しかも両者いずれも矛盾を含んでいるのである。

さて物自身は無主物である。しかし何人かにとってそれが要求の必然的対象であるとは言える。だから或る人がそれを占有することは矛盾を含まぬ。この意味において私有財産制度が妥当とは言える。しかし占有すると言っても、直ちに消費するのは意識をもてる存在者の本性には矛盾することであって、要求に対しては普遍的な仕かたで配慮すべきである。そうであるとすれば、物が無主物であると言っても、それを必要とする任意の人の所有に帰すべきであると言うのは当をえず、この点からすれば財の共有が妥当ということになる。しかしそうであるとしても、分配をいかにすべきか。分配は平等であるか不平等であるかであるが、平等とすれば要求への関係という分配の原理に矛盾し、不平等とすれば人格の平等という原理に矛盾する。だから、たとい財産の共有をもって是とするとしても、なお矛盾があって、問題は決して簡単ではない。そこで翻って私有財産を妥当とするという態度をとって見ても、物が「私のもの」となるというのは、その使用から他の人々を締め出すことであるが、「私のもの」であることが他の人々によって承認されていて初めて他の人々を締め出すことができるのであるから、締め出すことそのことが却ってすべての他の人々との共同を含んでいる。また凡そ物とはすべての人々に対して客観的にあるものであるから、私だけがそれを「私のもの」として私有し、他の人々をその使用から締め出すということは凡そ物の本性に反している。ここからすると、再び財の共有が妥当であることになる。

＊　本文が共産主義を肯定しているのは事実であるが、そのさいの「共産主義」とは家族のものにすぎないかも知れない。法哲学の一七〇節は Eigentum が一個人のものにすぎないのに対して、Vermögen は家族の成員全体の共同目的のためのものであるとしている。

このようにどんなものでも、無造作にそれ自身として見れば矛盾を含まないが、立入って考えるならば反対のものを含んでおり、しかも相互に対立するもののいずれもそれ自身として見れば矛盾を含まぬのであるから、査法と言っても、任意のいかなるものをも法則とするものであるということになる。かくして査法も立法と同じく成立しない。

三、私有と共有とについて言ったのと同じようなことが立法と査法とについても成立する。即自且つ対自的に存在し妥当するものをもって法則とするのは妥当である。そのかぎり、立法にも権利はある。しかし、そのさい知の要求を全然無視した私的意志をもって法則とするならば、立法と言っても暴君の傲慢である。立法も知の要求を無視しない「すべての人々の純粋意志」＊に基づくものであるべきである。知の要求によって立つ査法にも権利はあるが、しかし、それが「すべての人々の純粋意志」を離れて、ただ同一律に基づく悟性の透見に終始するならば、暴君の傲慢にひとしき知の傲慢になってしまう。知の要求がみたさるべきであるとしても、この要求は「己れ自身の絶対意識の思い」からするものであり、あらゆる人々の純粋意志と調和したものたるべきである。かくて立法と査法とは相補うべきものであるが、そのときには両者は人倫的自己意識の立場での誠実の二つの様態であることになる。

＊　普遍意志はⅥのBのⅢ　絶対自由という段階の基本概念であるが、この場合にはルソーの volonté générale であり、国家意志である。

立法と査法とが相補うものとなるには、意識の個別性が克服されなくてはならない。言いかえると、歴史的に与えられているジッテにおいて表現されている人倫的実体にまで意識が高まり、そこに自己を見出し、それをもって自己として意識するようになることが必要である。単なる人倫の意識ではなく、人倫の自己意識となることが必要である。しかしそうなったときには、人倫的実体ももはや実体ではなく「精神」となっている。

ここで先にB　行為的理性　の初めに目標として設定せられたものにかえって見ると、Cのaの終りにおいて事そのものの意味が変容して、それが「絶対的な事」となったときに、言いかえると、事そのものがもはやその諸契機の述語ではなく主語となり、いな諸契機を自己限定として含む主体となったときに前に目標であった「人倫の国」はすでに恢復せられている。しかもこの「恢復」は人倫を与えるだけでなく、人倫のなんであるかの意識を与えるのである（三六〇頁）から、道徳性はすでに生成している。そこでbとcとにおいてはこの道徳性の両面がそれぞれ立法と査法として展開せられ、最後に両者が総合せられた。これによって当初に目標として設定せられた「道徳性の生成」は終ったことになる。

しかしながら、翻って考えて見ると、人倫の国はBの初めにおいて先廻りをした予想という形式においておよその輪郭が素描せられただけであって、その構造に至ってはまだ不十分にしか叙せられていない。なぜなら、Ⅵの A によって明らかであるように、人倫にとっての基本的契機は家族と国家とであるにも拘らず、これらがまだ展開せられてはいないからである。しかも、VのBのbに出てくる「神々及び人間の秩序」ということからして当然要求せられるにも拘らず、この要求はまだかなえられてはいないのである。だから人倫はまだ不十分にしか解明せられてはいない。したがって人倫の恢復によって定立せらるべきはずであった道徳性もまた同様である。そこでヘーゲルはⅥのAにおいて人倫を詳しく展開し、そのBにおいて家族と国家との中間に立つべきはずの財富 Reichtum という形式において市民社会を加えつつ、Cにおいて道徳性について再び詳論せざるをえぬことになる。このさいの道徳性がもつ道徳的世界観―ずらかし Verstellung―全的に知ること（良心）という構造は純粋意識が成立を見てから以後の普遍的理性がもつ立法―査法―両者の総合という構造に対応するものである。そうして最後の良心においては各自に絶対に自立的である自己意識の間に非連続の連続としての絶対的精神が成立を見るのであるが、この対自態における絶対精神がⅦのC 啓示宗教をもって己れの即自態として把握し我がものとするところにⅧ 絶対的な知ることは成立を見て、精神の現象学は終りに到達するのである。

がんらい「意識経験の学」は絶対知にまで至る一種の認識論*的序説であったが、すでにVのBにおいて、とくにそのcにおいてヘーゲルは道徳の問題につき当った。そうして彼にとっては道徳は宗教と不離であるが、道徳と宗教とはもともと彼にとっては本来の境地であるから、これらを取上げることなくしては、絶対精神も絶対知も十分に解明せられえない。しかるに人倫も道徳性もまだ不完全にしか説かれておらず、宗教に至っては殆ど取上げられてはいない。こうして「意識経験の学」は「精神の現象学」へと変容せざるをえなかったのである。

＊ ただし「認識論」と言っても、これがヘーゲルにおいては存在論の意味をもっていることは否定できない。そもそ

も Bewußtsein という表現においてザインが文字通りその意義をもっており、したがって das wissende Sein をも意味しているのはハイデガーやマルクーゼの言う通りである。このことは簡単には意識と対象との関係がヘーゲルにおいては Fürsichsein と Ansichsein との関係であることからしても首肯できるのである。しかし存在論の立場から意識経験の学ないし精神の現象学を解釈するためには、少くとも次の二つのことが必要である。第一には存在するもの das Seiende と存在 das Sein とを明別することである。第二には「存在」が人間を生かすもの――住まわせるもの――物事を顕《あら》わにするものという三重の意味をもつことである(この三重の意味についてはハイデガーの『形而上学入門』参照)。しかし第一の区別はヘーゲルにもたしかにありはするが、しかし決定的ではない。また第二の意味のうち、とくに「生かすもの」という意味もヘーゲルにたしかにあり、殊にいわゆる『神学論文集』との関連においてそうであって、この観点からすれば、ヘーゲルが取上げる「認識」には生命の意義があると言うことができ、ここからしてハイデガーの存在論的解釈はディルタイに始まる生哲学的解釈に合流しうることになる(マルクーゼ)。しかしこの第二の点もやはり決定的ではない。要するに存在論の立場をとってヘーゲルを解釈することは可能であり、また意義のあることであっても、あくまで解釈者の仕事であって解説者の仕事ではない。

ここで意識経験の学の当初にかえって見ると、そこからⅠとⅡとⅢとⅣとⅤという五つの段階が設定せられたが、これらはいずれも世界史におけるひとつの時代を支配し時代を画するという意味において独立しうるものではなく、むしろ定立せられると同時に全体のうちに解けこむ「消失する契機」たるにすぎぬものである。かかる全体が成立を見るのは、Ⅵ 精神からのことである。ここからして諸段階は「意識の諸形態」であると同時に「世界の諸形態」として時のうちに自立しうるものとなる。*だから、Ⅵはギリシャ及びローマ―中世から近世―現代と全く時代の系列にしたがって展開せられることになる。そうして、Ⅶ 宗教にもまた同様な展開が与えられている。むろん歴史的なものはⅠからすでに背景をなしていたが、しかしあくまでも背景をなしていたというだけであって、歴史的なものが正面に現れてくるのはⅥからである。ⅤからⅥへの移行は「意識経験の学」という川が「精神の現象学」という河になる点としても、一種の歴史哲学への転換点としても、甚だ重大な意義をもつ点である。

＊ もっとも、このことをヘーゲル自身が明言しているのは、Ⅶ 宗教からについてであって、Ⅵ 精神についてからではない。しかし、宗教とこの精神とは絶対精神――ただし厳密に言えばその表象――と現実的な精神との関係にあるもの

であるが、現実的な精神はまた世界 Welt と不離であって、その諸段階は世界の諸形態である。ところで「世界」はヘーゲルにとっては『イエスの宗教』という手記以来、「もろもろの人間的な関係と人間的な生活との全体」(ノール三〇七頁)であり、人の世であり共同体であり社会である。現実的精神がこの共同体の構成契機ないし成員相互の関係をさすのに対して、絶対的な精神はこの関係を越え、その底にあって、それを成立させるものである。両者は同一のものに関し、前者が言わば横の関係であるとすれば、後者は縦の関係である。したがって後者について成立することは前者についても成立することになる。

■岩波オンデマンドブックス■

ヘーゲル全集 4 精神の現象学 上巻

1971 年 9 月30日 第 1 刷発行
1995 年 2 月27日 第19刷発行
2002 年11月 8 日 新装版第 1 刷発行
2016 年 8 月16日 オンデマンド版発行

訳 者 金子《かねこ》武蔵《たけぞう》

発行者 岡 本 厚

発行所 株式会社 岩波書店
〒 101-8002 東京都千代田区一ツ橋 2-5-5
電話案内 03-5210-4000
http://www.iwanami.co.jp/

印刷／製本・法令印刷

ISBN 978-4-00-730476-7 Printed in Japan

諸版対照表

この表において，Ⅰはズールカンプ社版，Ⅱはホフマイスター版，Ⅲはベルリン全集版である．ホフマイスター版には年度によって頁数に些小のズレがあり，そうしてグロックナー版はベルリン全集版の写真版であって，この全集版の頁数は上欄に記入されている．

追　記　Ⅳは，アカデミー版の頁数である．アカデミー版は，ライン・ヴェストファーレン科学アカデミーがドイツ研究協会との提携によって編纂した『ヘーゲル全集』の決定版で，学研版とも呼ばれている．

I	II	III	IV	I	II	III	IV
11	9/10	3/4	9	35	28/29	24/25	26/27
12	10/11	4/5	9/10	36	29/30	25/26	27/28
13	11	5/6	10/11	37	30/31	26/27	28
14	11/12	6	11/12	38	31/32	27/28	28/29
15	12/13	7	12	39	32/33	29/30	29/30
16	13/14	8	12/13	40	33/34	30/31	30/31
17	14/15	8/9	13/14	41	34/35	31/32	31
18	15/16	9/10	14/15	42	35/36	32/33	31/32
19	16	10/11	15	43	36	33/34	32/33
20	16/17	11/12	15/16	44	37	34/35	33
21	17/18	12/13	16/17	45	37/38	35/36	33/34
22	18/19	13/14	17/18	46	38/39	36/37	34/35
23	19/20	14/15	18	47	39/40	37/38	35
24	20/21	15/16	18/19	48	40/41	38/39	35/36
25	21/22	16/17	19/20	49	41/42	39/40	36/37
26	22	17/18	20	50	42/43	40/41	37/38
27	22/23	18/19	20/21	51	43/44	41/42	38
28	23/24	19/20	21/22	52	44/45	42/43	38/39
29	24/25	20/21	22/23	53	45/46	43/44	39/40
30	25/26	21	23	54	46/47	44/45	40
31	26	22	23/24	55	47/48	45/46	40/41
32	26/27	22/23	24/25	56	48/49	46/47	41/42
33	27	23/24	25	57	49/50	47/48	42/43
34	28	24	25/26	58	50	48/49	43

I	II	III	IV	I	II	III	IV
59	51	49/50	43/44	100	95/96	92	76
60	51/52	50/51	44/45	101	96/97	93/94	76/77
61	52/53	51/52	45	102	97/98	94/95	77/78
62	53/54	52/53	45/46	103	98/99	95/96	78
63	54/55	53/54	46/47	104	99/100	96/97	78/79
64	55/56	54/55	47	105	100/101	97/98	79/80
65	56/57	55/56	47/48	106	101/102	98/99	80/81
66	57/58	56/57	48/49	107	102/103	99/100	81/82
67	58/59	57/58	49	108	103/104	100/101	82/83
68	63/64	59/60	53	109	104	101/102	83
69	64	60/61	53/54	110	105	102/103	83/84
70	65	61/62	54/55	111	105/106	103/104	84/85
71	65/66	62/63	55	112	106/107	104/105	85/86
72	66/67	63/64	55/56	113	107/108	105/106	86
73	67/68	64/65	56/57	114	108/109	106/107	86/87
74	68/69	65/66	57	115	109/110	107/108	87/88
75	69/70	66/67	57/58	116	110/111	108/109	88
76	70/71	67/68	58/59	117	111/112	110/111	88/89
77	71/72	68/69	59	118	112/113	111/112	89/90
78	72/73	69/70	59/60	119	113/114	112/113	90/91
79	73/74	70/71	60/61	120	114/115	113/114	91
80	74/75	71/72	61	121	115/116	114/115	91/92
81	75	72	61/62	122	116	115/116	92/93
82	79/80	73/74	63	123	117	116/117	93
83	80	74/75	63/64	124	117/118	117/118	93/94
84	80/81	75/76	64/65	125	118/119	118/119	94/95
85	81/82	76/77	65	126	119/120	119/120	95/96
86	82/83	77/78	65/66	127	120/121	120/121	96
87	83/84	78/79	66/67	128	121/122	121/122	96/97
88	84/85	79/80	67	129	122/123	122/123	97/98
89	85/86	80/81	68	130	123/124	123/124	98
90	86/87	81/82	68/69	131	124/125	124/125	98/99
91	87/88	82/83	69/70	132	125/126	125/126	99/100
92	88/89	83/84	70	133	126/127	126/127	100/101
93	89/90	84/85	71	134	127/128	128/129	101
94	90/91	85/86	71/72	135	128/129	129/130	101/102
95	91/92	86/87	72/73	136	129	130	102
96	92/93	87/88	73	137	133/134	131/132	103
97	93	88/89	73/74	138	134	132/133	103/104
98	93/94	89/90	74/75	139	135	133/134	104/105
99	94/95	90/91	75/76	140	135/136	134/135	105

I	II	III	IV	I	II	III	IV
141	136/137	135/136	105/106	182	178/179	178/179	134/135
142	137/138	136/137	106/107	183	179/180	179/180	135/136
143	138/139	137/138	107/108	184	180/181	180/181	136
144	139/140	138/139	108	185	181/182/183	181/182	136/137
145	140/141	139/140	108/109	186	183/184	182/183	137/138
146	141/142	140/141	109/110	187	184/185	183/184	138/139
147	142/143	141/142	110	188	185/186	184/185	139
148	143/144	142/143	110/111	189	186/187	185/186	139/140
149	144/145	143/144	111/112	190	187/188	186/187	140/141
150	145/146	144/145	112/113	191	188/189	187/188	141/142
151	146/147	145/146	113	192	189/190	188/189	142
152	147/148	146/147	113/114	193	190/191	189/190	142/143
153	148/149	147/148	114/115	194	191/192	191/192	143/144
154	149/150	148/149	115	195	192	192/193	144
155	150/151	149/150	115/116	196	193	193/194	144/145
156	151/152	150/151/152	116/117	197	193/194	194/195	145/146
157	152/153	152/153	117/118	198	194/195	195/196	146/147
158	153/154	153/154	118	199	195/196	196/197	147
159	154/155	154/155	118/119	200	196/197	197/198	147/148
160	155/156	155/156	119/120	201	197/198	198/199	148/149
161	156/157	156/157	120	202	198/199	199/200	149
162	157/158	157/158	120/121	203	199/200	200/201	149/150
163	158/159	158/159	121/122	204	200/201	201/202	150/151
164	159/160	159/160	122	205	201/202	202/203	151
165	160/161	160/161	123/123	206	202/203	203/204	151/152
166	161	161/162	123/124	207	203	204/205	152/153
167	161/162	162/163	124/125	208	204	205/206	153/154
168	162/163	163/164	125	209	204/205	206/207	154
169	163/164	164/165	125/126	210	205/206	207/208	154/155
170	164/165	165/166	126/127	211	206/207	208/209	155/156
171	165/166	166/167	127	212	207/208	209/210	156/157
172	166/167	167/168	127/128	213	208/209	210/211	157
173	167/168	168/169	128/129	214	209/210	211/212	157/158
174	168/169	169/170	129/130	215	210/211	212/213	158/159
175	169/170	170/171	130	216	211/212	214/215	159/160
176	170/171	172	130/131	217	212/213	215/216	160
177	171	173	131	218	213/214	216/217	160/161
178	175/176	174/175	132	219	214/215	217/218	161/162
179	176	175/176	132/133	220	215/216	218/219	162
180	177	176/177	133/134	221	216	219/220	162/163
181	177/178	177/178	134	222	217	220/221	163/164

I	II	III	IV	I	II	III	IV
223	217/218	221/222	164/165	264	256/257	264/265	193/194
224	218/219	222/223	165	265	257	265/266	194/195
225	219/220	223/224	165/166	266	257/258	266/267	195
226	220/221	224/225	166/167	267	258/259	267/268	195/196
227	221/222	225/226	167	268	259/260	268/269	196/197
228	222/223	226/227	167/168	269	260/261	269/270	197/198
229	223/224	227/228	168/169	270	261/262	270/271	198
230	224/225	228/229	169/170	271	262/263	271/272	198/199
231	225/226	229/230	170	272	263/264	272/273	199/200
232	226/227	230/231	170/171	273	264/265	273/274	200/201
233	227/228	231/232	171/172	274	265/266	274/275	201
234	228/229	232/233	172/173	275	266/267	275/276	201/202
235	229/230	233/234	173	276	267/268	276/277	202/203
236	230/231	234/235	173/174	277	268/269	277/278	203/204
237	231/232	236/237	174/175	278	269/270	278/279/280	204
238	232/233	237/238	175	279	270/271	280/281	204/205
239	233	238/239	175/176	280	271/272	281/282	205/206
240	233/234	239/240	176/177	281	272/273	282/283	206/207
241	234/235	240/241	177/178	282	273	283/284	207
242	235/236	241/242	178	283	274	284/285	207/208
243	236/237	242/243	178/179	284	274/275	285/286	208/209
244	237/238	243/244	179/180	285	275/276	286/287	209
245	238/239	244/245	180	286	276/277	287/288	209/210
246	239/240	245/246	180/181	287	277/278	288/289	210/211
247	240/241	246/247	181/182	288	278/279	289/290	211/212
248	241/242	247/248	182	289	279/280	290/291	212
249	242/243	248/249	182/183	290	280/281	291/292	212/213
250	243/244	249/250	183/184	291	281/282	292/293	213/214
251	244	250/251	184	292	283/284	293/294	214/215
252	245	251/252	184/185	293	284/285	294/295	215/216
253	245/246	252/253	185/186	294	285	295/296	216
254	246/247	253/254	186/187	295	286	296/297	216/217
255	247/248	254/255	187	296	286/287	297/298	217/218
256	248/249	255/256	187/188	297	287/288	298/299	218
257	249/250	257/258	188/189	298	288/289	299/300	218/219
258	250/251	258/259	189	299	289/290	301/302	219/220
259	251/252	259/260	189/190	300	290/291	302/303	220/221
260	252/253	260/261	190/191	301	291/292	303/304	221
261	253/254	261/262	191/192	302	292/293	304/305	221/222
262	254	262/263	192	303	293/294	305/306	222/223
263	255/256	263/264	193	304	294/295	306/307	223

I	II	III	IV
305	295/296	307/308	223/224
306	296/297	308/309	224/225
307	297/298	309/310	225/226
308	298/299	310/311	226
309	299/300	311/312	226/227
310	300/301	312/313	227/228
311	301/302	313/314	228/229
312	302/303	314/315/316	229
313	303	316/317	229/230
314	303/304	317/318	230/231
315	304/305	318/319	231
316	305/306	319/320	231/232
317	306/307	320/321	232/233
318	307/308	321/322	233/234
319	308/309	322/323	234
320	309/310	323/324	234/235
321	310/311	324/325	235/236
322	311/312	325/326	236
323	312	326	236/237
324	313	327/328	238
325	314	328/329	238/239
326	315	329/330	239/240
327	315/316/317	330/331	240/241
328	317/318	331/332	241
329	318/319	332/333	241/242
330	319/320	333/334	242/243
331	320/321	334/335	243
332	321/322	335/336	243/244
333	322/323	336/337	244/245
334	323/324	337/338	245/246
335	324/325	338/339	246
336	325/326	339/340/341	246/247
337	326	341/342	247/248
338	327	342/343	248
339	327/328	343/344	248/249
340	328/329	344/345	249/250
341	329/330	345/346	250/251
342	330/331	346/347	251
343	331/332	347/348	251/252
344	332/333	348/349	252/253
345	333/334	349/350	253/254
346	334/335	350/351	254
347	335/336	351/352	254/255
348	336/337	352/353	255/256
349	337/338	353/354	256/257
350	338	354/355	257
351	339	355/356	257/258
352	339/340	356/357	258/259
353	340/341	357/358	259
354	341/342	358/359	259/260
355	342/343	359/360	260/261
356	343/344	360/361	261/262
357	344/345	362/363	262
358	345/346	363/364	262/263
359	346/347	364/365	263/264
360	347/348	365/366	264/265
361	348/349	366/367	265/266
362	349/350	367/368	266
363	350/351	368/369	266/267
364	351/352	369/370	267/268
365	352/353	370/371	268
366	353/354	371/372	268/269
367	354/355	372/373	269/270
368	355	373/374	270/271
369	356	374/375	271
370	356/357	375/376	271/272
371	357/358	376/377	272/273
372	358/359	377/378	273
373	359/360	378/379	273/274
374	360/361	379/380	274/275
375	361/362	381/382	275/276
376	362/363	382/383	276
377	363/364	383/384	276/277
378	364/365	384/385	277/278
379	365/366	385/386	278
380	366	386/387	278/279
381	367	387/388	279/280
382	367/368	388/389	280/281
383	368/369	389/390	281
384	369/370	390/391	281/282
385	370/371	391/392	282/283
386	371/372	392/393	283

I	II	III	IV	I	II	III	IV
387	372/373	393/394	283/284	428	410/411	437/438	313/314
388	373/374	394/395	284/285	429	411/412	438/439	314/315
389	374/375	395/396	285	430	412/413	439/440	315
390	375/376	397	285/286	431	413/414	440/441	315/316
391	376/377	398	286/287	432	414/415	441/442	316/317
392	377/378	399/400	287/288	433	415/416	442/443	317/318
393	378/379	400/401	288	434	416/417	443/444	318
394	379/380	401/402	288/289	435	417/418	444/445	318/319
395	380/381	402/403	289/290	436	418/419	445/446	319/320
396	381	403/404	290	437	419/420	446/447	320/321
397	381/382	404/405	290/291	438	420	448/449	321
398	382/383	405/406	291/292	439	421	449/450	321/322
399	383/384	406/407	292/293	440	421/422	450/451	322/323
400	384/385	407/408	293/294	441	422/423	451/452	323/324
401	385/386	408/409	294	442	423/424	452/453	324/325
402	386/387	409/410	294/295	443	424/425	453/454	325
403	387/388	410/411	295/296	444	425/426	454/455	325/326
404	388/389	411/412	296	445	426/427	455/456	326/327
405	389/390	412/413	296/297	446	427/428	456/457	327
406	390/391	413/414	297/298	447	428/429	457/458	327/328
407	391/392	414/415	298/299	448	429/430	458/459	328/329
408	392/393	415/416	299	449	430/431	459/460	329/330
409	393	416/417/418	299/300	450	431/432	460/461	330
410	394	418/419	300/301	451	432/433	461/462	330/331
411	394/395	419/420	301	452	433/434	462/463	331/332
412	395/396	420/421	301/302	453	434/435	463/464	332/333
413	396/397	421/422	302/303	454	435	464/465	333
414	397/398	422/423	303/304	455	436	465/466	333/334
415	398/399	423/424	304/305	456	436/437	467/468	334/335
416	399/400	424/425	305	457	437/438	468/469	335
417	400/401	425/426	305/306	458	438/439	469/470	335/336
418	401/402	426/427	306/307	459	439/440	470/471	336/337
419	402/403	427/428	307	460	440/441	471/472	337/338
420	403/404	428/429	307/308	461	441/442	472/473	338
421	404/405	429/430	308/309	462	442/443	473/474	338/339
422	405/406	431/432	309/310	463	443/444	474/475	339/340
423	406/407	432/433	310	464	444/445	475/476	340/341
424	407	433/434	310/311	465	445/446	476/477	341
425	408	434/435	311/312	466	446/447	477/478	341/342
426	408/409	435/436	312/313	467	447/448	478/479	342/343
427	409/410	436/437	313	468	448/449	479/480	343/344

I	II	III	IV
469	449/450	480/481	344
470	450/451	481/482	344/345
471	451/452	482/483	345/346
472	452/453	484/485	346
473	453	485/486	346/347
474	453/454	486/487	347/348
475	454/455	487/488	348/349
476	455/456	488/489	349
477	456/457	489/490	349/350
478	457/458	490/491	350/351
479	458/459	491/492	351/352
480	459/460	492/493	352
481	460/461	493/494	352/353
482	461/462	494/495	353/354
483	462/463	495/496	354
484	463/464	496/497	354/355
485	464	497/498	355/356
486	465	498/499	356/357
487	465/466	499/500	357
488	466/467	500/501	357/358
489	467/468	502/503	358/359
490	468/469	503/504	360
491	469/470	504/505	360
492	470/471	505/506	360/361
493	471/472	506/507	361/362
494	472	507/508	362
495	473/474	509/510	363
496	474/475	510/511	363/364
497	475	511/512	364/365
498	476	512/513	366
499	476/477	513/514	365/366
500	477/478	514/515	366/367
501	478/479	515/516	367/368
502	479/480	516/517	368
503	480/481	517/518	368/369
504	481/482	518/519	369/370
505	482/483	519/520	370/371
506	483/484	520/521	371
507	484/485	521/522	371/372
508	485/486	522/523	372/373
509	486/487	523/524	373/374
510	487/488	524/525	374/375
511	488/489	525/526	375
512	489/490	526/527	375/376
513	490/491	528/529	376/377
514	491/492	529/530	377/378
515	492/493	530/531	378
516	493/494	531/532	378/379
517	494/495	532/533	379/380
518	495/496	533/534	380
519	496/497	534/535	380/381
520	497/498	535/536	381/382
521	498/499	536/537	382/383
522	499/500	537/538	383
523	500/501	538/539	383/384
524	501/502	539/540	384/385
525	502	540/541	385/386
526	502/503	541/542	386
527	503/504	542/543	386/387
528	504/505	543/544	387/388
529	505/506	544/545	388/389
530	506/507	545/546	389
531	507/508	546/547	389/390
532	508/509	547/548	390/391
533	509/510	548/549	391
534	510/511	550/551	391/392
535	511/512	551/552	392/393
536	512/513	552/553	393/394
537	513/514	553/554	394
538	514/515	554/555	394/395
539	515/516	555/556	395/396
540	516/517	556/557	396/397
541	517	557/558	397
542	518	558/559	397/398
543	518/519	559/560	398/399
544	519/520	560/561	399/400
545	521/522	561/562	400
546	522/523	562/563	400/401
547	523/524	563/564	401/402
548	524/525	564/565	402
549	525	565/566	402/403
550	525/526	566/567	403/404

I	II	III	IV	I	II	III	IV
551	526/527	567/568/569	404/405	572	546/547	590/591	419/420
552	527/528	569/570	405	573	547/548	591/592	420
553	528/529	570/571	405/406	574	548	592/593	420/421
554	529/530	571/572	406/407	575	549/550	594/595	422
555	530/531	572/573	407/408	576	550	595/596	422/423
556	531/532	573/574	408	577	550/551	596/597	423/424
557	532/533	574/575	408/409	578	551/552	597/598	424/425
558	533/534	575/576	409/410	579	552/553	598/599	425
559	534/535	576/577	410	580	553/554	599/600	425/426
560	535/536	577/578	410/411	581	554/555	600/601	426/427
561	536/537	578/579	411/412	582	555/556	601/602	427
562	537/538	579/580	412/413	583	556/557	602/603	427/428
563	538	580/581	413	584	557/558	603/604/605	428/429
564	538/539	581/582	413/414	585	558/559	605/606	429/430
565	539/540	582/583	414/415	586	559/560	606/607	430
566	540/541	583/584	415	587	560/561	607/608	430/431
567	541/542	585/586	415/416	588	561/562	608/609	431/432
568	542/543	586/587	416/417	589	562/563	609/610	432
569	543/544	587/588	417/418	590	563/564	610/611	432/433
570	544/545	588/589	418	591	564	611/612	433/434
571	545/546	589/590	418/419				

（小坂田英之 作成）